D1749761

IMMOBILIEN-MARKETING

Mehrwert für Liegenschaften

Das Marketingbuch
für die Immobilien-Wirtschaft

NEU überarbeitete und ergänzte Ausgabe

Roman H. Bolliger Bernhard Ruhstaller

Copyright © 2004/2011 bei Bolliger/Ruhstaller, acasa Immobilienmarketing GmbH, Glattpark (Opfikon)

Alle Rechte der Verbreitung sind vorbehalten, Einspeicherung und Rückgewinnung in Datenverarbeitungsanlagen aller Art sind nicht erlaubt.
Wiedergabe von Grafiken oder Zitaten mit Quellangaben ist gestattet.

5. überarbeitete Auflage, Januar 2011

Titelbild: Prime Tower, Swiss Prime Site AG, Olten
Lektorat: Anita Schuler, Bülach
Design/Layout: Stamm & Partner AG, Wallisellen
Druck: Kyburz Druck AG, Dielsdorf

ISBN 978-3-033-02283-6
Bestellungen unter www.immobilien-marketing.ch

Vorwort

Das vorliegende Buch, das im Jahr 2004 erstmals erschien und jetzt seine 5. Auflage erfährt, gibt einen profunden Überblick über den Schweizer Immobilien-Markt, indem es einerseits auf volkswirtschaftliche Aspekte sowie die Anbieter- und Nachfragestruktur und andererseits auch auf den Verbandsbereich und das Berufsbild eingeht.

Die Autoren befassen sich umfassend und fundiert mit den Bereichen Marketing und Immobilien-Marketing. Speziell gehen sie hierbei auf Marketingideen, Begrifflichkeiten, Zielsetzungen sowie die Eigenheiten von Marketing in der Entwicklung, Vermarktung und Bewirtschaftung von Immobilien ein. Immobilien-Praktiker werden es zu schätzen wissen, dass den Vermarktungstools besondere Beachtung geschenkt wird. Spezialthemen wie Mandatsakquisition, Kundenbindung, aber auch ethische Fragen runden das Werk ab. Ergänzt wird das Werk durch ein umfassendes Glossar. Ein weiteres Positivum Werkes sind die umfangreichen Abbildungen, die die Thematik veranschaulichen.

In der Neuauflage wurden weite Bereiche des Buches aktualisiert und grundlegend überarbeitet; gleichzeitig wurde die Neuauflage als Chance für wichtige Ergänzungen genutzt. So wurde das Werk beispielsweise um Kapitel zu den Themen Beschaffungsmarketing, Marketingstrategie/Marketingkonzept/Vermarktungskonzept, phasenübergreifendes Immobilien-Marketing und Marketingkultur ergänzt.

Den Autoren kann gratuliert werden, dass sie eine wichtige Lücke sowohl für Wissenschaft als auch für Praxis schliessen. Während es im gesamten deutschsprachigen Raum, also in Deutschland, Österreich wie auch der Schweiz, bis dato insgesamt relativ wenig Literatur über Immobilien-Marketing gab, so war das Spektrum der Information speziell für den Schweizer Raum noch sehr ausbaubedürftig. Man kann diesem Werk daher auch für die Zukunft viel Erfolg und eine weiterhin rege Aufnahme am Markt wünschen.

Prof. Dr. Stephan Kippes

Professur für Immobilienmarketing und Maklerwesen
Hochschule für Wirtschaft und Umwelt Nürtingen-Geislingen -
Nürtingen-Geislingen University

Zu diesem Buch

Als wir begannen, unsere Gedanken zu Immobilien-Marketing auf Papier zu bringen, konnten wir nicht ahnen, welche Entwicklung dieses Thema bis heute durchlaufen wird. Damals waren wir einfach glücklich, mit der ersten Auflage das Produkt eines zweijährigen intensiven Prozesses in den Händen zu halten. Das war 2004. In der Zwischenzeit stehen über 5 000 Exemplare in Bücherregalen von Immobilien-Fachleuten. In vielen Studiengängen und Kursen wird unser Buch als Lehrmittel eingesetzt und in zahlreichen Abschlussarbeiten zitiert. Das freut uns und macht uns auch ein wenig stolz. Mit der neuen Ausbildung Immobilien-Vermarkter mit eidgenössischem Fachausweis wurde das Thema Immobilien-Marketing endgültig in den Immobilien-Alltag aufgenommen. Dass dieses Thema einen solchen «Siegeszug» in der Ausbildung erfährt und heute zu einem wichtigen Bestandteil jedes Immobilien-Arbeitenden geworden ist, das haben wir uns in unseren kühnsten Träumen nicht vorgestellt. Darum freuen wir uns umso mehr, wie intensiv sich Immobilien-Studierende mit der Materie auseinandersetzen, und dass unser Buch eine wichtige Basis auch für Lernende geworden ist.

Wir haben uns entschlossen, die 5. Auflage nicht nur zu aktualisieren, sondern gründlich zu überarbeiten und mit zusätzlichen Inhalten zu ergänzen. So haben wir zwischen diesen beiden Buchdeckeln unsere über 10-jährige Erfahrung zusammengefasst, die wir als Projektleiter, Dozenten und Prüfungsexperten sammeln konnten. Dabei ist gegenüber der letzten Auflage viel Neues dazu gekommen:

- Um das Buch noch besser als Lehrmittel einsetzen zu können, wurde dessen Inhalt klarer strukturiert
- Bestehende Kapitel zu Themen wie Akquisition, Bewirtschaftung, Absatzinstrumente, Branding und Kundenbindung wurden ausgebaut
- Es wurden auch ganz neue, aktuelle Themen aufgegriffen wie etwa Social Media Marketing oder Home Staging
- Das Buch enthält ein Glossar mit über 400 Immobilien-Begriffen

Obwohl das Marketing inzwischen seinen festen Platz in der Immobilien-Welt eingenommen hat, sind wir davon überzeugt, dass sich Immobilien-Marketing ständig entwickeln muss. Da der Markt immer anspruchsvoller und die Anforderungen an das Marketing komplexer werden, sind Marketing-Experten so gefragt wie noch nie. Dieses Buch unterstützt sie bei ihrer Arbeit. Aber auch Immobilien-Fachleuten, die sich nicht täglich mit Marketing befassen, hilft das Buch, indem es die wichtigsten Zusammenhänge aufzeigt, Marketing-Basiswissen vermittelt und damit auch die Arbeit mit Marketing-Experten erleichtert.

Zum Schluss möchten wir allen danken, die uns auf dem Weg dieses Buches geholfen und unterstützt haben. Vor allem danken wir allen bisherigen Lesern und unseren Buchpartnern für das Vertrauen in unsere Arbeit.

Dr. Roman H. Bolliger Bernhard Ruhstaller

Dieses Buch wurde unterstützt von

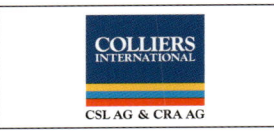

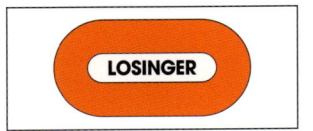

- alaCasa.ch – Experten für Wohneigentum
- allreal
- ANLIKER
- COLLIERS INTERNATIONAL – CSL AG & CRA AG
- communicators
- FlowFact CRM Software
- halter
- HOCHTIEF DEVELOPMENT SCHWEIZ
- homegate.ch – Das Immobilienportal
- Implenia
- INTERCITY REAL ESTATE SERVICES
- intershop
- livit Real Estate Management
- LOSINGER
- MPK MIGROS-PENSIONSKASSE
- PRIVERA – Mehr als Immobilien
- Regimo Zürich Immobiliendienstleistungen
- SCHAEPPI GRUNDSTÜCKE
- STEINER TOTAL SERVICES CONTRACTOR
- svit SWISS REAL ESTATE SCHOOL
- Swiss Circle – International Real Estate Marketing
- SWISS PRIME SITE
- VERIT IMMOBILIEN
- wincasa Immobilien-Dienstleistungen

INHALTSÜBERSICHT

1	DER SCHWEIZER IMMOBILIEN-MARKT	15
1.1	Allgemeines	15
1.2	Kennzahlen zum Immobilien-Markt	15
1.3	Wohnsituation in der Schweiz	17
1.4	Entwicklungen im Schweizer Immobilien-Markt	22
1.5	Immobilien und Politik	26
1.6	Die Transparenz nimmt zu	29
1.7	Die Teilnehmer am Immobilien-Markt	31
1.8	Die Verbandsstrukturen	52
1.9	Das Berufsbild	62

2	MARKETING	73
2.1	Die Marketingidee	73
2.2	Aspekte des Marketings	78
2.3	Der Marketingplan	79

3	IMMOBILIEN-MARKETING	103
3.1	Begriff und Bedeutung	103
3.2	Beschaffungsmarketing für Immobilien-Unternehmen	117
3.3	Absatzmarketing für Immobilien	118
3.4	Marketingcontrolling für Immobilien	159
3.5	Marketingorganisation für Immobilien	162
3.6	Marketingkultur in Immobilien-Unternehmen	165

4	IMMOBILIEN-MARKETING IN DER ENTWICKLUNG	167
4.1	Der Wert einer Immobilie	168
4.2	Der Prozess der Immobilien-Entwicklung	171
4.3	Die Standortevaluation	178
4.4	Namensgebung für Immobilien	188
4.5	Die Projektentwicklung	192
4.6	Konkurrenzverfahren im Hochbau	194

5	IMMOBILIEN-MARKETING IN DER VERMARKTUNG	199
5.1	Wettbewerbskräfte in der Immobilien-Vermarktung	199
5.2	Beschaffungsmarketing in der Vermarktung	202

5.3	Der Prozess der Immobilien-Vermarktung	213
5.4	Vermarktungskonzept	215
5.5	Kommunikationsinstrumente	220
5.6	Maklernetzwerke	287
5.7	Phasenmodell in der Vermarktung	289

6	**IMMOBILIEN-MARKETING IN DER BEWIRTSCHAFTUNG**	**297**
6.1	Beschaffungsmarketing in der Bewirtschaftung	298
6.2	Absatzmarketing in der Bewirtschaftung	303
6.3	Marken-Bewirtschaftung	325

7	**SPEZIALTHEMEN**	**331**
7.1	Standortmarketing	331
7.2	Internationales Immobilien-Marketing	339
7.3	Kundenbindung	347
7.4	Ethik im Immobilien-Geschäft	355
7.5	Bedeutung von Immobilien-Marketing	359

ABBILDUNGSVERZEICHNIS	**363**

STICHWORTVERZEICHNIS	**367**

LITERATURVERZEICHNIS	**373**

IMMOBILIEN-GLOSSAR	**375**

INHALTSVERZEICHNIS

1	DER SCHWEIZER IMMOBILIEN-MARKT	15
1.1	Allgemeines	15
1.2	Kennzahlen zum Immobilien-Markt	15
1.3	Wohnsituation in der Schweiz	17
1.4	Entwicklungen im Schweizer Immobilien-Markt	22
1.5	Immobilien und Politik	26
1.6	Die Transparenz nimmt zu	29
1.7	Die Teilnehmer am Immobilien-Markt	31
1.7.1	Vom Allrounder zum Spezialisten	32
1.7.2	Immobilien-Bewirtschaftungsfirmen	33
1.7.3	Investorenmarkt	35
1.7.4	Total- und Generalunternehmer	38
1.7.5	Einzelverkäufer/-vermittler	40
1.7.6	Maklernetzwerke	40
1.7.7	Facility Management	43
1.7.8	Architekten	44
1.7.9	Verschiedene Dienstleister	45
1.7.10	Baugenossenschaften	47
1.7.11	Immobilien-Presse	48
1.7.12	Immobilien-Recht und -Anwälte	50
1.8	Die Verbandsstrukturen	52
1.8.1	FIABCI	52
1.8.2	Royal Institution of Chartered Surveyors RICS	53
1.8.3	Schweizerischer Verband der Immobilienwirtschaft SVIT	53
1.8.4	Hauseigentümerverband Schweiz HEV	55
1.8.5	Schweizerischer Immobilienschätzer-Verband SIV	55
1.8.6	Hausverein	56
1.8.7	Schweizerischer Verband für Wohnungswesen SVW	56
1.8.8	Schweizerischer Verband Liberaler Baugenossenschaften VLB	57
1.8.9	Schweizerischer Verband für Wohnbau- und Eigentumsförderung SWE	57
1.8.10	Verband der Immobilien-Investoren und -Verwaltungen VIV	57
1.8.11	Vereinigung Zürcher Immobilienunternehmen VZI	58
1.8.12	Schweizerischer Ingenieur- und Architektenverein SIA	58
1.8.13	Schweizer Stockwerkeigentümerverband	59
1.8.14	FM Schweiz	59

1.8.15	Schweizerischer Mieterinnen- und Mieterverband MV	60
1.8.16	Schweizerische Kommission für Immobilienfragen SKI	60
1.8.17	Bundesamt für Wohnungswesen BWO	61
1.9	**Das Berufsbild**	**62**
1.9.1	Aus- und Weiterbildungsangebot	63
1.9.2	KV-Lehre in der Immobilien-Wirtschaft	65
1.9.3	Immobilien-Sachbearbeiter/-Assistent	66
1.9.4	Immobilien-Verwalter/-Bewirtschafter	66
1.9.5	Immobilien-Verkäufer/-Makler	68
1.9.6	Immobilien-Treuhänder	69
1.9.7	Immobilien-Schätzer/-Bewerter	70
1.9.8	Honorarentwicklung	70
1.9.9	Neue Anforderungen werden gestellt	72

2 MARKETING — 73

2.1	**Die Marketingidee**	**73**
2.1.1	Begriff	73
2.1.2	Entwicklung der Marketingidee	75
2.1.3	Steigende Bedeutung des Marketings	77
2.2	**Aspekte des Marketings**	**78**
2.3	**Der Marketingplan**	**79**
2.3.1	Marketinganalyse	79
2.3.2	Zielsetzung	83
2.3.3	Strategie	84
2.3.4	Marketinginstrumente	86
2.3.5	Marketingorganisation	97
2.3.6	Marketingcontrolling	100

3 IMMOBILIEN-MARKETING — 103

3.1	**Begriff und Bedeutung**	**103**
3.1.1	Besonderheiten des Immobilien-Marketings	106
3.1.2	Lebenszyklus von Immobilien	107
3.1.3	Immobilien-Qualität	108

INHALTSVERZEICHNIS

3.1.4	Marketingrendite	109
3.1.5	Einsatzgebiete für das Immobilien-Marketing	109
3.1.6	Immobilien-Teilmärkte	112
3.1.7	Die wichtigsten Begriffe im Immobilien-Marketing	113
3.1.8	Die Bedeutung des Immobilien-Marketings aus der Sicht von Berufsleuten	114
3.2	**Beschaffungsmarketing für Immobilien-Unternehmen**	**117**
3.3	**Absatzmarketing für Immobilien**	**118**
3.3.1	Marktanalyse und Marktforschung	118
3.3.1.1	Motivation, Aufgaben und Definition	118
3.3.1.2	Methoden der Marktforschung	119
3.3.1.3	Indikatoren	122
3.3.2	Marketingstrategie, Marketingkonzept und Vermarktungskonzept	124
3.3.3	Marketingziele	128
3.3.3.1	Segmentierung	128
3.3.3.2	Positionierung	136
3.3.4	Marketinginstrumente	139
3.3.4.1	Standort	139
3.3.4.2	Gestaltung von Immobilien	141
3.3.4.3	Gestaltung von Preisen und Mieten	143
3.3.4.4	Kommunikation	148
3.3.4.5	Der Faktor Mensch	154
3.3.5	Phasenübergreifendes Immobilien-Marketing	157
3.4	**Marketingcontrolling für Immobilien**	**159**
3.4.1	Marketingkennzahlen	159
3.4.2	Internes Reporting	161
3.4.3	Externes Reporting	161
3.5	**Marketingorganisation für Immobilien**	**162**
3.5.1	Aufbauorganisation	162
3.5.2	Briefing externer Marketingdienstleister	163
3.6	**Marketingkultur in Immobilien-Unternehmen**	**165**
3.6.1	Eigenschaften einer marketingorientierten Unternehmung	165
3.6.2	Massnahmen zur Stärkung der Marketingkultur	166

4.	**IMMOBILIEN-MARKETING IN DER ENTWICKLUNG**	**167**
4.1	Der Wert einer Immobilie	168
4.2	Der Prozess der Immobilien-Entwicklung	171
4.2.1	Aufgaben in der Analysephase	174
4.2.2	Aufgaben in der Projektierungsphase	175
4.2.3	Aufgaben in der Realisierungsphase	177
4.3	Die Standortevaluation	178
4.3.1	Wie definiert sich die Standortqualität?	178
4.3.2	Standortevaluation in der Praxis	179
4.3.3	Standort- und Marktanalyse	181
4.3.4	Projektanalyse	185
4.3.5	Gebietsmarketing	185
4.4	Namensgebung für Immobilien	188
4.4.1	Der Namensentwicklungsprozess	190
4.4.2	Der Logoentwicklungsprozess	191
4.5	Die Projektentwicklung	192
4.6	Konkurrenzverfahren im Hochbau	194
5	**IMMOBILIEN-MARKETING IN DER VERMARKTUNG**	**199**
5.1	Wettbewerbskräfte in der Immobilien-Vermarktung	199
5.1.1	Konkurrenz unter bestehenden Immobilien-Unternehmen	200
5.1.2	Konkurrenz durch neue Dienstleistungen	200
5.1.3	Konkurrenz durch neue Anbieter	201
5.1.4	Konkurrenz durch Direktanbieter	201
5.2	Beschaffungsmarketing in der Vermarktung	202
5.2.1	Mandatsakquisition	202
5.2.2	Akquisitionszielgruppe	203
5.2.3	Akquisitionsinstrumente	205
5.2.4	Akquisitionsbotschaft	207
5.2.5	Selbstverkäufer als Akquisitionspotenzial für Immobilien-Makler	210

INHALTSVERZEICHNIS

5.3	Der Prozess der Immobilien-Vermarktung	213
5.4	**Vermarktungskonzept**	**215**
5.4.1	Die Grundlagen eines Vermarktungskonzeptes	215
5.4.2	Der Analysebereich im Vermarktungskonzept	216
5.4.3	Die Struktur eines Vermarktungskonzeptes	218
5.5	**Kommunikationsinstrumente**	**220**
5.5.1	Kommunikationsanker	220
5.5.2	Werbung	223
5.5.2.1	Dokumentation	224
5.5.2.2	Visualisierung	229
5.5.2.3	Printinserat	233
5.5.2.4	Inserat auf Immobilien-Marktplätzen	239
5.5.2.5	Online-Marketing	243
5.5.2.6	Internetauftritt	245
5.5.2.7	Foto und Film	250
5.5.2.8	Flyer	251
5.5.2.9.	Newsletter	253
5.5.2.10	Regionale Immobilien-Messen	255
5.5.2.11	Give Aways	256
5.5.2.12	Immobilien-Angebote auf TV-Kanälen	257
5.5.2.13	Rechte der kommerziellen Kommunikation	258
5.5.3	Public Relations	260
5.5.3.1	PR oder Öffentlichkeitsarbeit	260
5.5.3.2	Social Media Marketing	262
5.5.4	Point of Property	266
5.5.4.1	Vermarktungstafel	266
5.5.4.2	Showroom	272
5.5.4.3	Home Staging	274
5.5.4.4	Immobilien-Shops	276
5.5.5	Events	277
5.5.6	Directmarketing	280
5.5.7	Persönlicher Verkauf	281
5.5.7.1	Verkaufstechniken	281
5.5.7.2	Objektbesichtigung	284
5.6	**Maklernetzwerke**	**287**
5.7	**Phasenmodell in der Vermarktung**	**289**

6	IMMOBILIEN-MARKETING IN DER BEWIRTSCHAFTUNG	297
6.1	Beschaffungsmarketing in der Bewirtschaftung	298
6.1.1	Stärken- und Schwächen-Analyse	298
6.1.2	Segmentierung	298
6.1.3	Positionierung	300
6.1.4	Marketinginstrumente zur Akquisition von Bewirtschaftungsmandaten	301
6.1.5	Organisation der Mandatsakquisition	302
6.2	Absatzmarketing in der Bewirtschaftung	303
6.2.1	Analyse in der Bewirtschaftung	303
6.2.2	Planungsinstrumente in der Bewirtschaftung	304
6.2.2.1	Bewirtschaftungskonzept	304
6.2.2.2	Konzept zur Bekämpfung von Leerständen	310
6.2.2.3	Konzept zur Umwandlung von Mietliegenschaften in Wohneigentum	316
6.2.3	Marketinginstrumente in der Bewirtschaftung	318
6.2.3.1	Standort	319
6.2.3.2	Immobilie	319
6.2.3.3	Miete	320
6.2.3.4	Kommunikation	320
6.2.3.5	Der Faktor Mensch	325
6.3	Marken-Bewirtschaftung	325
6.3.1	Massnahmen bei neu erstellten Liegenschaften	325
6.3.2	Massnahmen bei Bestandesliegenschaften	328

7	SPEZIALTHEMEN	331
7.1	Standortmarketing	331
7.1.1	Standortwettbewerb	332
7.1.2	Standortmarketing in der Schweiz	332
7.1.3	Standortmarketing der Gemeinden	333
7.1.4	Standortmarketing der Städte	334
7.1.5	Standortmarketing der Regionen	335
7.1.6	Standortmarketing der Kantone	336
7.1.7	Greater Zurich Area	336
7.1.8	Standortmarketing des Bundes	337

INHALTSVERZEICHNIS

7.2	**Internationales Immobilien-Marketing**	**339**
7.2.1	Internationale Immobilien-Messen	339
7.2.2	Messe-Marketing	340
7.2.3	Swiss Circle	345
7.3	**Kundenbindung**	**347**
7.3.1	Kundenbindung in der Immobilien-Entwicklung	347
7.3.2	Kundenbindung in der Vermarktung	348
7.3.2.1	Kundenbindung mit dem Auftraggeber	348
7.3.2.2	Kundenbindung mit dem Immobilien-Käufer	349
7.3.3	Kundenbindung in der Bewirtschaftung	353
7.4	**Ethik im Immobilien-Geschäft**	**355**
7.5	**Bedeutung von Immobilien-Marketing**	**359**

ABBILDUNGSVERZEICHNIS	**363**
STICHWORTVERZEICHNIS	**367**
LITERATURVERZEICHNIS	**373**
IMMOBILIEN-GLOSSAR	**375**

1. Der Immobilien-Markt

1.1 Allgemeines

Die Immobilien-Wirtschaft ist ein Wirtschaftszweig, welcher sich mit der Entwicklung, Produktion, Vermarktung und Bewirtschaftung von Immobilien sowie dem Management von Immobilien-Vermögen beschäftigt. Immobilien stellen dabei entweder Grundstücke, Wohn- oder Gewerbeimmobilien dar.

Der Schweizer Immobilien-Markt ist geprägt durch komplexe Strukturen, wenig gesicherte Langzeit-Kennzahlen sowie teils widersprüchliche Angaben aus Marktkreisen. Ziel dieses Kapitels ist es, einen umfassenden – wenn auch keineswegs vollständigen – Überblick über die Dimensionen und Bedingungen dieses für die Schweizer Volkswirtschaft bedeutenden Marktes aufzuzeigen. Wichtige Kennzahlen des Immobilien-Marktes sowie eine Übersicht der Beteiligten (Verbände, Immobilien-Firmen, Investoren etc.) und ihrer Ziele werden beleuchtet. Ein weiterer Schwerpunkt wird auf die Entwicklungen der Berufe in der Immobilien-Branche gesetzt. Die zahlreichen Aus- und Weiterbildungsmöglichkeiten widerspiegeln den Wandel, in welchem sich diese Branche seit einigen Jahren befindet.

1.2 Kennzahlen zum Immobilien-Markt

Für die Schweizer Volkswirtschaft ist der hochpreisige Immobilien-Markt von grosser Bedeutung. Versucht man jedoch, diese mit Zahlen auszudrücken, stellen sich verschiedene Herausforderungen: Waren vor etwa zehn Jahren verlässliche und belegbare Kennzahlen noch schwer erhältlich, so stehen heute eine grosse Menge an Daten und Kennzahlen zum Immobilien-Markt zur Verfügung. Die Vergleichbarkeit und die Komplexität der verfügbaren Daten sind nur noch mit einem hohen Detailwissen interpretierbar. Zudem werden oft Daten und Annahmen des Immobilien-Marktes mit dem Baumarkt vermischt oder gleichgesetzt. Obwohl beide Märkte eng miteinander verbunden sind, müssen sie trotzdem voneinander getrennt betrachtet werden.

Im vorliegenden Kapitel wird anhand einiger ausgewählter Kennzahlen versucht, die Dimensionen und die Bedeutung des Schweizer Immobilien-Marktes darzustellen. Der Übersichtlichkeit halber werden die Zahlen tabellarisch dargestellt.

Wiederherstellungswert öffentlicher Gebäude in der Schweiz	CHF 350 Milliarden [1]
Marktwert Wohn- und Geschäftsimmobilien in der Schweiz	CHF 2 200 Milliarden [1]
Wert der von Banken finanzierten Hypotheken	CHF 735 Milliarden [2]
Wert Immobilien-Transaktionen pro Jahr	CHF 40 bis 50 Milliarden [3]

Abbildung 1: **Werte von Immobilien in der Schweiz**

[1] 2009; Vereinigung staatlicher und kommunaler Leiter Immobilien (VSLI)
[2] 2010; Schweizerische Nationalbank
[3] 2010; Wüest & Partner

1. DER IMMOBILIEN-MARKT

Der volkswirtschaftliche Aspekt der Immobilien-Branche zeigt sich unter anderem in der Anzahl der Beschäftigten. Seit Anfang der 90er-Jahre nimmt sie laufend zu. So arbeiteten 1992 rund 18 200 Personen Voll- oder Teilzeit in der Immobilien-Branche. Im 1. Quartal 2007 waren es bereits knapp 31 000 und im 2. Quartal 2010 bereits 37 000 Personen. Auffallend ist auch der hohe und laufend steigende Frauenanteil, welcher sich von 51,9 % im Jahr 2007, auf 53,3 % im Jahr 2009 erhöhte.

Auch die Bruttowertschöpfung der Immobilien-Branche zeigt, wie wichtig dieser Wirtschaftszweig für die Schweizer Volkswirtschaft ist. Sie kann, gemessen am Beschäftigungsanteil, als überdurchschnittlich hoch bezeichnet werden und ist seit Ende der 90er-Jahre jährlich fast immer gewachsen.

Bei den durchschnittlichen Konsumausgaben pro Haushalt ist auch eine Steigerung erkennbar, so stieg der Anteil von 2006 von 17,6 %, was CHF 1 306 pro Monat entspricht, auf 26,4 % und CHF 1 476 pro Monat im Jahr 2008.

Anzahl Beschäftigte in der Immobilien-Branche in der Schweiz	37 000 [4] entspricht einem Anteil von 0,93 % der Schweiz
Frauenanteil der Beschäftigten in der Immobilien-Branche	19 055 [4] entspricht einem Anteil von 51,5 %
Bruttowertschöpfung der Immobilien-Branche	CHF 5 612 Millionen; entspricht 1,1 % der gesamten Bruttowertschöpfung der Schweizer Wirtschaft [5]
Bauausgaben in der Schweiz im Jahr	CHF 54 529 Millionen [6]
Wohnausgaben Schweizer Haushalte	27,8 % der durchschnittlichen Konsumausgaben pro Haushalt werden für Wohnen und Energie ausgegeben [7]; entspricht CHF 1 476 pro Monat
Anzahl jährliche Transaktionen [8]	Eigentumswohnungen: rund 20 000 Einheiten Einfamilienhäuser: rund 18 000 Einheiten Reine Wohnliegenschaften (MFH): max. 2 500 Einheiten Reine Geschäftsliegenschaften: max. 1 800 Einheiten
Hypothekarverschuldung pro Einwohner	CHF 94 000 [8]

Abbildung 2: **Volkswirtschaftliche Aspekte**

---

[4] 2010; 2. Quartal; Bundesamt für Statistik: BESTA 2010
[5] 2008; Bundesamt für Statistik
[6] 2009; Bundesamt für Statistik
[7] 2008; Bundesamt für Statistik: Haushaltsbudgeterhebung 2008
[8] 2010; Wüest & Partner

Der Wohnungsbau in der Schweiz

Die Anzahl der neu gebauten Wohnungen sowie der sich im Bau befindlichen Wohnungen haben sich durch den Bauboom in den letzten Jahren kontinuierlich erhöht. Im Jahre 2009 wurden die Zahlen durch die Finanzkrise etwas abgeschwächt. Dies widerspiegelt folgende Statistik:

	2003	2004	2005	2006	2007	2008	2009
Neu erstellte Wohnungen	32 873	36 613	38 203	41 534	43 655	44 161	39 330
Im Bau befindliche Wohnungen	164 876	186 873	207 945	231 621	242 146	235 610	247 255
Baubewilligte Wohnungen	41 256	47 215	50 282	49 301	47 530	51 686	51 215

Abbildung 3: **Entwicklung Wohnungsbau** [9]

1.3 Wohnsituation in der Schweiz

Leerwohnungsziffer [10]	1,07 % (2007), 0,97 % (2008), 0,90 % (2009), 0,94 % (2010)
Wohnungsbestand [11]	3 709 857 (2004), 3 835 370 (2007), 3 919 064 (2009)
Neu erstellte Wohnungen [10]	41 534 (2006), 43 655 (2007), 44 161 (2008), 39 330 (2009)
Wohnfläche pro Person [12]	44 m^2 (2008 Schätzung SVW: 48 m^2)
Wohneigentumsquote [12]	34,6 % (2008 Schätzung BWO 39 %)
Bewohner pro Wohnung [12]	2,3

Abbildung 4: **Allgemeine Kennzahlen**

Die Leerwohnungsziffer hat sich in den letzten Jahren, bereits auf einem tiefen Niveau liegend, noch weiter verringert. Dies ist sicher auch auf die erhöhte Zuwanderung zurückzuführen. Durch die etwas ins Stocken geratene Wirtschaft, hervorgerufen durch die Finanzkrise und den zu beobachtenden Zuwanderungsstopp, kann sich die Leerwohnungsziffer in den nächsten Jahren wieder leicht erhöhen. Zudem sorgen attraktive Neubausiedlungen für zunehmende Leerstände in weniger gefragten Altbauten, meist in Vorortsgemeinden.

---

[9] Bundesamt für Statistik
[10] Stand jeweils am 1. Juni; Bundesamt für Statistik
[11] 2010; Bundesamt für Statistik; Taschenstatistik der Schweiz
[12] 2000; Bundesamt für Statistik

1. DER SCHWEIZER IMMOBILIEN-MARKT

Miet- und Eigentumsverhältnisse

Gemäss der eidgenössischen Volkszählung 2000 gab es im Erhebungsjahr in der Schweiz insgesamt 3,028 Millionen Erstwohnungen bei einem totalen Wohnungsbestand in der Schweiz von 3,569 Millionen (2009=3,919 Mio.). Betrachtet man die Besitzverhältnisse der Erstwohnungen, so waren rund 810 000 Wohnungen (26,75 %) im Besitz von Allein- oder Miteigentümern, rund 238 000 Wohnungen (7,86 %) waren im Besitz von Stockwerkeigentümern, rund 1,98 Millionen Wohnungen (65,39 %) waren Miet- oder Genossenschaftswohnungen oder andere Bewohnertypen.

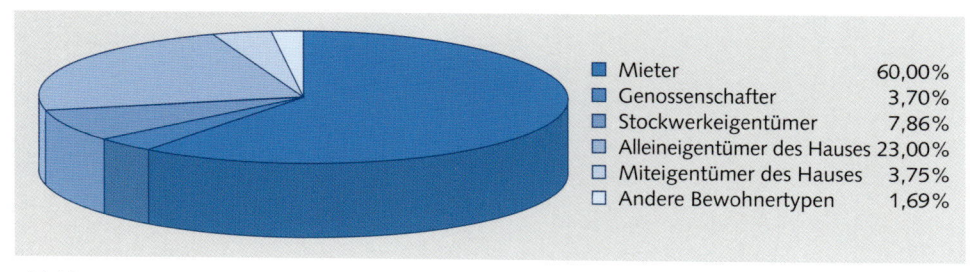

Mieter	60,00%
Genossenschafter	3,70%
Stockwerkeigentümer	7,86%
Alleineigentümer des Hauses	23,00%
Miteigentümer des Hauses	3,75%
Andere Bewohnertypen	1,69%

Abbildung 5: **Wohnungen nach Bewohnertyp, 2000** [13]

Die Schweiz ist traditionell und auch heute noch ein «Land von Mietern» und weist in Europa eine der tiefsten Wohneigentumsquoten auf. In den vergangenen Jahren hat sich die Wohneigentumsquote jedoch laufend erhöht: von 31,3 % im Jahr 1990 auf 34,6 % im Jahr 2000. Aktuell liegt die Quote geschätzt zwischen 36 % bis 39 %. Kantonal sind die Wohneigentumsquoten in der Schweiz sehr unterschiedlich. So weist der Kanton Wallis mit über 61 % die höchste Quote auf, die tiefste hingegen ist in Basel-Stadt mit 13 % zu finden.

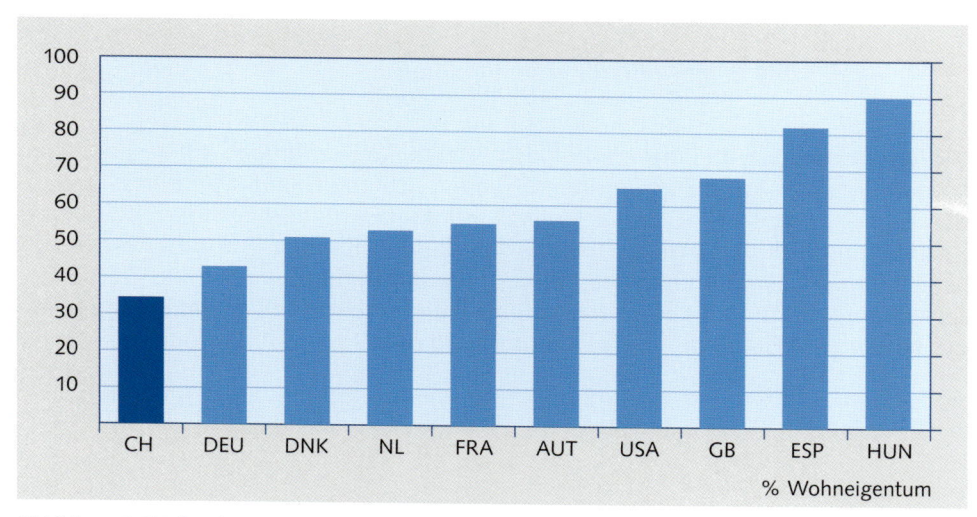

Abbildung 6: **Wohneigentumsquoten im internationalen Vergleich** [14]

---

[13] Bundesamt für Wohnungswesen: Wohnen 2000. Band 75 Schriftenreihe Wohnungswesen. Grenchen 2005
[14] Bundesamt für Wohnungswesen

1.3 Wohnsituation in der Schweiz

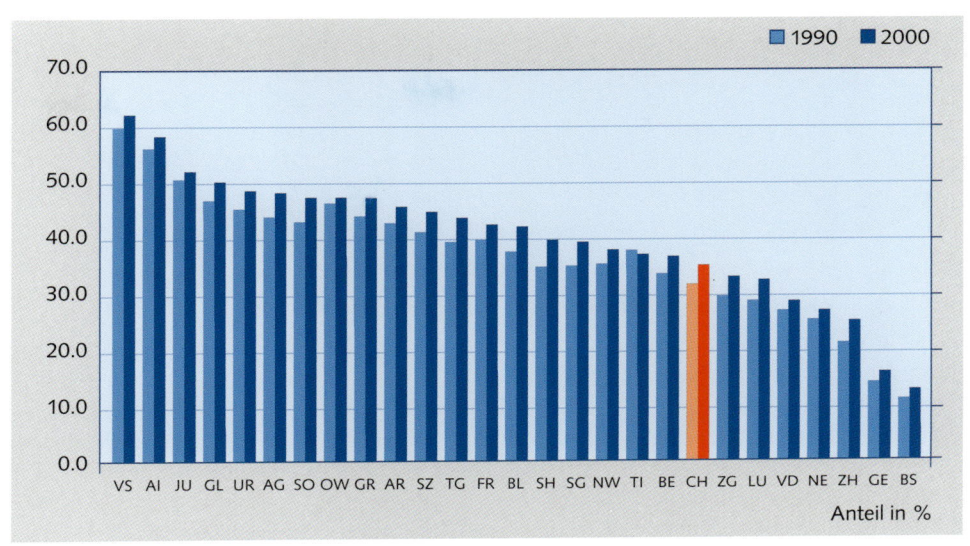

Abbildung 7: **Wohneigentumsquoten in den Kantonen im Jahr 2000** [15]

Der Anstieg der Wohneigentumsquote ist zu einem grossen Teil auf die rasante Zunahme von Stockwerkeigentum zurückzuführen. Diese besondere Form des Miteigentums an einer Immobilie wurde in der Schweiz 1965 eingeführt. In den Jahren 1990 bis 2000 wuchs die Anzahl der Erstwohnungen im Stockwerkeigentum um 94 %, was einer absoluten Zunahme von 115 260 Wohnungen entspricht. [17] Insgesamt wurden im Jahr 2000 über 560 000 Wohnungen im Stockwerkeigentum (Erst- und Zweitwohnungen) gezählt. Zusammenfassend lässt sich sagen, dass der Wohnungsbestand im Wohneigentumsbereich in den vergangenen Jahren deutlich stärker zugelegt hat als jener bei den Mietwohnungen. Dies ist nicht zuletzt ein Ergebnis der Bemühungen des Bundes, die Wohneigentumsquote in der Schweiz zu erhöhen. In der letzten Zeit scheint sich aber wieder eine Verlangsamung des Wachstums an Eigentumswohnungen abzuzeichnen.

Bei den Mietwohnungen zeigt sich, dass mit 57 % der überwiegende Teil im Besitz von Privatpersonen ist. Institutionelle Anleger (Bau- und Immobilien-Gesellschaften, Immobilien-Fonds, Versicherungen und Personalvorsorgeeinrichtungen) machen 22 % der Eigentümer aus, Genossenschaften und nicht-kommerzielle Wohnbauträger rund 14 %. Der Anteil der Privatpersonen als Eigentümer von Mietwohnungen hat in den 90er-Jahren um rund 15 % stark zugenommen: Während der Immobilien-Krise Anfang der neunziger Jahre haben Private vor allem von Promotoren und Vermittlern Wohnliegenschaften übernommen, sodass sich im Jahr 2000 rund 1,1 Millionen Mietwohnungen im Besitz von Privatpersonen befanden. [16]

---

[15] Bundesamt für Wohnungswesen
[16] 2000; Bundesamt für Statistik; Eidgenössische Volkszählung: Wohnversorgung und Wohnverhältnisse. Entwicklungen 1990–2000.

1. DER SCHWEIZER IMMOBILIEN-MARKT

■ Privatpersonen	57%
■ Institutionelle Anleger	17%
■ Gemeinnützige Wohnbauträger	11%
■ Promotoren/Vermittler	6%
☐ Andere Eigentümer	9%

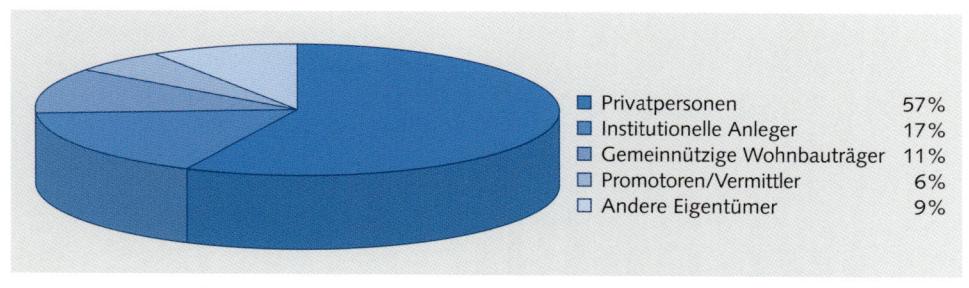

Abbildung 8: **Verteilung der Mietwohnungen auf die Eigentümertypen im Jahr 2000** [17]

Wohnflächen und Wohnungsbelegung

Der Flächenverbrauch pro Person ist in den vergangenen Jahren laufend gestiegen. Im Durchschnitt betrug dieser in der Schweiz 1980 noch 34 m², im Jahr 2000 waren es bereits 44 m². Dabei gibt es Unterschiede bei den sozialen und demografischen Gruppen: Während Betagte und Singles im Durchschnitt mit rund 64 bzw. 62 m² deutlich mehr Wohnfläche pro Person zur Verfügung haben, müssen Alleinerziehende mit knapp 37 m² und Jungfamilien mit rund 27 m² auskommen. [17] Auch bei der Eigentumsform zeigen sich Unterschiede: Bei Mietwohnungen beträgt die durchschnittliche Wohnfläche 39 m², bei Eigentumswohnungen hingegen 50 m² pro Person. [18] Es zeichnet sich ab, dass im Durchschnittssegment die Grösse der Wohnfläche pro Person kaum mehr steigen wird.

Der Wohnflächenverbrauch ist zudem abhängig von der Haushaltsgrösse: Tendenziell verbrauchen Haushalte mit mehr Personen pro Kopf weniger Wohnfläche, Einpersonenhaushalte hingegen mit 75 (Mietwohnungen) bzw. sogar 110 m² (Eigentumswohnungen) am meisten.

Bei der Anzahl Zimmer hält der Trend zu Grosswohnungen an: So machten 2000 3- und 4-Zimmer-Wohnungen je rund einen Viertel des gesamten Erstwohnungsbestandes aus, 5-Zimmer-Wohnungen immerhin rund 14 %. Deutlich zurückgegangen ist hingegen der Anteil an Kleinwohnungen: Bei den 1-Zimmer-Wohnungen betrug der Rückgang zwischen 1990 und 2000 über 15 %, was rund 37 500 Wohnungen entspricht. [18] Auch hier ist in den letzten Jahren ein Trend zu kleineren Wohnungen festzustellen, dies einerseits wegen der demographischen Entwicklung und andererseits wegen den stark zunehmenden Einpersonenhaushalten.

Entgegen der wachsenden Zimmerzahl und der stets grösser werdenden Wohnflächen entwickeln sich die Haushaltsgrössen laufend zurück: Während 1990 im Durchschnitt noch 2,4 Personen in einer Wohnung lebten, waren es 2000 noch 2,3 Personen und der Trend zeigt langfristig weiter nach unten. Auch hier zeigen sich Unterschiede zwischen Miet- und Eigentumswohnungen: In Eigentumswohnungen und Einfamilienhäusern leben durchschnittlich mehr Personen als in Mietwohnungen.

[17] Bundesamt für Wohnungswesen: Wohnen 2000. Band 75 Schriftenreihe Wohnungswesen. Grenchen 2005
[18] Bundesamt für Statistik: Eidgenössische Volkszählung 2000: Wohnversorgung und Wohnverhältnisse. Entwicklungen 1990–2000. Neuchâtel 2004

1.3 Wohnsituation in der Schweiz

Wohnzufriedenheit und Wohnungswechsel
Die Zufriedenheit der Schweizer mit ihrer Wohnsituation ist gross, wie eine Studie des Bundesamtes für Wohnungswesen zeigt: Der grösste Teil der Haushalte, nämlich rund 88 % der Eigentümer und etwa 66 % der Mieter, sind mit ihrer Wohnung und mit ihrer Wohnumgebung zufrieden. [19] Als Hauptkomponenten der Wohnzufriedenheit gelten gemäss dieser Untersuchung folgende Punkte: Wohnkosten, Wohnungsgrösse, neue oder renovierte Wohnung, Garten oder Terrasse, Lärm/Luftverschmutzung, schlecht geheizte Wohnung und Vandalismus. Hauptsächliche Kritikpunkte von Mietern betreffen die Wohnkosten, zu kleine Wohnungsgrösse, schlecht geheizte Wohnung und Vandalismus.

Eine weitere Studie, die vom Forschungsinstitut für Politik, Kommunikation und Gesellschaft gfs.bern im Auftrag des Hauseigentümerverbandes Schweiz in Auftrag gegeben wurde, kommt zum Ergebnis, dass 70 % aller Einwohner der Schweiz mit ihrer gegenwärtigen Wohnsituation sehr zufrieden sind, 26 % sind eher zufrieden. [20] Die Mehrzahl aller Befragten (53 %) bezeichnet ihre eigene Wohnsituation als «Gebrauchswohnung», also als funktionale Wohnung mit durchschnittlichem Ausbaustandard und einem durchschnittlichen Preis. Rund 23 % bewohnen eine «preiswerte» Wohnung, bei der ein tiefer Preis das Hauptargument ist. Nur rund 14 % hingegen wohnen in «Genusswohnungen» mit überdurchschnittlichem Ausbaustandard, oftmals im Stockwerkeigentum und meist mit eher hohen Preisen. Der Anteil an Personen, die eine «Familienwohnung» bewohnen, ist mit 6 % eher gering. Diese Wohnform zeichnet sich durch Funktionalität und grosse Wohnflächen und findet sich überdurchschnittlich oft in Wohneigentum. Der geringe Anteil aus dieser Wohnform lässt den Schluss zu, dass die meisten Familien in der Schweiz eher eine «Gebrauchswohnung» bewohnen.

Zum Thema Wohnungswechsel und Umzugsverhalten liegen in der Schweiz keine verlässlichen Zahlen vor, da die Methodik für entsprechende Untersuchungen Probleme bereitet und qualitativ hochstehendes Datenmaterial kaum vorhanden ist. Verschiedene überregionale Schätzwerte gehen jedoch davon aus, dass zwischen 7 % und 15 % der Schweizer Bevölkerung jährlich einmal umziehen. In Städten liegt dieser Anteil in der Regel mit geschätzten 15 % bis 20 % deutlich höher. Die bereits erwähnte Studie des gfs.bern geht von einer durchschnittlichen Wohndauer von 12 Jahren aus, wobei Mieter rund 10 Jahre, Eigentümer hingegen durchschnittlich 17 Jahre in der gleichen Wohnung wohnen. Der schweizerische Durchschnitt bei den Wohnungswechseln liegt zwischen zwei und drei Umzügen pro Person. Auf Grund der steigenden Mobilität hat sich diese Zahl in den vergangenen Jahren jedoch deutlich erhöht, vor allem in urbanen Gebieten.
Der Verlag der «Neuen Zürcher Zeitung» gibt seit nunmehr 20 Jahren jährlich den «Immo-Barometer» heraus. Diese Forschungsreihe befasst sich umfangreich mit dem Thema «Wohnen in der Schweiz». Die vielbeachtete Langzeituntersuchung befasst sich mit den Wohnbedürfnissen, Wohnverhältnissen und der Wohnzufriedenheit in der Schweiz.

---

[19] Bundesamt für Wohnungswesen: Qualitative Aspekte zum Wohnen in der Schweiz 2005
[20] gfs.bern: Schlussbericht «Wohnmonitor» im Auftrag des HEV Schweiz. Bern 2006

1. DER SCHWEIZER IMMOBILIEN-MARKT

Wie wohnt die Schweiz morgen?
Aufgrund der Beobachtung und Analyse von Kennzahlen der bisherigen Entwicklung der Wohnbedürfnisse und des Immobilien-Marktes kann die Zukunft doch ein wenig eingeordnet und erahnt werden. Untenstehend eine interessante Kennzahlenzusammenstellung von Trendforschern mit der spannenden Aussage zum Stand im Jahr 2030. Die angenommen Trends und Zahlen können von Einschätzungen von Immobilien-Fachleuten abweichen. Wo die Immobilien-Branche aufhorchen sollte, ist ob der angenommenen übermässigen Steigerung der Zahl von 627 000 Hochbetagten im Jahr 2030. Dies würde einen grossen Einfluss auf die ganze Wohn- und Konsumwirtschaft haben.

	Gestern (1970)	Heute (2000)	Morgen (2030)	Trend
Anzahl Wohnungen	2'000'000	3'000'000	3'500'000	↑
Einpersonenhaushalte (am Anteil aller Haushalte)	15 Prozent	36 Prozent	45 Prozent	↑
Personenzahl pro Haushalt	3	2.3	weniger als 2	↓
Wohnfläche pro Person	34m²	44m²	50m²	↗
Häufigste Wohnungen	3-Zi-Whg	3- und 4-Zi-Whg	4-Zi-Whg	↗
Grösste Wachstumsrate	Zentrum & Agglomeration	Agglomeration	Ränder der Agglomeration	
Pendler-Distanz	7.6 km	12.4 km	18 km	↑
Siedlungsfläche	380m²	400m²	420m²	↑
Betagte Personen (80+)	111'000	299'000	627'000	↑
Wohneigentumsquote	28.5 Prozent	34.6 Prozent	45 Prozent	↑

Abbildung 9: **Entwicklung im Wohnbereich von gestern bis morgen** [21]

1.4 Entwicklungen im Schweizer Immobilien-Markt

Die Entwicklungen im Immobilien-Markt bzw. in der Immobilien-Branche hängen eng mit der demografischen und der gesamtwirtschaftlichen Entwicklung sowie mit allgemeinen gesellschaftlichen Trends in der Schweiz zusammen. So wird beispielsweise die Tatsache, dass die Schweizer Bevölkerung immer älter wird, den Immobilien-Markt stark beeinflussen, müssen doch neue Wohnformen für ältere, oft zahlungskräftige Menschen gesucht und bereit gestellt werden. Auch die zunehmende Vitalität älterer Menschen wird den Immobilien-Markt beeinflussen: Die Bereitschaft, im Alter noch Neues zu beginnen – etwa das Einfamilienhaus zu verkaufen und stattdessen eine zentral gelegene Wohnung zu kaufen oder auch eine Wohnung in einem trendigen Quartier zu mieten – steigt dementsprechend.

[21] aus Studie GDI, Rüschlikon/Spielraum-Stiftung Wohnkultur. Luzern 2008

Gesellschaftliche Trends, wie etwa die Rückkehr in die Stadt als Gegenbewegung zur «Flucht» aufs Land in den 90er-Jahren, haben ebenfalls Einfluss auf den Immobilien-Markt. Eine weitere für den Immobilien-Markt wichtige gesellschaftliche Entwicklung ist jene der zunehmenden Mobilität: Die Schweizer werden mobiler und wollen oder müssen vermehrt umziehen. Dadurch verliert insgesamt die Bindung an einen festen Wohnort an Bedeutung. Auch lässt sich feststellen, dass sich Wohnen von einem Grundbedürfnis zunehmend zu einem Konsumgut entwickelt. Entsprechend wird der Wohnraum und seine Ausgestaltung, Lage und Form von allgemeinen Trends abhängig. Es ist demnach zu erwarten, dass sich die Wohnformen und vor allem auch die Wohnbedürfnisse schneller und häufiger verändern werden. Diese Entwicklungen sind aber stark geprägt von einer gut florierenden Wirtschaft. In wirtschaftlich schlechteren oder unsicheren Zeiten ist der Trend zu einfacheren oder kleineren Wohnformen zu beobachten.

Entwicklung des Nachfragemarktes
Die Entwicklungen in der Immobilien-Branche sind von der demografischen Entwicklung und gesellschaftlichen Trends in der Schweiz abhängig. Die Tatsache, dass die Schweizer Bevölkerung im Durchschnitt immer älter wird, wird Tätigkeiten und Entscheide der Immobilien-Branche künftig stark beeinflussen. Das Bundesamt für Statistik erstellt regelmässig eine Projektion der voraussichtlichen durchschnittlichen Lebenserwartung in der Schweiz. Im Jahr 2000 wurden die Prognosen für die Jahre 2030 und 2060 vorgestellt. Die durchschnittliche Lebenserwartung beträgt gemäss dieser «mittleren Hypothese», also einer vorsichtigen Schätzung, bei Männern 2030 80,5 Jahre, bei Frauen 85,7 Jahre. Im Jahr 2060 werden Männer durchschnittlich bereits 82,6 Jahre alt, Frauen sogar 87,5 Jahre. Diese Zahlen, so unsicher sie auch sein mögen, zeigen dennoch einen klaren Trend zu einer deutlichen Erhöhung der durchschnittlichen Lebenserwartung auf. Überdies ist zu berücksichtigen, dass die so genannte «Baby-Boomer-Generation» bald ins Pensionsalter eintritt.

Neue Wohnformen für das Alter
Die erwähnten Faktoren lassen erahnen, wie sich der Markt für Senioren-Wohnraum entwickeln wird: In den nächsten Jahrzehnten wird eine stetig steigende Nachfrage nach Wohnraum, der speziell auf die Bedürfnisse älterer, vielleicht sogar pflegebedürftiger Menschen ausgerichtet ist, bemerkbar sein. Alte Menschen werden im Nachfragemarkt demnach eine immer grössere Rolle spielen. In den vergangenen Jahrzehnten hat die Zahl der Kleinhaushalte von Rentnern ebenso zugenommen wie die Nachfrage nach Pflegeeinheiten. Daneben gibt es aber verschiedene weitere Wohnformen im Alter, die an Bedeutung gewinnen werden. Denkbar sind etwa Formen wie Alterswohngemeinschaften, Pflegewohngruppen oder Senioren-Residenzen, die sich bereits seit einiger Zeit grosser Nachfrage erfreuen.

Neue Wohnformen für das Alter werden sich verstärkt an den Bedürfnissen der jeweils Betroffenen orientieren müssen. So lässt sich feststellen, dass die Altersgruppe der 65-Jährigen ihren Wohnflächenbedarf in den vergangenen 20 Jahren um 18 m^2 stetig vergrössert hat. Sie beansprucht heute mehr als 60 m^2 pro Person. Gefragt sind somit grosszügige Grundrisse. Doch auch vermehrtes Stockwerkeigentum für

1. DER SCHWEIZER IMMOBILIEN-MARKT

Pensionierte ist gefordert, denn diese Eigentumsform hat bei den 50- bis 75-Jährigen die grösste Bedeutung.

Grössere Vitalität
Ein weiterer Trend lässt sich dahingehend feststellen, dass die Zahl der kaufkräftigen Mittelschicht abnehmen wird. Überdies könnte durch die Überalterung der Bevölkerung der Immobilien-Bestand insbesondere im Einfamilienhausbereich quasi «mitaltern». Zu berücksichtigen ist dabei auch, dass die Menschen nicht nur immer älter werden, sondern meist bis ins hohe Alter vital bleiben. Die Bereitschaft, auch im Alter Neues zu beginnen – etwa eine neue Wohnung zu kaufen – steigt dementsprechend. So kann bereits jetzt festgestellt werden, dass immer häufiger ältere Ehepaare, deren Kinder ausgezogen sind, ihr noch gutes, vielleicht aber peripher gelegenes Einfamilienhaus verkaufen und stattdessen eine Stadtwohnung kaufen oder mieten – auch teure Mietwohnungen in Trendquartieren sind mögliche bevorzugte Objekte. Urbane Wohnformen gewinnen zur Zeit an Bedeutung, während auf der anderen Seite eine gewisse «Landflucht» nicht zu bestreiten ist.

Junge bleiben im Elternhaus
Zu beobachten ist auch, dass die jungen Erwachsenen in wirtschaftlich schwierigen Zeiten länger im – finanziell günstigeren – Elternhaus bleiben. Dies ist vor allem im Markt der Kleinwohnungen schnell spürbar. Generell werden Umzugswünsche in eine grössere und meist auch teurere Wohnung in wirtschaftlich angespannten Zeiten eher zurückgestellt. Zieht die Konjunktur wieder an und scheint die Beschäftigungssituation gesichert, so sind entsprechend rasch mehr Umzugswillige vorhanden und die Ansprüche im Wohnungsmarkt steigen.

Vermehrte Mobilität
Allgemein lässt sich festhalten, dass die lange Bindung an einen Standort eher an Bedeutung verlieren wird. Die Schweizer werden mobiler und wollen oder müssen vermehrt umziehen, da unter anderem auch die Arbeitgeber eine immer grössere Flexibilität verlangen. Das Wohnen wird sich von einem Grundbedürfnis zunehmend zu einem Konsumgut entwickeln. Entsprechend wird der Wohnraum und dessen Ausgestaltung, Lage und Form von gesellschaftlichen Trends abhängig. Es ist demnach zu erwarten, dass sich die Wohnformen und vor allem die Wohnbedürfnisse schneller und häufiger verändern werden.

Der Büroraum wird kleiner
Der Trend bei den Geschäftsliegenschaften geht zu immer kleineren Quadratmeterflächen pro Mitarbeiter. Immer besser werden Restflächen genutzt und Raumeinteilungen optimiert. Dass zum Teil höhere Kadermitarbeiter kein eigenes Büro mehr haben und meist jüngere Mitarbeiter gar nicht mehr damit «aufwachsen», ein Pult ihr eigen zu nennen, kommt aus der zunehmenden Globalisierung und der wichtigen Vorgaben von multinationalen Konzernen. Damit machen sich umgehend Kostenvorteile gegenüber der Konkurrenz bemerkbar und die grössere Flexibilität der Mitarbeiter wird zum Wettbewerbsvorteil. Dagegen muss die grössere Anonymität, die schwindende Arbeitsplatzkultur und die höhere Fluktuation als Gegengewicht

ins Feld geführt werden. Auch die aufwändigen Geschäftreisen der führenden Manager in Grosskonzernen werden stark eingeschränkt und durch sogenannte Telepräsenzsysteme ersetzt. Der Markt für Bürobauten wird sich noch stärker nach der schwindenden Nachfrage und den vorhandenen Überkapazitäten in Altbauten richten müssen. Grosskonzerne werden sich aber trotzdem eher in einem etwas teureren Neubau als in günstigeren und schneller verfügbaren Altbauten niederlassen. Dabei spielt eine schnellere Bauzeit von modernsten und energiesparenden Bürobauten eine immer wichtigere Rolle.

Der Büroraum im Jahr 2030
Nicht nur im Wohnbereich, sondern auch im Bürobau mit seinen vielen Nutzern ist die Trendforschung wichtig. Die zu erwartenden Veränderungen werden die Immobilien-Branche und seine Märkte stark beeinflussen. Laut einer Studie legen jüngere Büromitarbeiter immer weniger Wert auf einen eigenen Schreibtisch. Die technologische Entwicklung sowie Zeitverträge, Freiberufler und Wissensmitarbeiter werden den zukünftigen Büroarbeitsplatz stark beeinflussen.

Wer legt Wert auf einen eigenen Schreibtisch

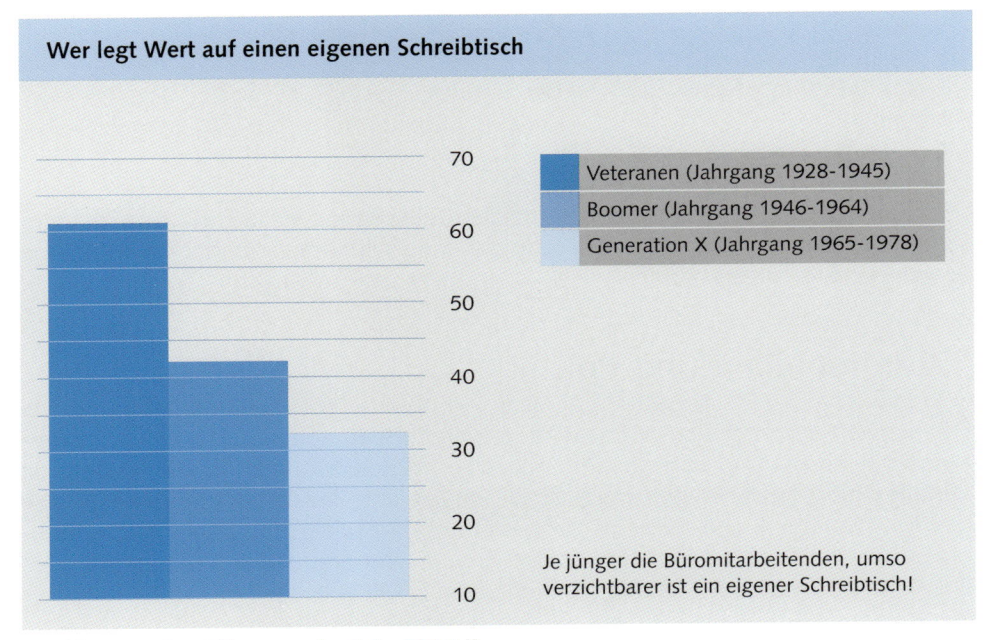

- Veteranen (Jahrgang 1928-1945)
- Boomer (Jahrgang 1946-1964)
- Generation X (Jahrgang 1965-1978)

Je jünger die Büromitarbeitenden, umso verzichtbarer ist ein eigener Schreibtisch!

Abbildung 10: **Der Büroraum im Jahr 2030** [22]

---

[22] Studie von Johnson Controls, Essen/Deutschland, 2009

1. DER SCHWEIZER IMMOBILIEN-MARKT

Verkaufsflächen im Verdrängungskampf
Bei den Verkaufsflächen (Retail) geht der Verdrängungswettbewerb munter weiter. An Top-Lagen können nach wie vor Spitzenmietpreise erzielt werden, mit der Tendenz einer Abflachung. Die in den letzten fünf Jahren in der Schweiz entstandenen und geplanten Einkaufscenter, zukünftig besser als «Erlebniscenter mit Einkaufsmöglichkeiten» genannt, verdrängen und verändern merklich das historisch gewachsene Einkaufsverhalten vor allem in ländlichen Gebieten. Laut einer Studie der Credit Suisse droht bei den Verkaufsflächen eine «schmerzhafte Marktbereinigung».

Was sind Spezialimmobilien?
Als Spezialimmobilie kann alles neben den Nutzungen Wohnen, Büro, öffentliche Gebäude/Handel/Gewerbe bezeichnet werden. Als prägendes Element einer Spezial- oder Sonderimmobilie kann bezeichnet werden, dass sich die Nutzungserfordernisse an einem bestimmten Nutzer orientieren. Nutzer und Eigentümer müssen nicht identisch sein.

Auflistung von Spezialimmobilien

- Verkauf
- Ausbildungsorientiert
- Spital- und Pflegeheime
- Hotels
- Gastwirtschaften
- Klein- und Nebengebäude
- Lager
- Ver- und Entsorgung
- Kunst/Kultur/Sport

Die aufgeführten Spezialimmobilien machen zusammen nur rund 16 % des gesamten Immobilien-Bestandes aus. Jede dieser Spezialnutzungen hat ihren eigenen Markt, dem sie folgen muss.

1.5 Immobilien und Politik

Der Schweizer Immobilien-Markt wird im Vergleich zu anderen Märkten stark politisch beeinflusst und von der Öffentlichkeit kritisch beobachtet. Die Materie ist komplex, und entsprechend hoch ist die Regeldichte im Bereich Immobilien. Die Gesetze, Vorlagen und Reglemente betreffen etwa die Raumplanung, die Steuergesetze, das Stockwerkeigentum, den Erwerb von Immobilien durch Ausländer, Bau- und Zonenordnungen und nicht zuletzt das Mietwesen.

Vom Hypothekar- zum Referenzzinssatz
Die Mieten in der Schweiz waren jahrzehntelang von den Hypothekarzinsen abhängig. Die Mieter und Vermieter hatten sich längst daran gewöhnt: Sanken oder stiegen die Hypothekarzinsen, so kamen – mit Verzögerung – entsprechend auch die Mieten in Bewegung. Der ganze Fokus der Immobilien-Branche und der Mieterschaft war in den Kantonen auf die jeweiligen Kantonalbanken gerichtet, welche den Zinsschritt bekannt gaben, welcher an die variablen Hypotheken gekoppelt war. Da diese Zinsschritte nicht einheitlich passierten, galten von Kanton zu Kanton meist unterschied-

liche Zinssätze. Eine Loslösung der Mietzinsen von den Hypothekarzinsen wurde vom Schweizer Volk im Februar 2004 mit grosser Mehrheit abgelehnt. Es wurde befürchtet, damit eine ständig steigende Preisspirale in Gang zu setzen. So blieb der variable Hypothekarzins weiterhin massgebend für steigende oder sinkende Mietzinsen.

Seit dem 1. Januar 2008 ist mit der geltenden Regelung aber definitiv Schluss, seither gilt die Änderung der Verordnung über die Miete und Pacht von Wohn- und Geschäftsräumen. Diese sieht vor, dass für Mietzinsanpassungen aufgrund von Änderungen des Hypothekarzinssatzes künftig für die ganze Schweiz ein einheitlicher Referenzzinssatz gilt. Dieser stützt sich auf den hypothekarischen Durchschnittszinssatz der Banken und ersetzt die bisherige individuelle Festlegung. Zur Berechnung des effektiven Mietzinses ist aber nicht nur der Referenzzinssatz massgeblich, sondern zahlreiche weitere, vom Laien kaum zu durchschauende Faktoren wie kostendeckender Ertrag, Kostenstände, Index der Konsumentenpreise, Bruttorendite, Nettorendite, Nettomiete, Betriebskosten. Die föderalistische Struktur der Schweiz sorgt jedoch weiterhin für Intransparenz auf dem Immobilien-Markt, denn das Mietrecht wird in den einzelnen Kantonen unterschiedlich geregelt und mit gängigen Usanzen gehandhabt. Dies hat im Bereich der Immobilien eine höhere Regeldichte zur Folge und eine zusätzliche Verkomplizierung der Materie.

Die Wünsche an das Mietrecht
In welche Richtung soll sich das Mietrecht zukünftig bewegen? Eher in Richtung einer Liberalisierung mit einer von den Eigentümern favorisierten Marktmiete oder eher in Richtung eines staatlich verordneten Mietzinses? Spannungsgeladene Diskussionen zwischen Mieter- und Vermietervertretern werden auch in Zukunft das Terrain für Neuerungen legen. Zumindest sollte darauf geachtet werden, dass künftig keine namhaften kantonalen Unterschiede mehr bestehen, welche die Umsetzung des Mietrechts zusätzlich erschweren. Die Tendenz geht erfreulicherweise in diese Richtung, wenn auch zwischen der deutschen und der welschen Schweiz grosse Unterschiede in der mietrechtlichen Umsetzung bestehen. Zu hoffen bleibt, dass die Politik bei ihren Entscheidungen, Gesetzen und Verordnungen nicht die praktische Umsetzbarkeit im Immobilien-Alltag vergisst. Das Mietrecht sollte einfach, verständlich und erklärbar sein; für die vielen Tausend kleinen und grossen Verwaltungen ebenso wie für die Hunderttausenden von Mietparteien.

Politische Agenda
Der langwierig ausgehandelte Kompromiss der Interessenverbände zur Mietrechtsrevision, wurde vom Westschweizer Mieterverband kurze Zeit nach der Verabschiedung bereits wieder hinterfragt. Die vom Bundesrat anschliessend zu Ungunsten der Vermieter veränderte Vorlage zum neuen Mietrecht wurde vom Nationalrat im Mai 2009 abgelehnt. Nach einem Hin und Her trat der Nationalrat im September 2010 definitiv nicht auf die Bundesratsvorlage zur Mietrechtsrevision ein und hielt am Entschluss von 2009 fest. Damit kann von der gescheiterten Revision des Mietrechts gesprochen werden. Somit stellt das geltende Recht, trotz seiner Schwächen, noch immer den grössten gemeinsamen Nenner dar. Die Regeln zur Mietzinsanpassung sind inzwischen allgemein bekannt und haben sich in der Praxis eingespielt.

1. DER SCHWEIZER IMMOBILIEN-MARKT

Auf die im Januar 2009 vom Hauseigentümerverband HEV eingereichte Volksinitiative «Sicheres Wohnen im Alter» hat der Bundesrat im November des gleichen Jahres einen indirekten Gegenvorschlag in die Vernehmlassung geschickt. Der HEV möchte mit seiner Initiative in erster Linie, dass ab dem AHV-Alter ein einmaliges Wahlrecht besteht, sich dafür zu entscheiden, dass der Eigenmietwert des selbst bewohnten Eigenheimes entfällt und es damit Sinn macht die Hypothekarbelastung abzubauen, was sicher die Folge wäre. Der Bundesrat will mit seinem Gegenvorschlag die Besteuerung des Eigenmietwertes generell abschaffen. Gleichzeitig sollen die bisherigen Abzugsmöglichkeiten beim selbstgenutzten Wohneigentum weitgehend aufgehoben werden, was von den Initianten wieder kritisiert wird. Bei der Annahme des Gegenvorschlages des Bundesrates könnte dies weit reichende Folgen für die Finanzbranche haben. Die Hypotheken würden vielfach zurückbezahlt und die 2009 geschätzten offenen Hypotheken von ca. 740 Milliarden Franken würden spürbar abnehmen. Es wird befürchtet, dass dies zahlreiche eher kleinere Finanzinstitute vor Existenzprobleme stellen wird. In der Zwischenzeit hat die Kommission für Wirtschaft und Abgaben (WAK) den Gegenvorschlag des Bundesrates stark kritisiert und beschlossen nicht auf die Vorlage einzutreten.

Auch das Bundesgesetz über den Erwerb von Grundstücken durch Personen im Ausland – die so genannte «Lex Koller» – steht vor ihrer Aufhebung oder soll mindestens massiv gelockert werden. Der Bundesrat schlägt flankierende Massnahmen vor, damit die Märkte vorab in Tourismusregionen nicht aus dem Ruder laufen und nicht noch mehr «kalte Betten» produziert werden. Das Image des Schweizer Immobilien-Marktes im Ausland – dieser gilt heute als intransparent und abgeschottet – könnte sich durch diese Massnahme verbessern.

Interessenvertretung der Mieter
Die Schweiz ist ein Land von Mietern. Diese sind mit Mieterverbänden gut organisiert und politisch auch regional stark vertreten. Veränderungen im Immobilien-Markt werden sofort politisch genutzt, um Missstände im Mieterschutz anzuklagen. So werden die Mieter bei jeder sich ändernden Marktsituation umgehend dazu aufgerufen sich zu wehren und beim Vermieter ihre Rechte einzufordern. Zudem benutzt etwa der Mieterverband eine tiefe Leerwohnungsziffer dazu, auf steigende Mietzinsen und einen zu kleinen Markt an verfügbaren Wohnungen hinzuweisen. Die Leerwohnungsziffer als operationelle Kennzahl wird jedoch von der Immobilien-Branche stark angezweifelt, da deren Erhebung zu unterschiedlich und zu unregelmässig erfolgt. Nach Ansicht von Immobilien-Fachleuten wird die Leerwohnungsziffer meist tiefer dargestellt, als sie in Wahrheit ist. Die Leerwohnungsziffer als Kennzahl soll deshalb von einer aussagekräftigeren Angebotsziffer abgelöst werden.

Politik beeinflusst die Immobilien-Branche
Wie stark die Immobilien-Branche in der Schweiz von der Politik beeinflusst wird, mag die Diskussion um Parkplätze aufzeigen. Die Anzahl der möglichen Parkplätze können Neu- und Umbauten massiv beeinflussen. So ist der vielfach rekurrierende VCS zu einem eigentlichen «Schreckgespenst» der Immobilien-Branche geworden. Manch ein Immobilienprojekt konnte schlussendlich nicht verwirklicht werden, weil

es sich ohne genügend Parkplätze oder ohne Planungssicherheit nicht rechnen liess. Auf der anderen Seite werden dadurch die Ersteller stärker für die Verkehrsproblematik sensibilisiert, sodass vermehrt sinnvolle Kompromisse gefunden werden. Dennoch kann die Auseinandersetzung um Parkplätze dazu führen, dass eigentlich attraktive Standorte in der Lageklasse abgewertet werden und dadurch an Wert verlieren. Gerade aktuell werfen Gewerbler der Zürcher Innenstadt der Stadt Zürich vor, schleichend mehrere hundert für ihre Existenz wichtige Parkplätze abzubauen. Die Stadtverwaltung kontert, indem sie auf eine falsche Zählweise der Initianten hinweist. Dieses Beispiel zeigt, wie die Politik die Immobilien-Branche und deren Endnutzer (Mieter) beeinflusst.

Den politischen Vorstoss der Zürcher FDP, der von der Vermieterseite grossmehrheitlich unterstützt wurde, das ungeliebte Verbandsbeschwerderecht einschränken zu wollen, scheiterte an der nationalen Volksabstimmung vom 30. November 2008 mit einer hohen Ablehnung von 66 % und der Abfuhr in allen Kantonen.

Immer mehr müssen oder wollen Eigentümer baufällige oder nicht mehr nutzfähige alte Liegenschaften sanieren oder umbauen, um diese einer nachhaltigen neuen Nutzung oder einem anderen Nutzungssegment zuführen zu können. Vielfach werden die investitionswilligen Eigentümer in langwierige Verhandlungen mit dem Heimatschutz oder der Denkmalpflege gedrängt. Dabei müssen sie zum Teil – um bauen zu können – nicht mehr refinanzierbare Kompromisse eingehen. Viele Eigentümer sanieren ihre Liegenschaften nach ökologischen Gesichtspunkten und investieren in Minergie- und erneuerbare Energiekonzepte. Oft führt die ökologisch sinnvolle Montage von Solar- oder Photovoltaikanlagen auf Dächern zu Problemen, da diese auf Dächern wiederum in Dorfkernen nicht erlaubt sind und dieses Thema schweizweit sehr unterschiedlich gehandhabt wird.

Der grosse Einfluss der Politik auf den Wert und die Wohnqualität eines Standortes zeigt sich beispielsweise auch bei den Diskussionen rund um die An- und Abflugrouten des Flughafens Zürich-Kloten. Plötzliche massive Änderungen der Flugrouten, aus politischen Gründen gefordert oder nötig, können Einfluss auf Vermögenssteuer- und Eigenmietwerte haben. Betroffene Standorte verlieren an Attraktivität, was sich im Land- und Kaufpreis einer Immobilie niederschlagen kann. In weniger belasteten Gebieten hingegen kann mit einer steigenden Nachfrage nach Immobilien gerechnet werden, was wiederum anziehende Preise zur Folge hat. Im Herbst 2009 hat der Regierungsrat des Kantons Zürich bekannt gegeben, dass der Kanton nicht die Flugbewegungen des Flughafens, sondern das Bauen in belasteten Gebieten stark einschränken möchte. Die Umsetzung dieser Bekanntgabe wird noch für einigen Diskussionsstoff sorgen.

1.6 Die Transparenz nimmt zu

Wie bereits die vorangehenden Ausführungen aufgezeigt haben, war der Immobilien-Markt durch zwei Tendenzen gekennzeichnet: Einerseits gibt es wenig verlässliche

1. DER SCHWEIZER IMMOBILIEN-MARKT

und übersichtliche Kennzahlen und Fakten über seine Ausmasse und seine volkswirtschaftliche Bedeutung, andererseits ist der Immobilien-Markt stark verpolitisiert und durch eine hohe Regeldichte eingeschränkt. Diese Tatsachen führten dazu, dass im Bereich des Schweizer Immobilien-Marktes nur eine geringe Transparenz vorhanden war und Daten auch heute noch in mühsamer Kleinarbeit zusammengesucht werden müssen. Lange Zeit war es sogar tabu, Zahlen, Renditen, Verluste und Verflechtungen der Immobilien-Branche offen zu legen und zu kommunizieren. Nur dank den börsenkotierten Unternehmen, die ihre Zahlen offen legen müssen, wird nun eine grössere Transparenz erreicht. Erst seit den letzten zehn Jahren sind Zahlen aus der Immobilien-Branche zusehends einer breiteren Öffentlichkeit bekannt.

Die verschiedenen Bemühungen um mehr Transparenz werden nun systematischer präsentiert und erreichen damit ein breiteres Publikum. So publiziert das Beratungsunternehmen Wüest & Partner seit nunmehr 18 Jahren das so genannte Immo-Monitoring, Grundlageninformationen zu den Bau- und Immobilien-Märkten der Schweiz. Diese Berichte haben wesentlich zur Verbesserung der Transparenz und zur Fortschreibung von Entwicklungen der Märkte beigetragen. Durch die aufgezeigten Fakten oder Entwicklungsannahmen ist in der Branche erst eine Diskussion und eine breitere Meinungsbildung zu Benchmarks im Immobilien-Bereich möglich. Nach dem Erscheinen des jeweiligen Berichtes wird regelmässig in Auszügen in den Schweizer Medien berichtet. Selbst das Schweizer Fernsehen widmet den neuesten Immobilien-Kennzahlen und Trends am Erscheinungstag einen Beitrag. Auch das Informations- und Ausbildungszentrum für Immobilien IAZI hat sich zum Ziel gesetzt, im Schweizer Immobilien-Markt mehr Transparenz zu schaffen und publiziert deshalb regelmässig Informationen. 2009 veröffentlichte das Beratungsbüro ein Gemeinderating der 854 grössten Gemeinden mit 20 bewertenden Faktoren, wo Feusisberg aus dem Kanton Schwyz den ersten Platz belegte. Als einer der führenden unabhängigen Dienstleister im Immobilien-Geschäft veröffentlicht die Firma Colliers (Schweiz) seit 1992 eine systematische Übersicht des landesweiten Angebotes an Büronutzflächen. Sie beruht auf der Angebotsauswertung der 30 grössten Online-Immobilien-Plattformen sowie auf Umfragen und Interviews mit rund 180 Immobilien-Experten.

Neben diesen erwähnten seit längerem erscheinenden Publikationen präsentieren auch viele kleinere Unternehmen in unregelmässigen Abständen Kennzahlen und kommentieren Aspekte der Immobilien-Wirtschaft. Natürlich ist dieser Aktivismus grundsätzlich zu begrüssen, doch führt genau diese Vielfalt an Teilinformationen zur Unübersichtlichkeit und verhilft der Branche nicht zu mehr Transparenz. Zudem können unterschiedliche Erhebungs- und Berechnungsmethoden von Kennzahlen des Immobilien-Marktes zu einem Zerrbild des Resultats führen, was vom Betrachter nicht auf den ersten Blick erkannt werden kann. Im Bereich der Wohn- oder Nutzfläche von Miet- oder Kaufobjekten beispielsweise gehen die Methoden und die Bestimmung der relevanten Fläche in der Praxis nach wie vor auseinander. Dies kann bei der unterschiedlichen Erfassung von ganzen Portfolios eine wesentliche Rolle in der Bewertung spielen. Zudem sind immer noch Unterschiede bei der Wertung eines Mietzinses zu verzeichnen, weil eine zu grosse Vermischung mit ausgelagerten und nicht ausgelagerten Nebenkosten stattfindet. Somit ist der angegebene Netto- oder

Bruttomietzins nicht klar vergleichbar, was zu Differenzen von bis zu 10 % führen kann. Im Vergleich zur Transparenz in anderen Branchen muss deshalb immer noch von einer unbefriedigenden Situation gesprochen werden. Einheitliche Kennzahlen und Kriterien zu deren Bewertung sollen ein vorrangiges Ziel der Schweizer Immobilien-Wirtschaft sein. Bemühungen in diese Richtung sind auf verschiedenen Ebenen im Gange, wobei Besitzer von grossen Immobilien-Portfolios dabei eine Vorreiterrolle übernehmen.

1.7 Die Teilnehmer am Immobilien-Markt

Nachfrageseite	Interessen
Mieter	Individuelle Vorstellungen bei Grösse, Komfort, Lage; tiefer Mietzins; Flexibilität im Mietverhältnis
Käufer	Individuelle Vorstellungen bei Grösse, Komfort, Lage; tiefer Kaufpreis
Angebotsseite	**Interessen**
Vermieter	Langfristige Maximierung der Eigenkapitalrendite; Optimierung des Anlagerisikos
Netzwerke Dienstleister	Fachliche Unterstützung von Prozessen
Immobilien-Bewirtschaftungsfirmen	Hohe Mandatserträge; problemlose Liegenschaften
Investoren und börsenkotierte Unternehmen	Langfristige Maximierung der Eigenkapitalrendite; Optimierung des Anlagerisikos
Total- und Generalunternehmer; Lieferanten	Maximierung der eigenen Marge; optimale Auslastung; Zufriedenstellung des Auftraggebers
Einzelverkäufer/-vermittler	Zahlreiche und attraktive Mandate; hoher Umsatz und Vermittlungsprovision; schnelle Verkäufe
Facility Management	Technisch einwandfrei funktionierende Liegenschaften
Architekten	Umsetzung ihrer Vorstellungen und Konzepte, möglichst ohne Abstriche; erstellen von architektonisch herausragenden Bauten
Andere Beteiligte	**Interessen**
Verbände	Je eigene Partikularinteressen gemäss Statuten; dabei können Verbände eher auf der Nachfrage- oder auf der Angebotsseite stehen (z.B. Hauseigentümer- vs. Mieterverband)
Immobilien-Presse	Hohes Inseratevolumen; attraktives Umfeld für Inserenten; verstärkte Wahrnehmung inner- und ausserhalb der Branche
Gesetzgeber	Gewährleistung der Funktionstüchtigkeit des Marktes; Verhinderung von Marktungerechtigkeiten; angemessener Schutz von Minderheiten
Heimat- und Denkmalschutz	Erhaltung wertvoller Bausubstanz
Umweltschutzverbände	Schutz der Umwelt
Öffentlichkeit/Gesellschaft	Verbesserung der Lebensqualität der betroffenen Bevölkerung

Abbildung 11: **Wichtigste Teilnehmer am Immobilien-Markt**

1. DER SCHWEIZER IMMOBILIEN-MARKT

Am Immobilien-Markt sind zahlreiche Anbieter und Nachfrager beteiligt: von Banken über Versicherungen bis zu Mietern, Eigentümern, Gewerbe sowie natürlich alle Dienstleister und Unternehmen der Immobilien-Branche. Somit steht praktisch die gesamte Schweizer Bevölkerung direkt oder indirekt mit der Immobilien-Wirtschaft und ihren Nebenbetrieben in Verbindung. Die in diesem und im folgenden Kapitel vorgestellten Anbieter und Nachfrager stellen deshalb lediglich einen Ausschnitt dar. Entscheidend ist, dass alle Parteien zum Teil deutlich divergierende Partialinteressen verfolgen. Die vorherige Tabelle gibt einen Überblick über die Teilnehmer am Markt und ihre hauptsächlichen Interessen.

1.7.1 Vom Allrounder zum Spezialisten

In der Immobilien-Branche hat sich im vergangenen Jahrzehnt einiges verändert. An den Schalthebeln vieler grosser und mittlerer Immobilien-Unternehmen sitzen heute nicht mehr Generalisten, deren Know-how von Investmentfragen bis hin zur «Waschküchenproblematik» reicht, sondern immer mehr akademisch gebildete Spezialisten. Mit spezialisierten Bewertungstools können sie unrentable oder peripher gelegene Objekte rascher identifizieren und allenfalls abstossen. Diese Entwicklung kann den Nachteil haben, dass diese Spezialisten (meist Portfolio-Manager) etwas anonym agieren, da sie eventuell weit weg von den Immobilien-Standorten, den Nutzern und dem Bewirtschaftungsalltag sind. Dadurch gerät der Markt in Bewegung und die Eigentümerstrukturen verändern sich. Auch die grossen Wohnbaugenossenschaften orientieren sich zunehmend an betriebs- und finanzwirtschaftlichen Konzepten und werden so zu professionellen Bewirtschaftern ihrer Immobilien. Die Verdrängung bestimmter Bewohnerkategorien ist dabei nur selten eine beabsichtigte Handlungsfolge. Meistens geschieht dies als Nebeneffekt von Immobilien-Strategien und ihren Umsetzungen.

Quereinsteiger
Meist finden Berufsleute über Umwege zu einer Tätigkeit in der Immobilien-Branche. Vor allem ehemalige Baufachleute sind häufig in administrativen Bereichen anzutreffen, etwa in der Bewirtschaftung. Mit einem ansehnlichen Vorwissen ausgestattet, eignen sich diese Quereinsteiger nach und nach ein umfassendes Wissen an und entwickeln sich zu eigentlichen Immobilien-Profis.

Häufig steigen jedoch auch «Laien» in den Immobilien-Markt ein, die kaum Vorwissen haben und ihr Glück erst einmal nach dem Motto «Learning by doing» versuchen, so etwa Privateigentümer von Liegenschaften. Der Einstieg wird dem Laien leicht gemacht, denn es existieren wenig Regeln oder geschützte Berufstitel. Die Immobilien-Branche kennt keine Zugangsbeschränkungen. Private Anbieter, die sich ihr Wissen nach und nach in der Praxis aneignen, haben in der Schweiz deshalb immer noch ein grosses Gewicht und stellen für die Profis eine Konkurrenz dar. Dennoch: Trotz der nach wie vor grossen Bedeutung privater Anbieter wechseln immer mehr bisher privat verwaltete Portfolios zu professionellen Firmen.

1.7.2 Immobilien-Bewirtschaftungsfirmen

Die Immobilien-Bewirtschaftungsfirmen haben sich in den vergangenen Jahren stark professionalisiert. Dies wurde nötig, um einerseits die zum Teil sinkende Mieteinnahmen auszugleichen und andererseits die gestiegenen Aufwendungen und die Anforderungen – nicht zuletzt auf rechtlicher Ebene und auf Eigentümerseite – zu kompensieren. Die meisten Bewirtschaftungshonorare sind nach wie vor auf Prozentbasis an die Mietzinseinnahmen gebunden und sinken deshalb einerseits bei Leerständen, andererseits bei sinkenden Hypothekarzinsen (vgl. auch Kapitel 1.9.8). Viele grosse Bewirtschaftungsfirmen gehen deshalb dazu über, mit grösseren Kunden Leistungsverträge abzuschliessen, um nicht mehr einzig an die Mietzinseinnahmen gebunden zu sein. So können mit dem Kunden Mehrjahresziele vereinbart werden. Ein anderes Leistungsziel kann darin bestehen, die Nebenkosten im Mehrjahresvergleich zu senken, ohne den Unterhalt zu vernachlässigen. Neben einer pauschalen Entschädigung sind durchaus auch erfolgsabhängige Faktoren möglich. Doch kann etwa für eine Liegenschaft mit dauerhaft hoher Fluktuation der Mieterschaft und somit erhöhter Leerstandsgefahr das Honorar nicht alleine über die erzielten Mietzinseinnahmen gesteuert werden. Vielmehr muss der erhöhte Aufwand und die gesteigerten Erwartungen der Auftraggeberschaft angemessen entschädigt werden. Dass sich das jetzige Honorarmodell weitgehend etablieren konnte, lässt sich mit dem Argument erklären, dass bei einer grossen Anzahl von zu bewirtschaftenden Liegenschaften ein gewisser Ausgleich zwischen aufwändigen und «undankbaren» und grossen sowie weniger aufwändigen Liegenschaften besteht.

Konzentrationsprozess
In der Immobilien-Bewirtschaftung ist ein Konzentrationsprozess im Gang. Die grossen Bewirtschaftungsfirmen wurden durch Übernahmen noch grösser. Ausserdem konzentrieren sich grosse Anleger auf wenige Bewirtschaftungsfirmen und lösen Bewirtschaftungsaufträge mit lokalen Anbietern auf. Dennoch besteht die grosse Masse der Immobilien-Firmen aus kleinen und Kleinstfirmen, was mit den nicht existierenden Zugangsbeschränkungen zur Immobilien-Branche zu erklären ist. Im Prinzip bietet jede Privatperson, die eine Wohnliegenschaft geerbt hat und diese selber verwaltet, die gleiche Dienstleistung an wie die «Grossen» im Geschäft.

Zunehmende Segmentierung
Viele Immobilien-Firmen stossen vermehrt Mandate von Stockwerkeigentümer-Gemeinschaften ab, da die Erträge dieser Mandate meist in einem schlechten Verhältnis zum Aufwand stehen. Es gibt jedoch kleinere Firmen, die sich auf die Verwaltung von Stockwerkeigentümer-Gemeinschaften spezialisiert und so eine Nische oder den Einstieg für sich entdeckt haben. Die Segmentierung im Bewirtschaftungsgeschäft könnte sich in Zukunft verstärken, denn kleinere Verwaltungen ohne ausgefeilte Reportingsysteme werden kaum mehr für grosse Investoren arbeiten können. Zudem wird die Verwaltung von Geschäftshäusern heute zunehmend von spezialisierten Firmen oder Abteilungen angeboten. Die Zeit, als kleine Immobilien-Firmen sämtliche Immobilien-Dienstleistungen erfolgreich anbieten konnten, scheint vorbei zu sein. Bei Nischenangeboten und kleinen Portfolios bleibt jedoch

1. DER SCHWEIZER IMMOBILIEN-MARKT

weiterhin genügend Spielraum auch für kleinere Firmen. Eine Stärke der kleineren Unternehmen ist ihre Flexibilität und die tieferen Kosten.

Organisations- und Koordinationsaufwand
Während der traditionelle Verwalter in erster Linie dafür sorgt, dass eine gewisse Kontinuität gewährleistet wird, versucht der heutige Bewirtschafter das Optimum aus einer Liegenschaft herauszuholen. Eine verbesserte Rendite zu erzielen heisst dabei nicht nur, die Mietzinse zu optimieren, sondern auch, eine Liegenschaft bezüglich Unterhalt zu bewirtschaften und eine hohe Fluktuation zu vermeiden. Das Bewirtschaftungsgeschäft wird zunehmend zu einer Organisations- und Koordinationsarbeit und ist ohne entsprechende Bewirtschaftungssoftware kaum effizient zu bewältigen. Die anspruchsvollen Prozesse der Vermietung und des gesamten Vertragswesens, vom Liegenschaftenunterhalt bis zur Liegenschaftenabrechnung müssen durch eine Software optimal verknüpft und bedienerfreundlich gestaltet werden. Auch die Kostentransparenz und die Finanzplanung gewinnen zunehmend an Bedeutung, und die schweizerischen Mietrechtsgesetze müssen berücksichtigt und nachvollzogen werden können.

Auswahl der grössten Immobilien-Bewirtschaftungsfirmen
Um die Dimensionen der Schweizer Immobilien-Bewirtschaftungsfirmen aufzuzeigen, ist nachstehende Tabelle hilfreich. Ohne Anspruch auf Vollständigkeit werden darin einige der grössten Bewirtschaftungsfirmen in der deutschen und französischen Schweiz mit aussagekräftigen Zahlen [23] aufgelistet. Aus den Zahlen ist ersichtlich, dass Nebenobjekte – also Parkplätze, Abstellräume, Bastelräume etc. – einen wesentlichen Bestandteil der verwalteten Verträge ausmachen.

---

[23] 2010; Selbstdeklaration der genannten Unternehmen

Unternehmen, Sitz, Eigentümer Wohnobjekte	Standorte	MA total	MA Bewirtschaftung	Verwaltete Hauptverträge	Verwaltete Nebenverträge
Colliers CSL AG, Zürich	3	> 50	< 20	> 10 000	> 3 000
EPM Swiss Property Management AG, Wallisellen	12	> 200	> 100	> 40 000	> 25 000
Intercity Group, Zürich	10	> 150	> 50	> 20 000	> 10 000
Livit AG Real Estate Management, Zürich	9	> 300	> 250	> 70 000	> 50 000
Naef et cie sa, Genf	5	< 250	> 150	30 000	15 000
Privera AG, Bern	13	< 400	< 200	> 70 000	> 35 000
Regimo Immobilien, Zürich	7	> 100	< 100	> 20 000	> 20 000
Schaeppi Grundstücke Verwaltungen KG, Zürich	3	> 100	> 50	> 30 000	> 10 000
VERIT Immobilien AG, Zürich	9	> 150	> 100	> 35 000	> 10 000
Von Graffenried AG Liegenschaften, Bern	2	> 200	> 50	> 10 000	> 10 000
Wincasa AG, Winterthur	12	> 600	> 300	> 65 000	> 85 000

Legende:
Mitarbeiter total: Gesamtzahl der Mitarbeiter aller Standorte
Mitarbeiter Bewirtschaftung: Anzahl Mitarbeiter in der Bewirtschaftung, inkl. Rechnungswesen der Bewirtschaftung und Stockwerkeigentum
Verwaltete Hauptverträge: Anzahl Verträge für Wohn- und Gewerbeobjekte
Verwaltete Nebenverträge: Anzahl Verträge für übrige Objekte wie Parkplätze, Abstellräume, Bastelräume

Abbildung 12: **Immobilien-Bewirtschaftungsfirmen im Vergleich**

1.7.3 Investorenmarkt

Immobilien-Investments
Es gibt grundsätzlich zwei Möglichkeiten, in Immobilien zu investieren: direkte und indirekte Anlagen. Bei den indirekten Anlagen stehen in der Schweiz verschiedene Anlageformen zur Verfügung: offene Immobilienfonds, geschlossene Immobilienfonds, Immobilien-Aktiengesellschaften, Immobilien-Aktienfonds, Immobilien Anlagestiftungen und Immobilien-Zertifikate. Nachfolgende Abbildung zeigt die Vor- und Nachteile von direkten und indirekten Immobilien-Anlagen auf.

Immobilien sind eine langfristige und in der Regel solide Kapitalanlage mit einem regelmässigen Ertrag. Sie haben Potenzial für Wertzuwachs und Substanzbildung. In der Schweiz profitieren Immobilien-Investoren überdies grundsätzlich von günstigen Rahmenbedingungen.

1. DER SCHWEIZER IMMOBILIEN-MARKT

	Vorteile	Nachteile
Direkte Immobilien-Anlagen	Lebensqualität und Mietfreiheit bei Eigennutzung	Eingeschränkte Mobilität aufgrund der Ortsgebundenheit bei Eigennutzung
	Verwirklichung der eigenen Träume oder des Prestige	Laufende Instandhaltung
	Kontinuierliche Einnahmen und mögliche Wertsteigerung bei Fremdvermietung	Gefahr der Vermögenskonzentration bei geringem Gesamtvermögen
	Nutzung von besonderen Objekt- oder Marktchancen	Hohe und langfristige Kapitalbindung
	Immobilien-Anlageentscheidung selbst treffen	Leerstandsrisiken bei Fremdvermietung
		Qualifiziertes Immobilien-Wissen ausdrücklich empfohlen bei Fremdvermietung
Indirekte Immobilien-Anlagen	In der Regel geringe Mindestanlagebeträge	Oft stärkere Kursschwankungen
	Hohe Diversifikationsmöglichkeiten bei Immobilien-Märkten und Nutzungsarten	Grössere Abhängigkeit von Börsenentwicklungen
	Breite Risikostreuung	Abhängigkeit von der Qualität des Managements
	Oft börsentägliche Liquidierbarkeit	Teils hohe Managementgebühren
	Kurz- bis mittelfristiger Anlagehorizont möglich	Erhebliche Ausgabeaufschläge oder Agios bei Kauf
	Kaum umfangreiches Immobilien-Wissen notwendig	In der Regel kein Mitspracherecht in Bezug auf die Immobilien-Anlageentscheidung
	Teilweise Steuervergünstigungen bei Auslandsanlagen	

Abbildung 13: **Vor- und Nachteile von direkten und indirekten Immobilien-Anlagen** [24]

Die Attraktivität direkter Immobilien-Anlagen zeigt sich am Beispiel aus dem Jahr 2007 im Vergleich der Renditen dieser Anlageform mit anderen Anlagemöglichkeiten. So liegen die Renditen bei Immobilien im Direktbesitz bei 7,6 %. Im Vergleich dazu bringen Schweizer Immobilien-Fonds 7,2 % und Obligationen 5,1 % durchschnittliche Rendite pro Jahr. Einzig die Anlage in Schweizer Aktien bringt mit jährlich 9,2 % eine deutlich höhere Rendite; allerdings birgt diese Anlageform auch ein deutlich höheres Risiko als die direkte Anlage in Immobilien. [24] Im Zuge der Finanzkrise sanken 2009 die Renditen der verschiedenen Anlagemöglichkeiten. Vor allem die Schweizer Aktien und auch die Obligationen büssten an Rendite ein, wobei sich die Rendite des Immobiliendirektbesitzes stabil hielt.

In der Schweiz konzentrieren sich die Investitionen von institutionellen Anlegern in Immobilien in der Regel auf die wirtschaftlichen Zentren. Auch Immobilien-Aktiengesellschaften bezeichnen Grossstädte wie Zürich, Basel und Genf als attraktivste Regionen. Investiert wird meist in renditestarke Objekte mit Entwicklungs- und Ausbaupotenzial und in für die jeweilige Nutzung optimale Standorte. Investoren fällen wichtige Standortentscheide, denn sie bewerten die Qualität von Standorten und werten diese dadurch eventuell unbeabsichtigt auf oder ab. In den letzten

---

[24] Immobilien Business, Juni 2007

1.7 Die Teilnehmer am Immobilienmarkt

Jahren ist es für Investoren immer schwieriger geworden, attraktive Objekte oder Grundstücke in Toplage zu finden. Der Konkurrenzkampf der Investoren nimmt ständig zu und konzentriert sich vermehrt auf Grundstücke und Liegenschaften an B- und C-Lagen sowie zunehmend ausserhalb der Grossstädte.

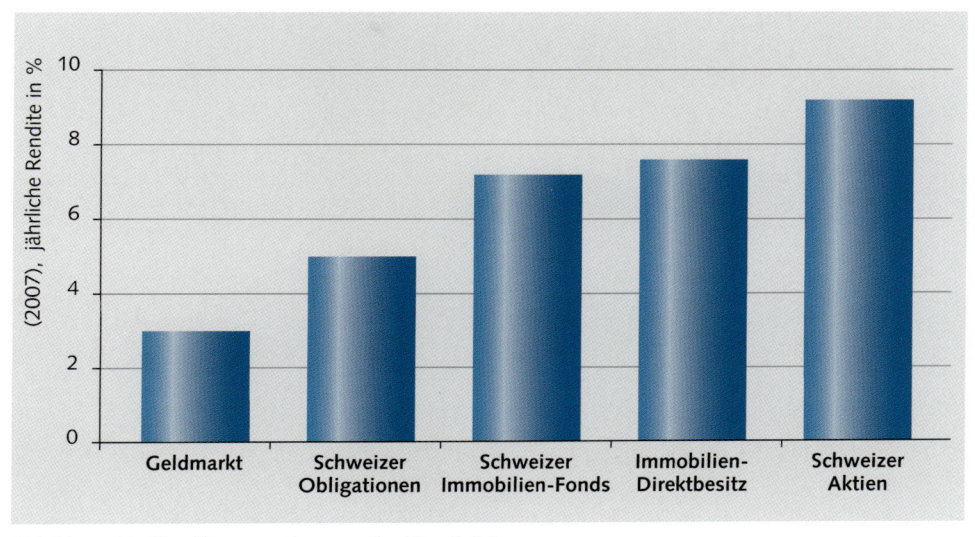

Abbildung 14: **Renditeerwartungen im Vergleich**

Professionelles Portfolio-Management
Bei der Bewertung und Bewirtschaftung von Immobilien-Investitionen ist umfassendes Wissen und Erfahrung gefragt. Für kleinere Anleger ist eine professionelle Beratung deshalb unumgänglich. Zielsetzungen für ein erfolgreiches Immobilien-Portfoliomanagement sind die folgenden:

– Strategische Steuerung und Kontrolle
– Erkennen von Potenzial und Risiken
– Bewertungen auf dem aktuellen Stand halten

Dazu bieten sich nachstehende Methoden und Planungsinstrumente an:
  – Sachwertmethoden (Real- und Substanzwert, Landwert): erfolgen auf der Grundlage der vorhandenen Bausubstanz
  – Vergleichswertmethoden (Vergleiche mit Freihandtransaktionen): erfolgen auf der Grundlage von statistischen Auswertungen
  – Ertragswertmethoden (DCF usw.): erfolgen über den erwarteten Ertrag
  – Hedonistische Methoden

Börsenkotierte Immobilien-Aktiengesellschaften
Wie Immobilien-Fonds sind börsenkotierte Immobilien-Aktiengesellschaften eine indirekte Anlagemöglichkeit. Allerdings handelt es sich dabei um eine eher junge Anlageform: Die drei grössten Immobilien-Aktiengesellschaften sind erst seit 2000

1. DER SCHWEIZER IMMOBILIEN-MARKT

an der Börse kotiert. Die Immobilien-Aktiengesellschaften haben die Wirtschaftskrise überstanden und sind bereits wieder im Plus mit 13,3 % (2005: 15,5 %). Das Vertrauen in die Stabilität des Schweizer Immobilien-Marktes ist gewachsen. Die eigentlichen Gewinner der letzten beiden Börsenjahre sind jedoch die schweizerischen Immobilien-Fonds, die auf 18.7 % (2005: 4,8 %) zulegten. Die hohe Unsicherheit an den Kapitalmärkten hat viele Anleger Ausschau halten lassen nach stabilen und werthaltigen Anlagen. [25]

Die Strategien der einzelnen Immobilien-Aktiengesellschaften sind sehr unterschiedlich, ebenso wie die Tätigkeitsfelder. Im Unterschied zu Immobilien-Fonds fokussieren sie in der Regel jedoch vorwiegend auf Geschäftsliegenschaften in den grossen Städten sowie auf bedeutende Entwicklungsliegenschaften.

Unternehmen	Immobilien-Bestand (Mio. CHF)	Erstes Handelsjahr der Aktie
Allreal	2 391	2000
Intershop Holding	1 208	2003
Flughafen Zürich	2 424	2000
Mobimo	2 019	2005
PSP Swiss Property	5 092	2004
Swiss Prime Site	8 137	2000
Warteck Invest	474	1995
Züblin Immobilien Holding*	1 493	2005

Abbildung 15: **Ausgewählte börsenkotierte Immobilien-Gesellschaften im Vergleich per 30.6.2010**   * per 31.3.3010

Immobilien-Fonds

Eine weitere Form der indirekten Immobilien-Anlage stellen Immobilien-Fonds dar. 2009 wurden in der Schweiz 19 Immobilien-Fonds an der Börse gehandelt und das Anlagevolumen in Immobilienfonds betrug Ende Juni 2010 rund 26 Mrd. Franken. [26] Die Vorteile der Fonds liegen in einer hohen Wertbeständigkeit und geringen Kursschwankungen und damit einem geringeren Risiko. Die Fonds bringen zwar weniger Rendite als Immobilien-Aktien, in der Regel aber höhere als festverzinsliche Papiere. Im Durchschnitt der letzten 30 Jahre erzielten die Schweizer Immobilienfonds eine Ausschüttungsrendite von über 3,5 % und eine Gesamtperformance (Ausschüttung plus Kursgewinn) von mehr als 6 %.

---

[25] 2010; Credit Suisse Economic Research: Swiss Issues Immobilien. Fakten und Trends
[26] 2010; Schweizerische Nationalbank; Statistisches Monatsheft

1.7.4 Total- und Generalunternehmer

Totalunternehmer
Der Totalunternehmer (TU) ist ein Unternehmer, der in einem Vertragsverhältnis nicht nur die Ausführung, sondern – je nach Wortlaut – auch die Projektierung und Planung zum vereinbarten (garantierten) Preis übernimmt und ein Bauwerk nach Vollendung «schlüsselfertig» an den Auftraggeber übergibt. Totalunternehmer gehören zu den grössten Akteuren im Immobilien-Geschäft. Sie gehen grosse Risiken ein und müssen deswegen über eine gesunde Finanzbasis verfügen. Der Architekt wird in der Bauausführung meist dem TU untergeordnet.

Generalunternehmer
Der Generalunternehmer ist ein Unternehmer, der von einem Bauherrn einen Gesamtauftrag, auf Basis eines Werkvertrages erhält und diesen selbst oder in Zusammenarbeit mit Subunternehmen ausführt. Die grössten Schweizer GU/TU sind im Verband Schweizerischer Generalunternehmer VSGU zusammengeschlossen. Der Verband zählt 21 Mitglieder, die im Jahr 2008 mit werkvertraglich erbrachten Bauleistungen einen Umsatz von CHF 5 684 Mio. (Inland) erarbeiteten.

Projektentwicklung
Die Sparte Projektentwicklung befasst sich mit räumlichen und wirtschaftlichen Problemstellungen – lange bevor ein Projekt reif für die architektonische Umsetzung ist. Ausgehend von einer definierten Problemstellung durchläuft der Entwickler mehrere Stadien der Analyse, bevor er durch persönliche Wertung zur Synthese und über einen kreativen Akt zur Idee gelangt.

Die Idee stellt einen immateriellen Wert dar, der nur schwer einschätzbar ist. Erst wenn die Idee zum Projekt gereift ist, lässt sie sich quantifizieren und qualifizieren. Nicht von ungefähr sind deshalb Entwickler oft selbständige Unternehmer. In letzter Zeit jedoch wird Projektentwicklung zunehmend als eigenständige Abteilung innerhalb eines Totalunternehmens geführt. Projektentwickler übernehmen das finanzielle Risiko ihrer Tätigkeit mindestens bis zum Zeitpunkt, zu dem Dritte (Investoren, Landeigentümer, Nutzer) abschätzen können, was ihnen die Entwicklungsidee wert ist. Das trifft auch dann zu, wenn Dritte mit einem Problem an den Entwickler herantreten. Gerade weil der Wert der frühen Entwicklungsphase oft noch nicht fassbar ist, ist die Projektentwicklung im Beratungsmandat selten. Der Projektentwickler ist auch unter der englischen Bezeichnung «Developer» bekannt, jedoch mehr im internationalen Gebrauch.

Konkurrenz zum Einzelleistungsträger-Modell
In der Schweiz war bis anhin das so genannte Einzelleistungsträger-Modell die übliche Bauabwicklung. Dieses wird jedoch zunehmend konkurrenziert, denn besonders grössere Bauvorhaben werden heute vermehrt mit einem General- oder Totalunternehmer abgewickelt. Der Entscheid für ein bestimmtes Modell, also Einzelleistungs- oder GU-/TU-Modell, sollte stets objektbezogen getroffen werden. Die Auftraggeber erhoffen sich vom GU- bzw. TU-Modell verbesserte Termin- und

1. DER SCHWEIZER IMMOBILIEN-MARKT

Kostensicherheit, günstigere Vergaben und eine vereinfachte Realisierung der Bauvorhaben. Viele im Baugewerbe tätige KMU befürchten deshalb, unter den Preisdruck der GU und TU zu kommen und letztlich ihre Unabhängigkeit zu verlieren. Trotzdem arbeiten viele KMU bereits seit Jahren erfolgreich mit General- oder Totalunternehmern zusammen.

1.7.5 Einzelverkäufer/-vermittler

In der Schweizer Immobilien-Branche ist der Allein- oder Exklusivauftrag üblich, während davon im Ausland meist nur geträumt werden kann. Das Maklergeschäft ist nach wie vor stark personenbezogen. So ist auch in einem grösseren Immobilien-Unternehmen der Immobilien-Makler meist ein Einzelkämpfer. In der Schweiz gibt es zudem zahlreiche freischaffende Einzelpersonen, die in der Immobilien-Branche Fuss gefasst haben und über ein entsprechendes Netzwerk sowie umfassende Marktkenntnisse verfügen. Je nach Marktsegment wird daher auch von namhaften Unternehmen die Zusammenarbeit mit freischaffenden Maklern gesucht. Leider gibt es auch Vermittler, die ohne Auftrag Grundstücke oder Projekte auf dem Markt anbieten und dem Image der Immobilien-Branche dadurch Schaden zufügen können.

Imageverbesserung in Sicht
Allgemein lässt sich feststellen, dass das Image insbesondere der Einzelverkäufer oder -vermittler nicht besonders gut ist und sich in den vergangenen Jahren kaum verbessert hat, obwohl die Realität ganz anders aussieht. Noch immer haftet ihnen das Bild des «Immobilien-Händlers» vergleichbar mit demjenigen des «Auto-Occasionshändlers» an. Zudem kursieren wilde Gerüchte über ihre Geschäftspraktiken Durch das genaue Studium von Todesanzeigen sollen sich Verkäufer ihre Aufträge angeln, um mit wenig Aufwand gutes Geld zu machen. Dies entspricht nicht der üblichen Praxis eines Maklers oder Vermittlers. Es bleibt deshalb zu hoffen, dass dieses unwürdige Image in nächster Zukunft verbessert werden kann. Dank dem Aus- und Aufbau von immobilienspezifischen und einheitlichen Ausbildungslehrgängen in den vergangenen Jahren kann mittel- bis langfristig ein Gegengewicht geschaffen werden. Doch es braucht noch einige Anstrengungen der Branche, bis das bessere Image in den Köpfen der Kunden etabliert ist. Als Qualitätssiegel versteht sich die im Jahr 2005 gegründete Maklerkammer SMK des SVIT. Als Verbund verpflichten sich die Mitglieder zur Einhaltung hoher Standards und eine transparente und korrekte Berufsethik zu leben.

1.7.6 Maklernetzwerke

Nachdem sich in anderen – insbesondere in angelsächsischen – Ländern Netzwerke im Immobilien-Verkauf schon früh etabliert haben, hat sich diese Organisationsform nun auch in der Schweiz durchgesetzt. Dabei handelt es sich um Organisationen, die mehr oder weniger selbständige Makler unter einem gemeinsamen Markendach vereinen. Maklernetzwerke erleichtern die Akquisition von Verkaufsmandaten, fördern den Absatz, unterstützen die Mitglieder in der Erbringung ihrer Maklerdienstleistungen und verhelfen ihnen zu Kosteneinsparungen. Durch die Verwendung einer gemeinsamen Marke wird der Bekanntheitsgrad erhöht, was sowohl die Akquisition von Mandaten als auch den Absatz von Objekten erleichtert. Die Netzwerke stellen ihren Mitgliedern Instrumente zur Verfügung, die diese zu besseren Dienstleistungen am Markt befähigen. Gelingt es dadurch, die Qualität der Dienstleistungen nachhaltig zu steigern und auf hohem Niveau zu halten, funktioniert die gemeinsame Marke als eigentliches Qualitätssiegel. Dabei spielen die Kriterien für einen Netzwerkbeitritt eine entscheidende Rolle. Durch den gemeinsamen Einkauf von Leistungen wie zum Beispiel Inseraten oder Informationstechnologie können letztlich Kosten eingespart werden.

Wir stellen weiter unten die vier bedeutendsten Netzwerke der Schweiz vor. Nebst diesen grossen Netzwerken gibt es etwa ein halbes Dutzend weitere, kleinere Organisationen, die ebenfalls die Vorteile eines gemeinsamen Vorgehens am Markt nutzen. Alle nutzen dabei eine gemeinsame Marke, einen eigenen Online-Marktplatz sowie ein koordiniertes Vorgehen beim Einkauf von Marketinginstrumenten wie etwa Inserate. In der Grösse, der Einheitlichkeit des Marktauftritts, dem Qualitätsanspruch und der Höhe der Netzwerkbeiträge unterscheiden sich die verschiedenen Modelle zum Teil beträchtlich.

Die Beweggründe eines Maklers oder einer Maklerunternehmung einem Netzwerk beizutreten, sind sehr individuell. Etablierte Immobilientätige positionieren sich damit gegenüber ihren Mitbewerbern und erhoffen sich Vorteile in der Akquisition von Verkaufsmandaten und im Absatz von Objekten. Branchenneulinge sehen in einem Netzwerk vor allem die Chance, in den für sie neuen Markt einzutreten. Kostenorientierte Makler möchten im Verbund Einkaufsvorteile realisieren. Strategisch Weitsichtige wollen sich damit vor latenten Marktrisiken schützen. Darunter fallen beispielsweise Makler, die zu Fixhonoraren auf Dumpingniveau arbeiten. Auch von der Gefahr, dass die in der Deutschschweiz (noch) vorherrschenden Exklusivmandate wegfallen könnten, werden Netzwerke profitieren, denn bei nicht-exklusiven Verkaufsmandaten spielt die Absatzgeschwindigkeit und die Grösse der Interessentendatenbank eine entscheidende Rolle für den Verkaufserfolg. Diesbezüglich sind Netzwerke den Einzelkämpfern überlegen. Allgemein wird die Attraktivität von Netzwerken mit zunehmender Wettbewerbsintensität wohl zunehmen.

alaCasa.ch

alaCasa.ch wurde im Jahr 2000 gegründet und ging im darauf folgenden Jahr online. Dieses Netzwerk wurde speziell für die Bedürfnisse des Schweizer Marktes entwickelt und positioniert sich als Verbund von professionellen Maklern mit Erfahrung und qualitativ hochwertigen Dienstleistungen. Für alaCasa.ch sind heute über 150 Makler mit langjähriger Berufserfahrung an mehr als 50 Standorten tätig. alaCasa-Makler verfügen über eine berufsspezifische Ausbildung und werden zudem in der eigenen alaCasa Academy weiter ausgebildet.

alaCasa.ch stellt ein partnerschaftliches Netzwerk dar, welches im Gegensatz zu Franchisesystemen weder Einkaufsgebühren noch Gebietsschutz kennt. Finanziert

1. DER SCHWEIZER IMMOBILIEN-MARKT

wird das Netzwerk über Abgaben seiner Partner, die aus einer fixen und einer grössenabhängigen Komponente bestehen und einige zehntausend Franken pro Jahr betragen. alaCasa.ch hat sich auf Wohneigentum spezialisiert und bietet seinen Partnern Dienstleistungen an, welche sie in der Akquisition und im Absatz unterstützen. Branchenneulinge können dem Netzwerk nicht beitreten. Mitglieder sind ausschliesslich etablierte Immobilien-Unternehmen, welche die gemeinsame Dachmarke nutzen und sich Experten für Wohneigentum nennen können. Die Netzwerkpartner behalten ihre Selbständigkeit sowohl in der Organisation als auch im Marktauftritt. Sie verfolgen demnach eine Zweimarkenstrategie.

Engel & Völkers

Das international tätige Maklerunternehmen Engel & Völkers hat sich in den vergangenen fünf Jahren in der Schweiz etabliert, wo über 120 Makler an 32 Standorten tätig sind. Spezialisiert auf die Vermittlung von hochwertigen Wohnimmobilien an 1a-Lagen, ist das Maklerunternehmen in 38 Ländern mit über 400 Immobilien-Shops sowie 44 Gewerbebüros präsent.

Das Netzwerk finanziert sich über eine einmalige Lizenzgebühr sowie Umsatzbeteiligungen. Dem Lizenzpartner, der nicht unbedingt Erfahrung im Immobiliengeschäft mitbringen muss, steht in einem vertraglich festgelegten Gebiet die Nutzung der Markenrechte von Engel & Völkers offen.

ERA

Der Maklerverbund ERA (Electronic Realty Associates) wurde 1971 in den USA gegründet und gehört zur Realogy Corporation, der noch weitere fünf Immobilienmarken angehören (u.a. Coldwell Banker, Century 21 und Sotheby's). Heute ist ERA weltweit mit 2600 Büros in 46 Ländern tätig. In Europa fasste ERA 1993 in Frankreich Fuss und ist heute in 18 Ländern Europas präsent. Im September 2001 lancierte ERA den Markteintritt in der Schweiz und zählt heute über 60 Büros schweizweit.

ERA ist ebenfalls nach Franchiseprinzipien organisiert und in allen Segmenten (Kauf und Miete von Wohneigentum und kommerziellen Liegenschaften) tätig. Mit der Entrichtung der Nutzungsgebühr, der sogenannten Franchise, sind keine Gebietsexklusivitäten verbunden. ERA verfolgt eine Monomarkenstrategie. Das Netzwerk wird durch eine Eintrittsgebühr (mehrere zehntausend Franken alle fünf Jahre) sowie jährliche prozentuale Abgaben am Provisionsumsatz finanziert.

RE/MAX

Das Maklernetzwerk RE/MAX (Real Estate Maximus) wurde 1973 in Denver, USA, von Dave Liniger gegründet. 30 Jahre später hat sich RE/MAX zu einem globalen Immobilien-Maklernetzwerk entwickelt, das in über 71 Ländern auf fünf Kontinenten tätig ist. RE/MAX bezeichnet sich mit 102 000 Maklern in rund 7 000 Büros als weltweit grösstes Maklernetzwerk. In Europa ist RE/MAX in 36 Ländern vertreten. In der

Schweiz eröffnete RE/MAX im September 2000 ein erstes Büro. Aktuell sind unter der Dachmarke RE/MAX Schweiz über 100 Büros in der Deutschschweiz, im Tessin und in der Romandie tätig. Unter den Maklern finden sich oft Branchenneulinge, die im netzwerkeigenen Training zu Immobilienverkäufern ausgebildet werden.

RE/MAX ist eine Franchiseorganisation und in allen Segmenten (Kauf und Miete von Wohneigentum und kommerziellen Liegenschaften) tätig. Der Nutzer einer Länderfranchise teilt sein Land in verschiedene Gebiete auf und verkauft diese weiter. Die Franchisenehmer dieser Stufe verkaufen ihre Rechte wiederum an die nächstuntere Stufe. Nach einigen Jahren muss die Franchise wieder erneuert werden. Dafür erhält der Makler das Recht, in seinem Gebiet als RE/MAX-Makler aufzutreten und kann von der einheitlichen Marke, von Gemeinschaftsgeschäften sowie von Dienstleistungen und Ausbildung im Verkauf profitieren. Finanziert wird das Netzwerk durch eine Eintrittsgebühr (mehrere zehntausend Franken alle fünf Jahre) sowie jährliche prozentuale Abgaben am Provisionsumsatz. RE/MAX-Makler findet man oft in «Immobilien-Shops» an stark frequentierten Zentrumsstandorten. RE/MAX verfolgt eine Monomarkenstrategie, die keine individuellen Marken seiner Franchisenehmer vorsieht.

1.7.7 Facility Management

Eine weitere Dienstleistung hat sich in der Schweiz erst im vergangenen Jahrzehnt auf dem Markt bemerkbar gemacht und etabliert: das Facility Management (FM). Da es sich um eine in der Schweiz noch junge Branche handelt, sind auch die Leistungen des Facility Managements noch nicht einheitlich und vollständig definiert. Innerhalb Europas sind die Erfahrungen breiter und klare Normen festigen die FM-Prozesse. Im Sinne einer allgemeinen Umschreibung kann festgehalten werden, dass das Facility Management alle Prozesse umfasst, die zur Unterstützung des Kunden-Kerngeschäfts als notwendig und sinnvoll erachtet werden, wobei die FM-Prozesse nicht an die physische Existenz von Gebäuden gebunden sind. Als allgemeines Ziel des Facility Managements kann die Kunden- und Nutzerzufriedenheit auf der einen Seite und die Kostensenkung des Immobilienbesitzers auf der anderen Seite bezeichnet werden. Immobilien sollen effizient, wirtschaftlich und ressourcenschonend genutzt werden, denn effiziente Gebäude-Objekte und Einrichtungen sind wichtige Kriterien für den Unternehmenserfolg. Das Facility Management soll deshalb das Arbeitsumfeld so gestalten, dass dieses optimal zur Lösung der strategischen Unternehmensaufgaben beiträgt und den wirtschaftlichen, sozialen und ökologischen Anforderungen entspricht. Aufgaben des Facility Managements können neben der optimierten Haustechnik beispielsweise folgende sein: Hausmeister, Portier, Zugangskontrolle, Postdienst, Telefonzentrale, Catering, Entsorgung, Reinigung, Wäscherei, Fahrzeugpark, Umzugsmanagement oder Sicherheitsdienst.

1. DER SCHWEIZER IMMOBILIEN-MARKT

Verbände und Vereine
In der Schweiz engagieren sich verschiedene Verbände für die Sache des Facility Managements:

- FM Schweiz ist ein Netzwerk von Kaderpersonen und Spezialisten im Facility Management mit Schwerpunkt Hospitalitymanagement und Immobilien-Bewirtschaftung und ist der grösste FM-Verband in der Schweiz
- Die IFMA Schweiz ist die schweizerische Landesgruppe der International Facility Management Association, der grössten Facility Management Organisation der Welt. Das Ziel der Organisation ist: Zertifikation von Facility Managern, Forschungsarbeiten, anbieten von Ausbildungsprogrammen, anerkennt Facility Management Zertifizierungsprogramme, Durchführung der Messe World Workplace (grösste Facility Management Konferenz und Ausstellung der Welt)
- Die FM-Arena hat sich die Förderung des modernen Facility Managements zum Ziel gesetzt und bietet Netzwerkbildung, Erfahrungsaustausch, die Koordination von Forschungsprojekten und weitere diverse Dienstleistungen für Mitglieder an. Die FM-Arena organisiert zudem die Schweizer Facility Management Messe und andere Infoveranstaltungen
- Die Maintenance and Facility-Management Society of Switzerland (MFS) hat zum Ziel, das Fachwissen der Instandhaltung zu fördern und bietet seinen Mitgliedern Erfahrungsaustausch, Informationen und weitere Dienstleistungen an
- CoreNet Global ist der globale Fachverband der Corporate Real Estate Manager (betrieblicher Immobilienverwalter)
- Allpura ist der Verband Schweizer Reinigungs-Unternehmen und bietet neben diversen Mitgliederdienstleistungen auch verschiedene Aus- und Weiterbildungslehrgänge an Erfahrungsaustausch, Informationen und weitere Dienstleistungen an

Ausbildung
Die zunehmende Bedeutung des Facility Managements zeigt sich im Bereich der Aus- und Weiterbildung. So wird seit kurzem die Höhere Fachausbildung Dipl. Leiter/in Facility Management angeboten. Getragen wird diese Ausbildung von den Verbänden FM Schweiz, MFS, Allpura, vom Schweizerisch-Liechtensteinischen Gebäudetechnikverband suissetec und vom Schweizerischen Verband der Immobilienwirtschaft SVIT. Auch die Zürcher Hochschule für angewandte Wissenschaften in Wädenswil und die Fachhochschule St. Gallen bieten Diplome im Bereich Facility Management an.

1.7.8 Architekten

Bauen ist eine Tätigkeit mit einem ausgeprägt kulturellen Aspekt. Architekten verstehen sich deshalb oft als Sachwalter der Baukultur. Architektonisch herausragende Bauten erweisen sich aber nicht selten als wenig benutzerfreundlich und teuer im Unterhalt. In den boomenden 70er-Jahren lockten Architekten als Erste den aufstrebenden Mittelstand mit frischen, ansprechenden Siedlungen mit Mehrfamilien- und Reihenhäusern in die Agglomerationen der Städte und aufs Land. In den letzten Jahren zeichnet sich jedoch ein Trend zurück in die Städte ab.

In der Schweiz sind in der Planerbranche zur Zeit rund 90 000 Personen in 18 500 Unternehmen beschäftigt. Davon arbeiten 37 600 in Architekturbüros, wobei diese pro Betrieb durchschnittlich 3.8 Mitarbeiter beschäftigen.[27] Gerade junge Architekten oder Architekturbüros haben oft Mühe, zu grossen Aufträgen zu kommen.

Ihre einzige Chance, ein Grossprojekt zu bekommen, ist deshalb oft der Weg über Architektur- und Gestaltungswettbewerbe (vgl. dazu auch Kapitel 4.6). So erhalten sie die Möglichkeit, sich einen Namen zu machen und Referenzobjekte vorzuweisen. Auf entsprechende Ausschreibungen werden also in der Regel stets zahlreiche Bewerbungen eingereicht. Immer häufiger wird daher seitens der Wettbewerbsveranstalter mittels Vorausscheidungen und Präqualifikationen eine erste Auswahl vorgenommen, was wiederum die Chancen eines jungen Büros vermindert.

Der Trend, dass ein Architekt auch die Fachgebiete Bauführung, Planung, Schatzung, den Verkauf und die Vermarktung in einer Person vereint, gehört immer mehr der Vergangenheit an und kann nur in kleinen Einheiten lokal zum Erfolg führen. Zunehmend muss der Architekt auch Rechenschaft über die Marktfähigkeit seines Projektes ablegen. Er muss zulassen, dass Marktelemente und Dritte an seinem Produkt «Verbesserungen» anbringen oder es «marktgängiger» machen. Es ist nicht mehr vorstellbar, dass Architekten zuerst ein Gebäude realisieren und erst knapp vor dem Bezug die Frage nach der Nutzung und den Zielgruppen zur Diskussion stellen oder überhaupt erst zulassen. Vielmehr muss verstanden werden, dass ein erfolgreiches Immobilien-Produkt nur in der sachbezogenen Zusammenarbeit aller Fachgebiete, mit ausgewogenen Kompetenzen in allen Bereichen, einen Lebenszyklus nahe dem Optimum erreichen kann. Die jüngere Generation von Architekten ist ökonomischen Fragen und einer durchdachten Nutzungskonzeption aufgeschlossener und überzeugt durch eine hohe Leistungsbereitschaft.

1.7.9 Verschiedene Dienstleister

Rund um den Erfolg der gesamten Immobilien-Wirtschaft spielen auch verschiedene spezialisierte Dienstleister mit ihrem Fachwissen eine wichtige Rolle für das Gelingen von erfolgreichen Immobilien-Projekten. Diese Dienstleister lassen sich selbst pro Fachgebiet nicht einheitlich erfassen und ihre Grössengewichtung an Unternehmen mit der gleichen Kernkompetenz ist eher bescheiden. In der Folge führen wir ungewichtet einige Dienstleistungen auf, die von spezialisierten Firmen, ja sogar Einzelpersonen mit hoher Branchenkompetenz angeboten werden.

Immobilien-Kennzahlen
Wie bereits erwähnt, hat sich die Transparenz auf dem Immobilien-Markt in den vergangenen Jahren kontinuierlich verbessert. Dazu beigetragen haben nicht zuletzt Dienstleister wie Wüest & Partner (W&P) oder das Informations- und Ausbildungszentrum für Immobilien IAZI. Wüest & Partner beobachtet die Immobilien-Märkte laufend und veröffentlicht diese Beobachtungen jährlich als Marktreport im

---

[27] Bundesamt für Statistik: Betriebszählung 2008

1. DER SCHWEIZER IMMOBILIEN-MARKT

so genannten «Immo-Monitoring». Die Schwerpunkte des Immo-Monitorings, sowohl bei der Faktenaufbereitung als auch bei den Perspektiven und Trends, richten sich nach den aktuellen Entwicklungen. Als Nachschlagewerk und Arbeitsinstrument behalten die Jahrbücher dadurch auch über mehrere Jahre hinweg ihren Wert. Die jeweils sorgfältig verankerten Marktzahlen und aufgezeigten Branchentrends sorgen unter Immobilien-Fachleuten für Gesprächsstoff und können jeweils in der Rückschau beurteilt werden.

Auch das Informations- und Ausbildungszentrum für Immobilien IAZI bemüht sich um Transparenz auf dem Immobilien-Markt. Gegründet 1994, zählt es heute zu den führenden Unternehmen auf diesem Gebiet. Das IAZI arbeitet unabhängig von Banken und anderen Immobilien-Akteuren und informiert seine Kunden regelmässig über die neuesten Immobilien-Entwicklungen. Im Weiteren bietet das IAZI die Berechnung von markttreuen Immobilien-Preis- und Performanceindizes an und bewertet Einzelimmobilien und Portfolios. Das Angebot wird komplettiert durch Marktanalysen, Softwareentwicklungen sowie diverse Ausbildungen und Konferenzen.

Zahlen zum Schweizer Büromarkt werden von der Bewirtschaftungsfirma Colliers CSL veröffentlicht: Im jährlich publizierten Büromarktbericht über das Angebot und die Nachfrage an Geschäftsflächen in den Grossräumen Basel, Genf und Zürich finden sich zahlreiche Daten, die Transparenz und Vergleichbarkeit schaffen.

Spezialisiert auf den Immobilien-Markt hat sich auch Credit Suisse Economic Research. Diese Research-Abteilung von Credit Suisse Financial Services veröffentlicht eine jährliche Immobilien-Studie, erstellt Standort- und Marktanalysen und berät die Kunden bezüglich ihrer Immobilien-Strategie und des Portfolios.

Neben der Credit Suisse bieten auch die UBS und weitere Banken umfangreiche Dienstleistungen im Bereich Immobilien-Research an.

Bauherrenberater
Bauherrenberatung bezeichnet die teilweise oder vollständige Unterstützung des Bauherren bei seinen Aufgaben und Pflichten als Bauherr durch externe, unabhängige Berater. Bauherrenberater erbringen in der Regel keine Leistung aus dem Bereich der Planer und Generalunternehmer, verfügen aber über das notwendige Wissen und Können aus dem gesamten Umfeld der Immobilienwirtschaft. Damit sind Bauherrenberater in der Lage, Anforderungen an diese zu kommunizieren, beziehungsweise deren Ergebnisse und Plausibilitäten zu überprüfen. Dadurch ermöglichen Bauherrenberater auch nicht-professionellen Bauherren, kompetente und nachhaltige Entscheidungen während der Entwicklung, des Baus und der Nutzung eines Gebäudes zu treffen.
Die Aufgaben eines Bauherrenberaters fallen bereits zu einem Zeitpunkt an, wo noch keine planerischen Aufgaben im engeren Sinne zu lösen sind. Es steht auch noch nicht fest, ob Bauen der richtige Weg ist, um die anstehenden Probleme zu lösen. Der sinnvolle Einsatz beginnt also bereits mit der Hilfe und Unterstützung bei der Definition des Investitionszieles und der Wahl der grundsätzlichen Lösungsstrategie.

Auffällig viele Personen sind als Bauherrenberater tätig. Darunter finden sich erfahrene Baufachleute oder ehemalige Kaderangestellte von Immobilien-Unternehmen, die sich auf diese Weise mit ihrem aufgebauten Netzwerk selbständig machen können. Natürlich sind, allgemein ausgedrückt, alle in der Immobilien-Branche tätigen Personen Bauherrenberater und sollten in dieser Funktion jeweils das Beste für den Auftraggeber und den Bauherrn zu erreichen versuchen. Bereits 1986 wurde die Schweizer Dachvereinigung unabhängiger Bauherrenberater (SVUB) gegründet und ab 1992 unter dem Titel Kammer unabhängiger Bauberater (KUB) in den SVIT Schweiz integriert.

Immobilien-Marketingspezialisten
Eine viel kleinere Gilde bilden die Immobilien-Marketingspezialisten. Es ist zwar in den letzten Jahren beinahe Mode geworden, eine Abteilung oder eine Person im Unternehmen für Immobilien-Marketing verantwortlich zu machen. Firmen, die rein von der Tätigkeit Immobilien-Marketing leben und imstande sind, entsprechende Erfolge und Referenzen vorzuweisen, können jedoch an einer Hand abgezählt werden.

Folgende Dienstleistungen im Bereich Immobilien-Marketing werden häufig nachgefragt:
– Marketingkonzepte
– Standort-Marktanalysen
– Projektanalysen
– Vorschläge von Vermarktungsmassnahmen
– Umsetzung von Vermarktungsmassnahmen
– Naming, Logos
– Gebietsmarketing
– Stadtentwicklung
– Strategien, Workshops
– Ausbildung, Vorträge

Relocation Service
Die relativ junge Disziplin Relocation Service erbringt für die Branche und Standorte eine wichtige Dienstleistung. Relocation Service unterstützt meist Grossunternehmen bei einem Standortwechsel (auf der ganzen Welt), so dass sich ihre betroffenen (Kader-)Mitarbeiter am neuen Arbeitsort schnell zurecht finden und der Umzug für eine fremde Kultur unbürokratisch und kundenfreundlich abläuft. Folgende Dienstleistungen bietet der Relocation Service an:

– Suche einer Wohnung oder eines Hauses
– Organisation des Umzugs oder Auszugs
– Organisation von Mietmöbeln, Bewilligungen, Steuer- und Versicherungsspezialisten, Handwerker usw.
– Information über Schulen, Clubs, Vereine, Umfeld usw.

1. DER SCHWEIZER IMMOBILIEN-MARKT

1.7.10 Baugenossenschaften

Rund 5 % der Wohnungen in der Schweiz sind im genossenschaftlichen privaten Wohnungsbau erstellt worden. Entsprechend gibt es in der Schweiz unzählige Genossenschaften. In den drei Dachorganisationen des gemeinnützigen Wohnungsbaus (SVW, VLB und SWE; vgl. auch Kapitel 1.8) sind rund 1 500 Baugenossenschaften organisiert, sodass in der Schweiz von insgesamt rund 1 600 Baugenossenschaften mit 170 000 Wohnungen ausgegangen werden kann. Die Genossenschaften zeichnen sich durch langfristige Anlagemotive aus. Die meisten verfolgen zudem besondere sozial- und wohnungspolitische Ziele wie die Bereitstellung von günstigem Wohnraum. [28]

Bei kleineren Genossenschaften wohnt der nebenamtliche Verwalter meist selbst in der Liegenschaft. Anstehende Sanierungen werden oft hinausgeschoben, um sich und den anderen Genossenschaftern einen Mietzinsaufschlag zu ersparen. Auch der Abbruch alter Siedlungen ist häufig noch immer ein Tabu, wobei in diesem Bereich grosse Fortschritte zu verzeichnen sind. Grössere Genossenschaften erneuern ihren Bestand regelmässig und erstellen Ersatzbauten für in die Jahre gekommene Liegenschaften. So weisen die Baugenossenschaften unter den Eigentümern von Mietwohnungen die höchste Quote von Mietwohnungen auf, die in den 90er-Jahren erneuert wurden. [29]

Die Blütezeit der traditionellen Genossenschaftswohnungen scheint vorüber zu sein. Längst haben nicht mehr alle Genossenschaften lange Wartelisten, denn die Raumbedürfnisse und die Ansprüche an Komfort machen sich auch bei Interessenten für Genossenschaftswohnungen bemerkbar. Grössere Genossenschaften bieten deshalb inzwischen in Trendquartieren moderne Überbauungen an. Allerdings müssen dort auch nahe bei den üblichen Marktpreisen liegende Mietzinsen bezahlt werden.

1.7.11 Immobilien-Presse

Die Vielfalt der Immobilien- und Bau-Presse in der Schweiz ist gross, was ausserhalb des Fachpublikums kaum wahrgenommen wird. Insbesondere gibt es eine grosse Anzahl an Verbandszeitschriften, die nicht nur Mitgliedern interessante Informationen liefern, sondern auch über den Verband hinaus eine wertvolle Quelle sind.

Die nebenstehende Auflistung der deutschsprachigen Immobilien-Presse erhebt keinerlei Anspruch auf Vollständigkeit. Es wurden bewusst jene Zeitschriften ausgewählt, die für die Tätigkeit in der Bauwirtschaft, in der Immobilien-Bewirtschaftung und im Immobilien-Marketing von Interesse sind. Dabei wurden die Zeitschriften aufgeteilt in Fach- und Verbandszeitschriften. Bei grösseren Verbänden, etwa dem Hauseigentümerverband Schweiz, wurde lediglich das Hauptorgan, nicht aber die zahlreichen Zeitschriften der Sektionen aufgeführt.

---

[28] Schweizerischer Verband für Wohnungswesen (SVW)
[29] Bundesamt für Wohnungswesen: Eidgenössische Volkszählung 2000

Fachzeitschriften

Titel	Kurzbeschrieb	Herausgeber	Erscheinungsweise	Verkaufte Auflage* 2009
Baublatt	Fachzeitschrift für Schweizer Baubranche	Docu Media Schweiz GmbH, Rüschlikon	1 x wöchentlich	8 337
die baustellen	Zeitschrift für Hoch-/Tief- und Spezialbau	Fachkom GmbH, Langnau a. Albis	11 x jährlich	1 400
Hochparterre	Zeitschrift für Architektur und Design	Hochparterre AG, Zürich	10 x jährlich	8 000
Immobilien Business	Schweizer Immobilien-Magazin	Immobilien Business Verlags AG, Zürich	12 x jährlich	9 487
Immobilien Zeitung (Deutschland)	Fachzeitung für die Immobilien-Wirtschaft	IZ Immobilienzeitung Verlagsgesellschaft mbH, Wiesbaden (D)	1 x wöchentlich	9 854
immoInvest	Schweizer Magazin für Standorte und Immobilien	iGroup AG, Baden-Dättwil	6 x jährlich	10 000
intelligent bauen	Fachzeitschrift für vernetztes und nachhaltiges Planen, Bauen und Bewirtschaften	Fachkom GmbH, Langnau a. Albis	11 x jährlich	2009 erschienen
Schweizer Bau Journal	Zeitschrift für Architektur, Hoch-/Tiefbau, Planung, Technik	Robe Verlag AG, Küttigen	6 x jährlich	7 130
Swiss Business	Magazin für Ökonomie und Finanzen in Englisch	Immobilien & Business Verlags AG, Zürich	6 x jährlich	2009 erschienen

Verbandszeitschriften

Titel	Kurzbeschrieb	Herausgeber	Erscheinungsweise	Auflage 2009
Casanostra	Organ des Hausvereins Schweiz	Hausverein Schweiz, Bern	6 x jährlich	9 913
Der Schweiz. Hauseigentümer	Offizielles Organ des Hauseigentümerverbandes Schweiz	Hauseigentümerverband Schweiz	22 x jährlich	299 423
Immobilia	Zeitschrift des Schweiz. Verbandes der Immobilienwirtschaft SVIT	SVIT Schweiz, Zürich	12 x jährlich	3 500
Mieten & Wohnen	Zeitschrift des Schweiz. Mieterinnen- und Mieterverbandes	Schweizerischer Mieterinnen- und Mieterverband, Zürich	9 x jährlich	109 466
Wohnen	Magazin für genossenschaftlichen Wohnungsbau offizielles Organ des SVW	Schweizerischer Verband für Wohnungswesen SVW, Zürich	10 x jährlich	10 311

Abbildung 16: **Fach- und Verbandszeitschriften**

1. DER SCHWEIZER IMMOBILIEN-MARKT

In den vergangenen Jahren hat sich das monatlich erscheinende Schweizer Magazin «Immobilien Business», das auch am Kiosk erhältlich ist, in Branchenkreisen als wichtige Informationsquelle durchgesetzt und grössere Akzeptanz erlangt. Es stellt Immobilien-Märkte und -Themen aus dem In- und Ausland in einer gesunden Mischung vor und berichtet als einzige Zeitschrift monatlich umfangreich über die Schweizer Finanzmärkte im Immobilien-Bereich.

Bei den Verbandszeitschriften veröffentlicht die monatlich erscheinende Zeitschrift «Immobilia» des SVIT am meisten Fachbeiträge zu den Immobilien-Berufen und beleuchtet die Situation rund um Immobilien sowie Aus- und Weiterbildung im Immobilienbereich. Die 14-täglich erscheinende Zeitschrift des Hauseigentümerverbandes Schweiz HEV erörtert zahlreiche Rechtsfragen rund um Grundeigentum und führt die politische Auseinandersetzung zum Schutz der Hauseigentümer. «Der Schweizerische Hauseigentümer» hat mit fast 300 000 Exemplaren die höchste Druckauflage der Immobilienverbandszeitschriften.

1.7.12 Immobilien-Recht und -Anwälte

Das Mietrecht ist eine äusserst komplexe Materie. Allein seine Interpretation füllt dicke Bände, und fast täglich kommen neue Entscheide der Mietgerichte hinzu. Auseinandersetzungen zwischen Mieter und Vermieter enden immer häufiger vor den Schlichtungsbehörden oder den Mietgerichten. In vielen Fällen sind die Parteien in der Verhandlungsführung überfordert und lassen sich durch Anwälte vertreten. Denn die Einhaltung möglicher Fristen und das formell richtige Reagieren ist eine Aufgabe, die nicht ohne langjährige Erfahrung und Ausbildung optimal erfüllt werden kann. Auf beiden Seiten haben sich deshalb Anwälte spezialisiert, welche stellvertretend für ihre Klienten die Klingen kreuzen.

Auch die Beratungsdienste für Mieter und Vermieter sind in den letzten zehn Jahren professionalisiert worden. Die Mieterschaft nimmt zunehmend die Dienstleistungen des Mieterverbandes in Anspruch, sodass beim Vermieter beispielsweise bereits einen Tag nach Bekanntgabe einer Senkung des Hypothekarzinses (Referenzzinssatz) die ersten standardisierten Mietzinssenkungsbegehren eintreffen, die sich innerhalb einiger Tage zu Stapeln anhäufen.

Dennoch: Heute wird manchmal durch die Medien – aber nicht nur durch diese – suggeriert, dass ein regelrechter Kampf zwischen Mieter und Vermieter stattfinde. Dies ist jedoch nachweislich nicht die Regel: Im Durchschnitt enden nur etwa 1 Prozent der Mietverhältnisse vor den Schlichtungsbehörden. So gingen beispielsweise im ersten Halbjahr 2009 rund 16 900 Begehren bei den Schweizer Schlichtungsbehörden ein, was einer rückläufigen Tendenz entspricht. Anfechtungen von ordentlichen Vertragskündigungen, Erstreckungen von Mietverhältnissen sowie

1.7 Die Teilnehmer am Immobilienmarkt

Mietzinserhöhungen waren dabei die häufigsten Gründe für eine Anrufung der Schlichtungsbehörden. Bei rund 45 % der behandelten Fälle kam eine Einigung zustande. [30]

Eine 2001 vom Forschungsinstitut GfS durchgeführte Umfrage unter Mieterinnen und Mietern ergab eine grosse Zufriedenheit mit der gegenwärtigen Wohnsituation und dem Verhältnis zum Vermieter. Nur gerade 2 % bzw. 1 % waren mit ihrer Situation nicht zufrieden. Auch diverse nachfolgende Studien zur Wohnzufriedenheit in der Schweiz kommen zu ähnlichen Ergebnissen.

Alles in allem sind Sie zufrieden oder unzufrieden mit Ihrer gegenwärtigen Wohnsituation? Sind Sie ...?

in % Stimmberechtiger, die Mieter sind

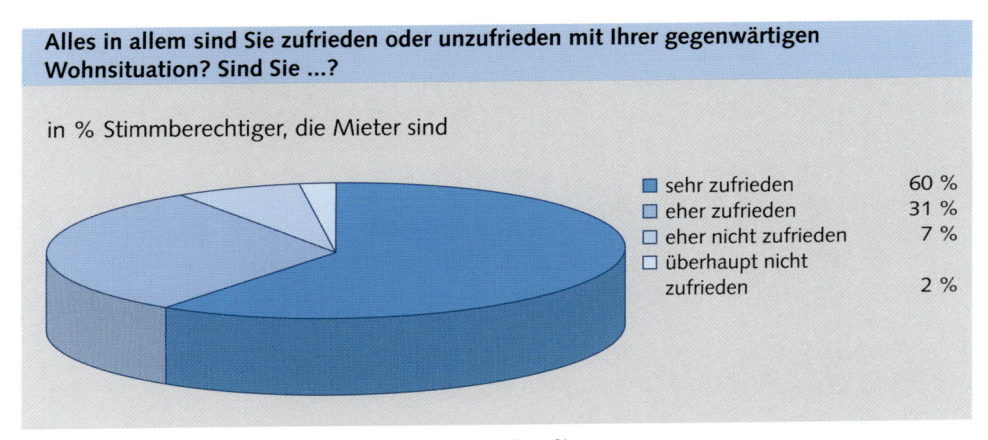

- sehr zufrieden — 60 %
- eher zufrieden — 31 %
- eher nicht zufrieden — 7 %
- überhaupt nicht zufrieden — 2 %

Abbildung 17: **Zufriedenheit mit der Wohnsituation** [31]

Wenn Sie jetzt nur an das Verhältnis zum Vermieter denken, sind Sie dann ...?

in % Stimmberechtiger, die Mieter sind

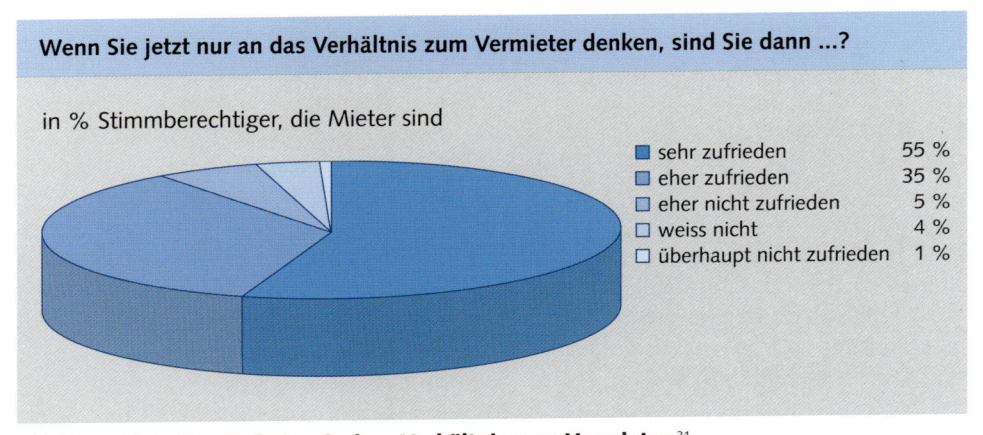

- sehr zufrieden — 55 %
- eher zufrieden — 35 %
- eher nicht zufrieden — 5 %
- weiss nicht — 4 %
- überhaupt nicht zufrieden — 1 %

Abbildung 18: **Zufriedenheit mit dem Verhältnis zum Vermieter** [31]

---

[30] Bundesamt für Wohnungswesen
[31] Gfs-Forschungsinstitut «Politik und Staat», Mieterschutz, April 2001

1.8 Die Verbandsstrukturen

Die Schweizer sind «Meister» im Verbandswesen: In keinem anderen Land sind so viele Sitze von internationalen Verbänden in den Bereichen Sport, Politik und Wirtschaft vertreten. Meist werden diese von einem Schweizer Geschäftsführer zuverlässig und über Jahre hinweg geführt. Im Immobilien-Bereich fällt die immense Anzahl von Verbänden in der Schweiz auf, die sich bis in kleinste Kernkompetenzen ausdifferenzieren. Im Folgenden werden die wichtigsten Verbände aufgeführt sowie ihre Zielsetzungen und Angebote kurz beschrieben.

1.8.1 FIABCI

FIABCI ist das französische Kürzel für Fédération Internationale des Administrateurs de Biens Conseils Immobiliers, heute La Fédération Internationale des Professions Immobilières, Internationaler Verband der Immobilienberufe. Der Hauptsitz von FIABCI befindet sich in Paris, wo der Verband 1951 gegründet wurde. FIABCI besitzt einen speziellen Beraterstatus bei den Vereinten Nationen und dem ECOSOC (Economic & Social Council of the United Nations). Bei den Vereinten Nationen ist der Verband als Stimme des privaten Sektors im Immobilienwesen anerkannt. In Zusammenarbeit mit der UNO leistete der Verband beachtliche Arbeit bei der Durchsetzung des Rechts auf Privatbesitz in Drittweltländern. Durch die Beziehung zur UNO steht FIABCI in enger Verbindung zum Habitat Besiedlungsprogramm, das im Jahre 1978 von der UNO mit dem Ziel ins Leben gerufen wurde, ausreichenden Wohnraum in den oben genannten Ländern zu schaffen.

FIABCI ist in über 60 Ländern präsent. Der Verband zählt heute rund 4 200 ordentliche Mitglieder, über 40 akademische Mitglieder und rund 110 nationale Berufsverbände, die 1,5 Millionen Immobilien-Fachleute vertreten. FIABCI ist damit das grösste internationale Immobilien-Netzwerk. Die FIABCI-Delegation Schweiz zählt über 150 Mitglieder und setzt sich aus Immobilien-Fachleuten, Architekten, Rechtsanwälten, Notaren und Medienleuten zusammen. Als nationale Berufsverbände sind der SVIT, die USPI und der Schweizerische Notarenverband SNV als Hauptmitglieder sowie die Universität Freiburg als akademisches Mitglied vertreten.

FIABCI ist eine Organisation, die weltweit Tausende von Berufsangehörigen aus allen Bereichen des Immobilien-Gewerbes verbindet und für weltweite Kontakte auf höchstem Niveau garantiert. Der Internationale Immobilienverband der Immobilienberufe hat u. a. zur Aufgabe, die Mitglieder in die Lage zu versetzen, Qualität und Wettbewerbsfähigkeit ihrer Leistungen durch den Austausch von Erfahrungen, Kenntnissen, Informationen und Geschäftsgelegenheiten auf nationaler und internationaler Ebene zu verbessern.

1.8.2 Royal Institution of Chartered Surveyors

RICS ist ein Berufsverband internationaler Immobilien-Experten mit hohen Professionalisierungsrichtlinien. Weltweit zählt RICS rund 90 000 Mitglieder in ungefähr

146 Ländern. RICS Europa umfasst 17 Länder mit rund 8 500 Mitgliedern. In der Schweiz ist RICS seit September 2003 vertreten. Neben acht Vorstandsmitgliedern umfasst RICS Switzerland zurzeit 260 Mitglieder.

RICS ist in 17 professionellen Gruppen organisiert, die den unterschiedlichen Fachgebieten des gesamten Wertschöpfungszyklus der Immobilien-Branche entsprechen. Ein Ziel von RICS ist es, sich im Bereich Aus- und Weiterbildung für seine Mitglieder aktiv zu engagieren. In diesem Rahmen wurden auch Immobilien-Studiengänge akkreditiert: CUREM Zürich und IFZ Zug (vgl. auch Kapitel 1.9.1). Im Weiteren sollen Richtlinien geschaffen werden, die zur Professionalisierung beitragen und diese sicherstellen. So hat RICS im Bereich Ethik den so genannten «Code of Conduct» geschaffen, der für alle Mitglieder verbindlich ist (vgl. auch Kapitel 7.4). Der Verstoss gegen diese ethischen Verhaltensregeln wird mit Sanktionen bestraft. Im Bereich Schätzungswesen ist das «Red Book» massgebend, in welchem Bewertungsstandards aufgeführt sind. RICS bietet seinen Mitgliedern regelmässig Marktinfos in Form von Reports und organisiert Veranstaltungen. Zugleich offeriert der Verband seinen Mitgliedern ein breites Netzwerk von Immobilien-Professionals weltweit. Die RICS-Mitgliedschaft stellt überdies eine Art Qualitätssiegel dar. Um die hohe Qualität seiner Mitglieder sicherzustellen, müssen potenzielle Neumitglieder ein umfangreiches Prüfungsverfahren durchlaufen. Angesprochen sind Absolventen von Immobilien-Studiengängen auf (Fach-)Hochschulstufe mit 10 Jahren Berufserfahrung. Im Rahmen eines Vorbereitungsseminars müssen die Anwärter einen Abschlussbericht verfassen. Danach findet eine mündliche und eine schriftliche Prüfung statt. Mit einer Aufnahme hat das Mitglied das Recht, den Titel MRICS zu tragen.

1.8.3 Schweizerischer Verband der Immobilienwirtschaft

Der Schweizerische Verband der Immobilien-Treuhänder SVIT wurde 1933 gegründet. Während der Verband anfänglich in erster Linie die Immobilien-Treuhänder vertrat, entwickelte er sich im Laufe der Jahre zu einem berufsübergreifenden Verband, der alle in der Immobilien-Branche tätigen Personen ansprach. Im Oktober 2003 beschlossen deshalb die Delegierten, den Verband in Schweizerischer Verband der Immobilienwirtschaft umzubenennen. Das bestens eingeführte Kürzel SVIT samt Logo wurde jedoch beibehalten.

Der SVIT ist gleichzeitig Berufs- und Standesorganisation. Berufsorganisation insofern, als dass der SVIT für die Heranbildung von Berufsnachwuchs in den ihm angeschlossenen Immobilien-Unternehmungen sorgt und diesem Nachwuchs eine umfassende, berufsbezogene Ausbildung anbietet. Der SVIT hat in den 60er-Jahren eine eigentliche Berufsausbildung für die Immobilien-Fachberufe aufgebaut. Diese besteht aus einer Basisstufe (Basiskompetenz) und einer mittleren Fachausweisstufe mit den Berufsrichtungen Immobilien-Bewirtschafter, Immobilien-Bewerter, Immobilien-Vermarkter und dem Immobilien-Entwickler. Auf der eidgenössischen Diplomstufe wird der diplomierte Immobilien-Treuhänder ausgebildet (vgl. dazu auch Kapitel 1.9.6). Für die Aus- und Berufsbildung wurde im Dezember 2000 die Tochtergesellschaft «realis» gegründet. Seit Juni 2001 ist sie für Ausbildungsbe-

1. DER SCHWEIZER IMMOBILIEN-MARKT

lange zuständig und möchte diese Dienstleistungen ausbauen. Die ausgebildeten Immobilien-Fachleute können als Einzelmitglieder sektionsweise in die Berufsorganisation aufgenommen werden. Der SVIT ist aber auch Standesorganisation, denn in ihm (in der Romandie seit 1943 USPI) sind die Immobilien-Unternehmungen zusammengeschlossen. In der gesamten Schweiz gehören dem Verband rund 1 975 Mitglieder an. Im Dezember 2007 wurde die «realis» in Swiss Real Estate School SRES umbenannt.

Die Berufsangehörigen der Immobilien-Branche benötigen ein breites Wissensspektrum aus zahlreichen Fach- und Wissenschaftsbereichen sowie eine möglichst ebenso breite Erfahrung. Beides, Wissen und Erfahrung, bedürfen nicht nur einer ständigen Erweiterung, sondern auch einer steten Anpassung an die veränderten wirtschaftlichen und gesellschaftlichen Bedingungen. Daher ist der SVIT laufend um Weiterbildung und Information der Berufsangehörigen und insbesondere der Immobilien-Unternehmer bemüht. Die Verbandszeitung «Immobilia», der Jahresbericht und ein umfangreiches Fachschriftenwesen wie etwa der «SVIT-Kommentar zum Schweizerischen Mietrecht» sind geeignete Informationsmittel dazu. Die Mitglieder des SVIT sind auf standesethische Grundnormen, also auf das Einhalten der durch den Verband definierten Berufs- und Geschäftspraktiken, verpflichtet. Dadurch soll gewährleistet werden, dass die angeschlossenen Mitglieder den hohen Ansprüchen als Vertrauenspersonen in zahlreichen Bereichen des Immobilienwesens gerecht werden. In der deutschen Schweiz hat der SVIT neun, in der welschen Schweiz eine regionale Sektion, die ihrerseits im zentralverbandlichen Zusammenschluss der deutsch- bzw. der französischsprachigen Schweiz organisiert sind.

Die Schweizerische Schätzungsexperten-Kammer SEK/SVIT ist eine eigenständige Kammer des SVIT. Sie ist gesamtschweizerisch tätig und umfasst 224 anerkannte Schätzungsexperten. Die SEK wurde 1986 gegründet. Sie hat zum Ziel, Interessenten bei der Wahl qualifizierter Schätzungsexperten zu helfen sowie den Erfahrungs- und Informationsaustausch unter den Experten zu fördern. Die Kammer strebt eine einheitliche Bewertungsmethodik an und möchte übersichtliche und lesbare Schätzungsgutachten gewährleisten. Im Weiteren engagiert sich die SEK für die Aus- und Weiterbildung von Experten.

Eine weitere Kammer des SVIT ist die KUB, die Kammer unabhängiger Bauherrenberater. In dieser sind die professionell als Bauherrenberater tätigen Fachmitglieder des Verbandes organisiert. Für eine Aufnahme in die Kammer sind eine ausreichende Ausbildung und langjährige Berufserfahrung im Spezialgebiet Voraussetzung. Überdies konnte im Jahre 2005 die Maklerkammer gegründet werden. Das Niveau der Immobilien-Makler soll ein Gütesiegel erhalten. Hauptziel der SMK soll es denn auch sein, den Begriff und das Berufsbild des Maklers neu und positiv zu lancieren. Die Kammer wird sich auch mit der Aus- und Weiterbildung beschäftigen und dadurch die Professionalität ihrer Mitglieder gewährleisten. Zur Aufnahme in die SMK benötigt es einen tadellosen Leumund und langjährige Verkaufspraxis sowie bestätigte Umsätze. Aufgenommen werden Fachfirmen, die Kriterien jedoch müssen von einem Mitarbeiter erfüllt werden.

Im politischen Bereich hat der SVIT in der Vergangenheit eher zurückhaltend agiert und wird von der (politischen) Öffentlichkeit kaum wahrgenommen. Der Hauseigentümerverband Schweiz HEV etwa ist im politischen Bereich besser positioniert als der SVIT. Die neue Führung des SVIT hat sich deshalb zum Ziel gesetzt, politisch aktiver zu werden und konnte diesbezüglich bereits einige Zeichen setzen.

1.8.4 Hauseigentümerverband Schweiz

Über 300 000 Mitglieder machen den Hauseigentümerverband zur stärksten Schweizer Organisation in Sachen Wohn- und Hauseigentum. Aufgabe des Dachverbandes sowie der kantonalen und regionalen Verbände der Hauseigentümer ist es, die Interessen ihrer Mitglieder in der breiten Öffentlichkeit zu vertreten. Dabei stehen neue Gesetze, Gesetzesänderungen sowie Verordnungen und die meist damit zusammenhängenden fiskalischen Belastungen im Vordergrund. Mietrecht, Nachbarrecht, Baugesetze, Steuerabgaben, Bausparen usw. sind weitere wichtige Themen.

Die in der Mitgliedschaft beim Hauseigentümerverband Schweiz inbegriffene Zeitung «Der Schweizerische Hauseigentümer» erscheint zweimal monatlich in einer Auflage von über 299 000 Exemplaren und informiert umfassend über alle Belange des Haus- und Grundbesitzes. Auf der HEV-Webseite sowie in zahlreichen Merkblättern, Broschüren und Fachbüchern finden sich wertvolle Informationen zu allen Themen rund um das Wohneigentum. Dank Poolinglösungen im Bereich Hypotheken, Rechtsschutzversicherung und Heizöl sowie zahlreichen weiteren Dienstleistungen und Sonderangeboten profitieren HEV-Mitglieder von vorteilhaften Konditionen und Preisen. Die meistgenutzte Dienstleistung ist die für Mitglieder unentgeltliche Rechtsauskunft.

1.8.5 Schweizerischer Immobilienschätzer-Verband SIV

Der Schweizerische Immobilienschätzer-Verband SIV ist der einzige Berufsverband, der sich ausschliesslich mit der Bewertung von Immobilien befasst. Der SIV hat sich zum Ziel gesetzt, im Interesse von Behörden, Grundeigentümern, Investoren, Planern und Banken das Schätzungswesen zu fördern. Der SIV resp. seine Tochtergesellschaft SIREA AG, Institut für Immobilienbewertung, erarbeitet Grundsätze und Methoden zur Schätzung von Grundstücken, die in angemessener Form – etwa in Fachbüchern oder in Lehrgängen – publiziert werden. Innerhalb des SIV/SIREA gibt es eine eigene Expertengruppe, bestehend aus Schätzexperten mit grossem Fachwissen und Erfahrung. Diese werden für Spezialaufgaben des Verbandes eingesetzt und direkt an Auftraggeber wie Behörden, Grundeigentümer oder Banken vermittelt.

Der Verband betreibt mit seinem Institut SIREA Aus- und Weiterbildung von Fachleuten im Schätzungswesen und fördert den Erfahrungsaustausch unter den Mitgliedern. So werden Erfahrungsaustausch-Tagungen, Fachforen und diverse Weiterbildungsmöglichkeiten in Zusammenarbeit mit Schweizerischen Fachhochschulen angeboten, unter anderem der Diplomstudiengang «CAS Immobilienbewertung»

(Certificate of Advanced Studies in Real Estate Valuation). Das Verbandsorgan des SIV ist das «SIV infos», das drei Mal jährlich herausgegeben wird. Der Verband wurde im September 1998 gegründet und hat heute seinen Sitz in St. Gallen. Die Mitgliederzahl des SIV stieg seit seiner Gründung rasant an und verzeichnete Ende November 2009 625 Mitglieder.

1.8.6 Hausverein

Der Hausverein Schweiz wurde 1988 gegründet. Sein Ziel ist es, mit sozialen und umweltgerechten Zielsetzungen sowie einem breiten Angebot an Dienstleistungen eine zeitgemässe Alternative zum Hauseigentümerverband Schweiz darzustellen. Der Zuwachs an Mitgliedern führte bald zur Gründung verschiedener kantonaler und regionaler Sektionen. Zurzeit betreibt der Hausverein Beratungsstellen in Basel, Bern, Luzern, Chur, St. Gallen und Zürich sowie im Tessin. Das Zentralsekretariat befindet sich in Bern. Heute zählt der Hausverein rund 9 000 Mitglieder.

Der Hausverein fördert den sozial, ökonomisch und ökologisch bewussten Bau und Gebrauch von Grund-, Haus- und Stockwerkeigentum. Er engagiert sich für gesundes Wohnen, klimafreundliches Bauen und setzt sich für mehr Energieeffizienz und die Förderung erneuerbare Energien ein. Der Hausverein bietet seinen Mitgliedern nebst der Beratung verschiedene Dienstleistungen an. Dazu gehören die verbandseigene Fachzeitschrift, Formulare, Publikationen, Kurse und Veranstaltungen.

1.8.7 Schweizerischer Verband für Wohnungswesen SVW

Der Schweizerische Verband für Wohnungswesen ist die grösste der drei Dachorganisationen der gemeinnützigen Wohnbaugenossenschaften in der Schweiz. Gegründet wurde der Verband bereits 1919 und zählt rund 1 000 Mitglieder (Wohnbaugenossenschaften und weitere gemeinnützige Wohnbauträger), die landesweit gegen 140 000 Wohnungen besitzen, das entspricht zirka 80 % aller Genossenschaftswohnungen der Schweiz. Seine Mitglieder richten sich nach einer Charta, in der die wichtigsten Punkte des gemeinnützigen Wohnungsbaus festgehalten sind. Ziel der im Verband zusammengeschlossenen Mitglieder ist es, in der ganzen Schweiz eine ausreichende Versorgung mit preisgünstigem, vorzugsweise genossenschaftlichem Wohnraum sicherzustellen. Der SVW ist mit neun Regionalverbänden in der ganzen Schweiz vertreten, wobei die Sektionen als Bindeglieder zwischen den Mitgliedern und dem Verband wirken.

Der SVW bietet einen umfassenden Beratungsdienst für den gemeinnützigen Wohnungsbau an und verfügt über einen eigenen Rechtsdienst. Ein breites Angebot an Weiterbildungsveranstaltungen widmet sich der Aufgabe, die Verwaltungsarbeiten im Genossenschaftswesen zu professionalisieren und zu optimieren. Zahlreiche Fachpublikationen sowie die Zeitschrift «wohnen», die zehnmal pro Jahr erscheint und über alle aktuellen Fragen rund um Baugenossenschaften informiert, ergänzen das Angebot des SVW.

1.8.8 Schweizerischer Verband Liberaler Baugenossenschaften

Der VLB ist die zweitgrösste Dachorganisation der gemeinnützigen Baugenossenschaften. Er wurde 1965 gegründet und zählt gegen 250 Genossenschaften und Stiftungen mit insgesamt über 18 000 Mitgliedern. Diese besitzen schweizweit rund 14 000 genossenschaftliche Wohnungen. Im Gegensatz zum SVW ist der VLB politisch nicht neutral: Er ist der FDP angeschlossen und unterhält Beziehungen zu allen bürgerlichen Parteien. Der Verband ist zudem im FDP-Delegiertenrat vertreten.

Ziel des Verbandes ist es, zinsgünstige Wohnungen zu beschaffen und zu vermieten und die Bestrebungen der angeschlossenen Genossenschaften und gemeinnützigen Mitgliedern zu unterstützen. Der VLB bietet seinen Mitgliedern eine individuelle Beratung im Genossenschaftsbereich, wobei auch Interessierte, die genossenschaftliche Bauträger gründen wollen, die Beratungsdienste in Anspruch nehmen können. Der Verband stellt zahlreiche Drucksachen wie Merkblätter, Hausordnungen, Handbücher und Seminarordner zur Verfügung. Verbandsorgan ist die Zeitschrift «Freies Wohnen», die sechsmal jährlich erscheint. In Zusammenarbeit mit dem SVW führt der VLB überdies Seminare zum Thema Baugenossenschaften durch.

1.8.9 Schweizerischer Verband für Wohnbau- und Eigentumsförderung SWE

Der SWE ist die dritte Dachorganisation der Baugenossenschaften in der Schweiz und entstand 1995 aus der Fusion der Verbände VWE und SWB. Er zählt rund 200 Institutionen mit insgesamt über 16 000 Mitgliedern und rund 12 000 Wohnungen. Der SWE versteht sich als Kompetenzzentrum des gemeinnützigen Wohnungsbaus und vertritt die Interessen seiner Mitglieder gegenüber Behörden, Amtsstellen, Öffentlichkeit und Wirtschaft. Nach eigenen Aussagen gründet die Motivation des SWE auf einer christlichen Grundhaltung und auf der Verpflichtung zu einer sozialen Marktwirtschaft. Der SWE bietet seinen Mitgliedern Beratungen in den Bereichen Recht, Finanzierung, Mieterfragen usw. an. Jährlich organisiert der Verband drei bis vier praxisorientierte Seminare mit kompetenten Referenten. Im Weiteren können Seminardossiers, Handbücher und Drucksachen oder die Verbandszeitschrift «Wohnen-und-Bauen» beim SWE bezogen werden. Die Broschüre «wohneigentum-schaffen.ch» soll bauwillige gemeinnützige Wohnbauträger sowie Privatpersonen zur Realisierung von Wohneigentum anregen und enthält praxisnahe Tipps und Checklisten. Der VLB und SWE planen zu fusionieren und sich zu einem neuen Verband «WOHNEN SCHWEIZ. Verband der Baugenossenschaften» zusammenzuschliessen.

1.8.10 Verband der Immobilien-Investoren und -Verwaltungen

Der Verband der Immobilien-Investoren VIV ist der schweizerische Zusammenschluss der institutionellen Investoren und der privaten professionellen grossen Immobilien-Unternehmen, die Immobilien als Investitions- oder Kapitalanlagen halten. Der VIV vertritt die Interessen seiner Mitglieder in Politik, Wirtschaft und

Öffentlichkeit. Die Mitglieder setzen sich zusammen aus institutionellen und privaten Immobilien-Investoren, Immobilien-Bereichen von Finanzinstituten und Versicherungen, Immobilien-Aktiengesellschaften, Immobilien-Fondsgesellschaften, Immobilien-Anlagestiftungen, Pensionskassen mit Immobilien-Vermögen, teil- oder vollprivatisierte Immobilien-Aktiengesellschaften und Immobilien-, Portfolio- und Asset Management-Bereiche von privaten Unternehmen. Die Mitglieder des VIV vertreten zusammen einen Portfoliobestand von rund 100 Milliarden Franken.

Der VIV ist für die grossen Immobilien-Eigentümer und institutionellen Investoren in Immobilien ein Forum für einen offenen Gedankenaustausch, für eine gemeinsame Vertretung der Interessen und für die Wahrnehmung der wirtschaftlichen Kraft von Immobilien-Investitionen. Die Forderungen des VIV an die Politik sind: Förderung einer liberalen Markt- und Wettbewerbsordnung, Verbesserung der Rahmenbedingungen für die Immobilien-Wirtschaft, Förderung der Investitionstätigkeit, Kampf gegen zunehmende Regulierungsdichte, Förderung des privaten Wohneigentums, Schaffung eines ausgewogenen Gleichgewichts zwischen Investoren- und Vermieteranliegen einerseits und Mieteranliegen anderseits.

1.8.11 Vereinigung Zürcher Immobilienunternehmen

Die Vereinigung Zürcher Immobilienunternehmen setzt sich aus 17 grösseren Zürcher Immobilien-Unternehmen zusammen, die hauptsächlich im Bereich Immobilien-Bewirtschaftung tätig sind. Da die meisten Mitglieder über Niederlassungen in anderen Kantonen verfügen und die grössten Bewirtschaftungsfirmen der Schweiz repräsentieren, hat die VZI auch eine überregionale bis nationale Bedeutung. Die VZI bewirtschaftet rund 450 000 Mietverträge, davon rund 200 000 in der Region Zürich, mit einem geschätzten Marktwert von rund 80 Mrd. Franken. In der VZI treffen sich die jeweils obersten Entscheidungsträger der Unternehmen. Stellungnahmen und Entscheide zu Immobilien-Themen können so schnell und unkompliziert getroffen werden. Der Erfahrungsaustausch unter den Mitgliedern nimmt einen hohen Stellenwert ein.
Als Dachvereinigung bündelt die VZI die Interessen ihrer Mitglieder und nimmt als solche Einfluss auf branchenrelevante Entwicklungen. Um ihre Ziele zu erreichen, arbeitet die VZI eng mit ähnlich gelagerten Verbänden und Unternehmungen zusammen. In der jüngsten Vergangenheit ist es der VZI öfters gelungen, in Immobilien-Themen die Vordenkerrolle in der Branche zu übernehmen.

1.8.12 Schweizerischer Ingenieur- und Architektenverein

Der SIA und insbesondere seine Mitglieder stehen in der Öffentlichkeit für Qualität und Kompetenz – Werte, die der Verein in seiner über 170-jährigen Tätigkeit immer hochgehalten und vermittelt hat. Der SIA ist der massgebende Berufsverband für qualifizierte Fachleute der Bereiche Bau, Technik und Umwelt. Mit seinen rund 15 000 Mitgliedern, seinen Berufsgruppen, Sektionen und Fachvereinen sowie über 200 Fach- und Normenkommissionen bildet der SIA ein interdisziplinäres Netzwerk mit dem Anspruch, das Bauwerk Schweiz innovativ, ganzheitlich und zukunftsfähig zu gestalten und zu prägen.

Der SIA erarbeitet, unterhält und publiziert zahlreiche Normen, Ordnungen, Vertragsvorlagen, Richtlinien, Empfehlungen und Dokumentationen, die auch für die Immobilien-Wirtschaft von Bedeutung sind. Ein weiterer Schwerpunkt des SIA ist die Erarbeitung von wirtschaftlichen Grundlagen für die Tätigkeit von Planungsbüros, von Zusammenarbeitsmodellen und Statistiken wie etwa die periodische Erhebung zur Beschäftigungslage in Projektierungsbüros. Die Juristen von SIA-Recht stehen für Rechtsauskünfte zur Verfügung, insbesondere in Fragen des Baurechts, Beschaffungswesens, Urheberrechts, Arbeitsrechts, Sozialversicherungsrechts und des unlauteren Wettbewerbs. SIA-Service bietet auf die Bedürfnisse der Firmenmitglieder zugeschnittene aktuelle Informationen und qualitativ hoch stehende Dienstleistungen in den Bereichen Personal, Finanzen, Organisation, Marketing, Akquisition, Verträge und Recht. Mit SIA-Form stellt der SIA ein vielseitiges Weiterbildungsprogramm für Ingenieure und Architekten bereit. Ergänzend dazu stehen den Mitgliedern auch themenspezifische Informations- und Fortbildungsveranstaltungen von Fachvereinen, Sektionen und Kommissionen des SIA offen. Die Erarbeitung von Grundlagen für Wettbewerbe sowie eine Ausschreibungs-Datenbank gehören ebenfalls zum Dienstleistungsangebot des SIA.

1.8.13 Schweizer Stockwerkeigentümerverband

Der Schweizer Stockwerkeigentümerverband setzt sich seit seiner Gründung 1955 auf der politischen und wirtschaftlichen Ebene für die Förderung von Stockwerkeigentum ein. Er ist die Anlaufstelle für alle rechtlichen Fragen rund um diese Wohnform. Mittels Information und Aufklärung der Bevölkerung über die Möglichkeiten zum Erwerb von Eigentum an Wohn- und Gewerbeeinheiten versucht der Verband, das Stockwerkeigentum schweizweit zu fördern. Zugleich wird die Zusammenarbeit mit Behörden, Wirtschaft und anderen Verbänden in diesem Bereich angestrebt. Der Stockwerkeigentümerverband wahrt die Interessen von Stockwerkeigentümern und steht diesen mit Informationen und Beratung zur Seite.

Der Schweizer Stockwerkeigentümerverband führt verschiedene öffentliche Veranstaltungen und Referate zu aktuellen Fragen und Entwicklungen durch. Im offiziellen Verbandsorgan werden regelmässig Informationen zum Stockwerkeigentum publiziert. Für seine Mitglieder bietet der Verband eine unentgeltliche Rechtsberatung an.

1.8.14 FM Schweiz

FM Schweiz wurde 1930 gegründet und ist der grösste unabhängige Fachverband der Schweiz im Facility Management. Die 960 Mitglieder setzen sich zusammen aus Kaderpersonen und Spezialisten im Facility Management mit den Schwerpunkten Hospitality Management und Immobilienbewirtschaftung. FM Schweiz setzt sich für das Berufsfeld in seiner ganzen Breite ein und fördert den Stellenwert des Facility Managements in Wirtschaft und Gesellschaft. Qualität und ökonomischer

Nutzen stehen im Zentrum des Engagements. Der Verband bietet seinen Mitgliedern die Plattform zur Wissensvernetzung und die Basis für neue Kontakte und zum professionellen Austausch.

FM Schweiz engagiert sich stark in Berufsbildungsfragen, fördert aktiv die tertiäre Aus- und Weiterbildung und trägt zur Stärkung des Berufsfelds bei, indem er sich für die Nachhaltigkeit und sinnvolle Konsolidierung von ähnlichen Ausbildungen einsetzt. Die Mitglieder profitieren von verschiedenen weiteren Dienstleistungen (Fachzeitschrift, Newsletter, Fachtagungen, Publikationen etc.). Der Austausch und die Zusammenarbeit mit anderen FM Organisationen in der Schweiz und in Europa ist ebenfalls ein wichtiger Aspekt der Verbandsarbeit.

1.8.15 Schweizerischer Mieterinnen- und Mieterverband

Der Schweizerische Mieterinnen- und Mieterverband ist die einzige professionelle landesweite Vertretung der Mieterinnen und Mieter. Als Dachverband der Deutschschweiz, der Romandie (ASLOCA) und des Tessins (ASI) vertritt er rund 200 000 Mitglieder, mit einer weiterhin steigenden Tendenz.

Der Mieterinnen- und Mieterverband bietet seinen Mitgliedern kostenlose persönliche Rechtsberatung und preisgünstigen Rechtsschutz an. Zudem ist er Herausgeber einer breiten Palette an Broschüren und Formularen, die Mitglieder ebenfalls günstiger beziehen können. Daneben profitieren Mitglieder in der Deutschschweiz von einer preiswerten Mieterhaftpflicht, von E-Mail-Rechtsberatung sowie von Vergünstigungen bei der Miete von (Umzugs)Autos. Nichtmitgliedern gibt der Mieterinnen- und Mieterverband über seine Hotline telefonische Auskünfte zu mietrechtlichen Fragen. Im Weiteren verlegt der Verband die Zeitschrift für schweizerisches Mietrecht «mietrechtspraxis/mp» sowie die Verbandszeitschrift «Mieten & Wohnen» für die Deutschschweiz, «Droit au Logement» für die Westschweiz sowie «Inquilini Uniti» für das Tessin. Ausserdem bietet der Deutschschweizer Mieterinnen- und Mieterverband unter dem Namen «mietrechtspraxis/mp» ein breit gefächertes Kursprogramm an.

Der Mieterinnen- und Mieterverband setzt sich auf politischer Ebene für ein sozialeres Mietrecht ein und kämpft gegen weitere Steuerprivilegien für Wohneigentümer. Weitere Akzente setzt er zu Gunsten der Wohnbauförderung und einer Energiepolitik, die den Mietern hilft, ihre Heizkosten zu senken.

1.8.16 Schweizerische Kommission für Immobilienfragen

Die 1973 gegründete Schweizerische Kommission für Immobilienfragen ist ein stehendes Konsultations- und Kontaktgremium von privaten Organisationen in der Schweiz, welche an einer freiheitlichen Eigentumspolitik, einem marktnahen Mietrecht, der Raumordnung und an einer wirksamen Förderung des Wohneigentums interessiert sind. Zur Zeit umfasst die SKI rund 17 Mitgliederorganisationen, darunter den SVIT, den HEV Schweiz, den VIV, die VZI und den Schweizerischen Gewerbeverband sgv. Die SKI hat keine festen Statuten und fasst keine für die Mitglieder verbindlichen Beschlüsse. Der eigentliche Hauptzweck besteht in der Koordinationsfunktion und Konsensfindung. Die SKI stellt in diesem Sinn den Informationsaustausch zwischen den beteiligten Organisationen sicher und gibt den Mitgliedern die Möglichkeit, ihre Standpunkte zu eigentumspolitischen Fragen darzulegen und nach gemeinsamen Lösungen zu suchen.

Die Mitglieder der SKI treffen sich etwa zwei bis vier Mal pro Jahr zu einer Sitzung, wobei die jeweiligen Traktanden auf Grund der politischen Aktivitäten festgelegt werden. Zu den wichtigen Politikfeldern, mit denen sich die SKI intensiv auseinandersetzt, gehören beispielsweise die Besteuerung des Wohneigentums, das Mietrecht, Raumplanungs- und Bodenrecht aber auch Umwelt- und Energiefragen. Die Entwicklung in diesen und anderen Bereichen wird von der SKI laufend analysiert und an den Sitzungen besprochen. Gleich oder ähnlich gelagerte Anliegen und Aktivitäten der Mitglieder sollen koordiniert werden, wodurch eine Verstärkung der politischen Einflussnahme erhofft wird. Bisweilen erstellt die SKI auch gemeinsame konkrete Stellungnahmen zu Vorlagen von Bundesverwaltung oder Parlament.

1.8.17 Bundesamt für Wohnungswesen BWO

Das Bundesamt für Wohnungswesen BWO muss wegen seiner Wichtigkeit für die Immobilien-Branche ebenfalls aufgeführt werden, auch wenn es kein Verband ist. Es gehört zum Eidgenössischen Volkswirtschaftsdepartement und beschäftigt rund 50 Personen. Aufgabe des BWO ist die Umsetzung der Wohnungspolitik des Bundes. Dem Amt steht die Eidgenössische Kommission für Wohnwesen EKW beratend zur Seite. Auch die drei Dachorganisationen des gemeinnützigen Wohnungsbaus sind eng mit dem BWO verbunden. Wichtigste Rechtsgrundlagen sind neben dem Verfassungsartikel das Wohnbau- und Eigentumsförderungsgesetz WEG, das Wohnraumförderungsgesetz WFG sowie die Regelungen zum Mietwesen.

Das BWO ist verantwortlich für den Vollzug der Gesetze zur Wohnraumförderung. Auch mietrechtliche Aufgaben und die Vertretung der Schweiz in internationalen Organisationen obliegen dem BWO. Das BWO kümmert sich überdies um die volkswirtschaftlichen Aspekte des Mietrechts. Dazu gehören periodische Veröffentlichungen von Gerichtsentscheiden, die Behandlung parlamentarischer Vorstösse und die Bearbeitung von Gesetzes- und Verordnungs-Revisionen.

Die Eidgenössische Kommission für Wohnungswesen EKW beobachtet die Entwicklung im Wohnungswesen und unterbreitet dem Bundesrat sowie den zuständigen Departementen Vorschläge für Gesetzesänderungen und für die Vollzugspolitik. Die Kommission behandelt auch Fragen, die das Wohnungswesen generell betreffen und die ihr vom Bundesrat, vom Eidgenössischen Volkswirtschaftsdepartement oder vom BWO unterbreitet werden. Der Kommission gehören 14 vom Bundesrat gewählte Mitglieder aus Kreisen der Kantone, Wirtschaft, Wissenschaft, Mieter und Vermieter an. Präsident der EWK ist der Direktor des BWO.

1. DER SCHWEIZER IMMOBILIEN-MARKT

1.9 Das Berufsbild

Es ist eine Herausforderung wenn nicht schier unmöglich, ein einheitliches Berufsbild aller im Immobilien-Bereich tätigen Personen zu formulieren. Wichtig ist vielmehr, die vielen Aus- und Weiterbildungsmöglichkeiten aufzuzeigen. Durch die verstärkten Aktivitäten der zahlreichen Verbände und Organisationen im Aus- und Weiterbildungsbereich wird es immer schwieriger, die Übersicht über die zahlreichen Angebote zu behalten. Eine gewisse Segmentierung der Ausbildungsangebote zeichnet sich ab und dürfte weiter fortschreiten. Der Wert eines Ausbildungstitels dürfte in Zukunft noch schwieriger einzuschätzen sein. Vorzubemerken bleibt, dass die hier aufgeführten Angebote dem letzten bekannten Stand entsprechen.

MAS in Real Estate Management

dipl. Immobilien-Treuhänder/in

Vertiefungskompetenzen mit eidg. Fachausweis

- Immobilien-Bewirtschaftung FA
- Immobilien-Bewertung FA
- Immobilien-Vermarktung FA
- Immobilien-Entwicklung FA

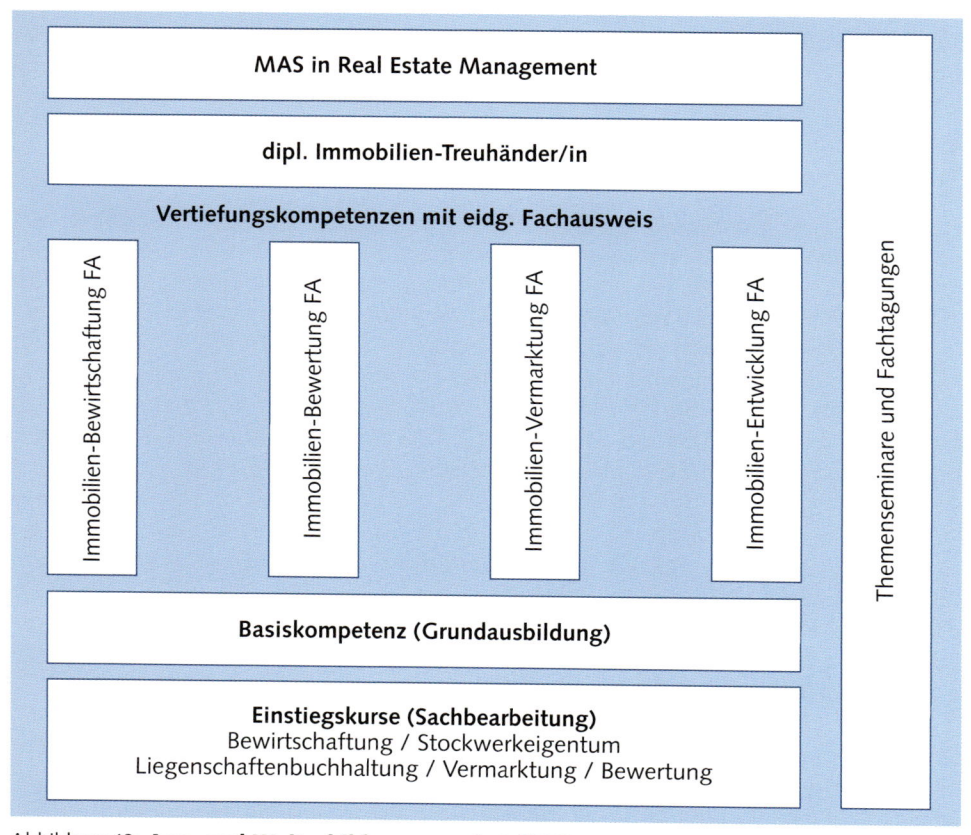

Themenseminare und Fachtagungen

Basiskompetenz (Grundausbildung)

Einstiegskurse (Sachbearbeitung)
Bewirtschaftung / Stockwerkeigentum
Liegenschaftenbuchhaltung / Vermarktung / Bewertung

Abbildung 19: **Aus- und Weiterbildungsangebot SRES**

1.9.1 Aus- und Weiterbildungsangebot

Swiss Real Estate School SRES

Die breiteste Basisausbildung mit nachfolgenden Vertiefungsrichtungen für Immobilien-Fachleute und Berufe in der Schweiz bietet die Swiss Real Estate School (SRES), früher Realis, an. Die SRES ist das Bildungszentrum des SVIT. Durch die Reform des Schweizer Bildungswesens wurden die Lehrgänge in den vergangenen Jahren komplett neu entwickelt und strukturiert. SRES bietet nun Ausbildungen von der Grundstufe bis zum Nachdiplomstudiengang an, die aufeinander aufgebaut sind, siehe Abbildung links.

Meist findet der Einstieg oder Start eines SRES Berufsbildungswegs im Immobilienbereich mit den zwei bis drei Monate dauernden Sachbearbeiterkursen statt. Der Basislehrgang stellt die Grundlage für die nachfolgenden Vertiefungslehrgänge dar und dauert rund ein Jahr. Im Basislehrgang erhalten die Teilnehmenden Wissensgrundlagen in allen relevanten Fächern. Diesen Lehrgang absolvieren jährlich zwischen 300 bis 500 Studierende an mehreren Standorten der Schweiz, und er wird mit einer eidgenössischen Prüfung abgeschlossen.

Die Vertiefungslehrgänge Bewirtschafter, Bewerter, Vermarkter und Entwickler setzen den erfolgreichen Abschluss des Basislehrgangs voraus. Hier werden die im Basislehrgang erworbenen Kenntnisse in der jeweiligen Fachrichtung vertieft. Die Lehrgänge werden mit dem eidgenössischen Fachausweis abgeschlossen und dauern ebenfalls rund ein Jahr. Die Ausbildung zum Immobilien-Treuhänder mit höherer Fachprüfung setzt den erfolgreichen Besuch von mindestens zwei Fachausweisen in den genannten Vertiefungslehrgängen voraus. Der Immobilien-Treuhänder vermittelt breites Wissen und beleuchtet auch die Führung von Immobilien-Unternehmen. Der Master-Studiengang MAS in Real Estate Management wird in Zusammenarbeit mit der Hochschule für Wirtschaft Zürich HWZ durchgeführt. Voraussetzung ist ein Hochschulabschluss oder eine höhere Berufsprüfung.

Ergänzend zu den genannten Lehrgängen bietet die SRES verschiedene Seminare zu den folgenden Themen an:

– Mehrwertsteuer bei Bewirtschaftung und Übertragung von Immobilien
– Mietrecht – Aspekte der Kündigung
– Trends im Mietrecht
– Bewertungsgutachten
– Intensivseminar Immobilienrecht
– Öffentliches Beschaffungswesen im Umbruch
– Zukunftsfähige Konzepte für Heizung, Lüftung und Kühlung
– Zeitmanagement und Arbeitstechnik
– Berufliche Neuorientierung – Immobilienwirtschaft als Alternative
– Mandatsakquisition «erfolgreich zu Immobilien-Verkaufsmandaten»
– Maklerwesen und –recht
– Professioneller Immobilien-Verkauf

1. DER SCHWEIZER IMMOBILIEN-MARKT

Mitgliederorganisationen des SVIT
Teilweise werden Seminare- und Sachbearbeiterkurse bis zum Immobilien-Bewirtschafter seit Jahren erfolgreich in verschiedenen Mitgliederorganisationen des SVIT durchgeführt. Aufgrund der immer höher werdenden Anforderungen des Immobilien-Marktes, den zunehmenden Konkurrenzangeboten, sowie den präzisen Anforderungen der übergeordneten Bildungsstellen will die SRES vermehrt eine Zentralisierung anstreben. Dies nicht nur zur Freude der jahrelang aufgebauten Kompetenzen in den meist kantonalen Mitgliederorganisationen des SVIT.

Swiss Real Estate Institut
Das Swiss Real Estate Institut wurde Anfang 2009 vor 180 Gästen in Zürich gegründet. Gründungspartner sind die HWZ Hochschule für Wirtschaft Zürich, der KV Zürich sowie der SVIT Schweiz. Das Institut ist als Stiftung konstituiert und der HWZ angegliedert. Es finanziert sich mit Hilfe von Forschungsaufträgen, Dienstleistungen, Beratungsmandaten und Spenden. Das Swiss Real Estate Institut schafft mit seiner Forschungstätigkeit zeitgemässe Grundlagen für das erfolgreiche Management von Immobilien-Unternehmen. Es richtet seine Forschungsziele auf die fachlichen Bedürfnisse der Immobilien-Branche aus und wendet dabei eigenständige und neuartige Modelle an. Das Institut arbeitet unabhängig, interdisziplinär und nahe an der Praxis. Es ergänzt als Forschungsstelle das bestehende Bildungsangebot der Immobilien-Branche.

KS Kaderschulen und Feusi Bildungszentrum
Die KS Kaderschulen in Zürich und St. Gallen sowie das Feusi Bildungszentrum in Bern bieten ebenfalls Sachbearbeiterkurse, den Basislehrgang, die vier Vertiefungslehrgänge sowie den Lehrgang zum Immobilien-Treuhänder an. Auf der Grundstufe bieten die KS Kaderschulen zusätzlich eine Ausbildung zum Assistenten Immobilien-Treuhand an, auf der Diplomstufe einen Nachdiplomstudiengang in Bauprojekt- und Immobilienmanagement NDS HF. Der Unterricht erfolgt in kleineren Klassen und wird meist in Abendlektionen durchgeführt. Die Erfolgsquote und die Akzeptanz im Markt sind hoch. Die Prüfungen werden zusammen mit der SRES durchgeführt.

CUREM
Das Curem, Center for Urban & Real Estate Management in Zürich, ist eine privatwirtschaftlich organisierte Immobilien-Business-Schule auf universitärem Niveau. Seit 2005 kann hier der Lehrgang zum MAS in Real Estate absolviert werden. Der Lehrgang richtet sich in erster Linie an Hochschul- oder Fachhochschulabsolventen mit mehreren Jahren Berufserfahrung. Der Master-Titel ist zwar nicht staatlich anerkannt, jedoch vom Berufsverband RICS akkreditiert.

Hochschule Luzern
Das zur Hochschule Luzern gehörende Institut für Finanzdienstleistungen Zug IFZ bietet unter anderem ein MAS (Master of Advances Studies) in Immobilienmanagement an. Seit August 2009 hat dieser Studiengang das RICS-Qualitätslabel. Die Aus- und Weiterbildungsangebote haben den Schwerpunkt im Immobilienmanagement und in der Bauökonomie. So können am IFZ auch folgende weitere Lehrgän-

ge abgeschlossen werden: MAS Bauökonomie, DAS (Diploma of Advanced Studies) Bauökonomie, DAS Gebäudebewirtschaftung, CAS (Certificate of Advances Studies) Projektmanager Bau sowie das CAS in Immobilienbewertung.

FHS St. Gallen
Auch die Hochschule St. Gallen FHS bietet ein MAS in Immobilien-Management sowie die Zertifikatslehrgänge CAS Immobilien-Management, CAS Immobilien-Bewertung und CAS Immobilien-Planung an. Es werden aber auch Seminare in Immobilien-Bewertung durchgeführt.

Immobilien-Bewertung
Der Schweizerische Immobilienschätzer-Verband und das Schweizerische Institut für Immobilienbewertung SIREA bieten seit kurzem in Zusammenarbeit mit den Fachhochschulen Burgdorf, Luzern, St. Gallen und Lugano den Lehrgang CAS Immobilienbewertung an. Die Module des Lehrganges können auch einzeln besucht werden. Seit Anfang 2009 ist es auch möglich, das weiterführende Diplom DAS in Immobilienbewertung abzuschliessen.

EURO Institut für Immobilien Management
Das unabhängige privatwirtschaftliche EURO Institut für Immobilien Management ist ein zusammengeschlossenes Partnerinstitut der Donau-Universität Krems. Es ist für die Masterlehrgänge MSc Real Estate und MSc International Real Estate Valuation tätig. Das EURO Institut führt Management-Trainings und Workshops durch wie «Executive Portfolio Manager of Real Estate» und «Investment Analyst in Real Estate». Für das strategische Training nutzt das EURO Institut das Strategiespiel «Real Investor» mit dem Investoren, Manager, Finanzierer, Entwickler, Analysten, Berater und andere Unternehmen der Immobilienwirtschaft anhand praktischer Geschäftsfälle überlegene Erfolgsstrategien entwickeln lernen.

Fachtagungen und Seminare
Im Bereich der Fachtagungen und Seminare gibt es neben den bereits erwähnten, verschiedene weitere Anbieter. Auch die Weka Business Media AG führt verschiedene Seminare zu Immobilien-Themen durch. Überdies bieten praktisch alle Verbände (vgl. Kapitel 1.8) Kurse und Seminare zu fachspezifischen Themen an. So bietet etwa der Hauseigentümerverband Schweiz ein umfassendes Kursprogramm rund um Immobilien mit Schulungen zu den Themen Vermietung und Verwaltung, Stockwerkeigentum, Haus und Recht, Steuern und Vorsorge, Haus und Vermögen, Leben und Wohnen, Haus, Garten und Unterhalt. Breit gefächert ist auch das Angebot des Deutschschweizer Mieterinnen- und Mieterverbandes, der unter dem Titel mietrechtspraxis/mp Kurse und Seminare anbietet.

1.9.2 KV-Lehre in der Immobilien-Wirtschaft

Um den frühesten Schritt in die Immobilien-Branche machen zu können, bietet eine kaufmännische oder bautechnische Lehre eine entsprechende Möglichkeit. Es gibt im Bereich der Immobilien-Berufe weder ein entsprechendes Studium noch

1. DER SCHWEIZER IMMOBILIEN-MARKT

Fachhochschulen, die das Basiswissen vermitteln und somit einen Einstieg ermöglichen würden. Das «Hineinwachsen» in die Branche ist immer noch die einzige Möglichkeit, Fuss zu fassen. Die kaufmännische Lehrlingsausbildung der Immobilien-Branche erfolgt gemeinsam mit der Treuhandbranche. Zuständig ist die Organisation kaufmännische Grundbildung Treuhand/Immobilien OKGT. Die OKGT ist ein Zweckverein in der nationalen Ausbildungs- und Prüfungsbranche. Sie unterstützt die Treuhand- und Immobilien-Lehrbetriebe in der Lehrlingsausbildung. Zudem ist die OKGT Koordinationsstelle zwischen der Treuhand-Branche und den zuständigen privaten sowie staatlichen Instanzen und setzt sich für die Lehrstellenförderung ein.

Im August 2010 traten schweizweit 541 Lehrlinge eine Lehrstelle in der Treuhand- oder in der Immobilien-Branche an. Davon haben 380 Lehrlinge ihre Ausbildung in der deutschen Schweiz, 143 in der französischsprachigen Schweiz und 18 in der italienischsprachigen Schweiz begonnen.

Gegenüber branchenfremden KV-Absolventen finden ehemalige Lehrlinge der Immobilien-Branche einfacher einen Einstieg als Immobilien-Assistent. Die drei Jahre Branchenerfahrung, über welche die Lehrlinge verfügen, sind eine wertvolle Basis, auf der Fachwissen und Erfahrung weiter aufgebaut werden können.

1.9.3 Immobilien-Sachbearbeiter/-Assistent

Nach der Lehre wagen viele KV-Abgänger den Schritt zum Immobilien-Sachbearbeiter oder -Assistenten. In den grösseren Immobilien-Unternehmen sind die Portfolios meist auf selbständig arbeitende Teams verteilt, bestehend aus einem Bewirtschafter und einem oder zwei Assistenten. Die Arbeitsaufteilung in diesen Teams ist unterschiedlich und wird den individuellen Fähigkeiten und Erfahrungen der Mitarbeiter sowie der Betriebsstruktur angepasst. So funktionieren auch in grossen Bewirtschaftungsfirmen nicht alle Teams gleich, sondern können sich in ihrer Arbeitsweise unterscheiden.

Die Immobilien-Assistenten unterstützen im Rahmen des Teams den Teamleiter bei allen Aufgaben und können dadurch wertvolle Erfahrungen sammeln. Dank dieser Praxiserfahrung entscheiden sich zahlreiche Immobilien-Assistenten für einen weiteren Karriereschritt und absolvieren einen Einstiegskurs, die Basiskompetenzausbildung, wo das Grundlagenwissen vertieft wird.

1.9.4 Immobilien-Verwalter/-Bewirtschafter

Der Begriff «Verwalter» hat sich über Generationen als gängige Bezeichnung eingebürgert und ist noch heute in den Köpfen der meisten Schweizer verankert. In den vergangenen Jahren hat sich das Image jedoch verschlechtert. Der «Verwalter» nimmt in der Vorstellung der Leute, insbesondere jedoch bei den Auftraggebern, nicht mehr denselben Stellenwert ein wie noch vor einigen Jahren. Zudem hat sich das Berufsbild des traditionellen Verwalters beträchtlich verändert. Der

Name «Verwalter» wird der vielseitigen und verantwortungsvollen Aufgabe der Immobilien-Bewirtschaftung nicht mehr gerecht. Seit etwa zehn Jahren setzt sich deshalb die Bezeichnung «Immobilien-Bewirtschafter» vermehrt durch. Diese neue Berufsbezeichnung umschreibt die Aufgaben um einiges besser, erwartet doch der Auftraggeber, dass seine Liegenschaften nicht nur verwaltet, sondern auch effizient bewirtschaftet werden.

Teamarbeit
Dennoch ist in vielen kleineren Verwaltungen auch heute noch der klassische Verwalter praktisch das Mass aller Dinge und vereint sämtliche Aufgaben eines Verwaltungs- bzw. Bewirtschaftungsteams in einer Person. In grösseren Immobilien-Bewirtschaftungsfirmen trägt nicht mehr eine Einzelperson, sondern ein Team die direkte Verantwortung gegenüber den Eigentümern. Im Team werden alle anvertrauten Liegenschaften mit grosser Selbständigkeit verwaltet und bewirtschaftet und die Aufgaben je nach Fähigkeit und Erfahrung aufgeteilt. Das durchschnittliche Immobilien-Bewirtschaftungsteam bewirtschaftet zwischen 800 und 1 300 Mietverträge (Haupt- und Nebenobjekte), Wiedervermietungen eingeschlossen. Die Anzahl der bewirtschafteten Verträge ist allerdings stark von der geografischen Lage und der Grösse der einzelnen Liegenschaften sowie von der Anzahl Eigentümer abhängig.

Umfassende Ausbildung nötig
Um als Immobilien-Bewirtschafter tätig zu sein, wird heute meist eine abgeschlossene Ausbildung zum Immobilien-Bewirtschafter oder zum Immobilien-Treuhänder verlangt, denn einem effizienten Bewirtschaftungssystem kommt eine immer grössere Bedeutung zu. Ist ein Bewirtschafter mit dem Arbeitsanfall überfordert oder übernimmt ein Assistent zu früh seine Aufgaben, können Probleme innerhalb des Teams entstehen. Dies ist auch bei schlecht organisierten Übergaben im Rahmen eines Stellen- oder Mandatwechsels der Fall. Die Probleme werden leider oft zu spät erkannt. Den Schaden tragen letztlich die Eigentümer, deren Objekte nicht mehr so effizient bewirtschaftet werden, wie es wünschenswert wäre.

Vom technischen ...
Wie bereits erwähnt, hat sich der Beruf des klassischen Immobilien-Verwalters in den letzten Jahren enorm gewandelt. Während früher meist Praktiker mit grosser Erfahrung und einem technischen Hintergrund als Verwalter tätig waren, wird heute kaum mehr ein Bewirtschafter ohne KV-Abschluss eingestellt. Der klassische Verwalter verbrachte viel Zeit auf der Liegenschaft und koordinierte Handwerker und Hauswarte – wenn nötig vor Ort. Das – oft stimmgewaltige – Wort des Verwalters wurde allseits respektiert. Zudem kümmerte er sich um die Haustechnik und den baulichen Zustand der Liegenschaft und führte Wohnungsabnahmen und -übergaben durch. Im Büro hatte der Verwalter meist ein Sekretariat, welches sich um den «Schreibkram» kümmerte. In Sachen Mietrecht, Benchmarks, Buchhaltung usw. war der klassische Verwalter hingegen in der Regel wenig bewandert.

1. DER SCHWEIZER IMMOBILIEN-MARKT

... zum administrativen Verwalter

Ganz anders die «modernen» Bewirtschafter. Diese sind mit der täglichen Liegenschaften-Administration, Buchhaltung, Kennzahlen, Mietrecht und individuellen Eigentümeranforderungen beschäftigt – und damit oft ausgelastet, sodass Liegenschaftenbesuche zweite Priorität bekommen haben. Die Anzahl vorgefertigter Mietzinssenkungsbegehren, die nach jeder Referenzzinssatz-Senkungsrunde bei den Bewirtschaftungsfirmen ins Haus flattern, sowie die immer anspruchsvolleren Forderungen und Ansprüche der Eigentümer einerseits und der Mieter andererseits – beides Kunden der Bewirtschaftungsfirmen – tragen das ihre zur administrativen Auslastung des Bewirtschafters bei. Der moderne Bewirtschafter muss seine Kapazitäten und Erfahrungen zunehmend für den persönlichen Kontakt zu Eigentümern einerseits, zu Mietern und Nutzern andererseits einsetzen. Probleme können so rechtzeitig erkannt und Konflikte vermieden werden. Der Betreuung der Mieterschaft kommt ein immer grösserer Stellenwert zu, sind Mieterwechsel doch aufwändig und kostenintensiv.

Durchschnittlich sind die Mitarbeiter eines Bewirtschaftungsteams heute merklich jünger als noch vor ein paar Jahren. Zudem lässt sich ein Trend zu mehr weiblichen Angestellten feststellen. Allenfalls fehlende bauliche Kenntnisse werden theoretisch erarbeitet und durch die Zusammenarbeit mit Fachfirmen – oder internen Bauabteilungen – kompensiert.

Aus der Sicht der Mieter ist der für die Liegenschaft zuständige Bewirtschafter heute anonymer geworden. Die mancherorts hohe Fluktuation in den Verwaltungsteams, die zunehmende Überlastung und schlechte Erreichbarkeit stellen hohe Anforderungen an die schwierige – aber spannende – Arbeit eines Bewirtschafters, der im Spannungsfeld zwischen den Interessen der Mieter- und der Eigentümerschaft steht.

1.9.5 Immobilien-Verkäufer/-Makler

Der Immobilien-Verkäufer wird in der Schweiz vor allem als Einzelperson und weniger als Teil des Unternehmens wahrgenommen. Leider gab es in der Hochkonjunktur auch hierzulande einige schwarze Schafe. Nicht gerade schmeichelhafte Bezeichnungen wie Immobilien-Hai, Immobilien-Hengst oder Liegenschaften-Händler sprechen eine deutliche Sprache.

In Deutschland ist für den Immobilien-Verkäufer die Bezeichnung Immobilien-Makler seit längerem gängig. In der Schweiz hingegen hatte dieser Name einen etwas schalen Beigeschmack, wenn auch die Gründe dafür nicht erklärt werden konnten. In den vergangenen Jahren hat sich dies nicht zuletzt auf Grund des besseren Ausbildungsangebotes für Immobilien-Makler geändert. Es bleibt zu hoffen, dass dadurch das Image des Maklers weiter verbessert werden kann.

Es muss festgestellt werden, dass viele Immobilien-Verkäufer nicht über das nötige Fachwissen verfügen. Durch Erbschaften oder den Kauf und späteren Verkauf des Eigenheimes werden erste Immobilien-Erfahrungen gesammelt. Dann «rutschen» viele quasi in die Branche hinein, ohne zu berücksichtigen, dass wichtiges Grundlagenwissen fehlt.

Von Laien wird die Komplexität des Verkaufsablaufes und das breite Wissen, das für den Verkauf von Immobilien nötig ist, unterschätzt. In Immobilien-Verkäufer wird oft wenig Vertrauen gelegt. Wenn ein professioneller Verkäufer beigezogen wird, dann meist jemand aus dem Bekanntenkreis oder jemand, der einem persönlich empfohlen wurde. In ländlichen Gebieten ist es bis anhin üblich, dass der Architekt seine Produkte gleich selber verkauft, meist mit einfachsten Mitteln, lediglich gestützt auf seine grosse Erfahrung. Marketingmassnahmen werden auf ein Minimum beschränkt und die Preisbildung geschieht «aus dem Bauch heraus». Dies dürfte in Zukunft schwieriger werden. Werden die Häuser nicht bewusst über den Preis verkauft, besteht die Gefahr, dass der Verkäufer nicht das Preismaximum herausholt oder von der Bank keine Finanzierung erhält. Das Ansehen und die Tätigkeit des Immobilien-Maklers hat sich in den vergangenen Jahren wegen den Maklernetzwerken und der Präsenz der Maklerkammer stark professionalisiert.

1.9.6 Immobilien-Treuhänder

Das Aufgabengebiet des Immobilien-Treuhänders ist umfassend: Er betätigt sich häufig in der Bewirtschaftung von Immobilien sowie in der Maklertätigkeit von Liegenschaften und in Liegenschaftsfinanzierungs-Geschäften. Als Bautreuhänder in der Baubegleitung und Bauherrenbetreuung sowie in der Bildung, Übernahme und Ausführung von Bauträgerschaften oder als Generalunternehmer und Baupromotor ist das Fachwissen des Immobilien-Treuhänders ebenfalls gefragt. Er übt Expertenfunktionen aus, insbesondere im Immobilien-Bewertungswesen, und betätigt sich auch als reiner Immobilien-Berater.

Der diplomierte Immobilien-Treuhänder ist eine eigentliche Generalistenausbildung, die es seit 1967 gibt. Sie dauert berufsbegleitend 1,5 Jahre und beinhaltet eine grosse Anzahl von Fächern, welche jedoch in der kurzen Ausbildungszeit teilweise nicht in die Tiefe behandelt werden können. Das Fach Marketing wird zwar von einer anerkannten Fachperson geleitet, die Spezialisierung Immobilien-Marketing wird jedoch nicht bzw. nur in Ansätzen behandelt. Die Ausbildung wird von der Swiss Real Estate School und von den KS Kaderschulen wie auch vom Feusi Bildungszentrum angeboten. Zur Prüfung zugelassen wird, wer zwei Fachausweise im Immobilienbereich aufweist oder einen Hochschulabschluss und vier Jahre hauptberufliche Praxis in der Immobilienbranche vorweisen kann. Da die Ausbildung sehr breit angelegt ist – von Baukenntnissen bis hin zu Rechtsfächern und Bewirtschaftung –, können auch Bauführer und Architekten, die noch nie eine Liegenschaft verwaltet oder verkauft haben, mit viel Fleiss die Prüfung bestehen. In den Anfangsjahren nahmen jeweils zwischen 180 und 200 Personen an den Lehrgängen der Swiss Real Estate School teil. In den vergangenen Jahren ist diese Zahl stark gesunken und hat sich bei unter 100 Studierenden pro Lehrgang eingependelt. Die Studierenden sind einerseits froh über kleinere Klassen, andererseits hat sich mit den Master-Lehrgängen auch Konkurrenz gebildet.

1. DER SCHWEIZER IMMOBILIEN-MARKT

1.9.7 Immobillien-Schätzer/-Bewerter

Im Immobilien-Schätzungswesen gibt es in der Schweiz seit Jahrzehnten grosse fachliche Differenzen, und verschiedene Vorgehensweisen konkurrieren miteinander. Bisher haben kantonale Gebäudeschätzer, Architekten, Fachleute von Immobilien-Firmen oder Immobilien-Treuhänder Immobilien geschätzt, jedoch nach unterschiedlichen Methoden. Mit der Ausbildung zum Immobilien-Bewerter mit Fachausweis konnten die Methoden einigermassen vereinheitlicht werden. In den Schulen prallen erfreulicherweise die verschiedenen Lehrmeinungen der «Schätzungsgurus» aufeinander und werden bezüglich ihrer Vor- und Nachteile eingehend diskutiert.

Die grossen Schätzungsdifferenzen blieben lange Jahre unerkannt und sind erst durch die börsenkotierten Immobilien-Firmen und die Immobilien-Fonds, welche jedes Jahr ihre Portfolios mindestens einmal schätzen lassen müssen, zu Tage getreten. Am Niveau der Studierenden und ihren bisherigen Erfahrungen, z. B. als Architekten oder als Immobilien-Treuhänder, sowie an den wertvollen Erfahrungen, die seit der Einführung der Ausbildung zum Immobilien-Bewerter gemacht wurden, kann erst die Komplexität eines einzelnen Fachgebietes im Immobilien-Bereich erkannt werden.

1.9.8 Honorarentwicklung

Lange Jahre war die von den Immobilien-Verbänden SVIT und VZI herausgegebene Honorarordnung der einzige fassbare Anhaltspunkt über die Honorar-Ansätze in der Immobilien-Branche. Aus der Honorarordnung wurde 1998 die Honorarempfehlung, die aber u. a. aus rechtlichen Gründen seither nicht mehr weiterentwickelt wurde. Dies verringert die Verbindlichkeit der Honorarempfehlungen und deutet die grosse Bandbreite der Honorare in der Immobilien-Branche an. Inhaltlich umschreibt die Honorarempfehlung verschiedene Leistungen, die immer noch der aktuellen Branchenusanz entsprechen. So sind etwa die Honorare mit der Einhaltung der Standesregeln des SVIT und des VZI verbunden.

Administrative und technische Bewirtschaftung und Rechnungswesen
Ihre Honorierung wird noch immer gemäss vorherrschender Branchenusanz, also in Prozenten der effektiven Mietzinseinnahmen, verrechnet. Andere Leistungsmodelle wurden in der Honorarempfehlung leider nicht vorgestellt, obwohl die Immobilien-Branche darunter leidet, dass bei sinkenden Mietzinsen oder bei Leerständen das Risiko von der jeweiligen Bewirtschaftungsfirma mitgetragen werden muss.

Verwaltung einer Stockwerkeigentümer-Gemeinschaft
Die Honorierung dieser Leistung erfolgt im Gegensatz zu Mietliegenschaften meist über eine Pauschale und ein zusätzliches Honorar pro Wohneinheit und Grösse der Liegenschaft. Die einzelnen Stockwerkeigentümer sehen sich plötzlich in der Rolle des Auftraggebers und finden meist eine noch günstiger arbeitende Verwaltung. Dabei wird die zu erfüllende Arbeitsmenge im Verhältnis zum erzielbaren Gewinn überschätzt.

Übernahme eines Bewirtschaftungsmandates
Für die Übernahme eines Bewirtschaftungsmandates empfiehlt die Honorarempfehlung eine einmalige Kostenpauschale für die umfangreichen Vorarbeiten wie EDV-Erfassung, deren Einrichtung nach Kundenwünschen und die Übernahme der Akten. In den meisten Fällen müssen diese Übernahmearbeiten vor dem eigentlichen Beginn des Bewirtschaftungsmandates erledigt werden, denn bis beispielsweise neue Einzahlungsscheine für die Mieter gedruckt werden können, wird eine gewisse Vorlaufzeit benötigt. Die Auftraggeber interessieren sich in der Regel jedoch wenig für die geleisteten Vorarbeiten und wollen keine Entschädigung dafür zahlen, mit dem Hinweis auf einen langen Bewirtschaftungsauftrag. Viele Bewirtschaftungsfirmen vertreten die Ansicht, dass ein längerfristig angelegter Bewirtschaftungsvertrag ausreichende Sicherheit bietet. Dabei unterschätzen sie, dass der Bewirtschaftungs-/Verwaltungsvertrag ein einfacher Auftrag ist und jederzeit gekündigt werden kann.

Begründung von Stockwerkeigentum oder Miteigentum
Für die Begründung von Stockwerk- oder Miteigentum bedarf es fundierter Kenntnisse. Deshalb sind dazu spezialisierte Anwälte und Notare notwendig. Der «normale» Bewirtschafter wickelt die Begründung selten ab und hat kaum Einfluss darauf – obwohl er sich später mit den festgelegten oder eben fehlenden Bedingungen auseinander setzen und damit arbeiten muss. Die Honorierung für die Begründung von Stockwerk- oder Miteigentum kann entweder nach Prozenten des Verkehrswertes erfolgen oder mit einer Pauschale beglichen werden.

Erstvermietungen/-verkäufe und Vermarktungen
Auch diese Leistungen werden in den meisten Fällen in Prozenten der jährlichen Mietzinseinnahmen bzw. Verkaufskosten berechnet. Weder die Denkarbeit noch konzeptionelle Arbeiten werden dabei speziell bewertet und somit auch nicht separat vergütet, obwohl sich gerade in der Konzeptphase der Erfolg einer Vermarktung entscheiden kann. Auf Vermarktungen spezialisierte Firmen und Auftraggeber gehen darum vermehrt dazu über, den Bereich Marketing und Konzeption entweder mit einer Pauschale zu entschädigen oder externe Spezialisten damit zu beauftragen. Für die eigentliche Vermietung oder den Verkauf kann ein lokaler Marktkenner eingesetzt werden, der nach den erarbeiteten Grundlagen und Vermarktungstools Käufer oder Mieter zum Vertragsabschluss führt.

Schätzungen, Bautreuhand, Beratungen
Leistungen wie die Schätzung von Immobilien, Bautreuhand-Leistungen oder die Beratung in Immobilien-Fragen werden in der Regel mit den folgenden festgelegten Stundenansätzen oder Pauschalen in der Immobilien-Branche verrechnet:

Durchschnittliche Stundenansätze in der Immobilien-Branche
Sekretariat/Assistenz:	CHF 100.– bis 130.–
Bewirtschafter/Teamleiter/Rechnungswesen:	CHF 140.– bis 160.–
Gruppenchef/Abteilungsleiter:	CHF 160.– bis 250.–
Immobilien-Fachperson/Unternehmensleiter:	ca. CHF 250.–

1.9.9 Neue Anforderungen werden gestellt

Der perfekte Immobilien-Fachmann sähe wohl so aus: gelernter Bauführer, Notariatsausbildung, Immobilien-Schätzer-Erfahrung, Immobilien-Treuhänder-Diplom, Erfahrungswerte in der Projektentwicklung und Vermarktung sowie ein paar Jahre Erfahrung in der Immobilien-Bewirtschaftung und im Portfolio-Management. Die Tendenz geht aber in eine andere Richtung. Eine breite Ausbildung ist zwar von grossem Nutzen, doch zeigt sich heute immer mehr, dass die einzelnen Fachgebiete komplex genug sind und in der Tiefe immer höhere Anforderungen stellen. Es zeichnet sich somit eine Spezialisierung ab, die längst begonnen hat.

Die Anforderung liegt deshalb in der vernetzten Zusammenarbeit mehrerer Spezialisten: Bei komplexen Herausforderungen im Bereich Immobilien kann nur mit optimal zusammengesetzten Fachkräften das beste Resultat erzielt werden. Diese Anforderung, die der Markt stellt, ist bereits heute Realität und darf auch bei kleineren Immobilien-Projekten nicht ausser Acht gelassen werden. In vielen Immobilien-Firmen schlummern entwicklungsfähige Fachleute, welche zu einseitig eingesetzt werden oder deren Fähigkeiten noch nicht entdeckt wurden. Diese Herausforderungen gilt es anzupacken und die Chancen für die Zukunft zu nutzen.

In den vergangenen Jahrzehnten waren Immobilien-Fachleute stets auf dem Arbeitsmarkt gesucht, auch in wirtschaftlich schwierigen Zeiten. Die Immobilien-Branche wird auch in der näheren Zukunft spannende, sichere und entwicklungsfähige Arbeitsplätze bieten. Ohne Fachausbildung ist aber der Ein- und Aufstieg kaum mehr möglich.

2. Marketing

2.1 Die Marketingidee

2.1.1 Begriff

Marketing ist heute als Begriff fester Bestandteil beinahe jedes Kulturkreises und jeder Sprache. Das war nicht immer so. Weder zu Zeiten, in denen der landwirtschaftlich Sektor die Wirtschaft dominierte, noch während der industriellen Revolution war dieses Wort bekannt. Das heisst aber nicht, dass kein Marketing betrieben wurde. Die grundlegenden Ideen und Funktionsweisen des Marketings gab es schon seit jeher, nur hat ihm noch niemand einen Namen gegeben. Erst im 20. Jahrhundert wurden Marketingtätigkeiten als eigenständige Aktivität wahrgenommen. Das erste Mal wurde der Begriff Marketing 1910 vom damaligen Professor an der Universität Wisconsin, Ralph Starr Butler, verwendet: «A name was needed for this field of business activity. I remember the difficulties I had in finding a suitable name, but I finally decided on the phrase ‹Marketing Methods›.» («Wir brauchten einen Namen für dieses Geschäftsfeld. Ich erinnere mich an die Schwierigkeiten, einen passenden Namen dafür zu finden. Schliesslich haben wir uns für den Begriff ‹Marketing› entschieden.»)

Es gibt heute zahlreiche und verschiedene Definitionen von Marketing und durch die ständigen Neuinterpretationen des Marketings kommen immer weitere hinzu. Folgende Auslegung stammt vom amerikanischen Marketingprofessor Philip Kotler von der Kellogg Graduate School of Management der Northwestern University: [1]

> Marketing is a social and managerial process by which individuals and groups obtain what they need and want through creating, offering and exchanging products of value with others.

(Marketing ist ein Prozess im Wirtschafts- und Sozialgefüge, durch den Einzelpersonen und Gruppen ihre Bedürfnisse und Wünsche befriedigen, indem sie Produkte und andere Dinge von Wert erzeugen, anbieten und miteinander austauschen.) [2]

Trotz grosser Unterschiede fällt bei allen Definitionen von Marketing auf, dass immer wieder dieselben Elemente verwendet werden. Sie können als die Grundelemente des Marketings bezeichnet werden. Es sind die folgenden:

Überall dort, wo Produkte oder Dienstleistungen angeboten und nachgefragt werden, besteht ein Markt. Krulis-Randa, ehemaliger Professor für Marketing an der Universität Zürich, definiert den Markt folgendermassen: «Markt ist eine soziale

---

[1] Kotler, Philip: Marketing Management, Englewood 1991
[2] Kotler, Philip und Bliemel, Friedhelm: Marketing Management, Stuttgart 2001

2. MARKETING

Institution, die es mehreren Teilnehmern ermöglicht, durch die Wahrnehmung des Angebots und der Nachfrage zum Ausgleich der Wertvorstellungen zu gelangen und ohne Zwang die knappen Mittel der Bedürfnisbefriedigung mit Vorteil auszutauschen.»[3] Auf diesen Märkten werden Werte ausgetauscht, wobei der Antrieb für diesen Austausch die Bedürfnisse der Marktteilnehmer sind. Diese Bedürfnisse werden beispielsweise in der Bedürfnispyramide von Abraham Maslow in Kategorien eingeteilt. Diese Bedürfnispyramide stellt die menschliche Wünsche dar und in welcher Reihenfolge sie befriedigt werden sollen. Sind die Bedürfnisse einer Stufe befriedigt, folgen jene der nächsthöheren Stufe, die es wiederum zufriedenzustellen gilt. Auf der untersten Stufe sind die physiologischen Grundbedürfnisse wie etwa

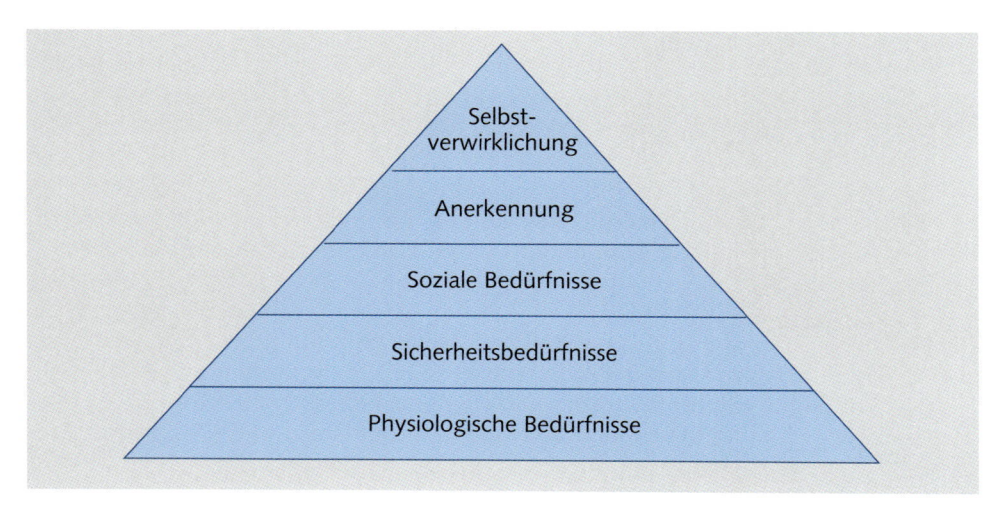

Abbildung 20: **Bedürfnispyramide nach Maslow** [4]

Schlaf, Nahrung oder Schutz vor Witterung angesiedelt. Auf der zweiten Stufe folgt der Wunsch nach Sicherheit wie etwa ein fester Arbeitsplatz oder eine Wohnung, Geborgenheit und Schutz für sich und Nahestehende. Soziale Bedürfnisse wie Zugehörigkeitsgefühl, Familie, Freunde oder Liebe folgen auf der dritten Stufe der Pyramide. Sind auch diese Bedürfnisse erfüllt, strebt der Mensch nach Anerkennung, Status, Geld, Macht oder Karriere. Das Bedürfnis nach Selbstverwirklichung steht am Schluss der Kette. Erst wenn alle anderen Bedürfnisse befriedigt sind, strebt der Mensch nach persönlicher Entwicklung und Entfaltung der Persönlichkeit. In dieser Stufe interessieren Themen wie Kunst, Philosophie oder Ethik. Die Pyramide zeigt auf, dass ein Mensch, der weder ein Dach über dem Kopf noch genügend zu essen hat, kaum gesellschaftliche Anerkennung oder gar Selbstverwirklichung an erste Stelle stellt. Im Vordergrund steht stets die Befriedigung elementarer Bedürfnisse.

[3] Krulis-Randa, Jan S.: Das Tao des Marketing - Ein Weg der Marketingrealisierung, Savosa 1986
[4] Maslow, Abraham: Motivation and Personality, New York 1954

Wichtig für Wirtschaftsakteure ist die Erkenntnis, dass Marketing kein vorgegebener Prozess ist, sondern aktiv gestaltet und gesteuert werden kann. Diejenigen Akteure, die Marketing besser erfassen, gestalten und steuern können, sind eher in der Lage, sich und ihrem Unternehmen Wettbewerbsvorteile zu verschaffen.

Die fünf Grundfragen des Marketings leiten sich aus den fünf Grundelementen Markt, Prozess, Bedürfnisse, Werte und Austausch ab:
– Markt: In welchem Markt bewegt sich die Firma, wer nimmt daran teil und wie funktioniert er?
– Prozess: Wie funktioniert der Marketingprozess und wie kann die Unternehmung ihn gestalten?
– Bedürfnisse: Welche Bedürfnisse haben die Marktteilnehmer und wie können sie befriedigt werden?
– Werte: Was ist für die Marktteilnehmer von Wert?
– Austausch: Wie funktioniert der Austauschprozess von Werten und wie kann die Firma ihn gestalten?

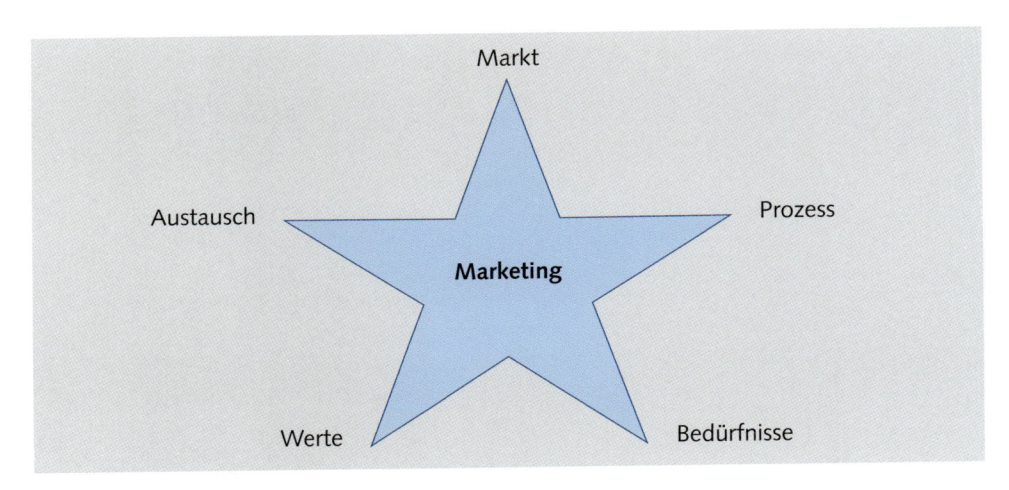

Abbildung 21: **Grundelemente des Marketings**

2.1.2 Entwicklung der Marketingidee

Seit das Wort Marketing das erste Mal 1910 auftauchte, hat die Idee des Marketings eine Entwicklung erfahren, welche von unterschiedlichen Interpretationen geprägt wurde:

Produktionsorientiertes Marketing
Dieses ist typisch für junge Märkte, welche sich noch stark mit produktionstechnischen Fragen beschäftigen müssen. Der Engpass liegt in der technischen Ebene der Produktion. Das Produkt kann ohne Probleme vermarktet werden, sobald es in genügender Menge produziert wird.

2. MARKETING

Produktorientiertes Marketing
Diese Art von Marketing wird oft von Ingenieuren dominiert. Es geht dabei darum, möglichst leistungsfähige Produkte anzubieten; manchmal ohne Rücksicht darauf, ob diese Erzeugnisse überhaupt einem Bedürfnis entsprechen.

Verkaufsorientiertes Marketing
Die Anhänger dieser Marketinginterpretation folgen dem Grundsatz, dass beinahe alles verkauft werden kann; vorausgesetzt, man benutzt die richtigen Verkaufstechniken und bemüht sich intensiv. Dies impliziert, dass der Kunde selbst zum Kauf eines Produktes verleitet werden kann, obwohl er es gar nicht benötigt.

Kundenorientiertes Marketing
«Make what will sell instead of trying to sell what you can make.» [5] (Mach, was sich gut verkaufen lässt, und versuche nicht, zu verkaufen, was Du halt gerade machst.). Mit diesem Leitsatz wird das kundenorientierte Marketing treffend umschrieben. Der Kunde steht hier im Mittelpunkt, nach seinen Vorstellungen wird ein Produkt entwickelt und produziert.

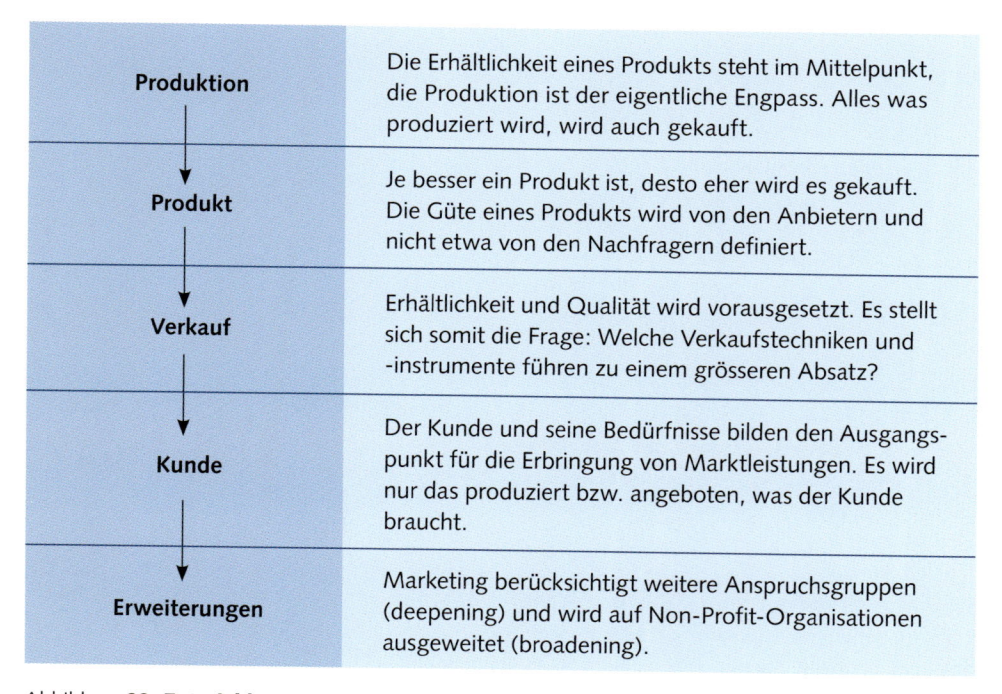

Produktion	Die Erhältlichkeit eines Produkts steht im Mittelpunkt, die Produktion ist der eigentliche Engpass. Alles was produziert wird, wird auch gekauft.
Produkt	Je besser ein Produkt ist, desto eher wird es gekauft. Die Güte eines Produkts wird von den Anbietern und nicht etwa von den Nachfragern definiert.
Verkauf	Erhältlichkeit und Qualität wird vorausgesetzt. Es stellt sich somit die Frage: Welche Verkaufstechniken und -instrumente führen zu einem grösseren Absatz?
Kunde	Der Kunde und seine Bedürfnisse bilden den Ausgangspunkt für die Erbringung von Marktleistungen. Es wird nur das produziert bzw. angeboten, was der Kunde braucht.
Erweiterungen	Marketing berücksichtigt weitere Anspruchsgruppen (deepening) und wird auf Non-Profit-Organisationen ausgeweitet (broadening).

Abbildung 22: **Entwicklungsstufen der Marketingidee**

---

[5] unbekannter Ursprung, zitiert nach Kotler, Philip: Marketing Management, Englewood 1991

Erweiterungen der Marketingidee
In den vergangenen Jahren hat das Marketing eine Erweiterung auf zwei Seiten erfahren:

Ausweitung der Anwendungsbereiche (Broadening):
Hier geht es um die Ausweitung des Marketings über den Absatzgedanken hinaus. Bereits die Beschaffung und die Beschaffungsmärkte werden mit Marketingmethoden gestaltet. Zudem werden zusätzliche Dienstleistungen mitberücksichtigt. Auch bleibt das Marketing nicht mehr nur profitorientierten Unternehmen vorbehalten: öffentliche Betriebe und Non-Profit-Organisationen wie Theater, Museen, Regierungen und Behörden betreiben neu Marketing, um ihre Ziele zu erreichen. Diese Bewegung wird auch «Social Marketing» genannt.

Ausweitung der Beziehungsgruppen (Deepening):
Die relevanten Bezugsgruppen der Marketingtätigkeit werden ausgeweitet. Standen am Anfang ausschliesslich Kunden im Fokus des Marketings, werden nun auch Lieferanten, Konkurrenten und die Gesellschaft in die Marketingüberlegungen miteinbezogen. Dabei spricht man von «Societal Marketing».

2.1.3 Steigende Bedeutung des Marketings

Die Bedeutung des Marketings ist mit der härteren Wirtschaftslage markant gestiegen. Als Gründe für diese Entwicklung können genannt werden:
– Technisch ist beinahe alles machbar
– Der Kunde ist emanzipiert und informiert
– Die Grundbedürfnisse der Kunden sind befriedigt
– Märkte mit zahlreichen Anbietern und Nachfragern sind die Regel und führen zu starken Konkurrenzsituationen
– Die Märkte sind zunehmend global ausgerichtet, was zu tieferen Markteintrittsbarrieren für Mitbewerber führt
– Neue Informations- und Kommunikationstechnologien schaffen transparentere Märkte und emanzipierte Kunden

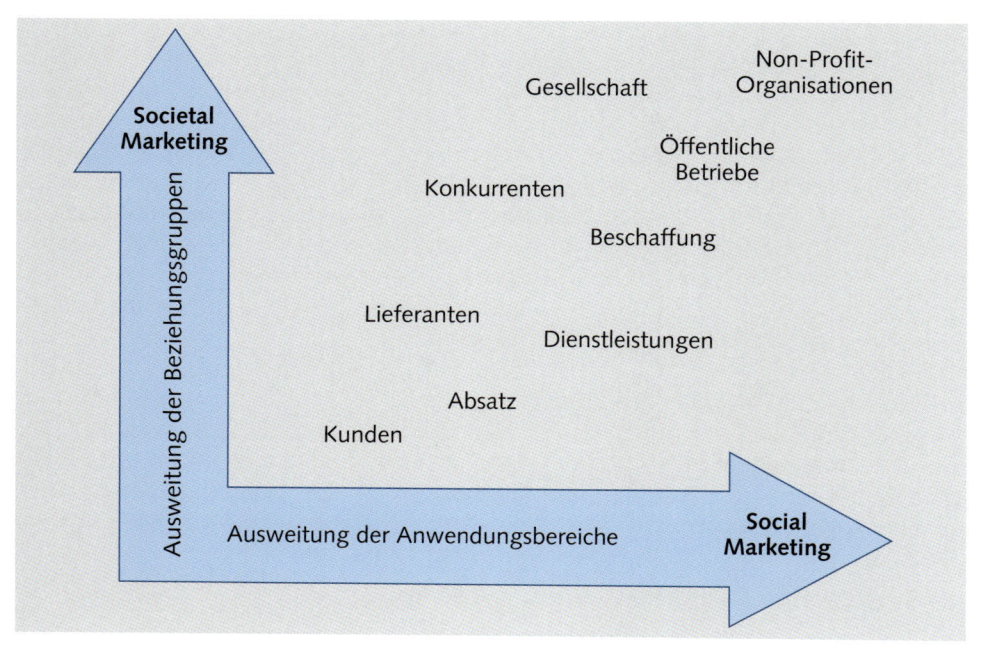

Abbildung 23: **Ausweitung und Vertiefung der Marketingidee** [6]

2.2 Aspekte des Marketings

Marketing kann aus drei verschiedenen Blickwinkeln [7] betrachtet werden:
– Marketing als praktische Tätigkeit
– Marketing als Unternehmensdisziplin
– Marketing als Lehre

Im vorliegenden Buch steht Marketing als Unternehmensdisziplin im Vordergrund, untrennbar verbunden mit der praktischen Tätigkeit. Am Anfang steht das Marketingkonzept als Unternehmensphilosophie, die besagt, dass «der Schlüssel zur Erreichung unternehmerischer Ziele darin liegt, ein Wertangebot für den Zielmarkt zu konzipieren und zu kommunizieren sowie dieses dann wirksamer und wirtschaftlicher zu verwirklichen als die Wettbewerber». [8] In der Praxis wird unter einem Marketingkonzept oft auch eine konkretisierte Marketingstrategie verstanden. Um die marketingbasierten Ideen in die Praxis umzusetzen, muss ein strukturierter Marketingplan verfasst werden. Dieser folgt den vier aufeinanderfolgenden Phasen Analyse, Planung, Umsetzung und Kontrolle.

---

[6] nach Krulis-Randa, Jan S.: Marketingwissenschaft, Stand und Entwicklung. In: Die Unternehmung 2/93, Zürich 1993, S. 155
[7] nach Krulis-Randa, Jan.S.: Marketing – Theorie und Praxis. In: Die Unternehmung 31(1977)1
[8] Kotler, Philip und Bliemel, Friedhelm: Marketing-Management, Stuttgart 2001

Innerhalb dieser Struktur unterscheiden wir in diesem Buch folgende sechs Elemente des Marketings: Marketinganalyse, Marketingziele, Marketingstrategie, Marketinginstrumente, Marketingorganisation und Marketingcontrolling. Diese Elemente werden in den folgenden Kapiteln vorgestellt. Sie folgen in unserer Darstellung zwar einer zeitlichen Linie entlang der genannten Phasen, haben in der Praxis jedoch vielfältige Beziehungen untereinander und beeinflussen sich gegenseitig. Dies bedingt eine flexible Planung sowie ein ständiges Anpassen der Marketingaktivitäten an die Marktrealität.

Analysephase	Marketinganalyse
Planungsphase	Marketingziele
	Marketingstrategie
Umsetzungsphase	Marketinginstrumente
	Marketingorganisation
Kontrollphase	Marketingcontrolling

Abbildung 24: **Struktur des Marketings**

2.3 Der Marketingplan

2.3.1 Marketinganalyse

Analysefelder
In erster Linie müssen die nahe liegenden Teilnehmer des Marktes, in dem man sich bewegt, analysiert werden. Bereits die Definition, wer im Markt welche Rolle spielt, trägt viel zum Verständnis des Marktes bei. Will man sich nicht auf Zufallserfolge verlassen, ist es für den Erfolg unabdingbar, dass man «seinen» Markt versteht. Nicht nur die Mitspieler im Markt werden analysiert, sondern auch der Produktemarkt als Ganzes und seine einzelnen Teilmärkte. Dabei wird im Gegensatz zur Marktsegmentierung (Blick auf Konsumenten resp. Verbraucher) das Produkt, die darunter aufgesplitteten Produktegruppe sowie allenfalls die vor- und nachgelagerten und benachbarten Märkte (Substitutionsmärkte, Komplementärmärkte) definiert.

Nebst der eigenen Unternehmung (Anbieter) sind auch Kunden (Nachfrager) notwendig, um Marktvorgänge zu initiieren. Unternehmen müssen sich mit Mitbewerbern auseinandersetzen, sofern sie kein Monopol besitzen. Wenn nicht die gesamte Leistungserbringung durch die eigene Unternehmen erbracht wird, müssen Produkte oder Dienstleistungen von Lieferanten bezogen werden. Zwischen dem Unternehmen und dem Kunden finden sich oft so genannte Mittler wie etwa Detailhändler, Grosshändler, Vermittler, Verkäufer, Makler usw. In Unternehmen mit fortschrittlichem Marketing oder mit starkem Bezug zur Öffentlichkeit stellt zudem

2. MARKETING

die Gesellschaft ein wichtiges Analysefeld dar. Wenn diese nicht verstanden oder nicht genügend berücksichtigt wird, entstehen grosse Risiken. Diese Umweltfaktoren setzen Rahmenbedingungen, die unter Umständen massiv in Unternehmensentscheide und -prozesse eingreifen.

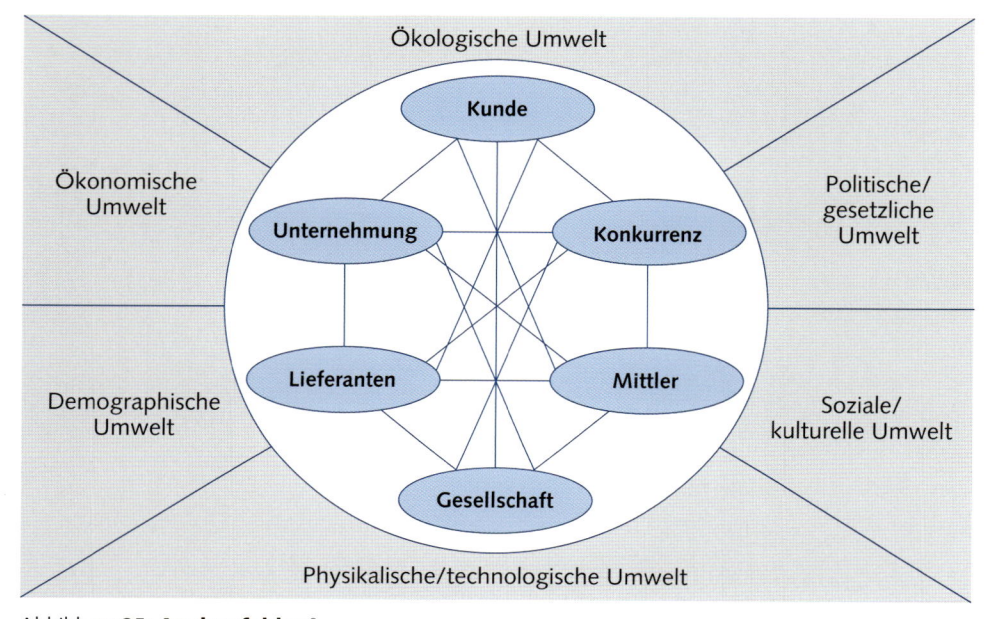

Abbildung 25: **Analysefelder** [9]

Analysemethoden
In der Marktforschung werden die Instrumente zur Analyse der näheren Anspruchsgruppen in zwei Bereiche eingeteilt:
– Desk Research: Dabei wird bereits bestehendes und teilweise auch bereits veredeltes Daten- oder Analysematerial verwendet.
– Field Research: Hier werden die Daten neu und eigens für den definierten Zweck erhoben. Innerhalb des Field Researchs dienen Befragung, Beobachtung und Experiment als Hauptinstrumente.

[9] Bolliger, Roman H.: Gesellschaftsorientiertes Marketing im Schweizer Wohnungsmarkt, Zürich 1994

2.3 Marketingplan

```
                    Marktforschungsmethoden
                    /                      \
            Desk Research              Field Research
                                              |
                                          Befragung
                                              |
                                         Beobachtung
                                              |
                                       Experiment, Test
```

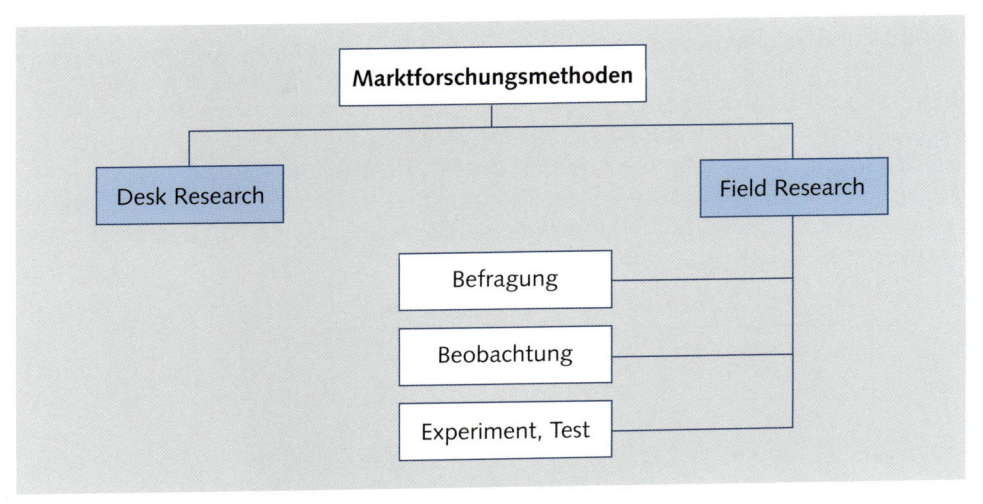

Abbildung 26: **Methoden der Marktforschung**

Chancen- und Gefahrenanalyse

Die Chancen- und Gefahrenanalyse beinhaltet die Analyse der Umwelt. Diese Umweltfaktoren können oft nicht beeinflusst werden und sind somit Rahmenbedingungen, die für eine Firma entweder eine Bedrohung darstellen oder als neue Chance genutzt werden können.

Umweltfaktoren				
A	B	C	D	E

↓ Analyse

Chancen			Gefahren	
B	C	E	A	D

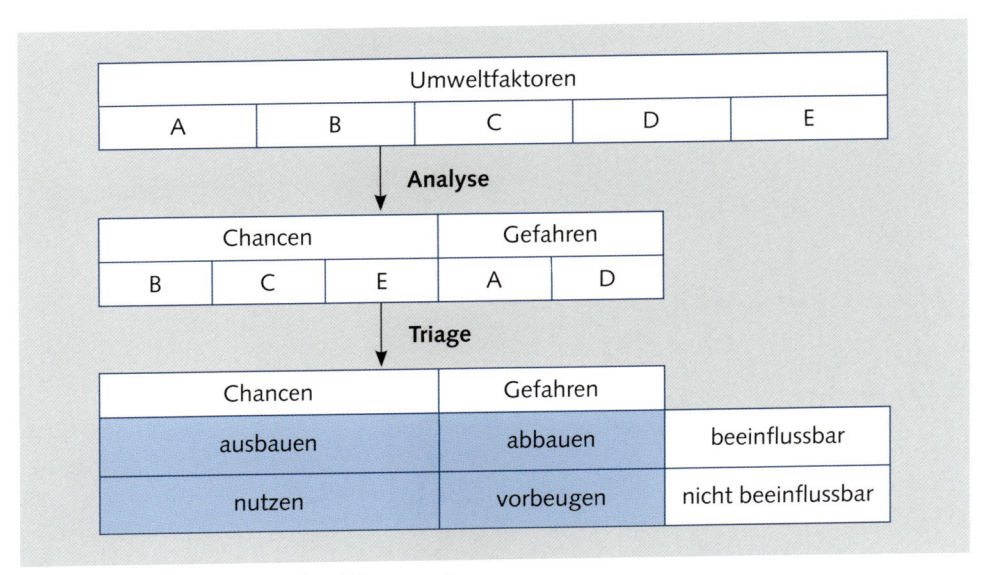

↓ Triage

Chancen	Gefahren	
ausbauen	abbauen	beeinflussbar
nutzen	vorbeugen	nicht beeinflussbar

Abbildung 27: **Chancen- und Gefahrenanalyse**

2. MARKETING

Stärken- und Schwächenanalyse

Die Stärken- und Schwächenanalyse beinhaltet die Untersuchung der eigenen Unternehmung (bzw. der aktuellen Situation oder des zu untersuchenden Projekts) bezüglich ihrer Stärken und Schwächen bei der Leistungserbringung. Massstab der Beurteilung ist dabei stets die Leistung der Konkurrenz. Ist die Leistung der Konkurrenz bei kundenrelevanten Eigenschaften besser, ist eine schnelle und aktive Anpassung notwendig. Nicht kundenrelevante Punkte können hingegen mehr oder weniger passiv angegangen werden.

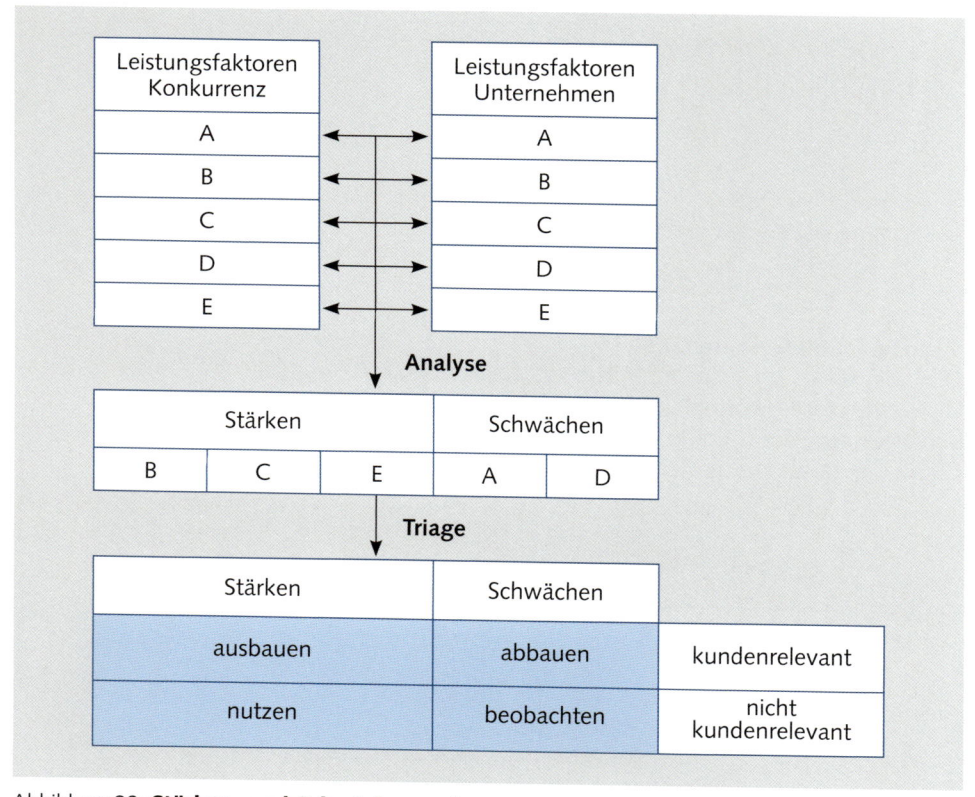

Abbildung 28: **Stärken- und Schwächenanalyse**

SWOT-Analyse

Die Kombination der Analysen von Chancen/Gefahren sowie von Stärken/Schwächen wird als SWOT-Analyse (Strengths, Weaknesses, Opportunities, Threats) bezeichnet. Sie kann für eine Unternehmung, ein Produkt, eine Dienstleistung oder ein Projekt gemacht werden (z. B. Evaluation und Einführung neuer Informationstechnologie in der Unternehmung). Diese Untersuchung liefert wertvolle Hinweise, wie man sich strategisch verhalten soll. Eine SWOT-Analyse kann bezüglich strategischer Handlungsalternativen folgendermassen interpretiert werden:

- Schwächen grundsätzlich abbauen. Wenn sie gleichzeitig als Chancen interpretiert werden, wird empfohlen, in deren Abbau zu investieren. Im Falle von Risiken lautet die Empfehlung, die entsprechenden Unternehmensbereiche zu veräussern.
- Stärken, welche im Markt auf Risikofaktoren stossen, sind nicht direkt zu fördern.
- Stärken, welche im Markt auf Chancen stossen, sind die eigentlich vielversprechenden Leistungsbereiche. Auf diese sollte man sich konzentrieren, denn in ihnen liegt das grösste Erfolgspotenzial.

	Stärken	Schwächen
Chancen	ausbauen, investieren	abbauen, investieren
Risiken	vorbeugen, absichern	abbauen durch Desinvestition

Abbildung 29: **SWOT-Analyse**

2.3.2 Zielsetzung

Marketingziele können in folgende Kategorien eingeteilt werden:
- Qualitative und quantitative Zielsetzungen: Was und wie viel will die Unternehmung erreichen?
- Segmentierung: Wie kann der Markt in homogene Bereiche aufgeteilt werden und für welches Marktsegment entscheidet sich die Unternehmung?
- Positionierung: Wie soll die Marktleistung im Vergleich zu den Mitbewerbern von der Zielgruppe wahrgenommen werden?

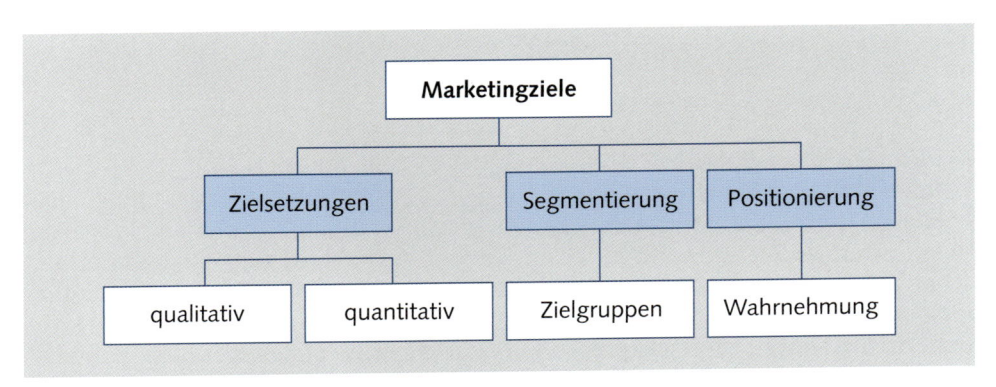

Abbildung 30: **Marketingziele**

Die Zielsetzungen können dabei in die drei Dimensionen Ertrag, Markt und Leistung wie folgt eingeteilt werden:

Ertragsziel	Marktziel			Leistungsziel	
Gewinn	Marktanteil	Umsatz	Macht, Einfluss	soziale Verantwortung	Angebotsqualität

Abbildung 31: **Zieldimensionen**

2.3.3 Strategie

Produkt-/Marktstrategien
Nachdem die Ziele des Unternehmens festgelegt sind, beschreibt die Strategie, wie diese erreicht werden. Als Grundsatzentscheid muss man sich dabei für bestehende oder neue Märkte bzw. Produkte entscheiden. Je nachdem, wo die Firma ihre Schwerpunkte setzt, kann die gewählte Strategie als Marktpenetration, Marktentwicklung, Produktentwicklung oder Diversifikation bezeichnet werden. Die Beurteilung der Strategiealternativen hat auf Grund der SWOT-Analyse zu erfolgen, also im Vergleich mit den Marktgegebenheiten und den Unternehmensgrundlagen.

	bestehende Märkte	neue Märkte
bestehende Produkte	Marktpenetration	Marktentwicklung
neue Produkte	Produktentwicklung	Diversifikation

Abbildung 32: **Produkt-/Marktstrategien**

Markt-/Leistungsstrategien
Weitere Strategiealternativen können auf Grund des Entscheids, einen breiten oder aber einen engen Zielmarkt zu bearbeiten, gewählt werden. Strebt man gleichzeitig tiefe Kosten als Wettbewerbsvorteil an, werden diese Strategien als Kostenführerschaft oder als gezielte Kostenführerschaft bezeichnet. Das Pendant zur Kostenführerschaft besteht in der Profilierung durch herausragende Leistungen. Sofern diese den Kundenbedürfnissen entsprechen, rechtfertigen sie einen überdurchschnittlich hohen Preis. Ein Beispiel für eine gezielte Kostenführerschaft im Detailhandel stellen die Harddiscounter mit kleinem Sortiment dar. Gezielte Differenzierung betreiben etwa Umzugsfirmen, welche sich auf Pianos spezialisiert haben.

	tiefe Kosten	Differenzierung
breiter Zielmarkt	Kostenführerschaft	Differenzierung
enger Zielmarkt	gezielte Kostenführerschaft	gezielte Differenzierung

Abbildung 33: **Markt-/Leistungsstrategien**

Qualitäts-/Preisstrategien

Kaum ein Unternehmen kommt darum herum, sich entlang der Dimensionen Preis und Qualität festzulegen. Wenn die Zielgruppe die Position eines Unternehmens nicht eindeutig erkennen kann, besteht die Gefahr, dass das Angebot entweder als zu teuer oder als in der Qualität ungenügend wahrgenommen wird. Eine eindeutige Positionierung und eine klare Kommunikation gegenüber der Zielgruppe ist deshalb entscheidend.

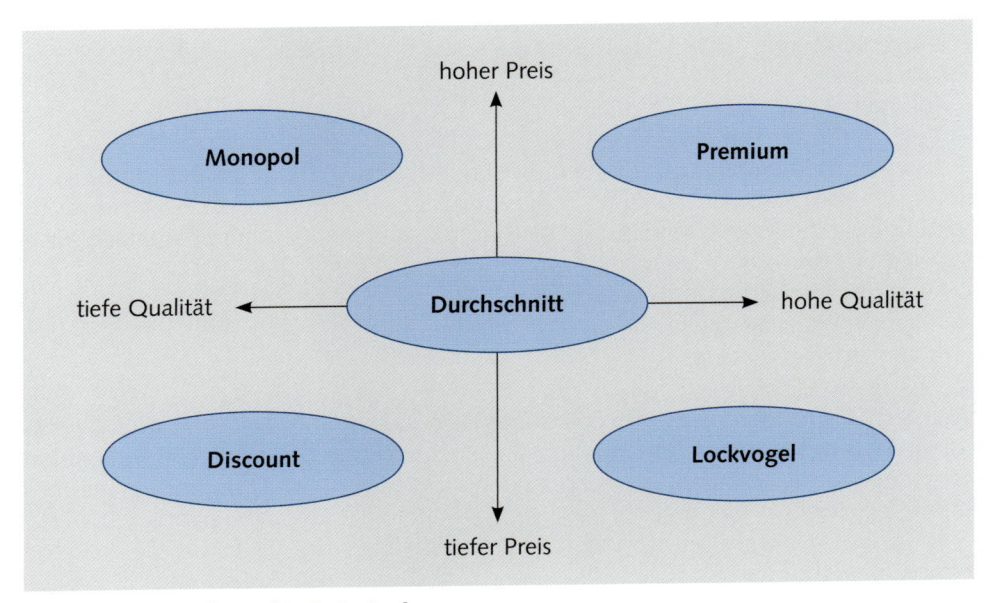

Abbildung 34: **Qualitäts-/Preisstrategien**

Tiefe Qualität zu einem gleichzeitig hohen Preis anzubieten, gelingt in der Regel nur Monopolisten. Sie können eine solche Strategie nur umsetzen, weil die Kunden nicht zu anderen Anbietern ausweichen können. Hohe Qualität zu tiefem Preis hingegen kann wegen der oft ungünstigen Gewinnsituation nur vorübergehend angeboten werden. Diese Strategie wird hauptsächlich dazu benutzt, um aufzufallen und Kunden anzulocken. Auf die Dauer muss jedes Unternehmen sein Verhältnis von Preis und Qualität ausgewogen gestalten, da eine höhere Qualität meist auch mit höheren Kosten erkauft werden muss. Diese Ausgewogenheit von Preis und Qualität kann mit tiefen Kosten bei gleichzeitig tiefer Qualität erreicht werden. Wir sprechen dann in der Regel von einem Discounter. Das durchschnittliche Preissegment weist oft andere als preis- bzw. qualitätsbezogene Vorteile auf, beispielsweise ein breites Sortiment oder Zusatzdienstleistungen. Dadurch bewegen sich diese Unternehmen aber tendenziell zum Segment der hohen Qualität. Unternehmen mit Durchschnittsqualitäten zu Durchschnittspreisen haben es meist schwer: ihnen fehlen die herausragenden Merkmale. Somit fehlt in der Wahrnehmung des Kunden auch ein spezifischer Grund, mit diesem Unternehmen Geschäfte zu tätigen. Unternehmen mit hoher Qualität bei gleichzeitig hohem Preis bewegen sich im Premiumsegment. Gerade hier spielt das Marketing eine grosse Rolle, muss doch die hohe Qualität – die wiederum den hohen Preis rechtfertigen muss – gegenüber dem Kunden hervorgehoben und glaubhaft präsentiert werden.

2.3.4 Marketinginstrumente

Die Marketinginstrumente werden in die vier am meisten bekannten Gruppen aufgeteilt:
– Produktgestaltung
– Preisgestaltung
– Distribution
– Kommunikation

Oft spricht man dabei auch von den 4 Ps in Anlehnung an die englischen Begriffe Product, Price, Place, Promotion. [10] Diese vier Begriffe werden vor allem im Konsumgütermarketing verwendet. Im Dienstleistungsmarketing kommen jedoch noch 3 weitere Ps dazu:
– Ausstattungspolitik (physical facilities)
– Personalpolitik (people)
– Prozesspolitik (process)

Weil sich Dienstleistungen von Konsumgütern durch Immaterialität, Simultanität (Dienstleistungserstellung und -konsum finden zur selben Zeit statt) und Integration des Kunden unterscheiden, kommen zu den klassischen 4 Ps diese drei weniger bekannten Ps hinzu.

Produktgestaltung
Ein Produkt oder eine Dienstleistung setzt sich aus den drei Dimensionen Design, Sortiment und Marke zusammen.

---

[10] McCarthy, E.J., Basic Marketing: A Managerial Approach, Homewood 2006

Produkt		
Design	Sortiment	Marke

Abbildung 35: **Produktedimensionen**

Design
Das Design bzw. die Produktegestaltung hat verschiedene Ebenen, die wie Zwiebelschalen rund um das Kernprodukt angeordnet sind. Das Kernprodukt definiert zuerst die grundlegende Marktleistung (Funktion des Produkts wie z. B. ein Kleinwagen für maximal vier Personen). Diese wird mit Eigenschaften ergänzt, welche der Zielgruppe Zusatznutzen bringen. Das erweiterte Produkt bestimmt etwa Optik, Akustik oder Sensorik des Angebots. Im Beispiel des Fahrzeugs sind dies Optionen wie Farbe, Komfortausstattung, Vierradantrieb oder ein Sportpaket. Allesamt Faktoren, die in direktem Zusammenhang mit dem Produkt stehen. In vielen Märkten ähneln sich Kernprodukte und erweiterte Produkte der verschiedenen Anbieter. Dort spielt der Wettbewerb umso stärker im Bereich der Zusatzleistungen, wo das Produkt mit zusätzlichen Dienstleistungen wie z. B. Garantiepakete und Finanzierungsangebote angereichert wird. So kommt zu den beiden ersten «Schichten» des Kernprodukts und des erweiterten Produkts eine dritte dazu: die Zusatzleistungen. Auch ein attraktives Image trägt dazu bei, ein Angebot unterscheidbar und begehrenswert zu machen. Oft ist es erst diese Erweiterung, die es einer Unternehmung möglich macht, sich für den Kunden sichtbar von den Mitbewerbern abzugrenzen.

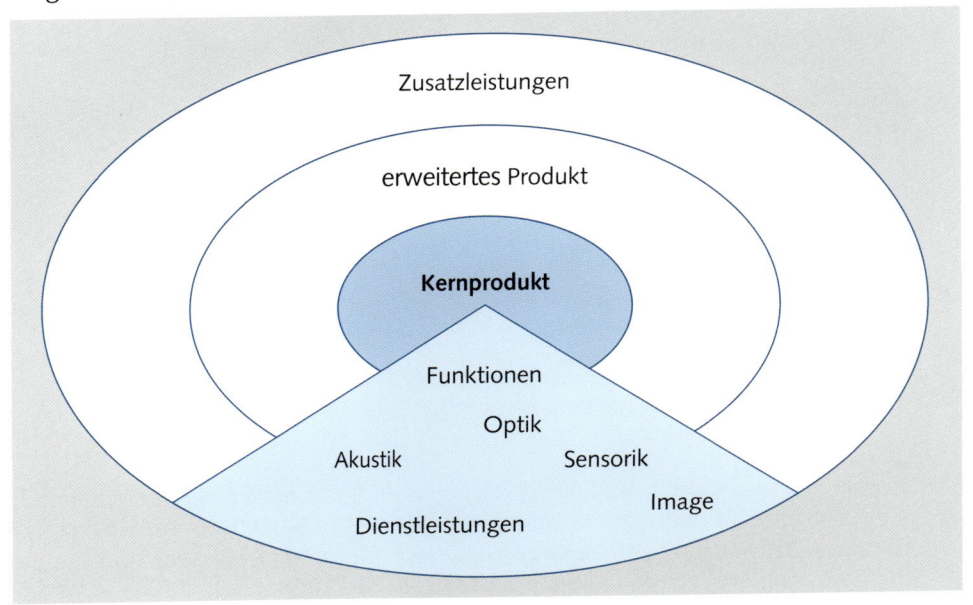

Abbildung 36: **Produktezwiebel zur Illustration der verschiedenen Ebenen des Produktedesigns**

2. MARKETING

Sortiment
Das Sortiment oder der Angebotsmix einer Unternehmung leitet sich von der Segmentierung, also der Bestimmung der Zielgruppen, der Positionierung als Abgrenzung gegenüber Mitbewerbern sowie von der strategischen Ausrichtung ab. Dabei sind folgende Entscheide zu fällen:
- Angebotsbreite
- Angebotstiefe
- Preissegment
- Funktionen
- Image

Marke
Die Marke verleiht einem Produkt oder einer Dienstleistung eine Erscheinung mit dem Ziel, das Angebot im Markt erkennen und von den Angeboten der Mitbewerber unterscheiden zu können. Eine Marke schafft zusätzliche Produkteigenschaften, welche zu einem Mehrwert führen. Deshalb werden in Märkten, deren Produkte hauptsächlich auf Grund von Wahrnehmungen bewertet werden, umfangreiche Investitionen in die Markenpolitik getätigt. Dies gilt insbesondere für Märkte, deren Produkte technisch relativ einfach herzustellen sind. Dort spielt der Wettbewerb stark auf der Wahrnehmungsebene, d. h. emotionale Faktoren beeinflussen die Entscheidung massgeblich. Die Vorgaben für eine Marke werden wiederum hauptsächlich durch die Segmentierung und die Positionierung bestimmt. Markeneigenschaften orientieren sich an den Bedürfnissen der Zielgruppe und tragen dazu bei, das Angebot von seinen Mitbewerbern abzugrenzen. Nach aussen wird die Marke durch den Namen, den Claim, Bilder, das Design sowie den Stil kommuniziert.

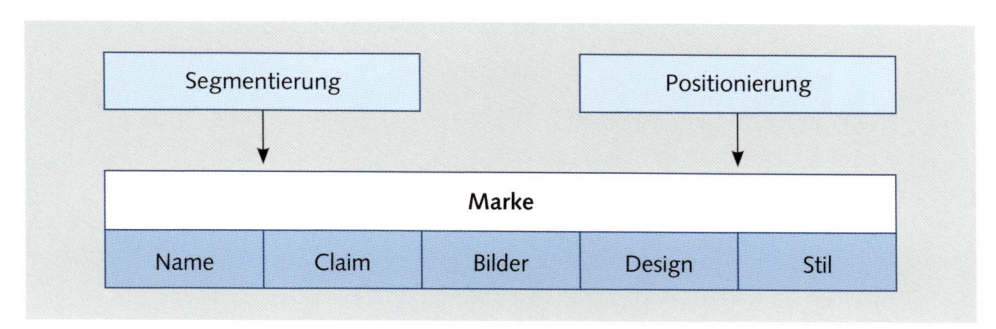

Abbildung 37: **Bestandteile einer Marke**

Im Zusammenhang mit Marken sind folgende Begriffe [11] zu unterscheiden:

Marke als Überbegriff
Unter einer Marke versteht man einen Name, ein Begriff, ein Zeichen, ein Symbol, eine Gestaltungsform oder eine Kombination aus diesen Bestandteilen. Sie soll das Produkt oder die Dienstleistungen eines Anbieters oder einer Anbietergruppe kennzeichnen und sich klar von den Konkurrenzangeboten abgrenzen.

[11] Kotler, Philip und Bliemel, Friedhelm: Marketing Management, Stuttgart 2001

Markenname
Dies ist der verbal wiedergebbare, also «artikulierbare» Teil der Marke. Beispiele: Opel, Persil, Maggi, Mövenpick und Gardena.

Markenzeichen
Der erkennbare, jedoch nicht verbal wiedergebbare Teil der Marke wie bspw. ein Symbol, eine Gestaltungsform, eine charakteristische Farbgebung oder Schrift. Beispiele: die Adidas-Streifen, der Mercedes-Stern und die lila Milka-Kuh.

Logo
In der Praxis hat sich diese Bezeichnung für ein Markenzeichen durchgesetzt, wird aber auch für die Kombination von Bild- und Schriftzeichen verwendet. Juristisch spricht man hier von einer Wort-Bild-Marke.

Claim
Ergänzend zum Markennamen steht meist ein kurzer Satz, eine Wortkombination oder ein einzelnes Wort. Es kann ein Versprechen sein («We try harder»), eine direkte Aufforderung an den Kunden («Just do it») oder eine Positionierung («Freude am Fahren»). Meist wird der Ausdruck «Slogan» gleichbedeutend benutzt.

Urheberrecht (Copyright)
Oft steht bei einem Logo ein ©. Dieses Zeichen macht auf das ausschliessliche gesetzliche Recht der Reproduktion, Veröffentlichung und Veräusserung des Gegenstandes und der Form eines literarischen, musikalischen oder sonstigen künstlerischen Werks aufmerksam.

Preisgestaltung
Die Entscheidungen bezüglich des Preises eines Produkts oder einer Dienstleistung müssen bereits sehr früh gefällt werden. Wird dies nicht gemacht, wird der Preis – oder zumindest dessen untere Grenze – von den Kosten vorbestimmt und schmälert dadurch die Flexibilität in der Preispolitik. Der Kunde interessiert sich weniger für die Kosten als vielmehr für die Vorteile und den Nutzen eines Produkts. Diese Faktoren müssen deshalb bei der Preisfestlegung als erste analysiert werden.

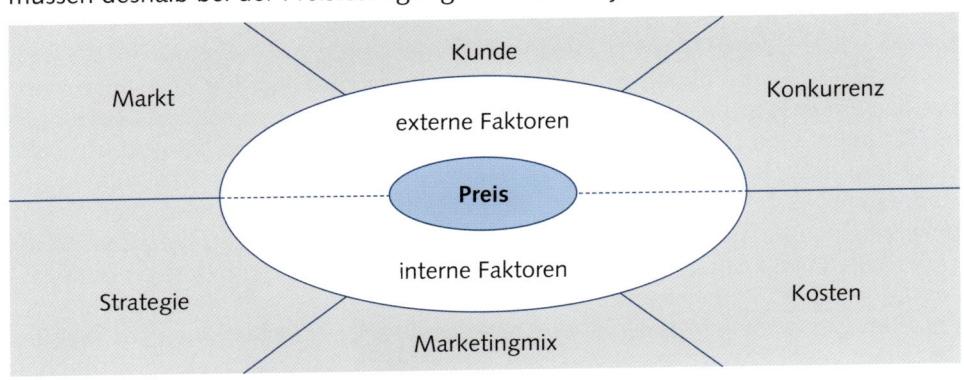

Abbildung 38: **Preisbestimmungsfaktoren**

Bei der Preisbestimmung stehen folgende Fragen im Vordergrund:
- Welche Strategie verfolgt das Unternehmen insbesondere bezüglich Qualität und Preis?
- Wie sind die restlichen Faktoren des Marketingmix definiert? Harmonieren sie?
- Welches sind die Kosten des Angebots? Oder kundenorientiert gefragt: Welcher Preis ist der Kunde zu zahlen bereit? Welche Kostenstruktur wird dadurch vorgegeben?
- Wie steht das Unternehmen im Preisgefüge zu seinen Mitbewerbern?
- Wie sieht das Kundensegement aus und wie verhält es sich bezüglich Preisniveau und Preiselastizität?
- In welchem (Teil)Markt bewegt sich die Firma? Ist der Preis ein entscheidender Faktor für einen Kaufentscheid oder ist er nebensächlich? Welches sind die Substitutionsmöglichkeiten für die Kundschaft?

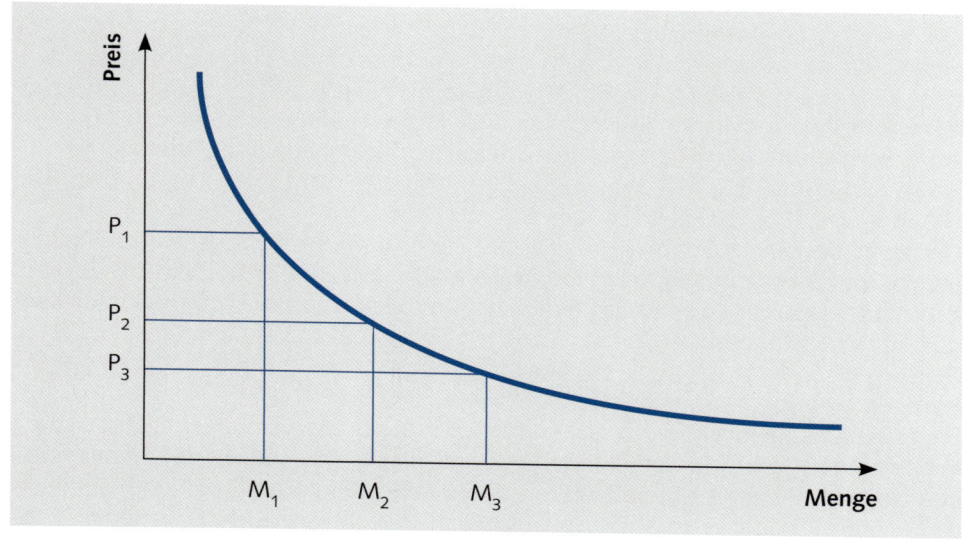

Abbildung 39: **Preis-/Absatzfunktion oder Preiselastizität**

Bei der Festlegung der Preispolitik sind die Zusammenhänge zwischen Preis und Menge entscheidend. Diese so genannte Preiselastizität geht im Normalfall davon aus, dass eine Preissenkung eine Absatzausweitung zur Folge hat und umgekehrt. Das kann in der Preis-Mengen-Grafik mit einer fallenden Kurve von links oben nach rechts unten dargestellt werden: Je tiefer der Preis, desto mehr wird gekauft. Dass die Kurve nicht linear verläuft, hängt damit zusammen, dass Preissenkungen auf einem bereits sehr tiefen Preisniveau verhältnismässig weniger zusätzlichen Absatz bewirken als auf einem hohen Preisniveau; der Markt ist gesättigt. Massgebend für die Preisdefinition ist das Ausmass der Kundenreaktion. Dabei interessiert beispielsweise die Frage: Wie viele zusätzliche Stücke können verkauft werden, wenn der Preis um einen Franken gesenkt wird? Leider sind Kundenreaktionen auf Preisänderungen in der Praxis nicht zuverlässig vorhersehbar. Das macht es schwierig, den optimalen Preis zu finden.

Distribution

Produkte müssen vom Ort der Produktion oder Lagerung zum Kunden gelangen. Je nachdem, welchen Weg man wählt, spricht man von direkter oder indirekter Distribution bzw. von Mischformen.

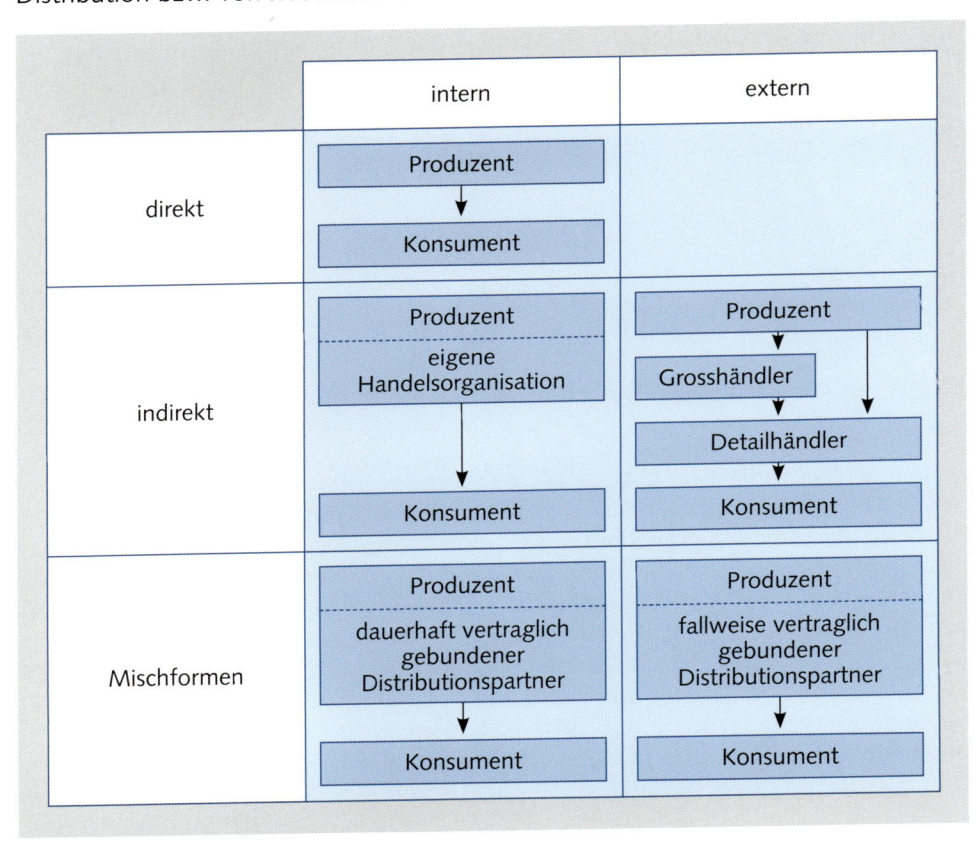

	intern	extern
direkt	Produzent → Konsument	
indirekt	Produzent → eigene Handelsorganisation → Konsument	Produzent → Grosshändler → Detailhändler → Konsument
Mischformen	Produzent → dauerhaft vertraglich gebundener Distributionspartner → Konsument	Produzent → fallweise vertraglich gebundener Distributionspartner → Konsument

Abbildung 40: **Distributionsformen**

Kommunikation

Kommunikation bedeutet, eine Botschaft von einem Absender zu einem Empfänger zu schicken. Dabei bedient man sich eines Kanals und hofft auf eine bestimmte Wirkung. Um den Kommunikationsprozess besser verstehen und steuern zu können, wird er in Phasen eingeteilt. Dabei gibt es verschiedene Modelle, wobei an dieser Stelle das so genannte AIDA-Modell genauer betrachtet werden soll. In der ersten, der kognitiven Phase geht es darum, die Zielgruppe über das Angebot zu informieren. Hier findet der Kampf um die Aufmerksamkeit (Attention) der Kunden in den Medien statt. Immer wieder werden aussergewöhnliche Ideen in die Tat umgesetzt, um die Kunden in den Bann zu ziehen und aus der Flut von Informationen und Kommunikationsreizen herauszuragen. Allzu gewagte Ideen können jedoch schnell ins Gegenteil umschlagen, wenn sich die Kundschaft auf Grund eines grellen Auftritts oder eines fraglichen Inhalts gegen das kommunizierende Unternehmen wendet.

2. MARKETING

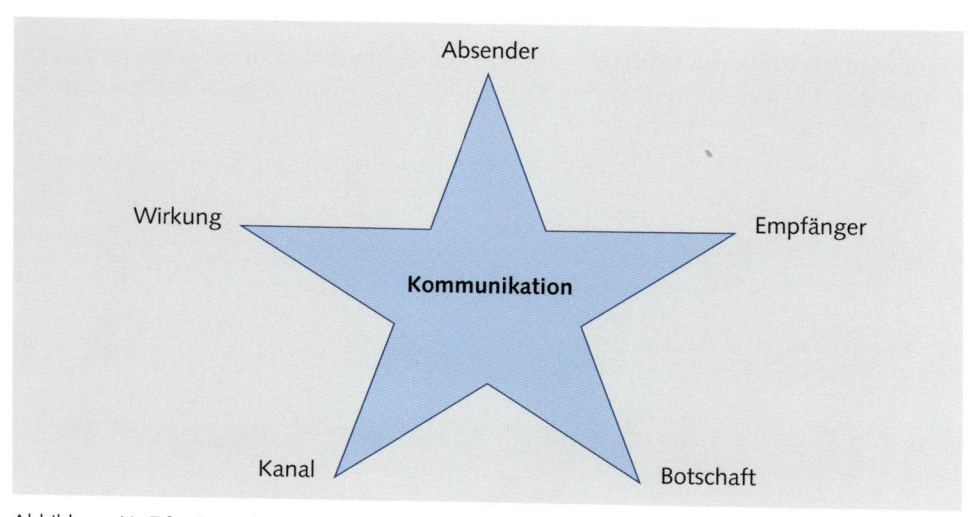

Absender — **Empfänger** — **Botschaft** — **Kanal** — **Wirkung** — *Kommunikation*

Abbildung 41: **Die Grundelemente der Kommunikation**

Ist das Angebot erst einmal bekannt, muss in der affektiven Phase das Interesse (Interest) des Kunden geweckt werden. Dies geschieht dann, wenn er einen Nutzen für sich oder seine Unternehmung ausmachen kann. Der Wert eines Nutzens bemisst sich dabei einerseits an den Bedürfnissen des Kunden selbst, andererseits aber an den von den Mitbewerbern offerierten Vorteilen. Erst wenn der offerierte Nutzen den Vorstellungen des Kunden entspricht, tritt beim Kunden der Kaufwunsch (Desire) auf. Der Wunsch zum Kauf genügt aber noch nicht. In der dritten Phase, der Verhaltensphase, muss der Kunde deshalb zur tatsächlichen Kaufhandlung animiert werden: Erst wenn nicht nur der Nutzen, sondern auch das Kosten-Nutzen-Verhältnis stimmt, ist der Kunde zum eigentlichen Kaufabschluss (Action) zu bewegen.

Kognitive Phase	A	**Attention:** Die Zielgruppe weiss von der Existenz des Angebots.
Affektive Phase	I	**Interest:** Die Zielgruppe ist am Angebot interessiert.
Affektive Phase	D	**Desire:** Die Zielgruppe ist vom Nutzen des Angebots überzeugt.
Verhaltensphase	A	**Action:** Die Zielgruppe erwirbt das Angebot, da sie das Kosten/Nutzen-Verhältnis als vorteilhaft beurteilt.

Abbildung 42: **Einteilung des Kommunikationsprozesses in Phasen**

2.3 Marketingkonzeption

Kommunikationsaspekte
Kommunikationsentscheide sind unter den Aspekten Botschaft, Instrumente und Medien zu fällen:

Kommunikation		
Botschaft	Instrumente	Medien

Abbildung 43: **Kommunikationsaspekte**

Botschaft
Die Qualität der Botschaft entscheidet darüber, wie schnell und wie zuverlässig Kunden durch die Kommunikationsphasen bis zur Kaufhandlung geführt werden können. Die Botschaft steht zu Beginn der Kommunikation und hat sich durch alle Instrumente konsistent durchzuziehen. Hier gilt der Grundsatz: Erst wenn die Kommunikationsverantwortlichen durch die immer wieder vermittelte Botschaft gelangweilt werden, kommt sie bei der Zielgruppe an. Die Kernbotschaft wird auch Unique Advertising Proposition (UAP) genannt, deutsch zu umschreiben als ein «durch Werbung geschaffenes Alleinstellungsmerkmal». Eine gute UAP erhebt einen klar definierten Anspruch, der mit den Angebotseigenschaften und dem Preis kompatibel ist. Sie wird gegenüber der Zielgruppe begründet und ist einleuchtend. Insbesondere muss sie sich auch von den Botschaften der Mitbewerber unterscheiden. Während sich die UAP auf die Kommunikation bezieht, basiert die UVP (Unique Value Proposition) auf einer Produkteigenschaft, die sich markant von den Mitbewerbern abhebt.

Kommunikationsinstrumente
Auf den Märkten ist eine grosse Vielfalt an Kommunikationsinstrumenten festzustellen, und jeden Tag werden neue, kreative Variationen entwickelt. Meist werden die Instrumente in die fünf Gruppen Werbung, Public Relations, Direct Marketing, Verkaufsförderung und Persönlicher Verkauf eingeteilt, wobei branchenspezifische Eigenheiten und Gewichtungen zu berücksichtigen sind.

Medien
Sie sind das Transportmittel für die Kommunikationsbotschaften und werden von den Kommunikationsinstrumenten als Schnittstellen zur Zielgruppe eingesetzt.

Kommunikationsinstrumente				
Werbung	Public Relations	Direct Marketing	Verkaufsförderung	Persönlicher Verkauf

Abbildung 44: **Einteilung der Kommunikationsinstrumente in Gruppen**

2. MARKETING

Werbung

> **Advertising**
> is any paid form of nonpersonal presentation of ideas, goods or services by an identified sponsor.

Definition nach McCarthy [12]

(Als Werbung wird jede Form von bezahlter unpersönlicher Präsentation von Ideen, Produkten oder Dienstleistungen mit bekanntem Absender bezeichnet.)
Werbung ist das Kommunikationsinstrument, das am besten sichtbar ist. Vielleicht ist das der Grund, weshalb Werbung oftmals mit Marketing verwechselt bzw. gleichgesetzt wird. Wir unterscheiden zwischen Werbemitteln und Werbeträger. Werbemittel sind zum Beispiel Inserat, TV-Spot oder eine Dokumentation. Durch sie drückt sich die Werbebotschaft aus. Werbeträger hingegen haben die Aufgabe, die Werbemittel zur Zielgruppe zu bringen. Das passiert etwa mit einer Zeitung, das Inserate transportiert oder dem Fernsehen, welches Träger für TV-Spots ist.

Public Relations

> **Public Relations**
> sind Massnahmen zur Gestaltung der Beziehungen zwischen Unternehmungen und einer breiteren Öffentlichkeit.

Definition nach Kühn [13]

Während die Werbung meist direkt und unverblümt Produkte und Dienstleistungen zum Erwerb empfiehlt, wirkt PR subtiler und ist oft gar nicht als Marketingmassnahme erkennbar. Public Relations kann eingeteilt werden in Pressearbeit, Massnahmen des persönlichen Dialogs, Aktivitäten für ausgewählte Zielgruppen, Mediawerbung und unternehmensinterne Massnahmen. [14] Beispiele für PR-Massnahmen sind Pressemitteilungen, Teilnahme an Podiumsveranstaltungen, Ausrichtung von Preisen für herausragende Leistungen und unternehmensinterne Informationsveranstaltungen.

Public Relations will das Vertrauen und Verständnis der Kunden und Öffentlichkeit gewinnen. Sie setzt deshalb nicht das Produkt in den Vordergrund sondern das Unternehmen. So wird z. B. in einer Pressemeldung darüber berichtet, dass das Unternehmen für seinen umweltschonenden Produktionsprozess einen Preis erhalten hat. Obwohl das Produkt dabei gar nicht erwähnt wird, hat diese Massnahme gleichwohl zum Ziel, schlussendlich den Absatz des Produkts zu fördern.

[12] McCarthy, E.J.: Essentials of Marketing, Homewood 1979
[13] Kühn, Richard und Vifian, Patric: Marketing, Analyse und Strategie, Zürich 2003
[14] Bruhn, Manfred: Marketing, Grundlagen für Studium und Praxis, Wiesbaden 2009

2.3 Marketingkonzeption

Direct Marketing

> **Direct Marketing**
> is an interactive system of marketing which uses one or more advertising media to effect a measurable response and/or transmission at any location.

Definition nach Kotler [15]

(Direct Marketing ist ein interaktives Marketingsystem, welches eines oder mehrere Werbemedien einsetzt mit dem Ziel, messbare Rückmeldungen und/oder einen Abschluss zu bewirken, wobei letzterer nicht an einen bestimmten Ort gebunden ist.)
Direct Marketing stellt einen direkten, individuellen Dialog mit einer Einzelperson her. Oft wird die Zielgruppe mit dem Namen angesprochen und in der Regel kann sie auf die Ansprache antworten. Dieser Dialog ist denn auch die eigentliche Stärke des Direct Marketings gegenüber etwa der Werbung. Eine bekannte Massnahme des Direct Marketings sind Mailings, adressierte oder unadressierte Drucksachen, die z. B. per Post versandt werden. Die Instrumente nutzen die technischen Möglichkeiten der Kommunikation wie etwa das Telefon (Telefonmarketing), mobile Telefone (SMS-Marketing) oder den Computer (E-Mailings, Online-Netzwerke).

Verkaufsförderung

> **Sales Promotion**
> consists of a diverse collection of incentive tools, mostly short-term, designed to stimulate quicker and/or greater purchase of particular products/services by customers or the trade.

Definition nach Kotler [15]

(Unter Verkaufsförderung verstehen wir meist kurzfristig wirksame Marketinginstrumente, welche schnellere oder umfangreichere Käufe von Produkten oder Dienstleistungen durch Kunden oder Handelspartner bewirken.)
Verkaufsförderungsmassnahmen sind bei Produkten beliebt, die über den Detailhandel vertrieben werden. Dort werden z. B. Preisaktionen, Degustationen oder Displays eingesetzt, um den Absatz zu fördern. Geht es nicht darum, mehr zu kaufen, sondern den Kaufentscheidungsprozess zu beschleunigen, können Preisaktionen mit zeitlichen Vorgaben verknüpft werden («10% Ermässigung beim Kauf vor Monatsende»). Eine verkaufsfördernde Massnahme, die sowohl Mengen- als auch Zeitziele verfolgt, ist die beliebte Happy Hour in Bars. Einerseits werden dadurch an frequenzarmen Zeiten zusätzliche Kunden angelockt, andererseits wird gleichzeitig der Absatz gesteigert.

---

[15] Kotler, Philip: Marketing Management, Englewood 1991

2. MARKETING

Persönlicher Verkauf

> **Persönlicher Verkauf**
> besteht in der Argumentation, Gesprächsführung, im Auftreten und Aussehen der mit Verkaufsaufgaben betrauten Personen.

Definition nach Kühn [16]

Der persönliche Verkauf ist insbesondere dort von grosser Bedeutung, wo komplexe Angebote eine Erklärung erfordern. Vor allem bei Dienstleistungen ist dieses Marketinginstrument entscheidend für den Erfolg. Sie zeichnen sich ja gerade dadurch aus, dass sie von der Person, die sie erbringt, nicht zu trennen ist. Die Person wird somit zum Bestandteil des Angebots. Die Gestaltung des persönlichen Verkaufs beginnt mit der Rekrutierung des Personals, führt über deren Ausbildung und Motivation bis zur Optimierung des persönlichen Auftretens. Letzteres beinhaltet etwa Sprachkenntnisse, Gesprächsführung, Kleidung, Auftritt und Umgang mit dem Kunden.

Ausstattungspolitik

Weil Dienstleistungen nicht physisch greifbar sind und meistens im gleichen Moment produziert wie konsumiert werden, kann der Kunden die Qualität der Dienstleistung kaum abschätzen. Er weicht daher auf fassbare Elemente aus, die ihm einen Hinweis darauf geben können, welche Qualität er erwarten darf. Die Wahrnehmung des Kunden, wenn er mit einer bestimmten Unternehmung in Kontakt tritt, kann durch die Gestaltung der Physical Facilities beeinflusst werden. Es geht in erster Linie um die Räumlichkeiten, in welchen Kundenkontakte stattfinden oder wo die Dienstleistung erbracht wird. Architektur, Beschriftung, Signaletik, Design und Ausstattung sowie das Erscheinungsbild der Mitarbeitenden aber auch Drucksachen, der Internet-Auftritt oder die Fahrzeugflotte spielen hier eine tragende Rolle. Die Gestaltung der Service-Umgebung kann direkt Einfluss darauf nehmen, wie eine Kundeninteraktion ablaufen soll und wie lange sie dauert. Im Restaurant beispielsweise wird die Dauer der Kundeninteraktion über die Sitzmöglichkeiten gesteuert: Auf einem eher unbequemen Stuhl wird man nicht so lange verweilen wie in einem komfortablen Sessel. Oder die baulichen Massnahmen in einem Lebensmittelgeschäft: Kunden werden bewusst zu Promotionen hingeführt, ihr Tempo wird durch die unregelmässige Anordnung der Regale gedrosselt und in der Wartezone Kasse sind zum zweiten Mal Artikel platziert, um nochmals zum Kauf anzuregen. Aber auch Lärmpegel, Luftqualität, Temperatur, Beleuchtung und Düfte beeinflussen das Wohlgefühl des Kunden und somit sein Kaufverhalten. Und: Nicht nur die Kunden fühlen sich in optimal gestalteten Räumen wohler, sondern auch die Mitarbeitenden, was sich wiederum auf ihr Verhalten in der Dienstleistungserbringung auswirkt.

---

[16] Kühn, Richard und Vifian, Patric: Marketing, Analyse und Strategie, Zürich 2003

Personal
Vor allem im Dienstleistungsmarketing ist die Personalpolitik ein integrierender Bestandteil des Marketings. Weil die Qualität einer erbrachten Dienstleistung nicht fassbar ist, wird der Mitarbeitende mit seinem Verhalten zum Massstab für die Qualität der Firma. Mehr als das Verkaufen steht eine eigentliche Servicekultur im Zentrum. Der «service après-vente» (Aftersales Marketing) ist ein wichtiges strategisches Instrument, um die Kundenbindung zu intensivieren. Das kann zu einem wichtigen Wettbewerbsvorteil werden, wenn der Service als zusätzliche Dienstleistung einen Mehrwert für den Kunden darstellt. Eine Unternehmung, die diesen Teil besonders gut beherrscht, kann sich damit profilieren und von der Konkurrenz abheben. Darum ist das «Marketinginstrument Personal» stärker zu gewichten als es im Kommunikationsmittel «persönlicher Verkauf» zur Anwendung kommt.

Prozesse
Marketing und Vertrieb unterliegen einem zunehmenden Effizienz- und Effektivitätsdruck. Immer mehr Unternehmen versuchen Kosten zu sparen bspw. durch Reorganisation und optimierte Prozesse. Das Prozessmanagement beschäftigt sich mit Steuern, Herausfinden, Gestalten, Dokumentieren und Verbessern von Geschäftsabläufen. Nachdem Prozessmanagement in den 90er Jahren vor allem die Bereiche Produktion, Logistik und Rechnungswesen revolutionierte, gewinnt es zunehmend auch in den Bereichen Marketing und Vertrieb an Bedeutung. Verantwortlich dafür sind unter anderem der wachsende Druck auf Budgets, die zunehmende Automatisierung von Marketing- und Vertriebsaufgaben, die neuen Technologien sowie die andauernde Suche nach kundenorientierten Organisationsformen. Hinter all dem versteckt sich die optimale Betreuung des Kunden. Vom ersten Kontakt über Offerte hin zum Vertragsabschluss/Kauf weiter hinaus zum After Sales und natürlich Wiederbestellung soll er sich immer bestens bedient fühlen. Auch während «Prozessstörungen» wie Reklamationen, Lieferschwierigkeiten oder unbezahlte Rechnungen soll der Kunde optimal betreut werden. Ist diese Marketingaufgabe optimal erfüllt, spürt er nichts vom dahinter steckenden Prozess.

2.3.5 Marketingorganisation

Grundsätzlich kann zwischen Ablauf- und Aufbauorganisation unterschieden werden. Die Ablauforganisation bildet Arbeitsprozesse ab und verwendet Instrumente wie Netzplan, Flow-Chart oder Fluss-Diagramm. Die Aufbauorganisation ordnet Einheiten innerhalb der Organisation, regelt deren Aufgaben und Beziehungen zueinander und zeigt, durch wen sie besetzt sind. Das typische Instrument der Aufbauorganisation ist das Organigramm. Marketing kann nur dann seine optimale Wirkung erzielen, wenn es in geeigneter Form organisiert und in die Funktionsweise eines Unternehmens eingebunden wird. Im Vordergrund stehen dabei die Anforderungen und die Sicht der Kunden. Die Hierarchie der Marketingorganisation muss zwar geregelt werden, hat sich aber aus dem Prozess abzuleiten, dem das Unternehmen folgt. Im Folgenden wird aufgezeigt, welche Möglichkeiten es gibt, das Marketing in ein Organigramm einzufügen.

2. MARKETING

Prozessorientierte Organisation
Traditionellerweise wird die Wertschöpfung eines Unternehmens in die zwei Phasen Herstellung und Verkauf eingeteilt. In diesen Phasen laufen die eigentlichen Prozesse wie Entwicklung, Beschaffung, Produktion, Vermarktung usw. ab.

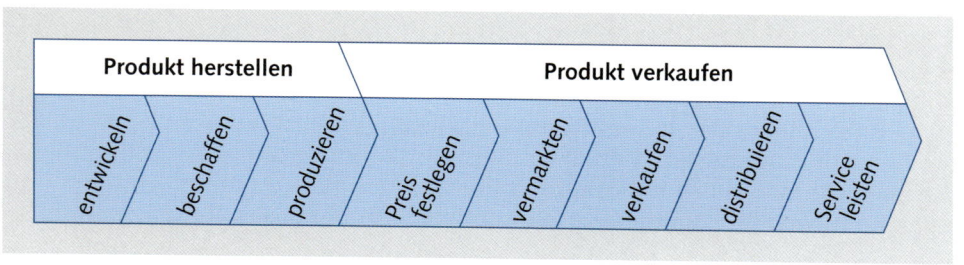

Abbildung 45: **Traditionelle Sicht der Wertschöpfungskette** [17]

Dem Marketinggedanken näher liegt jedoch eine Einteilung in die Phasen Wertdefinition, Wertrealisierung und Wertvermittlung. Hier wie auch bei der traditionellen Einteilung ist zu beachten, dass die Prozesse nicht unbedingt starr nacheinander ablaufen müssen. So sehen innovative Marketingmodelle etwa vor, ein Produkt zu verkaufen, bevor es überhaupt produziert wurde. Dies hat unschätzbare Kosten- und Konkurrenzvorteile zur Folge.

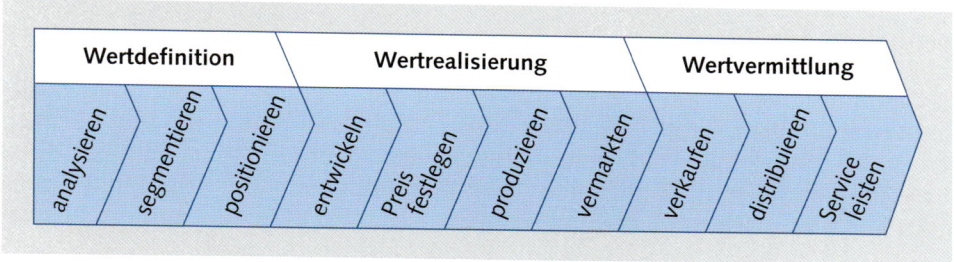

Abbildung 46: **Marketingorientierte Sicht der Wertschöpfungskette** [17]

Hierarchieorientierte Organisation
Optimalerweise hat die Aufbauorganisation einer Unternehmung den Wertschöpfungsprozessen zu folgen und nicht umgekehrt. Nach traditioneller Sichtweise ist das Marketing innerhalb des Verkaufs angesiedelt. Dies sagt bereits viel über die – in diesem Fall geringe – Bedeutung der Unternehmensfunktion Marketing aus.

Eine solche Organisation widerspiegelt eine produkt- oder verkaufsorientierte Interpretation des Marketings: Im Zentrum steht das Produkt. Aufgabe des Verkaufs und des Marketings, sofern es ein solches gibt, ist es lediglich, die produzierte Ware zu verkaufen.

---

[17] In Anlehnung an Lanning, M. J. und Michaels, E. G.: A Business is a Value Delivery System, McKinsey 1988

```
                    Geschäftsführung
         ┌──────────┬──────────┬──────────┐
   Entwicklung  Produktion   Verkauf     usw.
```

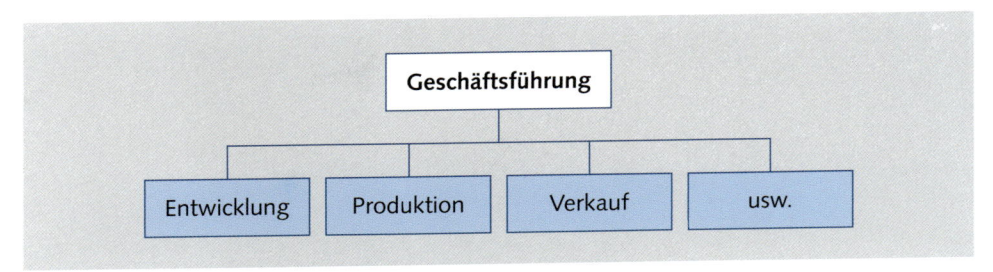

Abbildung 47: **Traditionelle Sicht einer Aufbauorganisation**

Kommt dem Marketing in der Aufbauorganisation hingegen eine gewisse Bedeutung zu, wird es explizit in einer eigenen Einheit organisiert. Gleichberechtigt wie Entwicklung, Produktion und Verkauf, trägt es entscheidend zum Unternehmenserfolg bei.

```
                       Geschäftsführung
       ┌──────────┬──────────┬──────────┬──────────┐
  Entwicklung Produktion  Marketing   Verkauf     usw.
```

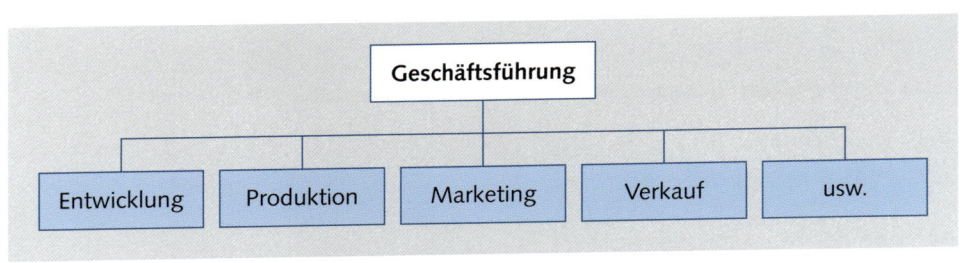

Abbildung 48: **Marketingbeeinflusste Sicht einer Aufbauorganisation**

Dem kundenorientierten Marketinggedanken noch näher kommt jedoch eine Organisationsstruktur, welche sich am Wertschöpfungsprozess orientiert. Dabei werden die Funktionen in einen Bereich Wertdefinition/-realisierung und einen Bereich Wertvermittlung gegliedert. Marketing und Verkauf erhalten auf diese Weise ein angemessenes Gewicht im Vergleich zu Entwicklung und Produktion. Entscheidend ist die funktionsübergreifende Projektzusammenarbeit. Insbesondere im Entwicklungsbereich ist der Input der Marketing- und Verkaufsverantwortlichen von entscheidender Bedeutung.

Unabhängig von der vorgegebenen Aufbauorganisation sind letztlich die in der Praxis tatsächlich ablaufenden Prozesse und etablierten Machtstrukturen entscheidend. So finden sich in technisch orientierten Unternehmen wie z. B. in der IT- oder der Baubranche zwar oftmals prozessorientierte Organisationen. Da aber die entsprechenden Stellen gleichwohl mit einseitig technisch orientierten Personen besetzt werden, kann die Struktur gar nicht wirkungsvoll umgesetzt werden. In der Konsumgüterindustrie hingegen findet man oft das Gegenteil: An der Spitze der Unternehmung stehen ehemalige Marketingprofis, die wissen, dass sich Konsumgüter in der Regel fast ausschliesslich dank Marketing von den Produkten der Mitbewerber unterscheiden lassen. Dementsprechend hoch ist die Bedeutung (und die Verantwortung), welche die Unternehmensführung dem Marketing zuordnet.

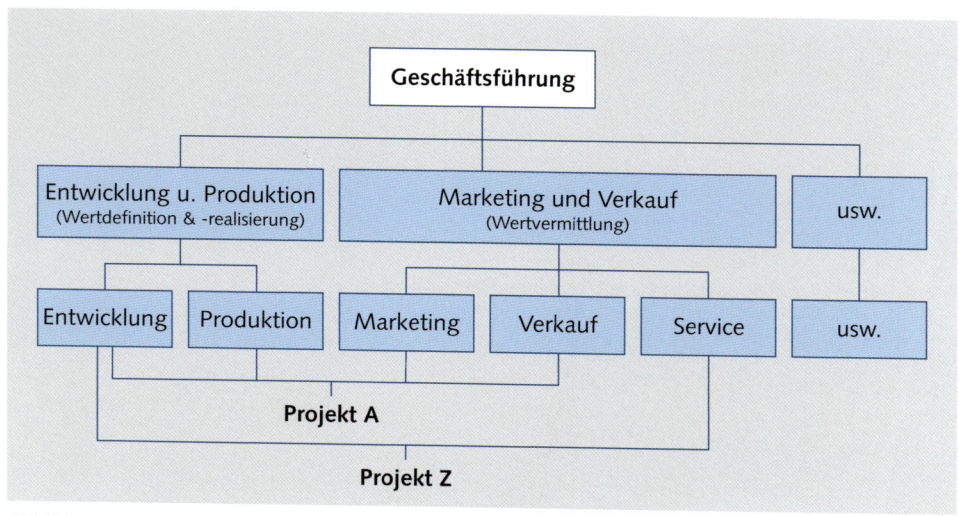

Abbildung 49: **Prozessorientierte Sicht einer Aufbauorganisation**

2.3.6 Marketingcontrolling

Aufgabe des Marketingcontrollings ist es, notwendiges Datenmaterial zu beschaffen, um den Erfolg des Marketings mit den vorher definierten Zielsetzungen zu vergleichen. Wenn möglich sind Begründungen für Abweichungen zu liefern. Es wird zwischen den Bereichen quantitatives, qualitatives und strategisches Controlling unterschieden.

Quantitatives Controlling
Hier werden Daten wie Umsätze, Marktanteile, Kostenkennzahlen, Finanzierungskennzahlen usw. erhoben. Meist werden die Daten mittels Marktforschungsmethoden erhoben oder aus dem Rechnungswesen des Unternehmens extrahiert. Die Erhebungen erfolgen in der Regel periodisch in monatlichen, halbjährlichen oder jährlichen Abständen.

Qualitatives Controlling
Beim qualitativen Controlling stehen Faktoren wie Bekanntheit, Image, Beliebtheit oder Zuverlässigkeit im Vordergrund. Diese werden mittels qualitativer Marktforschungsmethoden erhoben. Dazu werden Kunden, Lieferanten oder Mitarbeiter befragt oder beobachtet. Die qualitativen Daten sind wichtige Indikatoren, um die Wirksamkeit der Marketinginstrumente beurteilen zu können.

Strategisches Controlling
Daten für das strategische Controlling werden in der Regel analog dem strategischen Planungshorizont erhoben. Eine Unternehmung, welche ihre Strategie alle drei Jahre periodisch überprüft, wird die definierten Ziele mindestens in diesem Rhythmus überprüfen. Grosse Abweichungen müssen aber auch in der Zwischenzeit im Sinne

einer Früherkennung ausgemacht werden. Im Rahmen des strategischen Controllings wird beispielsweise die Übereinstimmung von definierter Preisstrategie und effektiver Wahrnehmung bei den Kunden überprüft. Wenn sich ein Unternehmen als innovativ positionieren will, interessiert etwa die Anzahl neuer Patente im Vergleich zu den Mitbewerbern oder die Anzahl lancierter Produktinnovationen. Eine nicht einfach zu überprüfende Frage ist diejenige, wie gut eine marketingorientierte Organisationsstruktur in der Praxis tatsächlich funktioniert.

Operatives Controlling
Das operative Controlling ist notwendig, um die Wirkung von konkreten Massnahmen messen zu können. Die erfassten Resultate werden dabei den gesteckten Zielen gegenübergesetzt. Je nachdem, wie gross dabei die Abweichungen sind, werden Korrekturmassnahmen eingeleitet. Die darauf folgende erneute Messung führt zu erneuten Korrekturen und schliesst damit den Kontrollzyklus.

In der Folge werden einige ausgewählte Kennzahlen aufgeführt, die für das Marketingcontrolling von Bedeutung sind:

Effektivitätskennzahlen
– Umsatz stück- und wertmässig
– Gesamtkosten
– Marketingkosten
– Marktanteil stück- und wertmässig
– Kundenzufriedenheit
– Anteil Wiederholungskunden
– Anteil Empfehlungskunden

Effizienzkennzahlen
– durchschnittlich benötigte Entwicklungszeit pro Einheit
– durchschnittlich benötigter Vermarktungsaufwand pro Einheit
– Verhältnis Marketingkosten zu Umsatz
– Verhältnis Marketingkosten zu Kundenkontakten
– Vergleich mit der Performance vergleichbarer Konkurrenzangebote

Kommunikationskennzahlen
– Bekanntheit
– Image
– Glaubwürdigkeit
– Sympathie
– Übereinstimmung mit den Kommunikationszielen

3. Immobilien-Marketing
3.1 Begriff und Bedeutung

Die Marketingidee wird unterschiedlich interpretiert, je nachdem, in welcher Phase sich ein Markt befindet. Im Kapitel 2 wurde auf die Unterschiede zwischen produktions-, produkt-, verkaufs-, kunden-, sozial- und gesellschaftsorientiertem Marketing eingegangen. Während sich Konsumgüter- und Dienstleistungsindustrien hochentwickelter Länder in der Regel schon seit geraumer Zeit an den letztgenannten Marketing-Auslegungen orientieren, interpretierte die Immobilien-Wirtschaft das Marketing bis vor kurzem immer noch produktions- oder produktorientiert. Es wurde das gebaut, was technisch machbar war, ohne genau zu hinterfragen, welches die Bedürfnisse der Nutzer sind. Mieter und Käufer hatten gefälligst das zu erwerben, was für sie gebaut wurde. Die Immobilienmacher – Planer, Architekten, Ingenieure, Experten – haben Immobilien nach ihren eigenen Ideen entwickelt und gingen automatisch davon aus, dass zukünftige Nutzer ihre Vorstellungen vom Wohnen, Arbeiten oder Einkaufen teilen würden. Mittlerweile hat sich die Überzeugung auch in der Immobilien-Wirtschaft mehrheitlich durchgesetzt, dass vor der Gestaltung und dem Bau eines Gebäudes der voraussichtliche Nutzer einbezogen werden muss. Dabei ist dieses Nutzerprimat keine Erfindung unserer Zeit. Bereits in der Antike formulierte der römische Architekt Vitruvius Pollio eine Architekturphilosophie basierend auf den drei Säulen Firmitas, Utilitas und Venustas. [1] Er hat dabei schon vor mehr als zweitausend Jahren den Nutzer auf gleiche Stufe wie die Bautechnik und die Ästhetik gestellt.

Kriterien zur Beurteilung der Architektur
In seinen Büchern «de architectura» hat der römische Architekt Vitruvius Pollio drei Prinzipien der Architektur beschrieben:

1. Firmitas
   Jedes Bauwerk muss fest sein, damit es seinen Benutzern Sicherheit und Schutz bietet. Darunter wurden Grundsätze über Statik, Materialwahl und deren Verwendung verstanden.

2. Utilitas
   Jedes Bauwerk muss benutzbar sein und seinen Benutzern eine optimale Funktion bieten. Hier stehen die Grösse der Bauten sowie die Folge verschiedener Raumfunktionen im Vordergrund.

3. Venustas
   Jedes Bauwerk muss schön sein. In der Antike bedeutete dies, dass es dem antiken Formenkanon entsprechen muss.

Abbildung 50: **Architekturphilosophie nach Vitruvius Pollio (33 bis 22 v. Chr.)**

---

[1] Festigkeit, Brauchbarkeit, Schönheit

3. IMMOBILIEN-MARKETING

Da der Nutzer in frühen Phasen des Immobilien-Zyklus nicht persönlich bekannt ist, muss man sich ihm seinen Vorstellungen mit Hilfe von Marketingtechniken wie Segmentierung und Zielgruppenanalyse annähern. Interessanterweise hat sich die Immobilien-Branche, im Gegensatz zur eher bedächtigen Annäherung ans moderne Marketing, schon früh mit den Anliegen der Gesellschaft beschäftigt. Dieses Verhalten nach den Vorstellungen des gesellschaftsorientierten Marketings hängt aber vor allem damit zusammen, dass die Entwicklung von Immobilien einen starken Bezug zur Öffentlichkeit hat. Die ausgeprägt direkte Demokratie der Schweiz führt dazu, dass auch nur am Rande betroffene Bezugsgruppen auf den Planungs- und Gestaltungsprozess von Immobilien Einfluss nehmen können. In der Immobilien-Entwicklung sind deshalb zahlreiche Bezugspersonen zu berücksichtigen.

Trotz dieser Fortschritte im Immobilien-Marketing gibt es noch immer Berufsleute, die der Ansicht sind, dass die Erkenntnisse des Marketings bei Immobilien nicht angewandt werden könnten. Bei genauerer Untersuchung erkennt man aber, dass sich gewisse Mechanismen und Gesetze überall wiederholen. Die Grundlagen des Marketings müssen somit nicht immer wieder neu erfunden werden. Selbstverständlich muss aber ein branchenspezifisches Marketing die jeweiligen Eigenheiten des Marktes miteinbeziehen und sowohl im konzeptionellen Bereich als auch in der praktischen Umsetzung wertvolle Branchenerfahrungen gebührend berücksichtigen. An dieser Stelle muss zudem betont werden, dass Marketing nie auf allgemeingültigen Rezepten basieren kann und der Markterfolg immer wieder von neuem gesucht werden muss. Heute gilt: «Die einzige Konstante ist der ständige Wandel.» Im vorliegenden Kapitel sollen die konzeptionellen Grundlagen des Immobilien-Marketings behandelt werden. Die nachfolgenden Kapitel widmen sich dann der praktischen Umsetzung.

Wir definieren Immobilien-Marketing einerseits auf Grund der Erkenntnisse der Marketinglehre und der Marketingpraxis, andererseits auf Grund praktischer Erfahrungen aus dem Immobilien-Alltag:

> **Immobilien-Marketing**
> ist ein gesteuerter Prozess, welcher auf Grund von Informationen, Zielen und strategischen Vorgaben sowie mit Hilfe ausgewählter Instrumente geeignete Märkte definiert, dort ein Immobilien-Angebot bereitstellt und erfolgreiche Kundenbeziehungen generiert und pflegt.

In dieser Definition werden folgende Grundelemente des Immobilien-Marketings betont:

Gesteuerter Prozess
Immobilien-Marketing erschöpft sich nicht darin, dass man im Unternehmens- oder Projektorganigramm einen Kasten mit Marketing beschriftet. Vielmehr ist Marketing ein am Kunden orientierter Prozess. Wichtig ist dabei die Erkenntnis, dass dieser Prozess aktiv gesteuert werden kann und muss.

Informationen, Ziele und strategische Vorgaben
Diese Basis für Immobilien-Marketingaktivitäten ist sorgfältig zu erarbeiten, um einen erfolgreichen Einsatz der Instrumente sicherzustellen.

Marketinginstrumente
Instrumente steuern nur so zuverlässig, wie sie entwickelt wurden. Mehrere Instrumente dürfen nicht isoliert zum Einsatz gelangen, sondern müssen in einem harmonischen und zielgerichteten Marketingmix orchestriert werden.

Märkte definieren
Das Immobilien-Marketing findet in Immobilien-Märkten statt; die dort geltenden Gesetze muss man deshalb kennen. Gleichzeitig sollte man aber so selbstbewusst sein, Märkte zu gestalten und allenfalls sogar neu zu erfinden.

Angebot bereitstellen
Das Immobilien-Marketing hat es in der Hand, ein Angebot so zu gestalten, dass es den Kundenbedürfnissen entspricht. Damit wird bereits klar, dass Immobilien-Marketing lange vor dem eigentlichen Verkauf einsetzen und bereits in die Anfangsphasen eines Projekts integriert werden muss.

Erfolgreiche Kundenbeziehungen
Darunter ist einerseits die Erfüllung der Kundenanforderungen zu verstehen, welche zu Abschlüssen und damit zu einem Beitrag an den Unternehmenserfolg führt. Andererseits sind bestehende Kundenbeziehungen zu pflegen, um darauf weitere

Analysephase	Marketinganalyse und Marktforschung
Planungsphase	Marketingstrategie
	Marketingkonzept
	Marketingzielsetzung
	Segmentierung
	Positionierung
Umsetzungsphase	Marketinginstrumente
	Marketingorganisation
	Marketingkultur
Kontrollphase	Marketingcontrolling

Abbildung 51: **Struktur des Immobilien-Marketings und inhaltliche Gliederung des Buches** [2]

[2] Bruhn, Manfred: Marketing, Wiesbaden 2009

3. IMMOBILIEN-MARKETING

Erfolge zu erzielen oder um dank der Empfehlung durch bestehende Kunden neue Aufträge zu generieren.

Marketingprozesse gliedern sich analog anderer Managementprozesse in eine Analyse-, Planungs-, Umsetzungs- und Kontrollphase. Die inhaltliche Gliederung dieses Buches orientiert sich an diesem Ablauf, wie die Abbildung 51 zeigt. Nach der Marketinganalyse und Marktforschung werden Marketingstrategie und -konzept behandelt. Darauf folgen die Themen Marketingzielsetzung, Segmentierung und Positionierung. In der Umsetzungsphase beleuchten wir Marketinginstrumente, -organisation und -kultur. Das Marketingcontrolling bildet den Schluss des Marketingprozesses.

3.1.1 Besonderheiten des Immobilien-Marketings

Immobilien weisen gegenüber anderen Gütern gewisse Besonderheiten auf. Diese Eigenheiten müssen im Marketing berücksichtigt werden:

Immobilien sind unverzichtbar
Jeder Mensch muss irgendwo wohnen, und auch die meisten Unternehmen sind auf irgendeine Art mit Liegenschaften verbunden. Das hat den vordergründigen Vorteil, dass jedermann zum (potenziellen) Kundenkreis gezählt werden kann. Andererseits erschwert diese Tatsache die Einschränkung auf die richtige Zielgruppe.

Immobilien sind standortgebunden
Immobilien sind nicht transferierbar, ihr Standort ist nicht variabel. Dem Standort oder der Lage einer Immobilie kommt deshalb eine herausragende Bedeutung zu, die bei sämtlichen Marketingaktivitäten gebührend berücksichtigt werden muss. Trotz ihrer Wichtigkeit ist die Lage aber bei weitem nicht der einzige zu berücksichtigende Faktor; sonst würden sich sämtliche Aktivitäten auf dem Immobilien-Markt ausschliesslich auf die Lage einer Liegenschaft beschränken, was jedoch nicht der Fall ist.

Immobilien sind beschränkt vermehrbar
Ausser durch Einzonung oder Nutzungsintensivierung sind Immobilien nicht multiplizierbar. Auf Grund dieses relativ starren Angebots führen Nachfrageschwankungen zu starken Preisbewegungen. Dabei gilt es auch, die zeitintensive Planungs- und Bauphase eines Immobilien-Projektes zu berücksichtigen.

Immobilien-Märkte zeichnen sich durch zahlreiche Marktteilnehmer aus
Auf Grund der volkswirtschaftlichen und politischen Bedeutung von Immobilien gibt es kaum jemanden, der nicht an diesem Markt teilnimmt – sei es als Mieter, Eigentümer, Investor oder Bauherr. Dieser Tatsache muss bei der Definition der Zielgruppen und der zu berücksichtigenden Bezugsgruppen Rechnung getragen werden.

Immobilien-Märkte sind wenig transparent
Trotz ihrer Bedeutung und trotz der Tatsache, dass die meisten Menschen zumindest

indirekt mit Immobilien zu tun haben, zeichnen sich Immobilien-Märkte durch eine relativ geringe Transparenz aus. Dies führt dazu, dass der Analyse eine besonders wichtige Rolle zufällt. Intransparenz kann aber auch Wettbewerbsvorteile bringen, da es relativ einfach ist, gegenüber Mitbewerbern einen Informationsvorsprung zu erarbeiten.

3.1.2 Lebenszyklus von Immobilien

Über den Lebenszyklus von Immobilien wurde schon viel geschrieben. Manch grössere Immobilien-Firma bietet Dienstleistungen in allen Lebenszyklen einer Immobilie an. Doch die Masse der Immobilien-Dienstleister kann meist nur in einem oder zwei Bereichen mit Kernkompetenzen aufwarten.

Die Idee für ein Immobilien-Projekt steht im Sinne einer Initialzündung ganz am Anfang des Lebenszyklus einer Immobilie. Der Lebenszyklus von Immobilien kann anschliessend in sechs Phasen unterteilt werden:

1. In einer ersten Phase geht es um die Evaluation der Grundlagen wie Standort und Nutzungskonzeption. Eine Machbarkeitsstudie gibt Aufschluss über die zu erwartende Rendite. Planer entwerfen die Immobilie auf dem Papier bzw. im Computer und entwickeln sie weiter bis zur Baubewilligung

2. Bevor mit dem Bau begonnen werden kann, muss in der Regel die Finanzierung der Immobilie gesichert sein. Die Dauer der Bauphase ist stark von der Projektgrösse abhängig, dauert aber meist mehrere Jahre

3. Die dritte Phase des Lebenszyklus beschäftigt sich mit der fertig erstellten Immobilie: Spätestens jetzt – wenn möglich aber bereits in der ersten oder zweiten Phase – beginnt die Vermarktung, also die Vermietung oder der Verkauf der Liegenschaft

4. Ist die Vermietungs- und Verkaufsphase abgeschlossen, tritt die Immobilie in die Nutzungsphase ein. Da es sich dabei um die längste Periode im Leben einer Immobilie handelt, kommt der Bewirtschaftung eine grosse Bedeutung zu. In dieser Phase stehen der Werterhalt und die Zukunftssicherung der Immobilie an erster Stelle

5. Ab einem gewissen Alter fallen Umbauten und Renovationen an. Allenfalls müssen auch bereits Pläne für die weitere Entwicklung oder Umnutzung der Liegenschaft ausgearbeitet werden

6. Mit der sechsten Phase, dem Rückbau und dem Neustart, beginnt der Lebenszyklus der Immobilie schliesslich wieder von neuem

Das Marketing spielt in jeder Phase des Immobilien-Zyklus eine Rolle. Ihre Bedeutung und ihr Einfluss auf den Erfolg einer Immobilie ist jedoch in jeder Phase verschieden.

3. IMMOBILIEN-MARKETING

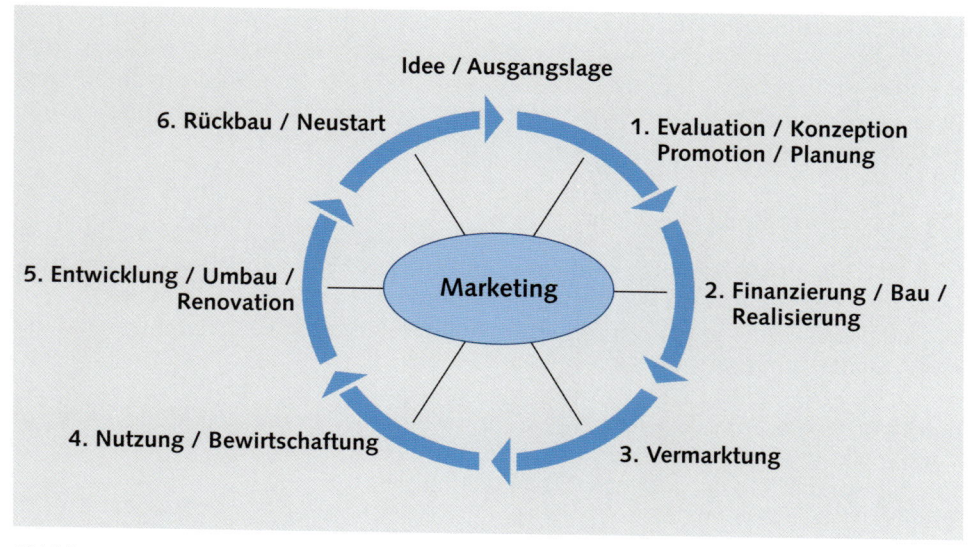

Abbildung 52: **Immobilien-Marketing im Immobilien-Zyklus**

3.1.3 Immobilien-Qualität

Die Bedeutung, Länge und Reihenfolge der einzelnen Lebenszyklusphasen ist bei jeder Liegenschaft unterschiedlich. So gelingt es nicht immer, die Liegenschaft noch vor der Realisierung zu vermieten oder zu verkaufen. Gerade hier hat Marketing einen grossen Einfluss auf den Erfolg der Immobilie. Durch den frühen Vermarktungserfolg werden die Fremdkapitalkosten gesenkt, was auf Grund der Kapitalintensität von Immobilien-Projekten massive Kostenvorteile bringen kann.

Traditionellerweise wird Marketing bei Immobilien, wenn überhaupt, in der Vermarktungsphase angefordert. Die Aufgabe besteht in dieser Phase darin, das fertige Produkt zu einem bereits fixierten Preis zu verkaufen, quasi als «Pflichtübung». Nicht selten wird die Vermarktung sogar auf die administrativ-technischen Prozesse reduziert. Oft wird zu wenig berücksichtigt, dass durch konsequenten Einsatz des Immobilien-Marketings in allen Phasen des Zyklus die Immobilien-Qualität und damit der Immobilien-Wert markant gesteigert werden kann.

«Qualität ist die Erfüllung der Anforderungen» – so definieren Qualitäts-Manager ihre Disziplin. Aufbauend auf dieser Doktrin sind in den vergangenen Jahren zahllose Unternehmen auf der ganzen Welt neu organisiert und dabei oft «neu erfunden» worden. In der Immobilien-Wirtschaft wirft diese Qualitäts-Definition zahlreiche Fragen nach Immobilien-Nutzern und ihren Anforderungen auf. Dieses Buch versucht, Antworten darauf zu finden und damit Liegenschaften-Mehrwerte zu schaffen.

3.1.4 Marketingrendite

Wer sich über die Möglichkeiten des Immobilien-Marketings im Klaren ist und Marketing nicht als lästige Pflichtübung, sondern als kreative Kür versteht, kann eine beachtliche Marketingrendite erzielen. Sie wird durch die kumulative Wirkung folgender Faktoren erzielt:

Zeitbedarf senken durch
- zuverlässigeres Entwickeln und Planen
- schnelleres Verkaufen

Kosten senken durch
- tiefere Kapitalkosten
- tiefere Baukosten

Qualität steigern durch
- Erfüllung der Kundenanforderungen
- nachhaltige Nutzungskonzepte

Es hat sich gezeigt, dass auf diesem Weg schnell bis zu 10 % des Projektwertes an zusätzlicher Rendite erwirtschaftet werden kann. Berücksichtigt man die knappen Margen im Baubereich, erstaunt es, dass dieses Potenzial in der Praxis nicht häufiger genutzt wird. Noch nicht berücksichtigt sind dabei langfristige Faktoren wie die Verhinderung eines Imageverlusts auf Grund von Leerständen, die erleichterte Akquisition neuer Mandate, zufriedene Mitarbeiter und nicht zuletzt mehr Spass an der Arbeit mit Immobilien.

3.1.5 Einsatzgebiete für das Immobilien-Marketing

Immobilien-Marketing begleitet sämtliche Phasen einer Entwicklung, ob man es nun bewusst einsetzt oder nicht. Der folgende Grundsatz, der für die Kommunikation gilt, kann nämlich auch für andere Marketinginstrumente ins Feld geführt werden: Es ist nicht möglich, nicht zu kommunizieren, da selbst Schweigen eine Art der Kommunikation darstellt. Es gibt gar Situationen, in welchen der Verzicht auf Kommunikation mehr aussagt als rege Kommunikation. Für das Immobilien-Marketing verhält es sich ähnlich: Welche Marketingaktivitäten man auch unternimmt (oder unterlässt), das jeweilige Verhalten hat stets eine Auswirkung auf das Gedeihen der Liegenschaft. Deshalb müssen Immobilien-Verantwortliche zuerst einmal wissen, welche Marketingaktivitäten möglich wären. Dann haben sie zu entscheiden, welches Marketing sie einsetzen und auf welche Aktivitäten sie bewusst verzichten möchten. In der folgenden Abbildung 53 werden die häufigsten Instrumente des Immobilien-Marketings entlang des Lebenszyklus einer Immobilie abgebildet.

3. IMMOBILIEN-MARKETING

Phasen	Arbeitsschritte	wichtigste Zielgruppen	mögliche Instrumente	Kostenrahmen CHF
1	Projektidee	Eigentümer, Investor, Entwickler, Architekt	Expertenbefragung, Trendanalyse, Brainstorming, Mind Mapping, Wettbewerb, Studienauftrag	5 000 – 40 000
1	Standortwahl	Eigentümer, Investor, Entwickler, Architekt, öffentliche Hand	Standortanalyse, Marktanalyse	5 000 – 30 000
1	Machbarkeitsprüfung		Business Plan, Markttest	20 000 – 60 000
2 & 3	Projektentwicklung	Nutzer, Investor, Architekten	Bedürfnisanalyse, Projektanalyse, Nutzungskonzeption, Nutzerbefragung, Marketingstrategie	5 000 – 30 000
2 & 3	Finanzierung	Eigenkapitalgeber (Investor), Fremdkapitalgeber (Bank)	Business Plan, Finanzierungsantrag, Projektpräsentation, Argumentarium	5 000 – 15 000
		Realisierungsentscheid		
	Baurechtliche Planung	Behörden, Einsprecher, Nachbarn, Medien, Öffentlichkeit, Verbände, Interessengruppen	Public Relations, Projektbegleitung, Projektpräsentation, Argumentarium	20 000 – 100 000
		Projektierungsentscheid		
	Vermarktung	potenzielle Nutzer (Mieter oder Eigentümer)	Marketingstrategie/-konzept, Kommunikationskonzept, Werbung, Public Relations, Direct Marketing, Point of Property, Persönlicher Verkauf, Events	50 000 – 500 000
	Bau	Öffentlichkeit, potenzielle Nutzer (Mieter oder Eigentümer)	erster Spatenstich, Informations-Pavillon, Website (Realisierungsbericht, Webcam), Ausschreibungs-Plattformen	10 000 – 100 000

4	Nutzung, Bewirtschaftung	Nutzer	Werbung (Inserate, Website, Dokumentation, Markenbewirtschaftung, Nutzermix	Marketingbudget (ab 1 % des Mietwerts p. a.)
5 & 6	Weiterverkauf	Investoren	Marketingkonzept, Dokumentation, Dossier, Präsentation an Immobilien-Messen, Networking	20 000 – 100 000
	Weiterentwicklung, Umbau, Rückbau	Eigentümer	Expertenbefragung, Trendanalyse, Brainstorming, Mind Mapping, Business Plan	20 000 – 100 000

Abbildung 53: **Übersicht der häufigsten Marketinginstrumente in den Lebenszyklusphasen einer Immobilie**

Dem Immobilien-Marketing kommt nicht in allen Phasen des Immobilien-Zyklus die gleiche Bedeutung zu. Aus dem Einfluss einer Phase auf den Erfolg eines Projekts oder einer Liegenschaft ergibt sich die Bedeutung des Marketings. Der Erfolg einer Immobilie kann in frühen Phasen stärker beeinflusst werden als in späteren Phasen. So können sich Fehler in der Entwicklung fatal auf den Vermarktungserfolg auswirken. Umgekehrt sind richtig gestellte Weichen bzw. richtig gefällte Entscheidungen am Anfang eines Projekts die beste Voraussetzung für den Erfolg. Es lohnt sich deshalb, sich schon ganz zu Beginn zu fragen: Wer sind unsere Kunden, welcher Art sind ihre Bedürfnisse und Vorlieben und welche Angebote prüfen sie als Alternativen? Auf diese und ähnliche Fragen findet das Marketing am ehesten die richtige Antwort.

Sicher können auch noch in der Vermarktungsphase begrenzte Weichenstellungen oder Feinkorrekturen angebracht werden. In der langen Phase der Bewirtschaftung einer Wohn- oder Büro-Immobilie spielten Marketingfragen bisher nur eine untergeordnete Rolle, doch scheint sich dies langsam zu wandeln. Dabei bildet die Detailshandels-Immobilie die Ausnahme: Für sie war die Nutzungsphase schon immer von grosser Bedeutung. Für Retail-Liegenschaften entscheidet das Shopping Center Management in der Nutzungsphase (zusammen mit der Standortwahl ganz zu Beginn) über Erfolg oder Misserfolg.

3. IMMOBILIEN-MARKETING

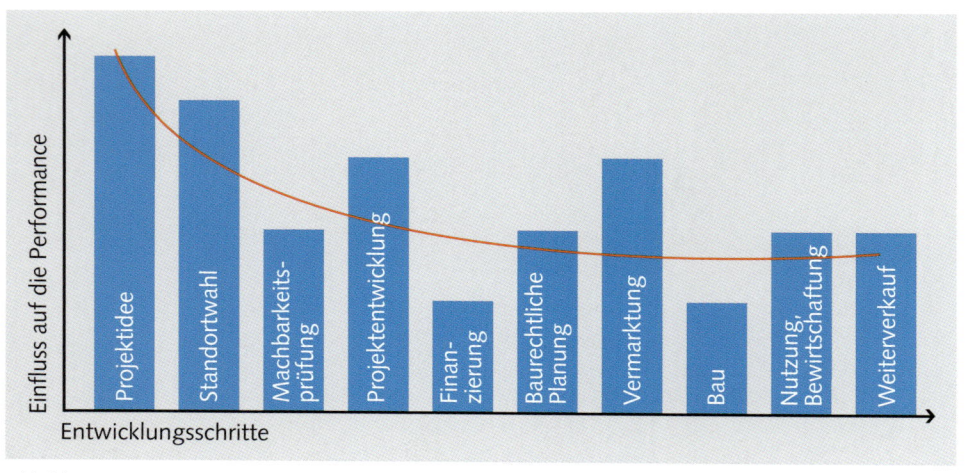

Abbildung 54: **Einfluss des Marketings im Laufe der Entwicklung einer Immobilie**

3.1.6 Immobilien-Teilmärkte

Erste Voraussetzung für eine erfolgreiche Tätigkeit ist die Definition des Marktes, in dem man sich bewegt. Immobilien-Fachleute unterscheiden einerseits zwischen verschiedenen Nutzungen (Wohnliegenschaft, Büros und Gewerbe-Immobilien, Spezial-Immobilien) und andererseits zwischen verschiedenen Tätigkeiten (Entwicklung, Verkauf, Vermietung, Beratung). So können z. B. Maklermärkte oder Beratungsmärkte definiert werden. Eine gute Voraussetzung für den Erfolg einer Unternehmung ist die Konzentration auf ausgewählte Tätigkeiten und Objekte, was beispielsweise zu folgenden Spezialisierungen führen kann:

– Makler für hochwertiges Wohneigentum rund um den Vierwaldstättersee
– Bewirtschafter von Wohn-Anlageobjekten in der ganzen Deutschschweiz für grosse institutionelle Anleger
– Berater für Unternehmen in der Entwicklung von Detailhandelsprojekten
– Wiedervermieter von Gewerbeobjekten
– Erstvermieter von Wohn- und Gewerbeobjekten
– Troubleshooter für die Beseitigung hartnäckiger Leerstände

Es ist empfehlenswert, in einer internen Analyse die Frage zu beantworten, wo die Kernqualitäten und -kompetenzen einer Immobilien-Unternehmung liegen. Oftmals bieten kleine Unternehmen das ganze Spektrum an Immobilien-Dienstleistungen an. Damit besteht die Gefahr, in Gebieten tätig zu sein, in denen man nicht zu den besten Anbietern gehört. Die erzielbare Qualität einer Dienstleistung wird künftig jedoch immer kritischer mit jener der Mitbewerber gemessen und muss dem Konkurrenzkampf standhalten können.

Tätigkeiten / Nutzung		Wohnen	Büros und Gewerbe	Spezial-Immobilien
Entwicklung				
Verkauf	Objekte			
	Projekte			
Vermietung	Erstvermietung			
	Bewirtschaftung			
Beratung				

Abbildung 55: **Raster zur Segmentierung des Marktes für Immobilien-Dienstleistungen**

3.1.7 Die wichtigsten Begriffe im Immobilien-Marketing

Grundsätzlich kann zwischen Beschaffungs- und Absatzmarketing unterschieden werden, je nach dem, ob es darum geht, Mandate, Projekte oder Objekte zu beschaffen oder Abnehmer für Projekte oder Objekte zu finden.

Beschaffungsmarketing
Für Immobilien-Dienstleistungsunternehmen geht es in der Beschaffung darum, Mandate zu akquirieren. In der Entwicklungsphase sind dies Mandate zur Unterstützung der Entwicklung oder der Planung, beispielsweise in den Bereichen Recht, Architektur, Kalkulation, Finanzierung oder Marketing. In der Vermarktungsphase bemühen sich Marketingspezialisten, Vermarkter oder Werbeagenturen um Aufträge; in der Bewirtschaftungsphase sind dies kaufmännische und technische Bewirtschafter sowie auch Hauswartungs- und Reinigungsunternehmen.

Im Gegensatz zu Dienstleistungsunternehmen sind Investoren oder Entwickler in der Beschaffung auf attraktive Immobilien-Standorte, -Projekte oder -Objekte aus.

Professionelles Beschaffungsmarketing beginnt in der Regel mit einer Marktanalyse, um die Marketingaktivitäten gezielt auf einen Teilmarkt ausrichten zu können. Die Akquisitionsstrategie beschreibt in der Folge den Weg, wie man zu neuen Mandaten kommt, während sich Kundenbindungsprogramme damit auseinandersetzen, wie bestehende Kunden gehalten werden können.

3. IMMOBILIEN-MARKETING

Absatzmarketing
Wie bereits aufgezeigt, vermag das Marketing seine grösste Wirkung in den Phasen Entwicklung, Vermarktung und Bewirtschaftung zu entfalten. Es macht deshalb auch Sinn, die Marketingaktivitäten auf Grund dieser Dreiteilung zu gliedern. In der Entwicklung beschäftigt sich das Marketing vor allem mit Analysen von Standorten, Märkten oder Projekten. Sind die notwendigen Analysearbeiten gemacht, folgt die eigentliche Projektierung, die das Marketing mit Marketingkonzepten begleitet. Dabei stehen etwa Fragen nach der richtigen Zielgruppe, der Immobilien-Gestaltung und der Festlegung von Mieten und/oder Kaufpreisen im Vordergrund.

Die Vermarktung ist die Phase, in der das Marketing am besten sichtbar ist, da hier nebst konzeptionellen Arbeiten auch Marktbearbeitungsinstrumente erarbeitet und eingesetzt werden. Die Vermarktung umfasst sowohl den Verkauf als auch die Erstvermietung von Immobilien.

Die Marketingaktivitäten in der Bewirtschaftung können verschiedene Ziele verfolgen. Die Kundenbindung richtet sich an bestehende Mieter mit dem Ziel, das Mietverhältnis erfolgreich weiter zu führen. Die Wiedervermietung widmet sich der laufenden Suche von Ersatzmietern. Wird eine bestehende Liegenschaft neu positioniert (beispielsweise wegen anhaltender Leerstände), sprechen wir von einem Relaunch.

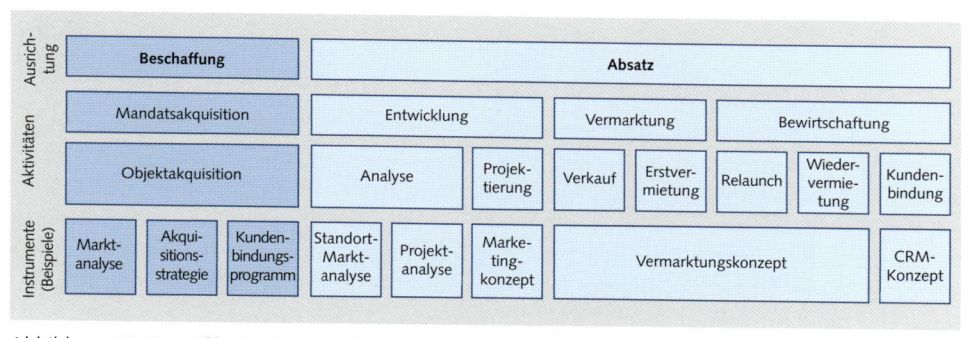

Abbildung 56: **Begriffe im Immobilien-Marketing**

3.1.8 Die Bedeutung des Immobilien-Marketings aus der Sicht von Berufsleuten

Immobilien-Marketing stellt in der Schweiz ein noch junges Fachgebiet dar. Die «goldenen 80er-Jahre» der Schweizer Immobilien-Wirtschaft waren von einem allgemeinen Nachfrageüberfluss gekennzeichnet. In dieser für Anbieter komfortablen Situation wurde Marketing in der Regel nicht als notwendig betrachtet. In den 90er-Jahren hat sich die Schweizer Immobilien-Wirtschaft jedoch stark verändert. Die 90er-Jahre können deshalb im Vergleich zum vorangegangenen Jahrzehnt als in wirtschaftlicher Hinsicht viel schwieriger bezeichnet werden. Der Glaube an das ewige Wachstum wurde zerstört, sodass auch die Immobilien-Wirtschaft ihr Risikoverhalten änderte. Als Resultat dieses Umdenkens sowie als Folge einer allgemeinen Professionalisierung gewann das Immobilien-Marketing im neuen Jahrtausend stark an Bedeutung. Der Kunde wurde endlich auch in der Immobilien-Branche als entscheidend für den Erfolg erkannt. Doch wie schätzen die Berufsleute in der Immobilien-Branche die Bedeutung von Marketing heute ein? Diese und andere Fragen wurden 30 Immobilien-Managern aus den Bereichen Entwicklung, Investment, Vermarktung, Bewirtschaftung und Beratung gestellt. 75 % der Befragten sind der Ansicht, dass Marketing in der Immobilien-Wirtschaft zu wenig angewandt wird, was auf einen nach wie vor grossen Nachholbedarf in diesem Bereich schliessen lässt. 25 % finden den derzeitigen Einsatz von Marketinginstrumenten in der Immobilien-Branche angemessen.

75 % sind der Ansicht:
«Marketing wird in der Immobilien-Wirtschaft **zu wenig** angewandt.»

25 % sind der Ansicht:
«Marketing wird in der Immobilien-Wirtschaft **angemessen** angewandt.»

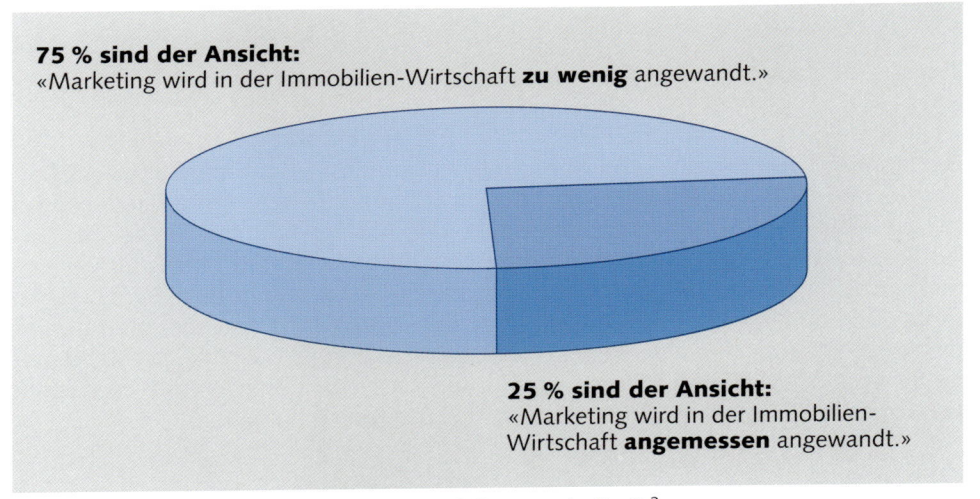

Abbildung 57: **Welche Bedeutung hat Immobilien-Marketing?** [3]

Eindeutig fällt die Beantwortung der Frage aus, ob sich der Einsatz von Immobilien-Marketing auszahlt: 93 % sind der Ansicht, dass dies der Fall ist, und lediglich 7 % glauben, dass Marketing für Liegenschaften mehr kostet, als es einbringt. Den Vorteil von Immobilien-Marketing sehen die meisten darin, dass eine Liegenschaft schneller verkauft oder vermietet werden kann (71 %). Weitere Vorteile liegen nach Meinung der befragten Immobilien-Manager in der Steigerung der Qualität (50 %), des Ertrags (43 %) sowie in der Senkung der Kosten (18 %).

---

[3] Bolliger, Roman H. und Ruhstaller, Bernhard: Untersuchung zur Bedeutung von Marketing in der Schweizer Immobilien-Wirtschaft, Zürich 2010

3. IMMOBILIEN-MARKETING

93 % sind der Ansicht:
«Immobilien-Marketing zahlt sich aus.»

Nur 7 % sind der Ansicht:
«Immobilien-Marketing kostet mehr, als es bringt.»

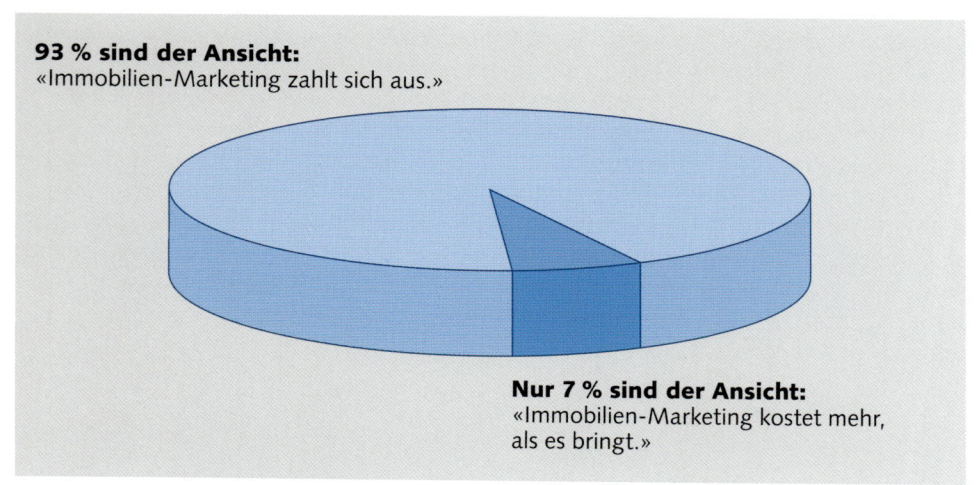

Abbildung 58: **Zahlt sich Immobilien-Marketing aus?** [4]

Das notwendige Know-how für den erfolgreichen Einsatz von Immobilien-Marketing suchen 68 % im eigenen Unternehmen während 54 % externe Berater hinzu ziehen; lediglich 4 % geben an, überhaupt kein Marketing anzuwenden. Bei dieser Frage waren Doppelnennungen möglich. Diese Umfrageresultate decken sich mehrheitlich mit einer Befragung von Immobilien-Fachleuten in Ausbildung, die im Jahre 2004 durchgeführt wurde. Der Wert, der sich am stärksten verändert hat, ist der Anteil derjenigen, die gar kein Immobilien-Marketing anwenden. Beträgt dieser heute nur noch 4 %, lag er vor 6 Jahren noch vier Mal höher. Marketing scheint sich also auch in der Immobilien-Wirtschaft durchgesetzt zu haben.

(Die detaillierten Ergebnisse der Umfrage sind im Kapitel 7.5 ersichtlich)

---

[4] Bolliger, Roman H. und Ruhstaller, Bernhard: Untersuchung zur Bedeutung von Marketing in der Schweizer Immobilien-Wirtschaft, Zürich 2010

3.2 Beschaffungsmarketing für Immobilien-Unternehmen

Die unterschiedlichen Anforderungen von Beschaffung und Absatz führt zum dualen Marketing, d. h. ein Immobilien-Unternehmer muss sich sowohl um die Beschaffung von Kundenaufträgen, Objekten, Projekten oder allenfalls Bauland als auch um die Vermarktung von Immobilien kümmern.

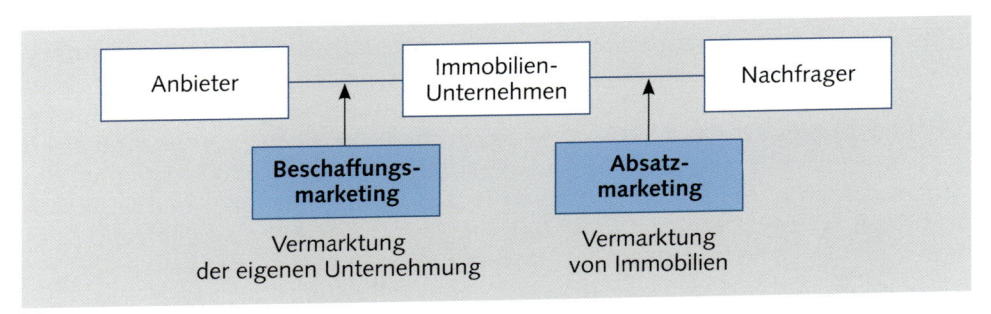

Abbildung 59: **Duales Marketing für Immobilien-Unternehmen**

Die Beschaffung liegt oft in den Händen der Geschäftsführung, des Kaders oder beim Eigentümer selbst. Die Akquisition kann aber auch ins Pflichtenheft sämtlicher Mitarbeitenden geschrieben werden. Dies bildet zwar eher die Ausnahme, fördert aber eine kundenorientierte Unternehmenskultur und führt jedem immer wieder vor Augen, wo der unternehmerische Erfolg seinen Anfang nimmt.

Der Wettbewerb in der Immobilien-Wirtschaft ist intensiv. Ein Grund dafür ist die Tatsache, dass die Barrieren für den Eintritt in den Immobilien-Markt verhältnismässig tief sind. Eine Ausnahme bildet hier der Immobilien-Investor, der über genügend Kapital verfügen muss, um überhaupt in diesem Markt tätig zu werden. Alle anderen Immobilien-Tätigen können relativ einfach in den Markt eintreten. Ein Grund für die tiefen Eintrittsbarrieren sind Berufsbezeichnungen, die nicht geschützt sind – ganz im Gegensatz etwa zu den Ärzten. So kann sich zum Beispiel jedermann Architekt oder Immobilien-Makler nennen, auch wenn er weder über eine einschlägige Ausbildung noch über Erfahrung verfügt. Darunter leiden die gewissenhaften Marktteilnehmer, da sich in derart ungeschützten Märkten nicht selten schwarze Schafe bewegen, die mit unseriösem Gebahren eine ganze Branche in Verruf bringen können. Die Immobilien-Branche versucht sich davor zu schützen, indem sie ein professionelles Ausbildungssystem unterstützt und geschützte Abschlusstitel wie Fachausweise oder eidgenössische Diplome vergibt. Eine weitere Möglichkeit sich von weniger qualifizierten Marktteilnehmern abzugrenzen, ist der Aufbau von Marken. Der Verband der Schweizerischen Immobilienwirtschaft SVIT zum Beispiel bietet Berufskammern an: Kammer unabhängiger Bauherrenberater (KUB), Schätzungsexpertenkammer (SEK) oder Schweizerische Maklerkammer (SMK). Aber auch ausserhalb des Verbands etablieren sich Marken, wie zum Beispiel alaCasa.ch; unter diesem Dach haben sich professionelle Immobilien-Makler organisiert.

3.3 Absatzmarketing für Immobilien

3.3.1 Marktanalyse und Marktforschung

3.3.1.1 Motivation, Aufgaben und Definition

In der Beschäftigung mit Immobilien müssen fast täglich Entscheidungen getroffen werden – und diese Entscheidungen sollten auf entsprechenden Grundlagen basieren. Der Erforschung der Märkte, in denen man sich bewegt, kommt deshalb eine bedeutende Rolle zu. Ob es nun um die Beurteilung von Mietpreisen eines Objektes geht oder um die Frage, wie viel für ein Einfamilienhaus in einer bestimmten Region bezahlt wird: Marktforschung liefert Entscheidungsgrundlagen und beantwortet offene Fragen. Ziel der Marktforschung ist das Schliessen von Informationslücken.

Die Aufgaben der Marktforschung können demnach wie folgt zusammengefasst werden:

- Schaffung von Entscheidungsgrundlagen
- Absicherung und Legitimation von getroffenen Entscheidungen
- Einholen von Informationen über oder Bestätigung von Tendenzen, Prognosen, Trends
- Lieferung von Argumenten für den Verkauf/die Vermietung

Marktforschung kann beschrieben werden als systematisches, zielgerichtetes Sammeln und Aufbereiten von Daten zu einem klar definierten Themenkreis. Damit ist Marktforschung aber nicht beendet: Die Interpretation der gesammelten Informationen stellt einen ebenso wichtigen Bestandteil der Marktforschung dar. Inhalt der Marktforschung können unterschiedlichste Themen wie z. B. Marktsegemente, Regionen oder Standorte, Zeiträume, Akteure oder Immobilien-Typen sein.

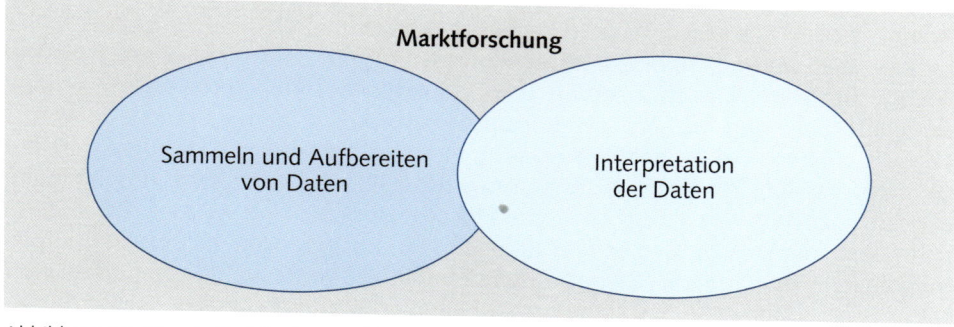

Abbildung 60: **Vereinfachte Darstellung der Marktforschung**

3.3.1.2 Methoden der Marktforschung

Neben professionell betriebener Marktforschung ist die dauernde, persönliche Beobachtung der Märkte durch das Lesen von Zeitungen und Zeitschriften, den Besuch von Tagungen und Veranstaltungen etc. Voraussetzung dafür, ein «Gespür» für den Markt zu bekommen. Diese «persönliche Marktforschung» ist in der Regel nicht systematisch, kann aber ebenfalls zielgerichtet sein. Man spricht deshalb weniger von Marktforschung als viel mehr von Markterkundung. Diese persönliche Markterkundung sollte ein wichtiger – und fester – Bestandteil sein.

Als Marktbeobachtung bezeichnet man eine persönliche Markterkundung, die eher den zeitlichen Ablauf bzw. die zeitliche Kontinuität berücksichtigt. Diese Methode wird von vielen Immobilien-Vermarktern und -Promotoren angewendet. Sie vergleichen die in verschiedenen Perioden gesammelten Marktdaten und Erkenntnisse. Die Marktforschung schlussendlich erfolgt immer systematisch und zielgerichtet und widmet sich einem klar definierten Thema.

Bezeichnung	Merkmale	Durchführung
Markterkundung	unsystematisch allgemein oder zielgerichtet	Bestandteil der täglichen Arbeit
Marktbeobachtung	unsystematisch allgemein oder zielgerichtet zeitlicher Ablauf	Bestandteil der täglichen Arbeit
Marktforschung	systematisch zielgericht klar definiertes Thema	Wird bei Bedarf betrieben

Abbildung 61: **Unterschiede zwischen Markterkundung, Marktbeobachtung, Marktforschung**

Grundsätzlich können die Methoden der Marktforschung in Primärforschung bzw. Field Research und Sekundärforschung bzw. Desk Research aufgeteilt werden. Beim Field Research werden Daten zu einem spezifischen Thema selber erhoben. Desk Research bezeichnet die Datensammlung von nicht selber erhobenen Daten. In der Regel wird zusätzlich zum Field Research auch ein Desk Research durchgeführt, da es von Interesse ist, welche Daten sonst noch zum vorgegebenen Thema vorhanden sind.

Desk Research
Im Bereich des Desk Research sind folgende Methoden gängig: Literaturrecherche, Internetrecherche, Auswertung statistischer Quellen und explorative Marktforschung. Im Rahmen einer Literaturrecherche werden Aussagen aus verschiedenen Publikationen herausgezogen und bewertet, was, systematisch betrieben, mit hohem Aufwand verbunden sein kann. Heute bietet auch das Internet eine enorme Vielfalt an Daten zu allen möglichen Themen. So stehen beispielsweise Daten von statistischen Ämtern aber auch zahlreiche Publikationen zum Download

3. IMMOBILIEN-MARKETING

bereit. Auch hier muss mit hohem Zeitaufwand gerechnet werden, da die Informationsflut im Internet die gezielte Suche nicht einfacher macht. Bei der Auswertung statistischer Quellen können bestehende Daten auf kostengünstige Art und Weise genutzt werden. Allerdings besteht bei der Zweitauswertung von Datensätzen die Gefahr, Daten falsch zu interpretieren, da Erhebungsart und Ziel der Erhebung oft nicht bekannt sind. Die explorative Marktforschung schliesslich bezeichnet die Analyse von grossen, nicht spezifisch für eine Fragestellung erhobenen Datenmengen. Ziel ist es, aussagekräftige Strukturen und Zusammenhänge in bereits existierenden Daten zu finden.

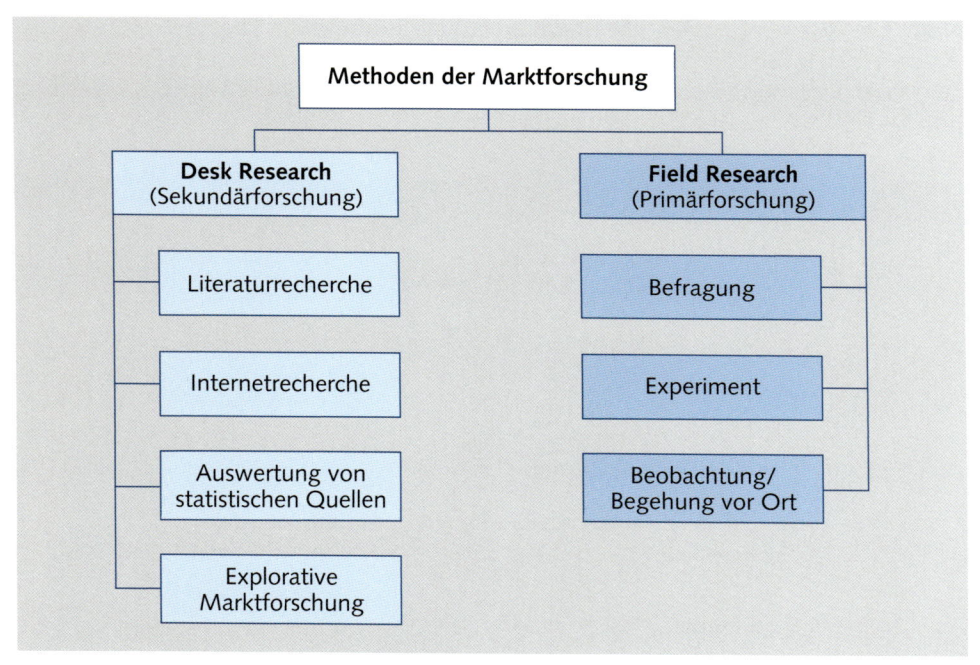

Abbildung 62: **Methoden der Marktforschung**

Field Research

Die drei am häufigsten eingesetzten Methoden im Field Research sind die Befragung, das Experiment sowie die Beobachtung bzw. die Begehung vor Ort.

Befragungen können telefonisch, persönlich oder schriftlich (auf Papier oder elektronisch) durchgeführt werden. Davon unabhängig lassen sich Befragungen auf Grund der Befragungsart unterscheiden: Bei standardisierten Befragungen sind Wortlaut und Ablauf der Fragen genau vorgegeben, während bei strukturierten Befragungen lediglich einem Frageleitfaden gefolgt wird. Unstrukturierte Befragungen lassen dem Befrager die Freiheit, innerhalb des Themas auf die befragte Person einzugehen. Auch nach der Art der Fragen lassen sich Befragungen unterscheiden: Bei geschlossenen Fragen können die befragten Personen nur aus vorgegebenen Antworten auswählen, bei offenen Fragen können sie ihre Antworten frei formulieren. Eine Spezialform der Befragung ist die so genannte Delphimethode, eine Expertenbefragung, bei der eine Runde von Spezialisten zum definierten Thema befragt wird.

	Erhebungsart	Vorteil	Nachteil
Field Research	Persönliche Befragung	Nachfragen und Erklärung möglich Flexibilität Hohe Rücklaufquote	Hohe Kosten Beeinflussung des Befragten durch den Befrager
	Telefonische Befragung	Nachfragen und Erklärung möglich Hohe Rücklaufquote	Mittlere Kosten Beeinflussung möglich
	Schriftliche Befragung	Befragter hat Zeit Keine Beeinflussung durch Befrager Tiefe Kosten	Tiefe Rücklaufquote
	Expertenbefragung	Hohes Expertenwissen Inkl. Einschätzung der Zukunft	Tiefe Fallzahl Schlecht Verallgemeinerbar
	Experiment	Kein Rücklaufproblem Richtigkeit der Erkenntnisse gegeben	Hoher Zeitaufwand Nur Sichtbares kann gemessen werden
Desk Research	Literaturrecherche	Erfassung von komplexen Zusammenhängen	Hoher Zeitaufwand
	Internetrecherche	Extrem hohe Informationsdichte	Quellen- und Datenqualitätsüberprüfung schwierig
	Explorative Marktforschung	«Ausquetschen» von Datenfriedhöfen	Grosser Rechenaufwand Interpretation der Ergebnisse z. T. schwierig

Abbildung 63: **Ausgewählte Erhebungsarten im Vergleich** [5]

---

[5] nach: Stier, Winfried: Empirische Forschungsmethoden. Berlin et al. 1996

3. IMMOBILIEN-MARKETING

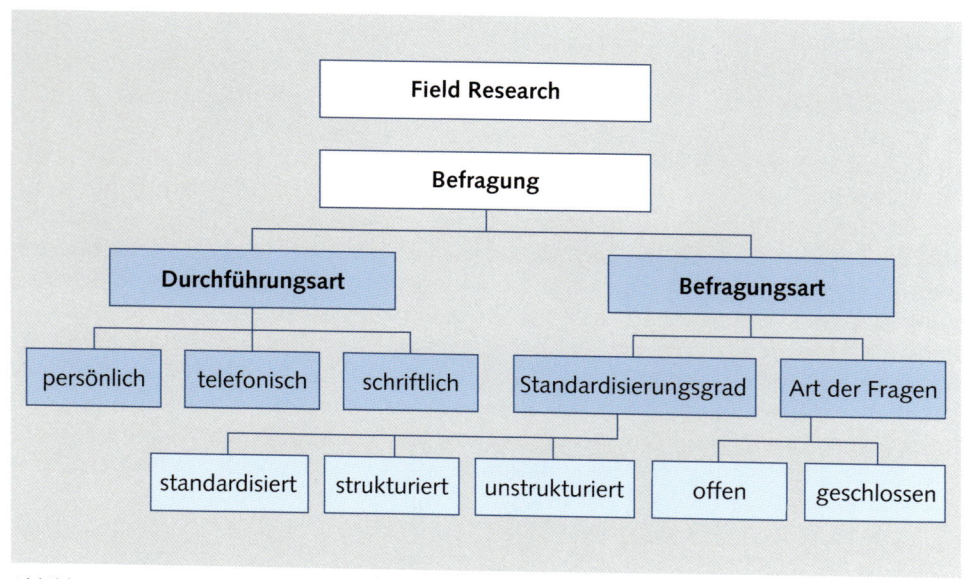

Abbildung 64: **Befragung als Methode des Field Research**

Mit dem Experiment, eine weitere Methode des Field Research, werden zu erforschende Situationen nachgestellt, um Annahmen zu überprüfen. Im Immobilien-Bereich sind dies z. B. Testinserate. Die Beobachtung und die Begehung vor Ort gehören in der Regel zu jeder Marktforschung dazu. So ist die Besichtigung von Standorten und Liegenschaften von grosser Wichtigkeit, um die Standort- und Objektqualität vor Ort beurteilen zu können.

3.3.1.3 Indikatoren
In der Marktforschung können viele Phänomene nicht direkt erfasst werden, sondern müssen über Indikatoren indirekt gemessen werden. Im Bereich Immobilien gibt es je nach Fragestellung verschiedene Indikatoren, die in der Marktforschung, beispielsweise bei der Erstellung von Standort-, Markt- und Projektanalysen, verwendet werden.

Analysefeld	Indikatoren
Mietwohnungen	Preisniveau/-entwicklung Leerwohnungsziffer Einkommen pro Kopf Entwicklung von Alternativen (Wohneigentum) Ausländeranteil
Wohneigentum	Preisniveau/-entwicklung Leerwohnungsziffer Einkommen pro Kopf, Kaufkraft Entwicklung von Alternativen (Mietwohnungen) Hypothekarzinssatz Steuersituation
Büroflächen	Preisniveau/-entwicklung Leerflächenzählung/Angebotsquote Anzahl Beschäftigte im Dienstleistungssektor Entwicklung der Beschäftigung Wirtschaftswachstum (BIP)
Verkaufsflächen	Preisniveau/-entwicklung Leerflächenzählung/Angebotsquote Anzahl Beschäftigte im Handel (III. Sektor) Entwicklung der Beschäftigung Einkommen pro Kopf, Kaufkraft Konsumentenstimmung Detailhandelsumsätze

Abbildung 65: **Indikatoren in verschiedenen Analysefeldern**

Die für die Marktforschung nötigen Indikatoren stammen jeweils aus verschiedenen Datenquellen und werden in unterschiedlichem Rhythmus erhoben. Immobilien-Fachleute sollten mindestens in ihrem Marktgebiet die wichtigsten Indikatoren kennen und damit argumentieren können.

Es ist schwierig, in der Fülle von erscheinenden Daten zu Indikatoren für Immobilien-Themen den Überblick zu behalten. Es ist empfehlenswert, sich auf ein paar wenige Datenquellen zu beschränken, dafür aber eine möglichst lückenlose Datensammlung anzulegen.

3. IMMOBILIEN-MARKETING

Indikator	Datenquelle	Erhebungsfrequenz
Altersstruktur Einwohner	BFS, Volkszählung	alle 10 Jahre
Altersstruktur Gebäude	Wohnungszählung	alle 10 Jahre
Angebotsmengen	Wüest&Partner	Quartalsweise
Baubewilligungen/Baugesuche	Baublatt Infodienst	Quartalsweise
Bestand Geschäftsflächen	GVA, BFS, Wüest&Partner	Jährlich
Bruttoinlandprodukt (BIP)	Seco	Quartalsweise
Einwohnerentwicklung	ESPOP/BFS	Jährlich
Erreichbarkeit Einwohner/Beschäftigte	IVT/ETHZ, Wüest&Partner	Jährlich
Geburtenrate	ESPOP/BFS	Jährlich
Kaufkraft	CH-plus Regio, dm-plus Direktmarketing AG, St. Gallen	Jährlich
Konsumentenstimmung	Seco	Quartalsweise
Leerwohnungsziffer	BFS (Leerwohnungszählung)	Jährlich (1. Juni)
Neubauinvestitionen	BFS (Baustatistik)	Jährlich
Preisspektren	Wüest&Partner	Quartalsweise
Sozioprofessionelle Struktur	BFS, Volkszählung	alle 10 Jahre
Steuerbelastung	Eidg. Steuerverwaltung	Jährlich
Wanderung	ESPOP/BFS	Jährlich
Wohnungsbestand	BFS (Wohnungszählung)	Jährlich

Abbildung 66: **Indikatoren und deren Datenquellen**

Abkürzungen:
BFS   Bundesamt für Statistik
ETHZ   Eidgenössische technische Hochschule Zürich
ESPOP Statistik des jährlichen Bevölkerungsstandes (des BFS)
GVA   Gebäudeversicherungsanstalt
IVT   Institut für Verkehrsplanung und Transportsysteme (der ETHZ)
Seco   Staatssekretariat für Wirtschaft

3.3.2 Marketingstrategie, Marketingkonzept und Vermarktungskonzept

Beim Marketing für Immobilien ist zwischen verschiedenen Planungsperspektiven zu unterscheiden. Die grösste «Planungsflughöhe» weist dabei die Marketingstrategie auf, die sich mit den grundsätzlichen strategischen Optionen befasst und Aufschluss über den grossen Rahmen der geplanten Aktivitäten gibt. Das Marketingkonzept reduziert die Flughöhe und konkretisiert die strategischen Vorgaben weiter, damit daraus konkrete Instrumente abgeleitet und die Massnahmen umgesetzt werden können. Diese Planungsschritte können als Pyramide dargestellt werden, die die Hierarchie und den Konkretisierungsgrad aufzeigt.

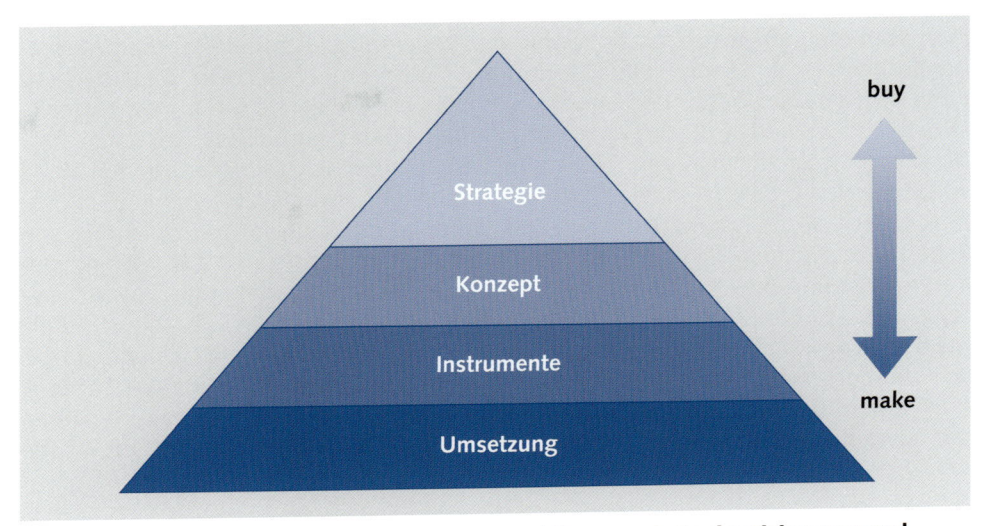

Abbildung 67: **Die verschiedenen Planungsperspektiven nach Konkretisierungsgrad**

Die Gliederung der Planung nach Konkretisierungsgrad liefert auch Entscheidungshilfe für die «Make-or-buy-Frage». Dabei geht es darum, ob der entsprechende Planungsschritt selber gemacht werden sollte (make) oder ob er durch hinzugezogene Spezialisten getätigt werden sollte (buy). Eine Variante dazwischen besteht darin, externe Hilfe lediglich für die Prozessmoderation beizuziehen. Grundsätzlich gilt, Arbeiten einzukaufen, wenn sowohl die Kapazität als auch die Kompetenz fehlen, es selbst zu tun. Ist beides vorhanden, sollten die Arbeiten im eigenen Unternehmen gemacht werden. Bei vorhandener Kapazität und fehlender Kompetenz ist ebenfalls ein Einkaufen der Dienstleistungen empfohlen. Ist das Know-how grundsätzlich vorhanden und fehlt es lediglich an den zeitlichen oder personellen Möglichkeiten, kann man die Leistungen entweder einkaufen oder aber die Kapazität z. B. durch eine Aufstockung des Personalbestands ausbauen.

		Kapazität	
		nicht vorhanden	vorhanden
Kompetenz	vorhanden	buy evtl. Kapazität ausbauen	make
	nicht vorhanden	buy	buy

Abbildung 68: **Entscheidungsalternativen in der «Make-or-buy-Frage»**

3. IMMOBILIEN-MARKETING

Eine **Marketingstrategie** befasst sich in der Regel mit der grundsätzlichen Marketingausrichtung der ganzen Unternehmung oder Unternehmensteile. Sie basiert auf der Vision und der Unternehmensstrategie, die Leitplanken für alle Unternehmensaktivitäten, also auch für das Marketing, setzen. Dabei sind insbesondere die strategischen Geschäftseinheiten (SGE) und die strategischen Erfolgspositionen (SEP) von Bedeutung. Eine Marketingstrategie beginnt mit einer SWOT-Analyse auf der Ebene der Unternehmung (Umfeld- und Unternehmensanalyse mit Ableitung von Stärken, Schwächen, Chancen und Gefahren) und der Definition der Marketingziele (Segmentierung und Positionierung), bevor sie Aussagen zur Produkt-/Marktstrategie (Penetration, Entwicklung, Diversifikation) und der Qualität-/Preisstrategie macht (siehe Kapitel 2). Für Immobilien-Unternehmen zentral sind Überlegungen zur Standort- und Nutzerstrategie. Darin werden Leitplanken für die Auswahl der Immobilien-Standorte und der Immobilien-Typen definiert. Sie definiert im Weiteren die notwendigen Ressourcen wie Personal, Know-how und finanzielle Mittel sowie der Organisation des Betriebs.

Die Umsetzung der Marketingstrategie wird im **Marketingkonzept** beschrieben, das üblicherweise für ein Immobilien-Entwicklungsprojekt verfasst wird. Wie die Strategie macht das Konzept Aussagen zu Stärken, Schwächen, Chancen, Gefahren, Segmentierung und Positionierung. Im Unterschied zur Strategie geschieht dies im Marketingkonzept aber nicht auf der Ebene der Unternehmung, sondern auf der Ebene des Immobilien-Projekts. Die Variablen eines Marketingkonzepts sind die Immobilien-Gestaltung, die Preisgestaltung, die Kommunikationsgrundlagen sowie die notwendigen personellen Anforderungen. Schlussendlich gehören auch ein Budget, eine Organisations- und Prozessstruktur sowie ein Controlling zu einem vollständigen Marketingkonzept

Der Inhalt eines Marketingkonzepts kann folgendermassen beschrieben werden:

– Ausgangslage: Was ist die Erwartung des Auftraggebers und was sagt die Marketingstrategie der Unternehmung aus?
– SWOT-Analyse: Welches sind die Stärken und Schwächen des Projekts sowie die Chancen und Gefahren des betreffenden Marktes?
– Marketingziele: Was wollen wir erreichen?
– Segmentierung: Welches ist unsere Zielgruppe?
– Positionierung: Wie unterscheiden wir uns von unseren Mitbewerbern?
– Marketingmix: Welche Instrumente setzen wir ein und wie harmonieren sie miteinander?
– Marketinginstrumente: Wie sind die einzelnen Instrumente ausgestaltet?
– Marketingbudget: Welche finanziellen Mittel werden benötigt?
– Marketingorganisation: Wer übernimmt welche Aufgaben und Verantwortungen und welche Prozesse sind notwendig?
– Marketingcontrolling: Wie können wir den Erfolg unserer Marketingaktivitäten messen?

3.3 Absatzmarketing für Immobilien

Auf der Grundlage des Marketingkonzepts folgt das **Vermarktungskonzept**, das die Grundlagen für den Verkauf oder die Erstvermietung einer Immobilie festlegt. Es beinhaltet ebenfalls Analyseelemente und Zielsetzungen, die sich aber auf die Vermarktung konzentrieren. In der Vermarktungsphase ist der Gestaltungsspielraum im Vergleich mit den vorhergehenden Phasen beschränkt: Der Standort ist gegeben. Die Immobilie selbst kann – wenn überhaupt – nur noch in Details gestaltet werden. Hier sind allenfalls architektonische Details oder ergänzende Dienstleistungen denkbar. Der Schwerpunkt liegt demnach klar bei den Kommunikationsinstrumenten: Die Definition der Massnahmen in den Bereichen Werbung, Public Relations, Events, Direct Marketing o. ä. Aber auch der Faktor Mensch ist bei der Definition und Evaluation der notwendigen Vermarktungsfähigkeiten von Bedeutung. Jedes Vermarktungskonzept sollte schlussendlich auch Angaben zu Budget, Terminplanung und Organisation enthalten.

	Marketingstrategie	Marketingkonzept	Vermarktungskonzept
Flughöhe	hoch	mittel	tief
Worum geht es?	Grundsätzliche strategische Optionen	Umsetzung der Marketingstrategie anhand einer Immobilie	Verkauf oder Erstvermietung einer Immobilie
Phase	Entwicklung	Entwicklung	Vermarktung
Fokus	Unternehmung	Projekt	Projekt oder Immobilie
Ausgangslage	Vision und Unternehmensstrategie	Marketingstrategie	Marketingkonzept
Analyse	SWOT-Analyse auf Ebene Unternehmung	SWOT-Analyse auf Ebene Projekt	SWOT-Analyse mit Bezug auf Vermarktung
Ziele	Segmentierung und Positionierung auf Ebene Unternehmung	Segmentierung und Positionierung auf Ebene Projekt	Segmentierung und Positionierung auf Ebene Vermarktung
Variablen	Standortstrategie Nutzerstrategie Produkt-/Marktstrategie Qualität-/Preisstrategie	Immobilien-Gestaltung Preisgestaltung Kommunikationsgrundlagen Faktor Mensch (Marketingfähigkeiten)	Immobilien-Detailgestaltung Kommunikationsinstrumente Faktor Mensch (Vermarktungsfähigkeiten)
Ressourcen	Marketingrahmenbudget Organisation des Marketings innerhalb des Unternehmens	Marketingbudget Marketingorganisation innerhalb des Projekts Marketingcontrolling	Vermarktungsbudget Vermarktungstiming Vermarktungsorganisation

Abbildung 69: **Unterschiede zwischen Marketingstrategie, Marketingkonzept und Vermarktungskonzept**

3. IMMOBILIEN-MARKETING

3.3.3 Marketingziele

3.3.3.1 Segmentierung
Die Segmentierung ist die Basis für eine erfolgreiche Immobilien-Entwicklung, -Vermarktung und Bewirtschaftung. Sie teilt einen Markt in homogene Segmente ein, um eine möglichst grosse Übereinstimmung von Angebot und Zielgruppenbedürfnissen zu erreichen. Findet der Zielgruppenbestimmungsprozess nicht oder nur unvollständig statt, so scheint dies zwar im Stadium der Projektentwicklung noch kaum direkte Auswirkungen zu haben. Der Endnutzer kommt ja bei Immobilien-Projekten in der Regel erst viel später ins Spiel. Der Druck, den aufwändigen Prozess einer Zielgruppenbestimmung durchzuführen, ist deshalb gering. Die Herleitung von Zielgruppen wird deshalb oft mittels abgekürzten Verfahren oder auch nur auf Grund von Erfahrungen vorgenommen. Die negativen Folgen einer solch unsorgfältigen Zielgruppenbestimmung müssen meistens von den nachfolgenden Projektbeteiligten getragen werden.

Im Prozess der Immobilien-Entwicklung werden die Grundlagen für die Segmentierung bereits in einer Standort- und Marktanalyse gelegt. Da die Zielgruppe schon zu Beginn der Entwicklung im Mittelpunkt stehen muss, sollten bei Jurys oder Projektwettbewerben auch Vermarktungsfachleute miteinbezogen werden. Sie sorgen in dieser wichtigen Phase dafür, dass die Interessen der Zielgruppen auch bei der Planung (und nicht erst bei der Vermarktung) einfliessen. Je konkreter die Segmentierung ausfällt, desto erfolgsversprechender sind die darauf basierenden Marketing- und Kommunikationsmassnahmen: Preise und Mieten werden vom Kunden akzeptiert, Immobilien-Marken präsentieren die Immobilie im passenden Rahmen und die Verkaufsargumente passen nahtlos zur Zielgruppe. Die Segmentierung hat entscheidenden Einfluss sowohl auf das Immobilien-Produkt als auch auf die Vermarktungstools.

Die Segmentierung bestimmt, an wen sich das Angebot richtet und welche Personenkreise angesprochen werden sollen. Erst wenn die Zielgruppenbestimmung erfolgt ist und die Zielgruppen beschrieben worden sind, können die Marketingmassnahmen definiert werden. Die Segmentierung ist in diesem Sinne nachfrageorientiert, im Gegensatz zur Positionierung, die sich am Angebot der Mitbewerber orientiert.

Um einen Gesamtmarkt in einzelne Segmente einteilen zu können, müssen die Segmentierungskriterien bekannt sein. Dabei handelt es sich um Eigenschaften der Zielgruppe, die für die Immobilien-Gestaltung und -Vermarktung relevant sind. Die im Immobilien-Marketing am häufigsten angewandten Segmentierungstechniken sind:

– Segmentierung nach demografischen Kriterien
– Segmentierung nach Wohnbedürfnissen
– Segmentierung nach psychografischen Kriterien

Segmentierung nach demografischen Kriterien

Dabei handelt es sich um Eigenschaften von Bevölkerungsgruppen wie etwa Alter, Geschlecht, Staatsangehörigkeit, Ausbildung, Beruf usw. Das Wachstum bestimmter Gruppen gibt z. B. Aufschluss über die zu erwartende Nachfrage in einer bestimmten Region oder einer Gemeinde. Informationen über zunehmende oder abnehmende Altersgruppen geben Hinweise über Grösse und Eigenschaften von Wohnungen. Ein häufig verwendetes Segmentierungskriterium ist die Kaufkraft; sie hat grossen Einfluss auf die Angebots- und Preisgestaltung einer Immobilie. Da zur Messung der Kaufkraft nur selten Informationen über Einkommensverhältnisse zur Verfügung stehen, werden oft Ersatzkriterien wie z. B. die Ausbildung oder die berufliche Stellung verwendet. Die folgende Tabelle lässt zum Beispiel auf ein vergleichsweise schwaches Segment der höheren Berufe bzw. Kaufkraftklasse schliessen.

Kategorie	Chur	Bündner Rheintal	Kanton GR	Schweiz
Oberstes Management	1,8 %	1,9 %	1,5 %	2,1 %
Freie Berufe	1,5 %	1,3 %	1,1 %	1,2 %
Andere Selbständige	6,2 %	7,7 %	10,7 %	8,3 %
Akademische Berufe und oberes Kader	6,6 %	6,9 %	5,7 %	7,8 %
Subtotal	16,1 %	17,8 %	19,0 %	19,4 %
Intermediäre Berufe	13,6 %	15,1 %	13,5 %	14,0 %
Qualifizierte Berufe	20,4 %	20,4 %	19,1 %	17,1 %
Ungelernte Angestellte und Arbeiter	7,4 %	7,0 %	7,0 %	6,6 %
Nicht zuteilbare Erwerbstätige	14,5 %	13,8 %	14,0 %	14,9 %
Erwerbslose	1,8 %	1,6 %	1,2 %	1,8 %
Nicht erwerbstätige Personen	26,1 %	24,3 %	26,2 %	26,2 %
Total	100,0 %	100,0 %	100,0 %	100,0 %

Abbildung 70: **Beispiel einer Markt-Analyse nach beruflicher Stellung der Zielgruppe (sozioprofessionelle Struktur)** [6]

[6] Quelle: Bundesamt für Statistik ESPOP/BFS 2003

3. IMMOBILIEN-MARKETING

Demografische Kriterien haben tendenziell an Bedeutung eingebüsst. Es gibt heute adäquatere Kriterien, die das Marketing besser unterstützen. Trotzdem sind Segmentierungen nach demografischen Kriterien noch immer beliebt. Der Grund dafür dürfte die einfache Erhältlichkeit dieser Daten sein. Viele scheuen den Aufwand, komplexere Kriterien zur Segmentierung anzuwenden, weil diese nicht so einfach zu ermitteln sind und es dafür auch spezifisches Marketing-Know-how braucht. Hier zeigt sich einmal mehr ein gewichtiger Unterschied zwischen Marketingexperten und denjenigen, die Marketing im Nebenamt betreiben.

Segmentierung nach Wohnbedürfnissen

Wenn es ums Wohnen geht, hat jeder eigene und unterschiedliche Wünsche. Damit die Wohnbedürfnisse trotz dieser grossen Vielfalt für das Immobilien-Marketing verwendet werden können, werden sie in Cluster zusammengefasst. In Anlehnung an Maslow [7] (vgl. auch Kapitel 2.1) können Wohnbedürfnis-Cluster wie folgt in Pyramidenform dargestellt werden:

Abbildung 71: **Pyramide der Wohnbedürfnisse**

Für eine Zielgruppe, bei der die Grundbedürfnisse des Wohnens oder der Komfort im Vordergrund stehen, müssen Angebot und Marketinginstrumente vollkommen anders aussehen als etwa für eine Zielgruppe, die mit ihrer Wohnung oder ihrem Haus die jeweilige Stellung in der Gesellschaft zum Ausdruck bringen möchte. Die Wohnbedürfnisse haben insbesondere auch grossen Einfluss auf die Preisgestaltung. So muss der Preis einer Wohnung für Menschen, die vor allem ein Dach über dem Kopf suchen und sonst (noch) keine grossen Ansprüche an ihre Wohnsituation stellen, möglichst tief sein. Umgekehrt bei Menschen, die standesgemäss wohnen möchten. Hier darf der Preis nicht zu tief sein; ein tiefer Preis kann dem Status des Besitzers sogar abträglich sein.

[7] Maslow, Abraham: Motivation and Personality, New York 1954

Segmentierung nach psychografischen Kriterien

Die Zielgruppenanalyse nach psychografischen Kriterien bezieht sich auf allgemeine Persönlichkeitsmerkmale der aktuellen und potenziellen Käufer sowie auf produktspezifische Merkmale. Verschiedene Ansätze definieren die Persönlichkeitsmerkmale, die sogenannten Life-Style-Typologien und teilen damit die Grundgesamtheit anhand deren Aktivitäten, Interessen und Meinungen ein. Man spricht deshalb auch von einem AIO-Ansatz (Acitivites, Interests, Opinions). Wir stellen in der Folge drei Life-Style-Typologien vor.

1. Radar-Psychografie

Eine Segmentierung, die ihren Ursprung in der Konsumgüterindustrie hatte, heute aber oft auch bei Immobilien-Projekten angewandt wird, ist die sogenannte Radar-Psychografie, die den psychografischen Raum der Schweiz beschreibt. Der psy-

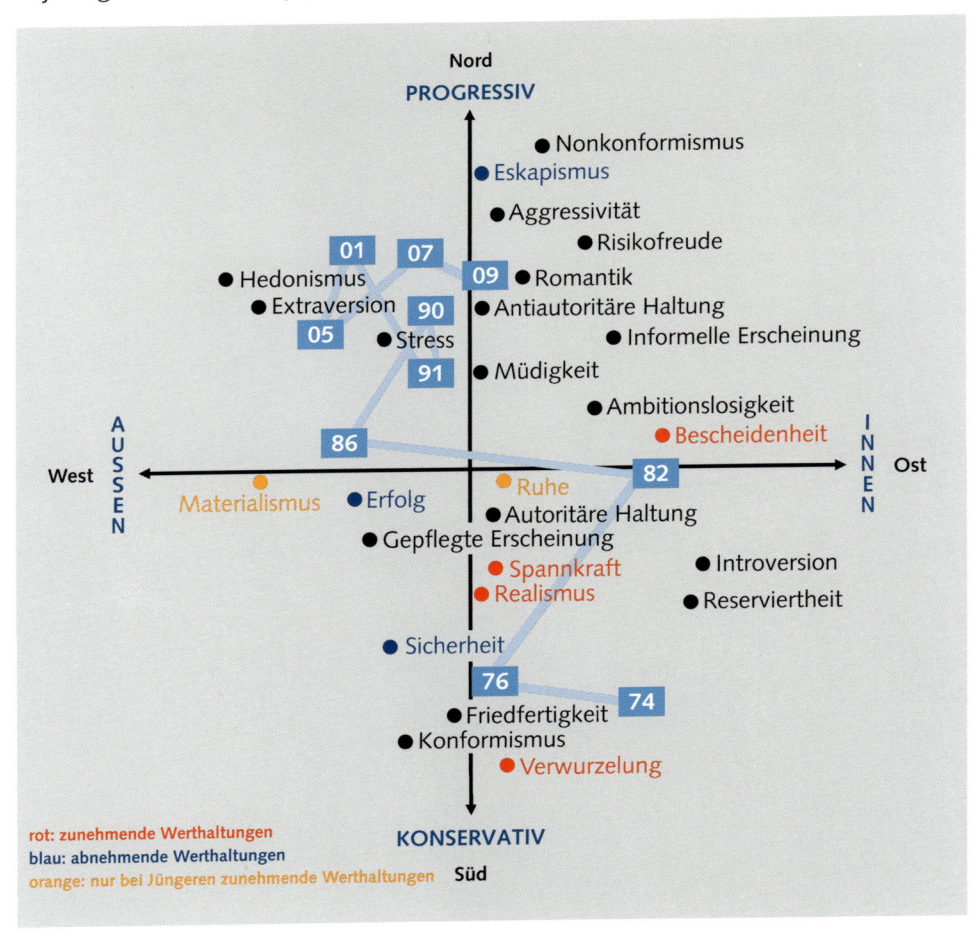

Abbildung 72: **Das Psychologische Klima der Schweiz (PKS) von 1974 bis 2009** [8]

[8] Quelle: DemoSCOPE RESEARCH & MARKETING

3. IMMOBILIEN-MARKETING

chografische Raum ist eine Anordnung von Werthaltungen im zweidimensionalen Raum mit den Achsen «progressiv – konservativ» und «aussengerichtet – innengerichtet». In periodischen Befragungen während eines Jahreszyklus werden Personen bezüglich ihrer Werthaltungen befragt. Durch die Verstärkung oder Abschwächung der Werthaltungen in der Bevölkerung, bildet sich über die Jahre der «Weg der Schweiz».

Der Weg der Schweiz führt in eine neue Richtung. Nachdem progressiv-aussengerichtete Werthaltungen mit kleinen Unterbrüchen immer im Wachsen begriffen waren, fand nach dem Millennium eine Trendwende statt. Bewahrende Werte und entsprechendes Verhalten beginnen zu dominieren. Im Langzeitvergleich sind in den letzten zehn Jahren neokonservative Werte gewachsen.

Um diese Erkenntnisse für konkrete Marketingfragestellungen nutzbar machen zu können, werden (potenzielle) Kunden im psychografischen Raum positioniert. Je näher die (potenziellen) Kunden zur Mitte liegen, desto durchschnittlicher ist die Käufer-, Verwender- oder Leserschaft. Je weiter aussen sie zu liegen kommen, desto ausgeprägter ist ihr Profil.

In dieser von DemoSCOPE entwickelten Systematik wird der psychografische Raum in elf populationsmässig gleich grosse Felder unterteilt. Jedes der elf Felder hat seine ganz eigene Charakteristik und weist spezifische Konsum- und Kommunikationsstile auf. Dieses sogenannten Psychogramm erlaubt eine detaillierte Beschreibung der Zielpersonen.

2. Sinus-Milieus

Eine weitere Systematik, um Zielgruppen zu bestimmen, sind die sogenannten Sinus-Milieus® von Sinus. Dabei werden zehn verschiedene Typen definiert, die über ähnliche Werte und Verhaltensweisen verfügen. Sie zeigen, wie in der Schweiz gelebt, gewohnt, konsumiert und die Zukunft geplant wird. Für Immobilien-Tätige ist interessant, dass diese Typen unterschiedliche Vorstellungen vom Wohnen haben. Das lässt interessante Rückschlüsse auf bevorzugte Standorte, Architekturstile und Innengestaltungen zu.

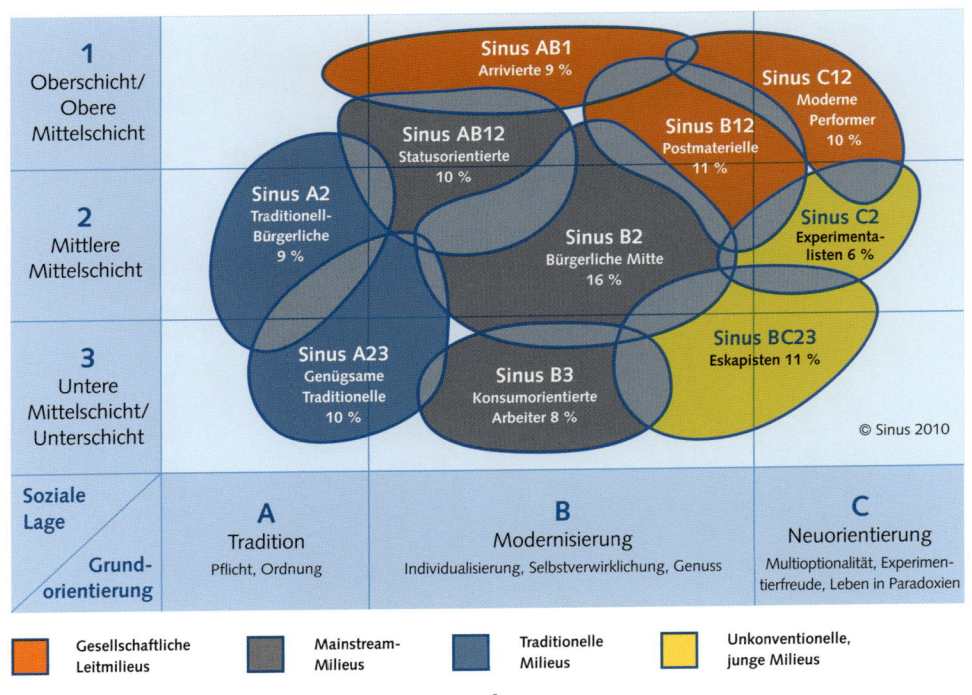

Abbildung 73: **Die Sinus-Milieus® der Schweiz** [9]

Die Sinus-Milieus® teilen sich in der «strategischen Landkarte der Schweiz» in die Dimensionen «Soziale Lage» und «Grundorientierung». Dabei bildet die x-Achse die Einstellung zu Tradition, Modernität und Neuorientierung, während die y-Achse die soziale Lage in drei Schichten wiedergibt. Zur Abgrenzung der einzelnen Milieus dienen die Einstellungen zu Lebensziel, Wunsch- und Leitbild, Arbeit und Leistung, Familie, Partnerschaft und Freizeit. Die Übergänge zwischen den Milieus sind immer als fliessend anzusehen. Durch die gesellschaftlichen Entwicklungen verändern sich die Milieus in unterschiedlicher Weise: So geht man etwa davon aus, dass Gruppen, welche am rechten Rand der strategischen Landkarte der Milieus zu finden sind, wachsen werden, während gleichzeitig der Anteil der konservativ Orientierten am linken Rand zurückgehen wird.

[9] Sinus

3. IMMOBILIEN-MARKETING

Durch die Kombination der Sinus-Milieus® mit dem microgeografischen Datensystem Sinus Geo Milieus® können die Sinus-Milieus® auch auf Gemeinde-, Strassenabschnitts- und Haushaltsebene definiert werden. Mit diesem System kann aber auch die Kaufkraft der jeweiligen Gemeinde grafisch dargestellt werden.

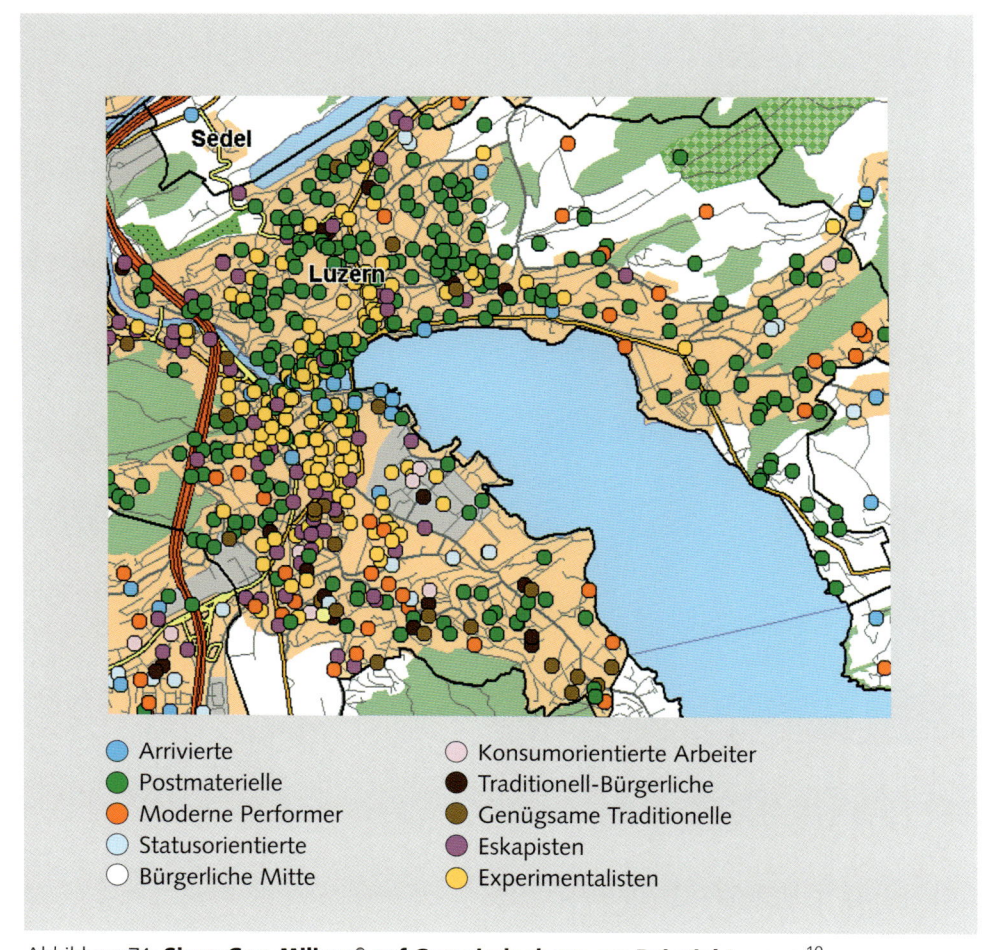

Abbildung 74: **Sinus Geo Milieus® auf Gemeindeebene am Beispiel Luzern** [10]

---

[10] KünzlerBachmann Directmarketing AG/microm 2010

3. Roper Consumer Styles

Eine andere Einteilung in Typologien sind die weltweit anwendbaren sogenannten Roper Consumer Styles der GfK, die auf den Erfahrungen der bisher verwendeten Euro-Socio-Styles aufbauen.

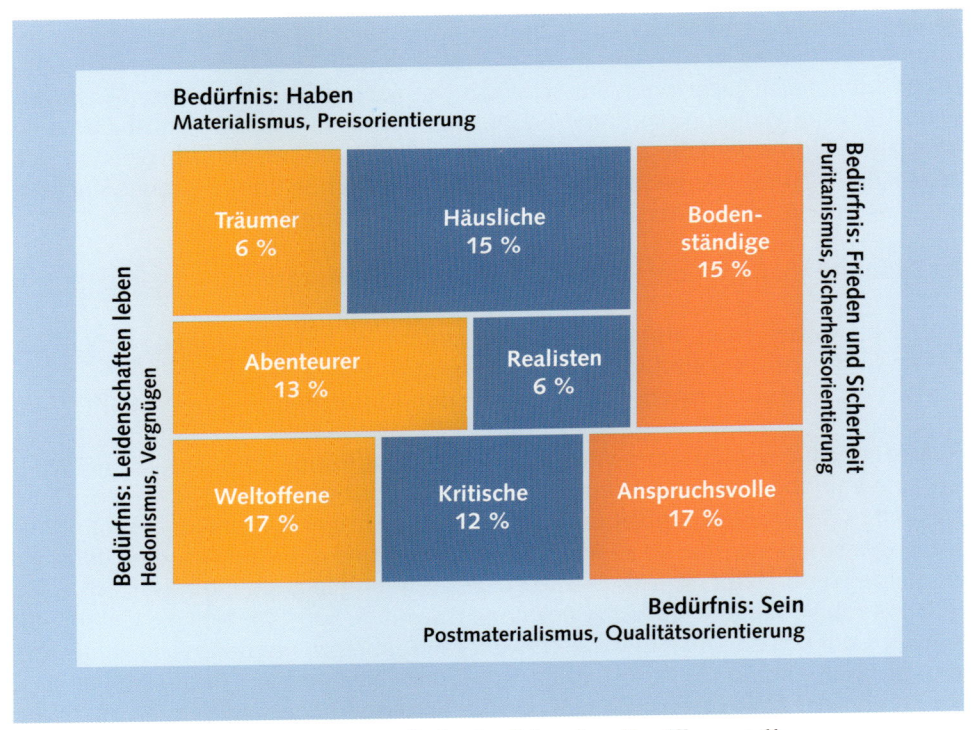

Bedürfnis: Haben — Materialismus, Preisorientierung

- Träumer 6 %
- Häusliche 15 %
- Bodenständige 15 %
- Abenteurer 13 %
- Realisten 6 %
- Weltoffene 17 %
- Kritische 12 %
- Anspruchsvolle 17 %

Bedürfnis: Leidenschaften leben — Hedonismus, Vergnügen

Bedürfnis: Frieden und Sicherheit — Puritanismus, Sicherheitsorientierung

Bedürfnis: Sein — Postmaterialismus, Qualitätsorientierung

Abbildung 75: **Verteilung der Lebensstile in der Schweizer Bevölkerung** [11]

Die Verbraucher verteilen sich hier auf vier Pole: Zu den materialistischen Zielgruppen zählen beispielsweise die nach Wohlstand strebenden «Träumer» und die «Häuslichen», denen gesellschaftliche Anerkennung wichtig ist. Am entgegengesetzten Pol ist die postmaterialistisch orientierte Gruppe der «Kritischen» angesiedelt. Für sie zählt im Leben Bildung und Nachhaltigkeit. Ihnen nahe stehen die individualistischen und designorientierten «Weltoffenen». Den hedonistisch eingestellten, risikofreudigeren Gruppen, wie den trend- und köperbewussten «Abenteuern», stehen die puritanischen Verbraucher gegenüber. Zu ihnen werden die harmonie- und sicherheitsbedürftigen «Bodenständigen» ebenso wie die umweltbewussten «Realisten» gerechnet. Letztere lassen sich beim Einkauf viel Zeit und vergleichen intensiv alle Marken.

[11] ROPER Consumer Styles, GfK Grundlagenstudie Schweiz 2009

3.3.3.2 Positionierung

Positionierung umfasst die Wahrnehmung eines Angebots durch potenzielle Kunden sowie die Steuerung dieser Wahrnehmung. Sie ist im Gegensatz zur Segmentierung angebotsorientiert. Eine sinnvolle Einteilung des Gesamtmarkts in mehr oder weniger homogene Segmente ist Voraussetzung für eine Positionierung und führt dazu, dass diese beiden Elemente nicht voneinander zu trennen sind. Im intensiver gewordenen Wettbewerb in den Immobilien-Märkten hat die Angebotspositionierung an Bedeutung gewonnen. In der Praxis muss man aber feststellen, dass zahlreiche Immobilien nicht oder nur schwach positioniert sind. So führen Aussagen wie z. B. «Ihre Wohnung in hoher Bauqualität» zu keiner markanten Abgrenzung im Markt, denn eine hohe Bauqualität wird von den Kunden als selbstverständlich angesehen. Oft sind Angebote auch an keine spezifischen Kundenkreise gerichtet, wie Slogans wie etwa «Das Zuhause für sie und ihn» zeigen.

Im Zusammenhang mit der Positionierung stellen sich Fragen wie:

– Welche Mitbewerber müssen in unsere Betrachtung mit einbezogen werden?
– Wie wird deren Angebot von unserer Zielgruppe wahrgenommen?
– Wie lässt sich unser eigenes Angebot von den Mitbewerbern abgrenzen?

Es besteht ein enger Zusammenhang zwischen einer Positionierung und einer Marke. Eine Immobilien-Marke ist auf eine markante Positionierung angewiesen. Ohne sie fehlt es der Marke an Inhalt und sie wirkt nicht. Umgekehrt braucht eine Positionierung Instrumente, die sie in die Praxis umsetzen und dafür sorgen, dass der Kunde sie versteht. Dafür ist eine Marke ausgezeichnet geeignet. Grundsätzlich sollte jede Immobilie klar und eindeutig positioniert werden. Sonst besteht die Gefahr, nur schwach oder, noch schlimmer, falsch wahrgenommen zu werden. Viele vergessen, dass sich eine Immobilie automatisch auf Grund ihres Preises positioniert. Je nach Kaufpreis oder Miete grenzt sie sich von konkurrierenden Angeboten ab. In der Praxis werden Immobilien oft im Durchschnittssegment positioniert. In Anlehnung an die im Kapitel 2 genannten Qualitäts-/Preisstrategien würden sich aber viele Objekte auch für eine Positionierung als hochpreisige Premium-Immobilie oder als tiefpreisige Discount-Liegenschaft eignen.

Der Positionierungs-Prozess

Zu Beginn einer Positionierung – optimalerweise am Anfang einer Projektentwicklung – müssen geeignete Ansatzpunkte definiert werden. In einem Workshop oder einem Brainstorming mit Projektbeteiligten, potenziellen Nutzern und Marketingexperten stehen folgende drei Fragen im Zentrum:

– Welche prägnanten Eigenschaften zeichnen die Liegenschaft aus?
– Welche Eigenschaften der Zielgruppen eignen sich für eine Positionierung?
– Wie werden die direkten Mitbewerber wahrgenommen?

Dieser erste Schritt liefert eine Aufzählung möglicher Positionierungsansätze (Long List) wie z. B. tiefer Preis, moderne Architektur, Lage mit Seesicht, Berücksichtigung von Feng Shui-Regeln, ökologische Baumaterialien, themenverwandte Nutzer o. ä. Da jede Immobilie einen unterschiedlichen Handlungsspielraum gewährt, werden einige der erarbeiteten möglichen Positionierungsansätze wegfallen. Deshalb sollte die Positionierung schon sehr früh in der Projektentwicklung gemacht werden; je später sie erfolgt, desto weniger Handlungsspielraum findet sie vor. Leider wird dieses Thema erst kurz vor der Vermarktung aktuell, was aber dazu führt, dass viele Elemente wie etwa Standort, Nutzung, Architektur oder Preis gar nicht mehr gestaltet werden können.

Da in einem Immobilien-Projekt je nach Ausprägung und Fortschritt der Handlungsspielraum beschränkt ist, müssen die einen oder anderen Ansätze der Long List gestrichen werden; es resultiert eine Short List von relevanten Positionierungskriterien. Als Kriterien zur Positionierung einer Gewerbeliegenschaft können Lage, Nutzungsmöglichkeit, Nutzungsflexibilität, Grösse, Ausbau, Dienstleistungen oder das Image einer Immobilie genannt werden. Wohnimmobilien können nach ihrer Lage, Architektur, Wohnfläche, Grundstückgrösse sowie ebenfalls nach Ausbau, Dienstleistungen oder Image positioniert werden.

Unique Value Proposition (UVP)
Das Kriterium mit dem grössten Potenzial definiert schlussendlich die Unique Selling Proposition (USP) der Immobilie. Der Begriff USP wurde mittlerweile von der Unique Value Proposition (UVP) abgelöst, da der Verkaufsprozess im engeren Sinne zu Gunsten anderer Marketingelemente an Bedeutung verloren hat. Beim UVP handelt es sich um dasjenige Alleinstellungsmerkmal einer Liegenschaft, das sie am besten von seinen Mitbewerbern abgrenzt. Sie liefert der Zielgruppe Argumente, weshalb sie sich für die betreffende Immobilie entscheiden soll und sollte folgende Eigenschaften in sich vereinen:

– Die UVP ist für die Zielgruppe hochrelevant.
– Die Mitbewerber positionieren sich nicht über diese Eigenschaft.
– Es ist offensichtlich, dass die Immobilie über die für die UVP notwendigen Eigenschaften verfügt.
– Der Immobilie stehen die notwendigen Mittel zur Verfügung, um die UVP umzusetzen.

Im Markt für Immobilien, in dem sich die Angebote stark gleichen, ist ein UVP eher die Ausnahme denn die Regel. Eine gute Bauqualität, ein vorteilhaftes Preis-/Leistungsverhältnis oder eine arbeitseffiziente Bürofläche werden von den Nutzern als selbstverständlich vorausgesetzt und eignen sich folglich nicht als Alleinstellungsmerkmale. Trotzdem werden derartige Argumente oft als zentrale Positionierungsmerkmale herangezogen, da bei der Konzeption der Immobilie zu wenig darauf geachtet wurde, das Angebot spürbar von den Mitbewerbern abzuheben. Dabei gibt es zahlreiche Möglichkeiten, eine Immobilie markant zu positionieren. Merkmale, die einer Immobilie eine UVP verleihen können, sind z. B. die Gebäudehöhe (das höchste Gebäude der Schweiz), die Gebäudeform (The Gherkin in London), die Lage (am Zürcher Paradeplatz), die Raumstruktur (Lofts in einer ehemaligen

3. IMMOBILIEN-MARKETING

Spinnerei), die Nutzung (Flughafen) oder gar die Gebäudetechnik (Monte-Rosa-Hütte mit beinahe autarkem Energiehaushalt).

Nicht für jede Immobilie kann eine glaubhafte UVP gefunden werden. In diesen Fällen (oder auch gleichzeitig mit einer UVP) kann eine sogenannte Unique Advertising Proposition (UAP) definiert werden, die ein Angebot mittels markanter Kommunikation positioniert. Der fehlende reelle Produktevorteil wird durch einen emotionalen Vorteil ersetzt. Die UAP führt zu einem Wettbewerbsvorteil und stellt einen eigenständigen Grund dar, das betreffende Produkt zu erwerben. Beispiele dafür sind markante Claims («Nicht nur sauber, sondern rein» des Waschmittels Ariel), Testimonials bekannter Personen (Sportler oder Schauspieler bekennen sich zu bestimmten Produkten wie z. B. Bernhard Russi, der Subaru fährt) oder besonders identitätsstiftende Kampagnen (wie z. B. diejenigen für Marlboro oder Bacardi). Für Immobilien werden kaum UAP's geschaffen, da die dafür notwendigen Kommunikationsbudgets in der Regel fehlen.

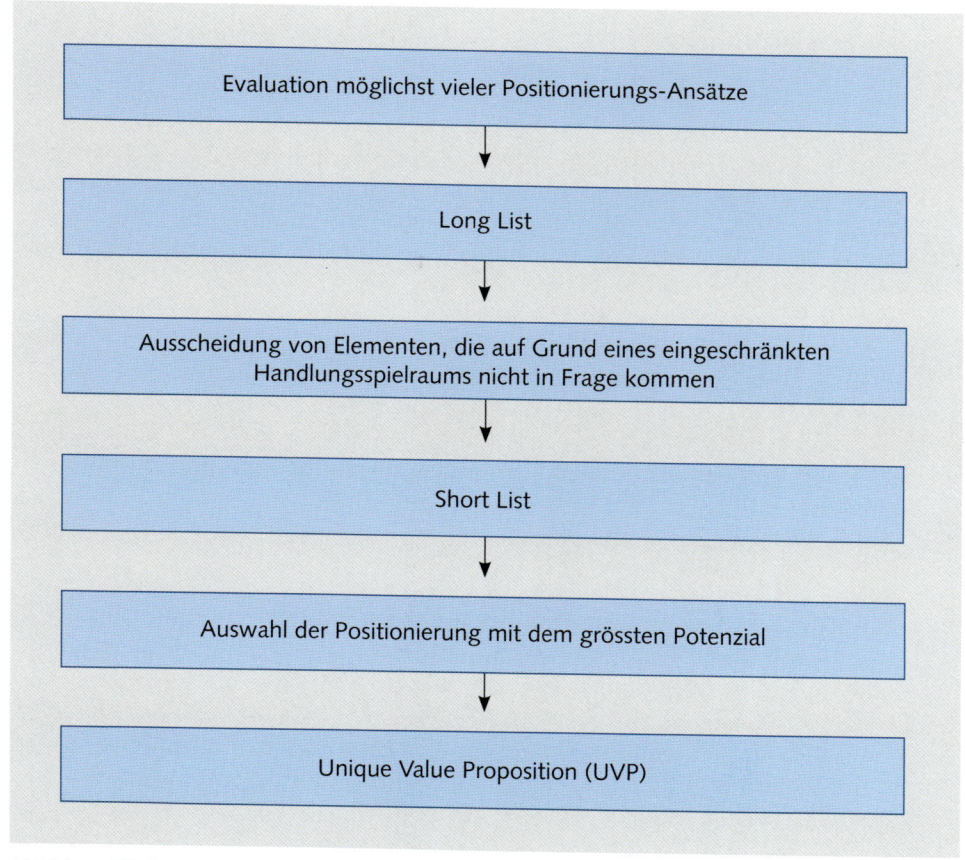

```
┌─────────────────────────────────────────────────────┐
│  Evaluation möglichst vieler Positionierungs-Ansätze │
└─────────────────────────────────────────────────────┘
                          ↓
┌─────────────────────────────────────────────────────┐
│                     Long List                        │
└─────────────────────────────────────────────────────┘
                          ↓
┌─────────────────────────────────────────────────────┐
│  Ausscheidung von Elementen, die auf Grund eines     │
│  eingeschränkten Handlungsspielraums nicht in Frage  │
│  kommen                                              │
└─────────────────────────────────────────────────────┘
                          ↓
┌─────────────────────────────────────────────────────┐
│                     Short List                       │
└─────────────────────────────────────────────────────┘
                          ↓
┌─────────────────────────────────────────────────────┐
│  Auswahl der Positionierung mit dem grössten         │
│  Potenzial                                           │
└─────────────────────────────────────────────────────┘
                          ↓
┌─────────────────────────────────────────────────────┐
│            Unique Value Proposition (UVP)            │
└─────────────────────────────────────────────────────┘
```

Abbildung 76: **Prozess der Positionierung von Immobilien**

3.3.4 Marketinginstrumente

Zu den klassischen Instrumenten Produkt, Preis und Kommunikation muss im Immobilien-Marketing zwei zusätzlichen Instrumenten besondere Beachtung geschenkt werden: Dem Standort und dem Faktor Mensch. Der Standort ist von besonderer Bedeutung, da dieser bei Immobilien ab einer bestimmten Entwicklungsstufe nicht mehr verändert werden kann. Nicht selten ist die Standortwahl entscheidend für den Erfolg eines Immobilien-Projekts. Immobilien sind komplexe Produkte mit zahlreichen unterschiedlichen Bezugsgruppen wie etwa Investoren, Nutzer, Behörden, Nachbarn und Öffentlichkeit. Marketing für Liegenschaften weist viele Elemente eines Dienstleistungsmarketings auf. Der Faktor Mensch – die Ausbildung und die Fähigkeiten von Entwicklern, Vermarktern und Bewirtschaftern also – ist deshalb so wichtig.

Marketinginstrumente				
Produkt	Preis	Kommunikation	Standort	Faktor Mensch

Abbildung 77: **Instrumente des Immobilien-Marketings**

3.3.4.1 Standort

«Lage, Lage, Lage» lautet die oft genannte Antwort auf die Frage nach den wichtigsten drei Erfolgsfaktoren für Immobilien. Doch obwohl der Standort einer Immobilie tatsächlich grosse Bedeutung hat, ist die Antwort nicht immer ganz so einfach. So ist etwa einem kümmerlichen Haus an exzellenter Lage kaum Erfolg beschieden, da Objekt und Standort nicht zusammenpassen. Selbst für den Fall, dass ein Haus mit seiner Lage auf hohem Niveau harmoniert, ist der Erfolg noch nicht sicher, denn nur durch geeignete Kommunikation mit der richtigen Zielgruppe kann die Qualität der Immobilie auch in einen hohen Verkaufserlös umgesetzt werden.

Die Lage einer Immobilie ist aber insofern von herausragender Bedeutung, als ihre Qualität meist nicht beeinflussbar ist. Die Lage gibt deshalb die Bandbreite eines Verkaufspreises oder Mietzinses weitgehend vor. Die Lage setzt sich aus mehreren Faktoren zusammen. Eine Forschungsreihe der Neuen Zürcher Zeitung [12] gibt Auskunft darüber, wie der Standort einer Immobilie von Wohnungssuchenden beurteilt wird.

Bedeutung von Kriterien bei der Suche einer neuen Wohnung
(geordnet nach ihrer Bedeutung für Wohnungssuchende)
1. Öffentliche Verkehrsmittel in der Nähe
2. Grünflächen im Quartier
3. Sympatisches Quartier
4. Einkaufsmöglichkeiten in der Nähe

[12] Immo-Barometer Nr. 14/2010, NZZ Media, Zürich 2010

3. IMMOBILIEN-MARKETING

5. Länge des Arbeitswegs
6. Steuerfuss der Gemeinde
7. Kinderfreundlichkeit des Quartiers
8. Verhältnis zu den Nachbarn im Quartier
9. Keine Belastung durch Mobilfunk-Antennen
10. Möglichkeiten, die Freizeit im Quartier zu verbringen

Eine andere Studie [13] hat die Standortqualität für Unternehmen untersucht. Dabei haben sich folgende Kriterien ergeben, die Unternehmen bei der Beurteilung eines Standorts anwenden:

Kriterien eines Unternehmens für die Standortqualität
(geordnet nach ihrer Bedeutung für Führungskräfte)
1. Angebot an nationalen und regionalen Anbindungen
2. Angebot an Parkplätzen
3. Angebot an lokalen Anbindungen
4. Steuerbelastung für Unternehmen
5. Erhältlichkeit von Arbeitsbewilligungen für ausländische Mitarbeiter
6. Baubewilligungsverfahren, Bauvorschriften und -gesetze
7. Mitarbeiterverfügbarkeit
8. Nähe zu Kunden
9. Nähe zu verwandten Branchen
10. Ausbildungsmöglichkeiten
11. Tiefe Raumkosten
12. Repräsentativität der Liegenschaft
13. Vorhandene Expansionsmöglichkeiten
14. Nutzung und Design

---

[13] Gadola, Giorgio und Bolliger, Roman H.: Standortqualität von Unternehmen, Zürich 1994

3.3.4.2 Gestaltung von Immobilien

Die Möglichkeiten zur Gestaltung von Immobilien sind grundsätzlich sehr vielfältig. Je nach Ausgestaltung des Mandats sind die Einflussmöglichkeiten eines Immobilien-Marketing-Verantwortlichen oder eines Maklers aber trotzdem mehr oder weniger beschränkt. Während in der Entwicklungsphase einer Immobilie noch alle Faktoren inklusive Nutzung und Design beeinflusst werden können, bleiben einem Makler, der ein bereits bestehendes Objekt zu verkaufen hat, lediglich noch Gestaltungsmöglichkeiten in den Bereichen Dienstleistungen und Ausstrahlung.

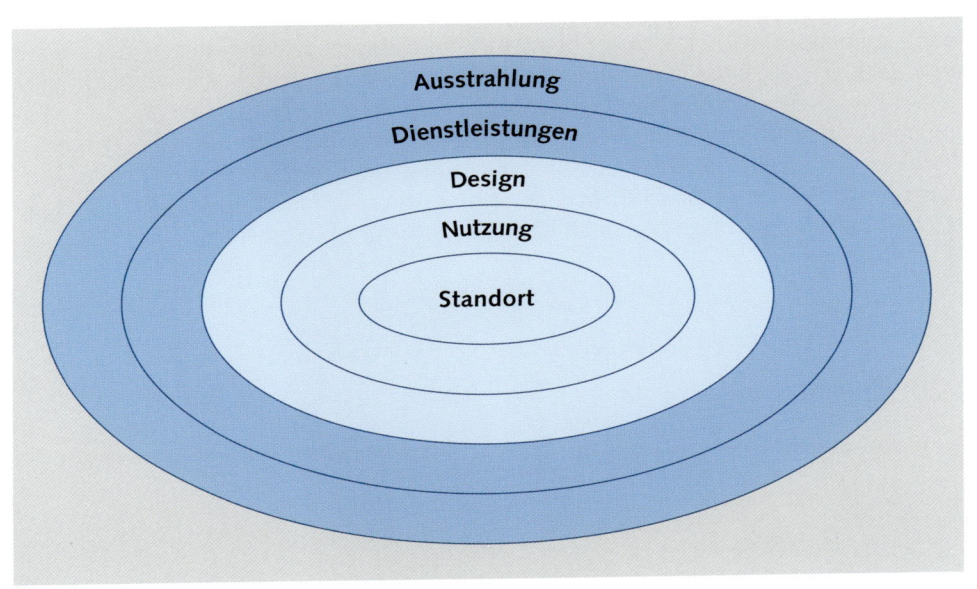

Abbildung 78: **Dimensionen der Immobilien-Gestaltung**

Nutzung

Die Nutzung gibt Auskunft darüber, zu welchem Zweck die Zielgruppe eine Immobilie erwirbt. Die Nutzung im weiteren Sinn hängt stark mit der Lage zusammen und wird meist durch entsprechende Richtpläne sowie Bau- und Zonenordnungen vorgegeben: industrielle Nutzung, gewerbliche Nutzung oder Nutzung zu Wohnzwecken. Die Nutzung im engeren Sinn dagegen lässt einen grösseren Handlungsspielraum zu. In einer Wohnzone kann z. B. zwischen Mietwohnungen, Eigentumswohnungen oder Einfamilienhäusern gewählt werden.

Design

Als Design einer Immobilie wird hier die eigentliche «Hardware» bezeichnet, also etwa Grösse, Raumstruktur, Architektur oder Haustechnik. In Entwicklungsprojekten können und sollen diese Faktoren von den Marketing- und Verkaufsverantwortlichen mitbestimmt werden, denn sie sind diejenigen, die die Nutzer am besten kennen.

3. IMMOBILIEN-MARKETING

Dienstleistungen

Um im Wettbewerb um Mieter und Käufer bestehen zu können, müssen sich Immobilien positiv von den Mitbewerbern unterscheiden. Dies gelingt auf funktionaler und architektonischer Ebene nicht immer; zu sehr sehen sich die angebotenen Objekte ähnlich. Eine zusätzliche Möglichkeit, sich zu differenzieren, besteht darin, das Kernangebot der Immobilie mit Dienstleistungen für den Nutzer zu ergänzen. In der gewerblichen Nutzung kann dies zum Beispiel mit der Angliederung eines Business Centers geschehen. Dort können die Büronutzer Dienstleistungen wie etwa Telefondienst, Sekretariatsarbeiten, temporäre Nutzung von Sitzungszimmern, Übersetzungen oder einen Copy Shop in Anspruch nehmen. Bei Wohn-Immobilien werden immer mehr Dienstleistungen für ältere Bewohner angeboten. Dies kann entweder eine Alterssiedlung sein, mit zunehmendem Servicegrad wird daraus eine Seniorenresidenz, ein Altersheim mit integriertem Betreuungsangebot oder ein Pflegeheim, das den höchsten Servicegrad für Senioren darstellt. In der nachstehenden Abbildung ist auch die Entwicklung des Normalfalls von Zimmern mit Hauswartdienstleistungen über einen Concierge, eine Wohnung mit Hotelservice, ein Hotel bis zu einem Spital mit maximalem Dienstleistungsgrad dargestellt.

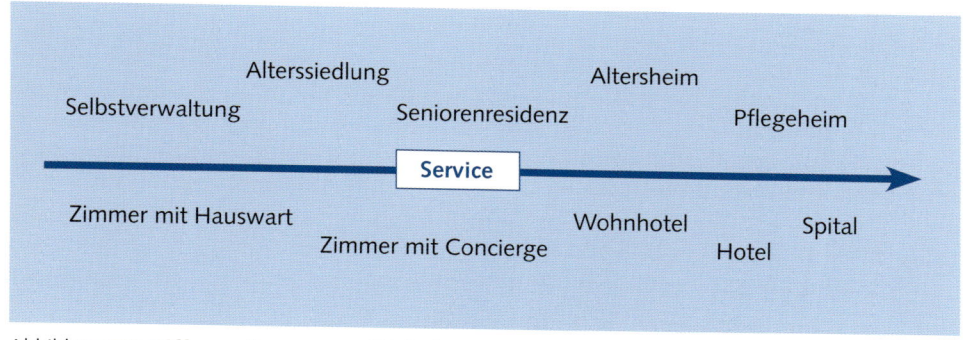

Abbildung 79: **Differenzierung von Wohnimmobilien durch zusätzliche Dienstleistungen**

Ausstrahlung

Besteht für den Vermarkter keinerlei Einflussmöglichkeit mehr – weder auf das Objekt noch auf zusätzliche Dienstleistungen – bleibt ihm immer noch die Möglichkeit, sein Verkaufs- oder Mietobjekt mit einer speziellen Ausstrahlung zu versehen. Dabei handelt es sich um immaterielle Faktoren, die der Immobilie einen Mehrwert verleihen. Dies ist möglich, weil der Wert einer Immobilie von der Zielgruppe nicht nur auf Grund der Bausubstanz und anderer rationaler Kriterien wahrgenommen wird. Vielmehr wird die Einschätzung der Zielgruppe auch von irrationalen Argumenten beeinflusst.

So kann z. B. durch den Aufbau einer Marke der Wert einer Immobilie gesteigert werden. Auch die Definition einer Unique Value Proposition (UVP) sowie der Einsatz von wirkungsvollen Kommunikationsinstrumenten können einer Immobilie zusätzliche Ausstrahlung verleihen. Sie gewinnt dadurch in den Augen der Zielgruppe an Attraktivität und lässt sich leichter und/oder teurer verkaufen.

3.3.4.3 Gestaltung von Preisen und Mieten

Die Definition des «richtigen» Preises ist von entscheidender Bedeutung für den Vermarktungsprozess. Ist der Preis (Verkaufspreis oder Miete) zu hoch, kann das Objekt nicht verkauft oder vermietet werden. Ist er zu tief, wird nicht das ganze Ertragspotenzial ausgeschöpft. Eine gute Voraussetzung, den richtigen Preis zu finden, ist die Berücksichtigung aller relevanten Faktoren. Das einseitige Abstützen auf lediglich einen Faktor, etwa auf die Anlagekosten oder auf die subjektiven Vorstellungen des Eigentümers, erschwert den Vermarktungserfolg.

Die Vorstellungen des Mandanten bzw. des Eigentümers sind geprägt von seinen Anlagekosten, seiner persönlichen Einschätzung des Objekts sowie des Marktumfeldes. Die Anlagekosten interessieren einen potenziellen Käufer oder Mieter indes nur am Rande. Insbesondere aussergewöhnliche und teure Ausbaudetails werden von Nachfragern in der Regel sehr viel tiefer bewertet als vom Anbieter. Die persönliche Einschätzung des Objekts durch den Eigentümer ist sehr subjektiv und kann stark von der Wahrnehmung anderer abweichen. Und da es sich beim Eigentümer oft um keinen Kenner des Immobilien-Marktes handelt, ist auch die Einschätzung des Marktumfelds häufig wenig zutreffend. All diese Punkte legen den Schluss nahe, dass der Verkauf oder die Vermietung einer Immobilie durch den Eigentümer selbst zu suboptimalen Resultaten führt, weshalb die Beauftragung eines professionellen und erfahrenen Immobilien-Spezialisten zu empfehlen ist.

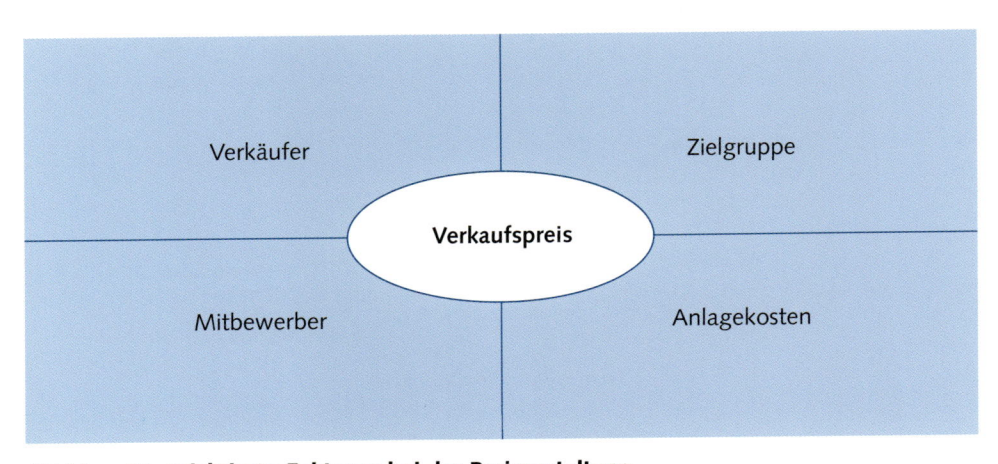

Abbildung 80: **Wichtigste Faktoren bei der Preisgestaltung**

Ebenso wichtig wie die Preisvorstellungen des Anbieters sind diejenigen des potenziellen Käufers bzw. Mieters. Die Zielgruppe ist in der Regel dank neuer Instrumente wie Datenbanken und Statistiken sehr gut informiert. Sie kann das Preis-/Leistungsverhältnis für ein angebotenes Objekt deshalb gut beurteilen. Der Definition der Zielgruppe und der profunden Kenntnis derselben kommt deshalb grosse Bedeutung zu.

Gerade weil die Zielgruppe sehr gut informiert ist, muss das Angebot der Mitbewerber bei der Preisgestaltung berücksichtigt werden. Dabei ist zu beachten, dass die Preisbeurteilung auf der Wahrnehmung des Preis-/Leistungsverhältnisses beruht. Die Wahrnehmung wiederum ist durch geeignete Marketing-Massnahmen beeinflussbar: Immobilien-Marketing besitzt deshalb das Potenzial, tendenziell höhere Verkaufspreise bzw. Mieten durchzusetzen.

Preis-Absatzfunktion
Ein Immobilien-Vermarkter ist gut beraten, seinem Kunden eine sorgfältige Preisempfehlung abzugeben. Dazu muss er den Zusammenhang zwischen Preis und Absatz kennen. In der allgemeinen Preistheorie wird dies Preiselastizität genannt. Diese beschreibt die zu erwartende Absatzsteigerung bei einer Preissenkung und umgekehrt (vgl. auch Kapitel 2.3.4). Ein Immobilien-Makler oder -Bewirtschafter steht aber vor einer anderen Ausgangslage: Oft hat er ein einzelnes Objekt zu verkaufen oder zu vermieten, und es stellt sich demnach nicht die Frage, bei welchem Preis er wieviel Stück absetzen kann. Die Frage lautet vielmehr, wie hoch die Absatzwahrscheinlichkeit bei welchem Preis ist.

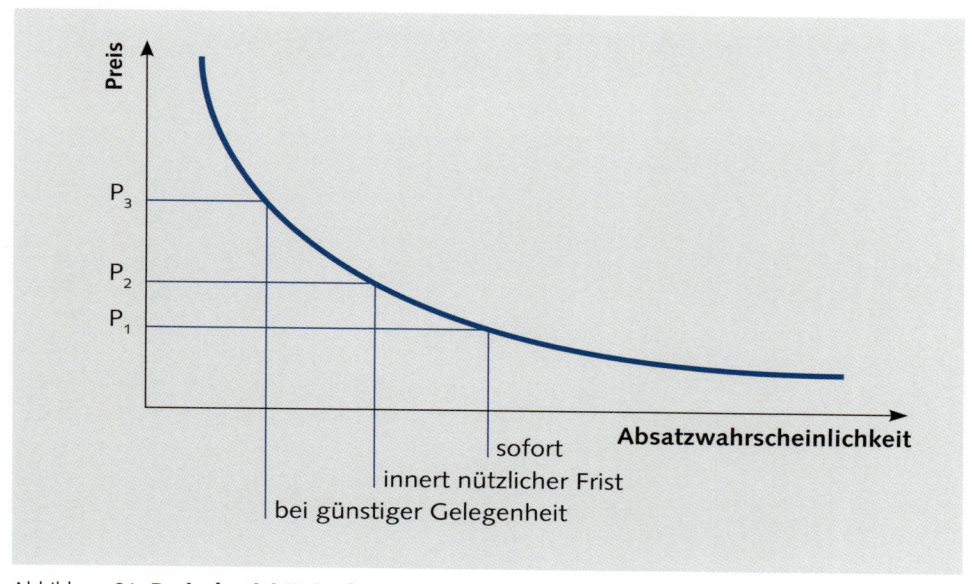

Abbildung 81: **Preiselastizität in der Immobilien-Vermarktung**

Preisempfehlungen zu Handen verkaufswilliger Eigentümer werden meist in eine einzige Zahl gefasst. Um den tatsächlichen Preismechanismen Rechnung zu tragen, ist jedoch eine differenziertere Betrachtungsweise notwendig. Danach beinhaltet eine Preisempfehlung verschiedene Preise mit den entsprechenden Absatzwahrscheinlichkeiten. Dies bedingt, dass sich der Eigentümer über seine Zielsetzung im Klaren ist: Will er sofort bzw. so rasch als möglich verkaufen oder vermieten? Möchte er einen angemessenen Preis innert nützlicher Frist (z. B. innert sechs Monaten) erzielen? Oder kann er warten und möchte mit einem vergleichsweise hohen Preis auf den Markt gehen und auf eine günstige Gelegenheit warten? Die letzte Variante kann dazu führen, dass zum festgelegten Preis kein Käufer oder Mieter gefunden werden kann und später trotzdem ein tieferer Preis angesetzt werden muss. In diesem Fall sollte der beauftragte Immobilien-Spezialist wenn möglich die Mandatslänge und die Entschädigung dem voraussichtlich längeren und aufwändigeren Vermarktungsprozess anpassen.

Um den richtigen Preis für ein Objekt zu finden, können verschiedene Quellen verwendet werden:

- Aktuelle Angebote vergleichbarer Objekte: Analyse der Angebote auf den relevanten Online-Marktplätzen, Analyse der Inserate in relevanten Medien und Bestellung der Unterlagen, Suche im Einzugsgebiet nach aktuellen Bauprojekten
- Statistiken zu Durchschnittspreisen bzw. Durchschnittsmieten (z. B. Bundesamt für Statistik, Wüest&Partner, Index von Homegate)
- evtl. ältere vorhandene Schätzung
- neu zu erstellende Schätzung
- Preisvorstellungen der Eigentümerschaft
- Akzeptanztest bei einer Zielgruppen-Stichprobe

Aus diesen Quellen resultiert eine Preisempfehlung, deren Bandbreite die obere und die untere Grenze darstellt. Für Makler oder Erstvermieter ist es empfehlenswert, sich mit dem Eigentümer über den Preis bzw. die Miete sowie deren Spielraum zu einigen, bevor das eigentliche Vermarktungsmandat abgeschlossen wird.

Problem Liebhaberpreis
Bei privaten Eigentümern stellt sich oftmals das Problem des Liebhaberpreises. Die Preisvorstellungen privater Eigentümer sind meist höher als der eigentliche Marktpreis. Diese Tatsache erklärt sich aus der starken emotionalen Bindung des Eigentümers an seine Liegenschaft, die er vielleicht sogar selbst gebaut hat. Das Problem liegt nun darin, dass sich kaum ein Käufer bzw. Mieter findet, der bereit ist, für die jeweilige Liegenschaft einen so hohen Liebhaberpreis zu bezahlen. Beharrt der Eigentümer dennoch auf seinen zu hohen Preisvorstellungen, stehen dem Vermarkter verschiedene Handlungsvarianten offen:

- den Eigentümer auf die tiefere Absatzwahrscheinlichkeit aufmerksam machen
- den Eigentümer auf einen längeren Absatzprozess aufmerksam machen
- den Eigentümer auf die Notwendigkeit einer späteren Preisanpassung nach unten aufmerksam machen; mit einer solchen Preissenkung ist ein Imageverlust der Liegenschaft verbunden
- die Vermarktungsprovision auf Grund der zu erwartenden langen Vermarktungsphase nach oben anpassen
- das Vermarktungsmandat ablehnen

3. IMMOBILIEN-MARKETING

Der Schweinezyklus für Immobilien
Als Folge des regen Wechselspiels zwischen Angebot und Nachfrage werden sich diese beiden Faktoren kaum je in einem Gleichgewicht befinden. Dieses Ungleichgewicht wird durch die zeitliche Verzögerung bei der Bereitstellung von Angeboten verstärkt. Dieser Mechanismus wird auch «Schweinezyklus» genannt, da der genannte Effekt beim Handel von Schweinefleisch besonders deutlich auftritt: Auf Grund der Tatsache, dass die Aufzucht von jungen Ferkeln bis zur Schlachtreife mehrere Monate benötigt, hinkt das Angebot der Nachfrage immer hinterher, was sich in schwankenden Preisen bemerkbar macht.

Der Schweinezyklus findet auch in der Immobilien-Wirtschaft statt und ist insbesondere bei der Definition des Wohnungsmixes von grosser Bedeutung. Schon in einem frühen Stadium in der Immobilien-Entwicklung muss man sich für einen Wohnungsmix entscheiden: Welche Wohnungstypen biete ich an und in welchem mengenmässigen Verhältnis sollen sie geplant werden? Dieser Entscheid basiert in der Regel auf einer Marktanalyse, die Aufschluss über Bestand und Leerwohnungsziffer der einzelnen Wohnungstypen gibt. Diese Kennzahlen beeinflussen den Wohnungsmix: Typen mit grossen Leerständen werden tendenziell untergewichtet und solche mit kleinen Leerständen eher übergewichtet. So wird zum Beispiel in Zeiten mit kleinen Leerständen bei Grosswohnungen mit fünf und mehr Zimmern dieser Wohnungstyp überdurchschnittlich oft gebaut. Die Mieten bzw. Verkaufspreise für diese Wohnungsgrösse sind vergleichsweise hoch, da das Angebot vergleichsweise klein ist. Die Preistheorie besagt, dass in funktionierenden Märkten auf jede Mengenänderung unmittelbar eine Preisänderung folgt und sich demnach Angebot und Nachfrage laufend angleichen. Der Grund, weshalb dieser Mechanismus im Immobilien-Markt nicht reibungslos funktioniert, ist derselbe wie im Markt für Schweinefleisch: Die Produktion des Angebots benötigt relativ viel Zeit. Zwischen dem Zeitpunkt, an dem der Wohnungsmix bestimmt wird und dem Bezug der Wohnungen vergehen mehrere Monate oder gar Jahre. Wenn die Wohnungen auf den Markt kommen, ist der Wohnungsmix bereits nicht mehr aktuell. Der Mechanismus des Schweinezyklus für Immobilien ist in nachstehender Grafik ersichtlich.

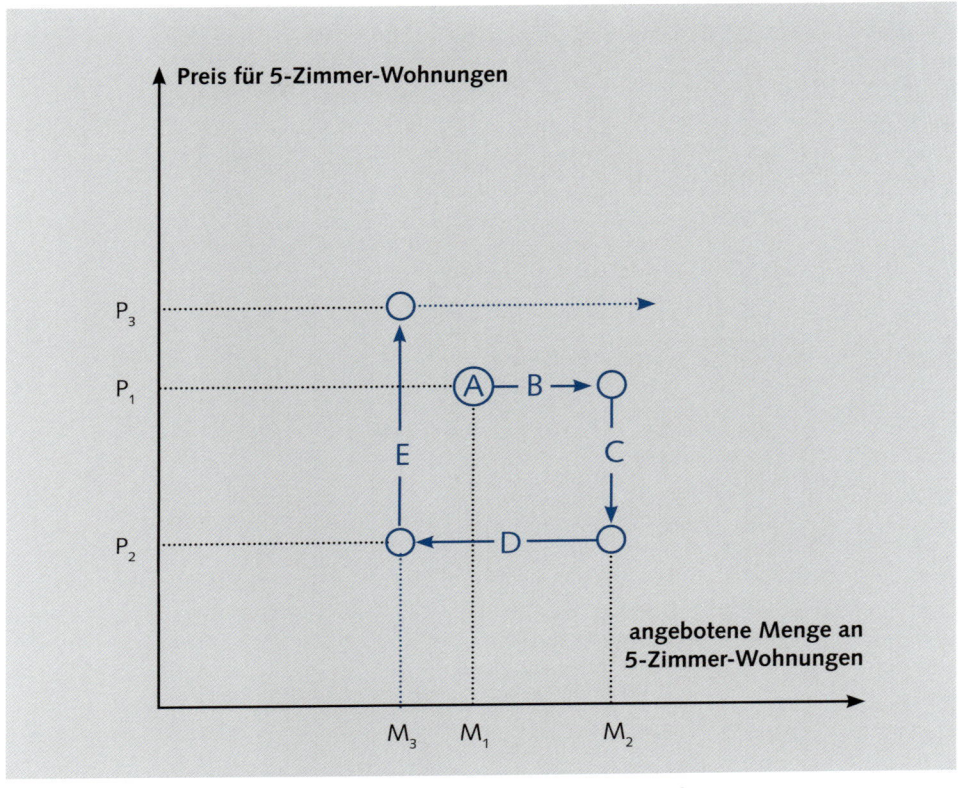

Abbildung 82: **Der Mechanismus des Schweinezyklus für Immobilien**

A: Ausgangspunkt
B: Auf Grund tiefer Leerstände bei 5-Zimmer-Wohnungen wird dieser Wohnungstyp vermehrt gebaut.
C: Die ausgeweitete Menge an 5-Zimmer-Wohnungen führt auf dem Markt zu einer Sättigung und dadurch zu steigenden Leerständen und tieferen Marktpreisen.
D: In der Folge werden weniger 5-Zimmer-Wohnungen gebaut.
E: Die Reduktion des Angebots lässt die Leerwohnungsziffer für 5-Zimmer-Wohnungen wiederum sinken und die Preise ansteigen. Der Zyklus beginnt von vorne.

3. IMMOBILIEN-MARKETING

3.3.4.4 Kommunikation

Die Instrumente der Kommunikation in der Immobilien-Vermarktung werden vom Kommunikationsanker überdacht und können in die sechs Gruppen Werbung, Public Relations, Direct Marketing, Point of Property, persönlicher Verkauf sowie Events eingeteilt werden.

Kommunikationsanker		
Werbung	Public Relations	Direct Marketing
Point of Property	Persönlicher Verkauf	Events

Abbildung 83: **Übersicht über die Kommunikationsinstrumente**

Kommunikationsanker
Wenn man sich an die Entwicklung der einzelnen Kommunikationsinstrumente macht, sollte man dafür besorgt sein, dass diese aus einem Guss sind. Wie in einem Orchester ist das Resultat auch in der Kommunikation umso wirkungsvoller, je besser die einzelnen Instrumente miteinander harmonieren. Der Marketingexperte nimmt dabei die Rolle des Dirigenten ein und schafft mit dem Kommunikationsanker den roten Faden, also einer konsequent übermittelten Botschaft in einheitlicher Gestaltung, der sich durch sämtliche Aktivitäten zieht.

Werbung
Viele Kommunikationskonzepte für Immobilien legen den Schwerpunkt der Kommunikation auf die Werbung. Das führt oft zum Missverständnis, dass Werbung und Marketing identisch seien. Viele kennen den Unterschied zwischen diesen beiden Elementen nicht. Werbung zeichnet sich dadurch aus, dass sie unpersönlich ist; der Adressat ist dem Absender nicht bekannt. Das führt zu mehr oder weniger grossen Streuverlusten; das heisst, man kommuniziert auch mit Personen, die eigentlich gar nicht zur Zielgruppe gehören. So werden etwa Inserate für den Kauf von Mehrfamilienhäusern auch von Lesern beachtet, die gar nicht in Immobilien investieren möchten oder können. Durch eine Zielgruppenbestimmung kann dieser Nachteil zum Teil kompensiert werden, indem die Werbezielgruppen auf Grund ihrer Eigenschaften erfasst und eingegrenzt werden. Durch die Auswahl von Medien, die von der definierten Zielgruppe bevorzugt konsumiert werden, können Streuverluste in der Werbung minimiert werden. Diese Aufgabe wird durch die Mediaplanung wahrgenommen.

Beispiele von Werbemitteln sind Inserate, Plakate oder Werbespots. Damit die Werbung den Weg zur Zielgruppe findet, sind Werbeträger notwendig. Dazu zählen etwa Zeitungen, Fachzeitschriften, Plakatwände, das Fernsehen oder das Internet. Eine bedeutende Stärke von Werbemassnahmen ist deren Fähigkeit, eine grosse Anzahl Personen zu erreichen und Kommunikationsinhalte mit Emotionen zu verbinden und effektvoll zu vermitteln. Andererseits sind Werbemassnahmen oft kostspielig und mit Streuverlusten verbunden. Werbung eignet sich gut, um neue Immobilien-Angebote bekannt zu machen und Zielpersonen dafür zu interessieren.

Vom Unterschied zwischen Werbung und Marketing
Da in der Immobilien-Wirtschaft meist nur oberflächliche Marketingkenntnisse vorhanden sind, wird Werbung noch immer oft mit Marketing gleichgesetzt. Dabei ist sie nur die Spitze des Eisbergs und droht ohne Marketing-Unterbau wirkungslos zu verpuffen.

Marketing und Werbung sind nicht dasselbe, aber doch untrennbar miteinander verbunden. Als Marketing bezeichnet man Aktivitäten, welche den Austausch von Angebot und Nachfrage ermöglichen und fördern. Solche Austauschprozesse finden in der Immobilien-Wirtschaft beim Verkauf oder bei der Vermietung einer Liegenschaft aber auch bei der Entwicklung eines Projekts oder der Bewirtschaftung einer Bestandesliegenschaft statt.

Diejenigen Massnahmen, welche gegen aussen am deutlichsten sichtbar werden, sind die Werbemassnahmen. Das ist denn auch der Grund dafür, dass Werbung oft mit Marketing gleichgesetzt wird. Dabei ist Werbung nur die Spitze des (Marketing-)Eisbergs: Bei Immobilien beginnt Marketing schon viel früher mit der Wahl des Standorts und führt weiter zur Gestaltung der Immobilie selbst, worunter auch der Entscheid über die Nutzung fällt. Ein zentrales Element stellt die Festlegung des Verkaufspreises oder des Mietzinses dar.

3. IMMOBILIEN-MARKETING

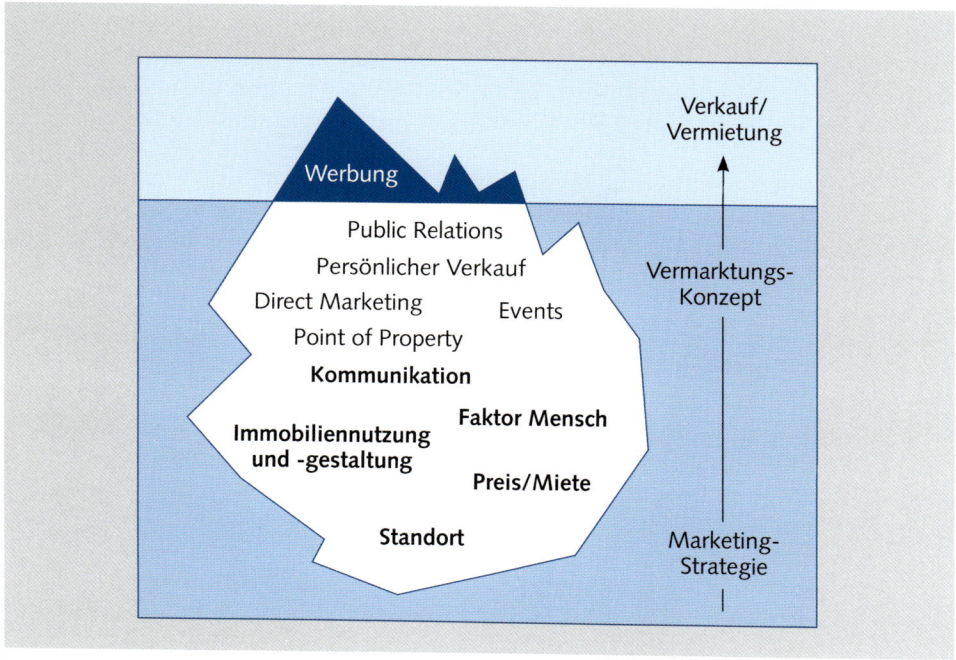

Abbildung 84: **Werbung als sichtbare Spitze des «Marketing-Eisbergs»**

Gute Werbung fällt auf und bewegt. Gerade bei Immobilien-Projekten, welche zeitlich befristet sind, muss Bekanntheit das erste Ziel sein. Deshalb muss die Werbung dafür sorgen, dass man auffällt. Das alleine reicht jedoch nicht aus: Der Kunde muss vielmehr dazu bewegt werden, den Kontakt mit dem Anbieter zu suchen, das Objekt zu besichtigen und letztlich zu kaufen oder zu mieten.

Aufgabe der Werbung ist es auch, die vorgängig definierte Positionierung der Immobilie umzusetzen, d. h. die positive Abgrenzung gegenüber konkurrenzierenden Angeboten wirkungsvoll aufzuzeigen. Hier zeichnet sich gute Werbung dadurch aus, dass sie auf den eigenen Stärken aufbaut und nicht etwa auf den Schwächen anderer Anbieter. Damit ist weniger die von Gesetzes wegen verbotene vergleichende und herabsetzende Werbung gemeint, sondern vielmehr die Erkenntnis, dass ausschliesslich faire Werbung zu nachhaltigem Erfolg führen kann.

Das Sprichwort, wonach der Köder dem Fisch schmecken muss und nicht dem Angler, umschreibt treffend die Notwendigkeit, dass sich Werbemassnahmen an der Zielgruppe orientieren müssen. Ob sie auch dem Anbieter oder dem Werber gefallen, darf nicht entscheidend sein. Deshalb ist es auch so wichtig, den Fisch bzw. den Kunden gut zu kennen. Die Analyse des Nachfragemarktes sowie die Auswahl der geeigneten Kundensegmente (Segmentierung) ist deshalb für jedes Immobilien-Projekt Pflicht. Das früher oft konsultierte Bauchgefühl reicht schon lange nicht mehr aus.

Um die festgelegten Kommunikationsziele zu erreichen, werden immer mehrere Werbemassnahmen gleichzeitig eingesetzt: Inserate werden in Printmedien und online geschaltet, eine Website und eine Dokumentation präsentieren das Angebot, Plakate werben am Strassenrand, Give Aways werden verteilt usw. Damit das investierte Werbegeld auch tatsächlich rentiert, müssen diese Werbemassnahmen einem roten Faden folgen. Dabei gilt die Grundregel: Je besser die Werbung abgestimmt ist, umso stärker ist die Verankerung.

Die Verlockung, bei der Werbung Geld zu sparen, ist besonders in der technisch geprägten Immobilien-Wirtschaft immer vorhanden. Im Gegensatz bspw. zu einem Hausdach kann man doch im Notfall auf Werbung verzichten, könnte man meinen. Dies gilt aber nur auf den ersten, oberflächlichen Blick, denn was nützt die tollste Immobilie, wenn niemand weiss, dass es sie gibt? Und selbst wenn ein Immobilien-Angebot grundsätzlich bekannt ist, kommt man nicht darum herum, seiner Zielgruppe zu erklären, wieso sie gerade das eigene Angebot berücksichtigen soll. Das Wertvollste an der Werbung ist ihre Fähigkeit, aus einer Ansammlung von Backsteinen, Nägeln, Dachziegeln und anderen Baumaterialien ein begehrenswertes Haus zu machen, das einen guten Preis wert ist.

Betrachtet man die Marketingpraxis in der Immobilien-Wirtschaft, lässt sich feststellen, dass die Bereitschaft, neue Instrumente einzusetzen, relativ gering ist. Das Hauptgewicht der Werbemassnahmen wird noch immer auf Inserate und Dokumentationen gelegt. Dies lässt sich mit der Tatsache erklären, dass bei Immobilien-Projekten meist ein Beteiligter quasi im Nebenamt auch noch für die Werbung verantwortlich ist. Eigentliche Kommunikationsprofis sind noch immer nur selten anzutreffen. Werbelaien jedoch verfügen weder über die notwendigen Kenntnisse noch kennen sie die verschiedenen Werbemöglichkeiten und setzen deshalb stets dieselben Instrumente ein.

3. IMMOBILIEN-MARKETING

Steigende Bedeutung der Online-Werbung
Der Siegeszug der Online-Medien hat auch vor der Immobilien-Branche nicht Halt gemacht. Immer mehr informieren sich online über Häuser, Wohnungen und Büros.

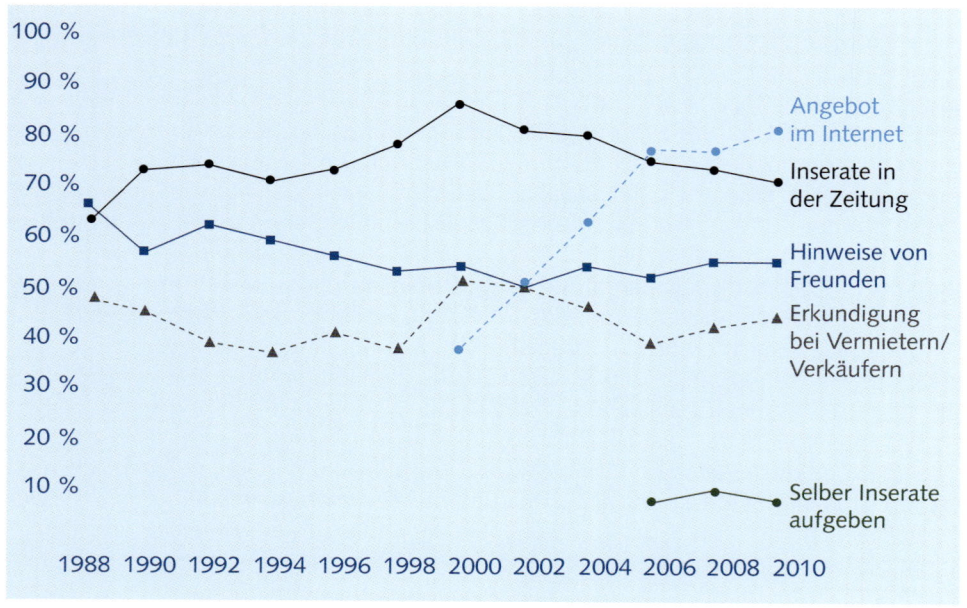

Abbildung 85: **Informationsquellen im Immobilien-Markt im Zeitverlauf** [14]

Trotz dieser Zunahme der Bedeutung der Online-Medien haben Printmedien nach wie vor ihre Berechtigung. Anstatt das eine Medium durch das andere zu ersetzen, sollte man sich vielmehr über die Eignung der Medien Gedanken machen. Während Inserate beim Blättern von Zeitungen und Zeitschriften auch zufällig oder aus Neugier gelesen werden, sind auf Online-Marktplätzen vorwiegend aktiv Suchende anzutreffen, die den Entscheid, etwas Neues zu kaufen oder zu mieten, bereits gefällt haben; ihr Entscheidungsprozess ist bereits angelaufen. Ein grosser Vorteil der Online-Medien liegt in ihrer Fähigkeit, mit dem Kunden den Dialog zu pflegen, indem dieser auf einfache Art und Weise mit dem Anbieter Kontakt aufnehmen oder ohne Zeitverzögerung massgeschneiderte Informationen abrufen kann. Printmedien hingegen können Inserate grafisch gestalten und damit das Branding der angebotenen Immobilie wirkungsvoll unterstützen. Immobilien-Websites können dies zwar auch, Online-Inserate hingegen sind allesamt uniform gestaltet und wenig individuell. Zusammenfassend kann gesagt werden, dass sich Online-Medien insbesondere zur Erhöhung der Bekanntheit eignen, Printmedien hingegen zur Positionierung von Immobilien-Angeboten, zur Imagebildung sowie zur Stärkung von Immobilien-Marken. Deshalb sollten diese beiden Medientypen parallel, d. h.

[14] Immo-Barometer 14/2010, NZZ Media, Zürich 2010

crossmedial, eingesetzt und koordiniert werden, um die Kommunikationswirkung zu maximieren.

Public Relations (PR)
Diese Gruppe von Kommunikationsinstrumenten wird auch Öffentlichkeitsarbeit oder PR genannt. Public Relations sind öffentlich, also für jedermann zugänglich. Der Zweck von PR ist nicht in erster Linie die Beschaffung oder der Absatz, vielmehr soll sie die öffentliche Meinung über das eigene Angebot positiv beeinflussen. So kann damit z. B. das Image eines Immobilien-Projekts positiv beeinflusst werden, um in einer anstehende Abstimmung die Zustimmung zum notwendigen Gestaltungsplan zu erhalten.

Beispiele von PR-Massnahmen sind das Publizieren von Artikeln in Zeitungen oder Zeitschriften. Auch die Versorgung von Journalisten und Politikern mit Informationen zu einem Immobilien-Projekt oder einer Unternehmung ist der Öffentlichkeitsarbeit zuzuordnen. Oft werden auch karikative Organisationen unterstützt, um die Unternehmung in einem guten Licht zu präsentieren. Wird PR professionell eingesetzt, profitiert sie von einer grossen Glaubwürdigkeit und kann damit eine starke Kommunikationswirkung erzielen. Andererseits besteht die Gefahr, Public Relations mit Werbung zu vermischen und damit deren Wirkung zu schmälern. Wenn z. B. der Auftraggeber darauf besteht, in einem PR-Artikel die Verkaufsargumente der Immobilien-Dokumentation zu wiederholen, wirkt dies unglaubwürdig und verfehlt die angestrebte Wirkung.

Direct Marketing (DM)
Im Gegensatz zu anderen Kommunikationsinstrumenten enthalten Direct Marketing-Massnahmen eine direkte Ansprache der Zielgruppe. Oft werden die möglichen Kunden persönlich angesprochen. Zu diesem Zweck werden bestehende Adressdaten verwendet wie z. B. die Kundendatei oder aber Adressen eingekauft. Eine direkte Ansprache ohne persönliche Adressdaten ist bspw. durch eine Streusendung möglich.

Eine klassische DM-Massnahme ist das persönliche Mailing, um z. B. auf eine neue Wohnüberbauung aufmerksam zu machen. Es kann entweder nur aus einem Brief bestehen, eine Dokumentation oder sogar ein Geschenk (Give Away) enthalten. Gemeinsam ist allen Direct Mailings die Möglichkeit, zu antworten; bei Postsendungen oft mittels Antwortkarte. Direct Mailings werden immer öfter als E-Mail verfasst, was den Vorteil hat, dass entsprechende Links zur Website oder zu einem Kontaktformular beigefügt werden können. Der Vorteil des Direct Marketings besteht darin, dass sich die Zielgruppe durch die persönliche Ansprache eher betroffen fühlt; sie wird stärker involviert. Der Dialog mit dem potenziellen Kunden verstärkt die Kommunikationswirkung und schafft die Voraussetzung, die Marketingwirkung messen zu können. Ein Nachteil des Direct Marketings ist die Gefahr, dass sich die Zielpersonen belästigt fühlen. Der vordergründige Nachteil, dass DM-Aktivitäten eher kostspielig sind, wird durch die minimierten Streuverluste weitgehend kompensiert.

Point of Property (POP)
So nennen wir das Pendant des «Point of Sale» in der Immobilien-Wirtschaft. Es handelt sich dabei um alle Kommunikationsaktivitäten am Ort der Liegenschaft wie etwa Vermarktungstafel, Showroom oder Musterwohnung. POP-Massnahmen haben den Vorteil, dass sie die Immobilie selber in die Aktivitäten einbeziehen können. Da eine Immobilie weder bewegt noch bemustert werden kann, ist dies nur am Ort der Liegenschaft möglich. Es kommt nicht selten vor, dass ein Immobilien-Angebot erst dann auf reges Interesse stösst, wenn der Bau begonnen hat und man sieht, was entsteht, oder eine Aussicht auf dem Rohbau in der Realität beurteilen kann. Kommunikationsmassnahmen am Point of Property sind verhältnismässig kostengünstig, da keine Medienkosten für z. B. Inserate oder Mailings entstehen. Andererseits können mit POP-Massnahmen nur Personen erreicht werden, die sich vor Ort befinden oder am Objekt vorbeifahren bzw. -gehen.

Persönlicher Verkauf
Da es bei Immobilien stets um sehr viel Geld geht, sei dies nun der Kaufpreis oder die Miete, spielt das Vertrauen zwischen Anbieter und Nachfrager eine grosse Rolle. Der vielleicht entscheidende Moment für die Vertrauensbildung ist dabei oft der persönliche Kontakt anlässlich des Verkaufs- bzw. Vermietungsgesprächs. Dann geht es darum, dem potenziellen Kunden die Sicherheit zu vermitteln, sich für das Richtige zu entscheiden. Vermarkter mit der Fähigkeit, sich in die Rolle seines Gegenübers zu versetzen, können dies besonders gut. Wer in dieser Situation den Interessenten mit auswendig gelernten Verkaufsargumenten eindeckt ohne selber zuzuhören, bewirkt oft das Gegenteil. Nebst Erfahrung und Ausbildung braucht es für einen erfolgreichen persönlichen Verkauf insbesondere auch die Überzeugung, ein gutes Produkt zu vertreten.

Events
Zu dieser Gruppe der Kommunikationsinstrumente gehören Veranstaltungen mit dem Ziel, Wohnungen oder Häuser bekannt zu machen und Informationen darüber zu vermitteln. Zu diesem Zweck werden Zielpersonen eingeladen, z. B. an einem ersten Spatenstich, einer Bürobesichtigung oder einem Tag der offenen Tür teilzunehmen. Die Motivation der Teilnehmer besteht dabei in der Regel darin, dass sie neugierig sind, wie die neue Immobilie aussehen wird. Mit begleitenden Massnahmen wie Gratisverpflegung, Musik oder einem Referat einer bekannten Person kann diese Motivation verstärkt werden. Events können sehr gut mit PR-Massnahmen verbunden werden, indem etwa im Nachhinein in der Presse über den Anlass berichtet wird.

3.3.4.5 Der Faktor Mensch
Wenn es um Immobilien geht, ist der Faktor Mensch von grosser Bedeutung. Das hängt einerseits damit zusammen, dass Immobilien stark mit Dienstleistungen verbunden sind. Sowohl bei der Entwicklung als auch in der Realisierung, Vermarktung, Bewirtschaftung und Weiterentwicklung spielen von Menschen erbrachte Dienstleistungen eine entscheidende Rolle. Werden sie in überdurchschnittlicher Qualität erbracht, tragen sie massgebend zum Erfolg bei. Nebst der Abhängigkeit

von Dienstleistungen rückt aber auch die Komplexität der Immobilien-Prozesse den Menschen in den Mittelpunkt. Wegen der starken Arbeitsteilung beschäftigen sich stets verschiedene Beteiligte mit einer Immobilie. Diese Vielfalt und die Schnittstellen zwischen den einzelnen Arbeits-, Anspruchs- und Arbeitsbereichen stellen an die Beteiligten hohe Anforderungen. Schliesslich sind es die zahlreichen Bezugsgruppen, die nebst den vier klassischen «P's» ein fünftes «P» für People erfordern. Dieser Umstand verlangt umfangreiche Kenntnisse über die in eine Immobilie involvierten Menschen und Erfahrung im Umgang mit ihnen.

Der menschliche Faktor hat bei Immobilien mit deren Bezugsgruppen einen externen und mit den involvierten Mitarbeitern einen internen Aspekt.

Bezugsgruppen als externer menschlicher Faktor von Immobilien
An anderer Stelle beschäftigt sich dieses Buch eingehend mit Zielgruppen im Beschaffungs- und Absatzprozess. Die Bezugsgruppen weiten diesen Rahmen aus und berücksichtigen zusätzliche Subjekte. Wir unterscheiden die Bezugsgruppen hinsichtlich deren Beziehung zu Immobilien wie folgt:

Bezugsgruppen im Kundenverhältnis
Darunter sind Nutzer, Käufer, Mieter und Eigentümer zu verstehen. Sie stehen in einer partnerschaftlichen Beziehung zueinander, die für alle vorteilhaft sein muss, um Bestand zu haben.

Bezugsgruppen im Lieferantenverhältnis
Dienstleister, Handwerker oder etwa Berater werden von Immobilien-Verantwortlichen beauftragt.

Gesetzlich zwingende Bezugsgruppen
Da die Immobilien-Branche stark von gesetzlichen Rahmenbedingungen geprägt ist, gibt es zahlreiche Bezugsgruppen, mit denen man sich von Gesetzes wegen befassen muss. Dazu gehören etwa Politiker, die über ein Baugesuch entscheiden, Beamte, die Immobilien hinsichtlich ihrer Gesetzeskonformität prüfen oder Richter, die bei Konflikten entscheiden.

Bezugsgruppen auf Grund von Interessenüberschneidungen
Die hohe Zahl von Bezugsgruppen führt bei Immobilien dazu, dass sich deren Interessen oft überschneiden. Dabei kommt es nicht selten zu Interessenskonflikten mit Nachbarn, Umweltschutzverbänden, dem Heimatschutz, der Denkmalpflege, Mieter- und Konsumentenschutz sowie Medienvertretern.

Im Umgang mit Bezugsgruppen stehen einem immer Menschen gegenüber, auch wenn es sich vordergründig um Unternehmen, Organisationen oder Gesetzestexte handelt. Immobilien-Tätige sollten deshalb über ausreichende Kompetenzen in der Beurteilung von und der Kommunikation mit Menschen verfügen. Der Umgang mit Bezugsgruppen findet auf einem schmalen Grat zwischen wenigen Handlungsalternativen statt: Man kann sie entweder integrieren, bekämpfen oder ignorieren.

3. IMMOBILIEN-MARKETING

Mitarbeiter als interner menschlicher Faktor von Immobilien
Da der Faktor Mensch bei Immobilien oft über Erfolg oder Misserfolg entscheidet, sind für Immobilien-Unternehmen deren Mitarbeiter von grosser Bedeutung. Ein Geschäftsleiter sollte deshalb sowohl bei der Rekrutierung, der Entwicklung als auch der Bindung von Mitarbeitern über entsprechende Fähigkeiten verfügen.

Die erforderlichen fachlichen Kompetenzen sind in der Immobilien-Branche je nach Berufsbild der Immobilien-Dienstleister recht unterschiedlich. Vermarkter und Bewirtschafter sind auf Grund ihres unmittelbaren Kundenbezugs auf Marketing-Kenntnisse und -Know-how angewiesen. Da sie viel mit Vertragswerken zu tun haben und ihnen zahlreiche gesetzliche Leitplanken gesetzt werden, müssen sie auch über entsprechende rechtliche Kenntnisse verfügen. Bewerter hingegen sollten sich in finanziellen und bautechnischen Fragen besonders gut auskennen, um Liegenschaften kompetent beurteilen zu können. Portfolio Manager müssen in der Lage sein, Immobilien in finanzieller Hinsicht zu beurteilen. Entwickler schlussendlich sind besonders gefordert, wenn es darum geht, zu organisieren, Prozesse zu führen und die bautechnische Machbarkeit einer Liegenschaft beurteilen zu können. Eine spezielle Stellung hat der Immobilien-Treuhänder. Er ist ein Allrounder, der oft ein eigenes Unternehmen führt und über ein breites Dienstleistungssortiment verfügt. Er sollte demnach in allen Fachkompetenzen fit sein. Allen Berufsbildern ist gemeinsam, dass sie über die nötigen Marktkenntnisse und eine gewisse Erfahrung verfügen müssen.

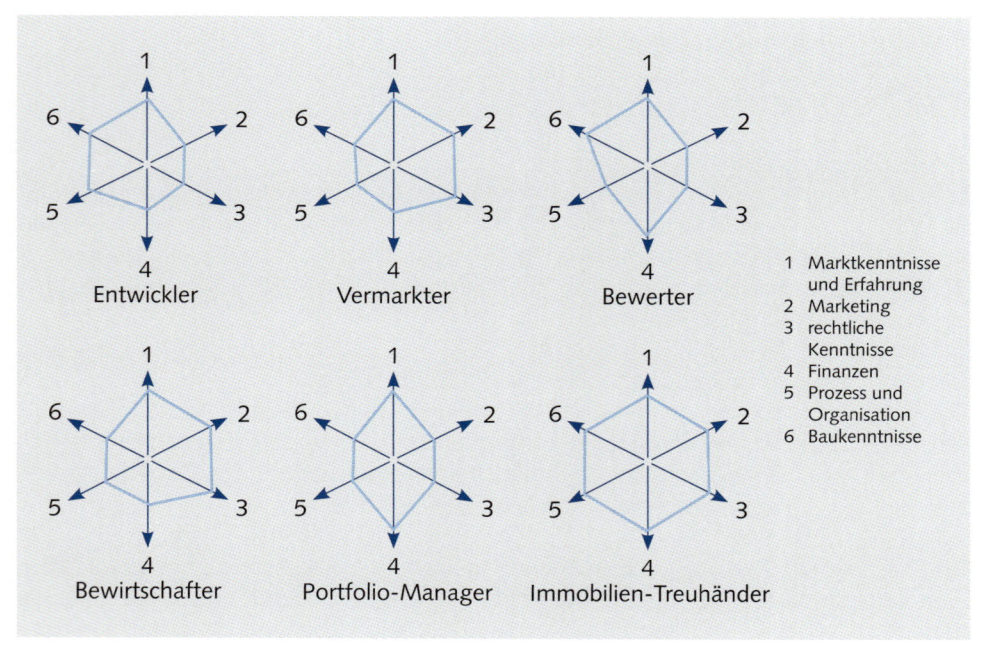

Abbildung 86: **Erforderliche fachliche Kompetenzen verschiedener Immobilien-Berufsbilder**

3.3 Absatzmarketing für Immobilien

Neben fachlichen Kompetenzen müssen Immobilien-Berufsleute auch über die erforderlichen persönlichen Kompetenzen verfügen. Obwohl für einen beruflichen Erfolg keiner der hier ausgewählten zehn Persönlichkeitsmerkmale ausser Acht gelassen werden darf, gibt es doch gewisse Unterschiede in der Gewichtung. Während Entwickler und Vermarkter über ein gesundes Beharrungsvermögen und gute Kommunikationsfähigkeiten verfügen müssen, sind für Bewerter und Bewirtschafter Zuverlässigkeit und Einfühlungsvermögen ein absolutes Muss. Das breite Spektrum eines Immobilien-Treuhänders erfordert seinerseits Belastbarkeit und Eigeninitiative.

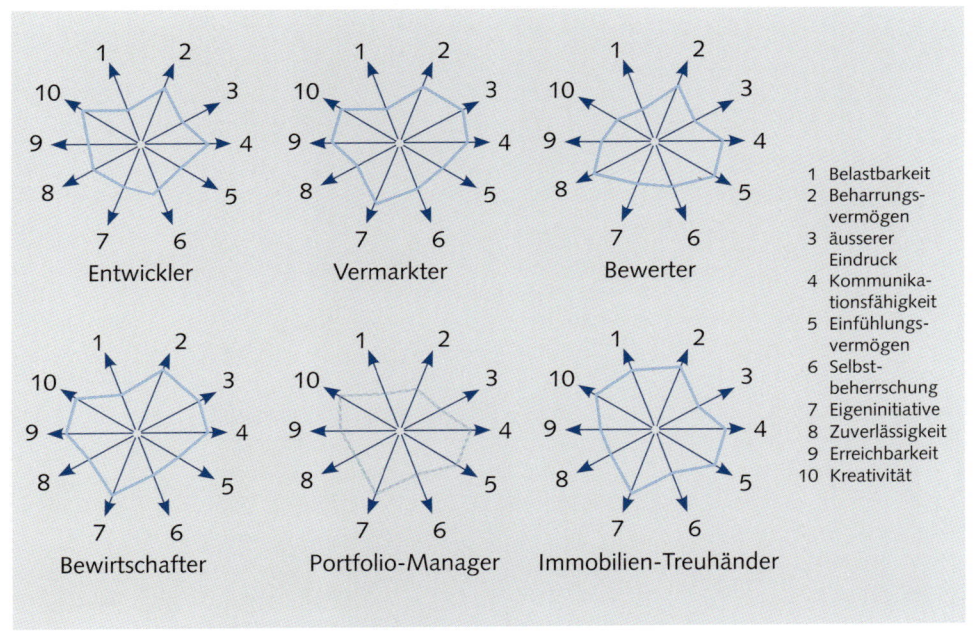

Abbildung 87: **Erforderliche persönliche Kompetenzen verschiedener Immobilien-Berufsbilder**

3.3.5 Phasenübergreifendes Immobilien-Marketing

Oft werden Marketing-Experten erst kurz vor der Lancierung eines Immobilien-Angebots engagiert. Sie erhalten dann die Aufgabe, ein fertig gestaltetes Projekt für eine erfolgreiche Vermarktung aufzuarbeiten. Zu diesem späten Zeitpunkt ist ihr Handlungsspielraum jedoch erheblich eingeschränkt; das Marketing muss sich auf die Gestaltung der Kommunikation beschränken. Die Wirkung professionellen Immobilien-Marketings kann sich hingegen erst dann entfalten, wenn es ein Projekt über eine grössere Zeitspanne hinweg begleiten kann. Welches die Aufgaben eines Marketing-Experten im Laufe der Entwicklung und Vermarktung eines Immobilien-Projekts sein können, zeigt das nachfolgende Beispiel aus der Praxis.

3. IMMOBILIEN-MARKETING

Phasen	Marketing-Aufgaben		Beispiele
Entwicklung	Marketing-Analyse in der Phase der Immobilien-Entwicklung	– Analyse des Areals hinsichtlich Wohnnutzung – Beurteilung der Alternativen Miete vs. Wohneigentum – Aussagen zum Wohnungsmix – Empfehlung zu Mieten bzw. Verkaufspreisen – Vorschläge zur Vermarktung als Investitionsobjekt	Wohnungsmix-Empfehlung Mietzins-Analyse
	Entwicklung und Verkauf des Gesamtprojekts, Beginn der Realisierung durch den neuen Eigentümer		
Vermarktung	Marketing-Analyse in der Phase der Immobilien-Vermarktung	– Analyse des Standorts – Konkurrenzanalyse – Analyse des Einzugsgebiets und der Bevölkerungsstruktur – Analyse von Wohnungsangebot und -nachfrage – Konkurrenzanalyse – Potenzialanalyse des Projekts inkl. Empfehlungen zur Detailgestaltung	Konkurrenz-Analyse

	Marketing-Konzept	– Marketingziele
		– Segmentierung
		– Positionierung
		– Branding
		– Marketingmix mit Aussagen zu
		  – Mietzinsgestaltung
		  – Produktfinish
		  – immobilienergänzenden Dienstleistungen
		– Kommunikationsbotschaft und Instrumentenmix
		– Empfehlungen zur Auswahl des Erstvermieters
		– Marketingbudget
			Segmentierung
			
			Positionierung Branding
			
			Kommunikationsmix

	Kommunikations-Konzept	– Kommunikations-Ziele – Kommunikations-Anker – Kommunikations-Instrumente – Kommunikations-Budget – Kommunikations-Timing	Printinserate	Give Aways
Vermarktung			Direct Mailing	Newsletter
	Umsetzung der Kommunikations-Instrumente	– Werbung – Point of Property – Events – Public Relations – Direct Marketing – Persönlicher Verkauf – Qualitäts- und Budgetkontrolle	Vermarktungstafel	Dokumentation
			Promotions-Event	
	Vermarktung der Wohnungen und Gewerbeateliers			
	Beginn der Bewirtschaftung der Wohn- und Gewerbeobjekte			

Abbildung 88: **Beispiel eines phasenübergreifenden Immobilien-Marketings**

3.4 Marketingcontrolling für Immobilien

Immer dann, wenn Zielsetzungen nicht erreicht werden, wird nach den Gründen für den Misserfolg gefragt. Aber auch im Erfolgsfall sollte man wissen, wieso der Erfolg eingetreten ist. Auf diese Weise kann die Dienstleistungsqualität verbessert werden, sei dies nun in der Entwicklung, in der Vermarktung oder in der Bewirtschaftung.

3.4.1 Marketingkennzahlen

Die Qualität eines Marketingcontrollings hängt direkt mit der Qualität der erfassten Daten zusammen. Bereits im Voraus sind die zu erfassenden Daten zu definieren. Die laufende Erfassung bedingt ein gewisses Mass an Disziplin, denn Lücken in den Datenreihen können die Aussagekraft verfälschen.

Kennzahlen können Aufschluss über Erfolg oder Misserfolg eines Projekts geben. Durch die Kenntnis der Wirkung einzelner Marketinginstrumente kann der Einsatz der zur Verfügung gestellten Mittel optimiert werden. In der Folge werden einige mögliche Kennzahlen aufgeführt, welche im Immobilien-Marketing angewandt werden können.

3. IMMOBILIEN-MARKETING

> **Kennzahlen im Immobilien-Marketing**
>
> - Anzahl versandte Dokumentationen pro Zielgruppe (Wohnungen, Gewerbe, Kauf usw.)
> - Anzahl Besichtigungstermine in der Wohnung, im Haus, im Gewerberaum oder im Showroom
> - Anzahl Interessenten am «Tag der offenen Tür», evtl. für welche Zielgruppe
> - Anzahl Anfragen übers Internet
> - Anzahl Anfragen über den Pressebericht, Spatenstich usw.
> - Anzahl Besucher auf der Homepage nach Herkunft, Wochentag oder Tageszeit
> - Anzahl Anrufe auf ein Printinserat nach Titel oder Wochentag
> - Anzahl Mails als Reaktion auf den Internetauftritt
> - Anzahl versandte Dokumentationen pro effektivem Vermietungs- oder Verkaufsabschluss
> - Anzahl Besichtigungstermine pro Vermietungs- oder Verkaufsabschluss
> - Durchschnittliche Vermarktungsdauer pro Vermietungs- oder Verkaufsabschluss
> - Durchschnittliche Vermarktungskosten pro Vermietungs- oder Verkaufsabschluss
> - Durchschnittliche Drittkosten pro Vermietungs- oder Verkaufsabschluss
> - Durchschnittliche Vermarktungshonorarkosten pro Vermietungs- oder Verkaufsabschluss
> - Ausmass der Zufriedenheit der Kunden mit der Beratungsdienstleistung
> - Bekanntheit/Image eines aktuellen Immobilien-Angebots

Abbildung 89: **Kennzahlen im Immobilien-Marketing**

Kennzahlen dienen einerseits dazu, den Erfolg ex post zu beurteilen, andererseits aber auch, um ein Immobilien-Projekt im Voraus richtig einzuschätzen. Das kann für die Offertstellung und für die eigentliche Vermarktungs- oder Bewirtschaftungstätigkeit sehr wertvoll sein. Die Treffsicherheit solcher Einschätzungen kann trainiert werden. Wir empfehlen dazu die Abgabe eines so genannten Immobilien-Erfolgs-Tipps zu Beginn jedes neuen Immobilien-Mandats. Nebst objektiven Vorteilen weist er auch eine Motivationswirkung auf die am Projekt Beteiligten auf.

> **Immobilien-Erfolgs-Tipp**
>
> Stellen Sie sich vor, Sie haben gerade heute den Verkaufsauftrag für ein Einfamilienhaus erhalten, Sie stehen am Anfang einer Vermarktung von 30 Wohnungen oder Sie haben für ein schwer vermietbares Objekt neue Vermarktungsmassnahmen beschlossen. Notieren Sie noch vor dem Start der Vermarktung ihre Einschätzung bezüglich folgender Grössen:
>
> - Anzahl der zu versendenden Dokumentationen bis zum Voll- oder Teilerfolg

- Anzahl der Besichtigungstermine bis zum Voll- oder Teilerfolg
- Anzahl der Abschlüsse bis zu welchem Datum
- Vermarktungsdauer bis zum Voll- oder Teilerfolg

Vergleichen Sie im Zeitpunkt des eingetretenen Erfolgs (oder Misserfolgs) die effektiven Zahlen mit den Annahmen zu Beginn der Vermarktung und versuchen Sie, die Abweichungen zu ergründen. Mit der Bereitschaft zur konstruktiven Selbstkritik sollten Sie die Erkenntnisse beim nächsten Projekt weiter bringen. Viel Erfolg!

Abbildung 90: **Immobilien-Erfolgs-Tipp**

3.4.2 Internes Reporting

Für eine erfolgreiche Vermarktung von grösseren Immobilien ist es wichtig, dass auch die internen Abläufe strukturiert sind und die Teamarbeit optimal funktioniert. Ein Vermarktungsteam einer grösseren Überbauung besteht in der Regel aus zwei bis vier Personen aus den Bereichen Innendienst, Immobilien-Marketing, Terminierung/Verträge sowie der Verkaufs- oder Vermietungsfront.

Regelmässig, mindestens aber alle 14 Tage, sollte eine Teamsitzung stattfinden. Dabei werden der aktuelle und der geplante Vermarktungsstand, die Vermarktungskosten und vor allem die laufenden Massnahmen besprochen. Es empfiehlt sich, ein rollendes Protokoll mit den einzelnen Massnahmen bezüglich Aufgabenteilung und zeitlicher Erledigung zu führen. Dabei ist auch einer transparenten Auftragsvergabe an Partnerfirmen Beachtung zu schenken.

Als Quervergleich werden mögliche Kennzahlen wie Anzahl Besuche der Homepage, Anzahl versandte Dokumentationen, Interessentenliste, Stundenaufwand usw. laufend analysiert und nachgetragen. Alle Mitglieder des Vermarktungsteams sollten über die wichtigsten laufenden Arbeiten orientiert sein und nach aussen das Projekt professionell vertreten können. Für den Erfolg einer Vermarktung spielt die Effizienz und Professionalität eines Vermarktungsteams eine wichtige Rolle, nicht zuletzt deshalb, weil diese auch von Kunden, Mietinteressenten, Kaufinteressenten und Partnerfirmen wahrgenommen werden.

3.4.3 Externes Reporting

Ein regelmässiges und transparentes Reporting gegenüber dem Auftraggeber schafft Vertrauen und ist ein Zeichen von Professionalität. Die Periodizität des Reportings wird mit dem Kunden individuell vereinbart. Die Reportingstruktur sollte stets gleich bleiben, damit der Mandatsverlauf besser eingeschätzt werden kann. Es ist empfehlenswert, monatlich oder nach Vereinbarung über folgende Punkte zu rapportieren:

- eingesetzte Marketinginstrumente
- Anzahl bestehender und neu hinzugekommener Kontakte
- Angaben zu den Kontakten wie Namen, Branche, Wünsche usw.
- wie die Interessenten auf die Immobilie aufmerksam wurden
- Gründe, wieso sie sich interessieren
- Stand der Gespräche bzw. der Verhandlungen
- Absagegründe

Am Ende einer Vermarktungsphase erhält der Kunde ein abschliessendes Reporting, welches über folgende Punkte Auskunft gibt:

- den aktualisierten Vermarktungsstand gegenüber den ursprünglichen Zielsetzungen
- den Phasenplan (siehe Kapitel 5) mit sämtlichen aufgeführten Aktivitäten, wobei die hinterste Spalte mit «erledigt» oder «in Arbeit» ausgefüllt wird
- den aktualisierten Stand der Vermarktungskosten
- einen schriftlichen Bericht über die vergangene Vermarktungsphase zu den einzelnen Aktivitäten
- individuelle Erfahrungen
- Erklärungen zu getroffenen oder nicht getroffenen Massnahmen
- evtl. Vorschlag von Zielkorrekturen

Diese Unterlagen werden dem Kunden von Vorteil in einer gemeinsamen Besprechung erläutert. Oftmals bilden sie die Basis für ein weiteres Mandat.

3.5 Marketingorganisation für Immobilien

3.5.1 Aufbauorganisation

Ein Spezialist für Immobilien-Marketing muss zwei Auftraggebern gerecht werden. Einerseits ist es der Eigentümer oder sein Stellvertreter, der den Marketingauftrag erteilt. Der Auftrag kann eine Analyse, ein Konzept, die Entwicklung von Instrumenten oder eine begleitende Beratung sein. Andererseits hat ein Marketingspezialist immer auch den zukünftigen Nutzer der Immobilie als seinen Kunden zu betrachten, auch wenn dieser namentlich noch gar nicht bekannt ist. Der Marketing-Dienstleister ist in seiner organisatorischen Stellung vergleichbar mit anderen Immobilien-Dienstleistern wie etwa Entwickler, Vermarkter oder Bewirtschafter. Beide sind organisatorisch zwischen Eigentümer und Nutzer anzusiedeln; dem ersten sind sie unterstellt, gegenüber dem zweiten haben sie die Verpflichtung, ihn zum zufriedenen Kunden zu machen.

```
                    ┌─────────────┐
                    │  Eigentümer │
                    └──────┬──────┘
            ┌──────────────┼──────────────┐
    ┌───────┴────────────┐   ┌────────────┴─────────┐
    │Immobilien-Dienstleister│◄──►│Immobilien-Marketing │
    └───────┬────────────┘   └────────────┬─────────┘
            └──────────────┬──────────────┘
                    ┌──────┴──────┐
                    │    Nutzer   │
                    └─────────────┘
```

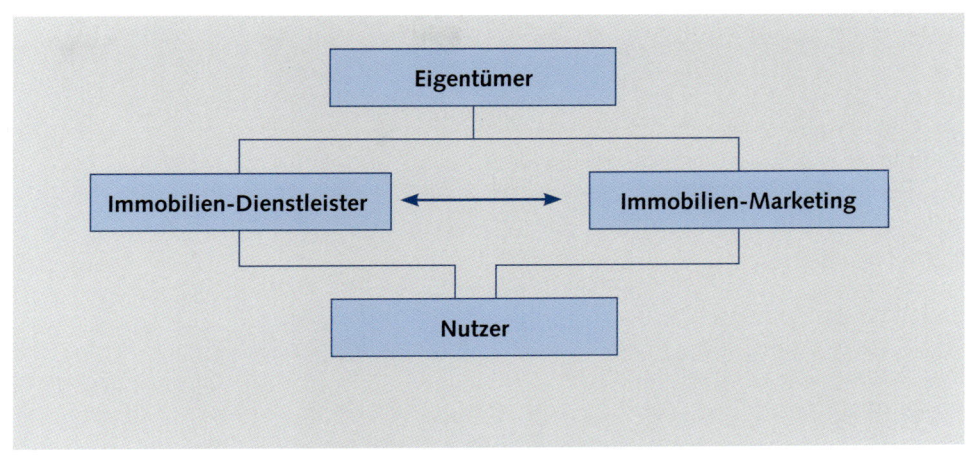

Abbildung 91: **Organisatorische Einbindung des Immobilien-Marketings**

Immobilien-Marketing ist eine spezialisierte Disziplin, die mit Vorteil einem Experten übertragen wird. Eine interne Marketingstelle, deren Aufgaben über die Gestaltung von Inseraten und Entwicklung von einfachen Verkaufsdokumentationen hinausgeht, macht in der Regel nur bei grossen Immobilien-Unternehmen Sinn, die regelmässig Analysen, Konzepte und Marketingumsetzungen benötigen. Ein externer Beauftragter hat gegenüber einer internen Lösung den Vorteil, dass er mehr Erfahrung mitbringt, da seine Tätigkeit fokussiert ist. Durch die Tatsache, dass er schon für zahlreiche verschiedene Auftraggeber gearbeitet hat, ist sein Erfahrungshorizont breiter. Als Aussenstehender ist er zudem unabhängig und frei von internen Verbindungen oder Beeinflussungen. Schlussendlich ist es von Vorteil, spezifische Marketing-Dienstleistungen nur dann einzukaufen, wenn man sie auch wirklich braucht.

3.5.2 Briefing externer Marketingdienstleister

Der Erfolg externer Marketingdienstleister hängt stark von der Qualität des Briefings ab. In einem Briefing wird der Auftrag beschrieben und die Erwartung des Auftraggebers formuliert. Folgende Elemente dürfen in einem Briefing für Immobilien-Marketing nicht fehlen:

Ausgangslage
Der externe Dienstleister wird zu einem Zeitpunkt beigezogen, der selten mit dem Beginn des Immobilien-Projekts zusammen fällt. Unabhängig davon, ob es sich um eine Fragestellung in der Entwicklung, Vermarktung, Bewirtschaftung oder Weiterentwicklung handelt, wird es eine Vorgeschichte geben. Diese ist offen und vollständig zu kommunizieren und zu dokumentieren, damit der Beauftragte die Situation richtig erfassen kann.

3. IMMOBILIEN-MARKETING

Ziele
Folgende Zielsetzungen für Marketing-Dienstleister können als Beispiele aufgeführt werden: erfolgreiche Annahme eines Gestaltungsplans in einer Abstimmung, schnelle Vermarktung, angestrebte Behebung von Leerständen, Neupositionierung einer Immobilie usw. Je konkreter die Ziele formuliert werden, desto einfacher kann der Erfolg des externen Dienstleisters gemessen werden. Deshalb sollten die Zielsetzungen wenn möglich mit messbaren Grössen wie Zeitbedarf oder Budget hinterlegt werden.

Erwartungen
Der Auftraggeber sollte die Erwartungen an den externen Spezialisten offen kommunizieren. Die Vorstellungen über die Rolle können stark variieren, je nachdem, ob eine exponierte Projektleitung oder eher ein Coaching im Hintergrund erwartet wird. Der Externe muss auch wissen, ob es sich um ein einmaliges Projekt handelt oder ob von ihm der Aufbau einer Struktur erwartet wird, welche die Unternehmung befähigt, ähnliche Marketingaufgaben zukünftig selber zu erledigen.

Organisation
Für Fachleute ausserhalb der bestehenden Organisation ist es wichtig zu wissen, wo ihre Position während der Dauer des Mandats ist. Es muss bekannt sein, wer sie beauftragen darf, wem sie rapportieren und welche Befugnisse sie in der Beschaffung von Informationen und in der Kommunikation gegen innen und aussen haben.

Timing
Die Vorstellungen des zeitlichen Rahmens sind für eine zielführende Ausführung des Mandats entscheidend. Dazu sind auch allfällige unverrückbare Meilensteine und die nachfolgenden Schritte zu kommunizieren.

Budget
Der Auftraggeber gibt ein Rahmenbudget vor, das vom Marketing-Spezialisten in seinem Angebot detailliert aufgeschlüsselt wird. Er hat dort transparent darzulegen, wofür er die Mittel verwenden möchte. Er übernimmt auch die Budgetkontrolle und allenfalls eine Budgetgarantie.

Anhang
Der Anhang zum Briefing sollte sämtliche Dokumente enthalten, die der beauftragte Marketingspezialist zur Erfüllung seiner Aufgaben benötigt. Im Zweifelsfalle sollten eher zuviel als zuwenig Informationen angefügt werden.

3.6 Marketingkultur in Immobilien-Unternehmen

3.6.1 Eigenschaften einer marketingorientierten Unternehmung

In den meisten Unternehmen ist Marketing mittlerweile zu einer Disziplin geworden, die nicht mehr wegzudenken ist. Man kann gar behaupten, dass die meisten Organisationen ohne Marketingorientierung im intensiven Wettbewerb nicht überleben könnten. Damit Marketing in einer Unternehmung fest verankert wird und diese Grundlage für den Erfolg auch langfristig erhalten bleibt, bedarf es einer eigentlichen Marketing-Kultur. Gerade bei Immobilien-Firmen, wo der Marketinggedanke noch vergleichsweise jung ist, sollte sie sichergestellt werden. In der folgenden Übersicht wird der Unterschied zwischen einer Unternehmensphilosophie mit und ohne Marketing aufgezeigt.

	Marketingkultur vorhanden	Marketingkultur nicht vorhanden
Philosophie	Der Immobilien-Nutzer steht im Mittelpunkt. Die Tätigkeiten richten sich nach den Bedürfnissen von Bewohnern, Arbeitenden oder Einkaufenden	Die eigene Unternehmung oder die Immobilie steht im Mittelpunkt. Die Tätigkeiten richten sich danach, was man selber für bedeutend erachtet. Man ist begeistert davon, was die Immobilie alles kann, unabhängig davon, ob das der Nutzer wirklich will
Interpretation einer Immobilie	Immobilien bestehen aus Räumen, die den Nutzer bei seiner Tätigkeit unterstützen	Immobilien bestehen aus Backsteinen, Holz, Glas und Nägeln
Typische Aussage	«Wenn der Nutzer das so will, werden wir alles daran setzen, es umzusetzen»	«Das ist unmöglich; das haben wir noch nie gemacht»
Stellung der Kundenverantwortlichen	Kundenverantwortliche (z. B. Vermarkter oder Bewirtschafter) werden schon früh in den Leistungsprozess (z. B. Immobilien-Entwicklung) integriert	Kundenverantwortliche werden erst konsultiert, wenn es um die Vermarktung der Immobilie geht
Umgang mit Marketing-Analysen und -Konzepten	Marketing-Analysen und -Konzepte werden tatsächlich befolgt und umgesetzt	Marketing-Analysen und -Konzepte dienen Alibizwecken und werden dazu verwendet, der Unternehmung einen professionellen Anstrich zu verleihen

Abbildung 92: **Übersicht über die Eigenschaften einer marketingorientierten Unternehmung**

3.6.2 Massnahmen zur Stärkung der Marketingkultur

Will ein Immobilien-Unternehmen eine Marketingkultur schaffen, sollte es dies festhalten und gegen aussen kundtun. Sowohl das Unternehmensleitbild als auch die Unternehmensstrategie sollten ein unmissverständliches Bekenntnis zum Marketing enthalten. In der Umsetzung stehen die drei Bereiche Rekrutierung, Training und Führung im Vordergrund.

Am besten stellt man schon bei der Suche sicher, dass der neue Mitarbeitende die Grundgedanken des Marketings kennt und mitträgt. Dazu muss man keine Marketingfachperson sein; dafür gibt es entsprechende Spezialisten. Es sollte aber sichergestellt sein, dass die neuen Mitarbeitenden den Kunden in den Mittelpunkt stellen und sich bewusst sind, dass dieser die eigentliche Berechtigung für die Unternehmung und damit ihrer Stelle darstellt. Im Weiteren muss ein Verständnis für Marketingaktivitäten vorhanden sein. Auch wenn man diese nicht selber umsetzen muss, so kommt man doch mit ihnen in Verbindung und sollte ihre Wirkung durch ein unterstützendes Verhalten möglichst verstärken.

Bestehende Mitarbeitende sollten permanent in Marketingfragen weitergebildet werden. Insbesondere für Personen, die für den Absatz der Unternehmensleistungen zuständig sind, sei dies nun in der Entwicklung, in der Vermarktung oder in der Bewirtschaftung, sind regelmässige Marketingtrainings äusserst nützlich. Sie bieten die Möglichkeit, abseits vom Alltagsgeschäft den Blick für die Bedürfnisse der Immobilien-Nutzer zu schärfen. Aber auch den Mitarbeitenden, die keinen direkten Kundenkontakt haben, wie z. B. Personen aus der Administration, des Rechnungswesens oder aus der Bauabteilung, tun Trainingsmodule zum Thema Marketing oder marktorientiertes Verhalten gut. Auch ihre Arbeit dient am Ende nur dem Immobilien-Nutzer, der mit seiner Miete oder dem Kaufpreis auch für ihre Löhne aufkommt.

Die effizientesten Rekrutierungsmethoden und die besten Trainings führen aber noch zu keiner nachhaltigen Marketingkultur, wenn sich die Unternehmensführung selbst nicht auch am Marketing ausrichtet. Durch ihr Vorbild in der Berücksichtigung von Marketinggrundsätzen ist das Kader die Grundlage für eine Marketingphilosophie in ihrem Unternehmen. Nicht umsonst stehen zahlreichen äusserst erfolgreichen Unternehmen marketingorientierte Persönlichkeiten vor. Schliesslich sollte auch in den Grundlagen für die Mitarbeiterqualifikation eine Bewertung hinsichtlich marktorientierten Verhaltens stattfinden.

In den folgenden Kapiteln werden die einzelnen Marketingaspekte vertieft behandelt unter Berücksichtigung der Eigenarten in der Immobilien-Entwicklung, -Vermarktung und -Bewirtschaftung.

4. Immobilien-Marketing in der Entwicklung

Schon im Mittelalter haben die Fürstentümer «entwickelt»: Sie gründeten in erster Linie aus machtpolitischen Gründen neue Städte oder Ortschaften, und die ersten Industriellen errichteten Arbeitersiedlungen aus sozialpolitischen Motiven. Die heutigen Beweggründe sind andere – die moderne Projektentwicklung ist ein Produkt von Immobilien-Dienstleistern geworden und aus keinem grösseren Immobilien-Projekt mehr wegzudenken. Die Projektentwicklung ist in erster Linie der Aufgabenstellung der Eigentümerschaft verpflichtet und verfolgt primär wirtschaftliche Gründe. Da in der Projektentwicklung die Weichen für die Zukunft einer Immobilie gestellt werden, spielt der Einbezug von Immobilien-Marketing in dieser frühen Phase des Lebenszyklus einer Immobilie eine zentrale Rolle.

Die Projektentwicklung ist eine äusserst komplexe Aufgabe. Deshalb ist eine umfassende Ausbildung und überdurchschnittliche Kreativität gefordert.

Der Projektentwickler [1] muss in folgenden Fachgebieten versiert sein:

– Architektur und Planung
– Wirtschaft und Recht
– Marketing und Kommunikation

Der Projektentwickler schafft es, die Nutzer, die Investoren, die Öffentlichkeit und die Grundeigentümer miteinander zu vernetzen. Neben einer hochqualifizierten Ausbildung bringt er auch langjährige Erfahrung im Immobilien-Bereich mit, denn viele auf ihn zukommende Aufgaben sind nur beschränkt im Voraus lernbar. Damit sind vor allem die irrationalen und emotionalen Faktoren gemeint, denn oft hat es der Projektentwickler mit ungesicherten Annahmen oder Zielkonflikten zu tun. Trotzdem darf er sich von Zweiflern nicht von seinem «gesetzten Kurs» abbringen lassen. Zudem sind eine hohe Sozialkompetenz sogenannte «soft skills» gefragt, um auf Bedürfnisse und Ängste der Kunden und der involvierten Fachpersonen, Behörden und der Öffentlichkeit eingehen zu können. Der wichtigste Partner des Projektentwicklers ist der Auftraggeber.

[1] SVIT/KUB Schweiz, Immobilienmanagement, Zürich 2009

4. IMMOBILIEN-MARKETING IN DER ENTWICKLUNG

4.1 Der Wert einer Immobilie

Immobilien-Marketing kann den Wert einer Immobilie nachhaltig steigern. Das ist nur möglich, wenn das Marketing bereits zu Beginn einer Immobilien-Entwicklung berücksichtigt wird. Im Prozess der Immobilien-Entwicklung entscheidet letztlich der Nutzer, wie hoch der Wert einer Immobilie ist. Das Problem: Der Nutzer steigt in der Regel erst ganz zum Schluss als Mieter oder Eigentümer in den Entwicklungsprozess ein. Wie also können seine Interessen bereits in den entscheidenden Phasen vorher vertreten werden? Das Immobilien-Marketing hat schon in der Entwicklungsphase dafür zu sorgen, dass die Bedürfnisse der späteren Nutzer adäquat berücksichtigt werden. Denn zufriedene Nutzer sind unabdingbar für eine Wertsteigerung der Immobilie.

Der Prozess der Immobilien-Entwicklung kann in die Phasen Analyse, Projektierung und Realisierung eingeteilt werden. Auf diese Phasen folgt die eigentliche Realisation sowie später die Nutzung. Zum gegebenem Zeitpunkt beginnt der Entwicklungsprozess auf Grund einer Idee von neuem und führt beispielsweise zu einer Umnutzung und/oder zum Rückbau der Immobilie.

Ziel der Immobilien-Entwicklung ist es, eine Immobilie von hoher Qualität zu schaffen. Je höher die Immobilien-Qualität im Verhältnis zur Investition ausfällt, desto erfolgreicher ist die Entwicklung. Wer nun aber hohe Immobilien-Qualität à priori mit teuren Baumaterialien, hohem K-Wert, attraktiver Architektur oder Ähnlichem gleichsetzt, irrt. Die wertrelevante Beurteilung der Qualität wird ebenso von den Nutzern vorgenommen, und für diese ist die Qualität dann hoch, wenn ihre Anforderungen an die Immobilie erfüllt werden. Der Wert einer Immobilie wird also in erster Linie von den Nutzern bestimmt. Mit dieser Tatsache tun sich viele Immobilien-Fachleute schwer.

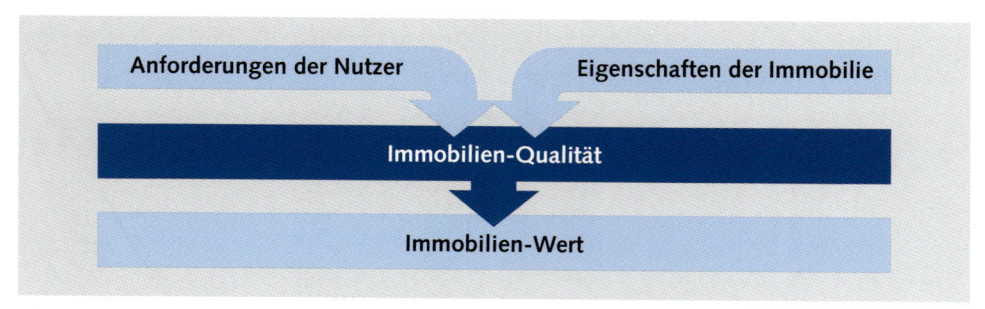

Abbildung 93: **Die Anforderungen der Nutzer bestimmen den Wert einer Immobilie**

4.1 Der Wert einer Immobilie

Immobilien-Marketing vertritt die Interessen zukünftiger Nutzer

Am Prozess der Immobilien-Entwicklung – von der ersten Idee bis zur Nutzung einer Liegenschaft – sind sehr viele Akteure beteiligt, etwa Promotoren, Eigentümer, Architekten, Fachplaner, Behörden, Bauunternehmer, Generalunternehmer, Totalunternehmer oder Investoren. Der Nutzer steigt in der Regel erst ganz am Schluss in den Entwicklungsprozess ein, nämlich dann, wenn er einen Mietvertrag unterschreibt oder die Immobilie kauft. Aber: zu diesem Zeitpunkt sind alle wichtigen Entscheidungen zur Gestaltung der Immobilie bereits gefällt. Erschwerend kommt hinzu, dass die vorgängigen Entscheidungsträger in der Regel bereits aus dem Entwicklungsprozess ausgeschieden sind. Für Planungs- und Baumängel können sie zwar noch zur Rechenschaft gezogen werden, für Mängel in der nutzergerechten Konzeption der Liegenschaft fühlt sich jedoch oft niemand mehr verantwortlich. Erschwerend kann auch die Schnittstelle sein, wo die Immobilie den Planungs- und Bauprozess verlässt und der Nutzungsprozess beginnt, mit meist neuen Prozessbeteiligten wie Endinvestor und Bewirtschafter. Im Prozess der Immobilien-Entwicklung fehlt somit ein Vertreter, der die Interessen der zukünftigen Nutzer von Anfang an vertritt. Diese Rolle übernimmt das Immobilien-Marketing. Seine Aufgabe in der Entwicklungsphase ist es, die Angebote den Bedürfnissen der Kunden anzupassen und glaubhaft zu kommunizieren. Es lohnt sich deshalb, zu Beginn der Immobilien-Entwicklung von Immobilien-Marketingspezialisten folgende Fragen abklären zu lassen:

- Welche Nutzersegmente werden voraussichtlich Interesse an dieser Immobilie haben?
- Welches sind die Bedürfnisse und Anforderungen der gewünschten Zielgruppe?
- Woher kommen die zukünftigen Nutzer?
- Wieviel sind die zukünftigen Nutzer bereit für dieses Immobilien-Angebot zu bezahlen?
- Ist diese Lage mit den Zielgruppenvorstellungen vereinbar?
- Welche Eigenschaften muss die Liegenschaft aufweisen?
- Mit welchen Instrumenten oder Prozessen des Immobilien-Marketings kann eine nachhaltig hohe Immobilien-Qualität erreicht werden?
- Wie kann mit Immobilien-Marketing der Vermarktungsprozess unterstützt werden?

4. IMMOBILIEN-MARKETING IN DER ENTWICKLUNG

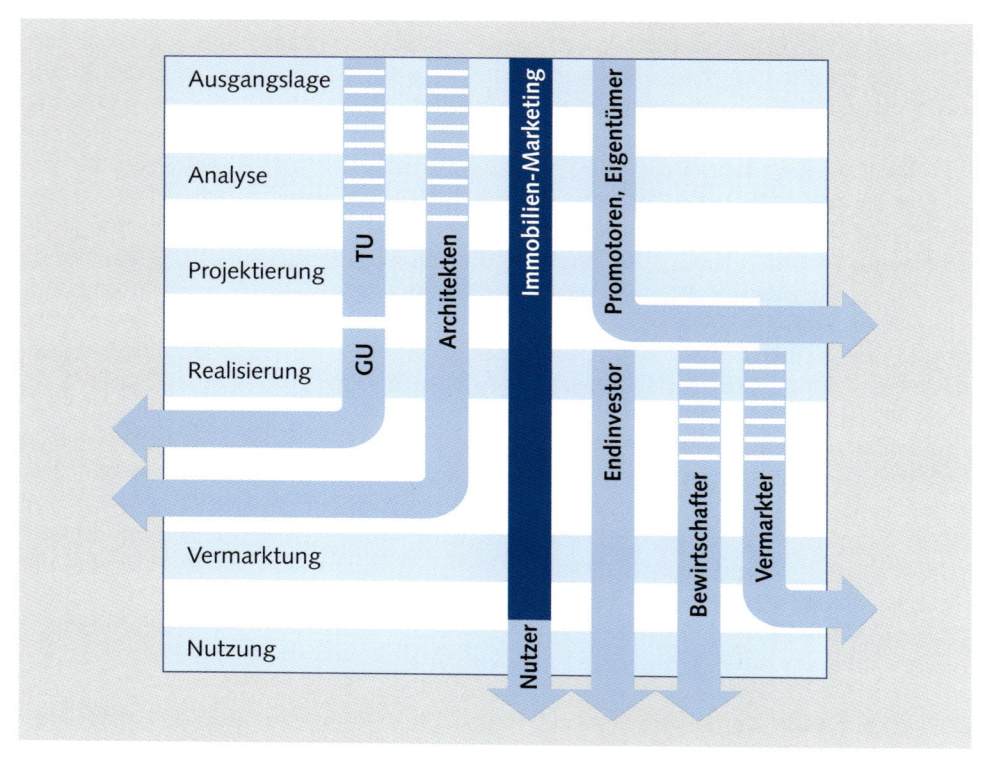

Abbildung 94: **Immobilien-Marketing vertritt die Interessen der Immobilien-Nutzer im Projektentwicklungsprozess**

Immobilien-Marketing muss frühzeitig eingesetzt werden und unabhängig sein
Die Weichen für den Erfolg einer Immobilie werden in den Anfangsphasen der Immobilien-Entwicklung gestellt. Korrekturen werden mit zunehmendem Projektfortschritt immer teurer. Umgekehrt sinkt mit der Zeit der Einfluss auf die Kosten.

Dem gesamten Energiehaushalt und den Heiz- und Nebenkosten einer Liegenschaft, also den Kosten für den technischen Betrieb und Unterhalt, für die Sicherheit oder die Energie, wird meist grosse Aufmerksamkeit geschenkt. Die Leerstandskosten hingegen, die bedeutendste Kostenkategorie, werden oft vernachlässigt. Um Leerstände zu verhindern und damit die Leerstandskosten möglichst tief zu halten, muss das Immobilien-Marketing dafür sorgen, dass die Liegenschaft den Anforderungen der künftigen Nutzer genügt oder, noch besser, die Erwartungen sogar übertrifft.

Soll Immobilien-Marketing erfolgreich sein, muss es sowohl finanziell, organisatorisch als auch ideell unabhängig sein. So verfügt etwa eine Marketingorganisation, die Teil eines beteiligten Generalunternehmers oder Architekturbüros ist, kaum über die nötige Unabhängigkeit, um die Interessen der zukünftigen Nutzer unvoreingenommen zu vertreten. Die Forderung nach ideeller Unabhängigkeit hat ihre Berechtigung in der Tatsache, dass Marketing keine Technik, sondern eine Denkhaltung darstellt. Deshalb kann ein Architekt oder Bauspezialist, der glaubt, im Nebenamt auch noch Marketingspezialist zu sein, nicht die richtige Wahl sein. Gefragt sind vielmehr eine optimale Zusammenarbeit und der Austausch von Ansichten der beteiligten Partner für das entstehende Immobilien-Projekt. Ein möglicher Partner ist eine Unternehmung oder eine Einzelperson, die einerseits über umfassendes Fachwissen in Marketing, andererseits über das nötige Know-how in der Immobilien-Branche verfügt und die Abläufe der Projektentwicklung kennt und diese Bereiche kombinieren kann. Damit ist gewährleistet, dass ein nachhaltiger Mehrwert weit über die Vermarktungsphase hinaus erzielt werden kann.

Marktrelevante Erfolgsfaktoren
Aus Sicht des Marktes ergeben sich zusammenfassend folgende Erfolgsfaktoren für Immobilien-Entwicklungsprojekte:

- Die Interessen der Nutzer müssen von Anfang an berücksichtigt werden
- Ein unabhängiges Immobilien-Marketing muss diese Interessen frühzeitig und engagiert vertreten dürfen
- Immobilien-Marketing muss auf die zu treffenden Entscheidungen konkreten Einfluss nehmen können

Damit können für Immobilien nachhaltige Mehrwerte geschaffen werden. In den letzten Jahren sind zunehmend Tendenzen und Fortschritte bei grösseren Immobilien-Projekten festzustellen, wo Projektentwicklungsteams mit ausgewogenen Kompetenzen und Einflüssen aus allen Fachbereichen ein Optimum erzielt haben.

4.2 Der Prozess der Immobilien-Entwicklung

Ausgangslage und Anstoss eines Entwicklungsprojekts ist beispielsweise eine bestehende Liegenschaft, ein Stück Land, ein Gebiet, ein Grossnutzer, ein Kapitalgeber oder gar nur die Absicht, in die Entwicklung einer Immobilie zu investieren. Das Projektentwicklungsteam befasst sich eingehend mit der Umwelt und dem Umfeld des Projektstandortes und nimmt relevante Veränderungen wahr. Der ernsthafte Einbezug der so genannten «Megatrends» [2] sollte selbstverständlich sein und darf nicht vernachlässigt werden. Diese unten kurz beschriebenen Trendannahmen beeinflussen die Immobilien-Landschaft und werden in der Zukunft massgeblichen Einfluss bei Entscheidungen in Immobilien-Entwicklungen bekommen. Ein professioneller Projektentwickler erkennt die Chancen und Gefahren dieser Trends und setzt sie zum Vorteil im Prozess der Immobilien-Entwicklung ein.

Nachhaltigkeit
In Zukunft werden Entwicklungsgewinne auf Kosten der Umwelt, ohne nachhaltige Immobilien-Entwicklung, in industrialisierten Ländern keine politische Akzeptanz mehr finden.

[2] SVIT/KUB Schweiz, Immobilienmanagement, Zürich 2009

4. IMMOBILIEN-MARKETING IN DER ENTWICKLUNG

Neues Mobilitätsverständnis
Bei der Generation 20-jähriger und junger Erwachsener, die neu ins Berufsleben einsteigen, ist ein zunehmender Wandel festzustellen: das Umweltverständnis erhält mehr Gewicht, ein eigenes Auto ist für einen 18-Jährigen nicht mehr das Wichtigste. Mit den ÖV zur Arbeit zu gelangen und zentral zu wohnen beeinflusst auch das Wohnverhalten.

Empathie
Einen Einfluss auf bauliche Entwicklungen wird auch die zunehmende Veränderung in der Denkhaltung der öffentlichen und politischen Meinung bewirken. Dies hat zur Folge, dass die individuelle Nutzenmaximierung zugunsten den Bedürfnissen der Gemeinschaft zusehends eingeengt wird.

Demographie und Migration
Das ungebremste Bevölkerungswachstum und die zum grössten Teil unkontrollierte Industrialisierung in der dritten Welt, stehen der stark aufkommenden Überalterung und der wirtschaftlichen Stagnation der westlichen Welt gegenüber. Dieses Ungleichgewicht wird weiterhin wachsende Migrationsströme auslösen.

Postmaterialismus
In entwickelten Ländern tendiert die gesättigte Gesellschaft zunehmend weg von quantitativem, hin zu qualitativem Wachstum. Vermehrt nimmt das Interesse an immateriellen Gütern wie Gesundheit, Kultur und Freizeit zu, die weitere Akkumulierung von materiellen Gütern nimmt ab. Die Immobilien-Wirtschaft kann auf diese Entwicklung mit zusätzlichen Serviceangeboten für Mieter und Käufer reagieren.

Individualisierung und Heterogenität
Der zunehmenden Individualisierung der Gesellschaft ist auch in den Immobilien-Angeboten Rechnung zu tragen. Mit uniformen Wohnblocks und Wohnangeboten sind kaum mehr Bewohner zu finden. Vielmehr muss mit flexiblen, zielgruppengerechten Wohnangeboten reagiert werden, wie modernes Studentenwohnen, Alters-Wohngemeinschaften, Grossfamilien sowie mit attraktiven Wohn-Arbeitsräumlichkeiten.

Der Mensch und Hightech
Die technologische Entwicklung nimmt immer mehr Einfluss auf den Menschen. So wird ermöglicht, dass einerseits handicapierte Personen durch Implantate für Gehörgeschädigte, Orientierungssysteme für Sehbehinderte, Robotertechnik usw. nicht ausgegrenzt werden. Andererseits bieten die modernsten Kommunikationssysteme eine «Allzeiterreichbarkeit», was auch eine Reaktion auf den Raumbedarf auslösen wird.

Wir unterscheiden in der Projektentwicklung zwischen einer Analyse-, einer Projekt- sowie einer Realisierungsphase. Immobilien-Marketing hat in allen Phasen der Immobilien-Entwicklung Aufgaben zu erfüllen. In den folgenden Teilkapiteln werden die wichtigsten Aufgaben darlegt. Die effektive Abfolge der Teilphasen kann

4.2 Der Prozess der Immobilien-Entwicklung

unterschiedlich sein; der hier abgebildete Prozess stellt lediglich ein Beispiel dar. Naturgemäss ist das Marketing in den marktbezogenen Teilphasen bestimmend. Dort ist es seine Aufgabe, die Bedürfnisse der zukünftigen Nutzer einzubringen. Auch in jeder Jury eines Projektwettbewerbs sollte mindestens ein Fachmann die Themen des Marktes und der Vermarktungsfähigkeit stimmberechtigt vertreten dürfen (siehe dazu auch Kapitel 4.6).

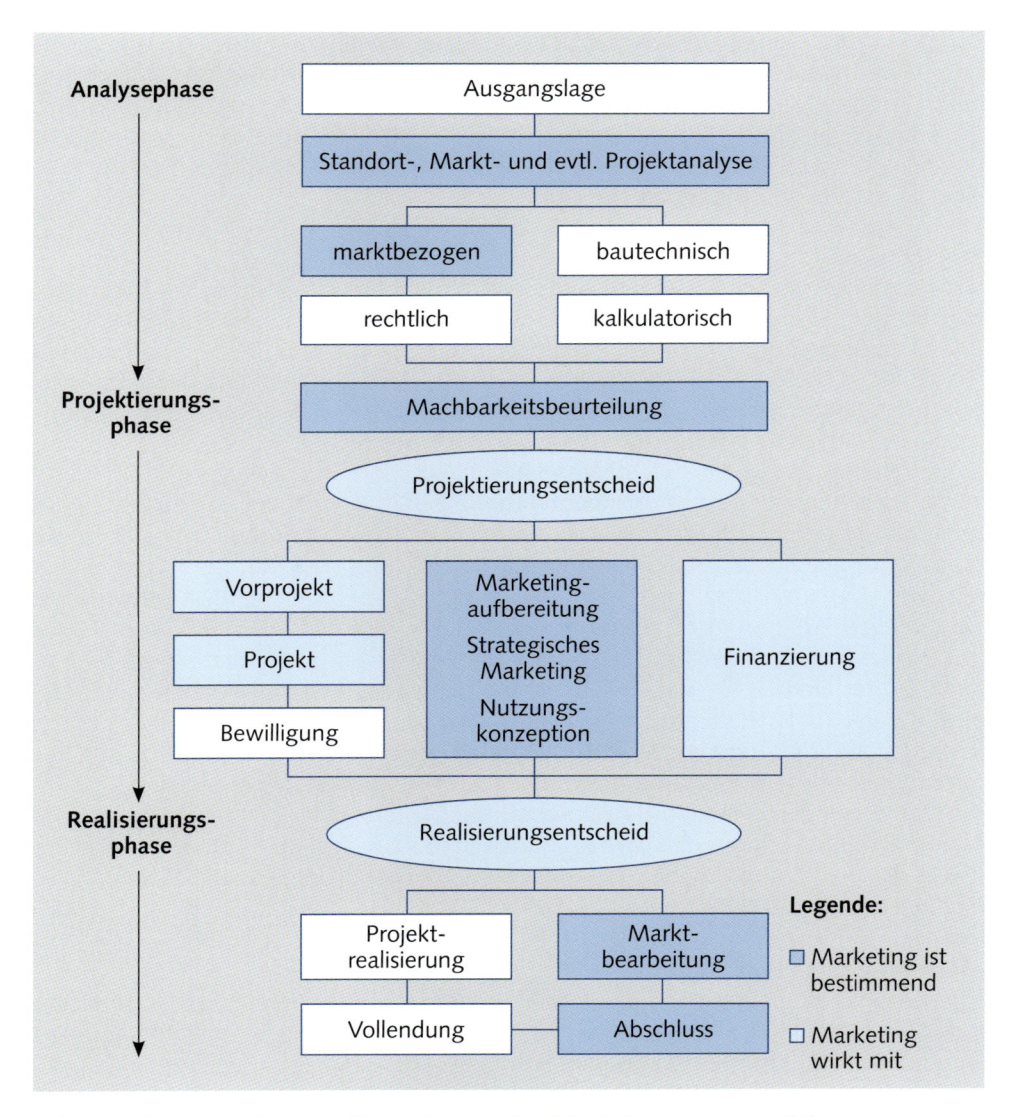

Abbildung 95: **Der Einfluss des Marketings in der Entwicklung von Immobilien**

4. IMMOBILIEN-MARKETING IN DER ENTWICKLUNG

4.2.1 Aufgaben in der Analysephase

Standortbeurteilung
Die Lage bzw. der Standort ist einer der bedeutendsten Bestimmungsfaktoren einer Immobilie. Die Standortqualität wird zwar von einem Immobilien-Spezialisten beurteilt, aber ausschliesslich und erst von den zukünftigen Nutzern einer Immobilie in der letzten Phase bestätigt. Stimmen die Standortcharakteristika mit den Standortanforderungen der Nutzer überein, kann von einer hohen Standortqualität gesprochen werden. Es ist deshalb entscheidend, die Bedürfnisse der Nutzer und deren Anforderungen an die Lage zu kennen. Den Marketingspezialisten kommt die Aufgabe zu, diese Informationen zu eruieren und zu interpretieren. Sie verfügen über das notwendige Know-how und die entsprechenden Instrumente wie z. B. einer Standort- und Marktanalyse.

Projektbeurteilung
Welche Immobilie soll entwickelt und realisiert werden? Vertragen sich Mischnutzungen wie beispielsweise Wohnen und Einkaufen, Büro und Einkaufen, Wohnen und Gastronomie im konkreten Standort- und Marktumfeld? Diese Frage müssen Architekten, Verkehrsplaner, Landschaftsarchitekten, Juristen und Finanzspezialisten aus bautechnischer, rechtlicher und kalkulatorischer Sicht erörtern. Das Immobilien-Marketing hingegen muss diese Frage aus Sicht des Marktes beantworten: Welches Objekt verspricht an welchem Standort den grössten Erfolg? Sind es Mietwohnungen, Eigentumswohnungen, Einfamilienhäuser, Gewerbebauten, gemischt genutzte, öffentliche Objekte oder gar Industriebauten? Wie stehen die Vermarktungschancen im aktuellen Marktumfeld? Wie wird sich der Markt in den nächsten Monaten bzw. bis das Projekt marktreif ist voraussichtlich entwickeln? Diese Fragen können nicht alleine, sondern nur zusammen mit Eigentümern, Projektentwicklern, Architekten, Juristen, Finanzspezialisten und anderen Fachplanern beantwortet werden. Eine solche Teamarbeit ist nicht einfach, sprechen die Spezialisten doch zum Teil recht unterschiedliche Fachsprachen und sind geprägt durch verschiedene Ziele und Anreize. Ein Architekt beispielsweise verdient in der Regel umso mehr, je höher die Kosten ausfallen. Der Makler hingegen ist an einem möglichst schnellen Abschluss zu hohen Preisen interessiert. Den Projektentwickler schliesslich interessieren das Verhältnis zwischen Aufwand und Ertrag, die Rendite sowie die damit verbundenen Risiken. Den Endinvestor interessiert in erster Linie eine nachhaltige Rendite.

Machbarkeit und Potenzial
Das Resultat der Zusammenarbeit aller Beteiligten ist eine Machbarkeitsbeurteilung. Sie kombiniert alle relevanten Faktoren und formuliert eine Empfehlung zu Handen des Eigentümers, die folgende Punkte umfasst:

– Eckdaten des zu realisierenden Projekts
– Kostenschätzung
– Ertragsschätzung
– Prüfung der gewünschten Nutzung

- Chancen und Risiken in Planung, Vermarktung und Realisation
- Standort- und Markteinschätzung
- Etappierungschancen bzw. -risiken
- Politische Machbarkeit und Risiken
- Akzeptanz in der Bevölkerung

Die Machbarkeitsbeurteilung ist eine wichtige Grundlage für den Entscheid des Eigentümers oder Investors, mit welchem Entwicklungsweg die grössten Marktchancen erzielt und das Risiko kontrolliert werden kann. Dies führt über den Projektierungsentscheid zur Projektierungsphase.

4.2.2 Aufgaben in der Projektierungsphase

Die Aufgabe des Marketings in der Projektierungsphase ist die so genannte Marketingaufbereitung: die Vorbereitung des Projekts auf die eigentliche Marktbearbeitung und die Schaffung der Grundlagen für eine erfolgreiche Realisierung. Andere Begriffe wie Nutzungskonzeption oder strategisches Marketing gehen in die gleiche Richtung.

Segmentierung
Nachdem der Grundsatzentscheid, das Projekt in Angriff zu nehmen, gefallen ist, muss es bis zur Realisierungsreife entwickelt werden. Aufbauend auf den Erkenntnissen der Machbarkeitsbeurteilung kommt dem Immobilien-Marketing die Aufgabe zu, die Zielgruppen zu bestimmen (Segmentierung), die sich mit der Projektlage und dem möglichen Raumangebot identifizieren kann. (Die Segmentierung und Marktforschung wird im Kapitel 3 ausführlich behandelt). Bei den Segmentierungsarbeiten können sich erste Vermarktungsansätze herauskristallisieren und aufzeigen, wie sich das Projekt gegenüber den anderen Angeboten auf dem Markt abgrenzen könnte (Positionierung).

Preis- und Produktgestaltung
In der Projektierungsphase einer Immobilie bestehen noch grosse Freiheiten in der Gestaltung von Preis und Angebot. Diese Freiheiten gilt es zu nutzen. Man muss der Versuchung widerstehen, Preis und Angebot der Einfachheit halber gleich zu gestalten wie beim letzten Projekt oder, noch schlimmer, wie stets in den letzten Jahren, mit der Begründung, es habe bis jetzt auf diese Weise noch immer funktioniert. Erfahrungen sollten durchaus einfliessen, man darf aber nicht vergessen, dass es kein Patentrezept für die Entwicklung erfolgreicher Immobilien gibt. Der «richtige» Preis und die «richtige» Gestaltung des Objekts müssen immer wieder von neuem ermittelt werden. Dabei sind sowohl architektonische als auch technische, kaufmännische und marketingbezogene Überlegungen einzubeziehen. Und da gerade das Marketing den Nutzer einer Immobilie und seine Bedürfnisse am besten kennt, muss es bei der Preis- und Produktgestaltung entscheidend mitwirken können. Werden die Mietzinse einzig aufgrund der Renditeerwartungen festgelegt, kann kaum ein nachhaltiger Ertrag in der Bewirtschaftungsphase erzielt werden.

4. IMMOBILIEN-MARKETING IN DER ENTWICKLUNG

Nutzungskonzeption

Das Resultat aller notwenigen Arbeiten in der Projektierungsphase wird in einer Nutzungskonzeption mit den untenstehenden Hauptpunkten zusammengefasst. Als Grundlage dient eine eventuell früher erstellte Standort- und Marktanalyse.

- Ziele der Auftraggeberschaft/Eigentümer
- Aktualisierte Standort- und Marktdaten
- Festlegung einer realistischen Segmentierung (Zielgruppenbestimmung)
- Preiserwartungen für die zu erwartenden Segmente
- Nutzungsmix (Wohnen, Büro, Gewerbe, Retail usw.)
- Prüfung einer möglichen Retailnutzung
- Etappierungsvorgehen aus Vermarktungssicht
- Mögliche Vermischung oder Trennung von Nutzungssegmenten (z. B. Wohnen und Büro)
- Hergeleitete Produktvorschläge am Beispiel Wohnnutzung bezüglich:
  - Wohnungsgrössen
  - Wohnungsmix
  - Wohnungstypen (Maisonette, Attika usw.)
  - Materialisierung (Böden, Küchen, Wände, Nasszellen usw.)
  - Ausstattung (Balkone, Terrassen, Öfen, Kellerräume, Waschmaschine/Tumbler, Veloabstellplätze, Parkplätze, Besucherparkplätze usw.)

Der ganze Prozess der Nutzungskonzeption sollte in der Projektierungsphase in enger Zusammenarbeit mit den Architekten, den Fachplanern sowie der Eigentümerschaft entstehen. Nur dann kann ein gegenseitiges Verständnis entstehen und ein Optimum für das Entwicklungsprojekt erzielt werden.

Kommunikation

Die Übermittlung des Angebots an potenzielle Käufer oder Mieter ist die offensichtlichste Aufgabe des Marketings. Dies ist auch der Grund, weshalb es oft zu Unrecht auf diese Tätigkeit reduziert wird. Der Kommunikation kommt insbesondere in jenen Projekten grosse Bedeutung zu, bei welchen die Vermarktung bereits vor der eigentlichen Realisierung beginnt. Mit gezielten PR-Arbeiten und Auftritten kann der Markt auf einen erfolgreichen Vermarktungsprozess vorbereitet werden. Mit geeigneten Marketingmassnahmen ist es also durchaus möglich, Immobilien noch vor oder während des Baubeginns zu verkaufen. Dadurch werden Erträge früher realisiert, Kosten gesenkt und Risiken minimiert. So wird das enorme Potenzial der Marketingrendite (vgl. auch Kapitel 3) erschlossen.

Gerade in Entwicklungsprojekten muss aber nicht nur mit Käufern, Mietern oder Nutzern kommuniziert werden. Während des ganzen Entwicklungsprozesses sind weitere Bezugsgruppen – also Marktteilnehmer mit berechtigten Ansprüchen (vgl. auch Abbildung 11, Kapitel 1) – zu berücksichtigen, da dort zahlreiche Interessen verknüpft sind. Einzelne Gruppen können ein Projekt auf Grund der gesetzlichen Grundlagen oder politischen Ansichten massiv verzögern oder gar verhindern. Daher ist es vielfach vor allem bei grösseren Projekten nötig und sinnvoll, dass unter

Umständen eine politisch erfahrene PR- oder Marketing-Agentur vorgeschaltet und mit in den Prozess eingebunden wird.

4.2.3 Aufgaben in der Realisierungsphase

Marktbearbeitung
Die definierten Zielgruppen müssen mit den ausgewählten und aufbereiteten Marketinginstrumenten bearbeitet werden. Das Ziel besteht in der Regel in einem möglichst schnellen Miet- oder Verkaufsabschluss zu möglichst vorteilhaften Konditionen.

Öffentlichkeitsarbeit
Auch in der Phase der Realisierung nimmt die Öffentlichkeitsarbeit eine besondere Stellung ein, haben solche Projekte gerade in dieser Phase zahlreiche Hürden zu nehmen. Oft kommen zum ordentlichen Baubewilligungsverfahren weitere Verfahren wie etwa ein Gestaltungsplan oder eine Umweltverträglichkeitsprüfung hinzu. In jeder Phase des Bewilligungsprozesses gibt es Einsprache- und Beschwerdemöglichkeiten, nicht nur für direkt Betroffene, sondern beispielsweise auch für Verbände. Das umstrittene Verbandsbeschwerderecht hat in den vergangenen Jahren für viel Gesprächsstoff gesorgt, und auch die Politik ist hier gefordert. Der Kommunikation mit den Bezugsgruppen kommt wie erwähnt eine grosse Bedeutung zu: Sie muss sich zum Ziel setzen, einen möglichst schnellen Weg durch die Gesetze, Verordnungen und Reglemente von der Idee bis zur Ausführung zu finden. Zu diesem Zweck müssen alle Teilnehmer am Prozess und ihre jeweiligen Interessen bekannt sein.

Kundenbetreuung
Mit dem Abschluss der Miet- bzw. Kaufverträge ist die Aufgabe des Marketings noch nicht abgeschlossen. Während der Realisierung müssen die zukünftigen Nutzer betreut werden. Sie sollen sicher sein, dass auch wirklich das realisiert wird, was sie erwarten. Die Vorfreude der zukünftigen Bewohner kann gesteigert werden, indem sie mit Zwischeninformationen bedient werden. Dazu gehören beispielsweise regelmässige Informationsveranstaltungen oder das zelebrieren von Meilensteinen wie Spatenstich, Aufrichte oder Bezug der Immobilie.

Imagebildung und Vorbereitung auf die Bewirtschaftungsphase
Jedes Objekt hat ein Image, d. h. es wird von aussen auf eine bestimmte Art und Weise wahrgenommen. Aufgabe des Marketings ist es, diese Wahrnehmung im Hinblick auf eine nachhaltige Performance des Projekts zu steuern. Auch nach dem Abschluss der Kauf- oder Mietverträge ist diesem Aspekt Rechnung zu tragen. Dies geschieht beispielsweise nach dem Bezug der Liegenschaft durch Veranstaltungen wie Bewohnerfeste und bei Eignung die weitere Verwendung des Vermarktungsnamens der Liegenschaft. Ein Ziel des Immobilien-Marketings sollte es sein, den Übergang in die Bewirtschaftung und deren Arbeit zu erleichtern. Ein positives Image etwa erleichtert den Kontakt zwischen der Bewirtschaftungsfirma und der Bewohnerschaft. Eine für die Vermarktung erstellte Website kann so umgebaut werden, dass sie für die Wiedervermietung der Wohnung oder den Weiterverkauf einer Stockwerkeinheit

wertvolle Dienste leistet. Ein Intranet via Webseite kann zudem den Verkehr mit der Bewohnerschaft vereinfachen.

4.3 Die Standortevaluation

So banal die Feststellung auch klingen mag, so entscheidend ist sie: Immobilien sind immobil und somit an einen bestimmten Standort gebunden. Marketingregeln können deshalb nicht unbesehen auf den Immobilien-Markt übertragen werden, wie bereits verschiedentlich deutlich wurde. Standorte werden durch einen jeweils spezifischen Mix aus weichen und harten Faktoren definiert. Sie sind somit – und damit sämtliche Immobilien-Angebote – Unikate. Für die Information und die Kommunikation ergeben sich daraus besondere Herausforderungen.

Neben den harten Faktoren wie Bodenpreis, Mietertrag und Bausubstanz sind im Besonderen die weichen Standortfaktoren wie Image, Lage, soziales Umfeld sowie die Eigentümer- und Mieterstruktur nicht objektiv quantifizierbare Grössen. Diese sind aber für die Vermarktung oftmals entscheidend. So haben es Standorte mit einem schlechten Image viel schwerer, im Markt zu bestehen – auch wenn dieses schlechte Image nicht begründet und die Lage eigentlich hervorragend ist. Dennoch pendeln sich solche Standorte nach und nach in einer tieferen Kategorie ein und sind in der Folge unterbewertet. Für eine Lage mit schlechtem Image kann deshalb nicht derselbe Marktpreis erzielt werden wie für eine vergleichbare Lage mit bestem Image. Die jahrelang gültige Aussage der Immobilien-Branche, «Lage, Lage, Lage» seien die drei wichtigsten Standortfaktoren, muss in diesem Sinne relativiert werden.

4.3.1 Wie definiert sich die Standortqualität?

Die Standortqualität einer Immobilie definiert sich demnach aus mehreren verschiedenen Faktoren, und nicht nur der Lagefaktor ist entscheidend für den Erfolg einer Immobilie. Vielmehr setzt sich die Standortqualität zusammen aus der Qualität der Makrolage, der Qualität der Mikrolage und der Objektqualität. Unter Makrolage versteht man die Lage eines Objektes in Bezug auf die weitere Umgebung (Land, Region, Gemeinde). Die Mikrolage hingegen beschreibt das Objekt in Bezug auf die nächste Umgebung wie dem Quartier oder der Strasse. Zur Beurteilung der Qualität einer Immobilie müssen die genannten Faktoren somit sehr genau differenziert und einzeln bewertet werden. Stimmt beispielsweise die Objektqualität nicht mit der Lagequalität zusammen, kann kaum von einer hohen Gesamtqualität gesprochen werden. Ebenso wenig sind gute Architektur und herausragendes Design ausreichend, um eine Immobilie an jedem Standort erfolgreich vermarkten zu können. Es gibt ausgezeichnete Wohnlagen, die aber z. B. wegen einer nahen Hochspannungsleitung oder Lärmimmissionen einer nahen Fabrik eine abwertende Wirkung auf die Standortqualität haben.

Ein weiterer Punkt ist, dass die beschriebenen Qualitätseinschränkungen von den beurteilenden Interessenten sehr konträr wahrgenommen und beurteilt werden. So kann z. B. Zuglärm der nahen Bahnlinie für die einen ein «no go» für diesen Standort bedeuten, andere stört dies überhaupt nicht. Die einen richten die Gebäudeausrichtung und die Zimmereinteilung, sowie die Ausstattung konsequent nach raumpsychologischen Kriterien aus und möchten damit ein Maximum an Harmonie und Wohlstand erreichen, andere interessiert dies überhaupt nicht. Natürlich werden die Preise an Toplagen ohne Makel auch in Zukunft noch weiter steigen, doch alle anderen Lagen für die grosse Masse von Wohnenden haben immer den einen oder anderen Kompromiss, den es zu akzeptieren gilt. Ein optimales Zusammenspiel aller Spezialisten im Projektentwicklungsprozess ermöglicht ein nachhaltiges Immobilien-Produkt, welches auch mit Nachteilen optimal umgehen kann. Damit werden auch für die Auftraggeber bzw. Investoren ausgewogene Entscheidungsgrundlagen herausgearbeitet.

Immobilien-Makler	Immobilien-Fachleute	Architekt
Immobilie =	Immobilie =	Immobilie =
1. Lage →	Makroqualität	
2. Lage →	Mikroqualität ←	gute Architektur
3. Lage	Objektqualität ←	gutes Design

Abbildung 96: **Standortqualität aus verschiedenen Blickwinkeln** [3]

4.3.2 Standortevaluation in der Praxis

Das spezifische Image einer Ortschaft, eines Quartiers, einer Region oder einer Stadt kann durch eine einzelne Immobilie oder eine Überbauung kaum beeinflusst werden. Ein Immobilien-Projekt ist somit in gewissem Masse vom Image der Makro- und der Mikrolage abhängig. Images und Identitäten entwickeln sich langfristig und können im Bewusstsein der Menschen nur schwer geändert werden. Ein bestehendes Image kann nur durch Projekte, die dank ihrer Grösse den Markt beeinflussen können, sowie mittels entsprechender Marketing- und PR-Massnahmen positiv verändert werden (vgl. Kapitel 7.1 Standortmarketing). Ein schlechtes Image einer grösseren Überbauung kann nur mit einem langfristigen – und in der Regel kostspieligen – Prozess positiv beeinflusst werden. Eine Lösung bietet hier beispielsweise ein professionelles Gebietsmarketing, das eng mit den jeweiligen Standortmarketing-Stellen der Region oder der Gemeinde zusammenarbeitet.

[3] nach Wüest & Partner

4. IMMOBILIEN-MARKETING IN DER ENTWICKLUNG

Einer sorgfältigen Standortevaluation kommt grosse Bedeutung zu, denn Bauprojekte sind zeitintensiv und von zahlreichen äusseren Einflüssen abhängig. Sie müssen somit auf langfristige Sicht die Ziele des Investors erfüllen. Für die Standortevaluation sind umfassende und präzise Kenntnisse des jeweiligen lokalen Immobilien-Marktes unabdingbar. Zahlreiche Faktoren müssen berücksichtigt werden, so etwa eine allfällige teurere Erschliessung des Gebiets auf Grund seiner topographischen Lage. Auch die Aussicht kann für den Kaufentscheid ausschlaggebend sein, sieht man vielleicht aus dem 3. Obergeschoss direkt an die nächste Hausmauer, aus dem 4. Geschoss bereits auf einen See oder in die Weite. Weitere wichtige Faktoren, die bei der Evaluation eines Standortes berücksichtigt werden müssen, sind die Infrastruktur der nächsten Umgebung und die Verkehrserschliessung. Zusammen mit dem Standortumfeld müssen letztlich aber auch die Nutzflächen den Kundenbedürfnissen gerecht werden.

Zu berücksichtigen sind bei einer Standortevaluation die Ziele des Investors oder Käufers, denn Immobilien werden aus unterschiedlichen Beweggründen gesucht oder erstellt. So kann eine eher kurzfristige oder eine langfristige Bedarfsdeckung im Vordergrund stehen. Auch Repräsentationsbedürfnisse können entscheidend sein sowie der Wunsch nach einer sicheren Kapitalanlage.

Die Investitionsstrategien institutioneller Anleger und Bauträger konzentrieren sich in der Schweiz meist auf wirtschaftliche Zentren, da man sich dort bessere Absatzchancen erhofft. Investitionen in Randregionen oder Agglomerationen sind oft zweite Wahl und werden häufig nur vom lokalen Markt getätigt. Die Konzentration auf Wirtschaftszentren führt in einer ersten Phase zwar zu einer preistreibenden Nachfrage nach Bauland sowie nach Investitions- und Umnutzungsobjekten. Die langfristigen Gewinn- und Renditeaussichten werden in einer zweiten Phase dadurch aber eher angeglichen oder sogar geschmälert.

In ländlichen Gebieten wird die Investition in neu erschlossene Baugrundstücke meist dem lokalen Markt überlassen. Entsprechend ist die Architektur neuer Objekte oft austauschbar und traditionell. Sie baut auf vertraute Elemente auf; architektonische Experimente zahlen sich kaum aus. Das Preisniveau in ländlichen Gegenden ist stabil, gegen oben jedoch begrenzt. Mit städtischen Verhältnissen lässt es sich nicht vergleichen. Der Erfolg der lokalen Immobilien-Entwickler liegt in den zahlreichen persönlichen Kontakten, dank derer sie sich einen Wettbewerbsvorteil erarbeiten können.

Selbst in gesättigten Märkten und in Randregionen kann der Absatz von Wohnobjekten gesteigert werden, wenn nach Marketinggrundsätzen gehandelt wird. Dies bedeutet in erster Linie: Die Angebote müssen konsequent auf die Bedürfnisse der Kunden ausgerichtet sein, wobei berücksichtigt werden muss, dass sich die anvisierten Zielgruppen je nach Region unterscheiden und verändern können. Eine genaue Definition der Zielgruppen und umfassende lokale Kenntnisse sind deshalb unabdingbare Voraussetzungen.

4.3 Die Standortevaluation

Nachfolgende Abbildung zeigt einige allgemein wichtige Standortfaktoren der Immobilien-Nutzer für Wohnungen und für Büros. Diese können sich im Laufe der Zeit ändern und sind oftmals regional unterschiedlich zu gewichten. Die Gewichtung verschiebt sich auch mit zunehmendem Alter und individuellen Neigungen.

Wichtige Standortfaktoren für Wohnungen

- Öffentliche Verkehrsmittel in der Nähe
- Sympathisches Quartier ganz allgemein
- Grünflächen im Quartier
- Länge des Arbeitsweges
- Kinderfreundlichkeit des Quartiers und der angrenzenden Umgebung
- Einkaufsmöglichkeiten in der Nähe
- Steuerfuss der Gemeinde
- Keine Belastung durch Mobilfunk-Antennen in der Nähe
- Möglichkeiten, die Freizeit im Quartier zu verbringen
- Kulturelles Angebot im Quartier bzw. Dorf
- Ausreichende medizinische Versorgung in der Nähe
- Nähe Sportangebote

Wichtige Standortfaktoren für Büros und Gewerbe

- Angebot an nationalen und regionalen Anbindungen
- Angebot an Parkplätzen
- Angebot an lokale Anbindungen
- Steuerbelastung für Unternehmen
- Erhältlichkeit von Arbeitsbewilligungen für ausländische Mitarbeiter
- Internationale Schulen für Kinder von Mitarbeitern aus Grosskonzernen
- Baubewilligungsverfahren, Bauvorschriften und -gesetze
- Mitarbeiterverfügbarkeit
- Nähe zu Kunden
- Nähe zu verwandten Branchen (Clusterbildung)
- Ausbildungsmöglichkeiten
- Tiefe Raumkosten
- Repräsentativität der Liegenschaft
- Vorhandene Expansionsmöglichkeiten
- Hochleistungsdatennetze

Abbildung 97: **Standortfaktoren für Wohnen und Büros/Gewerbe**

4.3.3 Standort- und Marktanalyse

Eine sorgfältige, umfassende Standort- und Marktanalyse bietet nicht nur Entscheidungshilfe bei der Wahl und Bewertung eines Standortes, sondern liefert für die gesamte Projektentwicklung wichtige Daten und Fakten, die mitunter für den Erfolg oder Misserfolg eines Projektes entscheidend sein können. In einer Standort- und Marktanalyse wird, wie der Name sagt, einerseits der Standort – von der Makro- bis zur Mikrolage – und andererseits das gesamte für das jeweilige Projekt relevante Marktumfeld untersucht und interpretiert. Die zu untersuchenden Gebiete reichen dabei von der Analyse des Images des jeweiligen Quartiers, der Verkehrssituation und der Bevölkerungsstruktur über eine genaue Analyse der Konkurrenzprojekte und der Bautätigkeit bis hin zu einer Untersuchung und Gegenüberstellung der Marktpreise. Als Fazit resultieren aus den Analyseergebnissen letztlich Empfehlungen für den Auftraggeber. Eine Standort- und Marktanalyse kann bei einem bereits vorhandenen Projekt auf dem Grundstück in der Regel durch eine Projektanalyse ergänzt werden.

Der Ablauf der Entstehung einer Standort- und Marktanalyse kann grob in fünf Schritte eingeteilt werden:

1. Auftragsbesprechung und Briefing durch den Auftraggeber
2. Sammeln von Informationen mittels Datenbanken, Internet und Interviews
3. Sichtung und Analyse der gesammelten Daten
4. Verifizieren der Daten und Verfassen des Berichts
5. Besprechung und Übergabe des Berichts an den Auftraggeber; auf Wunsch Detailverifizierung von einzelnen Punkten

Die meisten Daten, die für eine Standort- und Marktanalyse wichtig sind, sind öffentlich zugänglich. Entscheidend ist, dass man sich die Mühe macht, diese Daten sorgfältig auszuwerten und zu interpretieren. Idealerweise sollte jedes Immobilien-Unternehmen ein kleines, thematisch geordnetes Archiv mit relevanten Immobilien-Daten und Studien aufbauen, damit bei Bedarf Grundinformationen rasch zur Hand sind. Auch bieten Städte und Kantone vermehrt sogenannte GIS (geografische Informations-Systeme) an, wo auf Karten z. B. Lageklassen und sogar die soziale Belastung von Stadtteilen und Quartieren sichtbar werden.

Eine Standort- und Marktanalyse sollte aber nicht nur mittels Auswertung von Datenbanken am Schreibtisch (Desk Research) vorgenommen werden. Ebenso wichtig ist es, dass man den zu untersuchenden Standort persönlich kennen lernt und ein «Gefühl» für ihn entwickelt. Es empfiehlt sich daher, auch «Feldarbeit» (Field Research) zu leisten, d. h. zu verschiedenen Tages(licht)zeiten und allenfalls bei unterschiedlichem Verkehrsaufkommen einen eigenen Augenschein zu nehmen. In Interviews, beispielsweise mit dem örtlichen Gewerbeverbandspräsidenten, mit dem Quartierverein, mit Behördenvertretern und Opinion Leaders oder sogar mit einer lokalen Immobilien-Firma, sollten die Befragten mit den gesammelten Daten konfrontiert werden. Dabei können ihre spezifischen Ansichten erfahren werden, die Befragten können erste

4.3 Die Standortevaluation

Erkenntnisse bestätigen oder widerlegen. Auch eine Konkurrenzanalyse in derselben Gegend ist hilfreich. So können der in der Zwischenzeit gewonnene Eindruck eines Standortes sowie Benchmarkzahlen verglichen und bestätigt oder widerlegt werden.

Der Bericht einer Standort- und Marktanalyse wird in der Regel im Minimum in folgende Kapitel gegliedert:

1. Ausgangslage
– Auftrag
– Ziel
– Grundlagen

2. Analyse Standort
– Makrolage (Gemeinde und Umgebung)
– Mikrolage (geographische Lage und Grundstückstruktur)
– Verkehrsinfrastruktur und evtl. Pendlerströme
– Soziodemographische und wirtschaftliche Struktur
– Infrastruktur in der Gemeinde, Region
– Fazit Standort

3. Analyse Markt 1 (z.B. Wohnen)
– Kennzahlen der relevanten Segmente
– Vergleichs- und Konkurrenzobjekte relevanter Segmente
– Leerstandsvergleiche
– Bautätigkeit und geplante Bauvorhaben
– Preisgestaltung
– Fazit Markt 1

4. Analyse Markt 2 (z. B. Büro)
– Kennzahlen der relevanten Segmente
– Vergleichs- und Konkurrenzobjekte relevanter Segmente
– Leerstandsvergleiche
– Bautätigkeit und geplante Bauvorhaben
– Preisgestaltung
– Fazit Markt 2

5. Empfehlungen an den Auftraggeber
– Empfehlungen aus Fazit Kapitel 2 bis 4
– Empfehlungen für ein mögliches Bauprojekt
– evtl. Strategieansätze für die Vermarktung
– Antworten auf spezielle Fragen des Auftraggebers

Abbildung 98: **Grobstruktur einer Standort- und Marktanalyse**

Die Erarbeitung einer Standort- und Marktanalyse setzt grosse Erfahrung im Umgang mit Datenmaterial (siehe auch Kapitel 2.3.1: Marktanalyse und Marktforschung) und mit der Vermarktung von Objekten voraus. Die Resultate sollten stets kritisch hinterfragt werden, sowohl im Team als auch von Seiten des Auftraggebers. Das Fazit und die Empfehlung der Analyse müssen klare und nachvollziehbare Antworten auf die

4. IMMOBILIEN-MARKETING IN DER ENTWICKLUNG

Fragestellungen des Auftraggebers geben. Es muss deutlich dargelegt werden, dass die Resultate und Empfehlungen dem Auftraggeber als breite Diskussionsgrundlage für nachfolgende Entscheidungen dienen, sodass die weitere Entwicklung die besten Marktchancen aufweist.

In der Schweiz gibt es nur wenige Firmen, die sowohl über die nötige Routine und Erfahrung als auch über umfassendes Datenmaterial, also über die Grundlagen, die für aussagekräftige Analysen nötig sind, verfügen. Das Immobilien-Beratungsunternehmen Wüest & Partner erstellt nicht nur selber Standort- und Marktanalysen, sondern stellt ihr umfangreiches statistisches Zahlenmaterial gegen Entgelt auch Dritten zur Verfügung. Dabei können statistische Rohdaten zu jeder Gemeinde abgefragt und anschliessend ausgewertet werden. Auch das Informations- und Ausbildungszentrum für Immobilien IAZI bietet verschiedene Daten an, die für Standort- und Marktinformationen verwendet werden können. Daneben ist mittlerweile auch das umfangreiche Datenmaterial von Gemeinden und Kantonen sowie Kantonalbanken besser zugänglich. Hier finden sich aktuelle Daten, die kostenlos verfügbar sind und wertvolle Informationen über einen Standort oder einen Markt liefern.

Die durchschnittlichen Kosten für eine Standort- und Marktanalyse können beträchtlich variieren und unterscheiden sich je nach Grösse und Lage des Projekts. Für eine Analyse eines «normalen» Bauprojekts oder Grundstücks liegen die Kosten zwischen 8 000 und 16 000 Franken. Für ein komplexes Areal mit mehreren zu beurteilenden Segmenten (z. B. Wohnen, Retail und Gewerbe) oder eine komplexe Überbauung können die Kosten zwischen 20 000 und 50 000 Franken variieren. Es gibt auch Fachfirmen, die einen preiswerteren Kurzcheck anbieten; dieser geht aber nicht in die nötige Tiefe oder kann lediglich einzelne Bereiche beleuchten. Eine Standort- und Marktanalyse oder ein Kurzckeck kann für eine Kaufentscheidung eines Grundstückes dienlich sein.

Dass die Interpretation von Daten und Ansichten zu unterschiedlichen Auffassungen und Schlussfolgerungen führen kann, zeigt sich, wenn zwei Analysen von unterschiedlichen Verfassern für die gleiche Ausgangslage eines Ortes, Grundstückes oder Projektes vorliegen. Es gibt auch immer wieder Standort- und Marktanalysen, deren Resultate und aufgeworfenen Fragen so grossen Ermessungsspielraum zulassen, dass der Auftraggeber und sein Planerteam letztendlich doch nicht genau wissen, in welche Richtung sie weiterarbeiten sollen. Oft möchten Auftraggeber mittels einer Analyse ihre zuvor erarbeiteten Meinungen bestätigt wissen, geht es doch um einen generellen Kauf- oder Bauentscheid. Aus Zeitgründen wird von den Auftraggebern oftmals nur das Fazit mit den ausgearbeiteten Empfehlungen genau gelesen. Dabei werden jedoch die teilweise komplexen Abhängigkeiten und die entscheidenden Detailbetrachtungen der verschiedenen Analyseschritte unterschätzt.

Was kaum zur Optimierung eines Bauprojektes beiträgt, ist eine Standort- und Marktanalyse, die zwar den Kauf- oder Bauentscheid beeinflusst hat, danach jedoch in einem Ordner verschwindet und dem nachfolgenden Vermarkter und den Planungsbeteiligten nicht zur Verfügung gestellt wird.

4.3.4 Projektanalyse

Wenn auf dem betreffenden Grundstück bereits ein Projekt geplant oder ein bestehendes vorhanden ist, ist zusätzlich zu einer Analyse von Standort und Markt eine Projektanalyse oder wenn gewünscht oder nötig eine vertiefte Nutzungskonzeption (siehe Kapitel 4.2.2) angezeigt. Diese kann als Einzelprodukt oder zusammen mit einer Standort- und Marktanalyse durchgeführt werden. Dabei sind folgende Punkte zu analysieren:

1. Wohn-/Arbeitslage
2. Nutzung
3. Gebäudestruktur: Wohnungsmix und -grössen, Gewerberaumplanung
4. Ausstattung/Infrastruktur
5. Baurealisierung und Etappierung
6. Architektonischer Ausdruck
7. Strategieansätze in der Vermarktung
8. Entwicklungsmöglichkeiten

Abbildung 99: **Struktur einer Projektanalyse**

Natürlich kann auch mit der unter Kapitel 2.3 beschriebenen SWOT-Analyse (Stärken/Schwächen – Chancen/Gefahren) ein Grundstück oder ein vorhandenes Projekt analysiert werden, doch ohne Datenmaterial und Kennzahlen bleibt diese Analyseform eher an der Oberfläche.

4.3.5 Gebietsmarketing

Ein Investor kann sich auch wegen eines funktionierenden Gebietsmarketings für einen Objektkauf entscheiden – oder einfach wegen des hohen Images eines Gebietes oder Quartiers. Am Anfang eines Gebietsmarketings steht ein Entwicklungsgebiet oder ein bestehendes Quartier. Wenn mehrere Grundeigentümer, ein grosser Grundeigentümer oder auch eine Gemeinde zusammenhängende Grundstücke oder Liegenschaften in diesem Entwicklungsgebiet besitzen, müssen sie – ob sie wollen oder nicht – zusammenarbeiten. Nur so können sie gemeinsam einen Quartier- oder Gestaltungsplan erarbeiten und die Erschliessung gemeinsam realisieren. Die anfallenden Kosten werden üblicherweise auf Grund der Grundstück- oder Nutzflächen aufgeteilt.

Ein solches Vorgehen ist üblich und an sich nichts Neues. Wenn sich aber später die Grundeigentümer nochmals zusammensetzen und aus eigenem Antrieb in ein gemeinsames Marketing zur Steigerung der Identität des Gebietes investieren, so ist das doch eher selten. Soll ein einzelnes Grundstück überhaupt wahrgenommen und eine einheitliche Kommunikation nach aussen gewährleistet werden, ist diese weiterführende Zusammenarbeit unumgänglich. Nur so kann ein ausreichender Bekanntheitsgrad, ein positives Image und eine Identität aufgebaut sowie später weiterentwickelt und geschützt werden. Hier setzt das eigentliche Gebietsmarketing ein.

4. IMMOBILIEN-MARKETING IN DER ENTWICKLUNG

In solchen Zweckgemeinschaften ist eine bunte Mischung an Beteiligten vertreten, wobei die jeweiligen Ziele und Interessen oft stark divergieren. Häufig sind auch Gemeinden oder Städte mit Land im Gebietsmarketing vertreten, ebenso Erbengemeinschaften oder institutionelle Eigentümer wie etwa Immobilien-Fonds und Generalunternehmer als Promotoren oder Projektentwickler. Der kleinste gemeinsame Nenner ist stets die Investition in ein gemeinsames Gebietsmarketing. Dieses entwirft eine übergreifende Identität mit Logo und Markennamen, betreibt allenfalls einen Showroom und erstellt gemeinsame Vermarktungsgrundlagen wie Dokumentationen, eine Website usw. Oftmals wird auch die gesamte Öffentlichkeitsarbeit vom Gebietsmarketing übernommen. Das Sammeln und Begleiten von Miet- und Kaufinteressenten liefert zudem wertvolle Hinweise für alle Beteiligten und kann für den ganzen Prozess der optimalen Entwicklung eines Gebietes förderlich sein.

Entscheidend ist, dass im Gebietsmarketing eine gewisse Kontinuität sichergestellt wird und funktionierende Schnittstellen zu Behörden, Nachbarn oder anderen Anspruchsgruppen aufgebaut werden. Nur auf diese Weise ist es möglich, einem Entwicklungsgebiet einen «Namen» zu geben, eine Identität zu verleihen, und nur so wird es allenfalls längerfristig als Marke wahrgenommen. Übergreifendes Ziel des Gebietsmarketings ist es letztlich, mit den genannten Massnahmen einen Mehrnutzen für die einzelnen Grundeigentümer zu erwirken und eine nachhaltige Gebietsentwicklung sicherzustellen.

Im Ausland gibt es Modelle, bei denen alle Grundeigentümer ihre Grundstücke quasi in einen Topf werfen und eine so genannte Entwicklungsgesellschaft für die einheitliche Vermarktung zuständig ist, allenfalls über viele Jahre und Etappen hinweg. In der Schweiz ist ein solches Modell kaum denkbar, ist doch die Angst vor einem undurchschaubaren Konstrukt zu gross und die Meinung, dass man alleine viel mehr aus einem Grundstück erwirtschaften könne, vorherrschend. Daher muss in den meisten Fällen in mühseliger Überzeugungsarbeit der gemeinsame Nutzen für ein Gebietsmarketing der Grundeigentümer gesucht werden.

In Glattpark (Opfikon), dem grössten Entwicklungsgebiet der Schweiz zwischen Zürich und Flughafen, haben sich 15 der 21 Grundeigentümer zu einem freiwilligen Gebietsmarketing zusammengeschlossen. Die Grundeigentümer des Gebietsmarketings entwickelten im Jahre 2002 einen gemeinsamen und zukunftsgerichteten Marketing- und Kommunikationsauftritt für die bestmögliche Entwicklung und Vermarktung des Gebietes Glattpark und der einzelnen Immobilien-Projekte der Grundbesitzer. Die Entwicklung einer starken und nachhaltigen Identität zum bestmöglichen gemeinsamen Nutzen sowie die Bündelung von Schnittstellen zu Nachbarn, Behörden, Investoren, Medien usw. gehören ebenfalls dazu. Das Gebietsmarketing Glattpark wurde im November 2007 mit dem ersten Award der Schweizerischen Vereinigung für Standortmanagement SVSM ausgezeichnet. Im Jahre 2010 existiert das Gebietsmarketing Glattpark bereits seit über acht Jahren mit einer stetig wachsenden Mitgliederzahl von aktuell 28 Grundeigentümern.

Abbildung 100: **Beispiel Gebietsmarketing**

4. IMMOBILIEN-MARKETING IN DER ENTWICKLUNG

4.4 Namensgebung für Immobilien

Die Namensgebung für Immobilien, auch «Naming» genannt, kann als Teilschritt zum Brand/zur Marke eines Immobilien-Produktes einen nachhaltigen Beitrag leisten und gewinnt immer mehr an Bedeutung. Mit dem Namen können Identität, Charakter und Zielgruppe festgelegt werden und eine besondere Lage oder Architektur erst hervorgehoben und zu einer unverwechselbaren Wahrnehmung werden. Als zentrales Vermarktungselement steht der Name als erstes Wiedererkennungselement im Raum, meist bevor das Gebäude im Bau oder fertig gestellt ist. Die Namensgebung von Immobilien-Projekten hat in der frühen Projektentwicklungsphase meist Zufallscharakter und der entscheidende Einfluss auf die nachfolgende Vermarktung wird meist unterschätzt.

Früher hatte jedes Haus seinen Namen. Dieser stand meist für die Geschichte einer Familie, für eine berufliche Tätigkeit oder die Lage einer Liegenschaft; Marketingüberlegungen waren mit der Namensgebung kaum verbunden. Heute liegt die Vergabe von Namen für entstehende Bauten wieder im Trend. Landauf und landab findet man auf Bautafeln am Strassenrand alle möglichen Namen für Immobilien-Projekte: «Im Möösli», «Am Herrenschürrli», «Eiergass», «Sunneblick» und unzählige mehr. Der offensichtlich beliebteste und am häufigsten verwendete Name für Immobilien-Projekte ist zur Zeit der Name «Wohnpark». Allein im Kanton Zürich sind mindestens zehn Überbauungen mit diesem Namen im Bau oder bereits erstellt worden. Überhaupt sind Namen mit der Endung «Park» momentan hoch im Kurs, von «City-Park» über «West-Park» und «Glattpark» bis zu «Park-Side» oder «ManhattanPark» in Zürich-Affoltern. Bei genauerer Betrachtung werden aber die wenigsten Projekte dem Teilbegriff «Park» gerecht.

Trotz – oder vielleicht wegen – dieser geradezu inflationären Verwendung von Namen für Immobilien halten die Inhalte der Projekte oftmals nicht, was der Name verspricht. Eine sorgfältige Namensgebung ist deshalb ein wichtiger Bestandteil von Immobilien-Projekten. Sie erfolgt meist sehr früh im Bauprozess und kann einen nachhaltigen Einfluss auf den Werterhalt einer Liegenschaft haben und sich in der Bewirtschaftungsphase noch lange auswirken. Entscheidend ist:

> Ein zufälliger Projektname ergibt noch keine nachhaltige Marke.

Die erste Namensgebung erfolgt meist durch Architekten bei Wettbewerbsprojekten oder bei den ersten Skizzen. Diese Namen hören sich oftmals futuristisch an und sind kaum für die Vermarktung geeignet. Häufig wird auch auf Flurnamen zurückgegriffen, ohne jedoch Herkunft, Bedeutung und allfällige Assoziationen der Begriffe zu prüfen. Wichtig ist, dass der Name für eine im Entstehen begriffene Immobilie auf seine Vermarktungsfähigkeit, auf die Nutzung der Liegenschaft und ihre Zielgruppen abgestimmt wird. Die meisten Namen werden nur für die kurzfristige Vermarktungszeit einer Immobilie verwendet. Es werden deshalb kaum weiterführende Überlegungen angestellt, wie etwa, ob der Name auch für die viel nachhaltigere und längere Betriebsphase einer Liegenschaft von Nutzen sein kann. Oft wird vergessen, dass der dauerhafte Erfolg einer Immobilie dank der Weitsicht in der frühen Vermarktungsphase vorentschieden werden kann. Bei der Namensgebung sollte deshalb schon früh festgelegt werden, ob ein Name nur für die Vermarktungsphase oder auch für die Bewirtschaftungsphase entwickelt werden soll.

> Beim obigen Beispiel wurde die Glaubwürdigkeit und Professionalität der Namensgebung von Immobilien arg strapaziert. Gegensätzlicher könnten die beiden Namen Wohnpark und Sägerei nun wirklich nicht sein. Was will man den Interessenten für eine Identität der Überbauung vermitteln, stellt sich die Frage. Um eine Überbauung mit 35 Einfamilienhäusern verkaufen zu können, wird mit sehr vielen Interessenten verhandelt und unzählige Besichtigungen werden durchgeführt – müssen diese Interessenten wirklich alle wissen, dass früher auf dem Grundstück eine Sägerei stand? Der Name Wohnpark Sägerei erscheint als ein Kompromiss zwischen allen Projektbeteiligten (Ersteller, Grundbesitzer, Architekt und Vermarkter), dies kann jedoch als Kommunikationsanker nach aussen sicher nicht genügen. Dieses Beispiel soll stellvertretend die Problematik bildlich darstellen, in welcher so manches neu entstehende Immobilien-Projekt bei der Namensgebung steht.

Abbildung 101: **Namensgebung von Immobilien**

Die hergeleitete Bestimmung eines glaubwürdigen Namens für eine Immobilie ist mit Aufwand und Fachwissen verbunden. Dieser Aufwand lohnt sich, wenn eine Liegenschaft eine gewisse Grösse hat und die Chance besitzt, zu einer Marke zu werden. Für diesen Prozess reichen die Entwicklung eines Namens und eines Logos nicht aus. Vielmehr müssen alle Vermarktungsbemühungen und getroffenen Massnahmen aufeinander abgestimmt werden und glaubwürdig wirken. Die Inhalte der Vermarktungsbotschaften sind genauso wichtig wie der Name der Liegenschaft. Nur wenn

4. IMMOBILIEN-MARKETING IN DER ENTWICKLUNG

die Inhalte mit den Werbebotschaften übereinstimmen, kann eine Identifikation der Bewohner mit der Liegenschaft stattfinden. Die Entwicklung einer Liegenschaft zu einer Marke oder zu einem positiv besetzten Brand ist ein langer Prozess. Oftmals muss die Eigentümerschaft erst vom langfristigen Nutzen einer solchen Strategie überzeugt werden. Die Einsicht, dass eine Liegenschaft nicht nur «gefüllt», sondern nachhaltig betrachtet werden muss, setzt sich immer mehr durch.

4.4.1 Der Namensentwicklungsprozess

Ein glaubwürdiger Name für eine Immobilie wird, wie bereits erwähnt, entweder nur für die Vermarktungsphase oder für den ganzen Lebenszyklus der Immobilie entwickelt. Der Prozess der Namensfindung sollte in jedem Fall in enger Zusammenarbeit mit einem Kommunikationsspezialisten geschehen. Wenn die entsprechende Agentur noch keine Erfahrungen in der Immobilie-Branche hat, muss das Briefing und die Prozessführung sehr eng sein. Die Kosten für eine Namensgebung für eine Immobilie durch Dritte betragen für die Phasen 1 bis 3 erfahrungsgemäss zwischen 3 000 und 10 000 Franken. Zu beachten gilt ferner, ob der Name als Dachmarkenname «funktionieren» muss, wo später verschiedene Submarken, sprich Immobilien-Projekt 1 / 2 oder 3 mit eigenen Namen unter der Dachmarke auftreten möchten. In der nachfolgenden Grafik ist ein in der Praxis erprobter Prozessablauf für eine Namensherleitung aufgeführt.

Prozessphasen	Ablauf
Phase 1 Kreation I	1.1 Ideenfindung: Namensherleitungen, die mit der Immobilie oder dem Grundstück zusammenhängen, aus Lage, Architektur, Geschichte, Umfeld, Nutzung, Hausnummer, Postleitzahl Kreation von Fantasienamen 1.2 Präsentation von 4 – 5 Herleitungen/Namen mit jeweils ca. 3 Namensvorschlägen
Phase 2 Kreation II	2.1 Weiterbearbeitung von 1 – 2 Herleitungen mit jeweils ca. 5 – 8 Namensvorschlägen 2.2 Präsentation der weiterbearbeiteten Namensvorschläge: Entscheidung für 1 – 2 Namensvorschläge
Phase 3 Schlussbearbeitung	3.1 Schlussbearbeitung von 1 – 2 Namen inkl. Logoansätzen 3.2 Schlusspräsentation: definitiver Entscheid des Kunden für einen Namen 3.3 Kreation von Claim oder Baseline, falls gewünscht oder nötig (evtl. auch schon früher)
Phase 4 weitere Massnahmen (im Aufwand)	4.1 Abklärungen von Marken- und Nutzungsrechte 4.2 Abklärungen von Domainnamen fürs Internet

Abbildung 102: **Der Entwicklungsprozess für Namen von Immobilien**

Entwicklung eines Claims

Ein Claim, Slogan oder auch Baseline genannt, hilft dem Konsumenten oder Interessenten neben dem kreativen Produktenamen zu erfahren, was genau angeboten wird oder wo und für was das Produkt steht. In der Konsumgüterindustrie werden wir tagtäglich mit Slogans berieselt und fast jedes Produkt können bereits Kinder über den Claim erkennen z. B.

– BMW – Freude am Fahren
– Ovomaltine – Gesunde Energie, die schmeckt
– Nutella – Hast Du's drauf?

Der Nutzen oder Sinn eines Claim kann so beschrieben werden: Entwicklung einer kurzen Phrase oder eines kurzen Textes, worin beschreibende und/oder emotionale Informationen über die Marke transportiert werden und die dazu dienen, die Wiedererkennung und Positionierung der Marke zu unterstützen.

Anfänglich stand bei Immobilien-Projekten unter dem Namen «wohnen und arbeiten in ..» womit die Nutzungssegmente angesprochen werden und mit der Ortschaft die geografische Eingrenzung für den Interessenten klar sichtbar wurde. Inzwischen sind die Immobilien-Vermarkter oder deren Beauftragte kreativer geworden und versuchen, die Nutzungen Wohnen und Arbeiten mit anderen Worten zu beschreiben wie: leben, Wohnerlebnis, mehr als Wohnen, wirken, Freude am Arbeiten, Büros mit Zugkraft usw.

Bei Immobilien-Projekten kann die Entwicklung des Claims gemeinsam mit dem Namens- oder Logo-Entwicklungsprozess stattfinden. Sollte in der Praxis der Claim isoliert entwickelt werden, so kann nach dem gleichen Prozessablauf wie bei der Namensentwicklung vorgegangen werden. Aus dem gefundenen Namen – evtl. mit Claim – kann in einem zweiten Schritt ein passendes Logo entwickelt werden.

4.4.2 Der Logoentwicklungsprozess

In der Phase 3 des Namensentwicklungsprozesses wird von Logo-Ansätzen gesprochen. Dies kann helfen, dass die zu beurteilenden Namensvorschläge besser «gefühlt» werden können, was meist einen Einfluss auf das Entscheidungsteam hat. Dabei handelt es sich aber nicht um konkrete Logo-Vorschläge, was teilweise angenommen wird. Der Logoentwicklungsprozess durchläuft eigentlich die gleichen Phasen wie beim Namensentwicklungsprozess. Die Kosten für eine Logoentwicklung für ein Immobilien-Projekt durch Dritte betragen für die Phasen 1 bis 3 erfahrungsgemäss zwischen 3 000 und 10 000 Franken.

4. IMMOBILIEN-MARKETING IN DER ENTWICKLUNG

Prozessphasen	Ablauf
Phase 1 Kreation I	1.1 Ideenfindung: Entwurf von 3 Herleitungen und je 3 Logovorschlägen aus Wortmarke, Wort-/Bildmarke, Wortmarke mit grafischem Element, Architektur, Lage, Geschichte 1.2 Präsentation: Entscheid für 2 – 3 Logovorschläge
Phase 2 Kreation II	2.1 Weiterbearbeitung von 2 – 3 Logovorschlägen 2.2 Präsentation: Entscheidung für ein Logo
Phase 3 Reingestaltung	3.1 Detailgestaltung und Ausführung des gewählten Logos 3.2 Schlusspräsentation
Phase 4 weitere Massnahmen (im Aufwand)	4.1 Abklärungen von Marken- und Nutzungsrechten 4.2 Prüfung der Logo-Wirkung auf Vermarktungstools wie z. B. auf Dokumentation, Flyer oder Internet usw.

Abbildung 103: **Der Entwicklungsprozess für Logos von Immobilien**

Der Entwicklungsprozess für einen Namen oder ein Logo für ein Immobilien-Projekt sollte eng geführt werden. Das Entscheidungsgremium sollte zum voraus bestimmt und an den Präsentationen der einzelnen Phasen anwesend sein. Aus Erfahrung schwierig wird der Prozess, wenn er sich über eine zu lange Zeit hinzieht und wechselnde Personen im Entscheidungsgremium einsitzen. Wenn Entscheidungsträger den Entwicklungsprozess nicht «mitgelebt» haben, aber am Schluss entscheiden sollen, ist eine gute Vorbereitung der Entscheidungsgrundlagen wichtig. Zudem besteht in diesem Fall die Gefahr, dass zu fest aus dem Bauch heraus beurteilt wird.

4.5 Die Projektentwicklung

In den Anfangsphasen der Projektentwicklung liess sich mit dem richtigen Grundstück, dem passenden Projekt, innovativen Ideen und einer intelligenten Planung schnell Geld an grösseren Immobilien-Projekten verdienen. Wer zum richtigen Zeitpunkt das richtige Produkt am richtigen Standort anbieten konnte, dem war der Erfolg auf sicher. Der erzielte Preis oder Ertrag war stets der «Richtige» und die Nutzer «durften froh sein», wenn sie sich im Objekt einmieten oder dieses kaufen konnten.

Die Umsetzung eines komplexen Projekts ist eine anspruchsvolle interdisziplinäre Aufgabe, die einerseits das nötige Fachwissen, andererseits eine gewisse finanzielle Risikobereitschaft der Grundeigentümerschaft oder des Investors erfordern. Durch die Einmaligkeit eines jeden Projekts kann zudem ein einmal erfolgreiches Konzept nur selten auf einen anderen Standort übertragen werden. Der harte Konkurrenzkampf unter den Unternehmen sowie der volatile Immobilien-Markt führen darüber hinaus vermehrt dazu, dass Projekte gestoppt werden oder gar nicht zur Ausführung kommen.

Wenn eine fehlende oder falsche Markteinschätzung die Einstellung einer Projektentwicklung oder die Nichtrealisierung eines Immobilien-Projektes zur Folge hat, ist ein Umdenken nötig. Um diesen Tendenzen entgegenzuhalten, ist es mittlerweile üblich, dass schon im frühen Stadium einer Projektentwicklung Immobilien-Fachleute mit Marketingkenntnissen beigezogen werden. Trotzdem haben diese noch immer Schwierigkeiten, sich mit ihren «weichen» Argumenten rund um Zielgruppen und deren Bedürfnisse, erzielbaren Marktpreise oder Vermarktungsmassnahmen gegen die «harten» Fakten, etwa der Kalkulation oder der Architektur, durchzusetzen. Zudem gibt es auch heute noch Projektentwicklungen, die nicht mit einem Team von Fachleuten arbeiten, sondern bei denen lediglich die Anlagekosten für das geplante Projekt im Vordergrund stehen. Diese Kosten werden auf die Anzahl Objekte verteilt, woraus sich ergibt, welcher Preis pro Objekt erzielt werden muss. Solche Projektentwicklungen laufen Gefahr, auf der Strecke zu bleiben. Es gilt, alle divergierenden Interessen gebührend zu berücksichtigen, denn nur so ist die nachhaltige Sicherung des Investments gewährleistet.

Der Erfolg einer Projektentwicklung setzt sich aus verschiedenen Faktoren zusammen: bestmögliche Absatzfähigkeit in angemessener Zeit mit einem architektonisch ansehnlichen Projekt und einer akzeptablen Rendite. Um dieses Optimum zu erzielen, sind an einer Projektentwicklung verschiedene Parteien und Fachgebiete beteiligt:

– Projektentwickler
– Architekt
– Verkehrsplaner
– Landschaftsarchitekt
– Markt- und Vermarktungsfachmann
– Nachhaltigkeitsfachmann
– Kalkulator
– Haustechnikspezialist
– Bauingenieur
– Geologe
– Baujurist und viele weitere

Die Projektentwicklung muss die Weitsicht und den Mut haben, sich im bestimmten Fall antizyklisch zu verhalten. Aber auch trotz optimal zusammengesetztem Projektentwicklungsteam sind die Risiken einer Projektentwicklung nicht aus den Augen zu lassen. Zu viele Faktoren können sich innert kurzer Zeit kumuliert ins Negative wenden und eine anfänglich euphorische Entwicklung abrupt stoppen.

4. IMMOBILIEN-MARKETING IN DER ENTWICKLUNG

Risiken	Merkmale
Entwicklungsrisiken	Rechtssicherheit Fertigstellung Kostenüberschreitung Qualitätsniveau Umweltrisiko
Bewertungsrisiken	Marktrisiko Finanzierungsrisiko Standortrisiko
Ertragsausfallrisiken	Erstvermietung Verkauf Wiedervermietung Inflation Mieterbonität
Verwertungsrisiken	Kapitalmarkt Marktzyklus Baumängel
Wertänderungsrisiken	Standortqualität Trendänderungen Marktbedürfnisse

Abbildung 104: **Die Risiken einer Projektentwicklung** [4]

4.6 Konkurrenzverfahren im Hochbau

Studienaufträge und Projektwettbewerbe haben in der Schweiz eine lange Tradition und sind eine wichtige Institution in der Bau- und Immobilienwirtschaft. Insbesondere die öffentliche Hand fördert das Wettbewerbswesen als Veranstalterin und Bauherrin. Die Ausschreibung der Projektwettbewerbe und Studienaufträge erfolgt je nach Projektgrösse unterschiedlich: entweder im selektiven Verfahren, im offenen Verfahren oder im Verfahren auf Einladung. Bei der Wahl des Vorgehens – Projektwettbewerb oder Studienauftrag – muss auf die Problemstellung Rücksicht genommen werden. Je nach Aufgabenstellung stehen dann sowohl bei den Projektwettbewerben als auch bei den Studienaufträgen verschiedene Wettbewerbsarten zur Verfügung. Eine unabhängige Jury, bestehend aus Fachleuten und weiteren frei bestimmbaren Personen, wählt schliesslich das Beste der eingereichten Projekte aus und vergibt den Auftrag, in der Regel an das Verfasserbüro.

Projektwettbewerbe sind vor allem für junge und unbekannte Architekten sehr wichtig, sind sie doch oft die einzige Möglichkeit, an einen grösseren Auftrag zu kommen. Wettbewerbe haben jedoch auch eine Kehrseite: Sie verlangen einen

[4] BEOS Berlin/acasa ergänzt

grossen finanziellen und zeitlichen Aufwand seitens der Architekten und Planer, der meist nur bescheiden vergütet wird. Für die Ausarbeitung eines Wettbewerbentwurfs werden oft mehrere Wochen schlecht oder unbezahlte Arbeit investiert. Je nach Projekt kommen dazu die Kosten für den Bau eines Modells durch einen Spezialisten. Wer keinen Preis gewinnt, zieht aus seinen Investitionen keinen grossen Nutzen, ausser den, um eine wertvolle Erfahrung reicher zu sein.

Abbildung 105: **Architektur- und Immobilien-Wettbewerbe**

Im Gegensatz zu den Projektwettbewerben handelt es sich beim Studienauftrag um ein Verfahren, mit dem identische und honorierte Dienstleistungen an mehrere Teilnehmer zur Erarbeitung von Lösungsvorschlägen vergeben und miteinander ver-glichen werden. Mit einem Studienauftrag will der Veranstalter Vorschläge für ein qualitativ hochwertiges, attraktives und marktfähiges städtebauliches Gesamtkonzept erhalten, das einen wesentlichen Beitrag zur Entwicklung eines Gebiets oder Stadtteils leistet. Das Verfahren wird in der Regel nicht anonym durchgeführt. Es eignet sich besonders für Aufgaben, die durch ihre Beschaffenheit oder ihre Komplexität während der Planung Kontakte zur Klärung von Fragen erforderlich machen. Studienaufträge werden fest entschädigt, wobei selektive Auswahlverfahren (Präqualifikation) vorgeschaltet werden, um die Teilnehmerzahl auf ein sinnvolles Minimum zu beschränken.

4. IMMOBILIEN-MARKETING IN DER ENTWICKLUNG

Der Studienauftrag und das Wettbewerbsverfahren sind Sammelbegriffe und lassen sich weiter spezifizieren. Auf Seite der Wettbewerbe unterscheidet man zwischen Ideen-, Projekt- und dem bereits erwähnten Gesamtleistungswettbewerb [5]:

Ideenwettbewerb
Ein Ideenwettbewerb soll Vorschläge bringen für konzeptionelle Entscheide oder für die Lösung von Aufgaben, die nur allgemein umschrieben sind und deren Ausführung nicht unmittelbar vorgesehen ist. Ziel des Ideenwettbewerbs ist es, bestimmte Fragen im Hinblick auf die Definition der Grundlagen für eine Aufgabe zu klären, beispielsweise in Bezug auf die Grundstückswahl oder die Verkehrsführung. Der Ideenwettbewerb wird oft als erste Stufe in einem Selektions- oder Projektevaluationsverfahren eingesetzt, da der Aufwand für die Auftraggeber relativ gering ausfällt.

Projektwettbewerb
Der Projektwettbewerb ist die am häufigsten gewählte Form des Architekturwettbewerbs und dient der Lösung klar umschriebener Aufgaben, deren Realisierung vorgesehen ist, sowie der Ermittlung von geeigneten Fachleuten, welche die Lösungen realisieren können. Der Vertiefungsgrad bei Projektwettbewerben ist frei wählbar und richtet sich nach dem Informationsbedarf der Auftraggeber. Als Gegenleistung für die eingereichten Projekte dienen Preise, Ankäufe, allfällige Entschädigungen sowie, für den Gewinner, die Aussicht auf den Auftrag für die Planerleistungen.

Gesamtleistungswettbewerb
Der Gesamtleistungswettbewerb beschäftigt sich mit klaren und präzis definierten Aufgabenstellungen, für deren Lösung der Auftraggeber eine Zusammenarbeit von Architekten, Ingenieuren und Unternehmen wünscht. Er ist sowohl ein Wettbewerb der Ideen und Konzepte als auch eine Preiskonkurrenz: Die eingereichten Vorschläge umfassen ein verbindliches Angebot bezüglich Baukosten und Termine.

Der Gesamtleistungswettbewerb hat sich in der Schweiz seit einigen Jahren als Reaktion auf den zunehmenden ökonomischen Druck, das Bedürfnis nach mehr Kosten- und Qualitätssicherheit sowie auf den gestiegenen Zeitdruck bei Planung und Realisierung etabliert. Teilnehmer sind Totalunternehmer oder Teams aus Planern und Generalunternehmen oder Unternehmergruppen, die in einem Selektionsverfahren ausgewählt werden oder in einer zweiten Stufe und im Nachgang zu einem Ideen- oder Projektwettbewerb gebildet werden. Diese Präqualifikation bei Gesamtleistungswettbewerben ist für junge und unbekannte Büros oft ein Hindernis, da sie meist weder Referenzobjekte noch die verlangte Infrastruktur vorweisen können. Zur Entscheidungsfindung werden konzeptionelle, gestalterische, funktionale, qualitative und finanzielle Kriterien gleichermassen berücksichtigt. Seitens der Auftraggeber verlangt der Gesamtleistungswettbewerb hohe Anforderungen bezüglich Leistungsdefinition und vergleichsweise hohe Durchführungskosten. Auch für die Projektverfasser bringt der Gesamtleistungswettbewerb einen nicht zu unterschätzenden Mehraufwand, der jedoch teilweise finanziell entschädigt wird.

[5] vgl. Regelungen 142 der SIA bezüglich Architektur- und Ingenieurwettbewerb

4.6 Konkurrenzverfahren im Hochbau

Auf Seiten der Studienaufträge unterscheidet man folgende Verfahrensarten:

Testplanung
Mit einer Testplanung – dieser Begriff wird in der Wettbewerbsordnung SIA 142 nicht verwendet – werden Planungs- und Projektgrundlagen sowie Entwicklungs- und Arbeitshypothesen getestet. Dabei geht es nicht um die Evaluation der besten Lösung, sondern um die Darstellung von Lösungsmöglichkeiten und Strategien.

Im Weiteren unterscheidet man **Ideenstudien** und **Projektstudien**. Dabei sind die gleichen Vorgaben wie beim Projekt- und Gesamtleistungswettbewerb anzuwenden. Das Teilnehmerfeld beschränkt sich aber auf ausgewählte Teams.

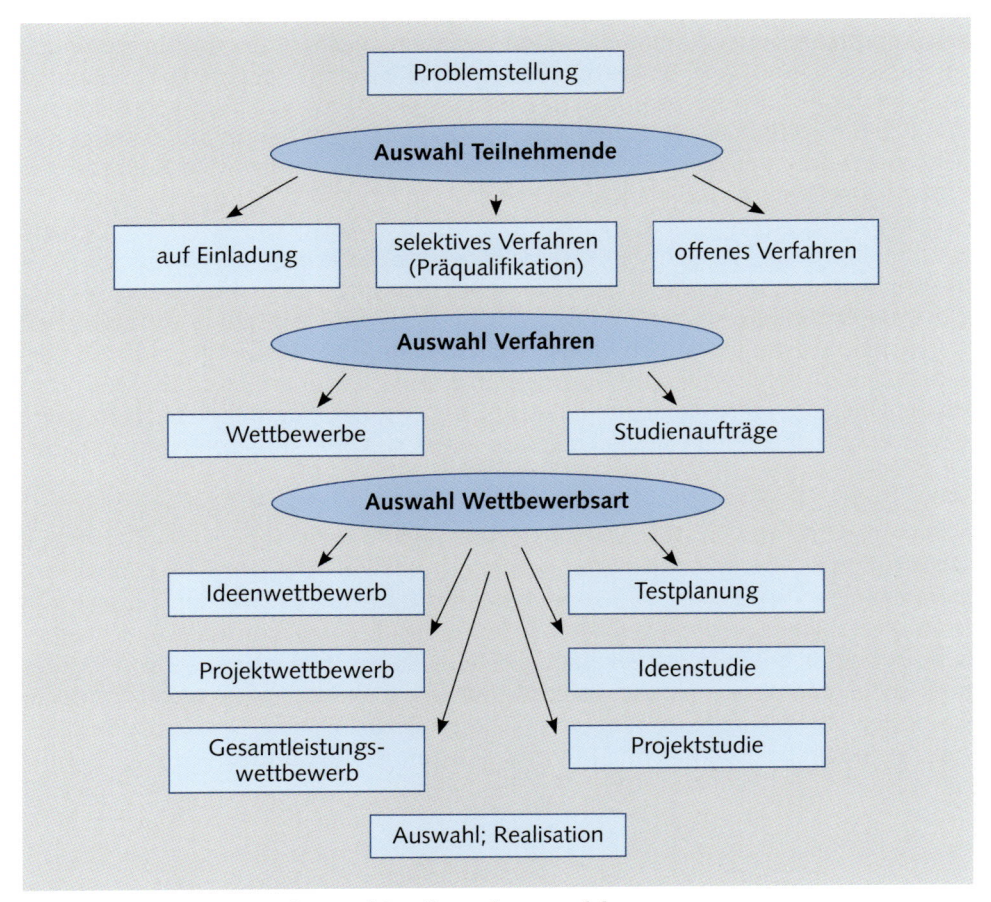

Abbildung 106: **Wettbewerbs- und Studienauftragsverfahren**

4. IMMOBILIEN-MARKETING IN DER ENTWICKLUNG

Investorenwettbewerb
Ausserhalb der SIA-Ordnung 142 ist auch folgendes Verfahren möglich: Die Wettbewerbsteilnehmer liefern nicht nur eine Projektidee ab, sondern gleichzeitig auch eine Offerte für die Übernahme des Areals. Der Sieger ist verpflichtet, das Projekt auf eigene Rechnung zu realisieren. Ansonsten kann eine Konventionalstrafe fällig werden.

Vermehrt werden in Jurys zur Bewertung von Immobilien-Projekten Markt- und Vermarktungsexperten miteinbezogen, wenn auch meist nur mit beratender Stimme. Dennoch besteht in vielen Wettbewerbsgremien ein krasses Übergewicht an Architekten und Planern. Dass seriöse Marktabklärungen und die Vermarktungsfähigkeit eines Projektes dabei zu wenig berücksichtigt werden, liegt auf der Hand. Spätestens dann, wenn das Siegerprojekt erkoren ist und vor einem Investorenpublikum bestehen muss, kommt die Markt- und Vermarktungsfähigkeit unweigerlich zur Sprache. Der Begriff «Investorentauglichkeit» gewinnt neuerdings zunehmend an Bedeutung. Auch die gelungene «Qualität» eines Projektes wird von Behörden und Planern meist nur mit städtebaulicher Qualität gleichgesetzt, da die von den Behörden zur Unterstützung eingesetzten Baukollegien wiederum fast ausschliesslich aus Architekten zusammengesetzt sind.

Es ist unbestritten, dass in den ersten Plänen eines nachmaligen Siegerprojektes die Kreativität im Vordergrund stehen muss. Oft werden dabei Fragen wie: «Wem muss die Architektur dienen? Wer vertritt in der Entstehungsphase die Interessen der Nutzer und der Investoren für die nachfolgende lange Nutzungsphase des Objekts?» kaum berücksichtigt. Nutzungsoptimierung, Vermarktungsfähigkeit, logistische Überlegungen, nachhaltige Bewirtschaftungsoptik und Renditeoptimierung werden allzu oft einem gelungenen Fassadenbild, das den Anforderungen aus städtebaulicher Sicht genügen mag, untergeordnet.

Nüchtern betrachtet ist die nachhaltige Akzeptanz eines (Wohn- oder Gewerbe-) Objekts durch seine Bewohner oder Nutzer nicht davon abhängig, ob es von einem Stararchitekten entworfen wurde und städtebaulich als gelungenes Beispiel gilt. Umfragen zeigen, dass nur einige wenige Insider die Architektur als ausschlaggebenden Faktor beim Kauf oder bei der Miete eines Objektes angeben. Vielmehr sind Preis, Lage, Erreichbarkeit, Infrastruktur und Wohlfühlfaktoren entscheidend, damit Bewohner/Nutzer und Investor/Eigentümer bereit sind, eine lange Bindung einzugehen und eine Win-Win-Situation zu erkennen und anzustreben.

5. Immobilien-Marketing in der Vermarktung

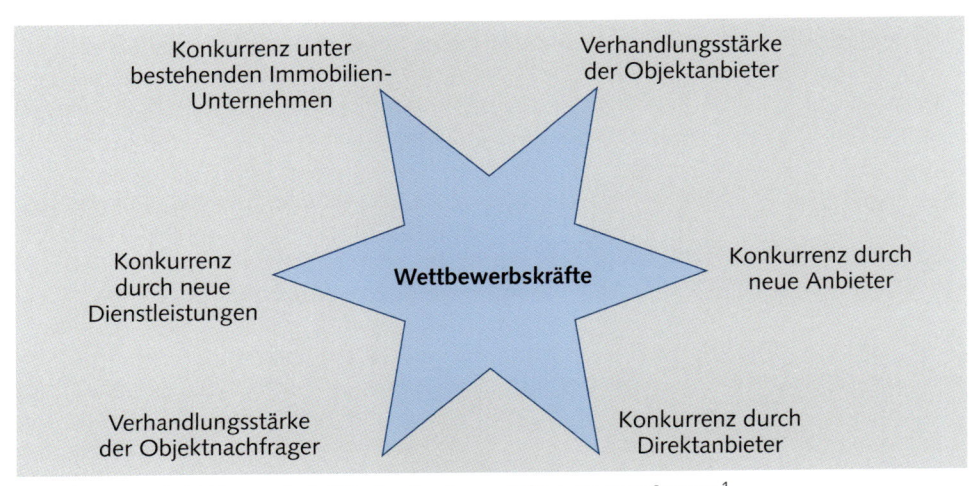

5.1 Wettbewerbskräfte in der Immobilien-Vermarktung

Trifft ein Immobilien-Angebot auf eine äusserst starke Nachfrage, kann man scheinbar auf jegliches Marketing verzichten. Auch diejenigen Immobilien-Vermarkter, die alleine ihre verkäuferische Qualität für den Erfolg verantwortlich machen, möchten ihrer Arbeit am liebsten ohne Immobilien-Marketing nachgehen. Auch wenn es in diesen Fällen auf den ersten Blick auch ohne Marketing geht, spielt es bei genauerem Hinsehen durchaus eine Rolle. Einerseits bleibt hier unerkannt, dass meist vorgängig und von anderer Seite etlicher Marketing-Aufwand betrieben wurde. So wurde allenfalls die Lage professionell analysiert und etabliert, etwa durch das Bereitstellen notwendiger Infrastruktur oder der Entwicklung eines positiven Standortimages. Andererseits wird kaum zur Kenntnis genommen, dass nur wenige Objekte und Teilmärkte von Marketing-Aufwand befreit sind. In den letzten Jahrzehnten haben die gute Wirtschaftslage und die meist grössere Nachfrage nach Immobilien dazu beigetragen, dass Marketing-Überlegungen und Strategien bei Immobilien-Fachleuten in der Vermarktung nur eine untergeordnete Rolle gespielt haben. Erst in den letzten Jahren hat sich auch die konsequentere Immobilien-Ausbildung im Bereich Vermarktung ausbezahlt, und für neue Generationen von Immobilien-Fachleuten sind Marketing-Überlegungen, Zielgruppendiskussionen, konzeptionelles Vorgehen usw. in der Immobilien-Vermarktung keine Fremdworte mehr. In diesem Kapitel soll dem Vermarktungskonzept und seinen Inhaltsteilen spezielle Aufmerksamkeit gewidmet werden.

Die Grundlage für den Erfolg als Immobilien-Vermarkter ist die Kenntnis der Kräfte, die den Markt bestimmen, in dem man tätig ist. Diese Wettbewerbskräfte können in sechs Bereiche gegliedert werden:

Abbildung 107: **Wettbewerbskräfte in der Immobilien-Vermarktung** [1]

[1] in Anlehnung an Porter, M.E.: Competitive Strategy, New York 1980

Im Folgenden werden vier Wettbewerbskräfte näher betrachtet:

- Konkurrenz unter bestehenden Immobilien-Unternehmen
- Konkurrenz durch neue Dienstleistungen
- Konkurrenz durch neue Anbieter
- Konkurrenz durch Direktanbieter

5.1.1 Konkurrenz unter bestehenden Immobilien-Unternehmen

Folgende Faktoren sind für den Erfolg eines Immobilien-Vermarkters im Konkurrenzkampf entscheidend:

- Kompetenz: sein Geschäft kennen, die Vermarktungsprozesse beherrschen und die richtigen Vermarktungsinstrumente kreativ entwickeln und einsetzen
- Vertrauen: mit einer guten Kundenbindung sicherstellen, dass die Kunden von der eigenen Kompetenz nachhaltig überzeugt sind
- Erfahrung: mit Ausdauer beweisen, dass auch anspruchsvolle Objekte vermarktet wurden
- Bekanntheit: sicherstellen, dass die Kunden den Vermarkter und die von ihm angebotenen Dienstleistungen kennen
- Profil: seinem Geschäft eine markante, aber glaubwürdige Erscheinung verleihen, z. B. durch Fokussierung

5.1.2 Konkurrenz durch neue Dienstleistungen

Neue Dienstleistungen können das Angebot eines professionellen Immobilien-Vermarkters konkurrenzieren und seine Marktposition beeinträchtigen:

- Elektronische Datenbanken: Sie führen zu mehr Transparenz, erleichtern den Suchprozess und können die Marktkenntnisse eines Vermarkters vermeintlich ersetzen. Dabei ist zu bedenken, dass die verschiedenen Angebote nicht immer vergleichbar sind. Datenbanken zeigen zudem lediglich Angebotspreise und sagen nichts über effektiv erzielte Verkaufs- bzw. Mietpreise aus.

- Elektronische Schätzverfahren: Sie erlauben eine schnelle (Ein-)Schätzung ohne Schätzer-Erfahrung und können die Preiseinschätzung eines qualifizierten Immobilien-Schätzers vermeintlich ersetzen. Zu berücksichtigen ist dabei, dass die Schätzungen lediglich auf Grund einiger weniger Faktoren vorgenommen werden. Sie berücksichtigen somit die spezifischen Eigenheiten eines Objekts zu wenig, denn jede Immobilie ist ein Unikat. Es besteht die Gefahr, dass ein entscheidender, im Schätzprogramm aber nicht vorgesehener Faktor nicht berücksichtigt wird. Für elektronische Verfahren spricht hingegen die grosse Zahl der in der Schätzung berücksichtigten Objekte. Heute werden die neuen Schätzverfahren daher immer öfter eingesetzt, sei es ergänzend als «second opinion» neben anderen, konventionellen Schätzungsmethoden oder gar als «first opinion». Im letzten

Fall ist aber zumindest eine Plausibilitätsprüfung notwendig, um Faktoren, die durch den Raster der elektronischen Schätzung fallen, auffangen zu können.

5.1.3 Konkurrenz durch neue Anbieter

Neue Anbieter können die Konkurrenz unter den Immobilien-Dienstleistern verschärfen:

- Immobilien-Verbände, die selber Vermarktungsdienstleistungen anbieten. Banken und Versicherungen, die Maklerdienstleistungen als Zusatzleistungen für ihre Kunden anbieten
- Ausländische Immobilien-Dienstleister, die in der Schweiz tätig werden
- Neueinsteiger, denen der Markteintritt beispielsweise durch ein Maklernetzwerk erleichtert wird

5.1.4 Konkurrenz durch Direktanbieter

Die vielleicht grösste Konkurrenz für professionelle Immobilien-Firmen bilden die Eigentümer, die ihre Objekte in Eigenregie auf den Markt bringen oder selber bewirtschaften. Anbietern von Immobilien ist zu empfehlen, die Dienstleistungen eines erfahrenen Immobilien-Fachmanns in Anspruch zu nehmen, denn nur dieser verfügt über folgende entscheidende Eigenschaften:

- Er ist neutral
- Er ist rational
- Er hat eine breite Marktübersicht
- Er kennt die Bedürfnisse der Kunden
- Er kann ein marktgerechtes Angebot formulieren
- Er kann Marktpreise objektiv festlegen
- Er kennt die formellen Abläufe einer Immobilien-Transaktion
- Er kennt die rechtlichen und steuerlichen Anforderungen in einem Immobilien-Geschäft

Ein Direktanbieter ist nur bedingt für die Vermarktung seiner eigenen Liegenschaft geeignet:

- Er ist voreingenommen
- Er ist emotional
- Er kennt sich im Markt nicht aus
- Er neigt zur Überbewertung seiner Liegenschaft
- Er wertet nach einem Scheitern im alleinigen Verkauf seine Liegenschaft ab
- Er ist unerfahren und führt eine Transaktion in der Regel nur alle paar Jahre oder gar zum ersten Mal durch

5.2 Beschaffungsmarketing in der Vermarktung

5.2.1 Mandatsakquisition

Um Objekte verkaufen oder vermieten zu können, müssen Immobilien-Vermarkter genügend Interessenten finden. Zuvor müssen sie aber die entsprechenden Mandate akquirieren. Vermarkter stehen deshalb auch vor der schwierigen Aufgabe des dualen Marketings: Sie müssen gleichzeitig ihre Objekte und ihre Unternehmung vermarkten (siehe Kapitel 3, Abb. 59, duales Marketing).

Bei den meisten Vermarktern kann im Absatzbereich eine rege Aktivität festgestellt werden. Es werden gute Ideen entwickelt und mit grossen Anstrengungen auf dem Markt umgesetzt. Ein eigentliches Beschaffungsmarketing kennen jedoch die wenigsten Vermarkter. Oft beschränkt sich dieses auf die Pflege persönlicher Kontakte und wird nicht gezielt eingesetzt. Dies führt im besten Fall zu mehr oder weniger zufälligen Erfolgen. Einige strukturierte Überlegungen lohnen sich aber durchaus.

Jedes Immobilien-Unternehmen muss sich daher zuerst darüber im Klaren sein, auf welchem Markt es aktiv sein möchte. Einen ersten Anhaltspunkt dafür liefert die Abbildung «Raster zur Segmentierung des Marktes für Immobilien-Vermarktung» (siehe Kapitel 3, Abb. 55). Diese Fokussierung genügt in der Regel aber noch nicht. Es ist empfehlenswert, noch weiter gehende Eingrenzungen, beispielsweise bezüglich Region, Objekt (Preissegment, Nutzung, Architektur etc.) und Dienstleistungen vorzunehmen. Die Praxis sieht meist ganz anders aus: Viele Kleinfirmen bieten ihren Kunden die ganze Dienstleistungspalette von Verwaltungen über Erstvermietungen und Verkäufe bis hin zu Bauherrenleistungen und Umbauten. Tritt ein Immobilien-Unternehmen neu in den Markt ein, ist ein solch breites Angebot auf Grund des benötigten Umsatzes verständlich. Trotzdem sollte sich jedes Unternehmen überlegen, welche Dienstleistungen es glaubhaft anbieten kann und welcher Dienstleistungsmix sich gut ergänzt. Je fokussierter ein Immobilien-Unternehmen auftritt, desto profilierter und kompetenter wird es in der Regel wahrgenommen. Das erleichtert die Mandatsakquisition. Eine Fokussierung führt zudem zu mehr Nähe zu den Kunden und damit zu einer erhöhten Dienstleistungsqualität. Anhaltspunkte für den Entscheid, in welchem Markt ein Unternehmen aktiv sein soll, geben eine Marktanalyse (Chancen- und Gefahrenprofil) sowie eine Unternehmensanalyse (Stärken- und Schwächenprofil).

Innerhalb des gewählten Marktes muss man sich für eine bestimmte Zielgruppe entscheiden (Segmentierung) und sich gegenüber seinen Mitbewerbern abgrenzen (Positionierung). Erst dann ist ein Unternehmen bereit für die eigentliche Marktbearbeitung. Es stellt sich die Frage nach der Zielgruppe (Wen möchte ich als Kunden gewinnen?), dem Kanal (Wie erreiche ich meine potenziellen Kunden?) sowie dem Inhalt (Welche Argumente verwende ich?). Diese Möglichkeiten sind im so genannten Akquisitionsrad übersichtlich dargestellt.

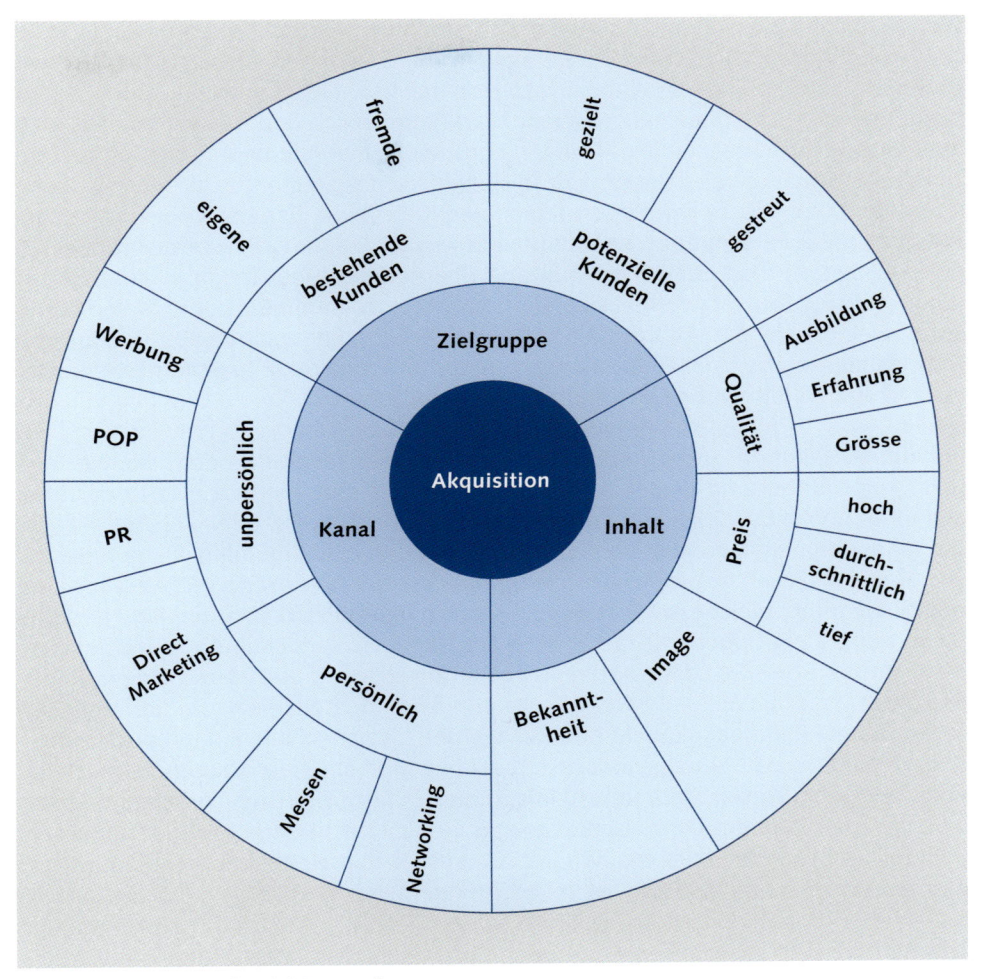

Abbildung 108: **Das Akquisitionsrad**

5.2.2 Akquisitionszielgruppe

Richten sich die Akquisitionsaktivitäten an bestehende Kunden, geht es entweder darum, einen bestehenden Kunden zu halten (z. B. ein laufendes Bewirtschaftungsmandat) oder darum, eine frühere Kundenbeziehung zu erneuern (z. B. in der Entwicklung oder im Maklergeschäft). Die Akquisition neuer Kunden bedeutet, Kunden anderer Unternehmen für sich zu gewinnen. Normalerweise lässt dies das andere Unternehmen nicht zu; es verteidigt seine Kunden gegen Abwerbungsaktivitäten. Doch die Mehrheit aller Kunden sind in Immobilien-Geschäften lose bereits an einen Dienstleister gebunden und daher frei ansprechbar für Immobilien-Dienstleistungen.

5. IMMOBILIEN-MARKETING IN DER VERMARKTUNG

Wenn ein Vertrauensverhältnis zwischen Immobilien-Unternehmen besteht, kann ein «Kundentausch» zur attraktiven «win-win»-Situationen führen. Dies ist etwa zwischen Unternehmen in einem Netzwerk der Fall. Netzwerke sind auch in der Lage, regionale Dissonanzen zwischen Marktkompetenz und Kundenbedürfnis zu überwinden. Möchte z. B. ein Wohneigentümer seine Ferienwohnung veräussern, kann ihm normalerweise der Makler in seiner Wohnsitzregion nicht behilflich sein, da er nicht über die notwendigen regionalen Kenntnisse der Ferienregion verfügt. Wenn der Makler hingegen in einem Netzwerk organisiert ist, kann er für seinen Kunden den Verkauf der Ferienwohnung übernehmen und diesen in Zusammenarbeit mit seinem Netzwerkpartner in dieser Region kompetent abwickeln. Damit konnte einerseits das Kundenbedürfnis befriedigt und andererseits den beiden Maklerunternehmen zu Honorarumsätzen verholfen werden, welche sie ohne ihre Netzwerkzugehörigkeit nicht hätten realisieren können.

Bei der Akquisition eines Immobilien-Unternehmens von Kunden, zu welchen noch keine Beziehung besteht, kann grundsätzlich gezielt (persönlich) oder aber gestreut (unpersönlich) vorgegangen werden. Eine gezielte oder persönliche Akquisition nimmt im Voraus eine Auswahl der zu kontaktierenden Zielgruppe vor wie z. B. persönlich bekannte Ansprechpersonen, umzugswillige Wohneigentümer oder Investoren, welche in Wohnliegenschaften investieren möchten. Eine gezielte, persönliche Zielgruppenansprache ist in der Regel erfolgreicher, doch verfügt man nicht immer über die dafür notwendigen Informationen wie Name, Telefonnummer, Post- oder E-Mail-Adresse. In solchen Fällen müssen gestreute und eher unpersönliche Akquisitionskanäle benutzt werden, was gewisse Streuverluste verursachen wird und die Akquisitionskosten ansteigen lässt. Diese Vorgehensweise hat aber auch den Vorteil, dass unter Umständen Zielgruppen angesprochen werden, welche man in seinen Akquisitionsüberlegungen gar nicht berücksichtigt hat. Es gilt generell zu beachten, dass die Akquisition umso erfolgreicher und kostengünstiger ausfallen wird, desto gezielter sie vorgenommen wird.

Folgende Fragen sollte sich ein Unternehmen vor der Akquisitionsphase stellen:

Strategische Ausgangslage
– In welchem Markt bin ich tätig?
– Wodurch zeichnet sich die Leistung meines Unternehmens und Mitarbeiter aus?
– Kenne ich meine Mitbewerber?

Ziele
– Definition der Kunden
– Definition der Objekte, die ich vermarkten will
– Erlangen von Bekanntheit
– Erlangen eines (im Voraus definierten) Images

5.2.3 Akquisitionsinstrumente

In der Folge werden die bekanntesten Akquisitionskanäle und Instrumente eines Immobilien-Unternehmens für die Neukundengewinnung aufgeführt (Reihenfolge ohne Gewichtung).

Werbung
Die Werbung bietet zahlreiche Möglichkeiten, neue Kunden anzusprechen, ohne dass man sie kennt. Obwohl das Inserat das klassische Instrument im Absatzmarketing darstellt, wird es in der Akquisition noch immer sparsam eingesetzt. Dies kann unter anderem damit erklärt werden, dass sich Immobilien-Unternehmen gewohnt sind, ihre Akquisitionsinserate von ihren Kunden bezahlen zu lassen. Einige Anbieter gestalten Absatzinserate (immer noch) so, dass in erster Linie ihr Unternehmen beworben wird und erst in zweiter Linie das zu verkaufende bzw. zu vermietende Objekt. Aus Kundensicht sollte dies aber gerade umgekehrt sein; ein Kunde kauft oder mietet nämlich in erster Linie auf Grund der Qualitäten des angebotenen Objekts und nicht wegen des vermittelnden Unternehmens. Der deutliche Trend hin zu mehr Online-Inseraten wird hier zu einem Umdenken führen: Weniger Printinserate im Absatz führt zu geringerer Medienpräsenz anbietender oder vermittelnder Unternehmen, was wiederum durch spezifische Akquisitionsinserate kompensiert werden muss. Die Wirkung solcher Inserate dürfte im Umfeld von Rubrikeninseraten, im Wirtschaftsteil der Tagespresse oder in Sonderbeilagen zum Thema Immobilien, am grössten sein. Da diese Inserate selber bezahlt werden müssen, sollten die Marketingbudgets der Immobilien-Unternehmen nach oben angepasst werden.

Messen
In der Regel führt der Weg zum persönlichen Kundenkontakt über mehrere Stufen wie etwa Inserat, Telefon und anschliessendem Treffen. Eine gute Möglichkeit, diese Stufen zu überspringen, besteht in der Teilnahme an Immobilien-Messen, an welchen persönliche Objektverkaufs- und eben auch Akquisitionsgespräche für die Neukundengewinnung geführt werden können. Eine Messe entfaltet auf unpersönlicher Ebene eine starke Akquisitionswirkung, erbringt man doch durch die blosse Präsenz den Tatbeweis, dass man in der entsprechenden Region bzw. im entsprechenden Dienstleistungsbereich ein aktiver Marktteilnehmer ist. Messen sind ein gutes Beispiel dafür, dass Absatz- und Akquisitionseffekte oft zusammen auftreten. So führt die Teilnahme an Eigenheimmessen nicht nur zu Kontakten mit potenziellen Käufern, sondern auch zu wertvollen Gesprächen z. B. mit verkaufswilligen Eigenheimbesitzern. Dabei muss in der Regel nur ein zusätzliches Verkaufsmandat resultieren, um die Kosten für eine Messeteilnahme wieder einzuspielen. Für eine erfolgreiche Akquisition ist eine Firmendokumentation unerlässlich. Da darin Dienstleistungen angepriesen werden und keine physischen Produkte, ist deren Konzeption und Gestaltung besonders anspruchsvoll. Dasselbe gilt für Firmenwebsites, die heutzutage unverzichtbar sind.

5. IMMOBILIEN-MARKETING IN DER VERMARKTUNG

Point of Property
Eine noch längst nicht von allen Immobilien-Dienstleistern genutzte Möglichkeit in der Akquisition ist der Einsatz von Point-of-Property-Instrumenten: In jedem zu verkaufenden oder zu vermietenden Objekt steckt das Werbepotenzial einer Plakatstelle. Hier kann bei der Erstellung einer Vermarktungstafel einerseits auf die optimale Darstellung der Vermarktungsfirma und andererseits natürlich auf die optimale Platzierung des Vermarktungsobjektes Einfluss genommen werden. Somit sollte eine «POP-Tafel» für jedes Immobilien-Unternehmen, sei es nun in der Entwicklung, in der Vermarktung oder in der Bewirtschaftung tätig, eine Selbstverständlichkeit sein. Es empfiehlt sich, bei der Erstellung dieser Vermarktungstafel dem grafischen Gesamtausdruck die nötige Beachtung, evtl. durch einen Drittdienstleistungspartner, zu schenken.

Aber auch der Firmensitz bietet ein nicht zu unterschätzendes Akquisitionspotenzial. Firmen, die ihre Büros lediglich mittels Klingelschild kennzeichnen, vergeben leichtfertig die Chance, ihre Bekanntheit zu steigern. Auch Immobilien-Unternehmen sollten die Möglichkeiten der Signaletik nutzen und z. B. beim Hauseingang ein grosses Firmenschild und evtl. einen Schaukasten mit aktuellen Angeboten und Firmendienstleistungen anbringen. Dabei darf die ständige Pflege und Aktualisierung des Schaukastens nicht vernachlässigt werden, denn er stellt eine stark beachtete Visitenkarte des Unternehmens dar.

Public Relations
Ein Akquisitionsinstrument, welches sich durch eine hohe Glaubwürdigkeit auszeichnet, stellen Public Relations dar. Der Entscheid, mit welchem Immobilien-Unternehmen zusammengearbeitet wird, dürfte stark von dessen Wahrnehmung in den Medien beeinflusst werden. Es sollte deshalb keine passende Möglichkeit ausgelassen werden, Positives über die Unternehmung zu vermelden. Anlässe dazu können in der Entwicklung etwa positive Volksentscheide für Immobilien-Projekte sein. Vermarkter können z. B. über den Spatenstich, das Erreichen von Vermarktungszielen, den Tag der offenen Tür usw. und Bewirtschaftungsfirmen über neu dazu gewonnene Mandate berichten. Auch mit gelegentlichen Berichten über Fachthemen, z. B. die Wohnungsübergabe, der Mieter – unser Kunde usw., kann nachhaltig ein Zeichen gesetzt werden. Zudem ist es für Immobilien-Fachleute ratsam, sich ein Kontaktnetz zu den Journalisten der Lokalpresse und spezialisierten Immobilien-Journalisten und Zeitschriften aufzubauen.

Directmarketing
Directmarketing-Massnahmen können sowohl unpersönlichen als auch persönlichen Charakter aufweisen. Ein Beispiel für ersteres sind nicht adressierte Sendungen in Briefkasten oder ein Wettbewerb, der mittels Inseraten lanciert wird. Besonders wirkungsvoll sind in der Regel persönliche Mailings; der Rücklauf ist hier deutlich höher als bei Streusendungen. Directmailings sind zudem eine gute Gelegenheit, Cross Selling zu betreiben: Immobilien-Firmen können so z. B. die Eigentümer ihrer bewirtschaftenden Stockwerkeigentums-Gemeinschaften darauf aufmerksam machen, dass sie nicht nur die Bewirtschaftung ihrer Liegenschaft,

sondern auch einen allfälligen Verkauf ihrer Wohnung übernehmen könnten. Stockwerkeigentums-Bewirtschafter werden immer wieder überrascht mit der Meldung über den Verkauf von Wohnungen, von denen sie keine Kenntnis hatten und diese Dienstleistung sie demzufolge auch nicht offerieren konnten. Der Grund dafür liegt darin, dass Wohnungseigentümer ihr Bewirtschaftungsunternehmen oft nur in dieser Rolle kennen und deshalb gar nicht auf die Idee kommen, ihm einen Verkaufsauftrag zu erteilen.

Networking
Das persönlichste aller Akquisitionsinstrumente für ein Immobilien-Dienstleistungsunternehmen stellt wohl das Networking dar. Networking kann nur vom Makler, Bewirtschafter, Entwickler oder Geschäftsinhaber persönlich gemacht werden, es kann in keine Werbe- oder PR-Agentur ausgelagert werden. Immobilien-Fachleute im Business-to-Business-Bereich können auf gut organisierte Branchenorganisationen als Plattformen zurückgreifen. Wir verweisen an dieser Stelle auf das Kapitel 1 zum Thema Verbandsstrukturen. Aber auch für den Business-to-Consumer-Bereich gibt es Networking-Plattformen wie etwa Wirtschafts-, Sport- oder Politorganisationen. Entscheidend ist hier die Bereitschaft, die Grenze zwischen Geschäfts- und Privatleben aufzuweichen. In vielen Unternehmungen ist der Wille zum persönlichen Networking für die Bekleidung einer Kaderposition unabdingbar. Die Exponenten der Immobilien-Branche profitieren überdurchschnittlich von fast wöchentlich stattfindenden attraktiven Veranstaltungen der Branche mit ausgewiesenen Referaten zu wichtigen Immobilien-Themen, meist verbunden mit Networking-Apéros.

Weitere Akquisitionsinstrumente
- Viele Immobilien-Unternehmen machen mit einem **periodischen Newsletter** auf sich aufmerksam und nehmen darin zu aktuellen Themen Stellung
- Kaum eine Firma bleibt von **Sponsoringanfragen** verschont, z. B. für lokale Sportanlässe, Kulturereignisse oder den lokalen Sportclub; auch hier kann ein gezielter Mitteleinsatz zu neuen Networking-Kontakten führen
- Es gibt immer die Möglichkeit, als **Dozent oder Prüfungsexperte in der Weiterbildung oder als Referent zu aktuellen Themen** im Einsatz zu stehen. Schon vielfach ist ein Schüler von gestern zum Kunden von morgen geworden
- Ein Beitritt zu einem **Maklernetzwerk**, der **Schätzungsexperten**- oder **Maklerkammer** kann durch den Austausch aktueller Informationen mit Gleichgesinnten auf hohem Niveau Vorteile in der Akquisition bringen

5.2.4 Akquisitionsbotschaft

Um erfolgreich akquirieren zu können, muss sich ein Unternehmen wie erwähnt positiv von seinen Mitbewerbern differenzieren können. Dem potenziellen Kunden müssen Gründe geliefert werden, weshalb er ausgerechnet mit der ihn umwerbenden Firma zusammenarbeiten soll. Diese Gründe können Bekanntheit, Image, Preis oder Qualität sein.

5. IMMOBILIEN-MARKETING IN DER VERMARKTUNG

Bekanntheit und Image

Die grundsätzliche Voraussetzung ist die Bekanntheit der Firma in dem betreffenden Dienstleistungsbereich. Die meisten Schweizer Immobilien-Unternehmen decken mehrere Bereiche wie etwa Bewirtschaftung, Handel und Schätzung ab. Eine grosse Bekanntheit können sie aber meist nur in einem einzelnen Bereich (auf Grund der Grösse oft in der Bewirtschaftung) aufweisen. Ihre Kunden wissen oft nichts von den anderen Tätigkeitsfeldern (wie z. B. dem Verkauf) oder – noch schlimmer – trauen dem Unternehmen dort keine Kompetenz zu. Die Mitarbeiter der Immobilien-Unternehmen selbst können dies oft nicht verstehen, sind sie doch zu nah am eigenen Unternehmen. Eine Möglichkeit, sich das für eine erfolgreiche Akquisition notwendige Image als kompetenter Dienstleister zuzulegen, ist die Verwendung eines Labels, welches z. B. Netzwerke vergeben. Mit dieser zusätzlichen Marke, welche die gut eingeführte Unternehmensmarke unterstützt, kann das Image gezielt beeinflusst werden.

Qualität

Jedes Unternehmen muss sich früher oder später über das Verhältnis zwischen Qualität und Preis im Klaren sein. Die grundsätzlichen Ausrichtungsmöglichkeiten wurden im Kapitel 2, Abbildung 34 vorgestellt. Die Qualität von Immobilien-Dienstleistungen wird meist an der Ausbildung und Erfahrung der Mitarbeitenden sowie an der Grösse der Firma gemessen. Um dem Branchenimage nicht zu schaden, darf die versprochene Qualität auf keinen Fall von der Realität abweichen. Leider ist aber gerade dies oft der Fall. Das hängt unter anderem damit zusammen, dass viele Berufsbezeichnungen der Immobilien-Branche wie z. B. Architekt, Immobilien-Treuhänder oder Makler frei verwendet werden dürfen. Umso wichtiger sind ein gutes Ausbildungsangebot der Immobilien-Branche und die Kommunikation der Bedeutung der verschiedenen Abschlüsse. Die Grösse eines Unternehmens kann verschieden interpretiert werden: Sowohl Kleinunternehmen, welche sich als Dienstleistungs-Boutiquen positionieren, als auch Grossunternehmen, welche Economies of Scale ins Feld führen, haben gute Positionierungsmöglichkeiten. Die Kombination dieser beiden Positionen ist nicht einfach, kann aber (z. B. durch den Zusammenschluss mehrerer Kleinunternehmen in einer Dachorganisation) durchaus gelingen. Auch eine Mitgliedschaft bei Fachverbänden bzw. deren Kenntlichmachung in einem Inserat – beispielsweise mit dem Logo des SVIT – kann bei der Akquisition neuer Mandate hilfreich sein. Obwohl die Platzierung des Logos von den Verbänden gefördert wird, wird dieser Empfehlung von den Mitgliedern nur zögerlich gefolgt, da eine Schwächung der eigenen Marke befürchtet wird. Diese Befürchtung ist oft in der Überschätzung der eigenen Marke begründet: Auf Grund der atomisierten Struktur der Schweizer Immobilien-Wirtschaft (die Branche wird von Kleinunternehmen mit weniger als 30 Mitarbeitenden geprägt) sind den potenziellen Kunden die Namen der Immobilien-Firmen kaum geläufig.

Preis

Bezüglich der Preispositionierung stellt sich die Frage, wie wichtig die Höhe des Verwaltungshonorars oder der Maklerprovision für die Entscheidung des potenziellen Kunden ist. Leider entscheiden sich immer noch viele Kunden nur anhand der Höhe des Honoraransatzes für eine bestimmte Unternehmung oder Fachperson. Damit werden Immobilien-Firmen, die ihre Kostenstruktur nicht kennen, automatisch bevorzugt. In der Bewirtschaftung sind es oft neu gegründete Stockwerkeigentümer-Gemeinschaften, die nach ein oder zwei Jahren nach dem Bezug den ersten Bewirtschafter meist wechseln. Auf Grund mangelnder Erfahrung haben sie den Eindruck, dieser erbringe, gemessen an seinem hohen Honorar, zu wenig Leistung. Meist finden sie auch eine Bewirtschaftungsfirma, die zu günstigeren Konditionen arbeitet. In einem solchen Fall ist jedoch die Qualität der Dienstleistung genau zu überprüfen. Im Immobilien-Verkauf schliesslich sind erfolgsabhängige Maklerprovisionen die Regel. Da der Auftraggeber keinerlei Risiko trägt, besteht die Gefahr, dass er ohne grosses Zögern denjenigen beauftragt, der ihm den höchsten Verkaufspreis verspricht. Dabei wird oft vergessen, dass ein offensichtlich zu hoher Verkaufspreis die Verkaufschance einer Immobilie schmälert. Sowohl in der Bewirtschaftung als auch im Verkauf liegt die Basis für eine erfolgreiche Mandatsdurchführung in einem ausgewogenen Preis-/Leistungsverhältnis. Demzufolge sollte in der Mandatsevaluation die Leistungsqualität mindestens so intensiv diskutiert werden wie das Preisniveau.

Die Preisstrategie beinhaltet auch die Frage nach dem Honorarmodell. Im Maklergeschäft ist das reine Erfolgshonorar immer noch die übliche Variante. Teilweise sind sogar Drittkosten wie Inserate etc. in diesen Honoraren inbegriffen. Für den Auftraggeber ist dies sicherlich eine gute Lösung. Es ist jedoch ungewiss, ob mit dem reinen Erfolgsmodell auch tatsächlich hohe Qualität erreicht wird. Bei Erstvermietungen gilt ebenfalls meist das Erfolgshonorar, trotzdem hat sich in den vergangenen Jahren für die konzeptionelle Arbeit vor der eigentlichen Vermietung erfreulicherweise ein Fixhonorar etabliert.

Für Immobilien-Makler (Verkäufer) ist es noch immer unüblich, eine Maklerprovision zu teilen; ebenso unüblich ist die Tatsache, dass mehrere Makler dasselbe Immobilien-Objekt im Angebot führen. Die Höhe der Maklerprovision oder die Verdienstmöglichkeiten eines Maklers sind noch immer eine interne Angelegenheit zwischen Auftraggeber und Auftragnehmer. Die Maklernetzwerke hingegen fördern ein Modell, wonach der eine Makler den Auftrag hat, der andere hingegen den Käufer. Dafür wurden klare Regeln definiert. Ein solches partnerschaftliches Zusammenarbeiten in Netzwerken fördert das firmenübergreifende Denken und ist in der Schweizer Immobilien-Wirtschaft deshalb zu begrüssen. Der Exklusivauftrag ist im Maklergeschäft in der Deutschschweiz, im Gegensatz zu den anderen Sprachregionen unseres Landes und zum nahen Ausland, immer noch Usanz. In Zukunft sind neue Auftragsmodelle sicherlich nicht auszuschliessen, doch müssen sich diese im Branchenumfeld erst noch bewähren.

Bei Erstvermietungen in Bereichen mit grossen Leerständen sind Fixhonorare gar die Regel. Qualifizierte und spezialisierte Firmen wissen, wie viel Zeit für einen möglichen Erfolg eingesetzt werden muss. Sie sind sich bewusst, dass eine Vermietung nicht nur auf Erfolgsbasis durchgeführt werden kann. Überdies wird das entsprechende Know-how immer wichtiger. So ist denn auch immer öfter zu beobachten, dass der konzeptionelle Teil der Vermarktung vom eigentlichen Verkauf bzw. von der Vermietung abgekoppelt wird. Dies kann sowohl betreffend Honorierung als auch bezüglich des Auftragnehmers geschehen: Die Agentur für das Vermarktungskonzept ist nicht dasselbe Unternehmen wie der eigentliche Verkäufer/Erstvermieter. Es scheint sich hier eine Spezialisierung und Professionalisierung durchzusetzen.

Die Honorare in der Immobilien-Bewirtschaftung sind noch immer mehrheitlich an die Mietzinseinnahmen gebunden. Da die Hypothekarzinsen seit Jahren sinken oder auf tiefem Stand verharren, sinken vielerorts entsprechend auch die Honorare. Zugleich werden von den Bewirtschaftungsfirmen immer mehr zusätzliche Leistungen verlangt, einerseits durch beinahe organisiert wirkende Mietzinssenkungsbegehren seitens der Mieterschaft, andererseits durch grössere Kennzahlenbedürfnisse seitens der Eigentümerschaft. Versuche mit neuen Honorarmodellen sind da und dort ausprobiert worden, doch durchgesetzt haben sie sich nicht. Auch von den Verbänden sind bis anhin keine Anstrengungen in Richtung neuer Honorarmodelle unternommen worden.

5.2.5 Selbstverkäufer als Akquisitionspotenzial für Immobilien-Makler

Für Immobilien-Makler liegt ein grosses Akquisitionspotenzial in der Tatsache, dass ein Grossteil der Immobilien-Transaktionen ohne Beizug eines professionellen Maklers abgewickelt wird; dies, obwohl die Eigentümer in der Regel keinerlei Erfahrungen mit dem Verkauf einer Immobilie haben. Mögliche Erklärungen für dieses Verhalten dieser Selbstverkäufer gibt es viele:

– «Es muss doch möglich sein, mein Haus oder meine Wohnung in Eigenregie erfolgreich zu verkaufen; schliesslich habe ich selbst schon von solchen Fällen gehört»
– «Wenn es dann doch nicht klappt, kann ich ja immer noch zu einem Profi gehen»
– «Ich versuche es mal mit einem Inserat und warte ab, was passiert»
– «Ein Aussenstehender kennt mein Objekt nicht so gut wie ich selbst. Ich als Eigentümer bin der kundigere Verkäufer»
– «Die Maklerprovision kann ich mir sparen, indem ich die Arbeit des Maklers selbst mache»
– «Mit dem Internet ist alles viel einfacher geworden, ich kann den Markt einfach testen»

Es stellt sich die Frage, ob die Immobilien-Branche und insbesondere der Verkauf von Immobilien für Aussenstehende als allzu einfach und unkompliziert wahrgenommen werden. Dies würde bedeuten, dass sich die Immobilien-Branche mit ihren Argumenten für mehr Professionalisierung im Immobilien-Geschäft bis anhin offenbar zu wenig Gehör verschaffen konnte. Es scheint, dass die breite Öffentlichkeit von der Komplexität des Immobilien-Geschäfts nur wenig Ahnung hat und die Branche immer noch an ihrem Image-Problem leidet. Es gibt jedoch genügend gute Argumente, weshalb beispielsweise ein Immobilien-Verkauf von einer Fachperson durchgeführt werden sollte:

Bedeutung des Verkaufsgeschäfts

Der Verkauf seines Hauses oder seiner Wohnung stellt in der Regel das grösste Geschäft im Leben eines Eigentümers dar. Warum wird in den meisten Fällen also ausgerechnet in diesem Bereich auf professionelle Unterstützung verzichtet?

Komplexer Prozess

Der Immobilien-Verkauf ist ein komplexer Prozess mit zahlreichen Stolpersteinen und Risiken. Um ein Haus zu verkaufen reicht es deshalb nicht, nur auf die Erfahrungen eines guten Freundes oder eines Bekannten zurückzugreifen

Teure Fehler

Fehler im Immobilien-Verkauf sind teuer. Deshalb lohnt es sich, die Risiken durch den Beizug eines Profis schon von Anfang an in den Griff zu bekommen

Richtiger Preis

Der richtige Preis ist entscheidend: Ein zu hoher Verkaufspreis mindert die Verkaufschancen, ein zu tiefer Preis schmälert unnötig den Verkaufserlös. Deshalb ist die professionelle Preisfestsetzung durch einen erfahrenen, ortskundigen Makler der erste Schritt zum Verkaufserfolg

Positionierung

Jedes Objekt hat seine eigenen Stärken. Ungeübte Verkäufer landen immer wieder bei den gleichen Argumenten und können das Haus oder die Wohnung nicht aus der Masse der Angebote hervorheben. Die wirkungsvolle Positionierung einer Immobilie erfordert viel Erfahrung und Kenntnisse über Konkurrenzangebote. Über das entsprechende Know-how verfügt nur ein Immobilien-Fachmann

Segmentierung

Durch die klare Festlegung der Zielgruppe können Streuverluste in der Kommunikation vermieden und der Verkauf beschleunigt werden. Die Kenntnis der verschiedenen Zielgruppen und die Festlegung der richtigen Segmente erfordern sowohl Marketing- als auch Marktkenntnisse, über die nur professionelle Makler verfügen

Der erste Eindruck ist entscheidend

Der Erstkontakt zu privaten Verkäufern geschieht oftmals in Form eines mehr oder minder lustigen Ansagespruchs auf dem Anrufbeantworter. Auch ein erstes Verkaufsgespräch am Handy im vollbesetzten Tram und mit schlechter Verbindungsqualität trägt nicht gerade zum Vertrauensaufbau bei. Erreichbarkeit und ein kompetentes Erstgespräch kann nur ein Makler gewährleisten, der tagtäglich für seine Kunden da ist

Marketinginstrumente

Mit der Wahl der richtigen Marketinginstrumente kann die definierte Zielgruppe angesprochen und für die zu verkaufende Immobilie interessiert werden. Doch in welchen Zeitungen soll inseriert, auf welchem Marktplatz soll die Immobilie online geschaltet und wo soll welche Verkaufstafel aufgestellt werden? Die Antworten auf diese Fragen überlässt man besser einem Fachmann, denn die Wahl der richtigen Instrumente entscheidet darüber, ob der Werbefranken gut investiert oder aber zum Fenster hinausgeworfen wurde

5. IMMOBILIEN-MARKETING IN DER VERMARKTUNG

Verkaufsunterlagen

Je nach Qualität der Verkaufsunterlagen fühlt sich ein Interessent angesprochen – oder aber er steht der Immobilie auf den ersten Blick skeptisch gegenüber: «So wie sich die Dokumentation präsentiert, so wird wohl auch die Immobilie sein.» Um diese Prüfung erfolgreich zu bestehen, sind professionelle – d. h. attraktive und vollständige – Unterlagen unerlässlich

Beratung

Der Kunde erwartet von einem Immobilien-Fachmann eine kompetente Beratung, bevor der eigentliche Verkauf beginnt. Beraten kann aber nur jemand, der gut ausgebildet ist und über entsprechende Erfahrung verfügt. Ein Immobilien-Fachmann muss seinem Kunden darlegen können, welche Dienstleistungen und welches Know-how er ihm zur Verfügung stellen kann. Nur so ist der Kunde in der Lage, den Gegenwert der Verkaufsprovision zu erkennen

Kapazität

Der Verkauf eines Hauses oder einer Wohnung ist zeitraubend. Verfügt der Hobbyverkäufer über die notwendige Kapazität? Woher nimmt er die Zeit für die Marktanalyse, die Aufarbeitung der Verkaufsunterlagen, die Gestaltung und den Einsatz der wirkungsvollen Marketinginstrumente, die langen Verkaufsgespräche und das Nachfassen bei bestehenden Interessenten?

Unabhängigkeit

Eigentümern mangelt es an der notwendigen Unbefangenheit. Sie sind ihrem Wohneigentum emotional verbunden, von dessen Qualitäten voll überzeugt und verfügen deshalb kaum über die notwendige Distanz, um ein Verkaufsgespräch erfolgreich führen zu können. Kaufinteressenten betonen in der Absicht, den Preis zu drücken, meist die Schwächen einer Immobilie. Belehrungen oder gar ein beleidigtes «Eingeschnappt-sein» sind in diesem Fall die falsche Antwort. In einer solchen Situation hilft nur das gut vorbereitete und objektiv geführte Gespräch des erfahrenen Immobilien-Maklers

Abbildung 109: **Argumente für den Beizug eines Immobilien-Maklers**

5.3 Der Prozess der Immobilien-Vermarktung

Nach den Grundkenntnissen der Marktkräfte und der Mandatsakquisition als erste Schritte, wird mit dem Auftraggeber eine realistische Mandatszielsetzung bestimmt. Dabei werden die quantitativen Ziele (z. B. Vollvermietung auf den Bezugszeitpunkt) und die qualitativen Ziele (z. B. Erreichen einer ausgewogenen Durchmischung) festgelegt. Darauf richtet der Vermarkter seine zukünftigen Schritte im Vermarktungsprozess aus und kann das Projekt oder Objekt auf dem Endnutzermarkt anbieten. Bevor nun aber die Immobilie auf dem Markt angeboten werden kann, müssen die entsprechenden Grundlagen aufbereitet werden. Der Erfolg von Marketingaktivitäten auf dem Endnutzermarkt ist abhängig von den Informationsgrundlagen. Deshalb muss zuerst eine Analyse der Stärken und Schwächen sowie der Chancen und Gefahren einer Immobilie, eine SWOT-Analyse, durchgeführt werden oder eine evtl. vorhandene Standort- und Marktanalyse aktualisiert oder berücksichtigt werden. Erst dann kann die definitive Zielgruppe bestimmt (Segmentierung) und das Angebot gegenüber der Konkurrenz abgegrenzt werden (Positionierung). Auf dieser Basis ist das Angebot zu gestalten. Je nachdem, ob es sich dabei um ein Projekt oder ein bereits bestehendes Objekt handelt, ist der Gestaltungsspielraum grösser, kleiner oder gar nicht vorhanden. Anschliessend werden die Marketinginstrumente entwickelt und mit dem Ziel, einen raschen Abschluss zu vorteilhaften Konditionen herbeizuführen, umgesetzt. Das Mandat zur Vermietung einer Immobilie endet mit dem Abschluss eines Mietvertrags. Der erfolgreiche Verkauf einer Immobilie führt zum Nachweis eines Käufers und in der Regel auch zur Vermittlung und zur eigentlichen Abwicklung des Verkaufsgeschäfts. Das Schweizerische Obligationenrecht unterscheidet zwischen dem so genannten Nachweismäkler und dem Vermittlungsmäkler. Der mittlerweile seltene Fall eines Nachweismäklers beschränkt sich auf den Nachweis eines kaufwilligen und kauffähigen Interessenten. Heute treten fast ausschliesslich Vermittlungsmäkler auf, die auch in den Verkaufsprozess involviert sind. Ihre Arbeit ist erst beendet, wenn der Abschluss tatsächlich getätigt wurde, also in der Regel mit dem Vollzug der Eigentumsübertragung.

5. IMMOBILIEN-MARKETING IN DER VERMARKTUNG

```
                    ┌──────────────────────────────────┐
                    │      Mandatsakquisition          │
                    └──────────────────────────────────┘
                                    │
                    ┌──────────────────────────────────┐
                    │         Mandatsziel              │
                    └──────────────────────────────────┘
                                    │
                    ┌──────────────────────────────────┐
Vermarktungskonzept │           Analyse                │
                    └──────────────────────────────────┘
                            │               │
                    ┌───────────────┐ ┌───────────────┐
                    │ Segmentierung │ │ Positionierung│
                    └───────────────┘ └───────────────┘
                                    │
                    ┌──────────────────────────────────┐
                    │ Entwicklung und Einsatz von      │
                    │ Marketing- und Kommunikations-   │
                    │ instrumenten                     │
                    └──────────────────────────────────┘
                                    │
                    ┌──────────────────────────────────┐
                    │   Miet- oder Verkaufsabschluss   │
                    └──────────────────────────────────┘
```

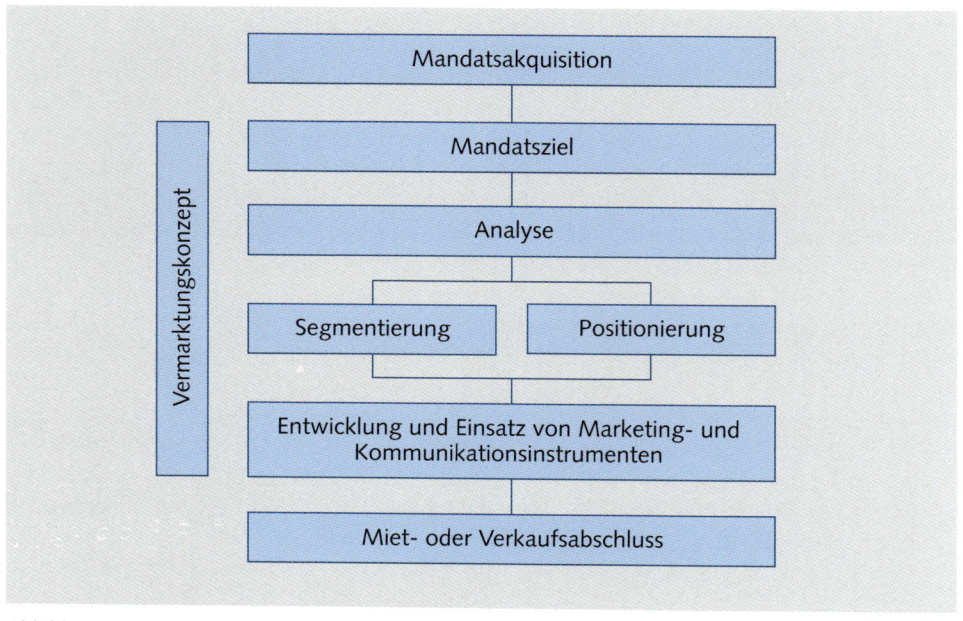

Abbildung 110: **Der Prozess der Immobilien-Vermarktung**

Der gute Ruf eines Immobilien-Vermarkters ist oftmals entscheidend im Kampf um ein Mandat und wird von allen Beteiligten am Vermarktungsprozess mit beeinflusst. Es lohnt sich deshalb, die Beteiligten für jedes Mandat wieder neu zu analysieren.

Beteiligte am Vermarktungsprozess
– Promotoren
– Architekten
– Ingenieure
– andere Fachplaner
– Banken
– Versicherungen
– Investoren
– Mittler
– Berater
– Bauunternehmen
– Handwerker
– Generalunternehmen
– Verwaltungen
– Facility Manager
– Verbände
– Behörden
– Politiker
– Interessenvertreter

Einzelne Bezugsgruppen, beispielsweise Verbände oder Behörden, können entscheidenden Einfluss auf ein Immobilien-Projekt ausüben. Es ist somit von grosser Bedeutung, diese zu kennen und bei sämtlichen Aktivitäten rund um eine Immobilie zu berücksichtigen.

5.4 Vermarktungskonzept

5.4.1 Die Grundlagen eines Vermarktungskonzeptes

Bis vor wenigen Jahren sprach man in erster Linie von einem Erstvermietungs- oder einem Verkaufskonzept. Der Begriff «Vermarktungskonzept» ist neuer und scheint sich, obwohl von der Immobilien-Branche noch verschieden interpretiert und ausgestaltet, immer mehr durchzusetzen. Literatur darüber ist aber kaum vorhanden, zudem werden immer noch verschiedene Begriffe eigentlich für das Gleiche verwendet wie z. B.

- Marketingkonzept
- Kommunikationskonzept
- Marketing- und Kommunikationskonzept
- Erstvermietungskonzept
- Verkaufskonzept
- Werbekonzept

Der Begriff «Immobilien-Vermarkter» als Berufsbezeichnung wird immer mehr auch in Stelleninseraten verwendet. Zudem haben sich die Begriffe «Vermarktungs-Abteilung» und «Vermarktungs-Ausbildung» ebenfalls erst in den letzten Jahren etabliert, dabei steht das Wort «Vermarktung» über den Segmenten Erstvermietung und Verkauf. Im Vermarktungskonzept liegt der Schwerpunkt oft bei der Kommunikation, da der Einfluss auf die restlichen Marketingvariablen wie Standort, Immobilie oder Preisgestaltung in der Regel gering ist. Von einem Marketingkonzept spricht man dann, wenn mehrere Marketingvariable gestaltet werden können. Dies findet allenfalls Anwendung für ein noch wenig entwickeltes Projekt, einen Standort, ein Quartier, eine grössere Siedlung oder ein Entwicklungsareal. Das Vermarktungskonzept ist dafür eher für eine Objekt- oder Projektvermarktung geeignet.

Die meisten Fehler in der Vermarktung von Immobilien passieren
- wenn die Vermarktung ohne konzeptionelles Vorgehen gestartet wird
- wenn nur nach Gefühl oder nach dem Vorgehen des letzten Projektes entschieden wird
- wenn die Vermarktung nur als notwendiges Übel und nicht als Beitrag zum Gesamterfolg betrachtet wird
- wenn Vermarktungsaufträge von Dienstleistern ohne Zeit- und Preiskalkulation übernommen werden, weil eigentlich der nachfolgende Bewirtschaftungsauftrag das Akquisitionsziel ist und im Vordergrund steht
- wenn Abhängigkeitsverhältnisse von Firmengeflechten bei der Auftragsvergabe

im Vordergrund stehen und die Fachlichkeit der ausführenden Vermarkterin keine Rolle spielt
- wenn die Vermarktung von Immobilien nicht als eigene «Disziplin» betrachtet wird und man vom möglichen (Erfolgs)Honorar gar nicht «leben» könnte
- wenn 100 % erfolgsabhängig vermarktet wird und bei Erfolglosigkeit die Rechnung zwischen Aufwand und Ertrag nicht aufgehen kann
- wenn ein Vermarktungskonzept von einer Werbefirma erstellt wird, welche noch nie eine Wohnung vermietet oder verkauft hat
- wenn sich der Vermarkter und der Auftraggeber mit den bei der Offertstellung abgegebenen Konzeptansätzen zufrieden geben
- wenn der Auftraggeber meint, ein Vermarktungskonzept bestehe nur aus den sichtbaren Vermarktungsinstrumenten Inserat und Dokumentation
- wenn der Auftraggeber dem Vermarkter die früher erstellten Konzepte und Vorarbeiten nicht aushändigt oder nicht als relevant betrachtet

Die Kosten für ein Vermarktungskonzept variieren stark. Sie werden durch folgende Faktoren massgeblich bestimmt:

- Grösse und Komplexität der Überbauung, Siedlung usw.
- möglicher Nutzungsmix wie Wohnen, Büroraum und Ladenflächen
- Umfang und Qualität vorliegender Analysen, Konzepte und Unterlagen
- Anforderungen des Kunden
- Qualität der Lage des Objektes
- Vermarktungsziele des Auftraggebers bezüglich Zeit, Leistung oder Marktpreis

Ein von einer spezialisierten Firma ausgeführtes Vermarktungskonzept, für eine Überbauung mit mehr als einem Segment, kann zwischen 8 000 Franken und 25 000 Franken kosten. Ein solches Konzept umfasst ungefähr den nachfolgenden Strukturinhalt und beinhaltet einen Umfang (ohne Beilagen) von ca. 20 bis 40 Seiten. Vermarktungskonzepte, welche vom Vermarkter selber erstellt werden, sind nur bei entsprechender Qualifikation und Sorgfalt sinnvoll.

5.4.2 Der Analysebereich im Vermarktungskonzept

Die Bereiche, die ein Immobilien-Vermarkter sowohl bei Kauf- als auch bei Mietobjekten analysieren muss, sind zahlreich. Wie bereits angesprochen, durchläuft er zudem zwei Analysephasen: Als erstes muss er den Markt, in dem er tätig sein möchte, hinsichtlich einer Mandatsakquisition analysieren. Danach gilt es, im Rahmen eines Mandats den Markt, in dem die Immobilie abgesetzt werden soll, zu analysieren. Um erfolgreich Immobilien vermarkten zu können, sind vertiefte Kenntnisse dieser Analysefelder unerlässlich. Aus diesem Grund ist die Vermarktung von Immobilien meist ein regionales Geschäft. Nur wer sich laufend über die wichtigsten Parameter informieren kann, verfügt über die notwendigen Informationen.

Dabei sind Kenntnisse nicht nur über die Anbieter von Immobilien (in der Regel die Eigentümer), Nachfrager (Käufer oder Mieter) und Mittler (Makler, Vermarkter, Berater) notwendig, sondern beispielsweise ebenso über Mitbewerber, Finanzinstitute oder Lieferanten (Designer, Texter, Drucker usw.). Daneben muss sich ein Immobilien-Vermarkter mit ökonomischen, ökologischen, politischen, demografischen, sozialen, kulturellen, physikalischen und technologischen Rahmenbedingungen auskennen. Auf Grund dieser breiten Wissensbasis haben sich in der Immobilien-Wirtschaft diejenigen spezialisierten Unternehmen etabliert, welche die notwendigen Kenntnisse in einzelnen Bereichen erarbeiten und zur Verfügung stellen. Als Beispiele können hier Unternehmen genannt werden, die Daten zum Preisgefüge von Immobilien, zum Mietrecht oder zur Bevölkerungsentwicklung erheben, aufarbeiten und verkaufen.

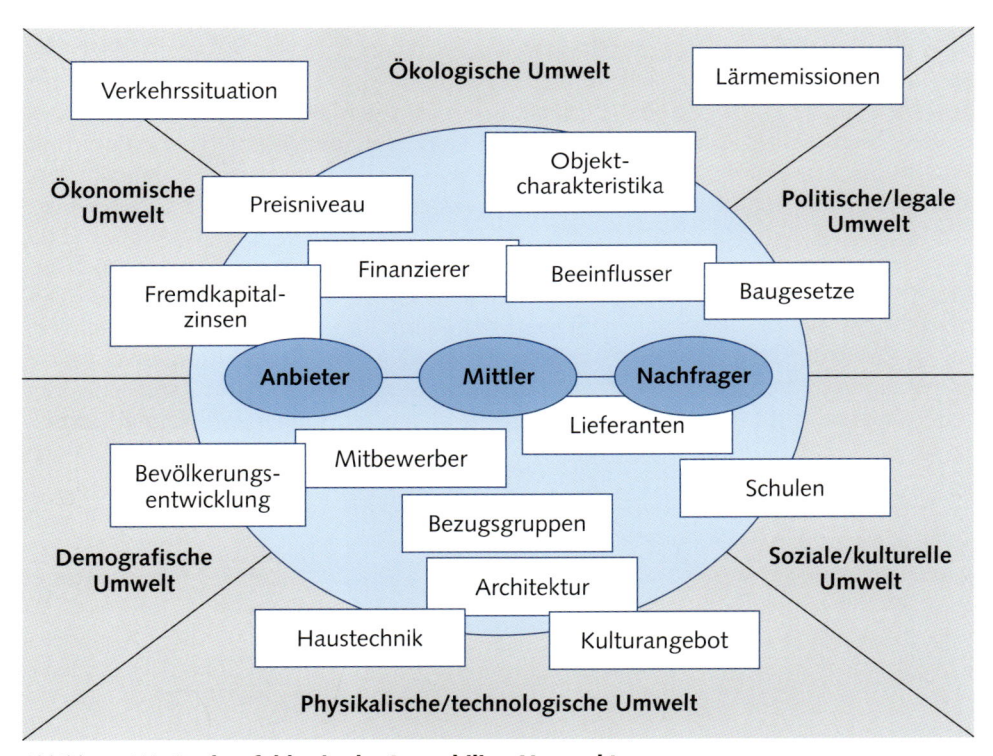

Abbildung 111: **Analysefelder in der Immobilien-Vermarktung**

Im Kapitel 2 und 3 werden die Themen Marktforschung, SWOT-Analyse, Segmentierung und Positionierung vertieft behandelt. Im Kapitel 4 wird die Standort-, Markt- und Projektanalyse umfassend bearbeitet, welche eine wichtige Grundlage für das Vermarktungskonzept bilden. Das Gewicht, das in diesem Buch in mehreren Kapiteln der sorgfältigen Analyse aller relevanten Bereiche gegeben wird, zeigt deren Wichtigkeit für eine erfolgreiche und nachhaltige Vermarktung eines Immobilien-Objektes oder -Projektes. Eine unsorgfältige oder oberflächliche Analyse kann den Erfolg des Vermarktungsprozess nicht nur gefährden, sondern auch Mehrkosten verursachen.

5.4.3 Die Struktur eines Vermarktungskonzeptes

Der untenstehende Kapitelaufbau eines Vermarktungskonzeptes kann als Inhaltsgrundlage verwendet werden. Zusätzliche Kapitel und eine andere Reihenfolge sind jederzeit möglich. Ist bereits eine aktuelle Standort- und Marktanalyse vorhanden, genügt es, dieses Kapitel nur noch aus Vermarktungssicht zu kommentieren. Ist bereits ein Projekt vorhanden oder geplant, muss dieses Projekt und dessen Objekte umgehend mit der «Vermarkterbrille» geprüft werden. Meist ist in diesem Fall der Vermarkter der (einzige) indirekte Vertreter der Endnutzer, sprich Mieter oder Käufer, welcher deren Bedürfnisse und Möglichkeiten auch am besten einschätzen kann und entsprechend gehört werden sollte.

Ein Vermarktungskonzept sollte möglichst praxisbezogen und aufbauend auf den bestehenden Erfahrungen und Konzepten erstellt werden. In erster Linie dient es dem Vermarkter als Arbeitsinstrument und Leitfaden und muss von diesem in die Praxis übersetzt und angewendet werden. Deshalb sollte ein Vermarktungskonzept Aussagen zu Vermarktungszielen, -phasen, -massnahmen und -kosten enthalten.

Dem Einwand, dass z. B. für 20 Mietobjekte doch kein so grosser Aufwand betrieben werden müsse, kann folgendes entgegnet werden: Auch für kleinere Vermarktungen bis zum Einfamilienhausverkauf gelten im Prinzip die gleichen Inhaltspunkte, die sorgfältig analysiert werden müssen. Der Umfang des Konzepts ist nicht entscheidend: Werden die wichtigsten Punkte beantwortet, dann kann eine Vermarktung auch mit einem lediglich fünfseitigen Konzeptpapier zum Erfolg führen.

1. Ausgangslage
1. Beschreibung des Auftrages
2. Zielvorstellungen, Besonderheiten des Auftrages
3. Ausgangslage und vorhandene Grundlagen

2. Standort-/Marktanalyse
Wenn keine Standort- und Marktanalyse vorliegt, auf der aufgebaut werden kann, muss diese im Vermarktungskonzept erstellt werden
1. Standortanalyse
2. Marktanalyse

3. Ziele
1. Marketingziele
   vereinbartes Vermarktungsziel mit dem Auftraggeber, wird evtl. im Auftrag oder im Phasenplan mit Teilzielen vermerkt
2. Segmentierung
   Zielgruppenbestimmung
3. Positionierung
   Zielgruppenansprache und Abgrenzung zu Mitbewerbern

4. Angebotsgestaltung

1. Architektur
   Analyse des architektonischen Ausdrucks aus Vermarktungs- und Nutzersicht, Fazit aus der evtl. vorhandenen Projektanalyse, wenn möglich oder nötig Einfluss aufs Projekt nehmen
2. Nutzung
   Wohnungs- oder Angebotsmix, Standort-, Markt- und Segmentierungserkenntnisse einfliessen lassen, wenn möglich oder nötig Einfluss aufs Projekt nehmen
3. Preis
   aus den Marktabklärungen oder den Vorgaben der Eigentümerschaften wird die realistische Preispolitik der Objekte gebildet, Übereinstimmung mit den Vermarktungszielen überprüfen

5. Kommunikationsinstrumente

Übersicht evtl. aus Massennahmenplan des Phasenplans; in der Praxis werden weniger die klassischen untenstehenden Begriffe der Kommunikationsinstrumente verwendet als z. B. Werbung – Inserat oder Point of Property – Vermarktungstafel

1. Kommunikationsanker
2. Werbung z. B. Inserat, Dokumentation
3. Public Relations z. B. Zeitungsartikel, Publireportage
4. Point of Property z. B. Vermarktungstafel, Showroom
5. Events z. B. Spatenstich, Tag der offenen Tür
6. Directmarketing z. B. Interessentenmailing, Streuversand
7. Persönlicher Verkauf z. B. Argumentarium, Besichtigungsdrehbuch

6. Vermarktungsphasen

Konzept- und Vermarktungsphasen aus dem Phasenplan

7. Vermarktungsbudget

Konzept- und Vermarktungsphasen mit Kommunikationsinstrumenten

8. Verkaufs- oder Vermietungs- resp. Vermarktungs-Organisation

1. Aufbauorganisation
   Wer arbeitet im Team, wie ist das Team organisiert, Ansprechpartner
2. Ablauforganisation
   Vermarktungsprozess, Phasenplan als Brücke zwischen Auftragnehmer und Auftraggeber

9. Controlling/Reporting

Messen des Vermarktungserfolgs, Reportings zuhanden der Auftraggeber

Abbildung 112: **Die Inhaltsstruktur eines Vermarktungskonzeptes**

An früherer Stelle haben wir fünf Gruppen von Marketinginstrumenten definiert: Standort, Gestaltung der Immobilie, Preisgestaltung, Kommunikation und der Faktor Mensch. Während zu Beginn eines Immobilien-Projekts noch sämtliche dieser Gruppen definiert werden können, wird der Handlungsspielraum im Laufe der Entwicklung immer mehr reduziert. Zum Zeitpunkt der Vermarktung steht in der Regel die Kommunikation im Vordergrund; die restlichen Variablen sollten bereits in vorhergegangenen Marketingprozessen definiert worden sein. Allenfalls sind noch geringfügige Anpassungen zum Preis bzw. der Miete möglich, etwa durch die Festlegung der Konditionenpolitik oder von Verkaufsförderungsmassnahmen. Der Immobilie selbst kann noch mit der Detailgestaltung der Architektur oder mittels Dienstleistungen für zukünftige Nutzer ein letzter Schliff verpasst werden. Der Faktor Mensch bietet noch Gestaltungsmöglichkeiten, wenn es um die Vermarktungsorganisation und die Auswahl des Vermarkters geht. Da das hauptsächliche Augenmerk zum Zeitpunkt der Vermarktung aber bei der Kommunikation liegt, konzentrieren sich unsere nun folgenden Ausführungen auf dieses Thema.

5.5 Kommunikationsinstrumente

5.5.1 Kommunikationsanker

Unter einem Kommunikationsanker versteht man eine kommunikative Leitidee, die sämtliche Instrumente prägt. Die Herleitung erfolgt aus der Positionierungsstrategie. Durch die ständige Wiederholung derselben Botschaft (Kernaussagen) wird diese bei der Zielgruppe penetriert. Als Anker eignen sich sowohl gegebene als auch neu geschaffene herausragende Eigenschaften einer Immobilie, z. B.:

Lage
Eine aussergewöhnlich schöne Fernsicht, etwa auf einen See, oder die Lage in einem schönen Altstadtquartier.

Architektur
Ein bemerkenswerter Baustil, z. B. Jugendstil, kann in der Kommunikation gut umgesetzt werden: Es werden architektonische Details zum Jugendstil kommuniziert, Bilder aus der Zeit um 1900 verwendet oder Fotos von Gestaltungsdetails der Liegenschaft gezeigt.

Nutzung
Die ganze Vermarktungskampagne ist auf eine bestimmte Clustergruppe ausgerichtet.

Zielgruppe
Die ganze Aufmachung und Sprache kann z. B. auf ein urbanes Segment ausgerichtet sein.

Preis
Sowohl ein tiefer als auch ein hoher Preis kann als Kommunikationsanker verwendet werden. Der tiefe Preis suggeriert ein «Schnäppchen», der hohe hingegen Exklusivität.

Fallbeispiel: Kommunikationsanker «Menschen statt Beton»

Zielsetzungen
Für ein neues Zentrum mit Laden-, Büro- und Wohnflächen wurden folgende Zielsetzungen formuliert:

- Die potenziellen Mieter sollen auf einer persönlichen Ebene angesprochen werden
- Das Produkt «Immobilie» soll menschlich dargestellt werden
- Die Stärken des Standorts sollen anschaulich und glaubhaft aufgezeigt werden
- Es soll Sympathie für die Liegenschaft geweckt werden

Auf Grund dieser Zielsetzungen wurde die Idee «Menschen statt Beton» als Kommunikationsanker gewählt.

Umsetzung
Mittelpunkt aller Marketingaktivitäten waren Menschen mit Aussagen zum Standort Zürich-Seebach, so genannte Testimonials. Zu diesem Zweck wurden 30 Personen porträtiert, die im betreffenden Quartier arbeiteten oder wohnten. Dabei kamen z. B. der Posthalter, eine Tramchauffeuse, eine Apothekerin, ein Coiffeur, verschiedene Gewerbetreibende sowie Quartierbewohner zu Wort. Die Aussagen aller Personen bezogen sich stets auf die guten Qualitäten des Standorts Zürich-Seebach. Durch die Vielzahl sympathischer Menschen, die auf Plakaten und Inseraten dargestellt wurden, konnte die Kernaussage der Kampagne – «Wohnen und Arbeiten in einem lebendigen, vielfältigen Quartier» – glaubhaft kommuniziert werden. Das Projekt wurde damit vollkommen anders positioniert als andere in den viel diskutierten Quartieren Zürich-Nord oder Zürich-West, denn Zürich-Seebach kann nicht auf Attribute wie «trendy» oder «neues Stadtquartier» zurückgreifen. Seine Stärken liegen vielmehr darin, dass es auf einer gesunden Quartierstruktur aufbauen kann sowie sehr lebendig und vielfältig ist.

5. IMMOBILIEN-MARKETING IN DER VERMARKTUNG

Abbildung 113: **Fallbeispiel Kommunikationsanker**

5.5.2 Werbung

In der Immobilien-Branche sind die Werbeausgaben im Verhältnis zur Investitionssumme in der Regel relativ gering. Dies hat verschiedene Gründe. Beispielsweise werden harte Faktoren wie Kosten, Konstruktion oder Finanzierung gegenüber den weichen Faktoren wie Bekanntheit, Image oder Wahrnehmung noch immer höher bewertet. Immobilien-Fachleute sind es gewohnt, mit messbaren Grössen – Laufmeter, Quadratmeter, Kubikmeter oder Kilogramm – zu arbeiten. Sie stehen deshalb all jenen Faktoren, die sich nicht so einfach messen lassen – wie Werbemassnahmen – eher skeptisch gegenüber. Auch Budgets werden in der Regel von technisch orientierten Beteiligten, die von Werbung nur wenig Ahnung haben und entsprechend wenig Gewicht darauf legen, erstellt oder abgesegnet. Bei der Werbung für Immobilien müssen einige Besonderheiten beachtet werden, denn jedes zu vermarktende Objekt ist ein Unikat und benötigt deshalb individuelle Aufmerksamkeit und eine entsprechende Bewerbung.

Die Bereitschaft, neue Vermarktungsinstrumente einzusetzen, ist nach wie vor gering. Das Hauptgewicht der Werbemassnahmen konzentriert sich noch immer auf Online-Marktplätze, Printinserate und Dokumentationen. In grösseren Immobilien-Unternehmen und bei grösseren Projekten ist jedoch der Beizug von Marketing- und Kommunikationsfachleuten zum Standard geworden.

Der Wortschatz von Immobilien-Fachleuten unterscheidet sich zum Teil stark von demjenigen ihrer Kunden. So werden innerhalb der Branche zahlreiche Fachbegriffe selbstverständlich verwendet, die Aussenstehende verwirren können. Wir haben in der Folge eine Liste der Unworte aufgestellt, die Immobilien-Vermarkter im Umgang mit ihren Kunden wenn möglich vermeiden sollten.

Unwort	besser verständliche Bezeichnungen
– Verkaufscontainer	Verkaufsraum, Showroom, Verkaufspavillon
– füllen, verrösten	Immobilien-Objekt vermieten oder verkaufen
– Hütte, Bude	Immobilien-Objekt oder Projekt
– Nasszelle	Badezimmer, Toilette, Wellnessbereich
– Disponibelraum	nach eigenen Wünschen nutzbarer Raum, variables Zimmer
– Mezzanin	Zwischengeschoss, Halbgeschoss
– BGF, NWF	Bruttogeschossfläche, Nettowohnfläche
– WM/T	Waschmaschine mit Tumbler
– ÖV, IPV	öffentlicher Verkehr, individueller Privatverkehr

Die Vielfalt der möglichen Instrumente, die für die Immobilien-Werbung eingesetzt werden können, ist gross. Wir gehen im Folgenden nicht nur auf die bedeutendsten Instrumente wie etwa Dokumentation, Visualisierung, Printinserat und Online-Werbung ein, sondern beleuchten auch andere, weniger oft eingesetzte Werbemöglichkeiten.

5. IMMOBILIEN-MARKETING IN DER VERMARKTUNG

5.5.2.1 Dokumentation

Die Dokumentation folgt in der Regel einem Kontakt über Telefon oder E-Mail und prägt damit den ersten Eindruck, den der Interessent von der Immobilie erhält. Da man dazu bekanntlich nur eine Gelegenheit hat, kommt der Printdokumentation eine grosse Bedeutung zu. Im Kommunikationsprozess nach AIDA (im Kapitel 2 beschrieben) ist die Dokumentation primär der kognitiven und sekundär der affektiven Phase zuzuordnen. Ihre Aufgabe ist es demnach, Bekanntheit zu schaffen und das Interesse am Angebot zu wecken. Bei der Planung einer Printdokumentation sind folgende Variablen zu berücksichtigen:

- Gewünschte Qualität der Gestaltung und des Drucks
- Anzahl Seiten
- Benötigte Auflage
- Format (hat Auswirkungen auf Portokosten)
- Bindeart
- Erforderliche Unterlagen (Pläne, Daten, Texte, Karten, Bilder, Logos etc.)
- Grundrisse in digitaler Form und kundengerecht aufgearbeitet (keine Ausführungspläne)
- Kartenmaterial in digitaler Form vorhanden (Copyrights beachten)
- Notwendigkeit eines professionellen Fotografen
- Unterlagen zur Liegenschaft

Damit kann das Budget für die Erstellung einer Dokumentation zuverlässig erstellt werden. Papierqualität, Format und Titelblatt sind für den ersten Eindruck massgebend. Bei grossen Immobilien-Projekten entscheidet ein benutzerfreundlicher Aufbau mit logischer Inhaltsstruktur darüber, ob die Dokumentation gerne gelesen wird. Bei zahlreichen verschiedenen Grundrissen sollte die Option, die Grundrisse als separate Dokumentation oder gezielt als Einzelblätter beizulegen, geprüft werden. Vielfach sehen Verkaufs- und Erstvermietungsdokumentationen von kleineren Immobilien-Firmen alle im Design der Firma gleich aus und unterscheiden sich nur durch ein anderes Foto auf dem Titelbild. Eine Dokumentation hat in erster Linie das angebotene Objekt zu verkaufen und sollte deshalb die speziellen Eigenschaften des Objekts in den Vordergrund rücken und sich durch eine objektspezifische Erscheinung auszeichnen. Das Corporate Design der Vermarkterfirma sollte sich unterordnen.

Inhaltsstruktur

Die Anforderungen an den Inhalt müssen sich nach den Informationsbedürfnissen der Interessenten richten. Folgende Inhaltsstruktur hat sich dabei bewährt:

- Aussagen zum Charakter und der Positionierung der Immobilie
- Makrolage (Region, Stadt/Gemeinde, Verkehrserschliessung etc.)
- Mikrolage (Stadtkreis, Quartier, Umgebung etc.)
- Situation (Anordnung der Gebäude, Gartengestaltung)
- Gebäude (Wohnungs- oder Flächenstruktur, innere Erschliessung etc.)

5.5 Kommunikationsinstrumente

- Grundrisse (ohne verwirrende Konstruktionsdetails, mit Massstab und Angabe der Nordrichtung)
- Baubeschrieb (in einer für Baulaien verständlichen Formulierung)
- Angaben zu den Verkaufspreisen oder Mietzinsen (in einer leicht zu aktualisierenden Beilage)
- Weitere Angaben wie Finanzierungspartner, Realisierungszeitrahmen, Schätzungswerte etc.
- Vermarktungspartner mit Kontaktperson
    - evtl. Eigentümer- oder Auftraggeberschaft
    - Allgemeine Verkaufsbestimmungen
    - Prospektverbindlichkeit
    - Copyright

Bei der Erstvermietung der Überbauung West-Side wurde eine vierteilige Dokumentation mit einem Imageteil und einem auf die Zielgruppe ausgerichteten Teil für Interessenten von Ateliers, Gewerberäumen und Wohnungen entwickelt.

Abbildung 114: **Mehrteilige Dokumentation nach Segmenten**

5. IMMOBILIEN-MARKETING IN DER VERMARKTUNG

Bei der Gestaltung, Anordnung und Reihenfolge der Inhalte sind im Prinzip keine Grenzen gesetzt. Bei grösseren Projekten empfiehlt sich eine Trennung in einen ersten Teil, der den Charakter und das Image des Projekts beschreibt, und einen zweiten Teil, der die Grundrisse und technischen Details kommuniziert (siehe Beispiel Abbildung 116). So können dicke Bücher mit einer für den Interessenten eher verwirrenden Informationsfülle vermieden und Portokosten gespart werden. Bei einer mehrteiligen Dokumentation kann zudem der Nachdruck nur eines Dokumentationsteiles günstiger vorgenommen werden. Als Gestaltungselemente sollten konzeptgerechte Formen, Farben, Schriftarten, Visualisierungen, Fotos oder Illustrationen verwendet werden. Das eigentliche Ziel einer Dokumentation, nämlich über die Immobilie zu informieren und ihre Positionierung gegenüber anderen Angeboten zu unterstützen, sollte dabei niemals vergessen werden.

Bildformate

Bei der Bereitstellung von Bildern und Fotos für Dokumentationen stellt sich immer wieder die Frage nach dem richtigen Bildformat. Jede Verwendung benötigt für optimale Resultate ihr eigenes Bildformat. Die verschiedenen Bilddatei-Typen unterscheiden sich unter anderem bzgl. Speicherplatz, Komprimierung, Anzahl Farben und Pixel- bzw. Vektorformat.

	Bezeichnung	Eigenschaften	Verwendung
JPEG	Joint Photographic Expert Group	bis 16.7 Millionen Farben, speicherextensiv, (De-)Komprimierung mit Qualitätsverlust, pixelbasiert	Bildschirmdarstellung wie Internet, Power Point-Präsentationen, Auflösung in der Regel 72 dpi
TIFF	Tagged Image File Format	speicherextensiv, (De-)Komprimierung ohne Qualitätsverlust, pixelbasiert	Druckanwendungen, Auflösung in der Regel 300 dpi
EPS	Encapsulated PostScript	speicherintensiv, vektorbasiert	Druckfähiges Format für Logos
GIF	Graphic Interchange Format	nur bis 256 Farben, speicherintensiv, pixelbasiert	Bildformat für Internetanwendungen, v.a. Grafiken, Logos, Schriftzeichen
WMF	Word Meta File	speicherextensiv, wordbasiert	MS-Office-Anwendungen wie Word, Excel, Power Point

Abbildung 115: **Bildformate und deren Verwendung**

Schriften

Den optischen Eindruck bestimmen aber nicht nur Bilder, sondern ebenso auch die verwendeten Schriften. Bei der Schriftwahl sind folgende Punkte zu berücksichtigen:

- Schriftfamilie
  - Eine einheitliche Schriftfamilie definieren und nur wenige Schnitte daraus verwenden
  - Bei der Wahl der Schriftfamilie sollte auf einen hohen Kontrast geachtet werden, wie ihn z. B. Frutiger (light/bold/extra bold) bietet
  - Heute werden mehrheitlich serifenlose Schriften verwendet; sie wirken klassisch modern und sind gut leserlich
  - Für Titelschriften sind auch Schmuckschriften möglich
- Schrifthierarchie
  - Muss konsequent umgesetzt werden bei Haupttiteln, Untertiteln, Bodytext usw.
- Schriftgrössen
  - Hier gilt die Regel, eine Mindestgrösse von minimal 9 Punkte für Bodytext nicht zu unterschreiten

Gestaltungsprogramme

Werden einfache Dokumentationen selber erstellt, stellt sich die Frage nach der geeigneten Software. Um gute Resultate zu erhalten, reichen einfache Textverarbeitungsprogramme nicht aus. Es muss aber auch nicht immer eine professionelle Anwendung sein.

- Programme für Layouts: ADOBE InDesign, QuarkXPress, PageMaker, Apple Pages u. a. m.
- Programme für Bildbearbeitung: ADOBE Photoshop, ADOBE Elements u. a. m.
- Programme zur Gestaltung ganzer Dokumentationen nach firmenindividuellem Gestaltungsraster: ImmoServer u. a. m.
- Für Dokumentationen ungeeignete Programme: Microsoft Word, PowerPoint

Als Vorteile einer Printdokumentation gegenüber einer Objektwebsite können genannt werden:

- Eine Dokumentation kann in beinahe jeder Lebenssituation gelesen werden, auch wenn kein Computer verfügbar ist. Dies trifft insbesondere auf Freizeitsituationen zu wie z. B. im Garten, am Strand, zu Hause am Familientisch oder auf dem Sofa
- Die Wahl des Papiers und des Bindemechanismus kann die Ausstrahlung und den Charakter der Immobilie anschaulich kommunizieren
- Grundrisse können massstabgerecht abgebildet werden; der Interessent kann sie ausmessen und seine Ideen einzeichnen
- Die Präsenz einer Printdokumentation ist nachhaltig, ist sie doch auch bei ausgeschaltetem Computer noch sichtbar und bleibt eventuell noch längere Zeit auf dem Tisch des Interessenten liegen

5. IMMOBILIEN-MARKETING IN DER VERMARKTUNG

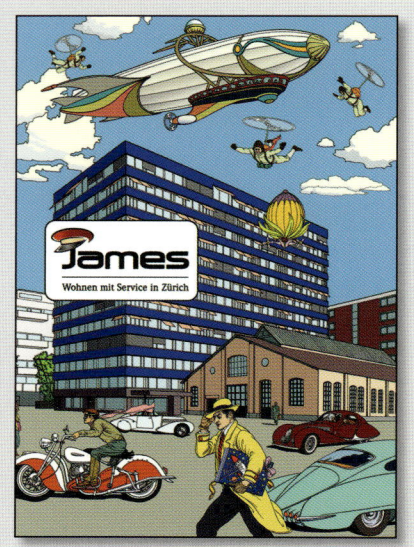

Basisbroschüre

Büro-/Gewerbeflächen

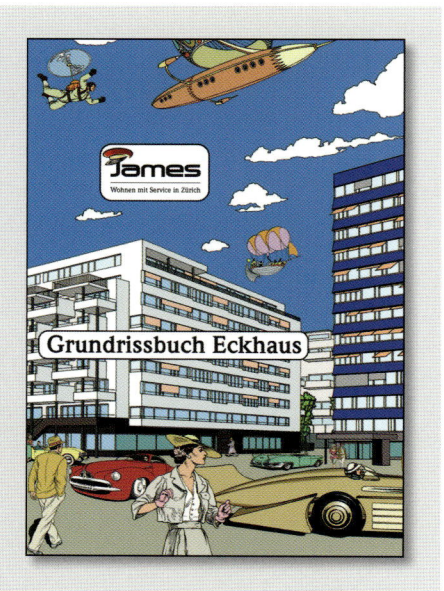

SEVENSEAS

Mehr Mut zu Kreativität und zur Individualität – damit hebt sich Ihr Projekt wohltuend von der breiten Masse ab. Mit origineller und attraktiver Gestaltung können Sie die Aufmerksamkeit Ihrer Zielgruppen gewinnen. Bei der urbanen Trendüberbauung mit Serviceangebot JAMES wurde vollends auf Visualisierungen verzichtet und die grafische Umsetzung mittels gezeichneten Figuren illustriert.

Abbildung 116: **Mehrteilige Dokumentation nach Gebäuden**

Immobilien-Dokumentationen werden in der Regel mit der Post versandt. Dabei kommt dem Begleitbrief eine nicht unwichtige Rolle zu. Er sollte das Wichtigste in wenigen Worten zusammenfassen. Im Betreff muss in kürzester Form auf einen Punkt gebracht werden, wieso es sich lohnt, das entsprechende Angebot zu prüfen. Oft handelt es sich dabei um die kundengerecht ausformulierte Positionierung wie sie im Marketingkonzept festgelegt wurde. Im Brieftext sind weitere Reason Why's kurz und knapp aufzuführen. Fand bereits ein direkter Kontakt zum Interessenten statt, sollte darauf Bezug genommen werden. Am Schluss des Briefs sollte der Adressat aktiviert werden, indem er z. B. zu einer Besichtigung aufgefordert wird. Besonders beachtet werden Hinweise im Post Scriptum (PS) am Schluss des Begleitbriefs. Liegen aktuelle Informationen vor, die nicht Teil der Dokumentation sind, sind sie dem Begleitbrief beizulegen. Dabei kann es sich z. B. um einen Zeitungsartikel über das Immobilien-Projekt oder über die Standortgemeinde handeln. Eine (allenfalls sogar bereits mit seiner Adresse ausgefüllte und frankierte) Antwortkarte kann dem Interessenten die Antwort erleichtern und hilft dem Marketingcontrolling.

5.5.2.2 Visualisierung

Waren Visualisierungen vor 20 Jahren ein auszumachender Trend, so sind sie heute der Normalfall. Das hängt insbesondere damit zusammen, dass Projekte bereits lange vor Baubeginn auf den Markt gelangen. Dies mit dem klaren Ziel, bereits bei Baubeginn oder zumindest beim Bezugstermin alle Einheiten abgesetzt zu haben. Solche Projekte sind einfacher zu finanzieren und weisen deutlich tiefere Kapitalkosten auf. Bedingung für einen Verkauf oder eine Vermietung noch vor Baubeginn ist jedoch die Möglichkeit, einem Interessenten glaubhaft aufzuzeigen, wie seine Wohnung oder sein Haus aussehen wird. Dazu müssen Visualisierungen angefertigt werden, welche die Rolle eines Fotos oder gar eines Videos übernehmen können. Es handelt sich dabei meist um computeranimierte Bilder, die sehr nahe an die Wirklichkeit herankommen und die auch bewusst auf Emotionen und Gefühle anspielen.

Die Geschichte der Visualisierung

Am Anfang stand die Handskizze des Architekten. Später wurde diese von ersten primitiven 3D-Architekturprogrammen abgelöst, die anfänglich vorwiegend dem Architekten als Visualisierungshilfe dienten. In der Folge waren es denn auch meist Architekten, die als Erste in die Nische des Immobilien-Visualisierens schlüpften und sich als Anbieter dieser Spezialdisziplin versuchten. Hier zeigt sich aber schnell der Zielkonflikt des Architekten und des Vermarkters: Der Architekt will in erster Linie mit seiner eigenen «Architekturhandschrift» überzeugen. Im Interesse des Vermarkters liegt es aber, ein Bild oder eine Ansicht auch «vermarktungstauglich» darzustellen, also mit zur Zielgruppe passenden Menschen, Einrichtungen, Bepflanzungen, Umgebungsgestaltung, Spielflächen usw. Der Vermarkter ist deshalb auch meist der Auftraggeber für die Visualisierung eines Immobilien-Projekts. Seit den Anfängen sind die Visualisierungen durch die laufend gesteigerten Rechnerkapazitäten und durch zunehmende Erfahrung der Fachleute immer fotorealistischer geworden und können mittlerweile kaum mehr von der Wirklichkeit unterschieden werden. Längst haben Immobilien-Fachleute entdeckt, dass mit Bildern Emotionen

5. IMMOBILIEN-MARKETING IN DER VERMARKTUNG

Um eine hohe Qualität der Visualisierung zu erreichen, arbeiten in der Regel folgende Spezialisten Hand in Hand: Architekten, Innenarchitekten, Fotografen, Illustratoren, Designer und 3D-Modellingdesigner. Die obigen Bilder zeigen zwei fotorealistische Visualisierungen der Überbauung Puls5.

Abbildung 117: **Visualisierungen bei Immobilien**

und Stimmungen vermittelt werden können und dass damit auch in der Immobilien-Vermarktung erfolgreicher verkauft oder vermietet werden kann. Die perfekte Visualisierungstechnik ermöglicht es auch dem technisch ungeschulten Interessenten, sich eine klare Vorstellung von der Immobilie zu machen und sich gleichsam optimal in das Objekt hineinfühlen zu können. Wichtig ist, dass die in Visualisierungen dargestellten Elemente (z. B. Sträucher, Spielplatz usw.) auch verwirklicht werden. Ebenso darf an der schön visualisierten Wand mit Bild in der Praxis letztlich nicht ein hochformatiger Radiator die Wand «verschandeln».

Um eine hohe Qualität der Visualisierung zu erreichen, arbeiten in der Regel folgende Spezialisten Hand in Hand: Architekten, Innenarchitekten, Fotografen, Illustratoren, Designer und 3D-Modellingdesigner. Die Abbildung 117 zeigt zwei fotorealistische Visualisierungen der Überbauung Puls5 in Zürich-West.

Wo werden Visualisierungen hauptsächlich eingesetzt?
– In der Entwicklungsphase von Immobilien
– In der Vermarktungsphase von Immobilien
– Für alle möglichen Kommunikationsinstrumente
– Bei Innenraum- und Fassadenstudien
– Zur Einpassung eines Projektes in die bestehende Umgebung
– Für Lichtstudien
– Für die Konkretisierung einer Idee
– Für die Prüfung der Materialisierung
– In Gerichtsverfahren

Das virtuelle 3D-Modell
Muss eine ganze Überbauung vermarktet werden, reichen eine Innen- und eine Aussenvisualisierung meist nicht aus. Es empfiehlt sich deshalb, ein dreidimensionales Modell (3D-Modell, auch virtuelles Modell genannt) der Überbauung erstellen zu lassen. Dabei werden alle Fassadenseiten modelliert, wodurch später von jedem beliebigen Standort aus ohne grösseren Aufwand jederzeit Bilder oder 360°-Panoramen erstellt werden können. Im nachfolgenden Beispiel einer Überbauung in Wettingen sind die gewählten Standort- oder Panoramapunkte gut sichtbar.

5. IMMOBILIEN-MARKETING IN DER VERMARKTUNG

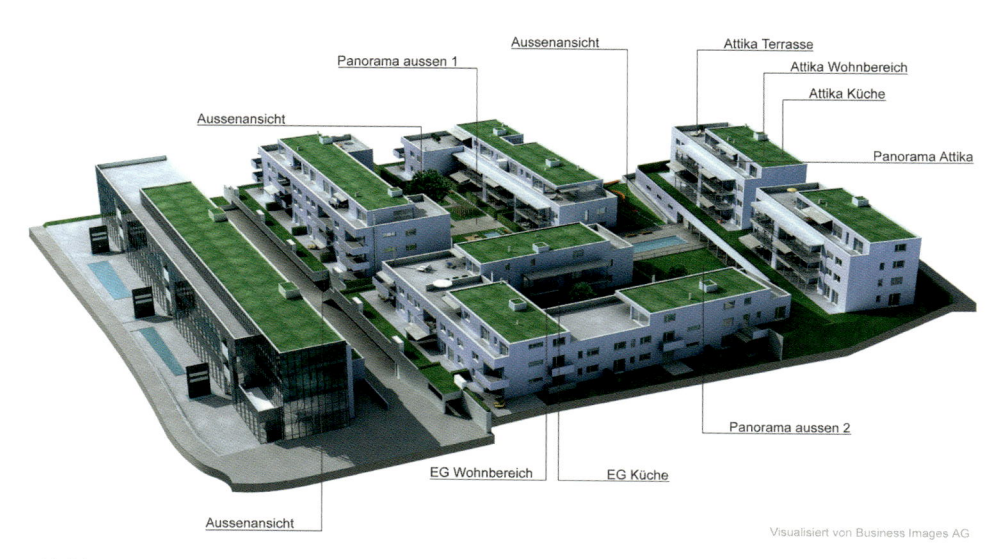

Abbildung 118: **Das virtuelle 3D-Modell**

Bei der Erstellung von Visualisierungen im Immobilien-Bereich sind folgende Fragen zu beantworten:

- Welche Ansichten (aussen, innen, Vogelperspektive, 360°-Panoramen) zeige ich meinen Kundensegmenten?
- In welcher Qualität benötige ich die Visualisierung?
- Zeige ich die Räume mit oder ohne Möbel? Welcher Einrichtungsstil passt zu meiner Zielgruppe?
- Muss ich die Umgebung bzw. die Aussicht bei Innenansichten integrieren?
- Liegen die Projektdaten bereits digital vor?
- Sind die wichtigsten Materialisierungsentscheide bereits gefällt?
- Welche Visualisierungsagentur verfügt über die notwendigen Fähigkeiten und Kapazitäten?

Mittlerweile bieten zahlreiche Unternehmen Visualisierungen an, vom Programmierer ohne Immobilien-Kenntnisse über den Architekten bis hin zur spezialisierten Firma. Bei der Auswahl ist entscheidend, in welcher Qualität die Visualisierungen benötigt werden. Die Qualität der Visualisierungen ist in der Regel direkt abhängig von der Erfahrung, aber auch von der zur Verfügung stehenden Computertechnologie. Von Vorteil sind auch Erkenntnisse aus der Mitarbeit in anderen komplexen Immobilien-Projekten. Wie teuer dürfen nun Visualisierungen (inkl. der dazu gehörenden Fotografie für die Aussicht und Einbindung in die Umgebung) sein? Die Kostenspanne ist äusserst breit und bewegt sich von ca. 1 000 Franken bis ca. 4 000 Franken für ein stehendes Bild. Visualisierungen, die in eine bestehende Umgebung eingesetzt werden sollen, kosten zwischen 3 000 Franken und ca. 5 000 Franken. Ein

3D-Modell einer Überbauung kostet zwischen 5 000 Franken und 25 000 Franken (abhängig von der Komplexität und der Grösse der Überbauung), ein daraus abgeleitetes 360°-Panorama rund 700 Franken und Einzelbilder etwa 400 Franken.

Das Architekturmodell
Der Vorgänger der Visualisierung ist das Architekturmodell des Modellbauers. Lange Zeit war dieses neben den Bauplänen die einzige Möglichkeit, dem Miet- oder Kaufinteressenten eine ungefähre Vorstellung von seiner Wohnung oder Siedlung zu vermitteln. Die immer realistischer werdenden Visualisierungen haben in den letzten Jahren der Arbeit des Modellbauers ein wenig den Rang abgelaufen. Es lässt sich jedoch feststellen, dass Promotoren oder Bauherren vermehrt wieder ein reales Modell in kleinem Massstab anfertigen und dieses anschliessend professionell fotografieren lassen. Auf diese Weise erhalten sie ebenfalls Bilder, die für die Vermarktung eingesetzt werden können. Dieses Vorgehen ist bei hochwertiger Qualität jedoch kaum kostengünstiger. Visualisierungen haben überdies den Vorteil, dass Details einfacher verändert werden können.

5.5.2.3 Printinserat
Die Bedeutung des Printinserats als Kommunikationsmittel für Immobilien bewegt sich in zwei unterschiedliche, sich im ersten Moment widersprechende Richtungen. Einerseits sinkt die Bedeutung von Printinseraten zu Gunsten von Online-Inseraten, was insbesondere mit deren vergleichsweise hohen Kosten zu erklären ist. Andererseits wird vom Immobilien-Marketing und damit auch vom Printinserat immer öfter gefordert, ein Projekt noch vor Baubeginn abzusetzen. Deshalb ist eine nahtlose Verknüpfung des Inserats mit anderen Kommunikationsinstrumenten wie Online-Inserat, Website oder Dokumentation wichtig. Die Rolle des Printinserats ist im Begriff, sich zu verändern: Wurde es früher oft als einziges Instrument für den Erstkontakt eingesetzt, wird ihm diese Funktion mehr und mehr vom Online-Inserat streitig gemacht. Andererseits gewinnt das Printinserat für Immobilien-Unternehmen in der Akquisition an Bedeutung, denn im Gegensatz zu Online-Inseraten eignet es sich sehr gut, um das Corporate Design und die Positionierung der Firma zu transportieren.

Ziele eines Printinserates
- **Bekanntheit:** Die Zielgruppe muss von der angebotenen Immobilie Kenntnis haben. Die wichtigsten Informationen sind: Lage, Art der Liegenschaft, Grösse und Preis
- **Kontakte:** Die Zielgruppe muss mit dem Anbieter schnell und bequem in Kontakt treten können. Als Kontaktmöglichkeiten bieten sich Telefon, E-Mail, Website, Showroom, Telefax und Adresse an. Chiffreadressen, früher häufiger verwendet, stellen eine Kontakthürde dar und sind nur in begründeten Ausnahmefällen anzuwenden
- **Image:** Auch wenn das Inserat in der Regel klein bemessen ist, kann es das Image einer Immobilie oder einer Immobilien-Unternehmung transportieren. Ob dieses Image positiv oder negativ ist, kann beeinflusst werden. Wichtige Fragen in diesem Zusammenhang sind etwa: Stimmt die Inserategestaltung mit dem Cha-

rakter seines Absenders überein? (Wird zu viel versprochen, ist der Kunde später enttäuscht. Wird die Immobilie in einem zu schlechten Licht dargestellt, finden wertvolle Kundenkontakte gar nicht statt.) Welche Text- und Gestaltungselemente versteht die Zielgruppe?

Der Inhalt eines Inserates sollte nach einigen wichtigen Kriterien aufgebaut werden. Das Inserat sollte prägnant, verständlich, konzepttreu sowie stimmungsvoll sein und letztlich das Optimum aus dem vorhandenen Budget herausholen.

Kriterien eines guten Inserates
- **Prägnant:** Die richtige Aussage mit wenigen Worten machen. Ein aussagekräftiges Inserat besteht in der Regel aus folgenden Elementen: Eye-Catcher (Bild, besonderes Merkmal wie «Seesicht», «Loft» oder einfach die Ortschaft bzw. der Wohnungstyp wie «Terrassenwohnung»); Pflichtinformation (Anzahl Zimmer, Wohnungs- oder Haustyp wie «3½-Zimmerwohnung, 6-Zimmer-Eckhaus»); Zusatzinformationen (Lage, Informationen zu Schulen, Einkaufsmöglichkeiten oder öffentlichem Verkehr); Absender (nur, was unbedingt nötig ist, etwa Telefonnummer, E-Mail-Adresse oder Internetadresse; die ganze Adresse aufzuführen ist unnötig und lenkt vom eigentlichen Inserateinhalt ab); Aufforderung zur Kontaktaufnahme («Rufen Sie an!»)
- **Verständlich:** Klar formulieren, denn der Leser möchte nicht unnötige Zeit aufwenden, um den Inserateinhalt zu «entschlüsseln». Der Inhalt muss sich an den Bedürfnissen der Zielgruppe orientieren, nicht an den Ansichten des Autors «Der Köder muss dem Fisch schmecken und nicht dem Angler!»
- **Konzepttreu:** Das Inserat muss mit anderen Instrumenten wie Dokumentation, Internetauftritt usw. koordiniert und kongruent sein. Das bedeutet auch, dass dieselben Botschaften, Begriffe und Gestaltungselemente verwendet werden sollten
- **Stimmungsvoll:** Die positiven Elemente der Immobilie müssen anschaulich dargestellt werden. Dies kann erreicht werden, indem Stimmungsbilder – diese müssen nicht unbedingt die wirkliche Umgebung zeigen – abgebildet werden, zum Beispiel ein Sonnenuntergang, ein Seeufer, Kinder oder Gesichter, die der Zielgruppe entsprechen
- **Budgetoptimiert:** Es muss ein Mediaplan, eine Inserateplatzierung und eine Inserategrösse gewählt werden, die mit dem zur Verfügung stehenden Budget eine optimale Wirkung erzielen

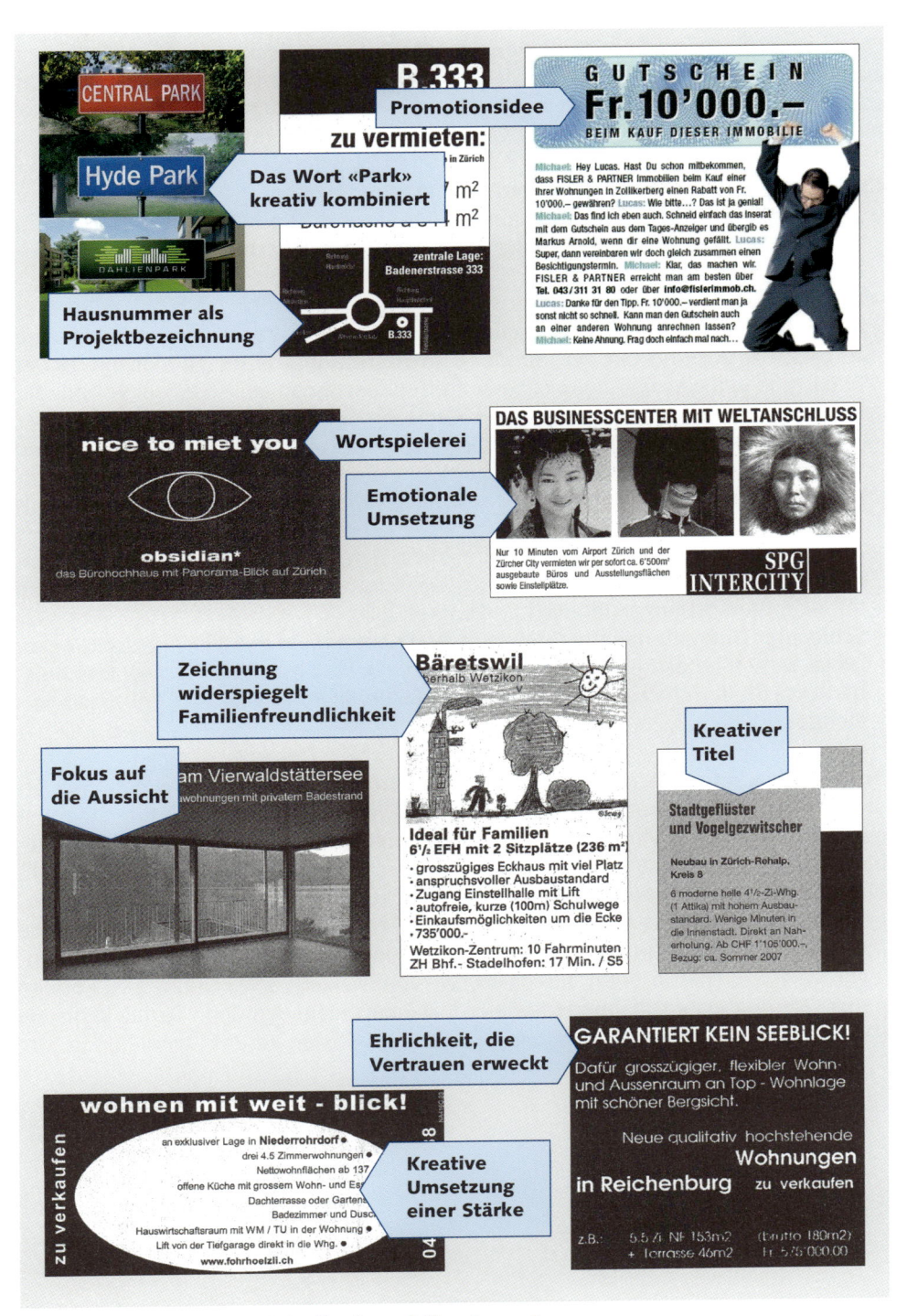

Abbildung 119: **Beispiele origineller Immobilien-Inserate**

5. IMMOBILIEN-MARKETING IN DER VERMARKTUNG

Ein Blick in die Immobilien-Rubriken von Printmedien deckt verschiedene Fehler auf, die bei Immobilien-Inseraten oft gemacht werden. So sind viele Inserate nicht sorgfältig genug gestaltet oder getextet, andere wiederum schiessen über das Ziel hinaus, indem sie beispielsweise zu viele Informationen vermitteln wollen.

Oft gemachte Fehler bei Immobilien-Inseraten
- **Zu wenig Einschaltungen:** Die Wahrscheinlichkeit, dass die Zielgruppe das Inserat beachtet, muss durch eine entsprechende Inseratewiederholung gesteigert werden
- **Keine klare Angaben:** Da der Inserent das Objekt selber sehr gut kennt, vergisst er oft, dass die Leser nicht über dieselben Kenntnisse verfügen. Es sind deshalb klare Angaben zu Art und Ort der Immobilie sowie zum Inserenten zu machen. In der Praxis sind jedoch sogar Beispiele anzutreffen, bei denen ein Absender vollständig fehlt. Solche Inserate sind eine Verschwendung des Kommunikationsbudgets
- **Abbildung von Grundrissen:** Den Grundrisse abzubilden lohnt sich nur dann, wenn dieser ein starkes Verkaufsargument darstellt und die Vermarktungsstrategie darauf aufbaut. Da in den meist kleinen Immobilien-Inseraten kaum Details auszumachen sind, sind Grundrisse in der Regel aber die falsche Sujetwahl
- **Abkürzungen:** Mit der Absicht, Kosten zu sparen, werden oft Abkürzungen verwendet. Diese erschweren dem Leser die Informationsaufnahme, sind für den Interessenten oft unverständlich und wirken billig
- **Schlechtes Bildmaterial:** Immobilien-Inserate erscheinen meist in Tageszeitungen. Diese weisen jedoch eine vergleichsweise schlechte Druckqualität auf. Das muss berücksichtigt werden, indem scharfe, einfache Bilder mit guten Kontrasten verwendet werden.

Bei Inseraten in Printmedien lassen sich einige Trends feststellen. So wird immer öfter mit Portraits kommuniziert, denn Bilder von Menschen holen den Interessenten auf der persönlichen Ebene ab. Auch finden sich immer häufiger farbige Inserate, bieten doch Verlage auf Grund neuer Drucktechniken vermehrt die Möglichkeit, farbige Inserate zu verwenden. Durch Farben können Produktvorteile besser dargestellt werden und die Auffälligkeit eines Inserats wird gesteigert. Eine wachsende Insertionsform stellt das so genannte Inseratepooling dar: Durch das Zusammenlegen verschiedener Inserate, beispielsweise von Maklern eines Netzwerks, können ganze Zeitungsseiten in überregionalen Medien belegt werden. Damit kann die Beachtung gesteigert und gleichzeitig können die Kosten gesenkt werden.

5.5 Kommunikationsinstrumente

Ad 1 (Villa Kunterbunt):

Greifensee, 2 Gehminuten von S-Bahnhof, zu verkaufen / vermieten

VILLA KUNTERBUNT
zum Wohnen und Arbeiten

150 m² Wintergarten, 7 Zimmer auf 3 Etagen, 3 Nasszellen, Sauna, vielseitig nutzbare Gewerberäume, 700 m², Innen- und Aussen-Cheminée, 10 Parkplätze, lauschiger Garten mit Teich

→ Schreibfehler im Titel
→ Absender fehlt völlig

Ad 2 (Kanton Schaffhausen):

Kanton Schaffhausen
In der Stadt von **Schaffhausen**
Liegenschaft
zu verkaufen. Auskunft unter Chiffre PM441C Tages-Anzeiger, 8021 Zürich.

→ Dürftige Information

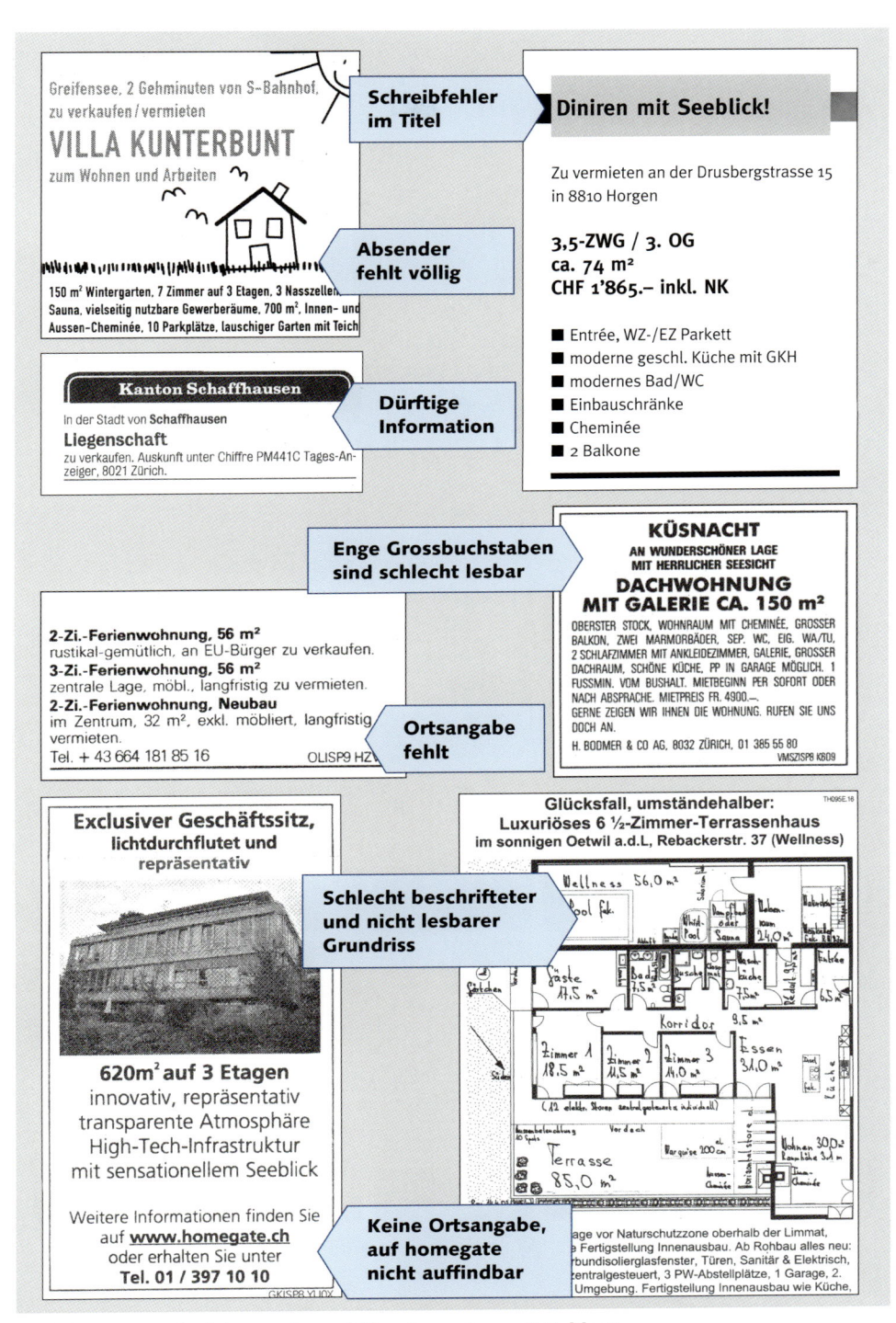

Ad 3 (Diniren mit Seeblick!):

Diniren mit Seeblick!

Zu vermieten an der Drusbergstrasse 15 in 8810 Horgen

3,5-ZWG / 3. OG
ca. 74 m²
CHF 1'865.– inkl. NK

- Entrée, WZ-/EZ Parkett
- moderne geschl. Küche mit GKH
- modernes Bad/WC
- Einbauschränke
- Cheminée
- 2 Balkone

Ad 4 (Ferienwohnungen):

2-Zi.-Ferienwohnung, 56 m²
rustikal-gemütlich, an EU-Bürger zu verkaufen.
3-Zi.-Ferienwohnung, 56 m²
zentrale Lage, möbl., langfristig zu vermieten.
2-Zi.-Ferienwohnung, Neubau
im Zentrum, 32 m², exkl. möbliert, langfristig vermieten.
Tel. + 43 664 181 85 16   OLISP9 HZ

→ Ortsangabe fehlt

Ad 5 (Küsnacht):

KÜSNACHT
AN WUNDERSCHÖNER LAGE
MIT HERRLICHER SEESICHT
DACHWOHNUNG MIT GALERIE CA. 150 m²

OBERSTER STOCK, WOHNRAUM MIT CHEMINÉE, GROSSER BALKON, ZWEI MARMORBÄDER, SEP. WC, EIG. WA/TU, 2 SCHLAFZIMMER MIT ANKLEIDEZIMMER, GALERIE, GROSSER DACHRAUM, SCHÖNE KÜCHE, PP IN GARAGE MÖGLICH. 1 FUSSMIN. VOM BUSHALT. MIETBEGINN PER SOFORT ODER NACH ABSPRACHE. MIETPREIS FR. 4900.–
GERNE ZEIGEN WIR IHNEN DIE WOHNUNG. RUFEN SIE UNS DOCH AN.
H. BODMER & CO AG, 8032 ZÜRICH, 01 385 55 80

→ Enge Grossbuchstaben sind schlecht lesbar

Ad 6 (Exclusiver Geschäftssitz):

Exclusiver Geschäftssitz,
lichtdurchflutet und repräsentativ

620 m² auf 3 Etagen
innovativ, repräsentativ
transparente Atmosphäre
High-Tech-Infrastruktur
mit sensationellem Seeblick

Weitere Informationen finden Sie auf **www.homegate.ch**
oder erhalten Sie unter Tel. 01 / 397 10 10

→ Schlecht beschrifteter und nicht lesbarer Grundriss
→ Keine Ortsangabe, auf homegate nicht auffindbar

Ad 7 (Terrassenhaus Oetwil):

Glücksfall, umständehalber:
Luxuriöses 6 ½-Zimmer-Terrassenhaus
im sonnigen Oetwil a.d.L, Rebackerstr. 37 (Wellness)

...Lage vor Naturschutzzone oberhalb der Limmat, Fertigstellung Innenausbau. Ab Rohbau alles neu: ...bundisolierglasfenster, Türen, Sanitär & Elektrisch, ...zentralgesteuert, 3 PW-Abstellplätze, 1 Garage, 2. ...Umgebung. Fertigstellung Innenausbau wie Küche, ...

Abbildung 120: Beispiele von Immobilien-Inseraten mit Fehlern

5. IMMOBILIEN-MARKETING IN DER VERMARKTUNG

Abbildung 121: **Beispiel für ein Inseratepooling in der Sonntagspresse**

5.5.2.4 Inserat auf Immobilien-Marktplätzen

Das Online-Inserat verfolgt grundsätzlich dieselben Ziele wie das Inserat in den Printmedien, verfügt aber über folgende zusätzlichen Möglichkeiten und Vorteile:

- **Suche nach ausgewählten Kriterien:** Die Angaben zu Fläche, Kubatur usw. müssen wahrheitsgetreu sein, damit spätere Enttäuschungen vermieden werden
- **Direkter Link zu einer Objekt-Website:** Auf einer Objekt-Website können die objektspezifischen Eigenheiten und die im Marketingkonzept definierte Ausstrahlung des Angebots viel besser dargestellt werden
- **Zeigen von Bildern und Filmen:** Im Gegensatz zu Printinseraten können in Online-Inseraten Bilder und Filmsequenzen in guter Qualität dargestellt werden. Diese Gelegenheit wird in der Zwischenzeit sehr stark genutzt, wobei Bilder und Pläne für den Einsatz im Online-Bereich optimiert und entsprechend aufgearbeitet werden müssen. Entscheidende Faktoren sind dabei die Grösse der Datei (schneller Bildaufbau), die Schärfe des Bildes (richtige Auflösung des digitalen Bildes) sowie das Bild selbst (Aussagekraft, Ästhetik, Weitwinkel). Nachdem die Kosten für die Produktion von Filmmaterial mittlerweile deutlich gesunken sind, sind in Online-Publikationen auch mehr und mehr bewegte Bilder zu finden
- **Genügend Platz für Text:** Der Text von Printinseraten eignet sich deshalb nicht für den Einsatz im Online-Bereich. Vielmehr sollte sich der Text eines Online-Inserats an den Texten einer allfälligen Dokumentation orientieren. Auf Abkürzungen kann in Online-Inseraten gänzlich verzichtet werden
- **Kostengünstiger als im Print:** Das Online-Inserat auf einem Immobilien-Marktplatz kostet in der Regel rund einen Viertel eines Printinserates. Die Preise variieren je nach Region und Auflagenstärke der Medien
- **Kundenerwartung:** Der Auftraggeber erwartet von seinem Vermarkter, dass er die günstigeren Immobilien-Marktplätze bucht; einseitig in der Vermarktung einer Immobilie auf die Printmedien zu setzen, braucht gewichtige Argumente
- **Nebendienstleistungen:** Die Immobilien-Marktplätze haben ihr Angebot neben dem eigentlichen Online-Inserat mit Zusatzdienstleistungen rund um Immobilien ständig erweitert

Gegenüber den Printmedien weisen die Immobilien-Portale folgende kleinere Nachteile aus:

- **Die Kundenbindung** der Immobilien-Marktplätze ist in der Regel kleiner, im Internet wird der Anbieter schneller gewechselt und neue ausprobiert
- **Das Firmenimage** des Vermarkters im Massenprodukt Online-Inserat lässt sich kaum ausbauen, dafür eignet sich das Printinserat besser

Immobilien-Marktplätze auf dem Internet

Das Internet nimmt als wichtige Insertionsplattform für den Immobilien-Markt mittlerweile eine Schlüsselstellung ein. Die Bedeutung des Internets als Absatzkanal für den Wohnungsmarkt hat innerhalb der letzten Jahre rasant zugenommen, denn es gibt keine andere Plattform, die eine bessere Marktübersicht ermöglicht – sowohl lokal als auch national.

5. IMMOBILIEN-MARKETING IN DER VERMARKTUNG

	Name/URL (www)	Betreiber/Eigentümer	Anzahl * Objekte
Immobilien-Marktplätze national	homegate.ch	homegate AG (Hauptaktionär Medienhaus Tamedia/Edipresse; Zürcher Kantonalbank hat Minderheitsbeteiligung)	53 250
	himmoscout24.ch immobilien.ch (identische Marktplätze)	Scout24 Schweiz Holding AG (Hauptaktionäre Ringier und Deutsche Telekom)	43 250
	immostreet.ch	ImmoStreet.ch S.A.	29 000
	immoclick.ch	Swissclick AG	6 250
	nzz-domizil.ch	Neue Zürcher Zeitung AG	4 250
Immobilien-Marktplätze regional	tutti.ch	Schibsted Classified Media Schweiz AG	13 500
	immomarktschweiz.ch (newhome.ch) Beispiele:	15 Kantonalbanken (AR, AI, TG, SH, BL, SG, GR, GL, SZ, ZG, NW, OW, UR, LU, BE, VD)	36 200
	immomarktluzern.ch	Luzerner Kantonalbank	1 300
	immodream.ch	St. Galler Kantonalbank	3 900
	osthome.ch	Publicitas AG	30 300
	nabhome.ch	Neue Aargauer Bank	4 350
	immobern.ch	Verein (Mitglieder aktuell 18 Liegenschaftenverwaltungen)	950
	immogalaxy.ch	ImmoGalaxy Sagl	900
Meta-Datenbanken	anzeiger.ch / immo.ch (identische Marktplätze)	homegate AG	107 950
	immolist.ch	Uniplex GmbH	107 250
	alle-immobilien.ch	homegate AG	99 350
	immo.search.ch	Räber Information Management GmbH (Eigentümer Tamedia und Die Schweizerische Post)	86 800
	home.ch	Joint Venture der PubliGroupe und Swisscom Directories	81 000
	comparis.ch/immobilien	Comparis AG	48 850

Abbildung 122: **Vergleich der bedeutendsten Immobilien-Marktplätze der Schweiz** [2]

Bemerkungen/Besonderheiten
Schweizweit führendes Immobilien-Portal für Wohn-, Gewerbe- und Ferienliegenschaften mit umfassenden Informationen rund um das Thema Immobilien. Mit einem Online-Hypothekar-Markt können Hypotheken-Modelle und Zinssätze verschiedener Anbieter verglichen werden
Nationales Immobilien-Portal für Wohn-, Gewerbe- und Ferienliegenschaften. Eigene Rubrik für Erstvermietung und Neubauprojekte. Informationen rund um das Thema Immobilien
Nationales Immobilien-Portal für Wohn-, Gewerbe- und Ferienliegenschaften «ImmoMountain». Eigene Rubrik für Neubauprojekte. News, Trends & Blogs rund um Immobilien. Starke Verankerung in der Westschweiz
Schweizer Immobilien-Marktplatz für Wohn-, Gewerbe- und Ferienliegenschaften mit attraktiver Darstellungsmöglichkeit der Immobilie als «Topangebot». Stichwort-Suche möglich
Nationales Immobilien-Portal für Wohn-, Gewerbe- und Ferienliegenschaften mit Informationen rund um das Thema Immobilien. Separate Rubrik für Neubauprojekte. Preiswerte Insertions-Kombination mit Zeitung und Internet
Kostenloser Schweizer Online-Marktplatz mit vielen Immobilien-Angeboten
Übersichtsportal von 15 Kantonalbanken mit direkter Verlinkung zum jeweiligen kantonalen Immobilien-Markt. Das Inserieren auf diesen Marktplätzen ist kostenlos
Grösster Immobilien-Markt der Zentralschweiz
Grösster Immobilien-Markt der Ostschweiz
Der Ostschweizer Immobilien-Markt. Regionales Immobilien-Portal für Wohn-, Gewerbe- und Ferienliegenschaften
Die grösste Immobilien-Plattform im Aargau. Regionales Immobilien-Portal für Wohn- und Gewerbeliegenschaften
Immobilien-Inserate aus der Stadt und Region Bern. Es können nur Vereinsmitglieder (z. B. Liegenschaftenverwaltungen) inserieren
Grösste Immobilien-Vitrine im Tessin
Direkte Verlinkung zum Original-Inserat. Das Inserate-Erscheinungsdatum ist ersichtlich und die Daten-Aktualisierung findet täglich statt. Doppelte Anzeigen möglich
Immobilien-Suchmaschine mit direkter Verlinkung zum Original-Inserat mit zusätzlichen Informationen (Standort, Steuern etc). Das Erscheinungsdatum ist ersichtlich und die Daten-Aktualisierung findet täglich statt. Direktes kostenloses Inserieren möglich
Direkte Verlinkung zum Original-Inserat. Die Daten-Aktualisierung findet täglich statt. Das Inserate-Erscheinungsdatum ist ersichtlich. Doppelte Anzeigen sind möglich
Direkte Verlinkung zum Original-Inserat. Das Erscheinungsdatum ist ersichtlich und die Daten-Aktualisierung findet täglich statt. Freie Objekte werden auf der Lagekarte direkt angezeigt. Keine doppelten Anzeigen
Immobilien-Suchmaschine mit direkter Insertionsmöglichkeit. Das Inserate-Erscheinungsdatum ist ersichtlich, nicht aber die Herkunftsquelle. Mehrere Bilder im Inserat werden als Präsentation dargestellt. Interessante Auswahl-/Suchkriterien. Baugesuche werden pro Ort aufgelistet
Direkte Verlinkung zum Original-Inserat. Diverse Vergleichsdaten rund um Immobilien-Miete/Kauf. Das Inserate-Erscheinungsdatum ist ersichtlich und die Daten-Aktualisierung findet täglich statt. Keine doppelten Anzeigen

[2] immoberatung.ch, Zürich

* Nov. 2010, ohne Ferienobjekte

5. IMMOBILIEN-MARKETING IN DER VERMARKTUNG

Datenbank	Eine **Datenbank** ist eine Sammlung von Werken, Daten oder anderen unabhängigen Elementen, die systematisch oder methodisch angeordnet sind. Zugänglich sind die Daten z. B. mit Hilfe elektronischer Mittel
Meta-Datenbank	**Meta-Datenbank** ist die Bezeichnung für eine Datenbank, die von Aufbau und Organisation her ähnlich wie eine Datenbank strukturiert sein kann, jedoch als wichtigstes Kriterium keine eigenständigen Inhalte bietet, sondern nur auf andere Inhalte verweist bzw. diese enthält
Immobilien-Marktplatz	**Plattform**, auf welcher Immobilien zur Miete oder zum Kauf angeboten bzw. gesucht werden können (online und offline) **national** = landesweit (z. B. schweizweit) **regional** = auf bestimmte Regionen/Bezirke beschränkt
Immobilien-Portal	**Online-Immobilien-Marktplatz** mit vielen zusätzlichen Informationen (Statistiken, Fachbeiträge, Trends etc.) rund um das Thema Immobilien

Laut Wüest & Partner nutzte im Jahr 2002 in der Schweiz bereits rund jeder zweite Wohnungssuchende die Möglichkeiten des Internets. In den Zentren ist die Wohnungssuche über Internet besonders erfolgreich: Ein Viertel bis ein Drittel aller Mieter gab hier an, die Wohnung über Internet gefunden zu haben. Im Jahr 2007 [3] wurden erstmals mehr Immobilien-Inserate im Internet als in den Printmedien publiziert. In der Zwischenzeit absorbiert das Internet gar rund zwei Drittel des gesamten Immobilien-Inseratevolumens in der Schweiz. Angesichts dieser Entwicklung stellt sich zwangsläufig die Frage, ob die Immobilien-Inserate in Zeitungen überhaupt noch eine Zukunft haben. Analysiert man jedoch das Verhalten der Wohnungssuchenden, zeigt sich, dass den Zeitungsinseraten trotz boomender Internetnutzung heute kaum weniger Aufmerksamkeit zukommt. Die Internetinserate ersetzen die Zeitungsinserate nicht, vielmehr werden beide Medien parallel konsultiert, und beide erreichen überraschenderweise hohe Aufmerksamkeitswerte. So orientierten sich 2008 rund 80 % der Wohnungssuchenden sowohl im Internet als auch in den Printmedien. Waren in den Anfängen der Immobilien-Marktplätze in erster Linie Mietwohnungen im Angebot, blieben dagegen die Vermarkter von Einfamilienhäusern und Eigentumswohnungen dem Printinserat weiterhin treu. Bereits 2004 fand aber die Wende statt, und das Internet dehnte den Marktanteil bei den Eigenheimen deutlich aus und ist heute den Mietwohnungen ebenbürtig. Einzig in ländlichen Regionen verlässt sich der Wohnungssuchende immer noch lieber auf die lokalen Printmedien. Auch in Deutschland suchen gemäss der deutschen Immobilien Zeitung von 2008 zwei Drittel aller Wohnungssuchenden übers Netz ihr neues Zuhause. Auch die Trefferquote ist beim Internetinserat gemäss Untersuchungen höher als bei herkömmlichen Printinseraten.

---

[3] vgl. zu den folgenden Angaben: Immo-Monitoring 2009

Die Gesamtaufwendungen der Immobilien-Branche zur Vermarktung von Objekten belaufen sich pro Jahr auf rund 200 Mio. Franken. Der Anteil der Immobilien-Marktplätze wird auch Dank den Zusatzdienstleistungen und innovativen Ideen immer grösser und dürfte in etwa die Hälfte des Umsatzes ausmachen. Die meisten Schweizer Wohnungssuchenden bewegen sich in einem eingeschränkten geografischen Raum, weshalb neben den nationalen Marktplätzen lokal gut verankerte Portale bis anhin ihre Position verteidigen konnten. Für die Suchenden ist meist nicht das Gesamttotal der auf einer Seite angebotenen Objekte entscheidend, sondern vielmehr die im gewünschten geografischen Raum lokalisierten Angebote. Dennoch bleibt die Zukunft der kleineren Marktplätze unsicher. In den vergangen Jahren hat bereits eine gewisse Marktbereinigung stattgefunden. Kenner erwarten, dass in den kommenden Jahren immer mehr kleinere, regionale und nicht spezialisierte Portale verschwinden oder in grössere Marktplätze integriert werden.

5.5.2.5 Online-Marketing
Unter Online-Marketing (auch Internet-Marketing oder Web-Marketing genannt) werden Marketing Massnahmen verstanden, welche mit Hilfe des Internets umgesetzt werden. Einer der grossen Vorteile von Online-Marketing ist die Messbarkeit, d. h. dass die Reaktionen der angesprochenen Zielgruppe direkt gemessen werden können (Klickrate, Page Impressions etc.). Diese Messbarkeit zeichnet Online-Marketing gegenüber dem Marketing im klassischen Stil aus. Ebenso lassen sich die Streuverluste wesentlich besser minimieren als in anderen Werbeformaten, und durch eine genaue Festlegung der Zielgruppe kann eine verbesserte Kontaktqualität erreicht werden.

Entwicklung und Trends
Gesamthaft nahm die Online-Werbung im ersten Halbjahr 2010 [4] «bereits» 6 % der Einnahmen im Werbemarkt ein, im Vorjahr waren es erst 5 %. Der Print-Bereich, immer noch das meistgebuchte Medium, verzeichnet jedoch im Vergleich im gleichen Zeitraum einen Rückgang von 2 % und fällt damit unter die 50 %-Marke. Die untenstehenden Zahlen zeigen, wie wichtig die Online-Werbung inzwischen geworden ist; es wird weiterhin ein starkes Wachstum erwartet.

– Printmedien 49 %
– TV 29 %
– Plakat 10 %
– Online 6 %
– Radio 4 %
– Kino 1 %
– digitale Werbefläche <1 %
– Teletext <1 %

[4] Media Focus Online-Werbestatistik

5. IMMOBILIEN-MARKETING IN DER VERMARKTUNG

Im Trend liegt heute das Thema **Social Media Marketing**, welches wir dem Kapitel PR zugeordnet haben. Mit der klassischen Online-Werbung wie z. B. Bannerwerbung wird allerdings auch heute noch am meisten Geld verdient, gefolgt vom Suchmaschinen-Marketing.

Instrument	Mögliches Einsatzgebiet im Immobilien-Bereich	Vorteile	Nachteile
Websites Dokument im Internet, welches über eine www-Adresse aufgerufen werden kann	Firmen-/Projektwebsites	– Präsentation der Firma/Objekte im Internet – Neuigkeiten sofort online – Vertrauen schaffen	– regelmässige Pflege (aktualisieren) – notwendige Aufmerksamkeit schaffen (z. B. Banner)
E-Mail-Werbung Werbebotschaften, welche mittels E-Mail versandt werden **Newsletter** E-Mail-Rundschreiben ermöglichen News und Informationen zu verbreiten	Verfügbare Objekte, Immobilien-Projekte, Zusatz-Produkte, Firmen-News	– einfaches, kostengünstiges Tool, um Kunden und Interessenten zu informieren	– viele Newsletter im Umlauf (Überflutung) – Adressen müssen beschafft werden
Banner-Werbung Einbindung eines Werbebanners (kleine Anzeige) auf einer fremden Internetseite	Immobilien-Projekte, Leerstand-Reduktion, Firmen-Dienstleistungen	– gut wahrnehmbar – Zielgruppe kann eingegrenzt werden	– relativ teure Online-Werbung, da die Einblendungen bezahlt werden – «Bannerblindheit»
AdWords Ergänzung zum Suchergebnis bei Suchmaschinen (z. B. Google) durch Einblendung von buchbarem Werbetext	Immobilien-Projekte, Leerstand-Reduktion, Firmen-Dienstleistungen	– gut sichtbar – die Werbung kostet erst, wenn die Verlinkung aufgerufen wird – Gesamt-Werbekosten können fixiert werden, jedoch sind Anzahl Aufschaltungen offen	– Kosten sind zufällig (Nachfrage der Suchwörter bestimmen den Preis)

Instrument	Mögliches Einsatzgebiet im Immobilien-Bereich	Vorteile	Nachteile
Online-Videos Werbebotschaften mittels Film/Video	Immobilien-Projekte, Leerstand-Reduktion, Firmen-Dienstleistungen, Image-Pflege	– gute Inhaltsvermittlung – visuelle Zielgruppe kann besser erreicht werden	– hohe Erstellungskosten
Suchmaschinen-Marketing Werbemöglichkeiten, bei denen der Werbeauftraggeber für eine bestimmte Link-Position auf den gängigen Suchmaschinen bezahlt	Für bessere Auffindbarkeit der Dienstleistungen und Immobilien-Objekte, Neukunden-Gewinnung	– bessere Positionierung und Auffindbarkeit – effizientere Neu-Kunden-Akquisition	– Kosten von der Popularität des Suchbegriffs abhängig – sollte über längeren Zeitraum eingesetzt werden
Blog auf eigener Homepage Web-Tagebuch, welches mit Einträgen, Kommentaren und Notizen versehen wird	Kundenbindung, Optimierung der Suchmaschinen-Resultate	– Verbesserung der Suchmaschinen-Resultate – ermöglicht den direkten Dialog mit den Kunden/Interessenten	– muss geführt und kontrolliert werden (aufwändig) – Umgang mit negativer Kritik
Social Media Marketing Marketing in Internet-Netzwerken (siehe auch Kapitel 5.5.3.2)	Kundenbindung, Immobilien-Immobilienprojekt, Image-Aufbau, Bekanntheitssteigerung	– kostengünstiges Marketing – schnelle Verbreitung der Nachricht – Dialogmöglichkeit mit den Zielgruppen	– Aktualisierungs-/Pflegeaufwand – es kann auch negatives Feedback platziert werden (Kontrollverlust)

Abbildung 123: **Übersicht und Einsatzgebiet möglicher Online-Marketing-Instrumente**

5.5.2.6 Internetauftritt

Erst Mitte der Neunzigerjahre präsentierten die ersten Immobilien-Überbauungen einen eigenen Internetauftritt und besassen eine eigene Domain-Adresse. Websites von Immobilien-Dienstleistern gab es natürlich schon länger und meist noch etwas versteckt fand man die Immobilien-Angebote. Heute ist eine eigene Website mit einer eigenen Domain für eine Immobilien-Vermarktung zum Standard geworden. Sogar für ein Einzelobjekt findet man ansprechende und zielgruppen-gerechte Auftritte im Netz.

5. IMMOBILIEN-MARKETING IN DER VERMARKTUNG

Gegenüber einer Printdokumentation weist eine Website den Vorteil auf, dass mit Emotionen und Informationen die Interessenten gezielt durch den Inhalt geführt und auch bewegte Bilder gezeigt werden können. Zudem kann eine Website schnell und kostengünstig aktualisiert werden. Sie erleichtert überdies die Kontaktaufnahme des Interessenten mit dem Anbieter. Ziel einer Website ist es, die Bekanntheit des jeweiligen Objekts zu steigern, Informationen darüber zu vermitteln, das Objekt zu verkaufen bzw. zu vermieten sowie die spätere Bewirtschaftung zu erleichtern. Das Internet hat die Möglichkeiten der herkömmlichen Immobilien-Vermarktung mit den beiden Hauptanwendungen Online-Inserat sowie einer Vermarktungs-Website stark erweitert. Der Kunde kann über verschiedene Wege zum angebotenen Objekt bzw. zum persönlichen Kontakt geführt werden, womit die Abschlusswahrscheinlichkeit erhöht werden kann. Um die Kommunikationswirkung zu maximieren, ist es von Bedeutung, die verschiedenen Medien miteinander zu verknüpfen, was zu einer Crossmedia-Kommunikation führt. Das kann bspw. mit der Nennung der Domain im Printinserat oder der E-Mail-Bestellmöglichkeit einer Detaildokumentation geschehen. Noch direkter ist eine Verknüpfung durch die Bekanntgabe eines Marktplatz-Objektcodes im Printinserat, der im Internet direkt zum entsprechenden Objekt führt. Akustische Effekte werden, obwohl man im Zusammenhang mit den Möglichkeiten des Internets oft von Multimedia spricht, erst selten eingesetzt. Eine Erkennungsmelodie auf der Website eignet sich aber hervorragend dazu, die gewünschte Wahrnehmung der angebotenen Immobilie zu unterstützen. Neuerdings werden als Ergänzung zum statischen Inhalt Filmsequenzen des Objektes in einem Rundgang auf der Webseite gezeigt und von spezialisierten Dienstleistern angeboten.

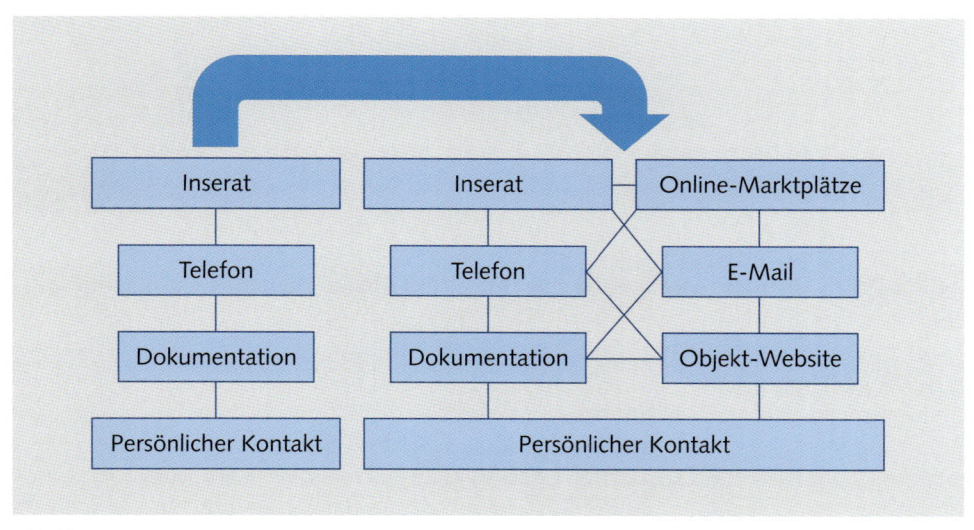

Abbildung 124: **Von der eindimensionalen zur Crossmedia-Kommunikation**

Die Beauftragung zur Erstellung einer Website

Heute gehört neben der ebenfalls neueren Vermarktungsmassnahme, der Visualisierung, auch die Vergabe einer Website zu den Aufgaben eines Immobilien-Vermarkters. Also eine neue Aufgabe, die neben zahlreichen anderen Vermarktungsmassnahmen auch noch erledigt werden muss – meist unter Zeitdruck. Das Erstellen einer Website sollte von Spezialisten übernommen werden. Den Immobilien-Vermarktern fehlt jedoch oftmals die nötige fachliche Erfahrung, um den Auftragnehmer eines solch komplexen Auftrages kompetent zu briefen. Oft werden überdies die falschen Dienstleister ausgewählt oder zu hohe Kosten für das falsche Produkt bezahlt. Im Gegensatz zu den Anbietern von Visualisierungen, wo nur wenige Fachfirmen zur Verfügung stehen, sind für die Erstellung einer Website unzählige Anbieter auf dem Markt tätig. Liessen sich Kauf- bzw. Mietinteressenten anfänglich noch von einer schönen, farbig gestalteten Objekt-Website beeindrucken, sind die Anforderungen in den vergangenen Jahren gestiegen. Die Interessenten erwarten heute eine höhere Qualität und eine Übereinstimmung der vorhandenen Informationen auf der Website mit jenen in der Printdokumentation und anderen Kommunikationsinstrumenten. Als Grundregel für das Erstellen einer Website gilt deshalb: Das Interesse der Kunden an einer übersichtlichen, nutzerfreundlichen, je nach Zielgruppe sachlichen oder aber attraktiven Immobilien-Website geht vor; «nice-to-have»-Spielereien stehen erst an zweiter Stelle. Kreative Ideen können evtl. auch in einer zweiten Vermarktungsphase die z. B. nach einem Jahr Vermarktungszeit bekannten Website neuen Schwung geben. Von grossem Vorteil ist sicherlich die Vergabe des Auftrags an einen Dienstleister mit Erfahrung in der Erstellung von Immobilien-Websites. Ein solcher bringt das nötige Grundwissen über die Bedürfnisse sowohl eines Immobilien-Vermarkters als auch der Zielgruppen mit.

Wenn ein Immobilien-Projekt sehr schnell mit einer attraktiven Website aufs Netz gestellt werden soll, so gibt es neue Anbieter mit einem passenden Angebot. Der Kunde wählt online ein Design aus oder hat sein standardisiertes Firmendesign und kann seine Lage- und Projektinhalte selber in attraktiven Standardseiten abfüllen. Ohne die Beauftragung von Drittdienstleistern wie Grafiker und Web-Programmierer und dem Wegfall von diversen Briefing-Sitzungen kann innerhalb von ein bis drei Tagen eine moderne Website online gestellt werden.

Der Aufbau einer Immobilien-Website

Das Erstellen einer Website und das Anfertigen von Visualisierungen sind zwei komplett verschiedene Disziplinen. Dieser Tatsache sollte sich ein Immobilien-Vermarkter bei der Auftragsvergabe stets bewusst sein. Ein Webmaster kann nicht plötzlich auch noch Visualisierungen anbieten, ebenso wenig wie spezialisierte Immobilien-Visualisierer zusätzlich auch noch gute Immobilien-Websites anbieten können. Damit die Website und die dazu gehörenden Visualisierungen zeitgleich fertig gestellt sind, braucht es eine frühzeitige Arbeitsvergabe.

Eine fertige Vermarktungs-Website für ein Immobilien-Projekt durchläuft zwei wichtige Entwicklungsschritte, die von einander unabhängigen Spezialisten erstellt werden können.

5. IMMOBILIEN-MARKETING IN DER VERMARKTUNG

1. Designvorgaben und Seiteneinteilung
2. Programmierung und Umsetzung der Vorgaben und Inhalte

Es ist also nicht möglich, vor dem Erstellen des Designs mit dem Programmieren zu beginnen. Zudem sollte der Auftraggeber oder Beauftragte in einem ersten Schritt anhand der Zielgruppen die Qualität und den Umfang der Website eruieren und eine Seitenaufbau-Struktur vorgeben. Für das Design und die Einteilung der Grundseite (Anzahl Spalten, Navigationslisten, Bilder, Logos, Schriften, usw.) kann auch der Grafiker genommen werden, welcher bereits für die Immobilien-Dokumentation oder andere Werbemittel beauftragt wurde. Das Design und die Einteilung der Grundseite sollten vor der definitiven Verabschiedung dem Programmierer gezeigt und damit die Umsetzbarkeit geprüft werden. Hat der Website-Beauftragte auch eine Grafikabteilung, so kann das Design auch dort erstellt werden, was Schnittstellen eliminieren kann. Es ist mit Referenzen zu prüfen, ob die beauftragte Firma für die Erstellung der Website eher spezialisiert auf die Programmierung oder die grafische Gestaltung ist. Immer wichtiger wird die einfache Anpassung und Ergänzung der Website in der Vermarktungsphase durch den Vermarkter selbst.

Content Management System (CMS) wird zum Standard
Musste früher für jede Änderung oder Aktualisierung der erstellten Website ein kostenpflichtiger Auftrag an den Programmierer erteilt werden, so stehen heute kundenfreundliche Web-CMS zur Verfügung. Nicht zuletzt unter dem Kostendruck und der Vereinfachung der Abläufe sind schnelle, sichere und effiziente Verfahren entstanden; so kann auch ein nicht mit Programmierkenntnissen vertrauter Vermarkter jederzeit und überall die Website aktualisieren oder ergänzen. Daher ist beim Briefing-Gespräch mit dem Programmierer unbedingt zu bestimmen, was alles geändert und aktualisiert werden möchte und wer diese Bedienung ausführen soll. Zu beachten gilt, dass es sehr komplexe CMS auf dem Markt gibt, die nicht ohne umfangreiche Schulung betreut werden können, aber auch moderne auf Word basierende Systeme, die ohne grössere Schulung angewendet werden können.

Vom Auftraggeber oder vom Vermarktungsteam sollten anfänglich einige Faktoren besprochen und offene Fragen beantwortet werden. Die daraus resultierenden Vorgaben müssen dem Dienstleister bekannt gegeben werden, damit er wichtige Anhaltspunkte für die Gestaltung und Umsetzung der Website hat. Fehlen dem Dienstleister grundlegende Angaben, muss er selbst darüber entscheiden, wodurch eine zielgruppengerechte Umsetzung nicht vollständig gewährleistet werden kann. Folgende Angaben sind insbesondere wichtig:

– Die Grafische Gestaltung und die Grundseite müssen vorgegeben oder erarbeitet werden

- Zweck der Website: nur für die Vermarktungszeit oder bis in die Bewirtschaftungsphase nötig
- Struktur/Seitenaufbau (Seitenbaum) vorgeben oder erarbeiten
- Wer ist der Endnutzer oder die Zielgruppe?
- Qualitätsanspruch definieren: Ladegeschwindigkeit, Kapazität, Serverstandort usw.
- Übersichtliche Navigationsführung festlegen oder erarbeiten
- Auf Zielgruppe ausgerichtetes Design, abgestimmt mit weiteren Vermarktungstools
- Kundenfreundliche Grundrisse
- Weniger Text ist mehr, Inhalt muss wahrheitsgetreu und ansprechend sein
- Animationen am richtigen Ort
- Was soll heruntergeladen werden können? Grundrisse, Baubeschrieb, Anmeldeformular, Standortübersicht, Bilder usw.
- Wie ist das Verhältnis zwischen schneller, guter Funktionalität und Spielereien?
- Braucht es eine Datenbank zwischen Grundrissen, Lage, Nutzung, Preise usw.?
- Rechte klären, z. B. für Domain, Bilder, Fotos, Plangrundlagen usw.
- Abgabe, Übergabe, Abnahme, Anzahl der Korrekturen, durch den Beauftragten
- Web-CMS den Anforderungen entsprechend bestimmen

Abbildung 125: **Wichtige Faktoren für die Vergabe einer Immobilien-Website**

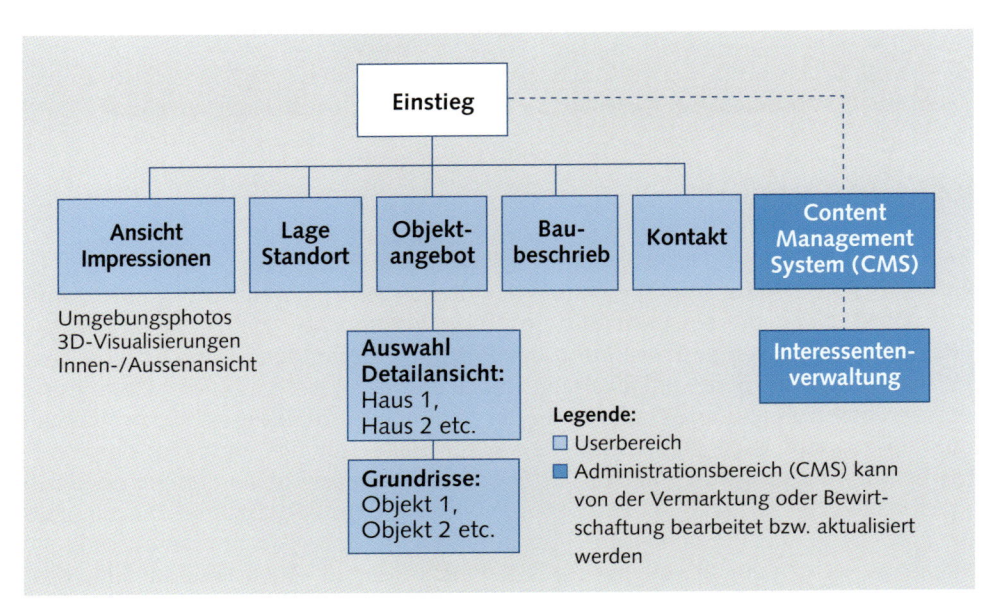

Abbildung 126: **Beispiel eines Muster-Seitenaufbaus einer Immobilien-Website**

Zusammenfassend kann gesagt werden: Je genauer die Unterlagen und je spezifischer das Briefing, desto effizienter das Resultat. Die Vielzahl und Komplexität der genannten Faktoren zeigt, dass allenfalls auch bei der Umsetzung und beim Controlling des Dienstleisters professionelle Hilfe nötig ist. Oftmals wird unterschätzt, wie viele externe Fachleute durch den Auftraggeber zu einem optimalen Netzwerk verbunden, aber auch gebrieft und kontrolliert werden müssen. Schon bei der Euphorie der ersten Immobilien-Websites und dem Internet wurde angekündigt, dass nun die Vermarktungsinstrumente nur noch in den digitalen Medien eingesetzt werden. Das Internet und seine Vorzüge sind zwar in der Immobilien-Vermarktung nicht mehr wegzudenken, doch können damit bis heute nicht alle Zielgruppensegmente bedient werden.

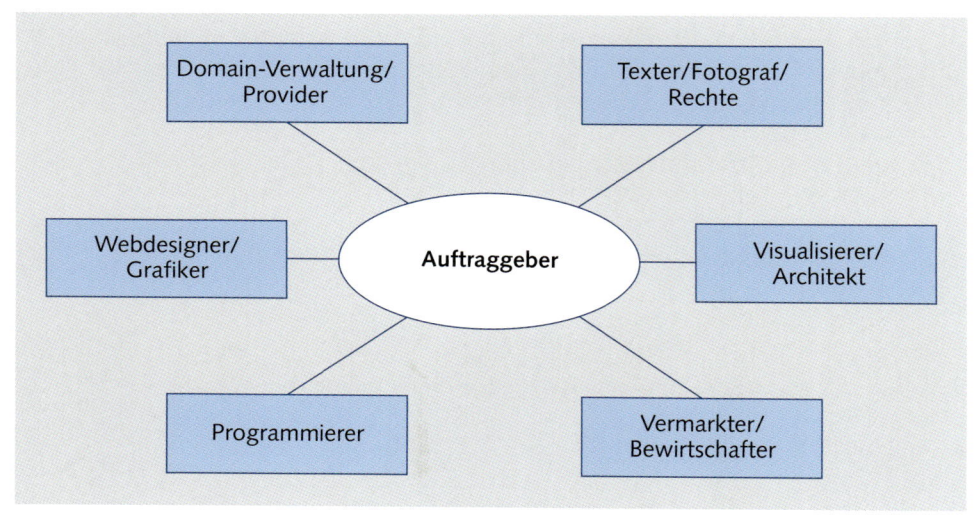

Abbildung 127: **Die beteiligten Fachleute für die Erstellung einer Immobilien-Website**

5.5.2.7 Foto und Film

Immobilien-Bilder sind eine Sache für spezialisierte Fotografen
Ein guter Fotograf für Immobilien und Architektur fällt nicht einfach so vom Himmel. Gute Bilder, die ein Vermarktungsobjekt ins optimale Licht rücken können, erfordern Fachwissen und Erfahrung. Natürlich hat ein moderner und erfolgreicher Vermarkter immer eine Digitalkamera dabei und ist in der Lage, ein Objekt und dessen Einbettung zu fotografieren. In der heutigen Vermarktungsgeschwindigkeit müssen zur Not auch diese schnell erstellten Bilder für die Vermarktungsinstrumente verwendet werden. Ein versierter Fotograf von Immobilien hingegen erzielt markant bessere Resultate. Er verfügt über hochwertiges Fotomaterial und allenfalls ein Hochstativ, das bis zu 15 Meter ausgefahren werden kann und kann somit ein Haus aus verschiedenen Höhen und Blickwinkeln zeigen. Auch die optimale Fotografie einer Wiese oder einer Baulücke, in die das entstehende Bauprojekt hinein visualisiert werden soll, braucht einiges an Erfahrung. Zudem kann ein Fotograf ein

gewähltes Bild bestmöglich bearbeiten und evtl. einen störenden Kran wegretouchieren. Eine Aussicht aus einem Balkon oder einer Terrasse kann in einem Panoramabild gezeigt werden. Spätestens bei der Fotografie eines realen Architekturmodells, wo z. B. der Lichteinfall für die Wirkung von grosser Bedeutung ist, sollte der Fachmann nicht fehlen. Fotografen können unkompliziert verpflichtet werden, sei es für Stunden oder einen Tagesansatz. Dabei gilt es zu berücksichtigen, dass der Verwendungszweck der Bilder und die urheberrechtlichen Aspekte beachtet werden (siehe Kap. 5.5.2.13).

Heute können zwar von diversen Anbietern im Internet Luftbilder einer Gemeinde oder eines Quartiers heruntergeladen werden, meist sind diese aber veraltet und nicht scharf genug. Hier kommt immer mehr der kostengünstige Modellhelikopter mit angehängter Kamera zum Einsatz. Dieser kann bis auf eine Höhe von 200 Metern aufsteigen, und über Funk wird auf dem Laptop die genaue Position vom Boden aus eingesehen, gesteuert und wenn es passt der Auslöser für das Bild gedrückt.

Filmaufnahmen werden vermehrt eingesetzt
Die lokalen TV-Stationen waren die ersten, welche Filmsequenzen von Vermarktungsobjekten zeigten. Da konnte in einem gekauften Werbeplatz auch der Vermarkter seine Immobilie bestmöglich anpreisen. War die Ladezeit von Filmen auf dem Internet noch vor zehn Jahren ein Problem, ist dies heute kein Kapazitätsproblem mehr. So werden vermehrt Immobilien in einem Kurzfilm gezeigt oder Projektbeteiligte wie der Eigentümer, Verkäufer oder der Architekt kommen zu Wort und sind im Bild zu sehen. Auch Stimmen von potenziellen Interessenten können gezeigt werden; dabei kann ideal auf die Zielgruppe fokussiert werden. Damit kann auch eine Nähe zum Kunden signalisiert werden und das Vermarktungsteam ist bereits personalisiert. Auch für eine Wohnungs- oder eine Hausbesichtigung eignet sich die Filmkamera. Auch hier lohnt es sich, wenn möglichst ein Erfahrener die Filmaufnahmen macht, da verwackelte Bilder usw. schnell als unprofessionell erscheinen. Ein Dienstleister animiert die Vermarktenden oder Private, das Objekt selber zu fotografieren oder zu filmen, danach werden diese Aufnahmen professionell geschnitten, zusammengesetzt und vertont und können so in der Vermarktung eingesetzt werden. Wie bei Fotos können auch für Filmaufnahmen Modellhelikopter eingesetzt werden und Areale, Grundstücke oder Gebiete auf einfache Weise bildlich erklärt und mit einem Sprecher vertont werden.

5.5.2.8 Flyer
Auch wenn Immobilien-Flyer, oder auf Deutsch Wurfzettel, in der Werbung sicher nicht den höchsten Stellenwert haben, hat dieses Instrument doch seine Vorteile. So ist es vergleichsweise kostengünstig. Deshalb wird ein Flyer z. B. gerne eingesetzt, um ein Projekt in einer zweiten Vermarktungsphase zu bewerben. In ländlichen Gebieten wird dieses Werbemittel oft angewandt, um damit auf einen Tag der offenen Tür oder auf die letzten Wohneinheiten aufmerksam zu machen. Meist werden die Flyer dem Postversand lose beigelegt und damit eine ausgewählte Region gezielt bedient. In der Praxis fallen leider oft die meist schlechte Druckqualität und die überladene Informationsfülle auf. Die Gestaltung des Flyers sollte sich grafisch

an den anderen Werbemitteln orientieren und gleichzeitig eine hohe Zielgruppengenauigkeit, eine attraktive Ansprache und prägnante Inhalte gewährleisten. Auch kann mit einem so genannten «Key Visual» ein Zeichen gesetzt werden. Ein Beispiel dazu: Während in der Dokumentation zu einer Immobilie die sonnige Lage thematisiert wird, nimmt der spätere Flyer dieses Sujet auf und zeigt ein Bild einer Sonnenbrille. Flyer können je nach Zielgruppe und Region auch in Bussen und Trams aufgelegt werden. Es ist immer wieder erstaunlich, wie viele Flyer nachgefüllt werden müssen. Nachfolgend die wichtigsten Punkte in der Flyer-Gestaltung.

Do's	Don'ts
– Zielgruppenanalyse	– Nicht objekt- und zielgruppenabhängig immer den gleichen Flyer verwenden und nur die Fotos austauschen
– Ansprechendes, höherwertiges Papier	
– Gut lesbare, nicht verkünstelte Schrift verwenden	– Keine Überfrachtung mit Bildern
– Möglichst persönliche Anrede	– Keine schlechten Fotos, die zu dunkel sind, unaufgeräumte Wohnungen oder bröckelnde Fassaden zeigen. Dann besser gar keine oder Symbolfotos (Sonnenbrille, Katze) verwenden
– Emotionale, anregende Texte zur Beschreibung des zu vermarktenden Objekts, da der Kunde zuerst emotional angesprochen wird	
– Kunden denken oft trendorientiert. Aktuelle Trends berücksichtigen – Energie, Sicherheit, Gesundheit	– Keine Lügen oder Übertreibungen
	– Wenn man ein einziges Thema vermarkten möchte, nicht noch 20 andere dazupacken, «weil man gerade schon mal dabei ist»
– Sich in den Kunden, der meistens Laie ist, einfühlen und die Gestaltung und Beschreibung auf ihn beziehen, nicht auf die eigene professionelle Sichtweise	– Keine überflüssigen Fremdwörter und komplizierte Umschreibungen
– Die Fotoauswahl sehr selektiv betreiben. Lieber weniger Fotos, gar keine oder nur Ausschnitte als schlechte Bilder	– Keine abgedroschenen Werbephrasen – damit gibt man dem Kunden das Gefühl, dass man ihn für dumm genug hält, alles zu glauben
– Einen Profi zum Fotografieren oder Texten hinzuziehen, wenn man sich unsicher ist	– Corporate Design ja, aber immer der Gesamtgestaltung bzw. den Inhalten unterordnen
– Farbauswahl der Zielgruppe anpassen. Eine ruhige Lage eher mit sanften Farben, das laute Szenenviertel kann auch mit kräftigen Farben «in Szene» gesetzt werden	– Kein wirres Farbenspiel, um Aufmerksamkeit zu erregen, sondern das Motto «Weniger ist mehr» beachten
	– «Weniger ist mehr» gilt auch für die Häufigkeit der Flyer. Kunden nicht damit bombardieren

Abbildung 128: **«Do's and Don'ts» für die Flyer-Gestaltung** [5]

[5] 2008; Immobilien Zeitung, Deutschland

5.5.2.9 Newsletter

Ein Newsletter kann entweder projekt- oder unternehmensbezogen konzipiert sein. Projektbezogene Newsletter richten sich an potenzielle Käufer oder Mieter einer Liegenschaft oder Siedlung und dienen der Vermarktung. Unternehmensbezogene Newsletter haben potenzielle Mandanten als Zielgruppe. Sie dienen der Akquisition zusätzlicher Mandate durch Steigerung der Bekanntheit oder durch die Verstärkung der Kundenbindung. Der Inhalt eines Newsletters sollte stets wirklich neu sein, d. h. der Newsletter sollte gemäss seinem Namen einen gewissen Neuigkeitswert haben. Die Texte müssen leicht und angenehm zu lesen sein, um eine möglichst grosse Aufmerksamkeit zu generieren. Eine Response-Möglichkeit sollte in jedem Newsletter integriert sein. Dem Stil und der Gestaltung des Newsletters ist die nötige professionelle Aufmerksamkeit und Authentizität zuzukommen, der dem Charakter des Immobilien-Dienstleisters oder dem des Projektes entspricht. Auf der Website des Immobilien-Dienstleisters und des Projektes muss eine Anmeldemöglichkeit für den Newsletter eingerichtet werden.

Typische Elemente eines Newsletters

- Eröffnung im Stil eines persönlichen Briefes schafft die notwendige Aufmerksamkeit
- Persönlicher Absender mit Unterschrift steigert das Vertrauen
- Kontaktmöglichkeiten auf der Titel- und der Rückseite
- Informationen zum Projekt und evtl. Objekten
- Projektfortschritt aufzeigen (z. B. mit einem Bericht über den ersten Spatenstich)
- Projektqualität symbolisieren (z. B. mit einem Interview mit einem zufriedenen Käufer)
- Zusammenfassung der wichtigsten «Facts und Figures» auf der Rückseite

Je präziser und je umfangreicher die Adressaten des Newsletters definiert werden, desto grösser ist die Kommunikationswirkung. Ein permanentes Adressensammeln und -pflegen lohnt sich deshalb. Mögliche Adressaten eines Newsletters für ein Projekt können sein:

- Bestehende Interessenten des im Newsletter beschriebenen Projekts
- Bestehende Interessenten anderer Projekte
- Eingekaufte Adressen, die sich mit der definierten Projektzielgruppe decken
- Verschiedene Bezugsgruppen wie Behörden, Lokalpolitiker, Nachbarn, Medien, Journalisten, Banken, Notariate, am Projekt mitwirkende Unternehmen usw.
- Passanten (Auflage am Ort des Projekts, POP)

Für unternehmensbezogene Newsletter kommen zusätzlich die Besitzer von Wohneigentum in einer bestimmten Region in Frage. Diese sind jedoch nicht einfach ausfindig zu machen. Die Frage, ob ein Newsletter gedruckt per Post versandt oder einfach per E-Mail versendet werden soll, muss situativ beantwortet werden. In der heutigen schnelllebigen Zeit und den übervollen E-Mail-Eingängen kann ein per Post versandter Newsletter eine grössere Beachtung finden.

5. IMMOBILIEN-MARKETING IN DER VERMARKTUNG

Abbildung 129: **Beispiel eines objektbezogenen Newsletters**

5.5.2.10 Regionale Immobilien-Messen

Ein vor allem in der Industriegüterbranche oft eingesetztes Marketinginstrument stellen die Messen dar. Im Immobilien-Bereich besitzen Messen nicht diesen hohen Stellenwert, dennoch sind sie auf dem Vormarsch und in ländlichen Gebieten kaum mehr wegzudenken. Grundsätzlich ist zwischen Business-to-Business- und Business-to-Consumer-Messen zu unterscheiden. An Messen findet zudem eine meist unbemerkte Konkurrenzbeobachtung statt.

Business-to-Consumer-Messen (B-to-C)
Diese ausschliesslich auf regionaler Ebene durchgeführten Messen unterscheiden sich auf der Angebotsseite stark. Einige Messen zeigen ausschliesslich Wohnliegenschaften, andere Wohn- und Gewerbeliegenschaften. Der Schwerpunkt liegt in der Regel beim Wohneigentum, aber auch Mietangebote sind zu finden. Es gibt auch Immobilien-Messen, die einer eigentlichen Leistungsschau gleichkommen. An solchen Messen sind auch verwandte Bereiche wie Bau, Umbau, Gartengestaltung, Möblierung, Finanzierung oder Versicherung präsent. Überdies werden an gewissen Gewerbe- oder Herbstmessen in separaten Messemodulen Immobilien-Angebote präsentiert.

Auf der Nachfragerseite finden sich in der Regel Privatpersonen, die auf der Suche nach einer neuen Wohnung oder einem Einfamilienhaus sind. Messen eignen sich sehr gut, um neue Kundenkontakte zu knüpfen. Abschlüsse werden an Messen zwar selten getätigt, doch sind Messen ein wirkungsvolles Instrument zu deren Vorbereitung. Die teilweise ablehnende Haltung von Immobilien-Fachleuten gegenüber Immobilien-Messen ist – neben den relativ hohen Kosten und der nötigen zeitlichen Präsenz – denn auch meist in der zu hohen Erwartung begründet, es müssten an Messen effektive Verkaufs- oder Vermietungsverträge abgeschlossen werden.

Als Organisatoren von B-to-C-Messen treten Branchen-Verbände, Immobilien-Unternehmen, Bankinstitute und professionelle Messeveranstalter auf. Die Ausprägungen sind sehr unterschiedlich und stark den regionalen Bedürfnissen angepasst. Ein regelmässiger Turnus und ein langjährig geeigneter Veranstaltungsort sowie ein umsichtiger Organisator sind bereits ein erster Garant für eine erfolgreiche Messe.

Business-to-Business-Messen (B-to-B)
Diese Messeform findet meist auf internationalem Parkett statt. Dabei werden den anwesenden Investoren mittlere bis ganz grosse Projekte angeboten. Meist geht es um mehr als «nur» um Immobilien, werden doch an internationalen Messen wie etwa der MIPIM in Cannes oder der Expo Real in München auch Standortmarketingziele verfolgt. Für Schweizer Aussteller sind solche Messeauftritte am wirkungsvollsten, wenn Promotoren, Vermarkter, Investoren, regionale und nationale Standortförderer eng miteinander arbeiten und möglichst homogen auftreten. Nur dann kann eine befriedigende Kommunikationswirkung erzielt werden. Um neben so potenten Mitausstellern wie London, Berlin oder Paris bestehen zu können, ist ein angemessener Mittel- und ein koordinierter Kommunikationseinsatz unabdingbar.

5. IMMOBILIEN-MARKETING IN DER VERMARKTUNG

Der Erfolg, der an B-to-B-Messen erzielt werden kann, entscheidet sich bereits lange vor dem eigentlichen Messebeginn. Ein attraktiver Stand und interessante Projekte reichen dabei noch nicht aus. Vielmehr müssen die potenziellen Kunden bereits im Voraus akquiriert werden. Da eine Messe nur einige Tage dauert, sind die Messebesucher zeitlich meist unter Druck. Deshalb ist es notwendig, schon vor Messebeginn Kontakte und Gespräche zu vereinbaren. Mehr zu den internationalen Messen steht im Kapitel 7 geschrieben.

Abbildung 130: **Typisches Bild einer regionalen Immobilien-Messe**

5.5.2.11 Give Aways

Unter Give Aways versteht man dreidimensionale Werbeträger, die zu Werbezwecken an Kunden und Interessenten verschenkt werden. Bei der Wahl des Kundengeschenks ist die Zielsetzung entscheidend. Möchte man damit die Bekanntheit steigern, muss es möglichst breit gestreut werden. Deshalb sollte es auch vergleichsweise kostengünstig sein. Eine oft angewandte Preisobergrenze für in grossen Mengen zu verteilende Give Aways ist ein Franken. Viele Produkte (wie z. B. Kugelschreiber) sind sowohl in Ausführungen unter dieser Grenze als auch oberhalb erhältlich. Liegt die Zielsetzung eher bei der Festigung eines bestimmten Images, muss das Geschenk vor allem passend zum Angebot sein und die angestrebte Wahrnehmung unterstützen. Beliebte Gelegenheiten zur Distribution von Give Aways sind Messen oder Kundenanlässe. Sie können aber auch als Beilagen zu Mailings verwendet werden, sofern sie leicht und einfach zu verpacken sind. Die Abgabe von passenden Give Aways nach einer Besichtigung oder nach einem Gespräch im Büro kann die Wirkung dieses Treffens positiv verstärken. Ein Geschenk nach erfolgter Vertragsunterzeichnung dient der Kundenbindung und unterstützt eine allfällige Weiterempfehlung im Bekanntenkreis des Kunden.

5.5.2.12 Immobilien-Angebote auf TV-Kanälen

Vor zehn Jahren waren Immobilien-Angebote auf regionalen Fernsehstationen ein eher neues und noch selten eingesetztes Marketinginstrument. Das Medium Fernsehen wurde bis anhin bei der Vermarktung von Immobilien noch wenig beachtet. Es birgt aber interessantes Potenzial und kann als wertvolle Ergänzung und Erweiterung der bekannten Vermarktungsmassnahmen gesehen werden. In der Zwischenzeit sind die Sendegefässe und die Aufmachung wesentlich professioneller geworden, und die Immobilien-Vermarkter haben sich in zwei deutliche Lager gespalten. Die einen lehnen dieses Vermarktungsinstrument kategorisch ab während andere damit gute Erfahrungen gemacht haben.

Immobilien-TV-Sendungen bewerben auf regionalen TV-Stationen lokale Immobilien-Angebote. Dabei dient der gesamte regionale Zuschauermarkt als potenzielle Zielgruppe innerhalb des jeweiligen Sendegebiets. Immobilien-TV-Inserate weisen gegenüber Inseraten in Printmedien einen entscheidenden Vorteil auf: Dank dem Einsatz von Bildern sprechen sie die Interessenten auf der emotionalen Ebene an. Oftmals sagt schon ein einziges Bild mehr aus als die blumige Beschreibung einer Immobilie in einem herkömmlichen Inserat. Des Weiteren spricht die hohe Professionalität für Immobilien-Inserate im Fernsehen: Der Kunde muss lediglich das Informationsmaterial bereitstellen, der Rest wird von einem professionellen Team übernommen. Im Verhältnis zur jeweiligen Reichweite sind Immobilien-TV-Inserate überdies relativ preiswert. Auffallend ist, dass die immer gleichen Immobilien-Dienstleister dieses Medium als Absatzkanal benützen und damit ihre Projekte und Objekte eine überdurchschnittliche Beachtung finden. Immobilien-Dienstleister haben von Grund auf eher Respekt vor Medien und verhalten sich wenig marktschreierisch. Es wird eher wenig unterschieden zwischen der evtl. kritischen, redaktionellen Arbeit des Regioalsenders zu einem Immobilien-Thema oder Projekt und dem integrierten Werbefenster für Immobilien-Angebote auf dem gleichen Sender.

2010 werden Immobilien-TV-Sendungen in der Deutschschweiz auf den Regionalsendern Tele Züri (Wohntraum TV), Tele M1 (Wohnen), Tele Bärn (homegate TV), Tele Tell (Wohnen), Tele Südostschweiz (Wohntraum TV) und TV Ostschweiz (homegate TV) angeboten. In Klammern gesetzt sind die Namen der Sendungen, die gleich lautenden entsprechen auch den gleichen Sendungen. Dies zeigt, dass die Produktion einer eigenen Sendung eher aufwändig und teuer sein muss, sodass mit einem Verkauf des Produktes auf einem zweiten Sender die Kosten gesenkt werden können. Alle Immobilien-Sendegefässe haben eine Länge von ungefähr 10 bis 25 Minuten. Meistens werden die Sendungen eine Woche lang jeden Abend sowie allenfalls am Wochenende doppelt ausgestrahlt. Neben Immobilien-Promotionen werden die Sendungen mit Themen wie rund um Immobilie, Haus und Garten, Lifestyle, Technik, Interviews, Marktdaten usw. abgerundet.

5. IMMOBILIEN-MARKETING IN DER VERMARKTUNG

Die Kosten inkl. Produktion für einen Bilderspot von 20 bis 45 Sekunden z. B. auf WohntraumTV variieren zwischen 890 Franken bis 1 750 Franken. Ein Filmbeitrag inkl. Produktion von 60 bis 90 Sekunden ist ab 2 290 Franken bis 3 390 Franken zu haben. Auffallend ist, dass Immobilien-TV-Sendungen in allen Fernsehstationen im Vorabendprogramm untergebracht sind. Diese Platzierung zeigt die noch geringe Beachtung, die diesem Vermarktungsinstrument geschenkt wird. Aus der Sicht von Immobilien-Fachleuten und Auftraggebern wäre eine spätere Sendezeit im Hauptprogramm wünschenswert, damit die jeweiligen Inserate grössere Beachtung bei einem breiteren Publikum fänden. Allgemein kann Immobilien-TV aber als durchaus prüfenswerte Ergänzung zu anderen Vermarktungsinstrumenten gewertet werden.

5.5.2.13 Rechte der kommerziellen Kommunikation

Was die rechtlichen Bedingungen im Immobilien-Marketing betrifft, ist die Immobilien-Branche nach wie vor wenig sensibilisiert. Nachfolgend einige wichtige Aspekte aus der kommerziellen Kommunikation, die im Immobilien-Marketing zu berücksichtigen sind.

Schutz von Wort- und Bildkennzeichen
Von besonderer Bedeutung ist der Kennzeichenschutz. Kennzeichen sind identitätsstiftende Informationen zu einer Unternehmung oder einer Person: die Firma, das Logo, die Marke, Geschäftsbezeichnungen, Geschäftslokalbezeichnungen, die Domain etc. Bei grösseren Immobilien-Projekten, die einen Namen besitzen, lohnt es sich, diesen schützen zu lassen. Wenn ein Logo vorhanden ist, ist es möglich, nicht nur das Logo – die Bildmarke –, sondern auch den Namen des Projektes – die Wortmarke – zu schützen. Beim Eidgenössischen Institut für Geistiges Eigentum IGE werden die Wort- und Bildmarken registriert und damit geschützt. Die Hinterlegungs-Kosten belaufen sich auf circa 550 bis 700 Franken.

Schutz von Internet-Domain-Namen
Bei Internet-Domains muss der Name, wie z. B. immobilien-marketing.ch, auf Switch eingetragen werden. Um festzustellen, ob die gewünschte Domain bereits besetzt ist, besteht eine Suchfunktion. Es ist von Vorteil, den Namen sobald er festgelegt ist, so schnell wie möglich einzutragen. Auch empfiehlt es sich, mehrere Namens-Kombinationen zu besetzen. Damit entsteht eine geringere Verwechslungsgefahr für Immobilien-Konkurrenzobjekte mit ähnlichen Namen und somit eine höhere Präsenz der Domain im Internet bspw. auf Google. Der Halter der Domain ist für ein Jahr als berechtigter Inhaber des Namens registriert mit jährlichen Kosten von 17 Franken. Für die Erneuerung der Domain für ein weiteres Jahr erhält der Domain-Halter ein Erinnerungs-Mail, um sich für ein weiteres Jahr einzutragen. Folgende Adressen gilt es zu registrieren: Halter, Rechnungsadresse und technischer Kontakt. Mit dem technischen Kontakt ist die Firma gemeint, die den Speicherplatz (engl. Hosting) für die Domain zur Verfügung stellt. Die gesetzlichen Regelungen und Rechte zum Kennzeichenschutz sind im Immaterialgüterrecht sowie im Markenschutzgesetz zu finden.

Das Recht am eigenen Bild
Bei der Verwendung von Bildern auf Kommunikationsmitteln sind die Persönlichkeitsrechte (siehe Tabelle auf der nächsten Seite) zu beachten. Somit dürfen nur Bilder von Personen des öffentlichen Lebens lediglich in redaktionellen Beiträgen zu Informationszwecken veröffentlicht werden. Für Werbezwecke ist aber auch von Personen des öffentlichen Lebens immer die Zustimmung einzuholen. Privatleute, die zufällig in das Visier eines Werbe- und Zeitungsfotografen geraten – müssen sich dies gefallen lassen, als sogenanntes «Beiwerk» im Hintergrund abgebildet zu werden. Wehren können sie sich aber, wenn sie gross und deutlich identifizierbar auf ein verbreitetes Bild geraten sind.

Künstlerische Werke ohne Registrierung sind urheberrechtlich geschützt
Schöpferische Arbeiten aus allen Bereichen der Gestaltung sind automatisch urheberrechtlich geschützt. Darunter fallen auch Fotografien, PR- und Werbetexte und der Werbespot. Deshalb besteht auf Bildern von Fotografen ein Copyright. Das bedeutet, dass diese Bilder nicht frei verwendet werden dürfen. Es braucht die Einwilligung des Fotografen zur Nutzung der Bilder. Wenn nur Teilrechte gewährt werden, spricht man von Lizenz, bei der vollen Rechtsübertragung von Abtretung (Full Buyout). In Bilddatenbanken sind lizenzpflichtige und lizenzfreie Bilder vorhanden. Bei lizenzpflichtigen Bildern hat der Käufer die alleinigen Nutzungsrechte für eine gewisse Zeit. Hingegen dürfen die lizenzfreien Bilder frei verwendet werden, wobei diese gleichzeitig von andern Nutzern gebraucht werden können.

Zusammenarbeit mit Werbeagenturen
In Zusammenarbeit mit Werbeagenturen ist zu beachten, dass in der schöpferischen Tätigkeit in der Konzeptions- und Realisationsphase eines Kommunikationsmittels Broschüren, Texte, Bilder, Skizzen, Entwürfe, Reinzeichnungen, Konzepte usw. entstehen. Diese Tätigkeit untersteht dem Werkvertragsrecht (Art. 363 ff. OR). Beim Werkvertrag wird ein Arbeitsergebnis versprochen, nicht nur Beratung und geistige Dienstleistung wie beim Auftragsverhältnis. Die Vergütung ist geschuldet, wenn das mängelfreie Arbeitsergebnis abgeliefert wurde. Beim Auftrag ist die Vergütung auch bei Ausbleiben des Arbeitserfolges geschuldet. Da die in der schöpferischen Tätigkeit entstandenen Werke wie Broschüren usw. urheberrechtlich geschützt sind, ist es wichtig, die Nutzung dieser Werke mit der Werbeagentur in einem Lizenzvertrag zu regeln.

Anbei eine Übersicht, die die Rechte, Gesetze und Möglichkeiten in unserem Rechtssystem aufzeigt, sich zum Schutz der Marken zu registrieren. Dabei muss beachtet werden, dass immer der Schutz während einer gewissen Laufzeit besteht und danach erneuert werden muss.

5. IMMOBILIEN-MARKETING IN DER VERMARKTUNG

	Schutzgüter	Gesetze	Registration
Immaterialgüterrechte	**Schutz von Wort- und Bildkennzeichen** für Waren und Dienstleistungen	Markenschutzgesetz	www.ige.ch Recherchen: www.swissreg.ch Marken online anmelden: e-trademarke.ige.ch für Domains: www.switch.ch
	Schutz von geistigen Schöpfungen mit individuellem Charakter aus allen Gestaltungs- und Kunstbereichen	Urhebergesetz	www.ige.ch für Musik: www.suisa.ch
Persönlichkeitsrechte	**Schutz aller elementaren Grundwerte** einer natürlichen oder juristischen Person (körperliche und seelische Integrität, Privatsphäre, Ehre und Ruf, Selbstbestimmung)	Persönlichkeitsschutz Allgemein (Art. 27 ff. ZGB) und Datenschutzgesetz (DSG)	

Abbildung 131: **Übersicht über Schutzgüter, Gesetze und Registrierungsmöglichkeiten**

5.5.3 Public Relations

5.5.3.1 PR oder Öffentlichkeitsarbeit

Mit Public Relations, auch Öffentlichkeitsarbeit genannt, werden die Beziehungen zwischen der Unternehmung oder einem Immobilien-Projekt und einer breiten Öffentlichkeit gestaltet. Dabei können folgende Anspruchsgruppen definiert werden:

– Interessenten, Nachbarn, Bewohner des Quartiers, des Ortes, der Stadt, der Region
– Behörden, Politiker, Parteien
– Verbände, Interessenvertretungen
– Printmedien, Radios, Fernsehen, Journalisten verschiedener Medien
– Elektronische Medien, soziale Plattformen
– Banken, Versicherungen, Finanzierungsberater

Als Instrumente, die zur Kommunikation mit diesen Zielgruppen eingesetzt werden können, kommen persönliche Kontakte, das Lobbyieren, redaktionelle Medienbeiträge, Pressemitteilungen, Durchführung oder Sponsoring von Veranstaltungen, Referate, Inserate, Websites oder Newsletter in Frage. Auch das Engagement von Mitarbeitenden in Verbänden oder öffentlichen Ämtern prägt das Bild der Unternehmung in der Öffentlichkeit. Die Erscheinung der Unternehmung gegen aussen wird nicht zuletzt durch ihr Corporate Design über Name, Logo, Firmendokumentation, Website, Gestaltung der gesamten Briefschaften, Gebäude oder Firmenfahrzeuge stark beeinflusst.

Die Medien sind wichtige Partner der Public Relations. Sie wirken oft als Überbringer der Botschaften zur Zielgruppe. Im Umgang mit den Medien müssen deshalb einige Punkte beachtet werden:

- Medienvertreter kennen lernen, indem die Namen von Journalisten, die zu relevanten Themen schreiben, notiert werden
- Sammeln von Medienbeiträgen zu relevanten Themen
- Medienvertreter aktiv kontaktieren und ihnen interessante Inhalte anbieten wie etwa Neuigkeiten über das Unternehmen, Neuigkeiten zu einem Projekt oder redaktionelle Beiträge zu aktuellen Immobilien-Themen
- Beiträge sollten möglichst «pfannenfertig» mit Text und Bildern geliefert werden, sowohl in gedruckter als auch in digitaler Form
- Regelmässig von sich hören lassen, damit man bei den Medienvertretern präsent ist, wenn über ein Thema berichtet wird, zu dem man auch etwas zu sagen hat
- Offen deklarieren, ob ein Beitrag exklusiv zur Verfügung gestellt wird oder ob er auch anderen Medien angeboten wird
- Sich nicht auf spontane Interviews einlassen, sondern sich die Fragen im Voraus geben lassen und sich sorgfältig vorbereiten

Kontakte zu Medien werden in vielen Immobilien-Projekten und -Unternehmen noch zu wenig berücksichtigt und sind in den seltensten Fällen institutionalisiert. Dies hängt vielleicht damit zusammen, dass Medien oftmals auch Überbringer schlechter Nachrichten sind und regelmässig auf Missstände aufmerksam machen. Meist ist es aber die mangelnde Erfahrung im Umgang mit Medien und Medienvertretern, die gewisse Berührungsängste zu Journalisten verursacht. In den börsenkotierten Immobilien-Unternehmen wurde die Medienarbeit insbesondere im Bereich der Investor Relations professionalisiert. Hat ein Unternehmen keine Kommunikationsabteilung und hat der Chef bisher die Kommunikation nach aussen als «Chefsache» beurteilt, so kann ein Gespräch mit einem aussenstehenden Kommunikationsspezialisten doch einige neue Inputs bringen. Kleinere Immobilien-Dienstleister, die über die notwendigen Kenntnisse und Erfahrungen mit Public Relations verfügen und diese aktiv einsetzen, sind aber noch immer in der Minderheit. Auch das Verfassen von PR-Texten, ja selbst der aufs notwendige reduzierte Inseratetext kann eine Herausforderung darstellen. Professionelle Texter können punktuell verpflichtet werden und sind eine lohnende Verstärkung, zudem bringen sie eine wertvolle Aussensicht ins Projekt hinein.

Politische PR
Um Abstimmungen für eine bedeutende Umzonung, einen Quartierplan oder die Zustimmung für ein grösseres Immobilien-Projekt gewinnen zu können, werden von grösseren Immobilien-Besitzern und Interessengruppen spezialisierte Kommu-

nikationsspezialisten beauftragt. Da sich auch die politische Gegenseite beraten lässt, ist ein professionelles Vorgehen nötig. Da können Lobbyisten (engl. lobby = Vorhalle) vorgeschickt werden, die sich auf die politischen Entscheidungsträger konzentrieren. Neben dem klassischen Lobbyismus hat die politische Kommunikation in den Vordergrund zu treten. Diese versucht einen breiten Konsens in der Stadt oder Gemeinde zu diesem Thema zu erreichen. Das kann neben den üblichen Kommunikationsmassnahmen mit Informationsveranstaltungen für die Öffentlichkeit, für das betroffene Quartier, geschickter Themen und Argumentationsführung, Presseinformationen und -Einladungen usw. geschehen. Dazu müssen auch die Argumente und Persönlichkeiten der Gegnerschaft genau studiert und in die Überlegungen des Vorgehens einbezogen werden. Auftritte auf einem Podium mit dem politischen Gegner müssen vorbereitet und die evtl. nicht so mediengewandten Eigentümer gebrieft werden. Wer politische Mehrheiten für ein Immobilien-Projekt in einer Gemeinde suchen muss, ist gut beraten, neben den politisch Verantwortlichen frühzeitig auch andere Mitstreiter zu finden, die das Projekt unterstützen, z. B. lokale Opinionleader, Chefs von grossen Unternehmen, Präsidenten von grossen Clubs, Dorforiginale, Detailhändler usw. Wenn nötig kann ein Unterstützungskomitee gegründet oder eine unterstützende Plakatkampagne organisiert werden.

PR für ein Immobilien-Projekt
Ist ein Immobilien-Projekt politisch und baurechtlich bewilligt, gilt es nun in der Bau- und Vermarktungsphase den Endnutzermarkt zu überzeugen. Neben den klassischen Kommunikationsinstrumenten und der Werbung kann auch eine geschickte Öffentlichkeitsarbeit den Vermarktungserfolg unterstützen. Es gilt eine positive Grundstimmung zum Bauprojekt zu erzeugen, evtl. können durch eine offene Kommunikation letzte Kritiker überzeugt werden. Das Berichten in den Lokalmedien über den Zwischenstand der Vermarktung oder Etappenziele kann eine zusätzliche Unterstützung bringen. Das PR-mässige Begleiten aus der Vermarktungssicht der klassischen Bauevents Spatenstich, Aufrichte und Fertigstellung sowie Bezug gehört ebenfalls zum Repertoire. Ein Interview mit dem Ersteller, Eigentümer oder den ersten Endnutzern kann weitere Interessenten anlocken. Ein kleineres Sponsoring einer lokalen Veranstaltung oder eines lokalen Vereins kann den benötigten Goodwill schaffen. Auch für diese PR-Arbeiten kann vom Vermarktungsteam ein Kommunikationsspezialist beigezogen werden. Es ist durchaus möglich, dass durch eine geschickte Öffentlichkeitsarbeit ein Teil der für die Werbung budgetierten Gelder eingespart werden kann.

5.5.3.2 Social Media Marketing
Als **Social Media** werden soziale Netzwerke und Netzgemeinschaften verstanden, die als Plattformen zum gegenseitigen Austausch von Meinungen, Eindrücken und Erfahrungen dienen.

Social Media Marketing (SMM) ist eine Form des Online-Marketings, die Branding- und Marketingkommunikations-Ziele durch die Beteiligung in verschiedenen Social Media-Angeboten erreichen will. Zudem ist es eine Komponente der integrierten Marketingkommunikation eines Unternehmens. Integrierte Marketingkommunikation ist ein Prinzip, nachdem ein Unternehmen innerhalb eines Zielmarktes mit der Zielgruppe in Kontakt tritt, um kundenorientiert zu kommunizieren. Es koordiniert die Elemente des Promotions-Mixes: Werbung, Direktvertrieb, Directmarketing, Public Relations und Verkaufsförderung.

Anwendung im Immobilien-Marketing
Gezieltes professionelles Social Media Marketing für Immobilien-Projekte wurde bis jetzt in der Immobilien-Branche selten betrieben. Dies ist noch Neuland und es liegen kaum konkrete Erfahrungen vor. Die Meinungen zur Anwendung im Immobilien-Marketing sind geteilt. Gemäss dem Trend wird Social Media Marketing auch für die Immobilien-Branche zunehmend wichtiger. Social Media Marketing ist vor allem geeignet für den Absatz einer grösseren Menge von Wohnungen (Miete oder Kauf) sowie bei speziellen Marktsegmenten (z. B. urbanes Wohnen). Gemäss den nachfolgenden Interessen und Kommunikationszielen werden nicht nur Vermarktungsziele verfolgt, sondern auch übergreifende Ziele wie Förderung eines positiven Images und Förderung der Markenbekanntheit.

Social Media Marketing unterstützt folgende Interessen im Immobilien-Marketing:
– Aufmerksamkeit für eine bestimmte Immobilie oder ein Projekt wecken
– Schaffung von Online-Unterhaltungen zu Projektinhalten von angebotenen Immobilien
– Die Nutzer anregen, Projektinhalte mit anderen Netzwerkteilnehmern zu teilen bzw. zu diskutieren
– Aufbau und Pflege eines positiven Firmen- oder Immobilien-Images (Marken-Images)
– Steigerung der Immobilien-Bekanntheit (Marken-Bekanntheit)
– Verbesserung der Besucherzahlen der Projekt-Website/Immobilien-Website
– Akquisition von potenziellen Immobilien-Kunden (Mieter und Käufer)
– Weiter- und Neuentwicklung von Immobilien-Dienstleistungen und Produkten
– Direkten Kontakt zum Kunden herstellen (Kundenbindung)

5. IMMOBILIEN-MARKETING IN DER VERMARKTUNG

Plattform und Funktion	Anwendungen	Möglichkeit im Immobilien-Marketing	Gegründet Bekanntheitsgrad
facebook facebook.com Community	– Userprofil zum Hochladen von Fotos und Videos – Auf Pinnwand des Userprofils Notizen/Blogs schreiben – E-Mail-Funktion – Chat – Einladungen zu Events – Marktplatz – Gruppen und Fanpages beitreten	– Online-Werbemöglichkeit – Erstellung Gruppe/Fanpage für Immobilien-Projekt/Immobilie	2004, USA Weltweit: 500 Mio. Nutzer CH 2.3 Mio. Nutzer
flickr flickr.com Fotos- und Imagehoster mit Community-Elementen	– Fotos und Videos hochladen – Möglichkeit, Bilder und Fotos mit Notizen zu versehen und mit anderen Usern zu teilen	– Hochladen von Bildern eines Immobilien-Projektes, Event etc.	2002, Kanada Weltweit: 40 Mio. Nutzer
LinkedIn linkedin.com Community zur Pflege bestehender Geschäftskontakte und zum Knüpfen von neuen Verbindungen	– Verlinkung auf eigene Website – Auflistung Lebenslauf – Knüpfung neuer Kontakte – Möglichkeit andere Mitglieder zu empfehlen	– Networking – Kontakte knüpfen	2003, Kanada Weltweit: 80 Mio. Nutzer
twitter twitter.com Microblogging	– Eingabe von Textnachrichten (Tweets) mit 140 Zeichen (Vergleich SMS: 160) – Textnachrichten sind bei allen einsehbar, die diesem Autor folgen	– Verbreitung von News über Immobilien-Projekt/ Immobilie	2006, USA Weltweit: 145 Mio. Nutzer 275 000 aktive Twitter-Nutzer im deutschen Sprachraum

	– Antwortmöglichkeiten als Tweet sowie Möglichkeit andere Nachrichten auf eigenem Profil zu posten		
XING xing.com Community, mehrheitlich für Business-Kontakte	– Kontaktseite – Suche nach Interessengebieten – Foren – Unternehmens-Websites – Enthält 26 000 Fachgruppen – Auflistung Lebenslauf – Kontaktnetz ist sichtbar (z. B. wer wenn über welche «Ecken» kennt)	– Positionierung von Immobilien-Websites – Networking	2003, Deutschland 9 Mio. Nutzer, davon 700 000 Nutzer mit Premium-Account
YouTube youtube.com Video-Portal mit Community-Elementen	– Hochladen von Videos – Bewertung und Kommentierung der Videos – Forum – Blog	– Hochladen von Image-/Werbevideos – Anzeigenkampagne	2005, USA 2 Mio. Videoaufrufe pro Tag 1 Mia. Mitglieder
WORDPRESS wordpress.com Blog-Community	– Erstellung von eigenem Blog – Bewertung und Kommentierung der Beiträge – Forum	– Erstellung eines Blogs zu einem Immobilien-Projekt	303 000 Blogger

Abbildung 132: **Momentaufnahme über die Social Media-Plattformen**

Verknüpfungen
Verknüpfungen unter den verschiedenen SMM-Kanälen sind möglich und erstrebenswert. Dabei spielt die Immobilien-Projekt-Website eine zentrale Rolle. So werden bspw. News/Inhalte der Projektwebsite via Blog, Twitter und Facebook beworben. Bei vielen Immobilien- und Newsportalen besteht bereits die Möglichkeit, Immobilien-Inserate bzw. News direkt mit den Social Media-Kanälen zu verlinken.

Verhaltenskodex und Pflege
Im Unterschied zu herkömmlichen Marketing-Massnahmen handelt es sich bei Social Media um keine einseitige Plattform, sondern um einen fortwährenden gegenseitigen Austausch mit der Community. Social Media Marketing-Massnahmen

erfordern eine stetige Pflege. Transparenz, keine Zensur sowie promptes Reagieren auf Fragen und Anregungen der Community sind unabdingbar. Social Media muss von Personen bedient werden, die wissen, was sie tun und die nötigen Kompetenzen besitzen. Sie müssen mit der SMM-Kommunikation ebenso vertraut sein wie mit den innerbetrieblichen Abläufen. Sie müssen ebenso Verständnis für die Unternehmenskommunikation wie fürs Marketing aufbringen und dürfen nicht durch streng voneinander abgegrenzte Kompetenzbereiche behindert werden.

	Massenkommunikation	**Social Media**
Verbreitung	ist **öffentlich** (potenziell für jedermann zugänglich)	ist **teilöffentlich** (Login für geschlossene Gruppe)
Vermittlung	**Indirekt** (durch dazwischen geschaltete Kommunikationsmittel)	**Indirekt (über Kommunikationsmittel)** und **direkt** (über Chat, Kommentare etc.)
Kommunikation	**Einseitig** (d. h. ohne Rollenwechsel/beschränkte Feedbackmöglichkeit)	**Wechselseitig** mit Rollenwechsel und Feedbackmöglichkeiten
Zielgruppe	**Disperses Publikum** (räumlich und zeitlich verstreute Vielzahl von Personen)	**Disperses Publikum** jedoch **gemeinsame Interessen** z.B. Immobilien-Suchende
Mittel	mit **technischen** Verbreitungsmitteln (Medien wie z. B. Presse, Radio, Fernsehen)	durch **technische** Mittel verbreitet: Hardware und Social Software

Abbildung 133: **Vergleich Massenmedien mit Social Media** [6]

Weitere Unterschiede zur herkömmlichen Kommunikation mit Kunden und dem Markt bestehen darin, dass sich berufliche und private Informationen bei SM vermischen (bei Massenmedien strikte getrennt). Die Social Media Plattformen sind zudem rund um die Uhr in Bewegung (nicht nur tagsüber). Des Weiteren wird nicht im Namen der Unternehmen kommuniziert, sondern es sprechen Personen für die Unternehmen.

5.5.4 Point of Property

5.5.4.1 Vermarktungstafel
Während man im Detailhandel vom Point of Sale (POS) spricht, ist in der Immobilien-Wirtschaft die Bezeichnung Point of Property (POP) angebrachter, wird doch am Ort der Liegenschaft nur indirekt verkauft. Kommunikation am und rund um den Ort der Immobilie ist sehr wirkungsvoll, da dort Aussagen über das Angebot wie Lagequalität oder Charakter der Liegenschaft besser gemacht werden können als über Inserate, Websites oder Dokumentationen. Zudem sind POP-Instrumente

[6] www.mcschindler.com

5.5 Kommunikationsinstrumente

in der Regel kostengünstig. Trotzdem wird dieses Instrument nicht konsequent eingesetzt. Bei Einzelobjekten ist es oft der Wunsch des Besitzers, sein Objekt nicht direkt als «zu verkaufen» anzuschreiben. Ein Anliegen, das den Verkauf eines Objekts stark behindert: Eine Immobilie schnell und zu einem guten Preis zu verkaufen, dies aber gleichzeitig nur «halbherzig» zu verkünden, ist tatsächlich eine Kunst. POP-Aktivitäten können zudem auch als wirkungsvolle Branding-Instrumente für die Vermarktungsfirma eingesetzt werden. Bei schwer verkäuflichen Objekten empfiehlt es sich, Point of Property-Massnahmen nicht allzu lange ohne Unterbruch einzusetzen, da dies dem Objekt das Stigma eines Ladenhüters verleihen könnte.

Abbildung 134: **Vermarktungstafeln im praktischen Einsatz**

Die Kommunikation am Point of Property geschieht in erster Linie mittels Vermarktungstafel, Vermarktungsraum oder Musterwohnung/-haus. Ein weniger offensichtliches Kommunikationsinstrument für Projekte ist die Ordnung auf der Baustelle:

5. IMMOBILIEN-MARKETING IN DER VERMARKTUNG

Herrscht auf der Baustelle eine grosse Unordnung, liegt Abfall herum und sind die Baugeräte und Baubaracken verschmutzt, wirft dies auch ein schlechtes Licht auf die Wohnungen oder Häuser, die gebaut werden. Die Interessenten werden auf Grund ihres Eindrucks auf der Baustelle Schlüsse auf die Qualität des Objekts und die Zuverlässigkeit des Erstellers ziehen. Es lohnt sich deshalb, die involvierten Unternehmen und/oder Generalunternehmen in die Pflicht zu nehmen und für ein gutes Erscheinungsbild der Baustelle zu sorgen. Meist ist jedoch der Vermarkter auf der Baustelle und im Bauprozess eher ein Aussenseiter und manchmal nur geduldet. Im Rohbau wurde von Bauverantwortlichen auch schon «verboten», einem Interessenten die Räumlichkeiten zu zeigen. Das Problem liegt darin, dass zwischen dem Ersteller eines Bauprojektes und dem Vermarkter oft keine Verbindung oder Schnittstelle besteht, wodurch Zielkonflikte auftreten können. Es empfiehlt sich daher, dass der Vermarkter die Initiative ergreift und bei Bauherren, Auftraggebern und Bauverantwortlichen seine Bedürfnisse frühzeitig anmeldet.

Beispiel einer schlecht befestigten Vermarktungsblache

Das Marketingverständnis fehlt völlig

Abbildung 135: **Schlechte Beispiele am Point of Property**

Abbildung 136: **Vermarktungstafel mit Produkt- und Zielgruppenansprache**

Die historisch gewachsene Bautafel, meist von den Bauverantwortlichen erstellt, darf grundsätzlich nicht mit der Vermarktungstafel verwechselt werden. Die Vermarktungstafel hat sich in den vergangenen Jahren immer besser behauptet und wird vielfach separat erstellt, denn es darf nicht sein, dass etwa die Adresse des Bauingenieurs gleich gross auf der Tafel erscheint wie die Anschrift des Vermarkters. In der Folge werden wichtige Punkte bei der Erstellung einer Vermarktungstafel aufgelistet.

5. IMMOBILIEN-MARKETING IN DER VERMARKTUNG

Gute Positionierung

Wenn das Objekt selbst nicht an einer verkehrsreichen Lage liegt, kann die Tafel auch in einiger Entfernung an einer stark befahrenen Strasse oder Bahnlinie positioniert werden. Es ist jedoch davon abzuraten, eine Vermarktungstafel an einer stark befahrenen Schnellstrasse ohne Haltemöglichkeit parallel zur Strasse anzubringen, denn durch eine solche Platzierung kann die Tafel zwar kurz wahrgenommen aber nicht gelesen werden. Der Mehraufwand für die Erstellung einer abgewinkelten und von beiden Fahrtrichtungen einsehbaren Tafel sollte in diesem Fall nicht gescheut werden

Einfache Lesbarkeit

Da eine Vermarktungstafel meist auf grössere Distanz wirken muss, sind Headline und Bild (Key Visual) entsprechend gross zu wählen. Bevor die Tafel produziert wird, empfiehlt sich ein Test vor Ort und das Anfertigen einer Visualisierung. Auch der Mut zur Farbe darf nicht fehlen, wenn es auch nicht ins Schrille abdriften darf

Wetterfestigkeit

Eine gute Vermarktungstafel muss gut verankert sein und muss Regen, Wind, Hitze und Kälte standhalten. Blachen sollten nur dort eingesetzt werden, wo sie auch straff befestigt werden können. Ist dies nicht der Fall, müssen Blachen mit Montagerahmen oder feste Tafeln verwendet werden

Einfache Handhabung

Vermarktungstafeln für Einzelobjekte müssen einfach zu transportieren und zu montieren sein. Dabei sollte sowohl die Montage auf dem Boden als auch an einem Balkon vorgesehen werden

Branding

Werden alle Objekte einer Firma mit derselben Tafel markiert und ist die Tafel mit dem Firmenlogo prominent versehen, kann ein starker Branding-Effekt erzielt werden, der zu zusätzlicher Bekanntheit des Unternehmens führt

Aussagekräftiger Inhalt

Auf Grund des beschränkten Platzes müssen Text und Bilder sorgfältig ausgewählt werden. Bei einem Projekt muss die Vermarktungstafel dem Kommunikationskonzept angepasst werden. Eine überladene Informationsfülle erzeugt keine Wirkung

Personifizierung

Die Nennung der Ansprechperson für den Verkauf oder die Vermietung, inklusive Telefonnummer, wirkt vertrauensvoll und ist der erste Schritt zu einem persönlichen Beratungsgespräch

Werbung des Tafelerstellers

Vielfach ist wird vom beauftragten Ersteller ohne Erlaubnis ein Zusatzschild mit seiner Firmenaufschrift am unteren Rand der Vermarktungstafel angebracht. Die Vermarktungstafel sollte nicht mit Nebenbotschaften und unbezahlten Werbeaufschriften versehen werden und damit das Gesamtbild der Tafel beeinträchtigen

Abbildung 137: **Anforderungen an eine Vermarktungstafel**

Neben der Vermarktungstafel werden vermehrt auch die **Baustellenwände** zum Vermarktungsinstrument am POP. Entweder mit der einfachen Anzeige des Projektlogos oder der Domain. Zuweilen sind auch ganze Geschichten und Botschaften auf den Baustellenwänden zu finden, welche mit Emotionen die betreffenden Zielgruppen ansprechen sollen. Dabei gilt es zu beachten, dass wir uns auf einer Baustelle befinden und die Bauverantwortlichen die Baustellenwände öffnen oder verschieben müssen. Zudem können die aufwändig erstellten Botschaften durch Vandalenakte und Schmierereien schnell verschandelt werden.

Die **Baustellenkräne** ragen ein bis zwei Jahre über die Baustelle hinaus. Doch selten wird der Kran mit dem Namen, dem Logo, einer Botschaft oder der Domain des Projektes bestückt. Schade, denn damit wäre von weit her der Point of Property zu sehen. Wenn der Vermarkter mit den Vermarktungsinstrumenten parat ist, ist der Kran meist schon aufgestellt, zudem sind die Sub-Sub-Auftragsverhältnisse zwischen Eigentümer – Projektentwickler – GU – Baumeister – Kranführer ein Hindernis, den eigentlich Verantwortlichen für unser Anliegen zu finden. Es kann fast nur funktionieren, wenn diese Vermarktungsmöglichkeit sehr früh bekannt gemacht wird und mit den Unternehmern vertraglich vereinbart wird. Zudem sind der Sicherheit und evtl. Luftdurchlässigkeit der Tafel oder Blache Rechnung zu tragen.

In Amerika, England aber auch immer mehr in Zentraleuropa ist der «**Verkaufsgalgen**» im Garten eines Verkaufsobjektes zum Normalfall geworden. Im angelsächsischen Raum verlaufen der Verkauf und der Umzug mit viel weniger Emotionen als bei uns, wo die Identität zu «seinem» Haus oder Wohnung viel grösser erscheint. So ist es in unseren Breitengraden immer noch üblich, dass ein Verkäufer zwar den bestmöglichen Preis für sein Objekt erzielen möchte, es aber lieber niemandem, vor allem nicht in der Nachbarschaft, sagen möchte. Daher ist nur bei einem Teil der zum Verkauf stehenden Objekte auch ein Schild «zu verkaufen» im Garten oder an der Fassade aufgestellt. Zur Verbesserung haben da die Maklernetzwerke geholfen, die den Verkaufsgalgen als wichtiges Vermarktungsinstrument einsetzen. Ein zu lange an einer Liegenschaft hängendes oder im Garten stehendes Verkaufsschild kann tatsächlich abwertend wirken und sollte nach einer Zeit von ca. drei Monaten wieder entfernt werden. Doch die Verkaufschancen, dass das gesehene Verkaufsschild gerade von Nachbarn weitergetragen wird, sind nicht zu unterschätzen und haben schon manchen Verkaufsaufwand minimiert.

Eine Fassadenwand oder ein Baugerüst sind geradezu einladend für das Anbringen eines grossflächigen Werbeträgers, der **Mega-Poster** oder **Big-Poster** genannt wird. Diese Fläche wird von den Eigentümern oder Generalunternehmern zunehmend genützt und als Werbefläche verkauft oder zum Verkauf an spezialisierte Büros weitergegeben. Weniger üblich ist bei uns, dass diese Grossflächen für die Vermarktung der Wohnungen, Retailflächen oder Büros eingesetzt werden. Um die Luftdurchlässigkeit an Fassaden zu gewährleisten, wird ein gut bedruckbarer Kunststoff verwendet, fachsprachlich auch Mesh oder Netz genannt. Die Produktionskosten eines Mega-Posters von etwa 100 m^2 betragen zwischen 30 bis 80 Franken pro m^2, zum Betrag hinzu können die Befestigungsmöglichkeiten kommen. Zusätzlich sind die

Grafik- und Werbeleistungen, evtl. Bildrechte usw. einzuberechnen. Der Markt- oder Mietwert einer so grossen Werbefläche hängt ganz stark von der Lage und der Einsichtbarkeit ab. Eine urbane Zentrumslage der Schweizer Grossstädte ist nicht mit dem Mittelland vergleichbar. So schwankt der Markt- oder Mietwert von nicht verkäuflich bis ca. 15 000 Franken pro Monat. Es ist also durchaus möglich, dass der Eigentümer oder Generalunternehmer von einem spezialisierten Verkäufer angegangen wird, die Fläche des Baugerüstes für eine begrenzte Zeit mieten zu wollen, dabei wird der Markt- oder Mietwert ungefähr geteilt. Spätestens dann muss sich der Vermarkter Gedanken machen, ob diese Fläche nicht auch für das vorhandene Miet- oder Verkaufsangebot gebraucht werden kann. Zu beachten ist, dass evtl. ein Bewilligungsverfahren eingeleitet werden muss.

5.5.4.2 Showroom

Der Showroom, oder auch Verkaufs- oder Vermietungspavillon (der Begriff Verkaufscontainer sollte vermieden werden) genannt, ist ein wichtiges Element für die Vermarktung von Immobilien an den Endnutzer. Er prägt den ersten Eindruck, den ein Wohnungsinteressent von einem Vermarktungsprojekt erhält.

Daher ist es wichtig, dass der Einrichtung und dem Betrieb dieses Verkaufsinstrumentes einiges an Beachtung geschenkt wird. Folgende Punkte können als kleine ungeordnete Checkliste einen Nutzen bringen.

– Der Interessent sollte sich im Showroom auf Anhieb wohl fühlen, vielleicht unterzeichnet er in diesem meist kargen Raum (siehe Kapitel 5.5.4.3 Home Staging) seinen ersten Haus- oder Wohnungskauf und damit «das Geschäft seines Lebens»

– Besteht der Verkaufspavillon aus einem oder mehreren zusammengesetzten Baucontainern, sollte darauf hingewirkt werden, dass sich diese von den anderen Baucontainern der Bauleitung positiv abheben. Bei der Planung und Bestellung ist es möglich, dass dieser aussen frisch gestrichen wird

– Der Showroom sollte von aussen eine freundliche Erscheinung aufweisen und gut, ja attraktiv beschriftet sein. Es ist auch denkbar, dass die Aussenwände mit einer zweiten Fassade oder einer über das Dach hinausragenden Beschriftung kenntlich gemacht wird

– Auch sollte darauf geachtet werden, dass der Showroom sicher und mit einfachem Schuhwerk gut zugänglich und erreichbar gemacht wird. In unmittelbarer Nähe sollten möglichst ein paar Parkplätze mit der Bezeichnung für die Interessenten sichtbar sein

– Natürlich sind Fenster im Showroom eine zusätzliche freundliche Erscheinung. Eine Begehung des Daches könnte die Aussicht auf die Baustelle erleichtern, dabei muss der Sicherheit die nötige Beachtung geschenkt werden

– Eine eigene Toilette mit Wasseranschluss für das Vermarktungsteam und die Interessenten lässt sich evtl. nicht in jedem Fall bewerkstelligen, doch verbringt das Vermarktungsteam einige Stunden im Showroom. Ansonsten muss mit der Bauleitung ein Arrangement getroffen werden

- Die Innenausstattung kann zielgruppengerecht geplant und eingekauft werden, bei ganz speziellen Zielkunden im Bereich Lifestyle lässt sich evtl. ein Arrangement mit einem Möbelhaus finden

- Im Normalfall lässt sich eine Einrichtung mit wenig Geld aus einem Einrichtungshaus zusammenstellen und kann auch für das nächste Vermarktungsprojekt erneut verwendet werden

- Einrichtungs- und Infrastrukturmöglichkeiten
    - Besprechungstisch für vier Personen
    - Abschliessbarer Korpus für Akten und Dokumente
    - Kleiner Barteil mit ca. zwei einfachen Barhockern
    - 1 bis 2 Stehtische
    - Wandbefestigungen für Pläne und Visualisierungen
    - Abstellflächen für Baumuster usw. sowie einen Schirm- und Kleiderständer
    - Ein kleiner Kühlschrank und eine Kaffeemaschine dürfen nicht fehlen
    - Individuelles Einrichtungsflair des Vermarkters ebenfalls gefragt
    - Reinigungsutensilien
    - Heizungsmöglichkeit für den Winter und die Übergangszeit

- Der Showroom sollte jeweils für den nächsten Interessenten sauber und aufgeräumt sein, vor allem der Boden, Stühle und Oberflächen dürfen keinen Baustaub aufweisen

- Der Showroom ist meist nicht permanent besetzt und somit macht er dem zufälligen Interessenten einen meist verschlossenen Eindruck. Daher sollte von aussen mit einer zweckmässigen Beschriftung die Grundinformationen über die Vermarktungsobjekte und den Vermarkter erkennbar sein. Möglich sind eine Tafel, ein Flyerfach oder ein Hinweis, wann der Showroom das nächste Mal geöffnet ist

- Haben Sie als Vermarkter einen Besichtigungstermin um 17 Uhr, so sollten Sie nicht mit oder sogar erst nach dem Interessenten eintreffen. Sie sollten genügend Zeit einplanen und den Showroom für den Interessenten vorbereiten. Der Geruch nach Kaffee kann ein Vermarktungsgespräch bereits beflügeln

- Auch wenn Sie nur wenig Platz haben, so wären ein paar Comic-Hefte oder Malstifte mit Zeichnungshefte sowie Papier wertvoll, da die Interessenten evtl. auch ihre Kinder mitbringen. Die Beschäftigung der Kinder kann im entscheidenden Verkaufsabschluss die nötige Ruhe bringen

- Zudem kommen ernsthafte Interessenten meist zwei- oder sogar dreimal; die Kinder erinnern sich sofort an die Spielsachen oder die Gummibärchen

5. IMMOBILIEN-MARKETING IN DER VERMARKTUNG

- Sollten Sie den Schlüssel des Pavillons im Büro vergessen haben, so sollte vor Ort evtl. im Baubüro (nicht für jedermann zugänglich) ein zweiter Schlüssel vorliegen. Auch wenn Sie den Schlüssel «legen», sollte es nicht zu offensichtlich sein, wo sich Ihr Versteck befindet, ansonsten kann eine böse Überraschung bei einer Besichtigung auf Sie warten

- Meist muss man sich als Vermarkter auf der Baustelle seinen Standplatz für den Verkaufspavillon oder die Musterwohnung richtiggehend erkämpfen. Die Bauverantwortlichen müssen oftmals davon überzeugt werden, dass der Vermarkter auch seinen (Teilzeit)Arbeitsplatz auf der Baustelle hat und mit Interessenten die Baustelle besichtigen muss, denn erst eine Unterschrift auf einem Kauf- oder Mietvertrag garantiert für die Bezahlung des Bauprozesses und der Handwerker

- Der Vermarkter muss jedoch den Sicherheitsaspekten einer Baustelle grösste Sorgfalt widmen: Wenn eine Helmpflicht verlangt wird, ist diese auch einzuhalten. Auch empfiehlt es sich, die bestimmte (Rohbau)Wohnung, die Sie als Vermarkter dem Interessenten zeigen möchten, vorher selbst gesehen haben und wissen, in welchem baulichen Zustand sich die Wohnung präsentiert oder ob tatsächlich Rücksicht auf Handwerker genommen werden muss

- Es empfiehlt sich, dass sich der Vermarkter vorgängig mit den Bauverantwortlichen abspricht und über den Bauverlauf orientiert wird oder sogar an Bausitzungen zum Thema Vermarktung und Bauverlauf teilnehmen darf. Gegenseitiges Verständnis kann Wunder wirken

5.5.4.3 Home Staging

In der Phase der Entwicklung befasst man sich intensiv mit der Gestaltung der Immobilie, sei dies die Eingliederung in das Quartier, die Anordnung der Gebäudekörper, die Naherschliessung oder die Gestaltung der Grundrisse. Der Schritt von leeren Räumen hin zu einer Wohnung oder einem Büro, wie es sich die Zielgruppe wünscht, wird erstaunlicherweise meist der Fantasie der zukünftigen Nutzer überlassen. Dabei gehört die Vorstellung, wie sich das Objekt fertig eingerichtet präsentiert, wohl zu den entscheidenden Faktoren einer Miete bzw. eines Kaufs.

Die Kunst, ein Objekt vermarktungsgerecht herzurichten, nennt man **Home Staging**. Dabei wird die Attraktivität einer Wohnung oder allenfalls auch eines Büros mit verschiedenen Mitteln gesteigert, um potenzielle Mieter bzw. Käufer positiv zu beeinflussen. Das zu vermarktende Objekt wird damit auf die Bühne (englisch «stage») gestellt, wo es sich der angehende Nutzer betrachten kann. Home Staging kann in unterschiedlicher Intensität angewandt werden:

1. **Beratung**
   Ein erfahrener Home Stager kann Vermarktern beratend zu Seite stehen. Dabei stehen «Do's and Don'ts» bei der Präsentation von Miet- und Kaufobjekten im Vordergrund. Die Umsetzung der Empfehlungen ist Sache des Vermarkters

2. Anpassung der bestehenden Einrichtung

Dem Home Staging für Bestandesimmobilien steht oft nur die bestehende Einrichtung zur Verfügung. Hier kann ein gezieltes «Entmöbeln» schon grosse Effekte erzeugen. In den meisten Räumen sammeln sich nämlich über die Jahre eine grosse Anzahl Möbel, Textilien, Lichtquellen, Accessoires und persönliche Dinge an. Der Nutzer hat all diese Objekte lieb gewonnen und kann sich nicht vorstellen, dass sie die Attraktivität des Objekts für einen potenziellen Mieter oder Käufer schmälern können. Die Erfahrung hat jedoch gezeigt, dass ein spärlich eingerichteter Raum für Interessenten attraktiver wirkt

3. Ergänzung der Einrichtung

In einer weiteren Stufe wird die Wohnung oder das Büro mit neuen Objekten ergänzt. Die zusätzlichen Einrichtungsgegenstände sind passend zur Zielgruppe auszuwählen und können meist gemietet werden. Eine solche Ergänzung sollte ein Musterobjekt mindestens attraktiv dekorieren, kann aber bis zu einer kompletten, gebrauchsfertigen Einrichtung gehen

4. Bauliche Massnahmen

Bestandesobjekte weisen in den meisten Fällen einen mehr oder weniger starken Renovationsbedarf auf. Die Besitzer lehnen Arbeiten in diesem Zusammenhang nicht selten ab mit der Begründung, der zukünftige neue Eigentümer würde Renovationen dann sowieso nach seinen individuellen Vorstellungen tätigen. Dabei wird oft vergessen, dass ein Urteil über eine Wohnung oder ein Büro stark vom aktuellen Zustand beeinflusst wird, ungeachtet der theoretisch möglichen Renovationsarbeiten. In diesem Zusammenhang drängt sich ein Vergleich mit der Partnersuche auf: Ein Single auf der Suche nach einer Beziehung wird sein Äusseres tunlichst pflegen, um einen guten Eindruck zu hinterlassen. Er wird sich kaum ungepflegt an eine Bar stellen und der Dame nebenan versichern, im Falle einer Partnerschaft mit ihr würde er sich dann schon duschen, zum Friseur gehen und sich neu einkleiden. Im Falle einer Immobilie reichen oftmals schon einfache Malerarbeiten, um die Zahlungsbereitschaft der Interessenten positiv zu beeinflussen

5. Optimierung der Umgebung

Ein intensives Home Staging schliesst auch die Neugestaltung von Balkon, Garten und Terrasse mit ein. Diese Elemente einer Immobilie sind nicht zu unterschätzen, da Interessenten vor der ersten Kontaktaufnahme gerne mal einen ersten Blick von aussen auf das Objekt werfen. Präsentiert sich die Liegenschaft dabei in geordnetem und gut unterhaltenem Zustand, wirkt sich dies für die kommende Besichtigung und anschliessende Verhandlungen bestimmt positiv aus. Umgekehrt kann eine ungepflegte Umgebung gar von einer ersten Kontaktaufnahme abschrecken

Home Staging kann vom Vermarkter selbst oder von spezialisierten Unternehmen erbracht werden. Der Gang zum Experten kostet zwar mehr, hat aber den Vorteil, dass Home Staging-Profis über eine breitere Erfahrung und bessere Tools (z. B. Mietmöbel oder Dekorationsmaterial) verfügen. Im Verhältnis zu der Wirkung, die

5. IMMOBILIEN-MARKETING IN DER VERMARKTUNG

Abbildung 138: **Beispiele für Wohnungen, die mit Home Staging attraktiver gestaltet wurden** [7]

eine attraktiv präsentierte Liegenschaft auf den Verkaufspreis oder die Miete haben kann, sind die Kosten für ein Home Staging wohl eher als tief zu bezeichnen.

5.5.4.4 Immobilien-Shops

Immer mehr Immobilien-Makler versehen ihre Büros mit Merkmalen von Detailhandelsläden. Solche Immobilien-Shops liegen an frequenzstarken Lagen und haben ein Schaufenster mit den Immobilien-Angeboten. Bei ihnen gilt das Prinzip der offenen Türe: Der Interessent ist auch ohne Terminvereinbarung willkommen. Dieses Präsentationssystem für Immobilien hat sich weltweit durchgesetzt und ist bei den Interessenten sehr beliebt. In Zweitwohnungsregionen gehört dieses Vermarktungsinstrument auch in der Schweiz schon seit längerem zum Alltag: In Tourismusgebieten werden in zentral gelegenen Shops Wohnungen und Häuser zum Verkauf angeboten oder auch wochenweise vermietet. Erst seit einigen Jahren sind durch den grösseren Markteintritt der Maklernetzwerke in der Schweiz auch im Mitteland an Passantenlagen regionale Immobilien-Verkaufsbüros, oder eben Immobilien-Shops, entstanden. Diese Transparenz der Angebote und der offene Einblick in die Arbeit eines Maklers durch das Schaufenster haben sich bewährt und Hemmschwellen abgebaut.

[7] RE-DONE Home Staging & Home Styling, Zürich

Immobilien-Shops sind demnach wirkungsvolle Instrumente sowohl für den Absatz von Immobilien als auch zur Akquisition von Mandaten. Kontakthürden wie Sekretariat, Terminvereinbarung oder die Distanz zum Büro des Immobilien-Vermarkters entfallen vollständig. Oft treten Kunden spontan in das Ladenlokal und können die ausgestellten Objekte begutachten oder ein vertieftes Gespräch mit der anwesenden Immobilien-Fachperson führen. Immobilien-Shops generieren zusätzliche Kundenkontakte und sorgen mit einer markanten Beschriftung für zusätzliche Bekanntheit. Die Kosten für einen Immobilien-Shop halten sich in Grenzen, wenn am gleichen Standort auch die eigenen Büros untergebracht sind. Makler, die sich einem Netzwerk angeschlossen haben, können sich in einer Region zusammenschliessen, um einen zusätzlichen Standort in Form eines gemeinsamen Immobilien-Shops zu führen. Kosten für Miete, Einrichtung und personelle Besetzung können hier geteilt werden.

Bei der Gestaltung eines Schaufensters mit Immobilien-Angeboten ist somit dem professionellen Design gebührend Gewicht zu geben. Es lohnt sich, das Schaufenster von einem spezialisierten Dekorateur gestalten zu lassen. Einige Punkte, die es zu beachten gilt: Gute Ausleuchtung, stimmiges Verhältnis zwischen Angeboten und Freiraum (für die Einsicht in die Büros) und Sauberkeit (sauberes Glas, keine herumliegenden Insekten, keine vergilbten Objektblätter). Neben den Objektangeboten ist ein Teil des Schaufensters für eine Positionierung des Immobilien-Dienstleisters und dessen Angebote zu reservieren. Zudem kann ein Flachbildschirm mit attraktiven Angeboten und Bildern die Passanten zum Verweilen einladen. An der Türe sind die Öffnungszeiten angegeben, die auch eingehalten werden sollten. Für Passanten, die am Wochenende oder am Abend vorbeispazieren, kann eine Flyerbox mit Informationen zum Mitnehmen animieren, bspw. über das Objekt der Woche.

5.5.5 Events

Hier sprechen wir ganz bewusst nicht von den unzähligen Immobilien-Netzwerk-Events, wo neben Vorträge über Immobilien-Märkte und Markttrends Apéro-Häppchen genossen werden können und Immobilien-Firmen ihre Produkte vorstellen. Wir beleuchten Immobilien-Events, die dazu dienen, die Bekanntheit eines Immobilien-Projekts zu erhöhen oder einen Etappenschritt in der Entstehungsphase einer Immobilie zu zelebrieren. Mit einem Event können aber auch Kauf- bzw. Mietinteressenten direkt angesprochen und mit detaillierten Informationen versorgt werden. Dabei kann versucht werden, sie für einen möglichen Abschluss zu begeistern.

Das Etappenziel als Event
Im Planungs- und Bauprozess einer Immobilie gibt es einige zu erreichende Etappenziele, die dazu dienen können, sich einfach im Team darüber zu freuen und evtl. darauf anzustossen oder daraus eine öffentlichkeitswirksame Veranstaltung zu machen. Der traditionelle Anlass des **Aufrichtefestes** gehört immer noch den Handwerkern und wird meist ohne grosse Öffentlichkeitswirkung durchgeführt.

Daneben können aber weitere Anlässe stattfinden oder eben Events daraus zelebriert werden wie

- die Bekanntgabe des Gewinners eines Architektur- oder Immobilien-Wettbewerbes
- der Erhalt einer Baubewilligung
- die Verabschiedung eines Quartier- oder Bebauungsplanes
- die Projektpräsentation
- der Spatenstich
- die Grundsteinlegung
- die Projekttaufe
- der Vermarktungsstart
- das Erreichen eines Etappierungszieles
- die Verpflichtung eines Ankermieters

Je nach Grösse, Markt- oder Marketingausrichtung eines Immobilien-Projektes kann eine oder mehrere dieser Möglichkeiten dazu genützt werden, eine gewünschte Kommunikationswirkung zu erzielen. Damit verbunden ist eine den Verhältnissen angepasste Präsentation und eine professionelle Umsetzung, damit die erhoffte Berichterstattung in den Medien stattfindet. Diese Events dienen in erster Linie der Bekanntheit eines Immobilien-Projekts; meist ist es das erste Mal nach einer längeren Planungsarbeit im Hintergrund, dass der Projektstand der lokalen oder regionalen Öffentlichkeit präsentiert wird. Die öffentliche Bekanntgabe des **ausführenden Architekten**, welcher aus einem Wettbewerbsverfahren hervorgegangen ist, ist in Fachkreisen üblich und gewünscht. Dabei geben die Bauherren meist das weitere Vorgehen des Projektes bekannt und erste Visualisierungen oder Modellfotos gelangen an die Öffentlichkeit.

Der Klassiker unter den Events im Planungs- und Bauprozess einer Immobilie ist der **Spatenstich**: Landauf, landab wird dieser symbolische, physische Start eines Bauprojektes zelebriert. Natürlich meist mit Spaten, mitten im Dreck oder auf der Wiese sind Bauherren, Behörden, Promotoren, Generalunternehmer, Architekt, Planer, Vermarkter und teilweise die Endnutzer bei diesem wichtigen Ereignis mit dabei. Die Symbolik dieses Bildes, oft mit einem Bagger im Hintergrund, wobei der Bauherr sogar die Baggerschaufel im Führerstand betätigen darf, verfehlt seine Wirkung nicht und ist einer breiten Öffentlichkeit bekannt. Vor dem eigentlichen Spatenstich wird meist zu vielen Rednern Redezeit gewährt, welche dem Anlass und dem Projekt würdigen wollen, was wegen fehlender Medienerfahrung peinlich wirken kann. Am nächsten Tag wird jedoch trotzdem meist grosszügig in der Lokalpresse (sofern professionell eingeladen und betreut) über das Bauvorhaben berichtet. Wurde mit dem Baubeginn unbemerkt begonnen und der Spatenstich nicht speziell hervorgehoben, besteht die Möglichkeit der **Grundsteinlegung**. Dabei wird der gleiche Einladungskreis versammelt und auf der Bodenplatte des Untergeschosses ein Kästchen mit einer aktuellen Ausgabe der Tageszeitung, evtl. Plänen, den Namen der Projektbeteiligten und den besten Wünschen in den Beton eingegossen und so hoffentlich der Nachwelt erhalten.

Bei der **Projekttaufe** kann der neue Namen des Projektes und evtl. das Logo bekannt gegeben werden, was den Übergang in die Vermarktungsphase eines Bauprojektes einläutet. Immer öfters wird der **Vermarktungsstart** mit einem sogenannten «Paukenschlag» eröffnet. Dabei können evtl. erstmals die begehrten Wohnobjekte gemietet oder verkauft werden, und die noch druckfrische Dokumentation des Projektes kann von den frühzeitig auf der Interessentenliste eingeschriebenen Teilnehmern mit nach Hause genommen werden. Der Vermarktungsstart kann in einer breiten, öffentlichen Aufmachung gestaltet werden, wobei auch gerade die Informationspflicht gegenüber den Nachbarn und anderen Neugierigen gestillt werden kann. Aber es kann auch zuerst gezielt nur die angepeilte Zielgruppe und exklusiv an den als Event inszenierten Vermarktungsstart eingeladen werden. Dieser Anlass ist dann nicht mehr bauorientiert, sondern erfüllt die Bedürfnisse und Erwartungen der zukünftigen Bewohner und Nutzer. Natürlich sollten dadurch in der Folgewoche die ersten Anmeldeformulare für die Miete oder den Kauf einer Wohneinheit eintreffen.

Während der Vermarktungsphase, wo der Bau langsam in die Höhe wächst und der Showroom oder die Musterwohnung bezogen werden können, kommt der **Tag der offenen Tür** zum Einsatz. Dieser Event kann auch von den Bauverantwortlichen organisiert werden und den Baufortschritt zeigen, aber vielmehr wird dieser Event vom Vermarktungsteam durchgeführt und soll potenzielle Miet- oder Kaufinteressenten ansprechen. Meist in den Zeitungen und mit Flyern oder sogar im Lokalradio angekündigt, werden die Interessenten auf den Tag der offenen Tür aufmerksam gemacht. Diese finden vorwiegend am Samstag, am Abend oder sogar am Sonntag statt. Das Vermarktungsteam sorgt für einen sicheren und sauberen Zugang zur Baustelle oder Musterwohnung und markiert den Zugang mit Hinweisschildern oder Ballonen. Auch ein Tag der offenen Tür muss gut organisiert sein. Zudem sollte mehr als eine Person des Vermarktungsteams anwesend sein, um den Überblick bei den Interessenten nicht zu verlieren und die Miet- oder Kaufwilligen erkennen zu können. Die Anwesenden des Vermarktungsteams sollen vollständige Vermarktungsunterlagen zur Verfügung haben und müssen über die Projektdetails und Miet- oder Verkaufspreise im Bild sein. Es versteht sich von selbst, dass an einem solch manchmal hektischen Tag Personen aus dem Vermarktungsteam anwesend sein sollten, die ein verkäuferisches Flair mitbringen und auf Interessenten offen und freundlich zugehen können. Eine Bratwurst und Getränke, eine Kinderecke oder Kinderbetreuung sowie evtl. ein kleines Give Away gehören ebenfalls dazu. Das **Bewohnerfest** (evtl. auch vor dem Wohnungsbezug durchgeführt) wird im Kapitel 6 beschrieben. Dieser Event muss konzeptionell vorbereitet sein und mit dem Vermarktungskonzept im Einklang stehen, um die gewünschte Positionierung im Markt zu festigen. Natürlich kommt ein solcher Event mehr im Wohnbereich zur Ausführung, doch sind angepasste Anlässe auch im Büro-, Gewerbe- oder Retail-Segment hilfreich.

5.5.6 Directmarketing

Der Unterschied zwischen Directmarketing (DM) und Werbung besteht darin, dass sich Directmarketing zum Ziel setzt, eine messbare Reaktion der Zielgruppe oder eine Transaktion mehr oder weniger ortsunabhängig zu erzielen. Das Ziel einer eigentlichen Transaktion dürfte in der Immobilien-Wirtschaft wohl zu hoch gegriffen sein, handelt es sich hier doch um Kauf bzw. Miete, also um Transaktionen, denen in der Regel ein umfangreicher Evaluationsprozess vorangeht. Eine direkte Reaktion der Zielgruppe auf Directmarketing-Massnahmen kann in der Immobilien-Vermarktung beispielsweise ein Telefonat, eine E-Mail oder das Einsenden bzw. das Faxen eines Antworttalons darstellen. In diesem Sinne verfolgen die meisten Kommunikationsinstrumente, die in der Immobilien-Wirtschaft eingesetzt werden, auch Directmarketing-Ziele. Folgende Instrumente des Directmarketings sind bei Immobilien besonders häufig anzutreffen:

– **Directmailing:** Direktes Anschreiben potenzieller Kunden und Zielgruppen
– **Telefonmarketing:** Telefonischer Erstkontakt einer Zielgruppe
– **Printinserate:** Indem das klassische Marketinginstrument mit einer Response-Möglichkeit wie Telefonnummer, E-Mail-Adresse oder Antworttalon versehen wird, wird es zum DM-Instrument
– **Online-Inserat/Website:** Noch direkter ist die Response-Möglichkeit bei einem Online-Inserat bzw. auf einer eigenen Website mittels E-Mail-Kontakt

Um Kunden direkt angehen zu können, müssen ihre Koordinaten bekannt sein. Dazu können entweder Adressen bei spezialisierten Firmen eingekauft oder bestehende Adressen aufbereitet und genutzt werden. Dem Kontaktmanagement kommt dabei eine besondere Bedeutung zu.

Anforderungen an ein Kontaktmanagement
– Arbeiten mit einer leistungsfähigen Datenbank, die sowohl eine aussagekräftige Strukturierung der Daten als auch deren Verarbeitung zu Mailings zulässt
– Erfassen der zahlreichen täglich anfallenden Namen und Kontaktinformationen wie Telefonnummern, E-Mail-Adressen und Postadressen
– Ergänzung der Datenbankeinträge mit Informationen, die eine Auswertung oder eine Auswahl ermöglichen wie z. B. Erfassungsdatum, Grund des Kontakts, Verlauf der Verkaufs- oder Vermietungsgespräche, Zuordnung zu einem bestimmten Immobilien-Typ, für den sich die Person interessiert hat, Zuordnung zu einer Region bzw. einem Einzugsgebiet usw.
– Laufende Pflege der Adressdatenbank. Dabei kann zwischen einer aktiven und einer passiven Datenpflege unterschieden werden. Bei der aktiven Datenpflege werden die Einträge regelmässig und aktiv auf deren Richtigkeit überprüft. Da diese Datenpflege aufwändig ist, wird oftmals auf die passive Pflege ausgewichen: Einträge werden nur dann aktualisiert, wenn eine Mutation gemeldet wird. Dies passiert entweder durch die betreffende Person selbst (z. B. Stellen- oder Wohnortwechsel) oder durch die Post (nicht zustellbare Postsendung)

- Ergänzungen durch Adresszukauf: Ist die Adressdatenbank zu klein oder entspricht sie nicht den aktuellen Anforderungen, können Adressen von Brokern zugekauft werden. Dabei ist zwischen einmal oder mehrmals verwendbaren Kontakten zu unterscheiden
- Immer mehr Vermarktungsfirmen arbeiten mit einer Maklersoftware, die Kundeneinträge systematisch erfassen und darstellen lassen

5.5.7 Persönlicher Verkauf

Beim persönlichen Verkauf (der hier den persönlichen Vermietungskontakt einschliesst) findet der unmittelbare Kontakt zwischen dem Vermarkter und dem Interessenten statt. Der persönliche Verkauf versucht in seiner Ausrichtung eine aktive Beeinflussung seines Interessenten zu erreichen, um diesen mit einem Abschluss als Kunden zu gewinnen. Dabei sollen im Idealfall die Bedürfnisse des Kunden immer im Vordergrund stehen und den Gesprächsverlauf dominieren. Finanzielle Anreizsysteme für den Verkäufer gehören zum System und sind im Immobilien-Verkaufs- oder Vermietungsgeschäft üblich. Sicher sind schwarze Schafe immer noch anzutreffen, die nur das grosse Geld wittern, aber weder daran interessiert sind, was der Kunde eigentlich wünscht, noch den ganzen Verkaufsprozess begleiten wollen. Doch es sei an dieser Stelle mit Freude angemerkt, dass aus den «Immobilien-Händeler» vor zwanzig Jahren in der Schweiz flächendeckend gut ausgebildete und professionell auftretende Immobilien-Makler geworden sind. Diese Entwicklung wird auch dadurch positiv beeinflusst, dass in der Schweiz der Konkurrenzkampf unter den Maklern mit Stil ausgetragen wird und der Marktkuchen immer noch genügend gross ist. Leider hinkt das Image des Immobilien-Verkäufers der Realität hinten nach: In Image-Umfragen kommt der Immobilien-Makler im Vergleich mit anderen Berufen noch immer auf die hintersten Ränge zu liegen.

5.5.7.1 Verkaufstechniken

Wir gehen heute davon aus, dass ein Immobilien-Verkäufer oder Vermieter eine Verkaufsschulung oder Ausbildung durchlaufen hat. Nebst der Ausbildung und der Erfahrung spielt auch das natürliche Verkaufstalent eine Rolle. Nicht nur in der Immobilien-Branche vermögen diese Verkaufstalente mit ihrem geschickten Vorgehen immer wieder eine erstaunliche Wirkung zu erzielen. Bezüglich der Verkaufsphilosophie kann zwischen drei verschiedenen Ansätzen unterschieden werden: harter Verkauf, Beratung und Aufbau von Kundenbeziehungen.

Harter Verkauf

Dieser Ansatz stellt die Verkaufstechniken in den Vordergrund und geht davon aus, dass es möglich ist, einen Interessenten durch Verkaufstechnik und -druck zu einem Abschluss zu bewegen. Die Ansichten des Kunden interessieren bei diesem Ansatz nicht immer, die Immobilie wird einseitig positiv geschildert, Nachteile werden geschickt umgangen oder sogar verschwiegen. Eine ausgefeilte Präsentation soll den Interessenten möglichst schnell und ohne Berücksichtigung seiner Bedürfnisse zum Kauf oder zur Miete führen. Dieser harte Verkaufsansatz hat in der Vermarktung von Immobilien selten Erfolg. Da sowohl der Kauf als auch die Miete eine substanzielle Budgetbedeutung darstellen, werden vor dem eigentlichen Abschluss reifliche Überlegungen angestellt. Zudem werden selten «einsame» Entscheide gefällt; vielmehr finden Beurteilungen beispielsweise durch Familie und Freunde oder Beratungen etwa durch Banken statt. Unausgewogene Verkaufsargumentationen und die Ausübung von Druck führen deshalb nicht zum Ziel und erreichen meist das Gegenteil: Dem Verkäufer und dem Angebot wird mit Misstrauen begegnet. Gerade durch die zum Alltag gewordenen Immobilien-Angebote im Internet sind die Interessenten anspruchsvoller aber auch informierter geworden und erwarten eine gewisse Qualität des Verkäufers sowie dessen Auftretens.

Beratung
Der Beratungsansatz stellt die Bedürfnisse des Kunden in den Vordergrund, ohne jedoch die Vorteile des Angebots zu vernachlässigen. Die beste Ausgangslage hat derjenige, der dem Interessenten zuhört, um ihn und seine Bedürfnisse kennen zu lernen. Dadurch werden jene Angebotsstärken ersichtlich, die auch dem Kunden als solche erscheinen. Für Angebotsschwächen können eventuelle Lösungsansätze vorgeschlagen werden. Damit wird dem Käufer oder Mieter zu einer überzeugenden Gesamtlösung verholfen. Es gibt aber auch Interessenten, die nützen die gute Beratung mit vielen Detailfragen aus und kommen mehrmals mit ihren oftmals gleichen Anliegen. In der Endphase können dann durchaus auch Hard Selling-Methoden angebracht und hilfreich sein, um den Interessenten zu einem (vielleicht schon überfälligen) Entscheid zu bewegen und das Immobilien-Geschäft zum Abschluss zu bringen.

Aufbau von Kundenbeziehungen
Diese Verkaufsphilosophie geht ebenfalls vom Beratungsansatz aus. Der gesamte Vermarktungsprozess wird hier aber durch eine ganzheitliche Sicht ergänzt: Die Kundenbeziehung endet nicht mit dem Notartermin oder der Unterzeichnung des Mietvertrages. Durch ein gezieltes Nachfragen nach Ablauf einer gewissen Zeit wird dem Kunden gezeigt, dass einem wirklich an seiner Zufriedenheit gelegen ist, dass man ihn und seine Bedürfnisse ernst nimmt. Im Immobilien-Verkauf ergeben sich Wiederholungskunden zwar frühestens nach einigen Jahren, in der Vermietung etwas früher. Durch die Tatsache, dass positive Kundenbindungen dazu führen können, dass man weiterempfohlen wird, ergeben sich Wiederholungsgeschäfte trotzdem viel früher. Sie können sich gar multiplizieren, wenn man durch neue Kunden immer wieder weiterempfohlen wird. Der Aufbau einer solchen Kundenbindung zahlt sich erst recht aus, wenn man bedenkt, dass das Gewinnen eines neuen Kunden ein Mehrfaches an Aufwand bedingt als das Wiedergewinnen eines bestehenden Kunden. Zu berücksichtigen ist zudem die Tatsache, dass Käufer oder Verkäufer von Immobilien höchstens alle paar Jahre mit einem Kauf- bzw. Verkauf konfrontiert sind. Es handelt sich demnach um Laien, die in der Regel kaum wissen, an wen sie sich wenden sollen. In dieser Situation werden meist vertrauenswürdige Familienangehörige, Freunde oder Bekannte um Rat gefragt. Wird man bei dieser Gelegenheit als vertrauenswürdiger Partner für Immobilien-Transaktionen genannt, ist der erste Schritt zu einem neuen Mandat bereits getan. Schlechte Kundenbeziehungen hingegen enden mit einem nur schwer zu korrigierenden Imageverlust

für den Vermarkter. Eigentümer und Interessenten werden durch ihre Erfahrungen manchmal emotional aufgewühlt und geben diese schlechten Erfahrungen in ihrem Umfeld vervielfacht weiter.

Auf das Kundensegment einstellen
Ein Vermieter oder Verkäufer von Immobilien muss sich auf das anvisierte Kundensegment einstellen können. Er passt sich der Zielgruppe an und kommt nicht mit dem Nadelstreifenanzug an ein Verkaufsgespräch mit einer Familie mit Kindern. Aber auch mit dem offenen Hemd berät man keinen Kunden, der eine grössere Bürofläche mieten möchte. Zudem sollte die Autowahl einigermassen zum Immobilien-Angebot und dessen Interessenten passen. So kann es durchaus sein, dass Interessenten für eine Luxus-Immobilie einen Verkäufer mit einem entsprechenden Fahrzeug erwarten. Ein ganz besonderes Augenmerk und Feingefühl hat der Verkäufer der Zielgruppe ab 50 Jahren zu widmen. «Best ager», «golden ager», «master consumer» und «maintainer» sind nur einige neuzeitliche Begriffe für dieser finanziell abgesicherte Zielgruppe. Sie lassen sich nicht mit billiger Augenwischerei und Überredungskunst überzeugen, denn für sie sind Qualität und Nachhaltigkeit keine leeren Begriffe. Diese Zielgruppe mit Senioren zu verwechseln oder zu bezeichnen, wäre ein fataler Fehler. Dennoch: auch im Seniorenmarketing sind besondere Qualitäten des Verkäufers unabdingbar, um Erfolg zu haben. Trotzdem gilt es für den Immobilien-Verkäufer zu wissen, dass es keine einheitliche Generation 50 plus gibt, er muss sich auf seine Lebenserfahrung verlassen und gut zuhören können.

Ein erfahrener und erfolgreicher Immobilien-Verkäufer oder Makler fällt nicht vom Himmel. Neben fundierten Immobilien-Kenntnissen muss er im Umgang mit dem Kunden eine ganze Reihe von Regeln beherrschen und im richtigen Moment anwenden können. Dazu gehören etwa, dass

- die richtige Einstellung für den Beruf mitgebracht wird
- Vertraulichkeit und Seriosität oberstes Gebot sind
- der Verkäufer den Verkaufsprozess bis zum Abschluss beherrscht
- der Verkäufer auch aktiv zuhören kann
- Fragetechniken beherrscht werden
- Kaufmotive erkennt werden
- eine angemessene Berücksichtigung der Einwände seiner Kunden stattfindet
- Verkaufsoptionen oder Zusätze im Gesprächsprozess erkannt werden
- Missverständnisse zwischen den Erwartungen und dem Angebot erkannt werden
- Besprochenes aus früheren Verkaufsgesprächen noch präsent sind
- Versprechen wie «dies kläre ich ab» oder «dies sende ich Ihnen zu» eingehalten werden
- der Dresscode beherrscht wird, was nicht nur für Männer gilt
- eine gute Erreichbarkeit auch ausserhalb der Bürozeit gewährleistet werden kann
- alle Unterlagen von der Visitenkarte bis zum Absender auf dem Brief einheitlich sind

- sämtliche Kontakte nachgefasst werden
- Freundlichkeit, auch bei einer Absage, zur Selbstverständlichkeit gehört
- der Verkäufer sich auch im Stress die nötige Zeit nimmt
- der Verkäufer sich beim Abschluss auch für den Käufer ehrlich freuen kann
- das Verhalten nach dem Verkaufsabschluss auch dazu gehört

5.5.7.2 Objektbesichtigung

Die Besichtigung des zur Miete oder zum Kauf ausgeschriebenen Objekts ist meist das erste persönliche Zusammentreffen von Vermarkter und Interessent. Nachdem vorgängig Informationen zum Angebot über unpersönliche Instrumente wie etwa einem Inserat oder einer Dokumentation vermittelt wurden und in der Regel erst ein E-Mail oder ein Telefongespräch vorangegangen ist, eröffnet die Besichtigung neue Möglichkeiten, um Interessenten vom Objekt zu überzeugen. Die Bedeutung dieser Vermarktungsphase darf denn auch nicht unterschätzt werden; die Chance für einen guten Eindruck und die Gefahr des Vergraulens liegen nahe beieinander.

Eine Besichtigung ist mit einem Schauspiel zu vergleichen, das einer gewissen Dramaturgie folgt. Es ist deshalb zu empfehlen, sich ein eigentliches Besichtigungsdrehbuch auszudenken und schriftlich festzuhalten. Damit wird sichergestellt, dass die Besichtigung immer gleich abläuft, auch wenn nicht immer die gleichen Vermarkter zum Einsatz kommen. Die wichtigsten Punkte eines Besichtigungsdrehbuchs sind dabei die Vorbereitung, der Beginn, der Ablauf und das Ende der Besichtigung.

Vorbereitung der Besichtigung

Die Besichtigung muss an einem für den Interessenten günstigen Zeitpunkt vereinbart werden; der Vermarkter hat sich im Rahmen des Möglichen anzupassen. Er sollte im Voraus abklären, wie viel Zeit sich der Kunde nehmen kann. Damit wird verhindert, dass dieser sich vor Ende der (zu langen) Besichtigung verabschieden muss oder dass er von der (zu schnellen) Besichtigung enttäuscht wird. Dem Treffpunkt sollte genügend Beachtung geschenkt werden. Er sollte für den oftmals ortsunkundigen Interessenten einfach zu finden sein, über bequeme Parkiermöglichkeiten verfügen und witterungsgeschützt sein. All das trägt zur guten Stimmung bei und erleichtert das Verkaufsgespräch. Der Vermarkter muss sicherstellen, sämtliche Dokumente bei sich zu haben, die er abgeben möchte (Dokumentation, Preisliste, Detailinformationen, Visitenkarte) und die er benötigt, um kompetent Auskunft geben zu können (Detailpläne, Detailbaubeschrieb, Grundbuchauszug, FAQ-Liste mit den «frequently asked questions»). Zudem sollte sich der Vermarkter den Namen des Kunden gut merken und sich positiv auf das kommende Treffen einstellen. Da kann ein einfach kreiertes Besichtigungsdrehbuch (siehe Abbildung 139) helfen, welches bei vielen Interessenten sicherstellt, den Überblick zu bewahren.

Beginn der Besichtigung

«Pünktlich bedeutet, mindestens zehn Minuten vor dem vereinbarten Zeitpunkt einzutreffen.» Mit diesem Grundsatz kann der Vermarkter vermeiden, dass er sich für zu spätes Erscheinen entschuldigen muss und bereits zu Beginn einen schlechten

Eindruck macht. Die Übergabe einer Visitenkarte anlässlich der Begrüssung trägt dazu bei, dass sich der Kunde diese Besichtigung merken kann. In der Regel besichtigt er nämlich mehrere Objekte. Ein Ziel der Führung muss es demnach sein, dass sich der Kunde ohne Mühe und mit Freude an das begutachtete Objekt erinnert. In einem einleitenden Gespräch sollte abgeklärt werden, welche Informationen bereits vorliegen, welches Ziel der Kunde mit der Besichtigung erreichen möchte, welche Informationen oder Fragen ihn besonders interessieren und welche Unterlagen am Schluss ausgehändigt werden.

Ablauf der Besichtigung
Bei den meisten Vermarktungsobjekten lohnt sich die Beachtung der folgenden drei Regeln: Von aussen nach innen, von unten nach oben und von allgemein zu spezifisch. Damit werden die Informationen übersichtlich vermittelt und die Spannung während der Besichtigung aufrechterhalten. Zudem lohnt es sich, in Etappen vorzugehen und dabei an geeigneten Orten Zwischengespräche zu führen. Die Erfahrung zeigt, dass immer wieder dieselben Fragen gestellt werden. Die Antworten dazu sind in der Vorbereitung ja bereits in der FAQ-Liste festgehalten worden.

Ende der Besichtigung
Das abschliessende Gespräch sollte an einem attraktiven, geheizten Raum mit Sitzgelegenheit stattfinden. Während dieses Gesprächs werden sich die Eindrücke vertiefen. Es lohnt sich deshalb, sich dazu etwa den Raum mit der schönsten Aussicht oder dem schönsten Interieur auszusuchen. Abschlussgespräche im Keller, auf dem lauten Vorplatz oder neben einem Abfallcontainer müssen vermieden werden, auch wenn letzterer eine ganz praktische Schreibunterlage darstellen kann.

5. IMMOBILIEN-MARKETING IN DER VERMARKTUNG

Objekt-Besichtigung			
Kunde:		Objekt(e):	
Datum:		Zeit:	Treffpunkt:
☐ Erstkontakt ☐ Kunde hat Angebot überprüft		☐ Verhandlungen sind fortgeschritten ☐ Abschluss steht kurz bevor	
Ablauf Besichtigung:			
Ort/Etage/Raum:	Stärken/Schwächen:		Bemerkungen:

Abschluss nach der Besichtigung:
Ort für Besprechung:
Ort für Verabschiedung:
Bemerkungen:

Nächste Schritte:		
Was:	Wer:	Wann:

Unterlagen:		
Dokumentation	☐ bereits abgegeben	☐ noch abzugeben
Pläne	☐ bereits abgegeben	☐ noch abzugeben
Informations-Ordner	☐ bereits abgegeben	☐ noch abzugeben
Visitenkarte Makler	☐ bereits abgegeben	☐ noch abzugeben
Visitenkarte/Kontaktdetails Kunde	☐ liegt vor	☐ noch einzuholen

Abbildung 139: **Besichtigungs-Drehbuch für Miet- oder Kaufinteressenten**

5.6 Maklernetzwerke

Ein in der Schweizer Immobilien-Wirtschaft noch relativ junges Marketinginstrument, das sich für die Anforderungen, die das duale Marketing stellt, aber sehr gut eignet, ist die Partnerschaft in einem Maklernetzwerk (vgl. auch Kapitel 1.7.6). Darunter versteht man den Zusammenschluss selbständiger Makler oder Maklerunternehmen zur Verfolgung gemeinsamer Ziele wie

– Erleichterung der Objektvermarktung
– Erleichterung der Mandatsakquisition
– Steigerung der Bekanntheit
– Verbesserung der Mitarbeiterqualifikation
– Unterstützung in Führung und Administration

Netzwerke haben die Möglichkeit, Marketinginstrumente einzusetzen, die einem einzelnen Unternehmen nicht zur Verfügung stehen oder zu kostspielig sind. So bringt etwa der Einsatz überregionaler oder gar nationaler Medien einem einzelnen Immobilien-Unternehmen, das in der Regel nur regional tätig ist, zu grosse Streuverluste. Durch ein Inseratepooling verschiedener Netzwerkpartner hingegen können Kosten gespart und gleichzeitig Reichweite und Aufmerksamkeit erhöht werden. Es macht zudem Sinn, Investitionen sowie den kostspieligen Support einer eigenen Online-Datenbank auf mehrere Netzwerkpartner aufzuteilen. Auch gelingt es einer einzelnen Firma kaum, eine überregional bekannte Marke aufzubauen und ihre Bekanntheit auf längere Frist zu erhalten. Gerade die Bekanntheit eines Immobilien-Dienstleisters ist aber oft entscheidend bei der Mandatsakquisition, denn ein verkaufswilliger Wohneigentümer kennt sich in der Maklerbranche in der Regel nicht aus. Er wird somit unter den ihm bekannten Namen nach einem Partner für den Verkauf seines Objekts suchen. Besonders attraktiv ist das Zusammenwirken von Netzwerkpartnern in städtischen Agglomerationen und in Zweitwohnungsregionen, da die Käufer von Ferienwohnungen meist in oder um eine Stadt wohnen. Ein städtischer Makler ist dadurch in der Lage, seinen Kunden auch Zweitwohnungen anzubieten, und der Makler in der Ferienregion gewinnt zusätzliche Nähe zu seinen Kunden in der Stadt.

Beispiele von Instrumenten, die Maklernetzwerke ihren Mitgliedern zur Verfügung stellen:

– Gemeinsame Marke oder Dachmarke
– Einheitliches Erscheinungsbild
– Qualitätsstandards
– Mitarbeiterausbildung
– Erfahrungsaustausch und Benchmarking
– Gemeinsame Internetdatenbank
– Informationstechnologie für den administrativen Bereich
– Merchandising-Artikel
– Förderung von Gemeinschaftsprojekten

5. IMMOBILIEN-MARKETING IN DER VERMARKTUNG

- Gemeinsame Messeauftritte
- Inseratepooling im Absatzbereich
- Akquisitionsinserate in überregionalen Medien
- Versicherungsprodukte (z. B. Versicherung der Haustechnik)
- Finanzierungsprodukte (z. B. günstige Hypotheken)

Gute Kontakte unter den Maklern eines Netzwerks führen oft zu Mandaten, die ansonsten nicht wahrgenommen würden: Liegt eine Mandatsanfrage nicht im Einzugsgebiet einer Unternehmung, kann ein Makler diese an einen Netzwerkpartner dieser Region weiterleiten und im Rahmen eines Gemeinschaftsgeschäfts trotzdem einen Teil des Ertrags einnehmen. Eine Aufteilung der Provision in 70–80 % für den ausführenden Makler und 20–30 % für den das Mandat vermittelnden Partner ist dabei die Regel.

Prüft ein Immobilien-Unternehmen den Beitritt in ein Netzwerk, sollte es folgende Kernfragen prüfen und beantworten:
- Passen Strategie und Philosophie des Netzwerks zu meinem eigenen Unternehmen?
- Wer sind die bestehenden Netzwerkpartner? Genügen sie meinen Anforderungen an Qualität und Kompetenz?
- Welche Unterstützung in der Akquisition von Verkaufsmandaten kann ich erwarten?
- Von welchen Marketinginstrumenten im Absatz kann ich profitieren?
- Was kosten die Netzwerkdienstleistungen?
- Wie viel muss ich von meiner eigenen Identität aufgeben?

Maklernetzwerke haben sich ihren festen Platz im Schweizer Immobilien-Markt gesichert. Beispiele aus anderen Ländern und aus anderen Schweizer Branchen lassen vermuten, dass sich Netzwerke auch in der Schweizer Immobilien-Wirtschaft noch weiter etablieren werden. Es zeichnen sich aber bereits heute verschiedene Netzwerkphilosophien ab. Ausländische Konzepte basieren auf dem Franchisemodell, das bestehenden Lizenznehmern mit jedem neu akquirierten Mitglied zusätzliche Einnahmen sichert. Diese Netzwerke werden sich deshalb vor allem der Quantität verschreiben: Je mehr Makler für ein Mitmachen gewonnen werden können, desto besser für die bestehenden Makler.

Den Franchisemodellen ausländischen Musters steht das Schweizer Partnerschaftsmodell gegenüber, das nicht auf Quantität, sondern auf die Qualität der Netzwerkpartner setzt. Es werden keine monetären Anreize gegeben, neue Partner zu akquirieren. Das Ziel liegt in einem Netzwerk gut harmonierender und etablierter Makler, die durch ihren Markterfolg und ihre Reputation die gemeinsame Marke stützen. Je höher die durchschnittliche Maklerqualität ausfällt, desto besser ist das für das gesamte Netzwerk.

5.7 Phasenmodell in der Vermarktung

Wann ist der richtige Zeitpunkt für die Vermarktungsaufnahme? Bereits darüber herrscht unter Immobilien-Fachleuten Uneinigkeit. Die einen sind der Ansicht, dies sollte so früh als möglich geschehen, andere gehen davon aus, mit dem fertigen und begehbaren Projekt höhere Erträge zu erzielen. Und dann gibt es immer noch jene, die sich erst kurz vor der Fertigstellung überlegen, für welche Zielgruppe sie das Bauwerk eigentlich errichtet haben und die Vermarktung als lästige Pflicht betrachten.

Vom Vermarktungsbeginn bis zum Bezugstermin
Inzwischen hat sich jedoch die Auffassung fast gänzlich durchgesetzt, dass – nicht nur für grössere Immobilien-Projekte – die Vermarktung schon in einer sehr frühen Phase Einfluss nehmen soll. Dabei ist es wichtig, dass für die meist zwischen einem und zwei Jahren dauernde Vermarktungsphase – dies entspricht ungefähr der Bauphase – systematisch und von Anfang an geplant vorgegangen wird. Dafür eignet sich ein Phasenplan, der die ganze Vermarktungszeit vom Auftragsbeginn bis drei Monate nach dem Bezug der letzten Objekte in verschiedene Phasen unterteilt. Diese Strukturierung der Vermarktung dient allen Prozessbeteiligten und hilft den Vermarktungsprozess transparent und zielführend abzuwickeln. Dieses strukturierte Vorgehen in der Vermarktung kann auch auf Einzelobjekte und kleinere Immobilien-Vermarktungen angewendet werden.

Anzahl Miet- oder Kaufobjekte	Ist-Stand Vermarktung am		Konzeptphase 1.1. bis 31.5.				Vermarktungsphase 1 1.6. bis 31.12.				Vermarktungsphase 2 1.1. bis 31.3.				Vermarktungsphase 3 1.4. bis 30.6.			
			Ziel		effektiv		Ziel		effektiv		Ziel		effektiv		Ziel		effektiv	
	Obj	%	Obj	%	Obj	%	Obj	%	Obj	%	Obj	%	Obj	%	Obj	%	Obj	%
Haus 1 18 Objekte	0	0																
Haus 2 18 Objekte	0	0																
Total 36 Objekte	0	0	0	0	0	0	0	0	0	0	0	0	0	0	0	0	0	0

Abbildung 140: **Der Phasenplan in der Immobilien-Vermarktung**

Vor der eigentlichen Konzeptphase gilt es folgende Arbeiten zu erledigen, welche zwischen ein und fünf Monate dauern können:

– Besichtigung des Objektstandortes
– Grundlagenbeschaffung
– Risikobeurteilung des Projektes
– Offertstellung mit Kostenbudget

5. IMMOBILIEN-MARKETING IN DER VERMARKTUNG

- Vertragsverhandlungen
- Bildung des Vermarktungsteams

Konzeptphase
Die wichtige Konzeptphase dauert je nach Projektgrösse und Komplexität der Aufgabenstellung zwischen zwei und sechs Monate. Die Anzahl der nachfolgenden Vermarktungsphasen, die auch Umsetzungsphasen genannt werden können, ist ebenfalls abhängig von der Projektgrösse und der Bauzeit. Die Länge einer Vermarktungsphase liegt zwischen zwei und sechs Monaten, sollte jedoch sechs Monate nicht übersteigen. Die letzte Vermarktungsphase endet mit dem Bezugstermin. Die Vermarktung des Projektes und deren Ziele müssen bis drei Monate nach dem Bezugstermin abgeschlossen sein.

Die Konzeptphase kann auch als Denkphase bezeichnet werden, in welcher der Grundstein für den Erfolg der Vermarktung gelegt wird. Ein allfälliger Zielkonflikt mit dem Auftraggeber, der in der Regel schnellstmöglich ein Inserat in der Zeitung sehen will, kann mit dem Phasenplan, der Transparenz vermittelt, vermieden werden. Dabei muss in der Regel bis zum Start der ersten Umsetzungsphase gewartet werden, bis das Projekt den Mietern oder Käufern präsentiert werden kann. Während der Konzeptphase werden als Erstes sämtliche nötigen Grundlagen beschafft, vorhandene Grundlagen werden hinterfragt, wenn nötig erweitert sowie diverse offene Fragen bei anderen Projektbeteiligten eingeholt und evtl. beantwortet.

Grundlagen (in willkürlicher Reihenfolge)
- Kennzahlen über Standort und Vermarktungsobjekte
- Liegt eine Standort- und Marktanalyse vor?
- Aktualisierte Plangrundlagen des Architekten
- Sind die Wohnungsgrundrisse endnutzerfreundlich vorhanden?
- Wie wurden die m² der Wohnungsgrundrisse berechnet?
- Bestellung von zusammengefassten Baubeschrieben
- Verkaufsgrundlagen vorhanden?
- Evtl. Stockwerkeigentümer-Begründung
- Parzellierung
- Dienstbarkeiten
- Reglemente
- Bestimmung der Segmente und deren Zielgruppen
- Muss eine Werbe- oder Kommunikationsfirma beigezogen werden?
- Ansprüche an Wohnkomfort, Umgebung, Infrastruktur
- Konkurrenzprojekte in unmittelbarer Nähe auswerten
- Positionierung der Immobilie
- Braucht die Überbauung einen eigenen Namen und ein Logo?
- Ist der allenfalls vorhandene Flurname sinnvoll für dieses Projekt?
- Stärken- und Schwächenanalyse des Projektes, der Lage sowie der Infrastruktur
- Zielsetzung pro Phase in Absprache mit dem Auftraggeber
- Qualitätsstandard der zu erarbeitenden Vermarktungsgrundlagen mit dem Budget überprüfen

- Einfluss auf die Bautafel nehmen oder eigene Vermarktungstafel auf dem Baugelände erstellen
- Ist eine Musterwohnung budgetiert? Ab wann ist sie bezugsbereit?
- Wann ist Spatenstich/Aufrichte? Kann dieser Anlass im Sinne der Vermarktung mit Public Relations-Massnahmen begleitet werden?
- Einflussnahme auf Grundrisse, Nebenräume, Zugänge, Aussengestaltung, Materialauswahl
- Ist ein eigener Internetauftritt nötig?
- Muss ein virtuelles Modell erstellt werden?
- Braucht es einen provisorischen Auftritt?
- Zusammenarbeit mit Drittdienstleister festlegen
  - Werber/Grafiker
  - Drucker
  - Texter
  - Internetfirmen
  - Evtl. Public Relations-Unterstützung
- Vermarktungskonzept erstellen usw.

Danach folgt die konzeptionelle Bearbeitung und Umsetzung der geplanten Vermarktungsmassnahmen in der Konzeptphase.

Vermarktungs-Zielsetzungen
Die Vermarktungs-Zielsetzungen sollen realistisch sein und mit dem Auftraggeber abgesprochen werden. Nur durch ein systematisches Vorgehen, gepaart mit dem Einsatz von kompetenten Fachkräften, kann eine Vollvermietung oder ein Vollverkauf beim Bezug der Überbauung in greifbare Nähe gerückt werden. Im Beispiel wurde eine Vollvermietung/ein Vollverkauf der zwei Häuser beim Bezug als Ziel gesetzt. In den einzelnen Phasen wurden Zwischenziele gesteckt. Es gilt sodann, die gesteckten Ziele mit den nötigen Massnahmen erreichbar zu machen.

Anzahl Miet- oder Kaufobjekte	Ist-Stand Vermarktung am		Konzeptphase 1.1. bis 31.5.				Vermarktungsphase 1 1.6. bis 31.12.				Vermarktungsphase 2 1.1. bis 31.3.				Vermarktungsphase 3 1.4. bis 30.6.			
			Ziel		effektiv		Ziel		effektiv		Ziel		effektiv		Ziel		effektiv	
	Obj	%	Obj	%	Obj	%	Obj	%	Obj	%	Obj	%	Obj	%	Obj	%	Obj	%
Haus 1 18 Objekte	0	0	0	0			9	25			14	38.9			18	50		
Haus 2 18 Objekte	0	0	0	0			9	25			13	36.1			18	50		
Total 36 Objekte	0	0	0	0			18	50			27	75			36	100		

Abbildung 141: **Der Phasenplan mit Vermarktungs-Zielsetzungen**

5. IMMOBILIEN-MARKETING IN DER VERMARKTUNG

Massnahmen

Aufgrund der festgelegten Vermarktungsziele muss der Phasenplan mit konkreten, aufeinander abgestimmten und realistischen Vermarktungsgrundlagen für jede Phase ausgearbeitet werden. Generell wird nach jedem Phasenabschluss ein detaillierter Bericht an den Auftraggeber geliefert. Es ist auch möglich, dass die Konzeptphase durch ein spezialisiertes Unternehmen erarbeitet wird oder dass interne oder externe Fachpersonen beigezogen werden. Dadurch werden die Vermarkter bestmöglich entlastet und können sich auf ihre Arbeit an der Front konzentrieren.

Konzeptphase: 1.1. – 31.5.	Wer	Wann	Erledigt
Briefing Planlieferungen mit Architekten	Vermarktung	15.01.	
Briefing für Dokumentation mit Werbeagentur	Vermarktung	31.01.	
Briefing für Internetauftritt	Vermarktung	31.01.	
Briefing für virtuelle Animationen für Internet	Vermarktung	31.01.	
Interessentenliste führen	Vermarktung	31.01.	
Mietzinsüberprüfung	Vermarktung	31.01.	
Vermarktungstafel erstellen	Vermarktung	28.02.	
Spatenstich, PR mit Unterstützung Vermarktung	Kunde	13.03.	
Provisorischer Internetauftritt	Vermarktung	31.03.	
Logo, Name entwickeln	Vermarktung	31.03.	
Kurzinformations-Flyer erstellen	Vermarktung	31.03.	
Miet-/Kaufverträge absegnen	Kunde	30.04.	
Wohnungen auf Marktplatz	Vermarktung	30.04.	
PR-Bericht Lokalzeitung	Vermarktung	30.04.	
Messeauftritt vorbereiten	Vermarktung	31.05.	
Vermarktungsgrundlagen fertig erarbeiten	Vermarktung	31.05.	
Vermarktungskonzept	Vermarktung	31.05.	
Showroom einrichten	Vermarktung	31.05.	
Layoutvorschläge der Vermietungsinserate	Vermarktung	31.05.	
Erstellung des Mediaplans	Vermarktung	31.05.	
Ziel Vermarktungsstand: 0 Objekte vermietet	**Vermarktung**	**31.05.**	
Vermarktungsphase 1: 1.6. – 31.12.			
Dokumentationen an Interessenten versenden	Vermarktung	01.06.	
Start mit Messeinseraten und TV Spot (Immo-TV)	Vermarktung	04.06.	
Immobilienmesse	Vermarktung	09.06.	
Systematische Bearbeitung der Interessenten	Vermarktung	10.06.	
Abschluss von Miet-/Kaufverträgen	Vermarktung	10.06.	
Feinkorrekturen des Internetauftritts	Vermarktung	30.06.	
Objektinserate gemäss Mediaplan	Vermarktung	30.06.	
Weitere Vermarktungsmassnahmen	Vermarktung	30.06.	
Weihnachtskarten an bestehende Mieter/Käufer	Vermarktung	01.12.	
Ziel Vermarktungsstand: 50% (18 Objekte)	**Vermarktung**	**31.12.**	

Vermarktungsphase 2: 1.1. – 31.3.		
Evtl. Zielkorrekturen einleiten	Vermarktung	31.03.
PR-Bericht platzieren	Vermarktung	31.03.
Führungen durch Baustelle, Gewerbeausstellung	Vermarktung	31.03.
Objektinserate nach Bedarf	Vermarktung	31.03.
Musterwohnung einrichten	Vermarktung	31.03.
Weitere Vermarktungsmassnahmen	Vermarktung	31.03.
Erfolg auf der Vermarktungstafel vermerken	Vermarktung	31.03.
Ziel Vermarktungsstand: 75% (27 Objekte)	**Vermarktung**	**31.03.**
Vermarktungsphase 3: 1.4. – 30.6.		
Evtl. Zielkorrekturen	Vermarktung	30.06.
Vermarktungsstand-angepasste Massnahmen	Vermarktung	30.06.
Erfolgsmeldung auf der Vermarktungstafel	Vermarktung	30.06.
Ziel Vermarktungsstand: 100% (36 Objekte)	**Vermarktung**	**30.06.**

Abbildung 142: **Der Massnahmenplan**

Vermarktungsphasen

In der Vermarktungsphase, auch Umsetzungsphase genannt, werden die getroffenen Massnahmen je Phase umgesetzt. In regelmässigen Sitzungen des Vermarktungsteams werden diese laufend kritisch überprüft und allenfalls neue Massnahmen erwogen. Sämtliche getroffenen Massnahmen müssen im Hinblick auf den gewählten Gesamtauftritt und auf die Zielgruppen abgestimmt werden. Alle Schnittstellen gegenüber Bauleitung, Architekt, Kunde, nachfolgende Verwaltung etc. müssen gepflegt werden und Informationen laufend in die Vermarktungsarbeit einfliessen.

Der Organisation des Vermarktungsteams an der Front und im Innendienst sollte höchste Aufmerksamkeit geschenkt werden. Kontinuität, Zuverlässigkeit, Geschwindigkeit, Fachkompetenz und Erfahrung sowie eine positive Einstellung zur Arbeit und zum Vermarktungsprojekt sind wichtige Voraussetzungen zum Erreichen des Vermarktungserfolges.

Durch das strukturierte Vorgehen innerhalb der Vermarktungsphase fühlt sich das Vermarktungsteam stärker mit dem Projekt und dessen Verlauf verbunden. Zudem sind die Zusammenarbeit und das Reporting mit dem Auftraggeber klar geregelt.

5. IMMOBILIEN-MARKETING IN DER VERMARKTUNG

Kosten der Konzept- und Vermarktungsphasen
Ein detailliertes Kostenbudget sollte bereits in der Offertphase erstellt worden sein. Durch die Erkenntnisse aus der Konzeptphase können sich aber Abweichungen ergeben, die gegenüber dem Auftraggeber begründet werden müssen. Während den Vermarktungsphasen wird das Kostenbudget laufend überprüft und nachgeführt und nach Abschluss einer Phase jeweils aktualisiert dem Auftraggeber zugestellt. Werden die Konzeptphase und die Vermarktungsphase von zwei verschiedenen Auftragnehmern ausgeführt, müssen die Vermarktungskosten separat ausgewiesen werden.

Mit dem Auftraggeber können auch zusätzliche Bonus-/Malussysteme vereinbart werden. Bei der Vergabe von Aufträgen an Partnerfirmen wie Werber, Grafiker, Texter, Drucker oder Webmaster (Internet) muss der Vermarkter unabhängig und selbständig nach den gewählten Qualitätskriterien und dem Budget entscheiden können.

Das beschriebene Vorgehen mit einem Phasenplan, Zielsetzungen, Massnahmenplan und detailliertem Kostenbudget bedingt eine sorgfältige Arbeit des Vermarktungsteams in der Konzeptphase. Der dazu benötigte Zeitaufwand und die Fachkenntnisse dürfen dabei nicht unterschätzt werden. Durch das beschriebene Verfahren anhand eines Phasenmodells kann besser auf den Vermarktungserfolg hingearbeitet werden. Allfällige Probleme werden schneller erkannt, sodass auch frühzeitig darauf reagiert werden kann.

5.7 Phasenmodell in der Vermarktung

Nr.	Vermarktungstätigkeit	Budget Konzeptphase	Budget Vermarktungsphasen	Bemerkungen
1	Dokumentation			
2	Visualisierung			
3	Printinserat			
4	Inserat auf Immobilien-Marktplätzen			
5	Online-Werbung			
6	Internetauftritt			
7	Foto und Film			
8	Flyer			
9	Newsletter			
10	Regionale Immobilien-Messen			
11	Immobilien-Angebote auf TV-Kanälen			
12	Rechte der kommerziellen Kommunikation			
13	PR- oder Öffentlichkeitsarbeit			
14	Social Media Marketing			
15	Vermarktungstafel			
16	Showroom/Musterwohnung			
17	Home Staging			
18	Immobilien-Shops			
19	Events			
20	Direct Marketing			
21	Persönlicher Verkauf			
22	Juristische Beratung			
23	PR-Beratung			
24	Externe Werbeberatung			
25	Marketingkonzept, Umsetzung			Honorar pauschal für die Konzeptphase
26	Erstvermietungshonorar			Erfolgshonorar, % der Mietzinseinnahmen
27	Verkaufshonorar			Erfolgshonorar, % der Verkaufspreise
28	Bonus-/Malussysteme			
29	Reserve			
	Kosten Total			exkl. MWST

Abbildung 143: **Muster-Kostenbudget zu Vermarktungsaktivitäten**

5. IMMOBILIEN-MARKETING IN DER VERMARKTUNG

Das vorgestellte Beispiel geht von 36 zu vermarktenden Wohneinheiten aus. Bei Überbauungen ab einer solchen Grössenordnung drängt sich ein spezialisiertes Vorgehen zwingend auf. Es hat sich jedoch gezeigt, dass ein systematisches Vorgehen in der Vermarktung auch bei kleineren Einheitszahlen oder sogar bei Einzelobjekten Vorteile und grössere Sicherheit bieten kann.

6. Immobilien-Marketing in der Bewirtschaftung

Ebenso wie in der Vermarktung geht es in der Bewirtschaftung darum, ein Immobilien-Angebot mit seinen Nachfragern zu verknüpfen. Viele Aussagen aus dem vorherigen Kapitel über die Vermarktung gelten deshalb auch für den Bereich der Bewirtschaftung. Um sie hier nicht zu wiederholen, werden in diesem Kapitel Marketingthemen besprochen, die speziell in der Bewirtschaftung von Bedeutung sind. Die Anforderungen an Verwalter von Stockwerkeigentum sind in der Akquisition oft vergleichbar mit denjenigen an die Bewirtschaftung von Mietliegenschaften. Die Vermarktung von Eigentumswohnungen ist hingegen nicht Bestandteil der Aufgaben eines Stockwerkeigentum-Verwalters. Dieses Kapitel konzentriert sich deshalb auf Immobilien-Marketing in der Bewirtschaftung.

Trotz vieler Gemeinsamkeiten unterscheiden sich Bewirtschaftung und Vermarktung in einigen Punkten markant.

Langfristige Mandate
Im Gegensatz zu einem Vermarktungsmandat wird ein Bewirtschaftungsmandat auf Dauer erteilt. Die Immobilie wird in der Regel über mehrere Jahre betreut und das Mandat nur bei Vorliegen triftiger Gründe gekündigt.

Wichtige Kundenbindung
Auf Grund der langfristigen Kundenbeziehung ist die Kundenbindung sowohl zwischen Eigentümer und Bewirtschafter als auch zwischen Bewirtschafter und Mieter ungleich wichtiger.

Starke Arbeitsteilung
Der Arbeitsbereich der Bewirtschaftung ist stark fragmentiert. Meist wird er in einen absatzorientierten Teil (Vermietung), einen administrativen Teil (kaufmännische Betreuung), einen technischen Teil (Unterhalt des Gebäudes) und in einen strategischen Teil (Beratung) gegliedert. Die Frage, ob dafür für alle Bereiche zuständige Generalisten oder Spezialisten für jeden Teil zielführender sind, wird in der Praxis unterschiedlich beantwortet. Tendenziell setzen kleine Bewirtschaftungsunternehmen auf Generalisten, während grosse Bewirtschafter Spezialisten einsetzen.

Objekte anstatt Projekte
Werden Wohnungen oder Büroflächen zur Wiedervermietung ausgeschrieben, handelt es sich in der Regel um einzelne Objekte einer Immobilie. In der Erstvermietung hingegen steht immer das Gesamtprojekt im Vordergrund.

Kleinere Marketingbudgets
Für eine Erstvermietung müssen Vermarktungskosten von zwischen 2 000 und 5 000 Franken pro Wohnung bzw. rund 100 Franken pro Quadratmeter Bürofläche budgetiert werden. Für die Wiedervermietung liegen diese Werte auf höchstens der Hälfte.

Breites Anforderungsprofil
Während erfolgreiche Vermarkter verkaufsorientierte und extrovertierte Persönlichkeiten sein sollten, müssen sich Allround-Bewirtschafter sowohl im Frontoffice (Vermietung und Mieterbetreuung) als auch im Backoffice (Administration und Technik) wohl fühlen.

6.1 Beschaffungsmarketing in der Bewirtschaftung

Dem Beschaffungsmarketing fällt die Aufgabe zu, neue Bewirtschaftungsmandate zu akquirieren. Dabei muss man sich im Klaren sein, wo die eigenen Stärken und Schwächen liegen, wer zur Zielgruppe gehört, wie das Unternehmen auf dem Markt positioniert sein soll, welche Marketinginstrumente eingesetzt und wie das Beschaffungsmarketing organisiert werden soll.

6.1.1 Stärken- und Schwächen-Analyse

Wer in der Akquisition Erfolg haben will, muss sich über die eigenen Stärken und Schwächen im Klaren sein. Da diesbezüglich das Eigenbild oftmals vom Fremdbild abweicht, sollte diese Analyse nicht nur in internen Workshops durchgeführt werden. Vielmehr sollte auch die Sicht von aussen analysiert werden, was beispielsweise mit einer Befragung von Eigentümern erreicht werden kann. Um ein umfassendes Bild zu erhalten, sollte auch die Sicht der Mieter in Erfahrung gebracht werden. Ein Vergleich mit ähnlichen Unternehmen der Branche im Rahmen eines Benchmarkings liefert ebenfalls wertvolle Erkenntnisse zu den eigenen Stärken und Schwächen.

6.1.2 Segmentierung

Während die Zielgruppe im Absatzmarketing alle potenziellen Mieter umfasst, beschränkt sich die Zielgruppe im Beschaffungsmarketing auf die zahlenmässig kleinere Gruppe der Immobilien-Eigentümer. Da diese sich meist professionell mit Liegenschaften befassen, handelt es sich bei der Beziehung zwischen Eigentümer und Bewirtschafter um ein Business-to-Business-Geschäft mit entsprechend hohen Fachkompetenzen. Immobilien-Eigentümer können mittels folgender Kriterien in Zielgruppensegmente eingeteilt werden:

Nutzung der Immobilie
Der Nutzer einer Liegenschaft prägt deren Charakter massgeblich. Die meisten Immobilien können einer der folgenden Nutzerkategorie zugeordnet werden:

– Wohnungen
– Büros
– Detailhandel
– Gewerbe
– Industrie
– Freizeit

Eine weitere Nutzerkategorie stellen die sogenannten Spezial-Immobilien wie etwa Spitäler, Altersheime, Sportstadien oder Flughäfen dar. Der Bewirtschafter hat sich bei der Segmentierung an den unterschiedlichen Betreuungsintensitäten und den erforderlichen Fachkenntnissen zu orientieren.

Grösse des Immobilien-Portefeuilles
Während kleine Bewirtschafter oft kleine Mandate mit einer oder wenigen Immobilien betreuen, bevorzugen grössere Bewirtschaftungs-Unternehmen grössere Portefeuilles, mit denen sie Grössenvorteile (Economies of Scale) und damit Wettbewerbsvorteile erzielen können.

Geografische Verteilung der Objekte
Die meisten Immobilien-Bewirtschafter in der Schweiz sind regional oder sogar lokal verankert und betreuen folgerichtig ausschliesslich Immobilien innerhalb dieses Rayons. Dem gegenüber ist die Zahl der überregional oder gar national tätigen Bewirtschaftungs-Unternehmen viel kleiner. Sie eignen sich besonders gut zur Betreuung grosser Anlagegefässe wie etwa Pensionskassen, die Wert auf eine Bewirtschaftung aus einer Hand legen.

Grösse der Liegenschaften-Eigentümer
Die meisten Bewirtschafter berücksichtigen bei der Zielgruppenbestimmung auch die Grösse der Immobilien-Eigentümer. Dabei stehen die folgenden Eigentümerkategorien im Vordergrund:

- Börsenkotierte Unternehmen
- Grossunternehmen
- Kleine oder mittlere Unternehmen (KMU)
- Miteigentümergemeinschaften
- Einzelne Privatpersonen

Die Anforderungen an Bewirtschafter unterscheiden sich je nach Eigentümerkategorie stark. Je kleiner der Eigentümer, desto individueller sind in der Regel die Erwartungen an den Bewirtschafter. Umgekehrt wird der Freiraum in der Bewirtschaftung mit zunehmender Grösse des Portefeuilles tendenziell kleiner. So haben sich z. B. börsenkotierte Unternehmen bei der Betreuung ihrer Liegenschaften stark an gesetzlichen Regelungen zu orientieren.

Zielsetzungen des Eigentümers
Damit Bewirtschafter und Eigentümer gut harmonieren, sollte sich der Bewirtschafter über die Zielsetzungen des Eigentümers im Klaren sein. Da Eigentümer meist mehrere Ziele gleichzeitig verfolgen, kann es dabei durchaus zu Zielkonflikten kommen. Auf die alternativen Ziele des Eigentümers wird später im Kapitel zu den Planungsinstrumenten in der Bewirtschaftung näher eingegangen.
Ein Vergleich der evaluierten Zielgruppen-Alternativen mit den vorgängig definierten Stärken und Schwächen der Unternehmung führt schlussendlich zur Zielgruppe, die den grössten Erfolg verspricht.

6. IMMOBILIEN-MARKETING IN DER BEWIRTSCHAFTUNG

6.1.3 Positionierung

Während sich die Segmentierung an der Nachfrage (Zielgruppe) orientiert, geht es bei der Positionierung um das Angebot. Zwei Fragen stehen im Zentrum: Wie soll mein Bewirtschaftungs-Unternehmen von meiner Zielgruppe wahrgenommen werden? Wodurch unterscheiden wir uns von unseren Mitbewerbern? Einem Bewirtschaftungs-Unternehmen stehen mehrere Kriterien zur Verfügung, die ihm zur eigenen Positionierung verhelfen kann:

Marktregion
Da Immobilien ortsgebunden sind, kann ein Bewirtschafter seine Arbeit nicht allzu weit weg von der Liegenschaft ausüben. Viele kleine Bewirtschafter konzentrieren sich deshalb auf ihre Region. Grössere Organisationen mit einem Filialnetz sind andererseits in der Lage, mehrere Regionen oder gar die ganze Schweiz abzudecken.

Preis und Leistung
Ein Unternehmen hat die Wahl, sich entlang der Preis- und der Qualitätsachse als Discounter, Durchschnitt oder Premiumanbieter zu positionieren. In der Praxis werden diese Optionen zu wenig wahrgenommen, und der Kampf um Mandate wird oft ausschliesslich auf der Honorarebene ausgefochten und die Qualitäts- und Leistungsdimension vernachlässigt.

Prozesskompetenz
Eine weitere Möglichkeit, sich Vorteile im Wettbewerb zu verschaffen, ist der Aufbau einer herausragenden Prozessqualität. In der Bewirtschaftung können folgende Kernprozesse unterschieden werden:

- **Absatz:** Dieser wichtige Prozess erstreckt sich von der Aufarbeitung eines frei werdenden Objekts, dessen Kommunikation über gezielt eingesetzte Medien bis zum Kontakt mit potenziellen Mietern.
- **Administration:** Hier geht es um die kaufmännische Betreuung der Objekte. Dabei spielt die Informationstechnologie eine grosse Rolle: Eine leistungsfähige Informationstechnologie kann viel zu einer markanten Marktpositionierung beitragen.
- **Technik:** Der technischen Betreuung kommt die Aufgabe zu, die Funktion einer Liegenschaft aufrecht zu erhalten. Während der technische Unterhalt bei Wohnliegenschaften oder Büros noch vergleichsweise einfach sichergestellt werden kann, erfordert diese Aufgabe bei Spezialliegenschaften wie etwa einem Spital oder einem Sportstadion ein umfangreiches Know-how.
- **Reporting:** Das Reporting stellt die Schnittstelle zwischen dem Eigentümer und seiner Liegenschaft dar. Ein umfangreiches und aussagekräftiges Reporting ist insbesondere bei grossen Immobilien-Eigentümern ein bedeutendes Kriterium für die Vergabe von Bewirtschaftungsmandaten. Leistungsfähige Reportings sind heute in der Lage, Informationen zur Liegenschaft zeitecht über übersichtliche Onlinetools zu generieren.

Spezifisches Know-how über Immobilien-Nutzer
Insbesondere bei Spezial-Immobilien wie z. B. Spitäler, Seniorenresidenzen oder Wohnen mit ergänzenden Dienstleistungen ist für einen Bewirtschafter das Wissen über den Nutzer entscheidend.

Grössenvorteile
Während sich grosse Bewirtschafter über Kostenvorteile und Vorteile durch aufwändige Informationstechnologie positionieren können, betonen kleine Organisationen gerne ihre Fähigkeit, Eigentümer und Mieter persönlich betreuen zu können.

Vertikale Integration
Auch die Abdeckung mehrerer Glieder in der Wertschöpfungskette kann die Grundlage einer Positionierung sein. Ein Immobilien-Unternehmen, das gleichzeitig Immobilien entwickelt, vermarktet und bewirtschaftet, kann für sich ein besseres Verständnis für die Liegenschaft in Anspruch nehmen und bei Bedarf der Bewirtschaftung vor- oder nachgelagerte Immobilien-Dienstleistungen erbringen.

Die Positionierung, die für ein Bewirtschaftungs-Unternehmen den grössten Erfolg verspricht, ergibt sich schlussendlich aus dem Vergleich von Stärken, Schwächen, Zielgruppen und Mitbewerbern. Unternehmen, denen es gelingt, ein markantes Alleinstellungsmerkmal zu identifizieren und damit eine Unique Value Proposition (UVP) aufzubauen, verfügen über einen wertvollen Wettbewerbsvorteil. In der Praxis der Bewirtschaftung ist dies jedoch die Ausnahme; in der Regel gleichen sich die Positionierungen mehr oder weniger stark.

6.1.4 Marketinginstrumente zur Akquisition von Bewirtschaftungsmandaten

Viele der im Absatz eingesetzten Marketinginstrumente eignen sich auch für die Akquisition. Auf Grund der Tatsache, dass es sich bei der Akquisition von Bewirtschaftungsmandaten um einen Business-to-Business-Prozess handelt, bestehen aber doch beträchtliche Unterschiede. Die Marketinginstrumente lassen sich in die vier Gruppen Dienstleistung (Produkt), Preis (Honorar), Kommunikation (unpersönliche und persönliche) sowie den Faktor Mensch einteilen.

Dienstleistung und Preis
Auf die grundlegenden Möglichkeiten, das eigene Dienstleistungsangebot und dessen Preis zu gestalten, wurde bereits im vorhergehenden Kapitel Positionierung eingegangen. Am meisten Erfolg versprechen Dienstleistungen, welche die eigenen Stärken und die Bedürfnisse der definierten Zielgruppe gleichermassen abdecken. Sie erlauben in der Regel auch höhere Bewirtschaftungshonorare.

Kommunikationsinstrumente ohne persönlichen Kontakt
Im Vergleich mit dem Absatzmarketing ist die Bedeutung der unpersönlichen Marketinginstrumente in der Beschaffung kleiner. Das hängt damit zusammen, dass die Zielgruppe kleiner und einfacher zu identifizieren ist und ein persönlicher Kon-

takt deshalb einfacher herzustellen ist. Unpersönliche Kommunikationsinstrumente werden in der Akquisition deshalb vorwiegend mit dem Ziel eingesetzt, für eine grundlegende Bekanntheit zu sorgen. Das kann zum Beispiel mit Printinseraten in Fachzeitschriften, einer Firmendokumenation oder einer Website erreicht werden. Eine Business-to-Business-Kommunikation sollte nicht allzu werberisch verfasst werden und sich nicht zu weit von sachlichen Inhalten entfernen. Aus diesem Grund eignet sich das Instrument der Public Relations gut. Ein Bericht über den Gewinn eines interessanten Bewirtschaftungsmandats oder über eine erfolgreiche Wiedervermietung einer Problemliegenschaft wirkt überzeugender als vollmundige Versprechungen in grossflächigen Inseraten.

Kommunikationsinstrumente mit persönlichem Kontakt
In der Akquisition ist der persönliche Kontakt zu potenziellen Mandatsgebern besonders wichtig. Diese Kontakte sind immer mit beträchtlichem Engagement der mit der Akquisition betreuten Personen verbunden, da sie schlecht an externe Dienstleister ausgelagert werden oder an Stabstellen delegiert werden können. Eine Kommunikationsagentur kann zwar mit einem Akquisitionskonzept und stichhaltigen Argumentarien hilfreiche Grundlagen erarbeiten, der eigentliche Kontakt mit dem Ziel der Akquisition hat jedoch immer persönlich zu erfolgen. Da der Aufbau eines persönlichen Netzwerks mehrere Jahre erfordert, können Akquisitionsaufgaben nur von branchenerfahrenen Immobilien-Fachleuten wahrgenommen werden. Ein Engagement in Branchenverbänden und Wirtschafts-Clubs fördern dabei den Aufbau des persönlichen Netzwerks.

Der Faktor Mensch
Auf Grund der Vorteile einer persönlichen Kommunikation zur Akquisition neuer Bewirtschaftungsmandate kommt dem Faktor Mensch eine herausragende Bedeutung zu. Nicht jeder schafft es, ein persönliches Netzwerk in ausreichender Grösse und Qualität aufzubauen. Ein entscheidender Faktor dabei stellt die eigene Reputation dar. In einer Branche, in der sämtliche Mitbewerber mit herausragender Dienstleistungsqualität, zufriedenen Kunden und einer leistungsfähigen Organisation um die Gunst der Kunden werben, ist der Ruf des Managements entscheidend. Einem Unternehmens- oder Mandatsleiter, der sich über längere Zeit eine hohe Glaubwürdigkeit erarbeitet hat, glaubt man die abgegebenen Leistungsversprechen eher als seinem Mitbewerber mit zweifelhafter Reputation. Angesehene Manager sind aus diesem Grund den besonders wertvollen Aktiva einer Unternehmung zuzuordnen, auch wenn sie in den Bilanzwerten nicht erscheinen. Da die Schweizer Immobilien-Wirtschaft klein und übersichtlich ist, kann ein gutes Renommee aber auch schnell wieder verspielt werden.

6.1.5 Organisation der Mandatsakquisition

Die Frage, wer für neue Bewirtschaftungsmandate verantwortlich sein soll, wird in der Praxis viel diskutiert. Einerseits kann die Akquisitionsverantwortung jedem Mitarbeiter übertragen werden. Das bedingt aber eine gewisse Übersicht über den Markt, Kenntnisse der Dienstleistungen des Unternehmens sowie ein Engagement für seinen Arbeitgeber. Nicht alle Mitarbeitenden erfüllen diese Anforderungen. Deshalb bleibt die Akquisition in der Praxis oft eine Aufgabe des Managements oder der Inhaber. Leistungsorientierte Lohnmodelle, die erfolgreiche Akquisitionen berücksichtigen, fördern die Bereitschaft, sich in der Beschaffung zu engagieren.

Eine weitere Möglichkeit besteht in der Beschäftigung von Mitarbeitern, die sich ausschliesslich um die Akquisition kümmern. Solche Stellen sind in anderen Branchen bereits selbstverständlich. In der Schweizer Immobilien-Wirtschaft, die von Kleinunternehmen geprägt wird, ist diese Position hingegen selten zu finden. Der vielleicht häufigste Fall in der Praxis stellt die eigentümergeführte Bewirtschaftung dar, dessen Eigentümer sich mit fortschreitendem Unternehmenswachstum vermehrt und allenfalls sogar ausschliesslich um die Akquisition neuer Mandate kümmert.

6.2 Absatzmarketing in der Bewirtschaftung

6.2.1 Analyse in der Bewirtschaftung

Analysen werden in der Bewirtschaftung aus verschiedenen Gründen gemacht. Analog zur Risikoanalyse bei juristischen Personen, die etwa bei einer Aktiengesellschaft im Pflichtenheft des Verwaltungsrats steht, sollten Liegenschaften einer periodischen Analyse unterzogen werden. So können latente Risiken frühzeitig erkannt werden und eine rechtzeitige Reaktion ist möglich. Meist werden Analysen aber erst bei grundlegenden Änderungen vorgenommen wie etwa einem Wechsel des Bewirtschafters. Die Liegenschaftsanalyse anlässlich einer Handänderung wiederum hat den Charakter einer Due Diligence, die eine notwendige Transparenz schaffen und den Kaufpreis verifizieren soll. Leider wird eine Analyse aber oft erst dann initiiert, wenn der Eigentümer durch schmerzhafte Leerstände dazu gezwungen wird. Durch eine frühzeitige Begutachtung der Liegenschaft und dessen Umfeld hätten aber die Gründe, die zum Leerstand geführt haben, schon vorher erkannt werden können. Eine aktive Reaktion wäre in diesem Falle möglich gewesen und hätte unangenehme Notmassnahmen zur Leerstandssenkung verhindern können. Hinsichtlich des Analyseschwerpunkts können drei verschiedene Analysetypen unterschieden werden:

Subjektbezogene Analyse
Hier stehen die Mieter im Mittelpunkt. Werden die eigenen Mieter in regelmässigen Abständen befragt, entsteht ein aussagekräftiges Bild der Wahrnehmung der Mietobjekte aus Sicht der Nutzer. Auf diese Weise kann z. B. die Entwicklung der Mieterzufriedenheit beurteilt werden. Wenn keine periodischen Analysen vorgenommen werden, dann sollten zumindest bei Mieterwechseln die Kündigungsgründe erfasst werden.

Für den Wohnbereich steht Bewirtschaftern und Eigentümern mit dem Immo-Barometer [1], der zweijährlich erscheint, eine Studie zur Verfügung, die den Bedürfnissen

---

[1] Immo-Barometer 2010, NZZ Verlag, Zürich 2010

der Wohnungsnutzer auf den Grund geht. Interessant sind in diesem Zusammenhang insbesondere die Erkenntnisse über die Bedürfnisänderungen während einer bestimmten Zeit. So hat beispielsweise die Ausgabe der Studie 2010 ergeben, dass Mieter verglichen mit früheren Jahren wieder preissensitiver geworden sind. Ein weiteres Analyseinstrument ist das sogenannte Mistery-Shopping. Dabei werden gezielte Anfragen für zur Vermietung ausgeschriebene Objekte lanciert. Die Art und Weise, wie die (fiktiven) Interessenten bedient werden, lässt auf die Dienstleistungsqualität der Bewirtschafter schliessen. Solche Analysen sollten nicht nur von Eigentümern, sondern auch von Bewirtschaftungs-Unternehmen selbst durchgeführt werden, um die eigenen Leistungen messen und verbessern zu können.

Objektbezogene Analyse
Die objektbezogene Analyse untersucht die Immobilie und soll technische und strukturelle Mängel frühzeitig identifizieren. Damit können zu spät erkannte und deshalb nur kostspielig zu behebende Probleme vermieden werden. Besonders aussagekräftig sind Benchmarking-Analysen, die mehrere gleichartige Liegenschaften miteinander vergleichen. Dabei können durchaus auch Immobilien verschiedener Eigentümer miteinander verglichen werden.

Marktbezogene Analyse
Dabei geht es vor allem um den Markt, in dem sich die betroffene Liegenschaft zu behaupten hat. Massgebliche Faktoren wie Bevölkerung, Infrastruktur, Immobilien-Nachfrage und- Angebot werden analysiert. Eine Marktanalyse erlaubt Rückschlüsse auf das eigene Angebot und kann dazu führen, dass die Immobilie veränderten Marktsitutionen angepasst oder allenfalls sogar verkauft wird. Informationen zu Immobilien-Märkten werden mittlerweile von mehreren spezialisierten Unternehmen angeboten. Die massgeschneiderte Aufarbeitung dieser Daten sowie deren Interpretation erfordert eine grosse Erfahrung.

6.2.2 Planungsinstrumente in der Bewirtschaftung

6.2.2.1 Bewirtschaftungskonzept
Für jede Liegenschaft, sei dies nun ein einzelnes Gebäude oder mehrere, eine Einheit bildende Gebäude, sollte ein Bewirtschaftungskonzept formuliert werden. Seine wichtigsten Elemente sind die Zielsetzungen, die Zielgruppe, die Positionierung, die Angebotskomponenten, Grundlagen der Kommunikation sowie das Bewirtschaftungs-Budget.

Bewirtschaftungsziele
Die Bewirtschaftungsziele für eine Liegenschaft leiten sich von den Zielen des Eigentümers ab. Sollte dieser nicht in der Lage sein, diese ausreichend zu konkretisieren, müssen diese allenfalls in einem Workshop eigens erarbeitet werden. Denn je nach der Zielsetzung unterscheiden sich die nachfolgenden Elemente des Konzepts massgeblich. Die meisten Eigentümer geben an, eine möglichst hohe Eigenkapitalrendite anzustreben. Wird diese Zielsetzung hinterfragt, kommt nicht selten ein Zielkonflikt zwischen maximaler Rendite und geringem Risiko zum Vorschein. Denn

beides kann kaum miteinander vereinbart werden. Die Bewirtschaftungsziele müssen demzufolge differenzierter formuliert werden. Folgende Zieloptionen stehen dabei zur Verfügung:

- **Eigenkapitalrendite**
  Soll die Eigenkapitalrendite maximiert werden, kommt sie oft in Konflikt mit anderen Zielen, wie bereits vorher ausgeführt. Meist wird deshalb weniger eine Maximierung, sondern vielmehr eine Optimierung der Rendite angestrebt, wobei das Optimum von der Erreichung weiterer Ziele abhängt
- **Immobiliensubstanz**
  Besonders private Immobilieneigentümer streben nach der langfristigen Erhaltung der Substanz. Sie können damit überraschend notwendig werdende Renovationskosten vermeiden und die Unterhaltskosten gleichmässig über Jahre verteilen. Eine andere Zielsetzung verfolgen Eigentümer, die ihre Immobilie bald wieder verkaufen möchten. Sie werden nur diejenigen Arbeiten ausführen, die sich in einem entsprechend höheren Verkaufspreis niederschlagen werden
- **Leerstand**
  Der Leerstand hat einen direkten Zusammenhang mit dem Mietzinsniveau. Liegt letzteres am oberen Ende des regional gültigen Mietzinsbands, muss immer mit einem gewissen Leerstand gerechnet werden. Strebt der Eigentümer andererseits eine konstante Vollvermietung an, muss er das Mietzinsniveau seiner Liegenschaft eher am unteren Ende ausrichten. Auf die Zusammenhänge zwischen Miete und Absatzwahrscheinlichkeit wurde bereits im Kapitel 3 eingegangen
- **Mietzinsniveau**
  Der Mietzins kann nicht isoliert betrachtet werden, sondern leitet sich immer von anderen Bewirtschaftungszielen ab. Er ist ein kräftiger Hebel, der schon durch kleine Änderungen grosse Wirkung erzielen kann. Dafür sorgt einerseits die Multiplikationswirkung des Kapitalisierungsfaktors; schon eine durchschnittliche Mietzinssenkung von wenigen Franken pro Monat und Objekt kann zu einer markanten Einbusse beim Ertragswert der gesamten Liegenschaft führen. Umgekehrt kann eine Mietzinserhöhung auf Grund der Preissensibilität der Mieter zu spürbar höheren Leerständen führen
- **Mieterzufriedenheit**
  Besonders private Eigentümer legen Wert auf eine hohe Zufriedenheit ihrer Mieter. Wohnt der Eigentümer selbst in der betreffenden Immobilie, liegt ihm in der Regel besonders viel an der Zufriedenheit seiner Mieter. Er ist demzufolge auch selten bereit, den Mietzins-Spielraum nach oben auszunutzen. Der Hausfrieden ist ihm in diesem Falle wichtiger als die Rendite seiner Immobilie
- **Mieterunterstützung**
  Es gibt auch Eigentümer, die gewisse Mieter gezielt unterstützen möchten. Das können zum Beispiel Familien mit geringem Einkommen sein, die auf einen vorteilhaften Mietzins angewiesen sind

Die Vielfalt der möglichen Bewirtschaftungsziele zeigt, dass diesen genügend Beachtung geschenkt werden muss. Die zusammen mit dem Eigentümer formulierten Ziele sollten schriftlich festgehalten und periodisch überprüft werden.

6. IMMOBILIEN-MARKETING IN DER BEWIRTSCHAFTUNG

Bewirtschaftungszielgruppe
Im Gegensatz zur Vermarktung, die sich auf zukünftige Mieter bzw. Käufer konzentriert, gehören in der Bewirtschaftung auch die bestehenden Mieter zur Zielgruppe. Das führt dazu, dass der Kundenbindung eine viel grössere Bedeutung beigemessen wird. Man nimmt an, dass die Gewinnung eines neuen Kunden rund zehn Mal kostspieliger zu stehen kommt als das Erhalten eines bestehenden Kunden. Deshalb erstaunt es umso mehr, dass in der Bewirtschaftung auch heute noch wenig Kundenbindung betrieben wird. Im Kapitel 7 wird dieses Thema eingehender behandelt.

Zur Zielgruppendefinition gehören auch Aussagen zum Mietermix, also darüber, welche Mieter erwünscht und vor allem welche weniger erwünscht sind. Viele Bewirtschafter konzentrieren sich stark auf eine kurzfristige Vollvermietung und getrauen sich nicht, einem Interessenten abzusagen, der nicht in den erwünschten Mietermix passt. Der passende Mietermix leitet sich einerseits von den Bewirtschaftungszielen und andererseits von der erwünschten Positionierung der Liegenschaft auf dem Markt ab.

Um die Grundgesamtheit möglicher Kunden in sinnvolle Segmente einzuteilen, stehen verschiedene Möglichkeiten zur Verfügung. Im Kapitel 3 wurden einige häufig verwendete Instrumente beschrieben. Ein wertvoller Ansatz zur Definition der Zielgruppe in der Bewirtschaftung stellt das sogenannte Konzept der biografischen Brüche dar. [2] Wohnungswechsel werden hauptsächlich durch markante Änderungen im Lebenslauf verursacht. Solche biografische Brüche führen zu einer für die Bewirtschaftung nützlichen Zielgruppenkategorisierung nach deren Lebensphasen:

1. Bachelor Stage
Junge, unverheiratete, nicht mehr bei den Eltern lebende Mieter. Dazu passen kleine, günstige Wohneinheiten, die auch von Wohngemeinschaften genutzt werden können. Sind sie bereits erfolgreich im Berufsleben integriert, werden von dieser Zielgruppe allenfalls auch teurere Mietwohnungen nachgefragt.

2. Newly Married
Jung verheiratete Mieter ohne Kinder. Diese Zielgruppe weist in der Regel eine hohe Zahlungsbereitschaft auf. Sie sind oft Doppelverdiener und können sich zu zweit eine schöne Wohnung leisten.

3. Full Nest I
Jungverheiratete Mieter mit einem Kind unter 6 Jahren. Kinder erfordern einerseits mehr Platz und lassen andererseits das Mietbudget schrumpfen. Diesem Zielkonflikt begegnen viele Mieter mit einem Wegzug aus der (vergleichsweise teuren) Stadt.

---

[2] W. D. Wells und G. Gubar

4. Full Nest II
Verheiratete Mieter mit zwei oder mehr Kinder über 6 Jahren. In dieser Lebensphase ist der Platzbedarf am grössten, und die Nähe zu Infrastrukturen wie Schulen und öffentlichen Verkehrsmitteln gewinnt an Bedeutung.

5. Full Nest III
Älteres Ehepaar mit abhängigen Kindern. Diese Kategorie ist dem Full Nest II recht ähnlich mit dem Unterschied, dass hier die Kaufkraft der Eltern in der Regel höher ist. Dieser und der folgenden Kategorien sind die sogenannten Best Ager zuzuordnen. Damit wird die von vielen Anbietern umworbene Gruppe der über Fünfzigjährigen bezeichnet.

6. Empty Nest I
Älteres Ehepaar, dessen Kinder ausgezogen sind. In dieser Phase suchen sich viele Mieter eine kleinere Wohnung oder ziehen vom Einfamilienhaus zurück in eine Wohnung.

7. Empty Nest II
Älteres, in der Regel pensioniertes Ehepaar, dessen Kinder ausgezogen sind. Für diese Gruppe gewinnt die Wohnsituation insofern an Bedeutung, da man mehr Zeit zu Hause verbringt.

8. Solitary Survivor I
Alleinstehender Senior, der noch immer berufstätig ist. Es könnte sein, dass für diese Zielgruppe die Wohnsituation nicht das Wichtigste ist, da sich das Leben mehrheitlich auswärts abspielt.

9. Solitary Survivor II
Alleinstehender Senior, der nicht mehr berufstätig ist. Für diese Gruppe steht der Wohnkomfort im Vordergrund. Auch Installationen, die Rücksicht auf altersbedingte Bedürfnisse nehmen, gewinnen an Bedeutung.

6. IMMOBILIEN-MARKETING IN DER BEWIRTSCHAFTUNG

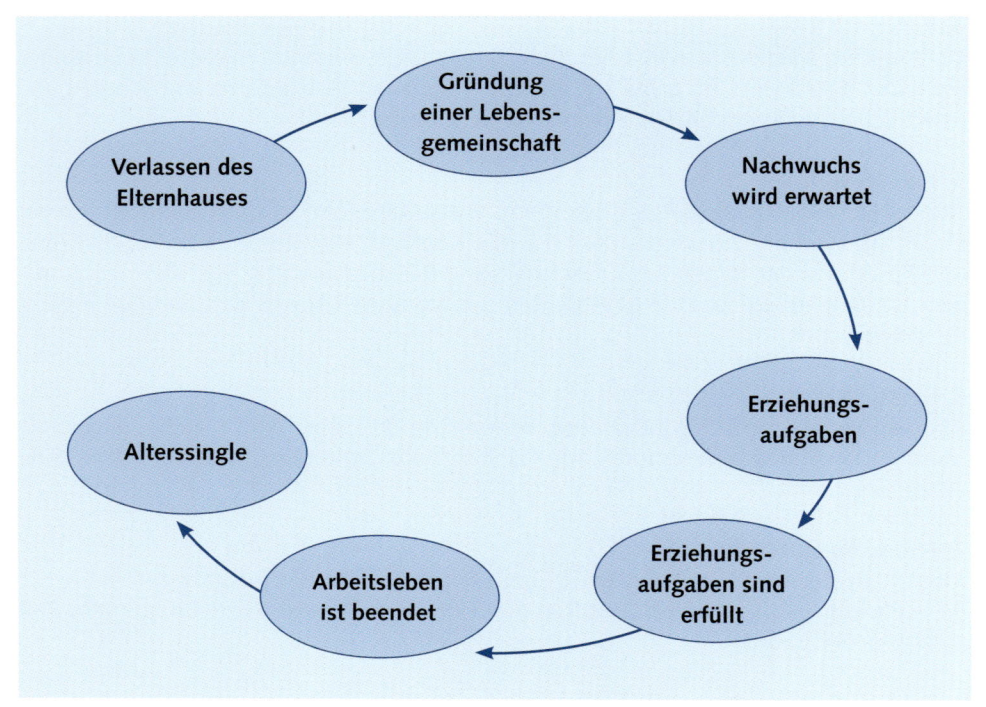

Abbildung 144: **Das Konzept der biografischen Brüche unterscheidet 7 verschiedene Lebensphasen**

Auch wenn eine solche Einteilung der Bewirtschaftungs-Zielgruppe sehr hilfreich sein kann, sollte doch eine zu schnelle Schubladisierung vermieden werden. Heute lassen sich die wenigsten Menschen vorbehaltslos einem gewissen Typ zuordnen. Vielmehr weisen sie je nach Situation Eigenschaften mehrerer Typen gleichzeitig auf.

Positionierung von Bestandes-Immobilien
Die Positionierung von Bestandes-Immobilien unterscheidet sich nicht fundamental von derjenigen von Immobilien zum Verkauf oder zur Erstvermietung. Zu berücksichtigen ist jedoch die Tatsache, dass sich Bewirtschafter mit einer bereits bestehenden Positionierung auseinander setzen müssen, während Vermarkter dabei über grössere Freiräume verfügen, da die Liegenschaft neu erstellt wird. Ist die Immobilie noch jung und wurden bei deren Erstellung die Marketing-Hausaufgaben gemacht, kann auf bestehende Positionierungsüberlegungen zurückgegriffen werden. Ab einem gewissen Alter haben früher formulierte Positionierungen aber meist keine Gültigkeit mehr, da sich das Umfeld, die Mitbewerber und allenfalls auch die Mieterbedürfnisse geändert haben. Spätestens dann sollte auch für eine Bestandes-Immobilie eine aktuelle Positionierung formuliert werden. Der immer schneller stattfindende Wandel lässt die Halbwertzeit von Marketingüberlegungen

im Allgemeinen sinken. Deshalb ist eine periodische Überprüfung der Marktsituation von Immobilien sinnvoll.

Während die Soll-Positionierung in den Marketinggrundlagen einer Liegenschaft ersichtlich ist (sofern solche vorliegen), kann die Ist-Positionierung mit einfachen Marktforschungsinstrumenten in Erfahrung gebracht werden. Meist reicht schon eine Befragung von Mietern aus, um das Wichtigste über die Wahrnehmung in Erfahrung zu bringen. Ergänzende Aussagen von ehemaligen Mietern und von Mietinteressenten, die sich schlussendlich für ein anderes Objekt entschieden haben, sind für die Positionierung von Immobilien äusserst wertvoll.

Angebotskomponenten
Auch wenn der Freiraum bei der Angebotsgestaltung in der Bewirtschaftung klein ist, sollte diese Marketingvariable in einem Bewirtschaftungs-Konzept trotzdem nicht fehlen. Die Angebotskomponenten einer Mietliegenschaft sind dessen Standort, die Immobilie selbst sowie die Miete. Während der Standort vorgegeben ist, bietet die Immobilie doch noch die eine oder andere Gestaltungsmöglichkeit. Auf Grund ihrer starken Abhängigkeit von rechtlichen und marktbezogenen Rahmenbedingungen sind Mieten ständig in Bewegung. Eine periodische Überprüfung des Niveaus und der Struktur der Mieten ist deshalb eine Notwendigkeit. Auf die Gestaltungsmöglichkeiten eines Bewirtschafters wird im folgenden Kapitel über die Marketinginstrumente in der Bewirtschaftung näher eingegangen.

Grundlagen der Kommunikation
Ein Bewirtschaftungs-Konzept bildet die Basis zur Kommunikation der Mietangebote. Es muss deshalb die zentralen Kommunikations-Botschaften enthalten. Mit dem Kommunikations-Anker wird dem Bewirtschafter ein roter Faden für die Kommunikation vorgegeben, den er für die Formulierung der Angebote in Print- und Online-Medien braucht. Der Mediaplan weist die für die entsprechende Liegenschaft geeigneten Zeitungen und Immobilien-Marktplätze aus. Die Gestaltungsgrundlagen werden mit bestehenden Logos, Claims, Farben, Inseratelayouts und Bildern vorgegeben.

Bewirtschaftungs-Budget
Damit ein Bewirtschaftungs-Konzept in die Praxis umgesetzt werden kann, braucht es ein Budget. Es weist aus, wieviel für die Wiedervermietung im Normalfall ausgegeben und wie das Budget auf die verschiedenen Marketinginstrumente aufgeteilt werden soll. Selbstverständlich müssen diese Vorgaben laufend den Erfordernissen, verursacht etwa durch Leerstände, angepasst werden.

Nebst dem ordentlichen Bewirtschaftungs-Konzept gibt es auch ausserordentliche Gründe für die Erarbeitung eines Konzepts. In der Folge wird ein Konzept zur Bekämpfung von Leerständen sowie ein Konzept zur Umwandlung von Mietwohnungen in Stockwerkeigentum beschrieben.

6. IMMOBILIEN-MARKETING IN DER BEWIRTSCHAFTUNG

6.2.2.2 Konzept zur Bekämpfung von Leerständen
Leerstände fürchten Bewirtschafter mehr als alles andere. Sie wirken sich gleich mehrfach negativ aus: Zum einen sinkt durch leerstehende Wohnungen, Büros oder andere Nutzflächen der Mietwert. Das hat bei ertragsabhängigen Mandaten ein tieferes Bewirtschaftungshonorar zur Folge. Gleichzeitig bedeuten Leerstände aber auch zusätzlichen Arbeitsaufwand, müssen die leerstehenden Flächen Interessenten gezeigt, Vertragsverhandlungen gemacht und allenfalls Anpassungen am Objekt durchgeführt werden. Dadurch entstehen zusätzliche Kosten, die den Eigentümer belasten. Dieser wird den Bewirtschafter seine Unzufriedenheit spüren lassen, da sich durch die Leerstände nicht nur seine Ertragssituation verschlechtert, sondern auf Grund des direkten Zusammenhangs zwischen Ertrag und Wert auch der Liegenschaftswert darunter leidet. Je nach Finanzierungsmodell kann dies sogar dazu führen, dass der Hypothekargläubiger zusätzliches Eigenkapital einfordert.

Vor diesem Hintergrund ist es mehr als verständlich, wenn Eigentümer auf den von Bewirtschaftern oft allzu schnell vorgebrachten Vorschlag, doch einfach die Mietzinse zu senken, ablehnend reagieren. Eine zusätzliche Senkung des Mietwerts sollte in dieser Situation nur auf sich genommen werden, wenn ein Zusammenhang zwischen Leerstand und (zu hohen) Mieten einigermassen gesichert ist und alternative Massnahmen bereits getroffen worden sind. Leerstände können gar zu einem richtigen Teufelskreis führen: Sie fügen nämlich der betroffenen Liegenschaft einen beträchtlichen Imageschaden zu, der wiederum die Wiedervermietbarkeit der leerstehenden Flächen behindert. Leerstände sind also ein ernst zu nehmendes Problem in der Bewirtschaftung, das am besten gar nicht aufkommen sollte. Ist man trotzdem damit konfrontiert, sollte man sich nicht mit schnellen Lösungen oder nicht durchdachten Bauchentscheiden zufrieden geben. Bei Immobilien sind zu grosse Summen im Spiel, um sich auf wenig fundierte Meinungen zu verlassen. Problembehaftete Immobilien erfordern vielmehr ein strukturiertes Vorgehen, welches Symptome, Stärken und Schwächen sorgfältig analysiert, Handlungsalternativen aufzeigt und gezielt auf die besten Lösungen hinarbeitet.

Dieses Kapitel bezieht sich explizit auf Problemliegenschaften und beschreibt ein Vorgehen, welches Immobilien-Bewirtschafter über mehrere Stufen von der Erfassung der Ausgangslage bis zur Umsetzung der richtigen Massnahmen führt. Es werden Instrumente, Methoden und Hilfsmittel aufgezeigt, um mit Problemliegenschaften professionell umzugehen. Wir empfehlen, sich eingehend mit der Ausgangslage auseinander zu setzen und eine sorgfältige Analyse der Symptome, der Stärken und der Schwächen der Liegenschaft vorzunehmen. Dazu sollte eine externe Stelle beigezogen werden, um eine objektive Sicht des Problems zu gewährleisten. Oft sind involvierte Bewirtschafter und der Eigentümer in einer solchen Analyse befangen. Auch die Breite und die Qualität der vorgeschlagenen Handlungsalternativen können von einer externen Sicht profitieren. Die Umsetzung und das Massnahmen-Controlling muss hingegen von der Bewirtschaftung selbst vorgenommen werden.

6.2 Absatzmarketing in der Bewirtschaftung

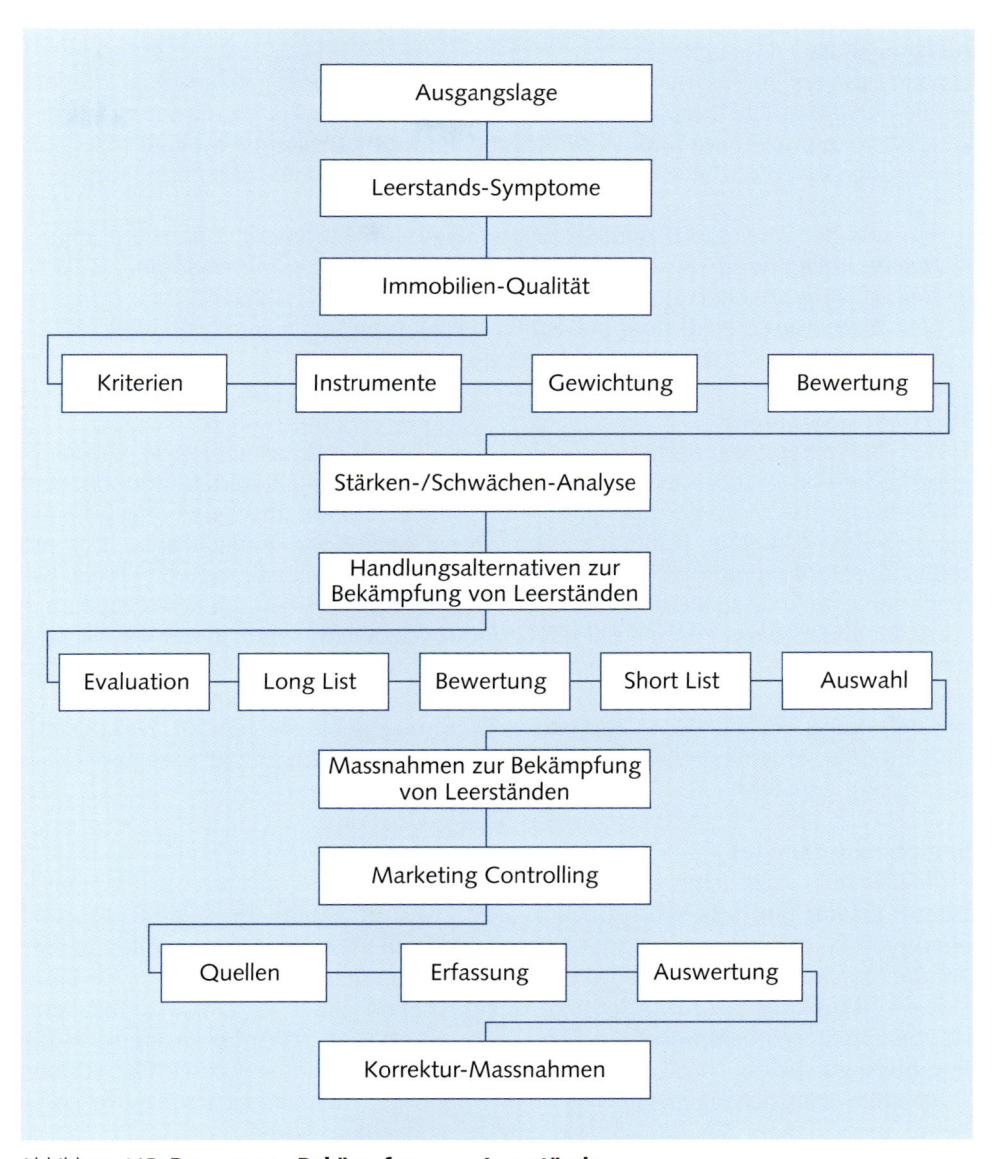

```
                    Ausgangslage
                         │
                 Leerstands-Symptome
                         │
                 Immobilien-Qualität
                         │
   ┌──────────┬──────────┬──────────┐
Kriterien — Instrumente — Gewichtung — Bewertung
                         │
              Stärken-/Schwächen-Analyse
                         │
           Handlungsalternativen zur
           Bekämpfung von Leerständen
                         │
   ┌──────────┬──────────┬──────────┐
Evaluation — Long List — Bewertung — Short List — Auswahl
                         │
            Massnahmen zur Bekämpfung
                von Leerständen
                         │
                Marketing Controlling
                         │
          ┌──────────────┬──────────┐
        Quellen — Erfassung — Auswertung
                         │
               Korrektur-Massnahmen
```

Abbildung 145: **Prozess zur Bekämpfung von Leerständen**

6. IMMOBILIEN-MARKETING IN DER BEWIRTSCHAFTUNG

Ausgangslage
Um ein Problem im Zusammenhang mit einer Immobilie richtig erfassen zu können, ist die Ausgangslage bezüglich verschiedener Punkte zu klären. Es muss erörtert werden, wer in welcher Form an der Lösungsfindung beteiligt ist, welche Mittel zur Verfügung stehen und wie man sich organisiert. Das führt zu folgenden Fragen:

– Wer sind die Beteiligten? (Nutzer, Mieter, Eigentümer, Berater, Finanzierer etc.)
– Welche Rollen nehmen sie ein? (Entscheider, Beeinflusser, Informanten)
– Welche Möglichkeiten stehen zur Verfügung? (finanziell, zeitlich)
– Wer übernimmt die Führung bei der Problemlösung?
  (Eigentümer, Bewirtschafter, Berater o. a.)

Leerstands-Symptome
Treten bei einer Liegenschaft Probleme auf, liegen oft verschiedene Ursachen gleichzeitig vor. Bevor jedoch Probleme analysiert und gelöst werden können, sind alle relevanten Symptome objektiv zu erfassen. Leerstände sind dabei oftmals nicht die einzigen Merkmale. Handelt es sich um ein Neu- oder Umbauprojekt, können zeitliche Verzögerungen, Budgetabweichungen oder Widerstände von direkt Betroffenen eine Rolle spielen. Selbst indirekt Betroffene, wie z. B. mit dem Projekt unzufriedene Nachbarn, können mit ein Grund für Schwierigkeiten in der Vermietung darstellen. Bei Bestandesliegenschaften können unzufriedene Mieter oder aber gar unzufriedene Bewirtschafter einen Einfluss haben. Diese Symptome können mit einer Befragung verschiedener Parteien in Erfahrung gebracht werden. Mit der objektiven Erfassung aller relevanten Punkte hat man bereits einen grossen Schritt hin zur Lösung gemacht.

Immobilien-Qualität
Probleme mit Liegenschaften oder Projekten deuten immer auf mangelnde Immobilien-Qualität hin. Das Wort Qualität wird zwar oft gebraucht, seine Bedeutung aber meist zu wenig beachtet. Im Kapitel 3 wurde in diesem Zusammenhang bereits auf die Qualitätsdefinition des Total Quality Managements verwiesen, die die Qualität als «Erfüllung der Anforderungen» interpretiert. Auch im Umgang mit Leerständen stellt sich dabei die Frage, wer denn berechtigt ist, Anforderungen an die Immobilie zu stellen. Meist sind dies in erster Linie die Mieter und die Eigentümer, aber auch Anforderungen von Nachbarn, Behörden oder Bewirtschaftern sind in Betracht zu ziehen. Sie alle können die Qualität einer Liegenschaft beeinflussen. Eine Liste sämtlicher Anspruchsgruppen kann weiter vorne im Kapitel 3 nachgeschlagen werden. Es gilt die Regel: Je besser die Anforderungen an eine Immobilie erfüllt werden, desto geringer werden die Leerstände ausfallen. In der Praxis kommt es dabei regelmässig zu Zielkonflikten (z. B. zwischen den Zielen tiefer Mietzins und hohe Rendite), die Liegenschaften-Eigentümer zusammen mit ihren Bewirtschaftern bestmöglich lösen müssen.

Stärken-/Schwächen-Analyse
Stärken und Schwächen sind nie absolut, sondern stets im Verhältnis zu den Angeboten der Mitbewerbern zu sehen. Um sinnvolle Handlungsalternativen formulie-

ren zu können, ist zu unterscheiden, ob sie nachhaltig bzw. beeinflussbar sind. In der nachfolgenden Grafik sind diese Zusammenhänge in einer Matrix aufgezeigt. Ist eine Stärke nachhaltig, lohnt es sich, in deren Erhaltung und Ausbau zu investieren. Eine attraktive Lage der Liegenschaft ist zum Beispiel eine Stärke, die in der Regel von Dauer ist. Liegt die Attraktivität in der Aussicht begründet, sollte dies durch Investitionen in grosse Fenster, Balkone oder Terrassen gestützt werden. Ist die Stärke hingegen nicht nachhaltig, sollten hier keine unnötigen Kräfte gebunden werden. Dies ist z. B. der Fall, wenn eine nahe Buslinie in Kürze aufgehoben wird. Auf diese vermeintliche Stärke kann nicht aufgebaut werden, da sie nicht mehr lange Bestand haben wird.

Bei Schwächen muss unterschieden werden, ob wir darauf Einfluss haben oder nicht. Eine beeinflussbare Schwäche ist weniger gravierend, da wir etwas dagegen unternehmen können. Dies ist beispielsweise bei schlecht unterhaltenen Bestandesliegenschaften der Fall; durch entsprechende Renovationsmassnahmen wird diese Schwäche beseitigt. Ernster ist die Lage, wenn wir keinerlei Einfluss auf eine Schwäche haben. Dies kann der Fall sein, wenn eine Strasse ausgebaut wird und mit zusätzlichen Immissionen zu rechnen ist. Auch im Fall der Verlegung von Anflugrouten kann ein einzelner Liegenschaftsbesitzer nichts dagegen unternehmen. Hier hilft allenfalls ein koordiniertes Vorgehen auf politischer Ebene, auch wenn diese Wirkung nur langfristig eintritt. In Fällen von solchen unkontrollierbaren Schwächen muss man sich die Frage stellen, ob man nicht den Ausstieg prüfen sollte. Für einen Immobilienbesitzer würde dies den Verkauf der Liegenschaft bedeuten. Diese Ausführungen zeigen, dass die vorgenommenen Unterscheidungen massive Auswirkungen gar auf strategischer Ebene haben können.

	nachhaltig	nicht nachhaltig
Stärken	In Erhaltung und Ausbau der Stärken investieren z. B. eine kompetente Verwaltung	Stärken möglichst erhalten, aber keine Kräfte binden z. B. eine Aussichtslage, die durch geplante Bauprojekte in Frage gestellt ist
	beeinflussbar	**nicht beeinflussbar**
Schwächen	Massnahmen zur Behebung der Schwächen treffen z. B. schlecht unterhaltene Wohnungen	Schwächen beobachten, evtl. Ausstiegsszenarien prüfen z. B. Arbeitsplatzverluste in der Region

Abbildung 146: **Stärken und Schwächen im Zusammenhang mit Leerständen**

6. IMMOBILIEN-MARKETING IN DER BEWIRTSCHAFTUNG

Handlungsalternativen zur Bekämpfung von Leerständen

Erst wenn man sich über Symptome, Immobilien-Qualität, Stärken und Schwächen im Klaren ist, sollte man Massnahmen zur Lösung von Leerstands-Problemen evaluieren. In einem ersten Schritt werden möglichst viele Handlungsalternativen gesucht und eine Long List erstellt. Um möglichst viele Lösungsansätze generieren zu können, eignen sich Kreativitätstechniken wie etwa das Brainstorming. Beim Brainstorming nehmen optimalerweise mehr als drei und weniger als acht Personen teil, die aus verschiedenen Berufsbereichen kommen. Damit ist sichergestellt, dass sich die Vorschläge nicht allzu ähnlich sind und wirklich innovative Ideen gefunden werden. Der Teilnehmerkreis kann sich zum Beispiel aus Personen verschiedener Abteilungen einer Firma oder aus einer Kombination von Bewirtschaftern, Eigentümern und Mietern zusammensetzen. Auch Bekannte und Freunde eignen sich, um einen ausgewogenen Brainstormer-Kreis zu erhalten. Die Brainstorming-Regeln sind einfach: Es werden möglichst zahlreiche Vorschläge spontan in die Runde gerufen, Kritik ist verboten und die Vorschläge werden von einem Teilnehmer für alle gut sichtbar notiert, zum Beispiel auf einem Flipchart.

Nach dem Brainstorming sind die zahlreichen Nennungen in einer Long List zusammen zu fassen und auf Grund von Machbarkeitskriterien auf eine Short List zu reduzieren.

Damit die Umsetzung auch tatsächlich gelingt, sind die Lösungsvorschläge nach Prioritäten zu ordnen. Dazu eignen sich besonders die beiden Kriterien Zeit und Kosten. Die nachstehende Grafik zeigt eine Einteilung nach diesen Kriterien, die zu folgenden Empfehlungen führen: Benötigt eine Handlungsalternative sowohl viel Zeit als auch viel Geld, sind allenfalls andere Massnahmen vorzuziehen. Dies kann zum Beispiel dann der Fall sein, wenn eine Gastronomie-Immobilie auf Grund von Verkehrsverlagerungen nicht mehr länger von hohen Fahrzeugfrequenzen profitieren kann. Anstatt die Kunden von weit her anzulocken, ist in diesem Fall eine Verlagerung der Gastronomie in eine andere, besser gelegene Liegenschaft vorzuziehen. Das frühere Restaurant könnte auf Grund der beruhigten Lage für Wohnungen genutzt werden. Günstige und schnell zu realisierende Handlungsalternativen sollten sofort realisiert werden. Dazu zählt zum Beispiel eine Analyse der Kündigungsgründe, die ein grosser Schritt zur Lösung des Leerstandproblems sein kann. Ist eine Handlungsalternative zwar kostengünstig aber erst mittelfristig wirksam (wie zum Beispiel ein Trainings- und Motivationsprogramm des Bewirtschaftungsteams), sollte dies in die mittelfristige Planung einfliessen und innert nützlicher Frist realisiert werden. Umgekehrt sind teure Massnahmen, die sofort wirken würden, vor deren Implementierung genau zu prüfen. Dazu zählen etwa Mietzinssenkungen, die, wie bereits erwähnt, bei Eigentümern immer unbeliebt sind. Kommt aber eine Mietzinsanalyse zum Schluss, dass die Leerstände tatsächlich in offensichtlich zu hohen Mieten begründet sind, muss selbst diese unbequeme Korrekturmassnahme ins Auge gefasst werden.

		Handlungsalternativen	
		zeitextensiv	zeitintensiv
Handlungs-alternativen	kosten-extensiv	sofort realisieren und prioritär behandeln z. B. Kündigungs-Ursachenanalyse	in mittelfristige Planung mit einbeziehen z. B. Bewirtschafter-Motivationsprogramm
	kosten-intensiv	prüfen und evtl. als Sofortmassnahme umsetzen z. B. Mietzinssenkung	genau prüfen, evtl. andere Massnahmen vorziehen z. B. neue Verkehrsführung

Abbildung 147: **Priorisierung von Handlungsalternativen**

Massnahmen zur Bekämpfung von Leerständen

Hat man sich für eine Massnahme oder ein Massnahmenbündel entschieden, stellt sich die Frage, ob man diese selbst erbringen oder sie von externen Spezialisten einkaufen soll (Make-or-buy-Entscheid). Sie muss auf Grund der Kompetenz- und der Kapazitätssituation beantwortet werden. Hat man das notwendige Know-how nicht in der eigenen Firma, ist der Beizug eines externen Spezialisten immer vorzuziehen. Das ist zum Beispiel der Fall, wenn eine detaillierte Standort- und Marktanalyse vorgesehen ist. Auch die Überprüfung von Segmentierung und Positionierung des Angebots ist eine Aufgabe von Spezialisten. Ebenso klar ist die Situation, wenn man sowohl über die notwendige Kompetenz als auch über die Kapazität verfügt; dann sollte die Massnahme selber durchgeführt werden. Etwas differenzierter ist die Massnahme zu beurteilen, die man zwar in house erledigen könnte, aber schlichtweg keine Zeit dafür hat. In diesem Fall lagert man diese Aufgabe entweder trotzdem aus oder man baut die eigene Kapazität aus (z. B. durch zusätzliches Personal).

Marketingcontrolling

Massnahmen sollten wenn immer möglich auf ihre Wirksamkeit überprüft werden, das gilt auch für das Leerstandsmanagement bei Immobilien. Im Marketing ist das Messen jedoch nicht so einfach wie z. B. im technischen Bereich, wo relativ einfach zu messende Einheiten wie Meter, Quadratmeter oder Kubikmeter vorliegen. Die Qualität eines Marketing Controllings hängt direkt mit der Qualität der Controlling-Prozesse sowie der erfassten Daten zusammen. Ein effizientes Marketing Controlling erfordert Vorkehrungen vor, während und nach der Erhebung.

Controlling-Vorkehrungen im Voraus
– Definition der gewünschten Kennzahlen
   z. B. Leerstandsstruktur, benötigte Vermarktungszeit, Anzahl notwendige Besichtigungen
– Definition der Prozesse zur Erfassung der benötigten Daten
   z. B. Erfolgsprognosen, Projektphasenplan, Kündigungsgrund-Analysen

- Definition der Ziele
  z. B. Formulierung der Vermarktungskosten und -geschwindigkeit als Immobilien-Erfolgs-Tipp

Controlling-Vorkehrungen in der Erhebungsphase
- Konsequente Datenerfassung
  z. B. Analyse von Absagen oder Kündigungen
- Konsequente Anwendung der Prozesse
  z. B. Besichtigungsdrehbuch
- Ausbildung und Motivation der Anwender der Controlling-Instrumente durch periodische Kommunikation der Controlling-Ergebnisse

Controlling-Vorkehrungen in der Auswertungsphase
- Analyse der Kennzahlen-Entwicklung
- Benchmarking mit vergleichbaren Projekten/Objekten/Unternehmen
- Internes Reporting
- Externes Reporting

6.2.2.3 Konzept zur Umwandlung von Mietliegenschaften in Wohneigentum

Wohneigentum wird in der Schweiz immer beliebter: Die Quote derer, die in ihren eigenen vier Wänden wohnen, nähert sich unaufhaltsam der 40 %-Marke. Vor diesem Hintergrund prüfen immer mehr Eigentümer von Mehrfamilienhäusern die Option, ihre Mietwohnungen in Stockwerkeigentum umzuwandeln. Dieser Schritt stellt sowohl an den Eigentümer als auch an die Bewirtschafter der Liegenschaft hohe Anforderungen.

Motivation des Eigentümers
Die Frage nach dem Ziel der Schaffung von Stockwerkeigentum muss sich jeder Eigentümer individuell stellen. Da es dazu es kein Patentrezept gibt, lohnt sich eine fundierte Analyse der Ausgangslage. Einerseits können interne Gründe für eine Umwandlung in Eigentumswohnungen sprechen. In einer Immobilie gebundenes Kapital wird verflüssigt und kann damit anders, allenfalls sogar in anderen Investitionskategorien, disponiert werden. Es kann aber auch eine neue Immobilie entwickelt werden oder eine andere, bestehende Liegenschaft erworben werden, die besser zum Investor passt. Optimierungspotenzial liegt z. B. im Standort oder in der Nutzung: Allenfalls passt eine Gewerbe-Immobilie besser zur Strategie des Investors als eine Wohn-Immobilie. Es kann aber auch von Vorteil sein, das Kapital einer grösseren Immobilie zu verflüssigen, um damit eine oder mehrere kleinere Investitionen zu tätigen.

Andererseits können aber auch externe Gründe zur Schaffung von Stockwerkeigentum führen. Dann nämlich, wenn der potenzielle Marktwert von Eigentumswohnungen höher geschätzt wird als der Wert der Mietwohnungen plus Umwandlungskosten. Das ist oft dann der Fall, wenn das Marktmietpotenzial nicht ausgeschöpft werden kann, weil (zu tiefe) Mieten aus rechtlichen Gründen nicht angepasst werden können.

Die Umwandlung von Miet- in Eigentumswohnungen ist ein Prozess, der in der Regel mehrere Monate oder Jahre in Anspruch nimmt. Dieser Planungsprozess wird einerseits vom Objekt selbst, von den Mietern sowie von den zukünftigen Stockwerkeigentümern bestimmt. Erfolgsrelevante Faktoren auf diesem Weg stellen die Machbarkeitsanalyse, das Mietermanagement sowie ein professionelles Absatzmarketing dar.

Machbarkeitsanalyse
Die Frage, welche Mietobjekte sich für Stockwerkeigentum eignen, muss in einer Machbarkeitsstudie beantwortet werden, die sowohl quantitative als auch qualitative Faktoren berücksichtigt. Die Investitionsrechnung verrechnet potenzielle Verkaufserträge mit zu erwartenden Investitionen für Planung, Umbau, allfälligen Mieterentschädigungen und Leerständen. Ist der resultierende Nettoerlös grösser als der Schätzwert der Mietliegenschaft, sind die quantitativen Voraussetzungen erfüllt.

Zusätzlich muss das Objekt aber auch einer qualitativen Prüfung unterzogen werden. Wird die Lage von potenziellen Käufern geschätzt? Eignet sich die vorhandene Bausubstanz bezüglich Qualität, Gebäudestruktur oder Grundrisse für Stockwerkeigentum? Besonders bei älteren Gebäuden fallen Anpassungen für notwendige Schallschutzmassnahmen zwischen den Wohnungen oder Grundrissmodifikationen oftmals teuer aus. Für neuere Eigentumswohnungen sind Tiefgarage, Lift oder grosse Balkone selbstverständlich. Nicht alle bestehenden Mietliegenschaften können diesen Rückstand in vernünftigem Kostenrahmen aufholen.

Mietermanagement
Die Aussicht auf eine vielversprechende Rendite einer Umwandlung von Mehrfamilienhäusern in Stockwerkeigentum verführt oft zu einer ungenügenden Berücksichtigung der bestehenden Mieterschaft, obwohl diese durch ihren Widerstand zu unliebsamen und teuren Verzögerungen führen kann. Eine sorgfältige Analyse der Mieter bringt Gewissheit darüber, wie es um die Widerstandsbereitschaft steht. Am besten wird schon in einem frühen Planungsstadium der Dialog mit den Mietern aufgenommen, wodurch Konfliktpotenziale erkannt und entschärft werden können. Dabei sollte nicht vergessen werden, dass die bestehende Mieterschaft die naheliegendste Zielgruppe hinsichtlich eines Verkaufs von Eigentumswohnungen ist: Umfragen zeigen immer wieder, dass ein grosser Teil der Mieter in der Schweiz liebend gern Wohneigentümer wäre. Mit einer Kommunikation, die die Vorteile einer eigenen Wohnung geschickt thematisiert, können somit allenfalls bereits erste Käufer gewonnen werden.

Marketing für zukünftige Stockwerkeigentümer
Der Wert einer zu Stockwerkeigentum transformierten Liegenschaft wird einzig und alleine durch deren Käufer bestimmt. Sie entscheiden, welchen Preis sie zu zahlen gewillt sind. Deshalb sind deren Bedürfnisse im Voraus genau abzuklären und gewissenhaft zu berücksichtigen. Eine fundierte Marktanalyse mit ausführlichem Konkurrenzvergleich gibt Aufschluss über Anforderungen an die Wohnungen. Der

6. IMMOBILIEN-MARKETING IN DER BEWIRTSCHAFTUNG

Standort der Immobilie ist gegeben. Es bestehen aber noch immer genügend Variablen, um die Liegenschaft mit den Anforderungen zukünftiger Käufer in Einklang zu bringen, wie etwa Umgebung, Gebäudehülle, Haustechnik, Innenstruktur und -architektur, Preis oder Dienstleistungen. Die Dienstleistungen, die Stockwerkeigentümern angeboten werden, haben sich in letzter Zeit beträchtlich entwickelt, wie Angebote für Senioren, urbane Singles, Familien oder Geschäftsleute zeigen. Soll ein Angebot erfolgreich verkauft werden, muss es sich positiv von seinen Mitbewerbern differenzieren. Eine erfolgsversprechende Positionierung leitet sich idealerweise direkt von den Eigenschaften der Liegenschaft ab und wird im Marketing anschaulich umgesetzt und kommuniziert. Ein wirkliches Alleinstellungsmerkmal, die sogenannte Unique Value Proposition (UVP), ist aber nicht einfach zu finden und stellt in der Praxis eher die Ausnahme dar; die meisten Immobilien-Angebote sind mehr oder weniger austauschbar. Deshalb kommt der Kommunikation eine immer grössere Bedeutung zu. Professionell geplant und umgesetzt, ist sie in der Lage, eine Unique Advertising Proposition (UAP) zu schaffen und damit die Immobilie attraktiv zu positionieren.

Die Organisation von Umwandlungsprozessen
Investoren, die eine Umwandlung von Mietobjekten in Stockwerkeigentum ins Auge fassen, sollten dieses Vorhaben auf keinen Fall unterschätzen. Eine frühzeitige Planung ist für einen erfolgreichen Ablauf unerlässlich. Da die meisten Eigentümer keine umfassende Erfahrung mit derartigen Projekten haben, sollten sie sich von erfahrenen Spezialisten beraten lassen; für den Weg von der Mietliegenschaft zum Stockwerkeigentum braucht es kundige Begleiter. Kompetente Bewirtschafter, die sich sowohl mit Miet- als auch mit Eigentumswohnungen beschäftigen, kennen sich mit den Bedürfnissen der Mieter bzw. Eigentümer bestens aus. Sie können den Eigentümer beim Mietermanagement wirkungsvoll unterstützen und besorgt sein, dass es unter den Mietern möglichst wenig Unruhe gibt. Sie können auch ihre Erfahrung hinsichtlich Preisbestimmung und Gestaltung der Wohnungen weitergeben. Für Letzteres sollte ein erfahrener Architekt, der die Unterschiede zwischen Miet- und Eigentumswohnungen kennt, schon früh ins Projektteam geholt werden. Ein Immobilien-Marketingspezialist schliesslich klärt in einer Marktanalyse die Machbarkeit des Vorhabens ab: Sind die kalkulierten Verkaufspreise realistisch? Eignet sich das Objekt hinsichtlich Lage und Gebäudesubstanz für Wohneigentum? Wie sage ich dem Mieter, dass seine Wohnung bald verkauft wird?

6.2.3 Marketinginstrumente in der Bewirtschaftung

Wie bereits weiter vorne festgehalten, verfügt der Bewirtschafter über eine kleinere Auswahl von Marketinginstrumenten als der Entwickler oder der Vermarkter. Bei einer Bestandesliegenschaft sind Standort, Immobilie und die Miete mehr oder weniger gegeben. In der Kommunikation und beim Faktor Mensch besteht ein grösserer Gestaltungsfreiraum.

6.2.3.1 Standort
Weil der Standort einer Immobilie nicht geändert werden kann, ist es umso wichtiger, seine Vor- und Nachteile zu kennen und die Zielgruppe entsprechend zu definieren. Potenzielle Mieter beurteilen eine Immobilie durchaus unterschiedlich. Wird zum Beispiel die Lage direkt an einer lärmigen Autostrasse im Regelfall negativ beurteilt, kann dieser Faktor etwa für ein Tierheim durchaus Vorteile aufweisen, da der Lärm der Nutzer selbst keine Nachbarn stören kann. Versteckte Eingänge zu Büros, die von aussen nicht gut sichtbar sind, dürften von den meisten Mietinteressenten als Nachteil interpretiert werden. Branchen mit hohem Diskretionsbedürfnis hingegen sehen dies genau umgekehrt. So findet man Personalvermittler für Kaderstellen kaum an stark frequentierten Lagen, wo jeder Passant sehen kann, wer die Büros des Personalberaters betritt.

Auch wenn der Standort unveränderbar ist, so kann seine Qualität doch bis zu einem gewissen Grad beeinflusst werden. Es kommt immer wieder vor, dass Namen von Strassen oder Quartieren angepasst werden: Aus der Kanalstrasse wurde zum Beispiel die Europastrasse, nachdem sich dort eine internationale Grossbank niedergelassen hat. Aus dem Gebietsnamen Glattpark wurde eine offizielle Postadresse 8152 Glattpark (Opfikon) und hat den Flurnamen abgelöst. Beide Beispiele sind keine Zufälle, sondern Resultate von Marketingüberlegungen.

6.2.3.2 Immobilie
Auch wenn Bestandes-Immobilien auf den ersten Blick nicht markant verändert werden können, so bestehen doch gewisse Optimierungsmöglichkeiten, die jedoch mit unterschiedlich grossen Investitionen verbunden sind.

Bereits mit geringen Investitionen kann die Erscheinung einer Liegenschaft optimiert werden. Im Kapitel 5 wurden bereits die Möglichkeiten des Home Stagings beschrieben. Sie betreffen Oberflächen, Einrichtungen sowie die Umgebung und können mit einfachen Mitteln umgesetzt werden. Eine weitere Möglichkeit, die Attraktivität einer Liegenschaft zu steigern besteht darin, den Mietern ergänzende Dienstleistungen anzubieten, sei dies nun für Senioren (Pflege), Familien (Kinderhort) oder Singles (Concierge). Auch die Optimierung der Wahrnehmung einer Liegenschaft verursacht keine allzu grossen Kosten. Das Image einer Immobilie kann beispielsweise durch aktive Markenpflege, den Betrieb einer Website auch nach abgeschlossener Erstvermietung, durch kontinuierliche Public Relations oder durch eine gezielte Steuerung des Mietermixes positiv beeinflusst werden.

Etwas kostspieliger sind Anpassungen der Substanz der Liegenschaft wie etwa der Einbau neuer Haustechnik, die Umgestaltung von Grundrissen oder Gebäudeerweiterungen wie etwa der Aufbau eines Attikageschosses. In letzter Konsequenz kann eine Immobilie auch rückgebaut und in marktgerechterer Form neu erstellt werden. Dies passiert heute oft mit Genossenschaftswohnbauten, die in die Jahre gekommen sind und bezüglich Wohnungsgrösse und -komfort nicht mehr dem heute geforderten Standard entsprechen. Gewisse Liegenschaften erfordern gar eine Umnutzung, da sich die Rahmenbedingungen stark verändert haben. So werden etwa aus Büros Wohnungen oder aus einer Industriehalle ein Kulturbetrieb.

6.2.3.3 Miete

Schlägt ein Bewirtschafter einem Eigentümer die Senkung der Mietzinse vor, um die Liegenschaft attraktiver zu gestalten, wird er in der Regel auf Ablehnung stossen. Eine generelle Mietzinsanpassung gegen unten ist meist die teuerste aller Massnahmen, da sie über ertragsorientierte Bewertungsmethoden den Immobilienwert unmittelbar reduziert, was bei grösseren Überbauungen schnell mehrere hunderttausend oder gar Millionen Franken ausmachen kann. Deshalb empfehlen sich – wenn überhaupt – subtilere Eingriffe bei der Miete:

- Verkaufsförderung: z. B. mietfreier erster Monat, Beteiligung an den Umzugskosten
- Konditionen: z. B. Staffelmiete, Mieterkautionsversicherung, Beteiligung an den Ausbaukosten
- Optionen: z. B. eigene Waschmaschine oder Multimedia-Angebote
- Preisdifferenzierung: z. B. höhere Quadratmetermieten für beliebte Wohnungen etwa im Attikageschoss

6.2.3.4 Kommunikation

In der Bewirtschaftung kommen zwar dieselben Kommunikationsinstrumente zum Einsatz wie in der Vermarktung, im Einsatz bestehen aber doch einige Unterschiede. Das hängt unter anderem damit zusammen, dass Bestandes-Immobilien «Gebrauchtobjekte» sind. Was auf den ersten Blick als Nachteil erscheint – neu erstellte Objekte werden von Mietern in der Regel höher bewertet – kann durchaus auch Vorteile haben. So können etwa Bestandesobjekte immer 1:1 gezeigt werden, was bei Erstvermietungen oder Verkäufen nicht immer der Fall ist, da neue Projekte oft «ab Plan» vermarktet werden. Wenn eine Wohnung vom bald ausziehenden Mieter geschmackvoll eingerichtet wurde, kann dies in der Weitervermietung durchaus Vorteile haben. Dieser Effekt kehrt aber oft auch ins Gegenteil, wenn sich die zu vermietende Wohnung in unordentlichem oder ungepflegtem Zustand präsentiert. Ein Blick in die Immobilien-Rubrik der Tageszeitungen zeigt, dass bei Bestandes-Immobilien mehrheitlich der Bewirtschafter ins Zentrum gerückt wird. In der Vermarktung hingegen wird in erster Linie das Objekt bzw. das Projekt kommuniziert. Für eine rasche Wiedervermietung müsste aber eigentlich ebenfalls die angebotene Wohnung oder Bürofläche im Vordergrund stehen. Den zukünftigen Mieter interessiert viel mehr, was das Angebot speziell macht (Positionierung) und weniger, wer sein zukünftiger Bewirtschafter sein wird. Der Grund für dieses Verhalten liegt einerseits darin, dass für viele Bestandes-Immobilien die Marketinghausaufgaben nicht gemacht wurden; es liegen weder Positionierung noch Kommunikations-Botschaften vor, auf die der Bewirtschafter zurückgreifen könnte. Andererseits sind Wiedervermietungsinserate eine gute Gelegenheit für Bewirtschaftungs-Unternehmen, ihre eigene Bekanntheit zu pflegen. Auf Online-Marktplätzen sind die Immobilien-Dienstleister nämlich vollends in den Hintergrund gerückt und können ihre Corporate Identity kaum mehr kommunizieren.

Jeder Mieter durchläuft einen Prozess, der mit dem Bedürfnis eines Wechsels beginnt und mit dem Abschluss eines Mietvertrags endet. In der folgenden Grafik sind die Prozessphasen am Beispiel eines Büros aufgezeigt. Nachdem man den Entscheid, einen neuen Standort zu suchen, gefällt hat, muss man sich auf eine Strategie zur Suche nach neuen Mietflächen einigen: Wer ist verantwortlich? Wer wirkt mit? Wer fällt den Entscheid über die Mietalternativen? Wieviel Zeit steht zur Verfügung? Dazu gehört auch die Definition der Suchkriterien. Durch eine exakte Festlegung der Kriterien, welche das neue Büro erfüllen muss, erspart man sich unnötigen Suchaufwand. Trotzdem wird diesem Punkt in der Praxis oft zu wenig Beachtung geschenkt. Nachdem die Suchfelder und die Instrumente bestimmt worden sind, kann mit der Suche begonnen werden: Online- und Printmedien werden konsultiert, Direktanfragen gestartet, bevorzugte Quartiere nach Vermietungstafeln durchsucht und allenfalls Bekannte gefragt. Daraus wird eine erste Auswahlliste, die sogenannte Long List, resultieren. An dieser Stelle kommt der Bewirtschafter das erste Mal in Kontakt mit dem potenziellen Mieter, indem er telefonisch oder heute meist mit einem E-Mail kontaktiert wird. Auf Grund dieses Kontakts entscheidet der Suchende, ob er das Objekt besichtigen will; er reduziert seine Long List zur Short List. Dabei spielt bei diesem Entscheid die Vermietungs-Dokumentation eine wichtige Rolle. Nach der Besichtigung finden Verhandlungen über die Miete und die konkrete Ausgestaltung der Büros statt. Dazu gehört der Ausbaustandard, die Signaletik (Beschriftung) sowie allenfalls zusätzliche Mehrwertbestandteile (Added Values). Der Evaluationsprozess endet mit der Unterzeichnung des Mietvertrags.

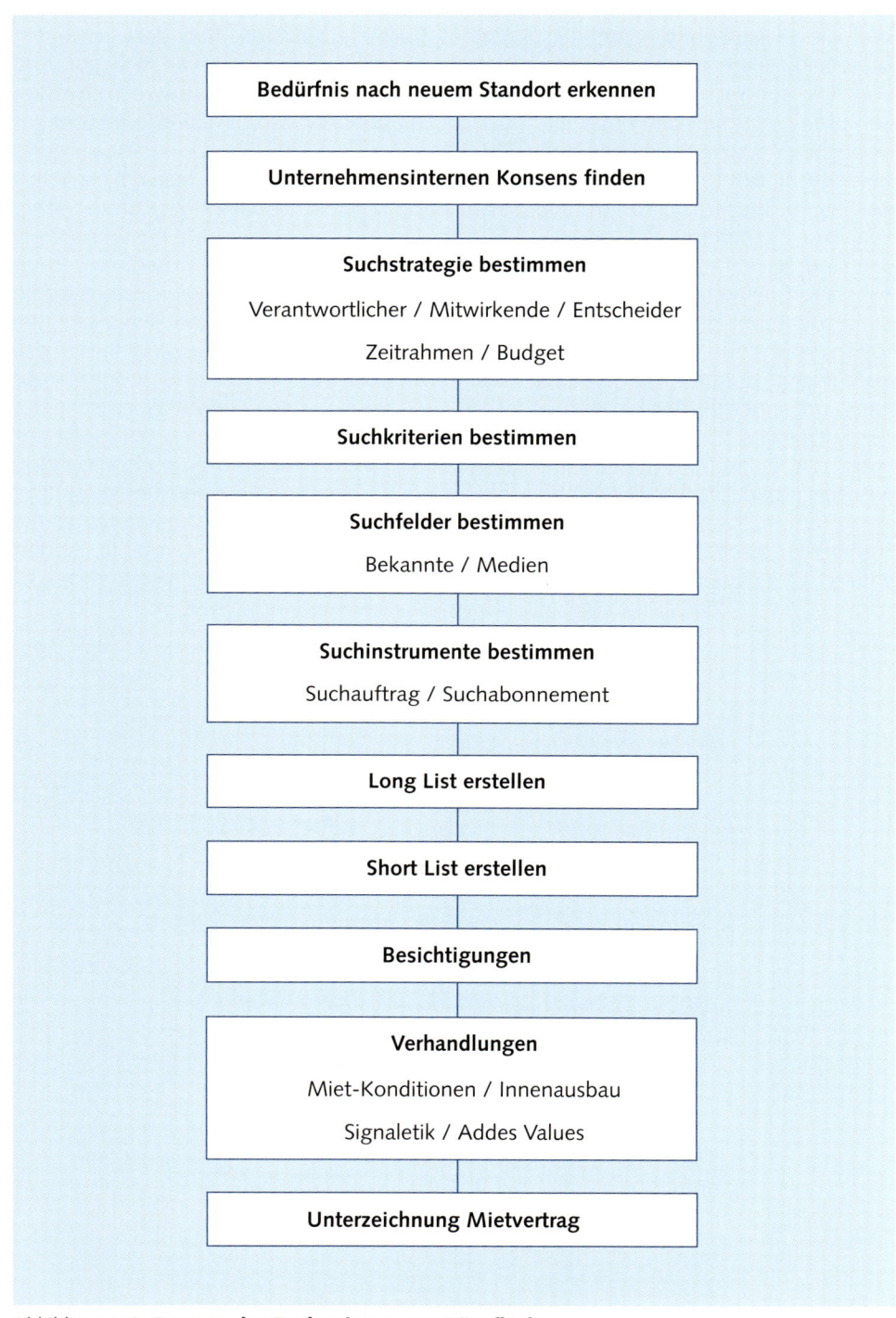

6. IMMOBILIEN-MARKETING IN DER BEWIRTSCHAFTUNG

```
┌─────────────────────────────────────────────┐
│   Bedürfnis nach neuem Standort erkennen    │
└─────────────────────────────────────────────┘
                      │
┌─────────────────────────────────────────────┐
│     Unternehmensinternen Konsens finden     │
└─────────────────────────────────────────────┘
                      │
┌─────────────────────────────────────────────┐
│             Suchstrategie bestimmen          │
│  Verantwortlicher / Mitwirkende / Entscheider│
│            Zeitrahmen / Budget               │
└─────────────────────────────────────────────┘
                      │
┌─────────────────────────────────────────────┐
│            Suchkriterien bestimmen           │
└─────────────────────────────────────────────┘
                      │
┌─────────────────────────────────────────────┐
│             Suchfelder bestimmen             │
│              Bekannte / Medien               │
└─────────────────────────────────────────────┘
                      │
┌─────────────────────────────────────────────┐
│          Suchinstrumente bestimmen           │
│        Suchauftrag / Suchabonnement          │
└─────────────────────────────────────────────┘
                      │
┌─────────────────────────────────────────────┐
│               Long List erstellen            │
└─────────────────────────────────────────────┘
                      │
┌─────────────────────────────────────────────┐
│              Short List erstellen            │
└─────────────────────────────────────────────┘
                      │
┌─────────────────────────────────────────────┐
│                Besichtigungen                │
└─────────────────────────────────────────────┘
                      │
┌─────────────────────────────────────────────┐
│                Verhandlungen                 │
│      Miet-Konditionen / Innenausbau          │
│         Signaletik / Addes Values            │
└─────────────────────────────────────────────┘
                      │
┌─────────────────────────────────────────────┐
│           Unterzeichnung Mietvertrag         │
└─────────────────────────────────────────────┘
```

Abbildung 148: **Prozess der Evaluation neuer Büroflächen**

Der erste persönliche Kontakt findet demnach in den meisten Fällen kurz vor der Reduktion der Angebote zur Short List statt, nachdem der Mietinteressent über ein Inserat oder eine Online-Publikation vom angebotenen Objekt erfahren hat. Dem Bewirtschafter kommt dabei die Aufgabe zu, den potenziellen Mieter möglichst hürdenfrei zum Mietvertrag zu führen. Dieser Weg führt in der Regel über ein Telefongespräch, E-Mail- oder Briefkorrespondenz sowie ein persönliches Gespräch, meist verbunden mit einer Besichtigung des zu vermietenden Objekts.

Telefonkontakt
Bei telefonischen Kundenkontakten lohnt es sich, einige grundlegende Verhaltensregeln vor, während und nach dem Gespräch zu beachten. Vor jedem Telefonat sollten Schreibzeug, Notizzettel und eine Checkliste mit den wichtigsten Gesprächsthemen bereit liegen. Dazu notiert man sich am besten auch das Ziel, das man mit dem folgenden Gespräch erreichen möchte. Damit alle Fragen des potenziellen Mieters zufriedenstellend beantwortet werden können, müssen sämtliche Informationsgrundlagen zum Mietobjekt griffbereit sein. Aus diesem Grund sind Gespräche ausserhalb des Büros nicht zu empfehlen. Kunden haben in der Regel wenig Verständnis für Handygespräche auf der Strasse oder in öffentlichen Verkehrsmitteln, die durch die laute Umgebung gestört werden. Zudem kann in dieser Umgebung keine Vertraulichkeit gewährleistet werden. Vor einem Telefonat sollte man sich zudem darauf vorbereiten, was allenfalls auf einen Anrufbeantworter zu sprechen ist.

Während des Telefongesprächs ist auf eine gute Verständlichkeit zu achten. Nicht selten wird bereits gesprochen, bevor der Hörer richtig positioniert ist mit der Folge, dass der eigene Name nicht verstanden wird. Da der Augenkontakt fehlt, sollte am Telefon etwas langsamer gesprochen werden als im direkten Gespräch. Kunden schätzen es, wenn sie beim Namen genannt werden. Wenn der Name zu Beginn des Gesprächs notiert wird, kann sichergestellt werden, dass man sich am Ende auch noch an den Namen erinnert. Viele sogenannte Verkaufstalente machen den Fehler, selber zu viel zu sprechen. Dabei ist es gerade zu Beginn einer Kundenbeziehung wichtig, zuzuhören und möglichst viel über den Gesprächspartner zu erfahren. Dazu sollten wenn immer möglich offene Fragen gestellt werden, die nicht einfach mit ja oder nein beantwortet werden können: Wie stellen Sie sich Ihren zukünftigen Arbeitsplatz vor? Wie häufig empfangen Sie Kunden in Ihrem Büro? Wie wichtig ist es, dass man Ihr Firmenlogo am Gebäude erkennen kann? Ein Telefongespräch sollte sich auf Wichtiges konzentrieren. Kernaussagen dürfen ruhig auch wiederholt werden, um ihnen Gewicht zu verleihen. Unnötige Fachausdrücke sollten vermieden werden; sie führen zu Missverständnissen und sind unangenehm für denjenigen, der sie nicht versteht. Gesprächserprobte Bewirtschafter argumentieren weniger mit Produktmerkmalen wie z. B. Wärmedämmkennzahlen als vielmehr mit Nutzen wie etwa tiefen Heizkosten. Zum Schluss jedes Telefongesprächs sollten stets die nächsten Schritte (Wer macht was bis wann?) vereinbart werden.

6. IMMOBILIEN-MARKETING IN DER BEWIRTSCHAFTUNG

Es lohnt sich, sich nach jedem Telefongespräch eine Minute Zeit zu nehmen, um das Wichtigste zusammenzufassen wie etwa: Was wurde vereinbart? Bei wem liegt der Ball? Wer muss allenfalls noch informiert werden? Wird eine Besichtigung vereinbart, sollten diese Informationen auch in das Besichtigungsdrehbuch (siehe Kapitel 5) Eingang finden. Ein allfälliger Eintrag in die Agenda schliesst das Telefongespräch ab.

In jedem Gespräch werden Bewirtschafter früher oder später mit Einwänden des potenziellen Mieters konfrontiert. In diesem Moment sollte man sich folgende Aussage zu Herzen nehmen: «Verkaufen beginnt erst dann, wenn der Kunde das erste Mal nein gesagt hat.» Folgende Hinweise helfen, auf Einwände besser reagieren zu können:

- Versuchen Sie, echte Einwände von Missverständnissen und Vorwänden zu unterscheiden
- Begrüssen Sie Einwände, denn sie zeigen, dass sich der Kunde für Ihr Angebot interessiert; ein Kunde, der Ihnen stumm zuhört, ohne Einwände zu machen, zeigt wenig Interesse und wird voraussichtlich nicht mieten
- Anstatt den Kunden vom Gegenteil seiner Meinung zu überzeugen, sollten Sie nach Gemeinsamkeiten suchen
- Nehmen Sie Kundenanliegen ernst
- Sollte Ihr Gesprächspartner emotional argumentieren, versuchen Sie, das Gespräch auf die rationale Ebene zu verlagern
- Fragen Sie bei pauschalen Einwänden nach, worin die negative Haltung tatsächlich begründet ist
- Bereiten Sie sich im Voraus auf Einwände vor, z. B. mit einer FAQ-Liste (frequently asked questions)

E-Mail-Korrespondenz
Das heute weit verbreitete Kommunizieren mit SMS hat dazu geführt, dass auch in E-Mails elementare Regeln der Korrespondenz missachtet werden. Wenn beim Verfassen von E-Mails die folgenden Tipps befolgt werden, kann die Kommunikationswirkung optimiert werden:

- Halten Sie Ihre E-Mails kurz, damit der Empfänger möglichst nicht scrollen muss, und gliedern Sie den Text in übersichtliche Absätze
- Verwenden Sie keine Sonderzeichen; sie werden vom empfangenden E-Mail-Browser allenfalls falsch dargestellt
- Beachten Sie die korrekte Gross- und Kleinschreibung
- Schreiben Sie Links vollständig (www.beispiel.ch)
- Formulieren Sie eine aussagekräftige Betreffzeile
- Verwenden Sie eine korrekte Anrede
- Schreiben Sie in ganzen Sätzen
- Vermeiden Sie Abkürzungen wie mfg, cu oder ähnliche
- Gliedern Sie den Text mit Leerzeilen
- Beenden Sie das E-Mail mit einer korrekten Grussformel
- Fügen Sie Ihren Absender bei, auch wenn der Empfänger Sie bereits kennt

- Gehen Sie sparsam mit cc-Empfängern um
- Prüfen Sie vor dem Drücken der «Send»-Taste, ob die Empfänger stimmen und ob allenfalls erwähnte Beilagen auch tatsächlich angefügt sind.
- Vermeiden Sie zu grosse Beilagen (über 5 MB) und verwenden Sie Dateien im PDF-Format
- Versenden Sie E-Mails mit hoher Priorität nur, wenn sie wirklich wichtig sind

6.2.3.5 Der Faktor Mensch

Um die Rentabilität der Immobilien zu verbessern, haben in der Bewirtschaftung Prozesse, Informationstechnologien und technische Aspekte stark an Bedeutung gewonnen. Dabei droht der menschliche Aspekt etwas in den Hintergrund gedrängt zu werden. Zu Unrecht, denn der Entscheid, eine Wohnung zu mieten, hängt sehr stark von persönlichen Bedürfnissen und der menschlichen Einschätzung ab. Selbst bei Büroflächen spielt der menschliche Faktor eine grosse Rolle. Immerhin verbringt der Mensch rund ein Drittel seiner Zeit an seinem Arbeitsplatz und mindestens so viel in seiner Wohnung oder in seinem Haus. Dieser Tatsache muss bei der Ausbildung und der Rekrutierung von Bewirtschaftern genügend Beachtung geschenkt werden. Nebst dem administrativen, juristischen und technischen Rüstzeug sollte ein Bewirtschafter auch im Umgang mit Menschen ausgebildet werden. Die vielleicht wichtigste aller Anforderungen kann aber in keiner Schule erlernt werden: Immobilien-Bewirtschafter sollten Menschen mögen. Das ist die beste Voraussetzung für eine erfolgreiche Betreuung von Mietern und wohl auch ein Garant für den Erfolg einer Liegenschaft.

6.3 Marken-Bewirtschaftung

Die Vermarktung von grösseren Immobilien-Projekten wird heute oft mit einer eigens entwickelten Marke unterstützt. Der Liegenschaft wird damit eine eigene Identität verliehen, die den Bedürfnissen der Zielgruppe entspricht. Nicht selten aber wird diese Marke, die in der Projektentwicklung mit beträchtlichem Aufwand aufgebaut wurde, während der Bewirtschaftung mehr oder weniger vergessen. Ohne entsprechende Aktivitäten zur Markenpflege verliert jedoch eine Marke an Wert und die getätigten Investitionen in die Kommunikation gehen verloren.

Um dies zu verhindern, muss eine aufgebaute Marke weiter gepflegt, kommuniziert und gefördert werden, kurz: Sie muss bewirtschaftet werden. Dies gilt insbesondere für anspruchsvolle Zielgruppen wie z. B. die oft als Mieter gewünschten «DINKS» (double income, no kids). Diese Zielgruppen auch längerfristig als Mieter zu erhalten, ist die Aufgabe der Marken-Bewirtschaftung.

6.3.1 Massnahmen bei neu erstellten Liegenschaften

Bei neu erstellten Liegenschaften können zusätzlich zur Bewirtschaftung bestehender Objekte verschiedene Massnahmen zur Marken-Bewirtschaftung ergriffen werden:

6. IMMOBILIEN-MARKETING IN DER BEWIRTSCHAFTUNG

- Eine für die Vermarktung erstellte Liegenschaften-Website kann für die Betriebsphase umgestaltet werden. Darin können Anmeldeformulare für frei werdende oder zum Verkauf angebotene Wohnungen zum Download bereitgestellt werden. Gewerbebetriebe können ebenso vorgestellt werden wie genaue Parkierungsmöglichkeiten. Überdies sollte ein Bildarchiv mit attraktiven druckfähigen Fotos der Liegenschaft inklusive Bildlegenden zum Download angeboten werden. Auf diese Weise ziehen beispielsweise auch Journalisten einen Nutzen aus der Website und verwenden die Bilder allenfalls zur Illustration von Immobilien-Berichten, was wiederum den Bekanntheitsgrad der Liegenschaft beträchtlich steigert.

- Sofern die Liegenschaft über ein geeignetes Logo verfügt, kann dieses zur dezenten Beschriftung von Fassade, Briefkästen oder Übersichtstafeln verwendet werden. Auf der Website sollte das Logo in druckfähiger Qualität zum Download bereitstehen, damit Bewohner und Gewerbetreibende dieses bei Bedarf für Einladungen und Werbung verwenden können. Dadurch wird indirekt «Gratis-Werbung» für die Liegenschaft gemacht.

- Bei einer gemischten Wohn-/Gewerbeliegenschaft oder bei einer reinen Gewerbeliegenschaft sollten die Gewerbetreibenden nach Möglichkeit ein- bis zweimal jährlich von der Verwaltung eingeladen werden. Ziel ist der Informationsaustausch und das informelle Kennenlernen. Bei Bedarf kann auch eine Interessengemeinschaft gegründet oder unterstützt werden, die für zusätzliche gemeinsame Aktivitäten verantwortlich zeichnet. Oft wird auf die Gründung einer solchen Interessengemeinschaft allerdings mit dem Argument, dass sich diese schnell mit Forderungen gegen den Vermieter und den Eigentümer wenden könnte, verzichtet. Das kann zwar nicht verhindert werden, doch bringt eine Interessengemeinschaft auch grosse Vorteile. So können dank des engeren Kontakts zu den Mietern (negative) Tendenzen frühzeitig erkannt und präventive Massnahmen ergriffen werden.

- Allgemein sollten Aktivitäten seitens der Bewohner, die von allgemeinem Interesse sind, z. B. ein Liegenschaftenfest oder eine «Grümplete», von der Verwaltung unterstützt und gefördert werden. Auch dies ist Bestandteil des Immobilien-Marketings.

- Stösst eine Immobilie auf öffentliches Interesse, sodass auch regelmässig mit Medienanfragen zu rechnen ist, sollten Führungen und Vorträge über die Liegenschaft angeboten werden. Diese Veranstaltungen sowie die jeweiligen Ansprechpartner müssen auf der Website vermerkt werden. Wichtig ist überdies, dass die Ansprechpartner auch die entsprechenden Kompetenzen erhalten, im Namen der Eigentümerschaft sprechen zu können.

- Das Interesse an einer Liegenschaft kann mit Pressetexten, die ein- bis zweimal jährlich verschickt werden, gesteigert werden. Solche Artikel können sich beispielsweise mit einem aktuellen Immobilien-Thema, abgehandelt aus Sicht der jeweiligen Liegenschaft, befassen. Für das Verfassen solcher Pressetexte sollten auf jeden Fall externe Fachpersonen beigezogen werden.

Die aufgeführten Massnahmen stellen nur einen kleinen Ausschnitt aus der möglichen Palette dar. Der Kreativität des Bewirtschafters sind keine Grenzen gesetzt. Dabei sollte dieser stets die Führung und Koordination aller Massnahmen übernehmen, bei Bedarf jedoch Dritte hinzuziehen.

Nicht alle Massnahmen im Rahmen der Marken-Bewirtschaftung können klar von der alltäglichen Bewirtschaftungsarbeit getrennt werden. Entscheidend ist: Zusätzliche Aktivitäten sind für eine nachhaltige Pflege der Marke und des Images einer Liegenschaft eine Notwendigkeit. Diese sind aber meist nicht im üblichen Verwaltungsvertrag enthalten. Die Versprechungen, die den Mietern in der Vermarktungsphase in Hochglanzprospekten gemacht wurden, müssen in der Bewirtschaftungsphase auch eingehalten werden. Deshalb ist Immobilien-Marketing auch in der Bewirtschaftungsphase eine lohnende Investition, mit welcher die viel zitierte Nachhaltigkeit auch wirklich umgesetzt werden kann.

Bei einer komplexen Liegenschaft wie beispielsweise der Überbauung LIMMATWEST im Trendquartier Zürich-West mit verschiedensten Zielgruppen wie Gewerbetreibenden, Büros sowie Hunderten von Miet- und Eigentumswohnungen ist ein Konzept in Richtung Marken-Bewirtschaftung unabdingbar. Damit kann auch mittel- und langfristig eine grosse Nachfrage nach frei werdenden Objekten aufrechterhalten werden.

Abbildung 149: **Marken-Bewirtschaftung bei einer Trendliegenschaft**

6.3.2 Massnahmen bei Bestandesliegenschaften

Die erwähnten Massnahmen sind nicht nur für neu erstellte Liegenschaften geeignet, sondern lassen sich auch bei Bestandesliegenschaften einsetzen. Allerdings bestehen Unterschiede bei Aufwand und Kosten. Werden unmittelbar nach der Vermarktung einer neuen grösseren Liegenschaft zusätzliche Massnahmen zum Erhalt von Marke und Image getroffen, kann bereits mit bescheidenen Mitteln viel erreicht werden. Bei grösseren Bestandesliegenschaften, bei denen sich im Immobilien-Zyklus die ersten Rückwärtstendenzen bemerkbar machen, können hingegen keine Wunder mehr erwartet werden. Für die Korrektur eines Images oder gar den Aufbau einer neuen Marke müssen grössere Anstrengungen unternommen und mehr finanzielle Mittel eingesetzt werden, als dies bei neu erstellten Liegenschaften der Fall ist. Es gilt jedoch der Grundsatz: Lieber spät als gar nicht. Halbheiten reichen für den Erfolg aber auf keinen Fall aus. Der Beizug einer Fachfirma ist unerlässlich, wobei auch hier eine enge Zusammenarbeit mit dem Bewirtschaftungsteam sowie die Berücksichtigung der bisherigen Geschichte der Liegenschaft für den Erfolg entscheidend sind.

Der Hauswart ist eine wichtige Figur in der Imagebildung einer Liegenschaft. Gerade vollamtliche Hauswarte fühlen sich manchmal etwas alleine gelassen zwischen der fordernden Mieterschaft und der Verwaltungsfirma. Hier kann ein gemeinsamer Hauswartabend, an dem einerseits alle teil- und vollamtlich angestellten Hauswarte und andererseits die Verwaltungsteams teilnehmen, von grossem Nutzen sein. Es ist wichtig, dass sich die Verwaltungsteams bei solchen Gelegenheiten einmal Zeit nehmen, den Sorgen und Nöten der Praktiker zuzuhören. Umgekehrt hat der Verwalter bei solchen Gelegenheiten die Möglichkeit, Punkte, die ihm wichtig sind, «seinem» Hauswart in lockerer Atmosphäre darzulegen. Beide Seiten – Hauswart und Verwalter – sind an solchen Hauswartabenden empfänglicher für die gegenseitigen Anliegen, als dies im Alltagsstress der Fall ist. Ein gemeinsamer Apéro und allenfalls ein Essen, ergänzt durch einen Kurzvortrag über ein zur Liegenschaft passendes Thema, können den Abend abrunden. Solche Anlässe werden von den Hauswarten sehr geschätzt.

Das Mieterfest als Mittel zur Markenpflege

Wird eine neue Liegenschaft von der Erstvermietung in die Bewirtschaftung übernommen, kann mit der Durchführung eines Mieterfestes eine grosse Marketingchance genutzt werden. Deshalb sollte nach erfolgter – hoffentlich erfolgreicher – Erstvermietung vor dem Bezug der ersten Wohnungen ein Mieterevent organisiert werden. Dieser bietet folgende Vorteile und Möglichkeiten:

- Die Vorfreude auf die neue Wohnung kann genutzt werden
- Die Erwartung betreffend den neuen Nachbarn kann entspannt werden
- Vermutlich bietet sich nur einmal die Gelegenheit, alle Mieter gemeinsam anzusprechen
- Der Hauswart kann vorgestellt werden
- Die Verwaltung stellt sich vor
- Evtl. stellt sich der Bauverantwortliche oder der Architekt vor

- Evtl. stellt sich der Hausbesitzer vor
- Der Quartierverein stellt seine Dienstleistungen vor
- Der kommende Zügeltermin kann etwas entkrampft werden

Je nach Grösse der Liegenschaft genügt ein einfaches Rahmenprogramm, Essen und Trinken sollten budgetiert werden. Namensschilder sind von Vorteil, allenfalls farblich nach Hausnummern geordnet, was das Kennenlernen unter den Nachbarn erleichtert. Der Anlass sollte locker aber gut moderiert werden, denn der erste Eindruck bleibt haften. Durch ein Mieterfest können viele kleine Probleme beim Einzug besser gelöst und die Mängelbehebung allenfalls vereinfacht werden, denn man kennt sich nun bereits etwas und weiss, wer der Ansprechpartner ist. Ein unerwartetes Willkommensgeschenk, beispielsweise eine Topfpflanze in der Küche, hilft bei der Wohnungsübergabe zudem über erste Schwierigkeiten hinweg.

Für die Überbauung Züri50 im Zentrum Zürich-Nord mit 176 Wohnungen organisierte die Bewirtschaftungsfirma drei Wochen vor dem Bezugstermin ein Mieterfest. Dass dies einem Bedürfnis entspricht, zeigt die Tatsache, dass sich 270 Personen angemeldet haben. Der Anlass wurde mit einer Musikdarbietung und einem Ballonwettbewerb umrahmt.

Abbildung 150: **Beispiel eines Mieterfests zur Pflege der Immobilien-Marke**

6. IMMOBILIEN-MARKETING IN DER BEWIRTSCHAFTUNG

Für die junge Grossfamilie: Hier ist die Siedlung.

Familien mit kleineren Kindern haben es in der Siedlung «Wyde» in **Birr** besonders gut. Erstens ist die Siedlung ein einziges Spielparadies mit enormen Grünflächen und Spielplätzen und zweitens gibt's in der Siedlung eine Spielgruppe und einen Kindergarten. Was will man noch mehr?

4,5-Zimmer-Wohnung
ab Fr. 1355.– inkl.
Einstellplatz: Fr. 110.–
Spielgruppe und Kindergarten
in der Siedlung
Bezugstermin: sofort
Auch sehr empfehlenswert:
• 3,5-Zimmer-Wohnung ab Fr. 1052.– inkl.

Frau Nadja Vogler freut sich auf Ihren Anruf. Telefon 056 483 06 70 oder E-Mail: nadja.vogler@privera.ch

WYDE
BIRR | WOHNEN HEISST LEBEN

Bei einer grossen Bestandesliegenschaft wie etwa der **Wyde** im aargauischen Birr, einer Überbauung mit 514 Wohnungen, sind ausserordentliche Anstrengungen seitens der Bewirtschaftung notwendig, damit die Liegenschaft mit preisgünstigem Wohnraum und einem hohen Ausländeranteil mit zunehmendem Alter nicht zusehends an Wert verliert. Unter anderen Massnahmen wurde in Zusammenarbeit mit einer auf Immobilien spezialisierten Werbeagentur eine zielgruppenorientierte Inseratekampagne erarbeitet. Neben dem oben aufgeführten Beispiel mit der Headline: «Für die junge Grossfamilie: Hier ist die Siedlung.» wurden dabei weitere Zielgruppen angesprochen:

– Für die alleinerziehende Mutter: Hier ist die Siedlung.
– Für das Leben allein: Hier ist die Siedlung.
– Für das erste Zusammenwohnen: Hier ist die Siedlung.
– Für den überzeugten Single: Hier ist die Siedlung.
– Für romantische Stunden zu zweit: Hier ist die Siedlung.

Bei den Inseraten fällt zudem positiv auf, dass nur das Produkt und die Ansprechpartnerin in den Vordergrund gerückt wurden und die Bewirtschaftungsfirma auf ihr Logo und ihre Anschrift verzichtet hat.

Abbildung 151: **Marken-Bewirtschaftung bei einer Bestandesliegenschaft**

7. Spezialthemen
7.1 Standortmarketing

> «Standortmarketing heisst, einen Standort so zu planen, dass er die Bedürfnisse seiner Zielmärkte befriedigt. Es ist dann erfolgreich, wenn Bürger und Unternehmer sich in ihrer Gemeinde wohl fühlen, wenn die Erwartungen der Besucher und Investoren erfüllt werden.»

Philip Kotler, 1994

Die Zusammenhänge und Abhängigkeiten zwischen den Akteuren der Standortpolitik, der Standortmarketing- und Wirtschaftsförderungen von Bund, Metropolitan-Regionen, von Kantonen, Regionen und Gemeinden einerseits und der Immobilien-Branche andererseits, sind viel grösser und komplexer als angenommen. Seit den 90er Jahren sind die Verbindungen oder Strukturen zwischen den Standortmarketing-Verantwortlichen und Entscheidungsträgern in der Immobilien-Wirtschaft mit unterschiedlicher Intensität aber doch zielorientiert aufgenommen und vielfach auch institutionell festgemacht worden. Im lokalen Bereich spiegeln die Kooperationen die Marktverhältnisse. Leerstände fördern generell einen Schulterschluss der Akteure von Politik und Wirtschaft. Ausschliesslich auf eine lokale Nachfrage ausgerichtete was Investoren und Entscheidungsträger der Immobilien-Wirtschaft erschweren die Standort- und Ansiedlungspolitik der entsprechenden Gemeinden oder Region. Auf der nationalen und internationalen Ebene hat sich in den letzten Jahren die Organisation und Trägerschaft von «Swiss Circle» insbesondere für die Präsenz an den Immobilien-Messen in Cannes und München etablieren können.

In den folgenden Ausführungen werden die Grundlagen und Abhängigkeiten des Standortmarketings in der Schweiz erklärt sowie die föderale Struktur aufgezeigt.

SVSM – Schweizerische Vereinigung für Standort-Management
Die im August 1998 gegründete Schweizerische Vereinigung für Standort-Management SVSM bringt Vertreter von Standortmanagement-Organisationen oder Standortmarketing-Mandatsträgern, Fachexperten aus Hochschule und Wirtschaft, Berater und Dienstleistungsvertreter im Bereich Ansiedlung und Relocation sowie Vertreter der Immobilien-Wirtschaft zusammen. Sie versteht sich als Forum für das Standortmanagement und fördert den Erfahrungsaustausch zwischen den mit Standortmanagement beschäftigten Organisationen und Verantwortlichen und ihren Beratern. Ziel des Fachverbandes ist die Verknüpfung der Aktivitäten zwischen Lehre, Forschung und Praxis. Die SVSM setzt sich für die Professionalisierung und Ausbildung in allen Teilgebieten des Standortmanagements ein. Sie amtet als Dokumentationsstelle und vermittelt Experten.

7. SPEZIALTHEMEN

7.1.1 Standortwettbewerb

Der Wettbewerb der Standorte spielt sich international vornehmlich über Metropolen ab. Diese bilden eine in der Regel ausreichende wirtschaftliche Basis für natürliche oder juristische Personen, die einen Standort für ihre wirtschaftliche Tätigkeit evaluieren. Darüber hinaus bilden sich aus den bestehenden Stadtnetzen und Agglomerationen zusammen mit der Kernstadt Metropolitan-Regionen. Dank Eigenständigkeiten und Spezialisierungen setzen sich diese zu einem international attraktiven und kompetitiven Portfolio zusammen.

Das strategische Ziel im Standortwettbewerb bildet immer die Ansiedlung und die Erhaltung von Steuerzahlern. Der Erhalt und mehr noch der Zuwachs an Steuermitteln bestimmt den Handlungsspielraum der politischen Instanzen. Die (zusätzlichen) Steuermittel können für den Ausbau von Dienstleistungen für die Steuerzahler und für Investitionen in die Infrastruktur des Standortes oder aber für den Abbau von öffentlichen Schulden und die Senkung von Steuern und Abgaben bzw. Gebühren eingesetzt werden.

In den letzten Jahren hat der Wettbewerb der Standorte auch die kleineren politischen Einheiten erfasst. Regionen und Gemeinden in der Schweiz engagieren sich als ökonomische oder kulturelle Räume zunehmend im Standortwettbewerb. Diese Entwicklung beeinflusst vermehrt politische Entscheidungen bezüglich der Ausgestaltung der harten und insbesondere auch der weichen Standortfaktoren in diesen Gebieten. Die Regionalpolitik von Bund und Kantonen bilden darin eine zusätzliche Verstärkung.

7.1.2 Standortmarketing in der Schweiz

In der Schweiz leisten Gemeinden, Städte, Regionen, Kantone und der Bund auf unterschiedlichen Ebenen Marketingleistungen, um Investoren, Arbeitskräfte, Neuzuzüger und Touristen anzuwerben. Zu den Aufgaben des Bundes gehören die Marktprospektion, die Informationsvermittlung und das Pflegen eines Kontaktnetzes insbesondere im Ausland. Die Kantone werden bei diesen Aufgaben miteinbezogen, kümmern sich aber hauptsächlich um die konkrete Kundenakquisition. Zu den zentralen Leistungen der Regionen, Städte und Gemeinden gehört die Betreuung sowohl standortsuchender als auch bereits ansässiger Unternehmen. Dabei arbeiten diese in engem Kontakt zu den übergeordneten Kantonen.

Im internationalen Wettbewerb ist die föderale Struktur der Angebotsdossiers oft ein Nachteil. Mit der Etablierung der Metropolitan-Regionen Greater Geneva-Bern Area, Greater Zurich Area, Regio Basilensis und Regio Insubrica wird die Effizienz im Standortmarketing auf nationaler, überregionaler Ebene erhöht und die Bekanntheit der schweizerischen Wirtschaftszentren gezielt für weite Landesteile genutzt. Den Mitgliederkantonen, Städten und Regionen der entsprechenden Metropolitan-Regionen obliegt die Aufgabe, innerhalb der Dachorganisation ihre Alleinstellungsmerkmale zu profilieren. So wird für den eigenen Standort auf die Ansiedlungsstrategie fokussiert und für das Gesamtgebiet zu einem attraktiven Portfolio beigetragen.

Werbung	Akquisition	Betreuung
Informieren, Kontakte schaffen, Aufmerksamkeit wecken	Kunden gewinnen	Potenzielle und ansässige Kunden betreuen
Bund	Kantone, Wirtschaftsräume	Regionen, Städte, Gemeinden

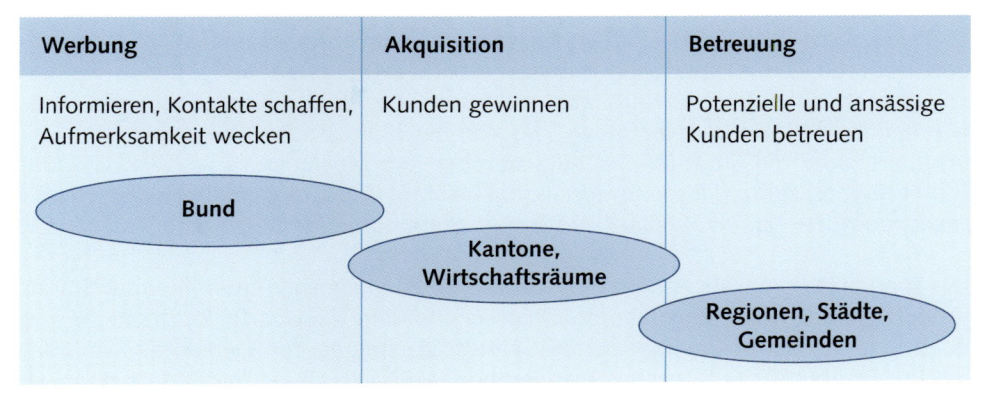

Abbildung 152: **Bund, Kantone, Regionen, Städte und Gemeinden übernehmen unterschiedliche Tätigkeiten im Standortmarketing** [1]

7.1.3 Standortmarketing der Gemeinden

Die Herausforderung für Gemeinden im Standortwettbewerb ist hoch. Oft sind die Standortmerkmale austauschbar. Gemeinden suchen deshalb im Standortwettbewerb am besten die Kooperation innerhalb der Region und des gemeinsamen Wirtschaftsraumes. Nicht die politischen Grenzen sind relevant, sondern die Standortvorteile, welche potenziellen Neuzuzügern insgesamt geboten werden können. Auch wenn die eigenen Standortstärken allein noch (zu) wenig Attraktivität bieten können: Zusammen mit den Nachbarn kann sich insgesamt eine wettbewerbsfähige Marktleistung ergeben, die für eine erfolgreiche Ansiedlungspolitik unabdingbar ist.

Auf kommunaler Ebene ist vor allem Klarheit über die zu verfolgende Standortpolitik zu schaffen. Die Prioritäten müssen entweder in der Ansiedlungspolitik, bei den Unternehmen/Arbeitsplätzen oder bei den natürlichen Personen festgelegt werden. Die Spezialisierung hat bessere Chancen als die sowohl-als-auch oder die sogenannte me-too-Strategie. Das Standortmarketing folgt den entsprechenden Zielen. Relevant sind Entwicklungsflächen und vorrätige Nutzflächen zum Wohnen und zum Arbeiten. Von Bedeutung ist die Preispolitik, also Steuern und Gebühren. Die Erreichbarkeit des Standortes und die Vernetzung mit Haupt- und Nebenzentren sind besonders wichtig. Schliesslich spielen die weichen Standortfaktoren wie Natur- und Freizeitangebot, Einkaufen, Schulen und Prestige der Standortgemeinde eine Rolle. Bestandespflege der Niedergelassenen und die Ansiedlungspolitik sind auf kommunaler Ebene Chefsache. Entsprechend sind die Standortpolitik und die Bearbeitung von Interessentenanfragen zu organisieren.

[1] Communicators AG, Zürich

7.1.4 Standortmarketing der Städte

Die Schweiz besteht aus einem Städtenetz der kurzen Wege. Selbst die Wirtschaftsräume Zürich und Genf wären ohne ihre Agglomerationsstädte und deren dichte Vernetzung und wechselseitige Erreichbarkeit im internationalen Wettbewerb unbedeutend. Die kleinen und mittelgrossen Stadtregionen der Schweiz werden im internationalen Wettbewerb nicht oder nur sehr selektiv wahrgenommen. Ausnahmen bilden zum Beispiel Baden, das von der multinationalen Präsenz von ABB profitiert, oder die Stadt Winterthur, die über ihre Versicherungsgesellschaft und früher über Sulzer und Rieter international bekannt wurde. Die meisten der schweizerischen Mittel- und Kleinstädte leben vor allem von ihrer Geschichte.

Die föderalistischen Strukturen der Schweiz begünstigen gleichwohl einen Standortwettbewerb unter den (Haupt-)Städten und den regionalen Zentren, die mit ihren Stadtkernen besondere Identität stiften. Analog zu den Gemeinden sind deren Profile über weite Strecken austauschbar. Die Abgrenzung findet deshalb meist über die kulturellen, über die eigene Region hinausragenden Angebote und über Firmenmarken statt, die eine internationale Bekanntheit oder Reputation aufweisen. Städteplanung, Architektur und öffentliche Räume sind geeignet, unverwechselbare Identität zu schaffen.

Schweizer Städte sind der bevorzugte Lebensraum von Individualisten. Gleichzeitig bilden in der Regel vorzüglich ausgestattete Versorgungszentren eine Agglomeration, deren ländlicher Charakter zur Profilierung als Standort zum Wohnen und zur Freizeitgestaltung geeignet ist. Dennoch verzichten viele dieser Städte auf eine Positionierung im Markt und suchen den Wettbewerb im Bereich von Dienstleistungsbetrieben und Arbeitsplätzen mit hoher Wertschöpfung. Dieser wird aber von den Wirtschaftszentren Zürich und Genf und bis zu einem gewissen Grad durch Basel bereits belegt und besser erfüllt.

Für Gemeinden wie für Städte liegt ein hohes Attraktivitäts- und Chancenpotenzial in den Entwicklungsarealen, die sich auf den früheren Industriearealen und im Umkreis von verkehrsmässig überdurchschnittlich erschlossenen Arealen befinden. Hier ergeben sich Optionen für die Entwicklung und Ausweitung oder Vertiefung von Marktleistungen der Standortgemeinde, die den Standortwettbewerb um Steuerzahler entscheidend beeinflussen können. Beispiele für die erfolgreiche Umnutzung von früheren Industriearealen liegen unter anderem in Schaffhausen, Winterthur und Zürich aber auch in kleinen Gemeinden wie Tägerwilen, Küsnacht und Schlieren, Walenstadt usw. Im Trend liegt zurzeit die Entwicklung und Aufwertung verschiedener Bahnhofgebiete. Der Erfolg dieser Initiativen liegt in der engen Zusammenarbeit von Grundeigentümern, Projektpromotoren und Investoren sowie den Behörden.

7.1.5 Standortmarketing der Regionen

Die Regionen bilden die Kernzellen im erfolgreichen Standortmarketing der Kantone und der Schweiz. Die wirtschaftliche Entwicklung ist vielfach verknüpft mit der langjährigen Erfolgsgeschichte einzelner Unternehmen.

Eine besondere Rolle nehmen Aus- und Weiterbildungsinstitutionen in den Städten und Regionen ein. Der Nachwuchs von spezialisierten Fachpersonen ist für die Entwicklung von Unternehmen zu einem der entscheidendsten Entwicklungs- und Wachstumsfaktoren geworden.

Regionen verfügen mehr als einzelne Gemeinden und Städte über die notwendigen Ressourcen für die Bildung einer breiten und finanzkräftigen Trägerschaft oder Standortmarketing-Organisation, die professionell arbeiten und erfolgreich Ziele umsetzen kann. Im Gegensatz zu den Gemeinden und Städten fehlen den Regionen jedoch oft die Partner auf Seiten der Politik, weil traditionell keine entsprechenden politischen Strukturen vorhanden sind – abgesehen von Zweckverbänden.

Die Marktleistungsgestaltung, die primär eine politische Aufgabe ist, wird in der Region durch die einzelnen Gemeinden und Körperschaften wahrgenommen. Dem Informationsaustausch zwischen der regionalen Standortförderung und den kommunalen Behörden kommt folglich eine grosse Bedeutung zu. Denn dadurch werden konkrete Erfahrungen bei den Ansiedlungen und Leistungsdefizite gegenüber den Mitbewerbern gemeinsam analysiert. Diese politische Komponente im Standortmarketing setzt im Weiteren auch eine gute Koordination zwischen den verschiedenen Gemeindebehörden voraus.

Die Regionen bilden neben den Kantonen und den privaten Kontakten die Erstanlaufstelle für potenzielle Neuzuzüger. Die regionalen Standortmarketing-Organisationen sind Botschafter und Partner der Gemeinden und sorgen für die entsprechenden Kontakte sowie für die Vermittlung von Informationen und Dienstleistungen. Ihre Kompetenz, Kommunikation und Dienstleistungsbereitschaft (Convenience) entscheiden oft über den Erfolg von Ansiedlungen.

Voraussetzung für ein erfolgreiches Standortmarketing in den Regionen ist Klarheit über die Standortpolitik sowie über das Leitbild und die Strategie. Die Abgrenzung und Spezialisierung gegenüber Konkurrenzregionen im In- und Ausland ist unverzichtbar. Sie muss stets der übergeordneten Kommunikationspolitik von Kantonen, Wirtschaftsregionen und Bund angepasst sein. Langfristig erfolgreich sind ausschliesslich jene Regionen, die sich auf eine gute Zusammenarbeit zwischen Behörden und Wirtschaft abstützen können.

Im Wettbewerb der Regionen spielt der Immobilien-Markt eine nicht zu unterschätzende Rolle. Für kurz- und mittelfristige Standortentscheidungen von Unternehmen und Privaten spielt die Verfügbarkeit von entsprechenden Nutzflächen und die Kenntnis über diese oft eine erste entscheidende Rolle. Die Standortpolitik der

Standortgemeinde und die Standortstrategie der Investoren befruchten sich dadurch gegenseitig und führen für die Interessenten zu echten Mehrwerten. Jüngst werden in verschiedenen Kantonen und Regionen die rechtlichen Voraussetzungen für die schnelle Realisierung von Projekten insbesondere in der Nachfrage von grossen Flächen aktiv zwischen Grundeigentümern und Planungsbehörden abgesprochen und vereinbart.

7.1.6 Standortmarketing der Kantone

Die Schwerpunkte der kantonalen Standortmarketing-Massnahmen orientieren sich an der Clusterpolitik, die von Bund und Kantonen gemeinsam entwickelt wurde. Diese Clusterstrategie stützt sich auf gewachsene und international stark profilierte Wirtschafts- und Ausbildungsstrukturen. Solche Strukturen sind etwa die Pharmaindustrie in Basel, das Finanzzentrum in Zürich oder aber die international renommierten Hochschulen in den Bereichen Bio- und Medizinaltechnologie, Mikro- und Nanotechnologie, Management und Consulting sowie Umwelttechnologie (Sustainability) als Entwicklungsschwerpunkte.

Die Immobilien-Wirtschaft bildet einen Teil des Marktleistungsangebotes im Rahmen der Standortpolitik und Clusterstrategie der Kantone und Wirtschaftsräume. Ihre Projektentwicklungs- und Kommunikationsstrategien können Ansiedlungen fördern oder auch behindern. Auch auf dieser Stufe gilt das Prinzip der Kooperation zwischen Wirtschaft und Politik. Der Wettbewerb unter verschiedenen Standorten findet nicht nur zwischen Unternehmen der Immobilien-Wirtschaft, zwischen Investoren oder Baufirmen statt. Im internationalen Wettstreit um Steuerzahler begegnen sich Metropolen und Wirtschaftsräume, die es mehr oder weniger gut verstehen, die knappen Ressourcen der Privatwirtschaft und der öffentlichen Hand auf eine gemeinsame Strategie zu fokussieren und damit für alle Beteiligten Mehrwerte zu erzielen.

Die Kantone orientieren sich an den politischen Grenzen. Auch hier sorgt der föderalistische Wettbewerb für die ständige Verbesserung der Rahmenbedingungen, die sich letztlich im internationalen Standortmarketing auszahlen. Gleichwohl sollte sich die Standortpolitik nicht an den politischen, sondern an den ökonomisch zusammengehörenden Räumen orientieren. Entsprechende Initiativen spiegeln sich in den überkantonalen Standortmarketing-Trägerschaften wie Greater Zurich Area, Lake Geneva Region aber auch Zürich Park Side oder High Tech Region Rheintal. Kantons- und sogar landesübergreifende standortpolitische Plattformen finden wir in den Organisationen Regio Basilensis, Regio Bodensee oder Regio Insubrica.

7.1.7 Greater Zurich Area

Überkantonale Standortmarketing-Organisationen ermöglichen eine enge Zusammenarbeit zwischen Vertretern der Politik und der Privatwirtschaft in einem grenzüberschreitenden Wirtschaftsraum. Durch die Zusammenarbeit können die Leistungen des Wirtschaftsraumes gebündelt und dadurch entscheidende Mehrwerte für standortsuchende Unternehmen geschaffen werden. Die erforderliche Zusammenarbeit kann in Form einer ebenbürtigen Organisation erreicht werden.

Die Greater Zurich Area AG ist die überkantonale Standortmarketing-Organisation für den Wirtschaftsraum Zürich, der alle Regionen umfasst, die in einer Fahrstunde vom Flughafen Zürich aus erreicht werden können. Sie wird von einer Stiftung finanziert, die von Vertretern der Privatwirtschaft wie auch der öffentlichen Hand getragen wird und pflegt eine enge Zusammenarbeit mit den Wirtschaftsförderungsstellen der Kantone, Städte und Gemeinden.

Die Organisation macht den Wirtschaftsraum Zürich im Ausland bekannt, akquiriert ansiedlungsinteressierte Unternehmen und unterstützt sie bei der Standortwahl im Wirtschaftsraum. Dabei arbeitet sie mit einem Netzwerk von Organisationen und Unternehmen in den ausländischen Märkten und im Wirtschaftsraum Zürich zusammen.

Die Greater Zurich Area AG fokussiert sich auf Branchen, in denen der Wirtschaftsraum besondere Wettbewerbsvorteile aufweist. Dies sind insbesondere Life Sciences, IT/New Media, Nano- und Mikrotechnologien und Cleantech. Unternehmen aus diesen Branchen profitieren im Wirtschaftsraum von Vorteilen wie der hervorragenden Infrastruktur, der hohen Verfügbarkeit von Know-how und qualifizierten Arbeitskräften sowie dem lokalen Innovationspotenzial. Daneben ist der Wirtschaftsraum Zürich ein begehrter Standort für internationale Hauptsitzfunktionen.

7.1.8 Standortmarketing des Bundes

Die föderalistischen Strukturen der Schweiz bilden ein nicht zu unterschätzendes Handicap im gezielten Standortmarketing. Wer den Standort Schweiz auf die Evaluationsliste nimmt, sieht sich früher oder später mit mindestens einem Dutzend kantonaler Dossiers konfrontiert, die oft in die verschiedenen Regionen fragmentiert sind. Deshalb kommt dem Standortmarketing des Bundes vor allem die Aufgabe zu, potenzielle Zuzüger, Investoren oder Touristen auf die Schweiz aufmerksam zu machen und sie den geeigneten Kantonen sowie anderen Partnerorganisationen zu vermitteln. Im Weiteren erfordern diese speziellen föderalistischen Strukturen der Schweiz gemeinsame Absprachen zwischen den Kantonen und Koordinationsleistungen bezüglich Positionierung und Kommunikation. Zur Erfüllung seiner Vermittlungsaufgaben hat der Bund im Standortmarketing die Osec mit dem entsprechenden Mandat ausgestattet.

Osec – Akquisition von Investoren im Ausland
Der Bund informiert und akquiriert Interessenten und Multiplikatoren im Ausland über das Stützpunktnetzwerk der Osec. Diese bietet potenziellen Gründern und Investoren wichtige Unterstützungsleistung bei ihren Standortentscheidungen. Die Kompetenz der Osec im Bereich Exportunterstützung für KMU bildet ein wertvoller Mehrwert für die Absender und Empfänger von Informationen und Beratungsdienstleistungen.

Ziel der Organisation ist es, die Marke Schweiz im Ausland zu vertreten, Kontakte zwischen potenziellen Investoren und kantonalen Vertretern zu schaffen und die wichtigsten internationalen Plattformen und Messen im Fach- und Ansiedlungsgeschäft zu berücksichtigen. Sie arbeitet eng mit kantonalen und überkantonalen Wirtschaftsförderern, mit dem Aussennetz des Bundes, des Osec-eigenen Stützpunktnetzwerkes und mit anderen Promotionsorganisationen des Bundes zusammen. Die Ansiedlungserfolge der Schweiz sind in den letzten Jahren über alles gesehen ausserordentlich hoch. Die Erfolge rechnen sich Bund, Osec, Kantone, Regionen und Beratungsunternehmen jeweils selbst an. Der positiven Bilanz tut der politische Wettbewerb und die «Urheberschaft» einer Ansiedlung oder Investition keinen Abbruch.

Osec – Förderung von Geschäftsbeziehungen zum Ausland
Der privatrechtliche Verein Osec (Office suisse d'expansion commerciale) wurde 1927 als Selbsthilfe-Organisation der Schweizer Exportwirtschaft gegründet. Inzwischen beinhaltet sein vom Bund erhaltener Leistungsauftrag die aktive Unterstützung und Förderung der Geschäftsbeziehungen von schweizerischen und liechtensteinischen Unternehmen mit dem Ausland. In diesem Rahmen unterhält er ein Netzwerk von Anlauf- und Unterstützungsstellen für Unternehmen mit internationalen Beziehungen.

Die Mitglieder der Osec, hauptsächlich KMUs, profitieren von aktuellen Informationen über die Auslandmärkte und von Beratungsdienstleistungen beim Auf- und Ausbau internationaler Geschäftsbeziehungen sowie von einem Netzwerk von Kooperationspartnern.

Präsenz Schweiz - Landeskommunikation Schweiz
Das Eidgenössische Departement für auswärtige Angelegenheiten (EDA), Präsenz Schweiz, unterstützt die Interessenwahrung der Schweiz im Ausland mit den Instrumenten der Öffentlichkeitsarbeit (Landeskommunikation). Die Landeskommunikation umfasst die folgenden ständigen Aufgaben:

a. die Förderung der Visibilität der Schweiz im Ausland
b. die Erklärung der politischen Anliegen und Positionen der Schweiz gegenüber einer ausländischen Öffentlichkeit
c. den Aufbau und die Pflege des Beziehungsnetzes der Schweiz zu Entscheidungsträgern und Meinungsführern im Ausland

Das EDA koordiniert seine Aktivitäten im Bereich der Landeskommunikation mit jenen anderer an der Pflege des schweizerischen Erscheinungsbildes im Ausland beteiligter bundesinterner und -externer Stellen.

Tourismus Schweiz – Akquisition von potenziellen Feriengästen aus dem Ausland
Die nationale Marketing- und Verkaufsorganisation Tourismus Schweiz ist vom Bund beauftragt, weltweit das Interesse für die Schweiz als Reise-, Ferien- und Kongressland zu wecken sowie potenzielle Gäste zu begeistern. Sie arbeitet intensiv mit touristischen Anbietern in der Schweiz zusammen und kann auf ein dichtes Verkaufsstel-

lennetz in der ganzen Welt zurückgreifen. Mithilfe von Medienarbeit, E-Marketing und Promotionstouren möchte sie die Aufmerksamkeit potenzieller Besucher für die Schweiz gewinnen, erste Informationsbedürfnisse abdecken und die Interessenten an die Anbieter in der Schweiz weitervermitteln.

Die Touristen von heute sind die möglichen Investoren und Interessenten für den Standort Schweiz von morgen. Die Tourismusbranche spielt damit über ihr eigentliches Kerngeschäft hinaus eine wichtige Rolle als Gastgeber, Imageträger und Knowhow-Vermittler über den Standort Schweiz.

7.2 Internationales Immobilien-Marketing

7.2.1 Internationale Immobilien-Messen

Dem Marketing von Immobilien-Unternehmen und Standortförderern kommt die Aufgabe zu, auf internationaler Ebene nach Kontakten zu Investoren, Nutzer oder niederlassungswilligen Unternehmen zu suchen. Die Schwierigkeit im grenzüberschreitenden Marketing besteht darin, dass es nur wenige Instrumente gibt, die gleichzeitig in mehreren Ländern eingesetzt werden können. Die meisten Printmedien sind national ausgerichtet. Wirkungsvolles Direktmarketing setzt voraus, dass man seine Zielgruppe mindestens dem Namen nach kennt, was in fremden Ländern nicht immer der Fall ist. Auf Grund der beschränkten Wirkung dieser Marketinginstrumente erfreuen sich im internationalen Geschäft für Immobilien die Messen einer grossen Beliebtheit. Dies zeigen etwa die jährlichen Zuwachsraten der MIPIM (Marché international des Professionels de l'immobilier) in Cannes und der EXPO REAL in München. Diese beiden Messen haben sich als bedeutendste Plattformen in Europa etabliert.

MIPIM in Cannes
Im Frühling treffen sich seit 1995 Immobilien-Vertreter, Standortförderer und Dienstleister rund um diese Themen jeweils im französischen Cannes. Dort, im Palais des Festivals an der berühmten Croisette, präsentieren sich über tausend Aussteller einer Vielzahl von Besuchern. Die Ausstellungsstände sind teilweise mehrere hundert Quadratmeter gross und grosszügig aufgemacht. Der Hafen von Cannes ist zu dieser Zeit jeweils voll besetzt von Yachten, die von Ausstellern gemietet werden, um darauf ihre Kunden zu empfangen und Gespräche zu führen. Die MIPIM zeichnet sich denn auch durch zahlreiche Events aus, die oft in glamourösem Rahmen abgehalten werden. Der Grossteil der Schweizer Messeteilnehmer stellt an dieser Messe am Stand des Swiss Circle aus, der die Schweizer Präsenz seit mehreren Jahren organisiert. Es sind dies jedes Jahr jeweils zwischen 15 und 25 Aussteller. Neben der Präsentation des eigenen Angebots auf internationalem Parkett dient diese Veranstaltung auch der Kontaktpflege innerhalb der Schweizer Immobilien- und Standortbranche. Nirgendwo sonst können so viele Kontakte innert so kurzer Zeit geknüpft oder gepflegt werden. Würde man diese Kontakte in der Schweiz

organisieren wollen, so bräuchte man für all diese Termine inkl. Reisezeit wohl mehrere Wochen. So merkwürdig es auch tönen mag: Die Messe in Cannes (wie auch die EXPO REAL in München) hat sich auch als nationale Kontaktplattform einen festen Platz im Kalender der Immobilien-Wirtschaft gesichert.

EXPO REAL in München

Als bedeutendste Konkurrenzveranstaltung zur MIPIM hat sich die von der Messe München organisierte EXPO REAL etabliert. Sie wird seit 2000 jeweils im Oktober während dreier Tage in der bayerischen Hauptstadt angeboten. Im Gegensatz zur glamourösen Messe in Cannes gilt die EXPO REAL als eher nüchterne Arbeitsmesse. Das hindert die Aussteller aber nicht daran, sich auf zum Teil ausladenden Ständen zu präsentieren und ihre Kunden und solche, die es werden könnten, grosszügig zu bewirten. Die EXPO REAL kann auf eine moderne Messeinfrastruktur zurückgreifen und ist modular ausbaubar. Sie ist in den letzten Jahren denn auch ständig gewachsen. Die EXPO REAL ist mittlerweile ebenso gross wie die MIPIM und könnte letztere in naher Zukunft gar überflügeln. Sie ist bei Ausstellern beliebt, da eine Messeteilnahme sowohl als Aussteller als auch als Besucher weniger aufwändig ist: Ein Eintrittsticket in MIPIM kostet rund 1600 Euro, während in München für die drei Messetage etwa 325 Euro zu bezahlen sind.

	MIPIM	EXPO REAL
Datum	Frühling	Herbst
Anzahl Besucher	17 300	21 000
Eintritt für Besucher	Euro 1 600	Euro 325
Anzahl Aussteller	ca. 1 727	ca. 1 645
Anzahl Länder	81	35
Standkosten alleine	> CHF 60 000	> CHF 60 000
Kostenanteil Schweizer Stand	ab CHF 9 000	ab CHF 9 000

Abbildung 153: **Die beiden wichtigsten internationalen Immobilien-Messen im Vergleich (Zahlen 2010)**

7.2.2 Messe-Marketing

> «You can't email a handshake.»

Diese treffende Aussage zeigt den Wert einer Messe, die sich durch persönliche Begegnungen auszeichnet. Auch in der weltweit vernetzten Online-Welt sind Treffen von Angesicht zu Angesicht durch nichts zu ersetzen. Untersuchungen haben gezeigt, dass das geschriebene Wort lediglich rund 20 % der Kommunikation ausmacht. Der weitaus grösste Teil machen das gesprochene Wort, die Mimik und die Körpersprache aus. Sie bestimmen den ersten Eindruck, der entscheidend sein kann, zudem schaffen sie das Vertrauen, das es braucht, um Immobilien-Geschäfte zu tätigen, bei denen es ja immer um grosse Summen geht. Deshalb kann bei komplexen Geschäften nie auf persönliche Kontakte verzichtet werden.

Trotz der grossen Bedeutung der Messe als Marketinginstrument werden oft Fehler gemacht. Die häufigsten Mängel im Umgang mit Messen sind hier aufgelistet:

– Die Messe wird als operative Massnahme betrachtet anstatt sie im mittel- bis langfristigen strategischen Kontext einzuordnen

– Das Potenzial einer Messe wird ungenügend genutzt, obwohl es sich dabei um ein eher kostenintensives Marketinginstrument handelt

– Die Vorbereitungsphase wird unterschätzt. Eine Messe sollte unternehmensintern bereits Wochen vor deren Türöffnung thematisiert und vorbereitet werden

– Botschaften werden zuwenig prägnant kommuniziert. Es empfiehlt sich eine Konzentration auf eine oder wenige Botschaften, da der Messebesucher einer grossen Informationsflut ausgesetzt ist. Die alte Kommunikationsregel KISS (Keep it simple and short.) führt in diesem Zusammenhang zu besseren Resultaten als der Wunsch, sämtliche Vorteile des eigenen Angebots ausführlich zu loben

– Am Messestand wird gewartet, bis etwas passiert, anstatt aktiv auf potenzielle Kunden zuzugehen

– Die Nachfassphase wird vom Alltag überrollt. Deshalb ist die Nachbearbeitungsphase bereits vor der Messe zu planen

Werden die erwähnten Fehler vermieden, sind Messen äusserst wirkungsvoll sowohl in der Pflege als auch in der Akquisition von Kunden. Sie sind die beste Gelegenheit für den direkten Dialog und weisen einen vergleichsweise tiefen Streuverlust auf, da sämtliche Besucher ein direktes Interesse an Immobilien und/oder Standorten haben. Sie sind in der Regel Investoren, Nutzer, Mittler oder Dienstleister. Die hohen Eintrittspreise führen hier zu einer natürlichen Selektion. Um die Funktionsweise einer Messe zu verstehen, muss man sich von der Vorstellung verabschieden, dass am Messestand Abschlüsse getätigt werden. Der Prozess, der diesem Endziel vorangeht, ist viel komplexer: Am Anfang stehen Informationen zu Projekten, Objekten, Standorten, Dienstleistungen oder Unternehmen. Richtig präsentiert, führen diese zu neuen oder, sofern man sich bereits kennt, zu vertieften Kontakten. Werden diese Kontakte geschickt genutzt, zeichnen sich Geschäftschancen ab, die im optimalen Fall zu konkreten Geschäften führen. Oft dauert ein solcher Prozess einige Monate oder gar Jahre. Deshalb ist es wichtig, regelmässig an Messen teilzunehmen, um die Kontaktqualität stetig zu steigern und bis zum Abschluss voranzutreiben.

7. SPEZIALTHEMEN

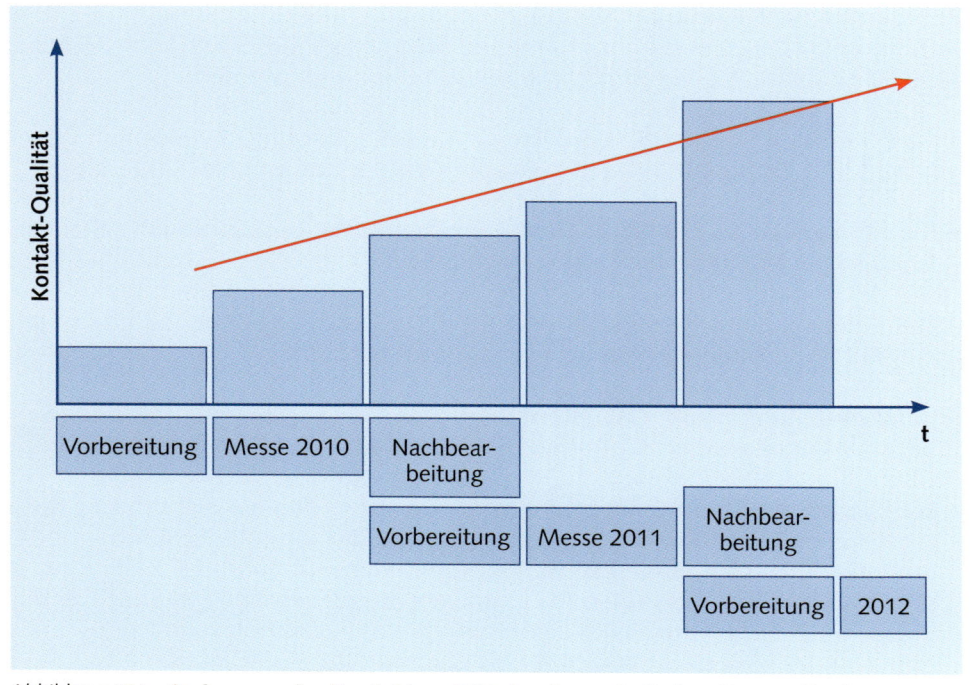

Abbildung 154: **Steigerung der Kontaktqualität durch regelmässige Messeteilnahmen**

Die Marketingaktivitäten rund um eine Messe lassen sich in eine Phase vor, während und nach der Messe einteilen.

Marketing vor der Messe
Um das Potenzial einer Immobilien-Messe optimal nutzen zu können, sollte man sich bereits frühzeitig darauf vorbereiten. Folgendes ist dabei zu beachten:

– **Messeteilnahme in der Marketingstrategie berücksichtigen**
  Zuerst muss die Messe in der Marketingstrategie eingebunden werden und mit anderen Instrumenten und Aktivitäten abgestimmt sein.

– **Messeziele definieren**
  Dann muss man sich über die Messeziele im Klaren sein. Möchte man damit seine Unternehmung, ein Projekt oder einen Standort voranbringen? Nach wie vielen Teilnahmen sollen welche Ziele erreicht sein?

– **Messebudget festlegen**
  Für jede Messe ist zudem ein klares Budget festzulegen. Bei einer erstmaligen Messeteilnahme empfiehlt sich, eine Budgetreserve einzuplanen, damit man auf Unvorhergesehenes adäquat reagieren kann.

- **Mitarbeiter frühzeitig involvieren**
  Die eigenen Mitarbeiter müssen unbedingt frühzeitig sensibilisiert werden. Dazu eignet sich z. B. ein Kick-off-Meeting rund vier Monate vor Messebeginn. Dann bleibt noch genügend Zeit, geplante Massnahmen umzusetzen.

- **Datenbank aktualisieren**
  Jede Messe ist eine Gelegenheit, die eigene Kontaktdatenbank auf Vordermann zu bringen. Sind die Kundendaten vollständig, korrekt und noch aktuell? Es lohnt sich, eine Person für einige Zeit mit der Bereinigung zu beauftragen. Nur so können bestehende Kunden wirkungsvoll im Voraus über die Messeteilnahme orientiert werden.

- **Besprechungstermine im Voraus vereinbaren**
  Die Erfahrung zeigt, dass die Zielpersonen an der Messe selbst oft keine Zeit mehr finden. Deshalb zahlt es sich aus, bereits im Voraus Besprechungstermine zu vereinbaren. Zudem kann so der Beachtungsgrad des eigenen Messestandes beträchtlich gesteigert werden.

- **Website aktualisieren**
  Auch sollte im Messevorfeld die eigene Website auf Mängel überprüft und bei Bedarf aktualisiert werden. Dasselbe gilt für Dokumentationen über die eigene Firma oder über Projekte: Stimmen die Angaben noch? Liegen genügend Exemplare vor? Was für Dokumentationen gilt, ist selbstverständlich auch für Visitenkarten und allenfalls vorhandene Give Aways zu beachten.

- **Know-how auf neusten Stand bringen**
  Bevor man in anspruchsvolle Messegespräche einsteigt, sollte das eigene Know-how auf den neusten Stand gebracht werden. In einem unternehmensinternen Briefing können Fakten zu Unternehmung und Projekten vermittelt werden. Vielleicht ist auch eine kurze Auffrischung der Englischkenntnisse notwendig. Auf jeden Fall sollte man sich mit einer FAQ-Liste (frequently asked questions) auf die kommenden Gespräche und darin zu erwartenden Fragen und Argumente vorbereiten.

- **Messeteilnahme im Voraus kommunizieren**
  Mit Kommunikationsmassnahmen im Vorfeld kann man die Wirkung der eigenen Messeteilnahme verstärken. Die Messeteilnahme sollte unbedingt auf der eigenen Website, im Firmennewsletter, allenfalls in einem Directmailing, einer Pressemeldung und vielleicht in Inseraten thematisiert werden.

7. SPEZIALTHEMEN

Marketing während der Messe

Auf dem Messestand muss man sich immer das Ziel vor Augen halten, neue Kontakte zu schaffen und bestehende Kontakte zu vertiefen. Dabei helfen folgende Merkpunkte:

- **Unterlagen übersetzen**
  Die Unterlagen zum Angebot sollten sich wenn immer möglich der Sprache der Zielgruppe anpassen. An der EXPO REAL in München genügt eine deutsche Dokumentation, für die MIPIM in Cannes sind englische Unterlagen empfehlenswert.

- **Erreichbar sein**
  Man sollte auf einer Messe ständig erreichbar sein, weshalb sich die Hinterlegung der eigenen Handynummer am Stand empfiehlt. So kann man kontaktiert werden, falls sich ein Interessent beim Standpersonal meldet.

- **Möglichst viele Kontakte sammeln**
  Schlussendlich sollte man nicht vergessen, dass die Akquisition meist ein Zahlenspiel ist, bei dem gilt, dass die Wahrscheinlichkeit eines erfolgreichen Abschlusses in der Regel direkt mit der Anzahl geknüpfter Kontakte korreliert.

- **Verhaltensregeln beachten**
  Im Wissen um die Tatsache, dass die Körpersprache die Kommunikationswirkung stark beeinflusst, ist auf ein adäquates Benehmen am Stand zu achten. Wir fassen in der Folge einige Knigge-Tipps für Standpersonen zusammen:

  - Keine Selbstbeschäftigung, da dies Desinteresse signalisiert
  - Kein Stehen auf der Standgrenze, da dies einer Barriere für Standbesucher gleichkommt
  - Auf korrekte Kleidung achten
  - Blickkontakt suchen
  - Mit Kunden sprechen (und nicht mit Kollegen)
  - Den Dialog führen, offene Fragen stellen und vor allem: gut zuhören
  - Visitenkarten sammeln und diese sofort mit Notizen versehen, damit keine Informationen verloren gehen

- **Gespräche gezielt führen**
  Ein Gespräch an einem Messestand ist nicht mit einer Plauderei zu verwechseln. Für zielführende Gespräche sind folgende Punkte zu beachten:

  - Gesprächseröffnung: Wer sind Sie? Wofür interessieren Sie sich? Wie kann ich Ihnen helfen?
  - Gesprächsführung: Angebot nicht nur kommunizieren sondern argumentieren (Vorteile, Stärken, Reason to invest)
  - Gesprächsabschluss: Nächsten Schritt definieren

7.2 Internationales Immobilien-Marketing

Marketing nach der Messe
Um das Ziel, die Kontaktqualität zu steigern, erreichen zu können, endet die Messe bei Türschliessung noch lange nicht. Nach der Messe sind folgende Aktivitäten empfehlenswert:

– **Kontakte nachfassen**
Die geknüpften Kontakte sind in der Folge rasch nachzufassen. Dies kann allenfalls bereits vor der Messe vorbereitet werden, indem z. B. ein Mailing weitgehend vorbereitet wird und nur noch mit den Kontaktdaten ergänzt werden muss.

– **Medien orientieren**
Eine Pressemeldung über die eigene Messebeteiligung hilft, die Kommunikationswirkung zu optimieren.

– **Debriefing durchführen**
Unternehmensintern ist ein Debriefing empfehlenswert, an dem Kontakte abgeglichen, Erfahrungen ausgetauscht und Konsequenzen für das nächste Mal abgeleitet werden. Die FAQ-Liste kann mit den neusten Fragen und Argumenten ergänzt werden. Ganz nach dem Motto «nach der Messe ist vor der Messe» ist am Debriefing die nächste Messe zu terminieren, zu buchen und allenfalls bereits vorzubereiten.

7.2.3 Swiss Circle

Auf internationalem Parkett wird oft mit der grossen Kelle angerichtet und beträchtliche Budgets für das internationale Marketing gesprochen. Viele Schweizer Unternehmen und Organisationen können mit ihren Mitbewerbern aus anderen Ländern nicht mithalten und müssen mit kleineren Budgets auskommen. Trotzdem möchte man aber auf internationalem Parkett bestehen und sein Angebot wirkungsvoll präsentieren. Deshalb haben sich in der Schweiz Strukturen gebildet, die Schweizer bei ihrem grenzüberschreitenden Geschäft unterstützen. Eine Marketingstruktur, die sich seit vielen Jahren bewährt hat, ist Swiss Circle. Diese Organisation ist als Messeorganisator entstanden und bietet seinen Kunden heute eine breite Palette von Marketinginstrumenten. Jedes Jahr organisiert Swiss Circle an der MIPIM und an der EXPO REAL den Schweizer Gemeinschaftsstand, an dem Schweizer Immobilien-Unternehmen und Standorte mit internationaler Ausrichtung ausstellen. Dieser internationale Auftritt wird jeweils mit verschiedenen ergänzenden Marketingmassnahmen unterstützt. Mit Blick auf die enormen Investitionen und Marketingaktivitäten ausländischer Unternehmen und Standorte besteht für die Schweiz durchaus noch Nachholbedarf. Es bleibt zu hoffen, dass sich die Schweizer Immobilien-Wirtschaft und deren Standorte auf dem internationalen Parkett weiter etablieren und stärker positionieren können.

7. SPEZIALTHEMEN

Abbildung 155: **Der Swiss Circle-Stand an der EXPO REAL**

Mit dem Swiss Circle Memberprogramm hat sich Swiss Circle auch als Netzwerk innerhalb der Schweizer Grenzen etabliert. So haben Swiss Circle-Member auch zwischen zwei Messeterminen die Möglichkeit, Kontakte zu knüpfen. Dabei wird das Internet eingesetzt, um Begegnungen sowohl zwischen Swiss Circle-Membern untereinander als auch zu ausländischen Investoren, Nutzern und Standortsuchenden zu ermöglichen. Das Online-Marketing wird von weiteren Massnahmen begleitet wie etwa einem Newsletter, Direktmarketing oder verschiedenen Netzwerkveranstaltungen.

7.3 Kundenbindung

Immobilien-Fachleute sind in Fragen der Kundenbindung in der Regel noch nicht so fit wie andere Dienstleistungsbranchen. Noch immer wird wenig getan, um den Endnutzer, sprich Mieter oder Käufer eines Objektes, nach einem ersten Abschluss als Kunden zu behalten. Auch die Pflege des Kontakts zum Auftraggeber wird oft vernachlässigt. Die Herstellung und Aufrechterhaltung einer Bindung zu den Kunden setzt die Kenntnis der Kunden und ihrer Bedürfnisse voraus. Je nach Phase, in der sich eine Immobilie befindet, sind die Kunden und ihre Bedürfnisse unterschiedlich. Im Folgenden sollen deshalb die Möglichkeiten der Kundenbindung in der Entwicklung, in der Vermarktung sowie in der Bewirtschaftung genauer betrachtet werden.

> Es muss sehr viel mehr Kraft dafür aufgewendet werden, einen neuen Kunden zu gewinnen, jedoch nur einen Bruchteil davon, einen bestehenden Kunden zu halten!

7.3.1 Kundenbindung in der Immobilien-Entwicklung

Wird eine Immobilie entwickelt, haben es Immobilien-Dienstleister primär mit Eigentümern einer Landparzelle bzw. eines bestehenden Gebäudes oder mit Projektentwicklern und Zwischeninvestoren zu tun. Dazu kommen Kundengruppen, mit denen kein direktes Mandatsverhältnis besteht, die aber trotzdem berücksichtigt werden müssen. Bei diesen sekundären Kundengruppen handelt es sich beispielsweise um Planer, Behörden, Verbände, Medien, um die Öffentlichkeit oder eventuell bereits um die zukünftigen Nutzer der in der Entstehung begriffenen Immobilie. Die Kundengruppen zu kennen bedeutet insbesondere, sich über ihre Bedürfnisse im Klaren zu sein. Dazu ist es notwendig, den Prozess der Immobilien-Entwicklung zu kennen. Dieser reicht von der Idee über die eigentliche Projektierung bis hin zum Abschluss (Kauf oder Miete) mit den Endnutzern. Im Kapitel 4 wurde dieser Prozess ausführlich besprochen.

Beratungsmandate in der Phase der Immobilien-Entwicklung (z. B. Erstellung einer Standort- und Marktanalyse oder einer Nutzungskonzeption) fokussieren sowohl auf einzelne Fragestellungen oder umfassen aber auch mehrere Prozessphasen. Dabei spielen vielfach persönliche Beziehungen und das Vertrauen in den Berater eine entscheidende Rolle. Da dem Immobilien-Dienstleister zur Präsentation seiner Ideen oft nur wenig Zeit zur Verfügung steht, sollten diese Treffen sehr gut vorbereitet sein. Die Standpunkte aus der Sicht des Markts und des Nutzers müssen prägnant und überzeugend formuliert werden, da sie nicht selten von denjenigen aus der Sicht der Planung abweichen.

Das Ziel muss es sein, dass die Eigentümerschaft und das Projektentwicklungsteam die Meinung vertreten, dass ein Nutzungs- und Marktspezialist im ganzen Projektentwicklungsprozess zum Team gehört und den Prozess bis zum Nutzereinzug begleiten kann. Nun muss sich die einmal erstellte Standort- und Marktanalyse oder die Nutzungskonzeption im weiteren Projektentwicklungsprozess bewähren, und sicher müssen Präzisierungen, z. B. in enger Zusammenarbeit mit den Architekten und anderen Planern, erstellt werden. Der Kommunikation mit diesen Bezugsgruppen auf einer sachlichen und für das Projekt förderlichen Ebene ist demnach grosse Beachtung zu schenken. Es ist nun Aufgabe des Immobilien-Dienstleisters, die Beziehungen dieser Parteien untereinander zu kennen. Wer ist beispielsweise kapitalmässig miteinander verbunden? Wer hat bereits früher erfolgreich zusammengearbeitet? Wo liegen ungelöste Konflikte verborgen? Welche Interessen sind kongruent und welche widersprechen sich?

Die Kundenzufriedenheit und eine längerfristige Kundenbindung hängen sicher auch damit zusammen, ob das Projekt erfolgreich am Markt platziert werden kann. Dem Immobilien-Dienstleister bieten sich aber im Verlauf der Projektentwicklung viele wenn auch zum Teil kleine Auftritte, um seine Fachkompetenz zu beweisen und um Vertrauen zu schaffen. Entscheidend kann auch sein, dass in wichtigen Zeitpunkten eines Projektes, z. B. in einer Gestaltungs- oder Wettbewerbsphase, die nötige zeitliche Präsenz und fachliche Professionalität zur Verfügung gestellt werden kann. Es ist zu hoffen, dass damit die Mitarbeit in einem Projektentwicklungsteam verlängert werden oder bereits das nächste Projekt gestartet werden kann.

7.3.2 Kundenbindung in der Vermarktung

In der Immobilien-Vermarktung ist die Kundenbindung nicht im Zusammenhang mit Wiederholungskäufen zu sehen, da ein Immobilien-Käufer in der Regel nur ein einziges Mal oder zumindest nur wenige Male in seinem Leben ein Haus oder eine Wohnung kauft. Kundenbindung muss sich vielmehr darin äussern, dass ein Kunde auf Grund seiner guten Erfahrungen die Geschäftspartner weiterempfiehlt. Die Empfehlung ist bei Immobilien ein entscheidender Faktor, da in der Regel die Erfahrung in solchen Kaufprozessen fehlt. Man erkundigt sich demzufolge bei Leuten seines Vertrauens, zumeist im Freundes- und Familienkreis, mit wem man bei einem Immobilien-Verkauf oder -Kauf zusammenarbeiten soll.

7.3.2.1 Kundenbindung mit dem Auftraggeber

Wir haben bereits an früherer Stelle festgehalten, dass es der Immobilien-Vermarkter mit einem dualen Marketing zu tun hat. Einerseits hat er seinem Auftraggeber gerecht zu werden, andererseits muss er den potenziellen Käufer oder Mieter zum Abschluss bewegen. Der Auftraggeber ist in der Regel der Besitzer, Investor oder Promotor. Deren Bedürfnisse umfassen – selbstverständlich nebst einem erfolgreichen Abschluss – die effiziente und transparente Abwicklung des Mandats. Folgende Punkte sind in diesem Zusammenhang zu berücksichtigen:

Faire Konditionen
Der Preisfestlegung kommt eine entscheidende Bedeutung zu. Manche Auftraggeber können zwar mit übersetzten Verkaufspreisempfehlungen beeindruckt werden. In der Regel setzt sich aber im Laufe des Mandats ein marktgerechter Preis durch. Deshalb trägt die Festlegung eines fairen Preises bereits zu Beginn des Verkaufsprozesses viel zu einer positiven Kundenbindung bei.

Unabhängige Analyse
Der unabhängigen Beurteilung der Immobilie und der sorgfältigen Beschreibung der Stärken und Schwächen sowie der Chancen und Gefahren kommt eine grosse Bedeutung zu. Insbesondere die Analyse der Schwächen und Gefahren muss unabhängig vom Auftraggeber erfolgen.

Effiziente Budgetverwendung
Dem Vermarkter steht in der Regel ein pauschales Budget für die Marktbearbeitung zur Verfügung. Der Auftraggeber erwartet, dass sein Geld sorgfältig und effizient eingesetzt wird. Dazu gehören insbesondere das Einholen verschiedener Offerten vor der Arbeitsvergabe sowie eine wirkungsoptimierte Mediaplanung.

Transparentes Reporting
Der Auftraggeber erwartet in regelmässigen Abständen ein Reporting über den Fortschritt der Vermarktung. Ein solches Reporting sollte Auskunft über erfolgte Aktivitäten, deren Kosten, die erzielten Wirkungen, erfolgte Kundenkontakte sowie eventuelle Absagen von Interessenten enthalten. Vor allem die Analyse der Gründe für Absagen ist dabei von Interesse. Sie kann Aufschluss darüber geben, ob man sich auf dem richtigen Weg befindet oder ob in der Vermarktungsstrategie gewisse Änderungen vorgenommen werden sollten. Ein offenes Reporting führt dazu, dass der Auftraggeber das Vermarktungshonorar als gute Investition betrachtet. Die Kosten für die Vermarktungsaktivitäten werden als gerechtfertigt beurteilt. Zudem können eventuelle Korrekturmassnahmen rechtzeitig erkannt und beschlossen werden.

7.3.2.2 Kundenbindung mit dem Immobilien-Käufer
Jeder Kaufinteressent reagiert unterschiedlich und erfordert deshalb vom Vermarkter eine hohe Sozialkompetenz. Um den Verkaufsprozess (ist auch für den Vermietungsprozess anwendbar) richtig steuern zu können, ist es von Vorteil, das Kaufverhalten des Kunden zu kennen. Meffert [2] unterscheidet vier Grundhaltungen von Käufern:

1. **Rationaler Käufer:** Der rational handelnde Homo Oeconomicus, der auf Grund eines Vergleichs seiner zur Verfügung stehenden Alternativen jene Auswahl trifft, die seinen Nutzen maximiert. Gerade in der Immobilien-Wirtschaft mit ihren kapitalintensiven Gütern steht dieses Kaufverhalten im Vordergrund. Als Konsequenz daraus muss der Kaufinteressent mit detaillierten Informationen über die Immobilie versorgt werden. Facts und Figures müssen übersichtlich aufgearbeitet und in verständlicher Form kommuniziert werden.

---

[2] Meffert, Heribert: Marketing, Grundlagen in der Absatzpolitik, Wiesbaden 1986

2. **Gewohnheitskäufer:** Kunden, die nach immer gleichem Muster einkaufen. Auch wenn es sich bei Immobilien-Transaktionen nicht um Routinegeschäfte handelt, spielen die Gewohnheiten der Kunden hier eine Rolle. Denn gerade weil dem Immobilien-Käufer die Erfahrung in solchen Geschäften fehlt, wird er sich an Kauferfahrungen in anderen Bereichen (z. B. Kauf von Autos oder Versicherungen) orientieren. In einem Verkaufsgespräch ist es äusserst hilfreich, wenn man die jeweiligen Kaufgewohnheiten des Kunden kennt.

3. **Impulskäufer:** Auf Grund der Charakteristik von Immobilien (kapitalintensiv, komplex) sind Impulskäufe wohl eher die Ausnahme. Der Kauf einer Liegenschaft basiert meist auf intensiver Evaluation. Dies heisst aber keineswegs, dass Emotionen und subjektive Faktoren keine Rolle spielen.

4. **Sozial abhängiger Käufer:** Er entscheidet weniger auf Grund seiner eigenen Informationen und Erfahrungen, sondern vielmehr basierend auf den Wertvorstellungen seiner für ihn wichtigen Umwelt. Dazu können Freunde, Familie, Mitarbeiter, Vorgesetzte oder Berühmtheiten gehören. Dieser Faktor dürfte auch beim Immobilien-Kauf eine Rolle spielen. Deshalb ist es von Bedeutung, die Bezugspersonen und die Vorbilder seines Kunden im Gespräch «herauszuhören».

Eine andere Typologie [3] teilt Kaufentscheidungsprozesse folgendermassen ein:

1. **Low Involvement:** Dabei handelt es sich um wenig bzw. einfach strukturierte Käufe mit geringem Risiko. Es wird dementsprechend auch wenig Aufwand und Zeit für die Evaluation und Abwägung investiert. Obwohl Immobilien an und für sich nicht dieser Kategorie zuzuordnen sind, gibt es doch gewisse Elemente im Kaufprozess, welche diese Eigenschaften aufweisen. Dabei handelt es sich um Teilbereiche von Immobilien, auf die der Käufer allenfalls keinen grossen Wert legt. Dies kann zum Beispiel die Gartengestaltung oder die Auswahl von bestimmten Ausbaudetails betreffen.

2. **High Involvement:** Der Kunde beschafft sich in einem aufwändigen Prozess systematisch Informationen von hoher Detailliertheit. Er investiert viel Zeit und Energie, um den weitreichenden Kaufentscheid sorgfältig vorzubereiten und mit möglichst geringem Risiko zu fällen. Immobilien-Käufer lassen sich typischerweise dieser Kategorie zuordnen. Der Bereich High Involvement wiederum kann in einen kognitiven und einen emotionalen Typ eingeteilt werden:

Hohes kognitives Involvement
Rationale Informationen stehen im Vordergrund. Diese werden mit hohem Aufwand verarbeitet und zur Entscheidungsfindung verwendet. Das trifft in der Regel für kommerziell genutzte Immobilien und für die Mehrheit der Wohnliegenschaften zu.

---

[3] Meffert, Heribert: Neue Herausforderungen für das Marketing durch interaktive elektronische Medien, Berlin 2000

Hohes emotionales Involvement
Hier hängt der Kaufentscheid weniger von rationalen Informationen ab. Entscheidend sind persönliche Werte und Einstellungen («Das will ich einfach haben.»). Diese Charakteristik ist typisch für Immobilien im Luxusbereich, wo Liegenschaften oft wie Konsumgüter betrachtet werden.

Im Umgang mit Kunden ist es wichtig, die Wertvorstellungen und Kaufgewohnheiten seines Gegenübers zu kennen. So gelingt es, sein Interesse zu wecken, sein Vertrauen zu gewinnen und damit die Basis für einen erfolgreichen Kaufabschluss zu legen. Aus den genannten Käufertypologien können für den Verkauf von Immobilien folgende Schlüsse gezogen werden:

– Es dürfen keine Informationen zurückgehalten werden; lückenlose Information ist unerlässlich. Ein Immobilien-Käufer recherchiert in der Regel das Umfeld des Kaufobjekts sehr gründlich und wird deshalb so oder so zu seinen benötigten Informationen kommen

– Die Information sollte aktiv sein. Insbesondere müssen auch Schwächen der Immobilie frühzeitig kommuniziert werden. Auf diese Art können defensive Verteidigungsargumentationen vermieden werden, und die Schwäche der Immobilie kann so kommuniziert werden, wie es der Verkäufer für richtig betrachtet

Rationale Informationen stellen vordergründig die wichtigste Basis für Immobilien-Kaufentscheide dar. Sie müssen demzufolge vollständig, korrekt und in verständlicher Form aufbereitet werden. Ausreichende rationale Informationen dürfen von Immobilien-Käufern jedoch als selbstverständlich vorausgesetzt werden. Der Wettbewerb um die Gunst des Käufers wird deshalb auf dieser Ebene nur vorentschieden, indem diejenigen ausscheiden, die den Kunden bereits in diesem Bereich nicht befriedigen können. Emotionale Komponenten spielen im Immobilien-Kauf jedoch ebenfalls eine grosse Rolle. Auf Grund der hohen Komplexität und der mangelnden Routine im Kaufprozess kann Vertrauen zum entscheidenden Kriterium werden. Vertrauen basiert zu einem grossen Teil auf emotionalen Kriterien.

7. SPEZIALTHEMEN

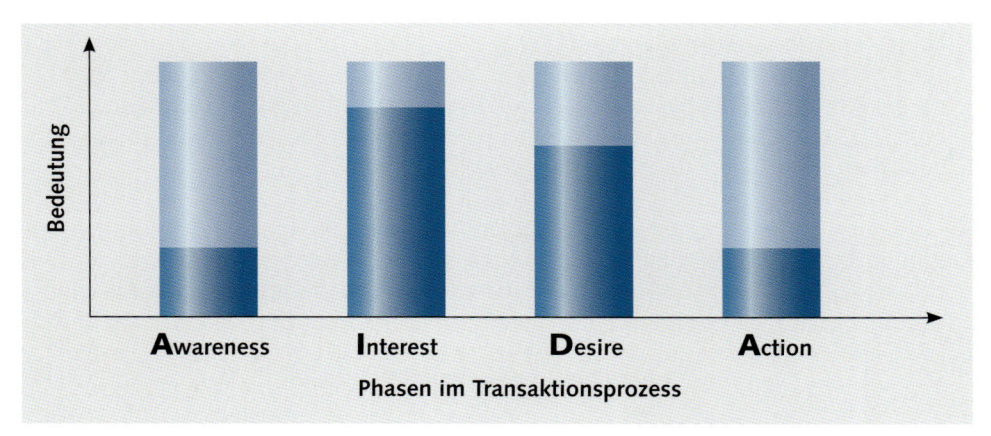

Abbildung 156: Unterschiedliche Bedeutung rationaler (dunkelblau) und emotionaler (hellblau) Faktoren im Laufe des Transaktionsprozesses

Rationale und emotionale Faktoren weisen je nachdem, wie nah ein Interessent dem Abschluss ist, unterschiedliche Bedeutungen auf. Als Verdeutlichung mag dabei das Modell der Transaktionsphasen AIDA dienen (vgl. oben sowie Abbildung 42, Kapitel 2). In der ersten Phase geht es darum, die Aufmerksamkeit potenzieller Käufer zu erlangen. In der Immobilien-Wirtschaft ist dies kein einfaches Unterfangen, wie ein Blick auf die Inserateseiten der Rubrik Immobilien zeigt. Der Interessent muss aus einer Fülle von schlecht strukturierten Informationen eventuell geeignete Objekte herausfiltern. Um sich von dieser Flut sich oftmals gleichender Inserate abzuheben, muss ein Inserat dem Interessenten auffallen und ihn zum Lesen animieren. Dies kann, um beim Beispiel der Inserate zu bleiben, etwa durch ein besonders grosses, aber auch durch ein auf Grund seines Inhalts besonders auffälliges Inserat geschehen. Auffällige Inhalte basieren weniger auf rationalen Informationen, sondern vielmehr auf emotionalen Faktoren. Um die emotionale Seite anzusprechen, eignet sich etwa das Bild einer Person viel besser als ein nüchternes Bild der Immobilie. In den beiden mittleren Phasen, in denen es darum geht, das vertiefte Interesse und anschliessend den Wunsch zum Kauf zu wecken, dominieren die rationalen Faktoren. Es handelt sich um jene Phasen, in denen Kaufinteressenten Angebote miteinander vergleichen, Vor- und Nachteile abwägen und die zur Verfügung stehenden Kaufalternativen letztlich in eine Reihenfolge ordnen. In der letzten Phase geht es darum, den Interessenten zum eigentlichen Abschluss zu bewegen. Zu diesem Zeitpunkt sind die rationalen Abwägungen bereits geschehen, und neue, bis anhin nicht bekannte Faktoren kommen selten dazu. In dieser Phase entscheiden oft kleine Unterschiede in der Wahrnehmung der alternativen Angebote. Emotionale Faktoren wie Meinungen und Äusserungen von nahestehenden Personen oder das wahrgenommene Image einer Immobilie erhalten deshalb grosses Gewicht.

Weitere Faktoren tragen dazu bei, einen Käufer oder Mieter zur Weiterempfehlung der eigenen Dienstleistungen zu bewegen. Zudem könnte unterschätzt werden, dass Reaktionen von Käufern oder Mietern auch bis zum Auftraggeber gelangen.

- **Geduld:** Der Käufer oder Mieter sollte nicht zu voreiligen Entschlüssen gedrängt werden
- **Kompetenz:** Gut ausgebildete Immobilien-Vermarkter geben dem Kunden das positive Gefühl, gut aufgehoben zu sein
- **Erfahrung:** Eine langjährige Berufserfahrung minimiert das Risiko von Fehlern. Bei Immobilien-Geschäften, wo Fehler in der Regel teuer zu stehen kommen, spielt dieser Faktor eine besonders grosse Rolle
- **Wiederholte Kontaktaufnahme:** Ein Immobilien-Vermarkter sollte auch nach erfolgter Transaktion wieder einmal etwas von sich hören lassen. Dazu eignen sich beispielsweise Newsletter besonders gut
- **Medienpräsenz:** Mittels redaktionellen Beiträgen in Zeitungen oder Zeitschriften bleibt ein Immobilien-Fachmann seinen Kunden im Gedächtnis. Solche Beiträge festigen überdies den Eindruck von Kompetenz

7.3.3 Kundenbindung in der Bewirtschaftung

Grundsätzlich haben die Ausführungen zur Kundenbindung aus der Vermarktung auch in der Bewirtschaftung ihre Gültigkeit. In der Bewirtschaftung hat dieses Thema sogar noch die grössere Bedeutung, da es bei Bewirtschaftungsmandaten immer darum geht, den Eigentümer und die Mieter langfristig zufrieden zu stellen. Im Gegensatz dazu endet die Kundenbeziehung im Verkauf und in der Erstvermietung vorerst einmal mit der Unterzeichnung des Kauf- bzw. Mietvertrags.

Trotz der grossen Bedeutung der Kundenbindung in der Bewirtschaftung deuten aber gewisse Indizien darauf hin, dass man es in der Praxis damit doch nicht so genau nimmt. So steht das Bewirtschaftungshonorar in der Mandatsakquisition oft noch immer im Vordergrund, obwohl für eine langfristige Kundenbeziehung das auf die Bedürfnisse des Eigentümers abgestimmte Leistungspaket mindestens so wichtig ist wie das Honorar.

Im Verhältnis mit den Mietern genügt ein Blick auf die Hausordnungen, um das grosse ungenutzte Potenzial der Kundenbindung in der Bewirtschaftung zu erkennen. Die meisten Hausordnungen sind in einem Befehlston verfasst, den man sonst nur von amtlichen Dokumenten oder vom Militär kennt. Viele Bewirtschafter scheinen vergessen zu haben, dass die Mieter ihre Kunden sind und sie beauftragt sind, alles zu unternehmen, dass sie dies auch bleiben. Eine weitere Voraussetzung für eine erfolgreiche Kundenbindung – nebst einem zuvorkommenden Umgangston – ist der regelmässige Kontakt zu den Mietern. Gerade dies scheinen aber Bewirtschafter oft vermeiden zu wollen. Meist wird der Kontakt zu den Mietern nur aufgenommen, wenn es nicht zu vermeiden ist, zum Beispiel, um die Nebenkostenabrechnung zu überbringen oder eine Mietzinsänderung mitzuteilen.

7. SPEZIALTHEMEN

Kundenbindung gegenüber dem Eigentümer
In der Bewirtschaftung braucht es, wie bereits früher festgestellt, ein duales Marketing, um Eigentümer und Mieter gleichermassen zufrieden stellen zu können. Um die Eigentümer langfristig binden zu können, ist es unumgänglich, seine spezifischen Bedürfnisse zu kennen. Zu Beginn der Mandatsdauer ist dies zwar noch eher der Fall, da man sich im Zuge der Mandatsbewerbung mit den Bedürfnissen des Eigentümers genauer auseinander gesetzt hat. Diese können aber im Laufe der Zeit ändern. Deshalb ist ein regelmässiger Kontakt mit dem Eigentümer notwendig. Am besten erkundigt man sich in strukturierter Form (zum Beispiel mittels einer periodischen Befragung) nach seinen Zielsetzungen. Damit können Veränderungen frühzeitig erkannt werden und die Bewirtschaftungs-Dienstleistungen können entsprechend angepasst werden. Dieses Vorgehen bietet zudem die Chance, über mögliche zusätzliche Leistungen zu sprechen und diese extra verrechnen zu können und damit das Bewirtschaftungs-Honorar auszuweiten. Zusätzliche Dienstleistungs-Module sind zum Beispiel in der Bewertung, der Marktanalyse oder der Mietzinspotenzialanalyse denkbar.

Kundenbindung gegenüber dem Mieter
Während die Kundenbindung gegenüber dem Eigentümer meist Sache des Inhabers der Bewirtschaftungsfirma oder des zuständigen Abteilungsleiters ist, gehört die Kundenbindung gegenüber den Mietern in das Pflichtenheft jedes einzelnen Bewirtschafters. Hier leistet ein Frühwarnsystem, das über ein Nachlassen oder eine Veränderung der Kundenzufriedenheit Auskunft gibt, wertvolle Dienste. Dazu gehören etwa periodische Mieterbefragungen oder Vergleiche mit Mitbewerbern. Der Vorteil solcher Frühwarnsysteme liegt darin, dass Probleme, die frühzeitig erfasst werden, viel einfacher und schneller gelöst werden können, als zu spät erkannte Schwierigkeiten.

Das vielversprechendste Mittel, um seine Mieter zufrieden zu stellen, ist wohl ein überdurchschnittliches Preis-/Leistungsverhältnis. Dazu muss sich der Bewirtschafter im Klaren sein, welche Leistungen denn überhaupt gewünscht sind. Dass dies nicht immer der Fall ist, zeigen etwa Concierge-Angebote, die zu Beginn nicht in jedem Fall den effektiven Bedürfnissen entsprechen. Die Leistungen, die von den Mietern wirklich gewünscht werden, können nur im Dialog mit ihnen in Erfahrung gebracht werden. Eine regelmässige und offene Kommunikation mit der Mieterschaft ist demnach eine Grundbedingung für jede erfolgreiche Kundenbindung. Das kann einerseits mit entsprechenden Instrumenten der Analyse und Marktforschung sichergestellt werden. Andererseits bedingt dies aber auch die Fähigkeit des Bewirtschafters, mit diesen Instrumenten umzugehen und deren Resultate interpretieren zu können. Deshalb kommt einer guten Ausbildung der Mitarbeitenden auch in der Bewirtschaftung eine tragende Rolle zu.

Vor dem Hintergrund des Konzepts der biografischen Brüche, das weiter vorne vorgestellt wurde, ist auch die Flexibilität des Mietangebots von Bedeutung. Da die meisten Mieterwechsel durch eine Veränderung im Lebenslauf des Mieters begründet sind, könnten zahlreiche Mietverhältnisse verlängert werden, indem man dem

Mieter Angebote zur Verfügung stellt, die seiner neuen Lebenssituation entspricht. So sollte jungen Erwachsenen mit dem Wunsch einer eigenen Wohnung eine entsprechende Kleinwohnung zur Verfügung gestellt werden können. Umgekehrt sollten Eltern erwachsener Kinder ihren neuen Platzbedürfnissen angepasste Wohnungen angeboten werden, um sie als Kunden erhalten zu können. Eine weitere Möglichkeit besteht darin, einzelne Wohnungen auch möbliert und für eine kurze Mietdauer zur Verfügung zu stellen. Mit diesem Angebot können Mieter gewonnen werden, die auf Grund einer Trennung kurzfristig eine neue Wohnung benötigen.

Das Potenzial, das in einer gezielten Kundenbindung liegt, ist also sowohl in der Entwicklung, der Vermarktung als auch in der Bewirtschaftung gross. Kennt sich ein Immobilien-Unternehmen in der Kundenbindung aus, kann es daraus durchaus Wettbewerbsvorteile ableiten und einen wertvollen Beitrag zum nachhaltigen Unternehmenserfolg leisten.

7.4 Ethik im Immobilien-Geschäft

Den Begriff «Ethik» zu definieren ist kein einfaches Unterfangen. Gemäss Duden umfasst Ethik die Gesamtheit der sittlichen und moralischen Grundsätze einer Gesellschaft. Andere Definitionen bezeichnen Ethik als eine philosophische Wissenschaft vom Sittlichen, setzen sie mit Moral oder dem inneren Gewissen gleich. Die Schwierigkeiten, diesen oft verwendeten, aber kaum je spezifizierten Begriff zu definieren, lassen bereits erahnen, welche Probleme beim Umsetzen so genannt «ethischer» Normen in der Praxis entstehen. Einen Anhaltspunkt kann die Ethikstiftung Schweiz geben. Sie definiert in ihrem Leitbild so genannte «unbeliebige zentrale Werte, die intersubjektiv Gültigkeit» haben:

- Niemandem schaden
- Gleiches gleich behandeln
- Ausgleich von unverschuldeter Ungleichheit
- Solidarität
- Verantwortung für die Allgemeinheit
- Mitsprache
- Würde des Menschen
- Ehrfurcht vor dem Leben
- Bewahrung der Lebensgrundlagen

7. SPEZIALTHEMEN

Ethik als Gewinnfaktor
In Zeiten überhöhter Managerlöhne, unzähliger Firmenkonkurse und des Zusammenfalls von nur noch schwer durchschaubaren Imperien wird der öffentliche Ruf nach mehr Ethik in der Wirtschaft immer lauter. Wirtschaftsethik ist zwar in der Schweiz seit längerem ein – zumindest theoretisches – Thema, doch besinnen sich in jüngster Zeit vermehrt auch Berufsverbände auf den Wert ethischer Verpflichtungen. Unternehmen – egal welcher Branche –, die sich auf ethische Grundsätze verpflichten, können ihr Image in der Öffentlichkeit verbessern. Ethik ist somit zu einem positiven Imagefaktor geworden. Der ursprüngliche Gegensatz «Ethik gegen Gewinn» hat sich über «Ethik und Gewinn» zu «Ethik als Gewinn» gewandelt. Doch abgesehen vom Wert der Ethik als positivem Imagefaktor: Ethik ist letztlich auch in der freien Marktwirtschaft die Basis jeder erfolgreichen Geschäftsbeziehung.

Standesregeln des SVIT
Für einen Berufsstand sind klar definierte Grundsätze und Verhaltensnormen wichtig. Sie helfen, das Bewusstsein für ethische Fragen zu schärfen, tragen zu einer positiven öffentlichen Wahrnehmung und nicht zuletzt auch zur Professionalisierung bei. Gerade im Bereich der Immobilien-Wirtschaft wurde das Thema Ethik jedoch lange Zeit tabuisiert. Die Immobilien-Branche genoss in den 70er- und 80er-Jahren einen zweifelhaften Ruf, Makler wurden oftmals schief angesehen. Dieses eher schlechte Image konnte in den vergangenen Jahren verbessert werden; ethisches Verhalten wurde immer mehr auch in der Immobilien-Branche zum Thema.

So hat auch der SVIT Schweiz einheitliche Standesregeln erlassen, die verpflichtend für alle seine Mitglieder gelten. Angelehnt sind die Standesregeln an die Grundsätze der Fédération Internationale des Adminstrateurs de Biens Conseils Immobiliers FIABCI und des European Real Estate Council CEPI sowie an jene der Royal Institution of Chartered Surveyors RICS. Dieser weltweit tätige Berufsverband von Immobilien-Experten hat bereits vor 120 Jahren eigene Standesregeln, die so genannten Core Values, aufgestellt. Es sind dies die folgenden: Integrität, Ehrlichkeit, Offenheit, Verantwortung, Erkennen von Grenzen, Objektivität, Respekt zollen, Vorbild sein, Einstehen für die Grundsätze. Der SVIT hat es sich mit seinen Standesregeln zur Aufgabe gemacht, verpflichtende Grundsätze der Berufsethik in der Immobilien-Wirtschaft zu erlassen. Das Ansehen des Berufsstandes soll dadurch massgeblich verbessert werden. Doch die neuen Standesregeln sollen nicht nur dem Image der eigenen Mitglieder dienen: «Durch strenge und messbare Richtlinien und berufsethische Standards soll sichergestellt werden, dass in der Schweizer Immobilien-Wirtschaft ein qualitativ hoher Konsumentenschutz gewährleistet ist.» [4]

Die Royal Institution of Chartered Surveyors RICS hat ebenfalls ethische Prinzipien für die Immobilien-Branche formuliert. Sie werden weiter hinten vom RICS-Chairman der Schweiz in einem Interview näher erläutert.

---

[4] Aus den Standesregeln des SVIT, 2004

Standesgericht
Ein Grossteil der vom SVIT aufgeführten Standesregeln lehnt sich an die von der Ethikstiftung als unbeliebig bezeichneten Normen an, andere Regeln hingegen gehen stark ins Detail und sind dadurch wirklich praktikabel. So werden die Mitglieder etwa verpflichtet, die gezielte Aus- und Weiterbildung ihrer Mitarbeiter zu fördern. Das Vermeiden von und das Verhalten bei Interessenkonflikten werden ebenso ausführlich beschrieben wie der Umgang mit dem Berufsgeheimnis oder mit Kundengeldern. Formulierungen wie «qualitativ hochstehende berufliche und ethische Dienstleistungsstandards» hingegen bleiben vage und lassen viel Spielraum für Interpretationen. Bei Standesregeln ist letztlich jedoch immer entscheidend, wie die dargelegten Massnahmen umgesetzt und Verstösse sanktioniert werden. Der SVIT kann bei Verdacht von sich aus Untersuchungen gegen Verstösse initiieren, es können jedoch auch Kunden, Mitarbeiter oder Berufskollegen eine Anzeige erstatten. Diese wird von einem neu geschaffenen Standesgericht des SVIT, dessen Grundlagen ebenfalls in einem Reglement festgehalten sind, untersucht. Als Sanktionen kommen eine Verwarnung, eine Busse oder ein Ausschluss aus der Mitgliederorganisation in Frage. Die Wirkung solcher Massnahmen hängt jedoch stark davon ab, ob sie öffentlich gemacht werden oder nicht. Der Erfolg der Standesregeln wird denn auch nicht nur daran gemessen, wie streng sich seine Mitglieder daran halten, sondern insbesondere daran, in welchem Masse diese Bemühungen in der Öffentlichkeit wahrgenommen werden.

Interview mit Oliver Hofmann, Chairman RICS Switzerland

Wie beurteilen Sie die Rolle von Ethik in der Wirtschaft?
Bereits Aristoteles beschäftigte sich wissenschaftlich mit den Gewohnheiten, Sitten und Gebräuchen als philosophische Disziplin, bei der man Kriterien für gutes und schlechtes Handeln formulierte und die Bewertung seiner Folgen aufstellte. Das Prinzip der Vernunft sowie die Erarbeitung von Normen und Werten standen dabei im Zentrum. Ethik sollte dem Menschen Hilfen für seine sittlichen Entscheidungen liefern, wobei nebst der Kenntnis allgemeiner Prinzipien die Schulung der Urteilskraft ebenso dringlich ist. Viele Philosophen waren überzeugt, dass moralisches Verhalten grössere Rentabilität mit sich bringt.

Was ist der Stellenwert der Ethik in der Immobilien-Branche?
Die Immobilien-Branche befindet sich seit geraumer Zeit im Wandel. Dies äussert sich nicht nur markttechnisch sondern auch durch die zunehmende Professionalisierung, der Anzahl Aus- und Weiterbildungsangebote sowie einer Verdichtung bei der Regulierung. Das in der Vergangenheit oft zwiespältige Image der Immobilien-Branche wird zusehends als sensibles Element im Umfeld einer sich ins Bewusstsein der Öffentlichkeit drängenden Anlageklasse wahrgenommen. Dabei spielen ethische Grundsätze und das Verhalten der Akteure eine wichtige Rolle.

7. SPEZIALTHEMEN

Wer arbeitet heute schon nach definierten ethischen Grundsätzen?
Verschiedene Branchen arbeiten mit berufsethischen Grundsätzen und Standesregeln. Aus dem täglichen Leben kennen wir sie aus dem Umfeld von Rechtsanwälten oder Medizinern. Seit Einführung neuer Anlagevorschriften für Vorsorgewerke im Jahr 2009 wird den Stiftungsräten von Schweizer Pensionskassen mehr Eigenverantwortung übertragen. Nebst dem Immobilien-Sektor bemüht sich auch die Finanzbranche mit ethischen Kodexen für eine Stärkung ihres Berufsstandes und dessen Ansehen. Ebenfalls motiviert der Gesetzgeber die Regulatoren zu schärferen Kriterien in den Bereichen Umwelt, Finanzen, Luftfahrt usw. Insbesondere weniger regulierte Branchen sind anfällig für Missbräuche, worunter teilweise immer noch der Schweizer Immobilien-Sektor gehört. Als Beispiel dient das Geldwäschereigesetz, welchem bestimmte Marktteilnehmer nicht unterstehen. Weil bei Kaufabwicklungen Barzahlungen nichts Ungewöhnliches sind, relativ hohe Beträge umgesetzt werden können und eine Einschätzung oft schwierig ist, ob der Preis einer Immobilie ihrem Wert entspricht, kann unethisches Verhalten gerade hierbei dem Branchenruf erheblich schaden.

Mit seinen Standesregeln hat RICS einen Beitrag zur Verankerung ethischer Normen in der Immobilien-Wirtschaft geleistet. Wie werden diese Regeln in der Praxis umgesetzt?
Die Royal Institution of Chartered Surveyors hat sich seit 1868 als eigenständige und unabhängige Institution dafür eingesetzt, dass seine individuellen und Firmenmitglieder ihre hohen beruflichen Standards und ethischen Grundsätze anwenden. 12 Kernwerte bilden dabei das Fundament dieser Prinzipien, wobei Ehre, Integrität,

Transparenz, Objektivität, Respekt, Vorbildcharakter, Einhaltung von Gesetzen und Regulatorien, Vermeidung von Interessenkonflikten oder Anerkennung von Vertraulichkeit zentrale Elemente sind. Bereits nach der Identifikation von potenziellen Mitgliedern wird im Rahmen eines «Assessment of Professional Competences» jede Kandidatin bzw. jeder Kandidat nebst den fachlichen und Marktkenntnissen auf ein tiefgehendes Verständnis der berufsethischen Prinzipien geprüft. Eine Verletzung dieser Prinzipien kann zu disziplinarischen Massnahmen führen, welche veröffentlicht werden, finanzielle Konsequenzen oder sogar den Ausschluss als Mitglied zur Folge haben können. Verbandsintern nimmt eine Regulierungsbehörde als unabhängige Instanz diese Kontrollfunktion wahr.

Trotz aller oben geschilderten Standesregeln und Kontrollen ist ethisches Handeln in sich ein «bonum morale», d. h. ein sittliches Gut und daher abhängig von jedem einzelnen Individuum. Demzufolge ist jeder sich zur Immobilien-Branche zählender Akteur aufgefordert, dem Ruf und der Einhaltung von ethischen Grundsätzen seines beruflichen Standes in positiver Weise beizutragen.

7.5 Bedeutung von Immobilien-Marketing

Detailauswertung einer Umfrage zum Thema Immobilien-Marketing, durchgeführt mit 30 Immobilien-Managern aus den Bereichen Entwicklung, Investment, Vermarktung, Bewirtschaftung und Beratung, am Swiss Circle Stand an der Expo Real 2010.

Frage 1: Wird Ihrer Ansicht nach Marketing in der Immobilien-Wirtschaft
a) zu wenig angewandt, b) angemessen angewandt, c) zu intensiv angewandt?

Immobilien-Marketing wird ...

- zu wenig angewandt 75 %
- angemessen angewandt 25 %
- zu intensiv angewandt 0 %

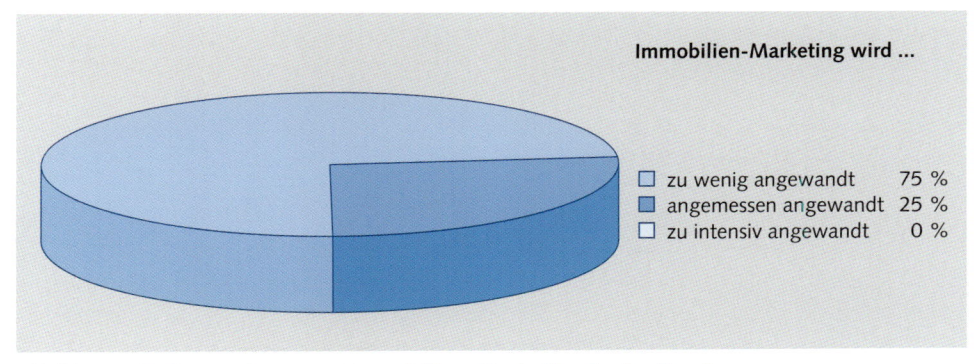

Abbildung 157: **Anwendung von Immobilien-Marketing in der Praxis**

Frage 2: Meiner Meinung nach a) zahlt sich Immobilien-Marketing aus,
b) kostet Immobilien-Marketing mehr, als es einbringt

Immobilien-Marketing ...

- zahlt sich aus 93 %
- kostet mehr, als es einbringt 7 %

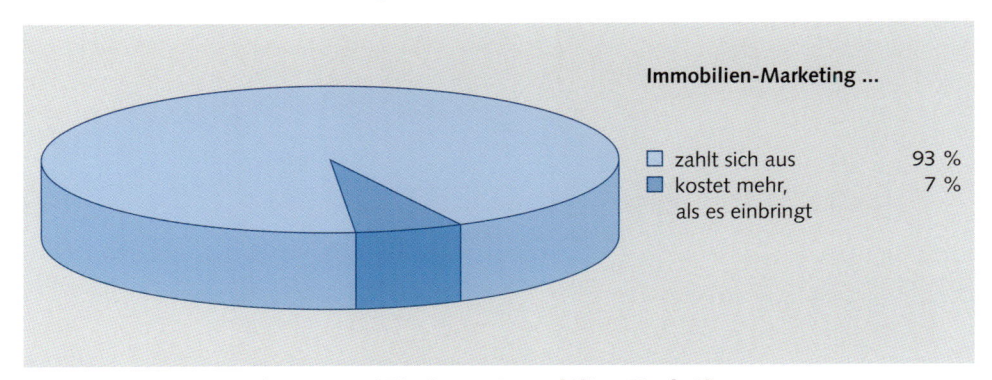

Abbildung 158: **Kosten-/Nutzenverhältnis von Immobilien-Marketing**

7. SPEZIALTHEMEN

Frage 3: Immobilien-Marketing hilft a) schneller zu verkaufen oder zu vermieten, b) die Qualität der Immobilie zu steigern, c) Kosten zu sparen, d) den Ertrag zu steigern (Mehrfachnennungen möglich)

Immobilien-Marketing hilft ...

- schneller zu verkaufen oder zu vermieten 71,4 %
- die Qualität der Immobilie zu steigern 50,0 %
- Kosten zu sparen 5,0 %
- den Ertrag zu steigern 42,9 %

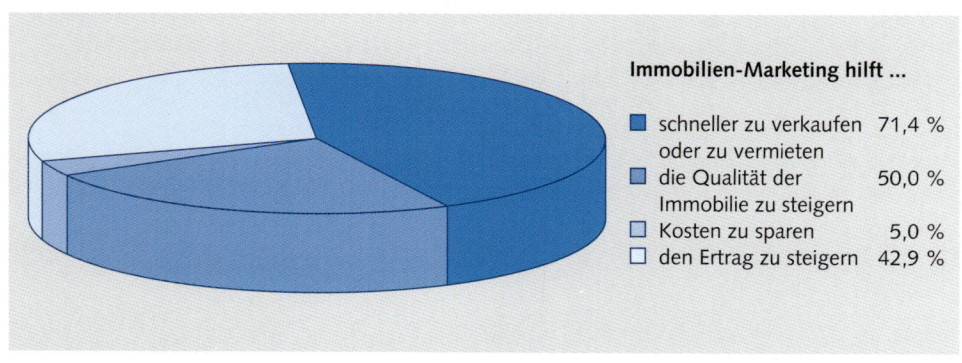

Abbildung 159: **Wirkung von Immobilien-Marketing**

Frage 4: Wir wenden in unserem Unternehmen Immobilien-Marketing folgendermassen an:
a) Wir wenden Immobilien-Marketing gar nicht an, b) Wir machen es selber, c) Wir ziehen externe Spezialisten zu Rate (Mehrfachnennungen möglich)

Anwendung von Immobilien-Marketing...

- Wir wenden Immobilien-Marketing gar nicht an 3,6 %
- Wir machen es selber 67,9 %
- Wir ziehen externe Spezialisten zu Rate 53,6 %

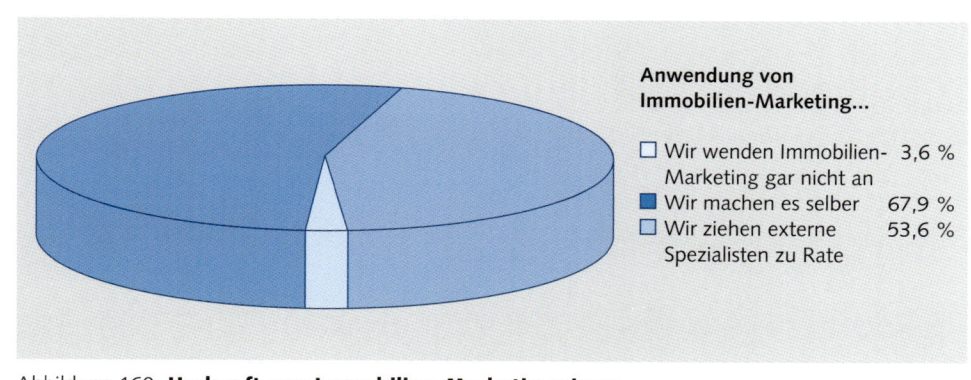

Abbildung 160: **Herkunft von Immobilien-Marketingwissen**

7.5 Bedeutung von Immobilien-Marketing

Frage 5: In welchen Phasen nützt Immobilien-Marketing am meisten?
Bilden Sie eine Reihenfolge von 1 = grösster Nutzen bis 7 = kleinster Nutzen

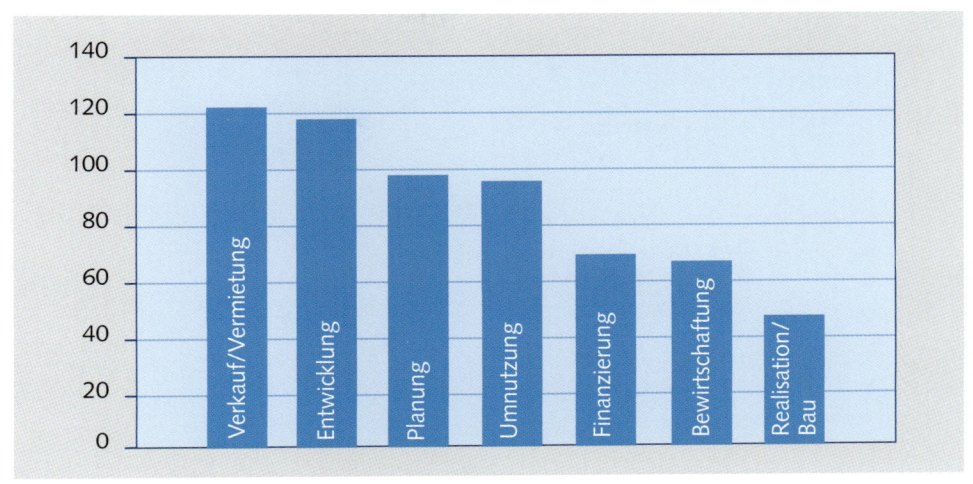

Abbildung 161: **Nutzen des Immobilien-Marketings in verschiedenen Phasen**

Frage 6: Ich persönlich beziehe mein Marketing-Know-how aus folgenden Quellen: (freie Nennung)

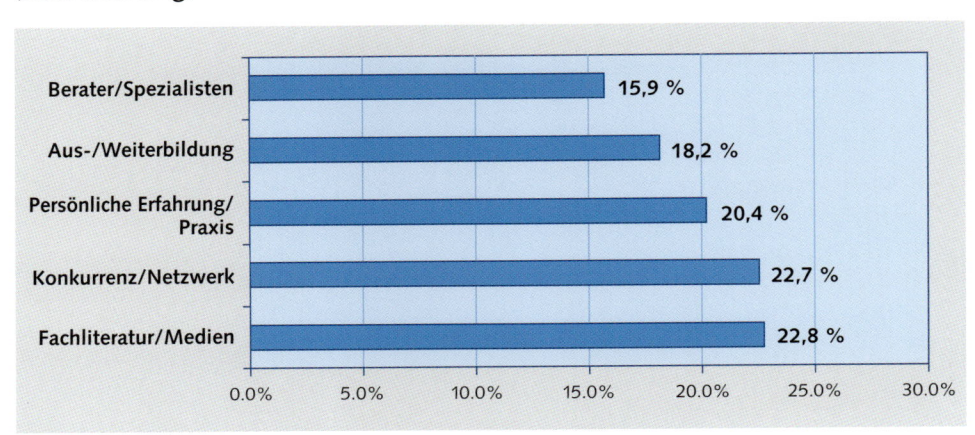

- Berater/Spezialisten: 15,9 %
- Aus-/Weiterbildung: 18,2 %
- Persönliche Erfahrung/Praxis: 20,4 %
- Konkurrenz/Netzwerk: 22,7 %
- Fachliteratur/Medien: 22,8 %

Abbildung 162: **Know-how-Quellen von Immobilien-Fachleuten**

7. SPEZIALTHEMEN

Umfrage zum Thema Immobilien-Marketing

Wird Ihrer Ansicht nach Marketing in der Immobilienwirtschaft

- ☐ zu wenig angewandt
- ☐ angemessen angewandt
- ☐ zu intensiv angewandt

Meiner Meinung nach

- ☐ zahlt sich Immobilien-Marketing aus
- ☐ kostet Immobilien-Marketing mehr, als es bringt

Immobilien-Marketing hilft

- ☐ schneller zu verkaufen oder zu vermieten
- ☐ die Qualität der Immobilie zu steigern
- ☐ Kosten zu sparen
- ☐ den Ertrag zu steigern

Wir wenden in unserem Unternehmen Immobilien-Marketing folgendermassen an:

- ☐ Wir wenden Immobilien-Marketing gar nicht an
- ☐ Wir machen es selber
- ☐ Wir ziehen externe Spezialisten zu Rate

In welchen Phasen nützt Immobilien-Marketing am meisten?
(Bitte bilden Sie eine Reihenfolge von 1=grösster Nutzen bis 7=kleinster Nutzen)

... Entwicklung
... Planung
... Finanzierung
... Realisation/Bau
... Verkauf/Vermietung
... Bewirtschaftung
... Umnutzung

Ich persönlich beziehe mein Marketing-Know-how aus folgenden Quellen:
....
....

Besten Dank für Ihre Mitarbeit!

Abbildung 163: **Fragebogen zum Thema Immobilien-Marketing**

Abbildungsverzeichnis

Nr.	Beschrieb	Seite

1. Der Schweizer Immobilien-Markt

1:	Werte von Immobilien in der Schweiz	15
2:	Volkswirtschaftliche Aspekte	16
3:	Entwicklung Wohnungsbau	17
4:	Allgemeine Kennzahlen	17
5:	Wohnungen nach Bewohnertyp	18
6:	Wohneigentumsquoten im internationalen Vergleich	18
7:	Wohneigentumsquoten in den Kantonen im Jahr 2000	19
8:	Verteilung der Mietwohnungen auf die Eigentümertypen im Jahr 2000	20
9:	Entwicklung im Wohnbereich von gestern bis morgen	22
10:	Der Büroraum im Jahr 2030	25
11:	Wichtigste Teilnehmer am Immobilien-Markt	31
12:	Immobilien-Bewirtschaftungsfirmen im Vergleich	35
13:	Vor- und Nachteile von direkten und indirekten Immobilien-Anlagen	36
14:	Renditeerwartungen im Vergleich	37
15:	Ausgewählte börsenkotierte Immobilien-Gesellschaften im Vergleich per 30.6.2010	38
16:	Fach- und Verbandszeitschriften	49
17:	Zufriedenheit mit der Wohnsituation	51
18:	Zufriedenheit mit dem Verhältnis zum Vermieter	51
19:	Aus- und Weiterbildungsangebot SRES	62

2. Marketing

20:	Bedürfnispyramide nach Maslow	74
21:	Grundelemente des Marketings	75
22:	Entwicklungsstufen der Marketingidee	76
23:	Ausweitung und Vertiefung der Marketingidee	78
24:	Struktur des Marketings	79
25:	Analysefelder	80
26:	Methoden der Marktforschung	81
27:	Chancen- und Gefahrenanalyse	81
28:	Stärken- und Schwächenanalyse	82
29:	SWOT-Analyse	83
30:	Marketingziele	83
31:	Zieldimensionen	84
32:	Produkt-/Marktstrategien	84
33:	Markt-/Leistungsstrategien	85
34:	Qualitäts-/Preisstrategien	85
35:	Produktedimensionen	87
36:	Produktezwiebel zur Illustration der verschiedenen Ebenen des Produktedesigns	87
37:	Bestandteile einer Marke	88
38:	Preisbestimmungsfaktoren	89
39:	Preis-/Absatzfunktion oder Preiselastizität	90
40:	Distributionsformen	91
41:	Die Grundelemente der Kommunikation	92
42:	Einteilung des Kommunikationsprozesses in Phasen	92
43:	Kommunikationsaspekte	93
44:	Einteilung der Kommunikationsinstrumente in Gruppen	93
45:	Traditionelle Sicht der Wertschöpfungskette	98
46:	Marketingorientierte Sicht der Wertschöpfungskette	98
47:	Traditionelle Sicht einer Aufbauorganisation	99
48:	Marketingbeeinflusste Sicht einer Aufbauorganisation	99
49:	Prozessorientierte Sicht einer Aufbauorganisation	100

Nr.	Beschrieb	Seite

3. Immobilien-Marketing

Nr.	Beschrieb	Seite
50:	Architekturphilosophie nach Vitruvius Pollio (33 bis 22 v. Chr.)	103
51:	Struktur des Immobilien-Marketings und inhaltliche Gliederung des Buches	105
52:	Immobilien-Marketing im Immobilien-Zyklus	108
53:	Übersicht der häufigsten Marketinginstrumente in den Lebenszyklusphasen einer Immobilie	111
54:	Einfluss des Marketings im Laufe der Entwicklung einer Immobilie	112
55:	Raster zur Segmentierung des Marktes für Immobilien-Dienstleistungen	113
56:	Begriffe im Immobilien-Marketing	114
57:	Welche Bedeutung hat Immobilien-Marketing?	115
58:	Zahlt sich Immobilien-Marketing aus?	116
59:	Duales Marketing für Immobilien-Unternehmen	117
60:	Vereinfachte Darstellung der Marktforschung	118
61:	Unterschiede zwischen Markterkundung, Marktbeobachtung, Marktforschung	119
62:	Methoden der Marktforschung	120
63:	Ausgewählte Erhebungsarten im Vergleich	121
64:	Befragung als Methode des Field Research	122
65:	Indikatoren in verschiedenen Analysefeldern	123
66:	Indikatoren und deren Datenquellen	124
67:	Die verschiedenen Planungsperspektiven nach Konkretisierungsgrad	125
68:	Entscheidungsalternativen in der «Make-or-buy-Frage»	125
69:	Unterschiede zwischen Marketingstrategie, Marketingkonzept und Vermarktungskonzept	127
70:	Beispiel einer Marktanalyse nach beruflicher Stellung der Zielgruppe	129
71:	Pyramide der Wohnbedürfnisse	130
72:	Das Psychologische Klima der Schweiz (PKS) von 1974 bis 2009	131
73:	Die Sinus-Milieus® der Schweiz	133
74:	Sinus Geo Milieus® auf Gemeindebene am Beispiel Luzern	134
75:	Verteilung der Lebensstile in der Schweizer Bevölkerung	135
76:	Prozess der Positionierung von Immobilien	138
77:	Instrumente des Immobilien-Marketings	139
78:	Dimensionen der Immobilien-Gestaltung	141
79:	Differenzierung von Wohn-Immobilien durch zusätzliche Dienstleistungen	142
80:	Wichtigste Faktoren bei der Preisgestaltung	143
81:	Preiselastizität in der Immobilien-Vermarktung	144
82:	Der Mechanismus des Schweinezyklus für Immobilien	147
83:	Übersicht über die Kommunikationsinstrumente	148
84:	Werbung als sichtbare Spitze des «Marketing-Eisbergs»	150
85:	Informationsquellen im Immobilien-Markt im Zeitverlauf	152
86:	Erforderliche fachliche Kompetenzen verschiedener Immobilien-Berufsbilder	156
87:	Erforderliche persönliche Kompetenzen verschiedener Immobilien-Berufsbilder	157
88:	Beispiel eines phasenübergreifenden Immobilien-Marketings	159
89:	Kennzahlen im Immobilien-Marketing	160
90:	Immobilien-Erfolgs-Tipp	161
91:	Organisatorische Einbindung des Immobilien-Marketings	163
92:	Übersicht über die Eigenschaften einer marketingorientierten Unternehmung	165

Nr.	Beschrieb	Seite

4. Immobilien-Marketing in der Entwicklung

Nr.	Beschrieb	Seite
93:	Die Anforderungen der Nutzer bestimmen den Wert einer Immobilie	168
94:	Immobilien-Marketing vertritt die Interessen der Immobilien-Nutzer im Projektentwicklungsprozess	170
95:	Der Einfluss des Marketings in der Entwicklung von Immobilien	173
96:	Standortqualität aus verschiedenen Blickwinkeln	179
97:	Standortfaktoren für Wohnen und Büros/Gewerbe	181
98:	Grobstruktur einer Standort- und Marktanalyse	183
99:	Struktur einer Projektanalyse	185
100:	Beispiel Gebietsmarketing	187
101:	Namensgebung von Immobilien	189
102:	Der Entwicklungsprozess für Namen von Immobilien	190
103:	Der Entwicklungsprozess für Logos von Immobilien	192
104:	Die Risiken einer Projektentwicklung	194
105:	Architektur- und Immobilien-Wettbewerbe	195
106:	Wettbewerbs- und Studienauftragsverfahren	197

5. Immobilien-Marketing in der Vermarktung

Nr.	Beschrieb	Seite
107:	Wettbewerbskräfte in der Immobilien-Vermarktung	199
108:	Das Akquisitionsrad	203
109:	Argumente für den Beizug eines Immobilien-Maklers	212
110:	Der Prozess der Immobilien-Vermarktung	214
111:	Analysefelder in der Immobilien-Vermarktung	217
112:	Die Inhaltsstruktur eines Vermarktungskonzeptes	219
113:	Fallbeispiel Kommunikationsanker	222
114:	Mehrteilige Dokumentation nach Segmenten	225
115:	Bildformate und deren Verwendung	226
116:	Mehrteilige Dokumentation nach Gebäuden	228
117:	Visualisierungen bei Immobilien	230
118:	Das virtuelle 3D-Modell	232
119:	Beispiele origineller Immobilien-Inserate	235
120:	Beispiele von Immobilien-Inseraten mit Fehlern	237
121:	Beispiel für ein Inseratepooling in der Sonntagspresse	238
122:	Vergleich der bedeutendsten Immobilien-Marktplätze der Schweiz	240
123:	Übersicht und Einsatzgebiet möglicher Online-Marketing-Instrumente	245
124:	Von der eindimensionalen zur Crossmedia-Kommunikation	246
125:	Wichtige Faktoren für die Vergabe einer Immobilien-Website	249
126:	Beispiel eines Muster-Seitenaufbaus einer Immobilien-Website	249
127:	Die beteiligten Fachleute für die Erstellung einer Immobilien-Website	250
128:	«Do's and Don'ts» für die Flyer-Gestaltung	252
129:	Beispiel eines objektbezogenen Newsletters	254
130:	Typisches Bild einer regionalen Immobilien-Messe	256
131:	Übersicht über Schutzgüter, Gesetze und Registrierungsmöglichkeiten	260
132:	Momentaufnahme über die Social Media-Plattformen	265
133:	Vergleich Massenmedien mit Social Media	266
134:	Vermarktungstafeln im praktischen Einsatz	267
135:	Schlechte Beispiele am Point of Property	268
136:	Vermarktungstafel mit Produkt- und Zielgruppenansprache	269
137:	Anforderungen an eine Vermarktungstafel	270
138:	Beispiele für Wohnungen, die mit Home Staging attraktiver gestaltet wurden	276
139:	Besichtigungs-Drehbuch für Miet- oder Kaufinteressenten	286
140:	Der Phasenplan in der Immobilien-Vermarktung	289
141:	Der Phasenplan mit Vermarktungs-Zielsetzungen	291
142:	Der Massnahmenplan	293
143:	Muster-Kostenbudget zu Vermarktungsaktivitäten	295

Nr.	Beschrieb	Seite

6. Immobilien-Marketing in der Bewirtschaftung

144:	Das Konzept der biografischen Brüche unterscheidet 7 verschiedene Lebensphasen	308
145:	Prozess zur Bekämpfung von Leerständen	311
146:	Stärken und Schwächen im Zusammenhang mit Leerständen	313
147:	Priorisierung von Handlungsalternativen	315
148:	Prozess der Evaluation neuer Büroflächen	322
149:	Marken-Bewirtschaftung bei einer Trendliegenschaft	327
150:	Beispiel eines Mieterfests zur Pflege der Immobilien-Marke	329
151:	Marken-Bewirtschaftung bei einer Bestandesliegenschaft	330

7. Spezialthemen

152:	Bund, Kantone, Regionen, Städte und Gemeinden übernehmen unterschiedliche Tätigkeiten im Standortmarketing	333
153:	Die beiden wichtigsten internationalen Immobilien-Messen im Vergleich (Zahlen 2010)	340
154:	Steigerung der Kontaktqualität durch regelmässige Messeteilnahmen	342
155:	Der Swiss Circle-Stand an der EXPO REAL	346
156:	Unterschiedliche Bedeutung rationaler (dunkelblau) und emotionaler (hellblau) Faktoren im Laufe des Transaktionsprozesses	352
157:	Anwendung von Immobilien-Marketing in der Praxis	359
158:	Kosten-/Nutzenverhältnis von Immobilien-Marketing	359
159:	Wirkung von Immobilien-Marketing	360
160:	Herkunft von Immobilien-Marketingwissen	360
161:	Nutzen des Immobilien-Marketings in verschiedenen Phasen	361
162:	Know-how-Quellen von Immobilien-Fachleuten	361
163:	Fragebogen zum Thema Immobilien-Marketing	362

Stichwortverzeichnis

A
Ablauforganisation 97, 219
Abraham Maslow 74
Absatzmarketing 113, 114, 118, 205, 298, 301
AdWords 244
affektive Phase 92
AIDA-Modell 91, 224, 352
Akquisition 203
Akquisitionsbotschaft 207
Akquisitionseffekt 205
Akquisitionsinstrument 205, 207
Akquisitionsphase 204
Akquisitionspotenzial 206, 210
Akquisitionsrad 202, 203
Alleinstellungsmerkmal 93, 137, 301, 318, 332
Analysefeld 79, 80, 123, 216, 217
Analysemethode 80
Angebotsmix 88, 219
Architekt 44, 45, 52, 59, 69, 70, 103, 117
Architekturmodell 233
Architektur- und Gestaltungswettbewerb 45
Aufbauorganisation 97, 98, 99, 100
Aufrichtefest 277
Ausbaustandard 21, 321
Ausstattungspolitik 86, 96
Aus- und Weiterbildungsangebot 62, 63, 64

B
Bannerwerbung 244
Baugenossenschaft 48, 57
Bauherrenberater 46, 47, 54, 117
Bauherrenbetreuung 69
Baustellenkran 271
Baustellenwand 271
Bedürfnispyramide 74
Beschaffungsmarketing 113, 117, 202, 298
Besichtigungs-Drehbuch 286
Best Ager 283, 307
Bestandes-Immobilien 308, 319, 320
Bestandesliegenschaft 312, 313, 318, 328
Bewirtschafter 32, 34, 63, 66, 67, 68, 71
Bewirtschaftung 15, 37, 63, 69, 70
Bewirtschaftungsfirmen 33, 34, 58, 66, 67, 68, 71
Bewirtschaftungshonorar 33, 301, 310, 353
Bewirtschaftungskonzept 304
Bewirtschaftungsmandat 203, 297, 300, 301, 302
Bewirtschaftungsziel 304, 305, 306
Bezugsgruppe 77, 104, 106, 139, 155, 348
Bildformat 226
Bildmarke 258
Blog 241, 245, 264, 265
Botschaft 91, 93, 341
Brand 188, 190
Branding 152, 158, 267, 270
Briefing 163, 164, 292, 343
Büroraum 24, 25, 216

Business-to-Business-Messen (B-to-B) 255
Business-to-Consumer-Messen (B-to-C) 255
BWO 61

C
Chancen- und Gefahrenanalyse 81
Claim 88, 89, 138, 191, 309
Community 264, 265, 266
Content Management System (CMS) 248
Corporate Design 224, 233, 261
Corporate Identity 320
Crossmedia-Kommunikation 246
Crossmedial 153
Cross Selling 206

D
Datenbank 200, 242, 249, 280
Demografische Kriterien 129, 130
Demographie 172
Denkmalpflege 29, 155
Design 87, 140, 141, 178, 179, 224, 247, 248, 277
Desk Research 80, 81, 119, 120, 121, 182
Differenzierung 84, 85, 142
Directmarketing 93, 110, 127, 148, 206, 280, 295
Direkte Immobilien-Anlage 36
Distribution 86, 91, 256
Dokumentation 94, 151, 153, 160, 161, 223, 224
Duales Marketing 117, 202, 354

E
Effektivitätskennzahl 101
Effizienzkennzahl 101
Eigenkapitalrendite 31, 305
Eigentümerschaft 68, 326, 347
Eigentumswohnung 16, 141, 174, 242, 297, 316
Einfamilienhäuser 16, 20, 141, 174, 189, 242
Einzelverkäufer/-vermittler 31, 40
Elektronische Datenbanken 200
Elektronische Schätzverfahren 200
E-Mail-Werbung 244
Empathie 172
Empfänger 91, 324, 325, 337
Endnutzer 29
Entwickler 39, 63, 65
Entwicklung 15, 46, 58, 61
Entwicklungsareal 215, 334
Erstvermietung 202, 225, 241, 297, 308, 319, 320
Ethik 355, 356, 357
Event 127, 148, 154, 277
Exklusivauftrag 40, 209
Explorative Marktforschung 120
EXPO REAL 255, 339, 340, 344, 345
Externes Reporting 161, 316

STICHWORTVERZEICHNIS

F
Facility Management 43, 44, 59
FIABCI 52
Field Research 80, 81, 119, 121, 122, 182
Filmaufnahme 251
Firmendokumentation 205, 261
Firmenwebsite 205
Fixhonorar 41, 209
Flyer-Gestaltung 252
FM Schweiz 44, 59, 60

G
Gebietsmarketing 47, 179, 185, 186, 187
Gemeinnütziger Wohnungsbau 48
Generalunternehmer 39, 46, 169, 186, 271
Genossenschaft 19, 48, 57
Gestaltungsprogramm 227
Give Away 256, 279
golden ager 283
Greater Zurich Area 332, 336, 337
Grundeigentümer 55, 167, 185, 186, 334, 336

H
Harte Faktoren 178, 223
Hauseigentümerverband 21, 28, 48, 55, 56, 65
Haushaltsgrösse 20
Hausverein 49, 56
Heimatschutz 29, 155
Heterogenität 172
Hierarchieorientierte Organisation 98
Home Staging 274, 275, 276
Honorarempfehlung 70, 71
Honorarentwicklung 70
Hypothekarzins 26, 27, 33, 50, 210

I
Identität 130, 179, 185, 188, 271, 288, 325, 334
Imagebildung 152, 177, 328
Immaterialgüterrecht 258, 260
Immobilien-Aktiengesellschaft 35, 37, 38, 58
Immobilien-Assistent 66
Immobilien-Bewerter 53, 70
Immobilien-Bewirtschafter 53, 67, 299, 310, 325
Immobilien-Bewirtschaftung 33, 44, 48, 67, 72
Immobilien-Bewirtschaftungsfirmen 31, 33, 35, 67
Immobilien-Dienstleistung 33, 112, 203, 208, 301
Immobilien-Entwickler 53, 180
Immobilien-Entwicklung 46, 62, 104, 128, 146, 165, 166, 168, 169, 170, 171, 172, 347
Immobilien-Flyer 251
Immobilien-Fond 19, 36, 37, 38, 70
Immobilien-Investment 35
Immobilien-Investor 35, 57, 58
Immobilien-Kennzahl 30, 45
Immobilien-Makler 40, 54, 68, 69, 117, 118, 144, 179, 209, 210, 212, 276, 281
Immobilien-Maklernetzwerk 42
Immobilien-Marke 128, 136, 152, 329

Immobilien-Marketing 47, 48, 69, 103, 104, 106, 108, 109, 113, 114, 115, 116, 128, 130, 163, 359
Immobilien-Marketingspezialist 47, 169, 318
Immobilien-Markt 15–46
Immobilien-Marktplatz 239, 240, 241, 242
Immobilien-Messe 205, 256, 331, 339, 340, 342
Immobilien-Portal 239, 241, 242
Immobilien-Portefeuille 299
Immobilien-Portfoliomanagement 37
Immobilien-Presse 31, 48
Immobilien-Qualität 108, 168, 311, 312, 314
Immobilien-Sachbearbeiter 66
Immobilien-Shop 42, 43, 276, 277, 295
Immobilien-Teilmarkt 112
Immobilien-Treuhänder 53, 63–70, 156, 208
Immobilien-TV-Sendung 257, 258
Immobilien-Verkäufer 68, 69, 281, 283
Immobilien-Vermarkter 53, 119, 144, 191, 199, 200, 202, 214, 215, 216, 217, 223, 247, 257, 277
Immobilien-Vermarktung 62, 144, 148, 199, 202, 213, 214, 217, 245, 246, 250, 280, 289
Immobilien-Verwalter 66
Immobilien-Wirtschaft 15, 30, 31, 45, 58, 59, 65
Immobilien-Zyklus 104, 107, 108, 111, 328
Immobillien-Schätzer/-Bewerter 70
Immo-Monitoring 30, 46
Indikator 100, 122
indirekte Distribution 91
Indirekte Immobilien-Anlage 36, 38
indirekten Anlagen 35
Ingenieur 58, 59, 76, 103, 196, 214
Inseratepooling 236, 238, 287, 288
Institutionelle Anleger 19, 36, 112
Internes Reporting 161, 316
Internet-Domain 258
Investor 15, 33, 36, 39, 55, 58, 65, 106, 110, 113, 117, 139, 167, 175, 179, 180, 185, 192, 198
Investorenmarkt 35
Investorenwettbewerb 198

K
Kammer unabhängiger Bauherrenberater KUB 54
Käufer 31, 71, 103, 131, 142, 143, 155, 172, 176, 180, 205, 213, 253, 259, 263, 274, 282, 287, 290
Kennzahlen 15, 22, 30, 68, 290, 315, 316
Kennzeichenschutz 258
Kernbotschaft 93
Key Visual 252, 270
Kognitive Phase 91
Kommunikation 86, 91, 109, 138, 139, 148, 155, 157, 164, 167, 176, 177, 178, 185
Kommunikationsanker 148, 189, 219, 220, 222
Kommunikationsinstrument 93, 94, 127, 142, 148, 153, 154, 220, 231, 233, 247, 262, 267, 280
Kommunikationskennzahl 101
Kommunikationsphase 93
Kommunikationsprozess 91, 92, 224
Konditionenpolitik 220
Kontaktmanagement 280
Kontaktqualität 243, 341, 342, 345

Konzeptphase 289, 290, 291, 292, 294
Kostenbudget 289, 294
Kundenakquisition 332
Kundenbetreuung 177
Kundenbeziehung 203, 281, 282, 297
Kundenbindung 200, 239, 253, 263, 282, 297, 347
Kundenorientiertes Marketing 76
Kundensegment 150, 232, 283

L

Label 208
Lagefaktor 178
Lebensphase 306, 307, 308
Lebenszyklus 45, 107, 109, 167, 190
Leerstand 17, 33, 70, 109, 305, 311, 313
Leerstandsmanagement 315
Leerwohnungsziffer 17, 28, 123, 124, 146, 147
Liebhaberpreis 145
Lobbyist 262
Logo 47, 89, 208, 224, 226, 248, 258, 261, 271, 279, 290, 292, 309, 326, 330
Luftbild 251

M

Machbarkeitsanalyse 317
Makler 40, 41, 43, 54, 68, 79, 141, 145, 174, 204, 208, 209, 211, 283, 287, 288
Maklerdienstleistung 40, 201
Maklerkammer 40, 54, 69, 117
Maklernetzwerk 40, 42, 69, 201, 207, 209, 271, 276, 287, 288
Maklerprovision 208, 209, 210
Maklerunternehmen 42, 204
Makrolage 178, 183, 224
Mandatsakquisition 63, 114, 202, 213, 214, 216, 287, 302, 353
Mandatsziel 214
Marke 88, 188, 208, 287, 288, 325, 327, 328, 338
Marken-Bewirtschaftung 325, 327, 330
Markenname 89
Markenschutzgesetz 258, 260
Marketingaktivität 79, 105–114, 126, 166, 213, 342
Marketinganalyse 79, 105, 106
Marketingcontrolling 79, 100, 106, 159, 229, 315
Marketingidee 73, 75, 77, 78, 103
Marketinginstrument 41, 79–115, 130, 139, 159, 162, 177, 211, 212, 213, 220, 255, 287, 288, 298, 301, 309, 318, 339, 341, 345
Marketingkennzahl 159
Marketingkonzept 47, 78, 124, 126, 215, 229, 239
Marketingkultur 165, 166
Marketingmix 89, 90, 105, 126, 158
Marketingorganisation 79, 97, 105, 126, 162, 170
Marketingplan 78
Marketingrendite 109, 176
Marketingstrategie 78, 105, 110, 124, 126, 342
Marketingziel 79, 83, 126, 158, 218

Marktanalyse 46, 110, 113, 118, 128, 146, 174, 176, 182, 183, 202, 212, 218, 290, 304, 315–354
Marktbeobachtung 119
Markterkundung 119
Marktforschung 80, 106, 118, 120, 175, 354
Markt-/Leistungsstrategie 84, 85
Marktsegmentierung 79
Massnahmenplan 293
Master-Studiengang MAS 63
Mediaplan 234, 292, 309
Mega-Poster 271
Messe 205, 255, 256
Messe-Marketing 340
Meta-Datenbank 240, 242
Mietabschluss 214
Mieter 19–71, 103, 114, 142, 155, 168, 172, 206, 216, 242, 253, 263, 274, 282, 290, 292, 303, 309, 312, 317, 323
Mieterfest 328, 329
Mietermanagement 317, 318
Mieterverband 27, 28, 31, 49, 50, 60
Mieterzufriedenheit 303, 305
Mietgericht 50
Mietrecht 50, 54, 55, 60, 61, 63, 67, 68, 217
Mietwohnung 19, 48, 123, 141, 174, 242, 306, 316
Mietzinsniveau 305
Migration 172
MIPIM 255, 339, 340, 344, 345
Mitbewerber 41, 77, 83, 87, 90, 99, 107, 112, 126, 136, 142, 202, 204, 207, 217, 218, 300, 302, 308, 312, 318, 335, 345, 354
Miteigentum 19, 71
Miteigentümer 18
Mittler 79, 80, 216, 341
Mobilität 21, 23, 24, 36
Monopolist 85

N

Nachhaltigkeit 60, 135, 171, 283, 327
Namensentwicklungsprozess 190, 191
Namensgebung 188, 189, 190
Naming 47, 188
Networking 111, 203, 207, 264, 265
Neue Wohnformen 22, 23
Neukundengewinnung 205
Newsletter 207, 244, 253, 254, 260, 295
Nutzer 26, 39, 43, 68, 103, 137, 162, 298, 339
Nutzungskonzeption 175, 176, 185
Nutzungsrecht 190, 192, 259

O

Objektbesichtigung 284
Objektqualität 122, 178, 179
Öffentlichkeitsarbeit 153, 177, 186, 260, 295, 338
Online-Inserat 205, 233, 239, 246, 280
Online-Marketing 243, 263, 346
Online-Marketing-Instrument 245
Online-Marktplätze 145, 152, 223, 246, 320
Online-Medien 152, 309

STICHWORTVERZEICHNIS

Online-Video 245
Online-Werbung 152, 223, 243, 244
Operatives Controlling 101
Organigramm 97, 104
Organisationsstruktur 99, 101
Osec 337, 338

P

Personalpolitik 86, 97
Persönlicher Verkauf 93, 96, 110, 148, 150, 154, 159, 219, 281, 295
Phasenplan 162, 289, 290, 291, 292, 294
Point of Property (POP) 110, 148, 206, 266, 271
Politik 21, 26, 51, 52, 57, 177, 331, 335, 336
Positionierung 83, 106, 126, 136, 150, 158, 191, 211, 224, 233, 270, 300, 315, 320, 334, 337
Positionierungs-Prozess 136
Postmaterialismus 135, 172
Preis 21, 39, 69, 85, 89, 90, 93, 108, 130, 137, 139, 143, 144, 151, 175, 192, 195, 207, 208, 211
Preisbestimmung 90, 318
Preisbestimmungsfaktor 89
Preiselastizität 90, 144
Preisgestaltung 86, 89, 126, 143, 183, 215, 220
Preispolitik 90, 219
Preissegment 86, 88, 202
Preisstrategie 101, 126, 209
Pressearbeit 94
Pressemitteilung 94, 260
Primärforschung 119
Printinserat 160, 223, 233, 239, 242, 246
Printmedien 151, 152, 236, 239, 242, 243, 257
PR-Massnahme 94, 153, 154, 179
Produktegestaltung 87
Produkteigenschaft 88, 93
Produktezwiebel 87
Produktgestaltung 86, 175
Produktionsorientiertes Marketing 75
Produkt-/Marktstrategie 84, 126, 127
Produktorientiertes Marketing 76
Projektanalyse 47, 173, 182, 185, 217, 219
Projektentwicklung 39, 72, 110, 112, 128, 136, 137, 167, 171, 172, 182, 192, 193, 194, 325, 348
Projekttaufe 279
Projektwettbewerb 128, 173, 194, 195, 196, 197
Promotor 19, 20, 119, 169, 186, 233, 255, 278, 348
Prozessorientierte Organisation 98, 99
Prozesspolitik 86
Psychografische Kriterie 131
Public Relation (PR) 93, 94, 110, 127, 148, 150, 153, 159, 206, 260, 261, 263, 291

Q

Qualitatives Controlling 100
Qualitative Zielsetzung 83
Qualitäts-/Preisstrategie 85
Quantitatives Controlling 100
Quantitative Zielsetzung 83

R

Radar-Psychografie 131
Referenzzinssatz 26, 27, 50, 68
Regionale Immobilien-Messe 255, 295
Relocation Service 47
Rendite 30, 34, 36, 38, 109, 174, 304, 305, 317
Reporting 161, 162, 219, 293, 300, 316, 349
RICS 52, 356, 357, 358
Roper Consumer Styles 135

S

Schlichtungsbehörde 50, 51
Schriften 227, 248
Schweinezyklus 146, 147
Schweizerischer Immobilienschätzer-Verband SIV 55
Schweizerischer Verband der Immobilienwirtschaft 53
Schweizerische Schätzungsexperten-Kammer 54
Schweizer Stockwerkeigentümerverband 59
Segmentierung 33, 62, 83, 88, 104, 113, 126, 130, 136, 175, 202, 214, 298, 300, 315
Segmentierungskriterie 128
Sekundärforschung 119, 120
Selbstverkäufer 210
Showroom 154, 160, 186, 223, 233, 272, 279, 292
SIA 58, 59, 196, 197
Signaletik 96, 206, 321, 322
Sinus-Milieus 133, 134
SKI 60, 61
SMK 40, 54
Social Media-Kanal 265
Social Media Marketing 244, 245, 262, 263
Social Media-Plattform 265
Sortiment 84, 86, 88
Spatenstich 110, 177, 206, 219, 253, 262, 278, 291
Spezialimmobilien 26, 112
SRES 54, 63, 64
Standesgericht 357
Standort 24, 106, 127, 139, 174, 184, 192, 221, 231, 277, 290, 309, 316, 321, 331, 337, 342
Standortevaluation 178, 179, 180
Standortmarketing 331–337
Standortqualität 140, 174, 178, 179
Standort- und Marktanalyse 46, 47, 128, 174, 176, 182, 183, 184, 185, 213, 218, 290, 315, 347, 348
Standortwettbewerb 332, 333, 334
Stärken- und Schwächenanalyse 82, 290
Stockwerkeigentum 19, 26, 56, 71, 297, 309, 316
Stockwerkeigentümer 18, 70
Stockwerkeigentümer-Gemeinschaft 33, 70, 209
Strategisches Controlling 100
Streusendung 153, 206
Streuverlust 148, 149, 153, 204, 211, 243, 287, 341
Studienauftrag 110, 194, 195, 196
Stundenansätze 71
Suchmaschinen-Marketing 244, 245
SVIT 47, 49, 53, 64, 70, 117, 208, 356, 357
SVW 56, 57
SWE 57
Swiss Circle 331, 339, 345, 346
Swiss Real Estate School SRES 54, 63

SWOT-Analyse 82, 83, 84, 126, 213, 217
Symbol 88, 89

T
Tag der offenen Tür 154, 160, 206, 251, 279
Telefonkontakt 323
Totalunternehmer (TU) 39, 40, 169, 196
Transaktionsprozess 352

U
Überalterung 24, 172
Umsetzungsphase 79, 106, 290, 293
Umweltfaktor 80, 81
Umzugsverhalten 21
Unique Selling Proposition (USP) 137
Unique Value Proposition (UVP) 93, 137, 142, 301, 318
Unternehmensanalyse 126, 202
Unternehmensphilosophie 78, 165
Urheberrecht (Copyright) 89

V
Verkäufer 79, 143, 152, 209, 210, 251, 271, 281
Verkaufsabschluss 160, 177, 214, 273, 284
Verkaufsfläche 26, 123
Verkaufsförderung 93, 95, 263, 320
Verkaufsförderungsmassnahme 95, 220
Verkaufsgalgen 271
Verkaufsgespräch 211, 212, 283, 284, 350
Verkaufsmandat 40, 41, 63, 205, 288
Verkaufsorientiertes Marketing 76
Verkaufspavillon 223, 272, 274
Verkaufsprovision 212
Verkaufstechnik 76, 281
Vermarkter 113, 139, 142, 154, 162, 170, 184, 189, 191, 200, 206, 213, 229, 239, 242, 250, 255, 268, 271, 278, 281, 292
Vermarktung 15, 45, 71, 199, 201, 206, 210, 215, 220, 233, 239, 243, 251, 257, 262, 271
Vermarktungsinstrument 200, 216, 223, 250, 257, 258, 271, 276
Vermarktungskonzept 124, 199, 210, 214, 215, 216, 217, 218, 279, 291
Vermarktungsmassnahme 47, 247, 257, 291, 292
Vermarktungsphase 162, 171, 189, 190, 293
Vermarktungsstart 278, 279
Vermarktungstafel 206, 266, 267, 269, 270, 291
Vermarktungsteam 248, 251, 272, 279, 290, 293
Vermarktungs-Zielsetzung 291
Vermieter 26, 27, 28, 50, 51, 61, 281, 283, 326
Vermittler 19, 20, 40, 79
Vertiefungslehrgang 63
Verwaltungshonorar 208
Visualisierung 223, 226, 229, 231, 247, 273, 278
VIV 57, 58, 60
VLB 48, 57
VZI 58, 60, 70

W
Website 110, 111, 151, 153, 177, 186, 233, 244, 245, 246, 247, 248, 253, 260, 261, 266, 280
Weiche Faktoren 178
Werbeagentur 113, 259, 292, 330
Werbemittel 94, 248, 251, 252
Werbeträger 94, 148, 256, 271
Werbung 93, 94, 205, 223, 251, 262, 263, 280
Wettbewerbskräfte 199, 200
Wettbewerbsvorteil 299, 301, 337, 355
Wirtschaftsförderung 331
Wohnbedürfnis 21, 22, 23, 24, 128, 130
Wohndauer 21
Wohneigentum 21, 28, 42, 43, 55, 57, 58, 60, 61
Wohneigentumsquote 18, 19, 22
Wohnfläche 17, 20, 21, 22, 137, 221
Wohnqualität 29
Wohnraumförderung 61
Wohnungsbau 17, 48, 56
Wohnungswechsel 21, 306
Wohnzufriedenheit 21, 51
Wortmarke 192, 258
Wurfzettel 251

Z
Zeichen 88, 206, 252
Zielgruppe 83, 85, 87, 88, 91, 93, 94, 95, 128, 188
Zielgruppenbestimmung 128, 148, 176, 218, 299

Symbole
3D-Modell 231, 232
4 Ps 86

Literaturverzeichnis

Im Folgenden sind Bücher und Publikationen aufgeführt, welche in den Fussnoten erwähnt wurden. Das Verzeichnis enthält aber auch weiter gehende Literatur mit Wissenswertem zu den Themen Marketing und Immobilien-Marketing.

Bolliger, Roman H.: Gesellschaftsorientiertes Marketing im Schweizer Wohnungsmarkt, Zürich 1994

Bolliger, Roman H. und **Ruhstaller**, Bernhard: Untersuchung zur Bedeutung von Marketing in der Schweizer Immobilien-Wirtschaft, Zürich 2010

Bruhn, Manfred: Marketing, Wiesbaden 2009

Campi, Andreas und von Büren, Christian: Bauen in der Schweiz, Basel 2005 (Hrsg. SIA und FHA)

Credit Suisse Economic Research (Hrsg.): Swiss Issues Immobilien, Immobilienmarkt 2010, Fakten und Trends, Zürich 2010

Datko, Götz, Stadtmarketing als Instrument der Kommunikation, Kooperation und Koordination – Untersuchung kooperativer Stadtmarketingansätze mit Blick auf den Dreiländervergleich Deutschland – Österreich – Schweiz, Verlag Kovac J., 2009

Ergenzinger, Rudolf und Thommen, Jean-Paul: Marketing – Vom klassischen Marketing zu Customer Relationship Management und E-Business, Zürich 2001

Eschenbach, Rolf und **Kunesch**, Hermann: Strategische Konzepte, Management-Ansätze von Ansoff bis Ulrich, Stuttgart 1996

Glaus, Bruno: Das Recht der kommerziellen Kommunikation – Der Schutz der Persönlichkeit, des künstlerischen Werks und des Wettbewerbs, Rapperswil 2001

Gubler, Robert E. und **Möller**, Christian: Standortmarketing: Konzeption, Organisation und Umsetzung, Zürich 2006

Hilber, Maria Luise und **Ergez**, Ayda: Stadtidentität, Zürich 2004

Hauseigentümerverband Schweiz (Hrsg.): Immobilienratgeber, Zürich 2004

Immo-Barometer 14/2010, NZZ Media, Zürich 2010

Kippes, Stephan: Professionelles Immobilien-Marketing, Marketinghandbuch für Makler, Bauträger, Projektentwickler und Immobilienverwalter, München 2001

Kotler, Philip: Marketing Management – Analysis, Planning, Implementation and Control, Englewood Cliffs 1991

Kotler, Philip und **Bliemel**, Friedhelm: Marketing Management, Stuttgart 2001

Krulis-Randa, Jan S.: Die Entstehung der Marketing-Idee – Ein Beitrag zur Dogmengeschichte der Betriebswirtschaftslehre, in: Krulis-Randa, J. S./Schneebeli, R./Siegenthaler, H. (Hrsg.): Geschichte in der Gegenwart, Festgabe für Max Silberschmidt, Zürich 1981

Krulis-Randa, Jan S.: Transparenz für den Wohnungsmarkt – Marketing im Bauwesen als Lösung des gegenwärtigen Malaise, in: Handels-Zeitung Nr. 8, Seite 9, Zürich 1991

Kühn, Richard und **Jenner**, Thomas: Angebotspositionierung, Zürich 1998

Kühn, Richard und **Vifian**, Patric: Marketing, Analyse und Strategie, Zürich 2003

LITERATURVERZEICHNIS

Lüchinger, René: Bildmarken, Meilensteine der Markengeschichte, Zürich 2003
Lutz, Jochen: Verkaufsaufträge erfolgreich akquirieren für Immobilienmakler, Düsseldorf 2003
Maslow, Abraham: Motivation and Personality, New York 1954
McCarthy, E.J.: Essentials of Marketing, Homewood 1979
Meffert, Heribert: Marketing, Grundlagen in der Absatzpolitik, Wiesbaden 1986
Meffert, Heribert: Neue Herausforderungen für das Marketing durch interaktive elektronische Medien, Berlin 2000
Meffert, Heribert und **Bruhn,** Manfred: Dienstleistungsmarketing, Wiesbaden 2006
Nielen, Klaus D.: Immobilien-Einwände – Die 68 häufigsten Immobilieneinwände und die besten Anworten, Düsseldorf 1998
Nielen, Klaus D.: Immobilien-Einkauf – Neue Vermittlungsaufträge erfolgreich akquirieren, Düsseldorf 1998
Nielen, Klaus D.: Immobilien-Werbung – Verkaufsförderung durch professionelle Werbung, Präsentation und Anzeigengestaltung, Düsseldorf 1999
Nielen, Klaus D.: Immobilien-Verkauf – Erfolgreiches Vermarkten, Verkaufen und Vermieten von Wohnimmobilien, Düsseldorf 2000
Nielen, Klaus D.: Immobilien-Marketing, Vermarktung von Bauträgermassnahmen und Bestandsimmobilien, Düsseldorf 2001
Peters, Thomas J. und Waterman, Robert H. Jr.: In Search of Excellence, New York 1982
Porter, M.E.: Competitive Strategy, New York 1980
Schalcher, Hans-Rudolf (Hrsg.): Immobilienmanagement, Zürich 2003
Scherer, Roland und **Bieger**, Thomas: Clustering – das Zauberwort der Wirtschaftsförderung, Verlag Paul Haupt, Bern 2003
SIA: Kennzahlen im Immobilienmanagement, Zürich 2000
Thierstein, Alain und **Förster**, Agnes: The image and the Region – Making Mega-City Regions Visible!, Lars Müller Publishers, Baden 2008
Trösch, Jürg und **Baltis**, Max und **Neuenschwander**, Jürg: Communication in Print, Zürich 2001
Wehrli, Hans Peter: Marketing, Wetzikon 1992
Wehrli, Hans Peter: Marketing-Einführung, Zürich 1997
Wehrli, Hans Peter: Marketingpraxis, Zürich 2001
Wyss, Werner: New Marketing, Adligenswil 1986
Zeugin, Peter/**Zeugin Gölker**, Ulrike: Wenn Zielgruppen ernst genommen werden, Verlag Lesebrille, Saland 2006

Immobilien-Glossar

In diesem Glossar werden nicht nur die im Buch verwendeten Begriffe erklärt. Es umfasst auch Wörter, die im vorliegenden Buch nicht vorkommen. Überdies werden beispielsweise auch Namen von Schulen, Verbänden, Firmen und Ämtern aufgelistet. Alphabetisch geordnet, findet der Benutzer eine bunte Vielfalt von Ausdrücken, die ihm in der täglichen Immobilien-Praxis begegnen. Das Glossar stellt somit eine Art «Immobilien-Nachschlagewerk» im Kleinen dar.

	Bezeichnung	Web-Adresse
A		
Above-the-line	«Klassische» oder «traditionelle» Werbung, beispielsweise in Printmedien oder in Radio und Fernsehen	
Absatzkanäle	Handelsverbindungen, über die Erzeugnisse zu jeweils bestimmten Konditionen vertrieben werden (Grosshandel, Produzent, Detailhandel)	
Abschreibung	Planmässige Abwertung von Vermögenswerten, Wertverminderung, Reduktion des Buchwerts	
Ad Impression	Anzahl der Sichtkontakte einer Werbebotschaft im Internet	
Added Value	Materieller oder immaterieller Mehrwert, der einer Leistung oder einem Produkt hinzugefügt wird	
AdWords	Kleine Inseratetexte, die als Ergänzung zu Suchbegriffen bei Suchmaschinen (z. B. Google) aufgegeben werden. Sie werden als Ergänzung zum Suchbegriff eingeblendet. Ein solches Inserat muss vom Inserenten erst bezahlt werden, wenn auf den Link geklickt wird	google.com
Affinität	Wert zur Beurteilung, ob ein Medium für eine bestimmte Zielgruppe geeignet ist	
Agglomeration	Die mit einer Stadt verwachsenen, rechtlich selbständigen Vororte (Umgangssprache «Agglo»). In der Schweiz gibt es 48 Agglomerationen	
AIDA-Formel	Faustregel für den Kommunikationsprozess in Phasen: «**A**wareness» = Aufmerksamkeit erregen, «**I**nterest» = Interesse wecken, «**D**esire» = Besitzwunsch hervorrufen, «**A**ction» = Handlung auslösen	
Akonto	Vorauszahlung des Mieters für Betriebskosten (Heiz- und Nebenkosten)	
alaCasa.ch	Schweizer Maklernetzwerk für Wohneigentum im Partnerschaftssystem	alacasa.ch
Alleineigentum	Form des Eigentums. Die Liegenschaft gehört ausschliesslich einer natürlichen oder juristischen Person. Der Alleineigentümer kann selbständig über seine Liegenschaft verfügen	
Allianzen	Strategische Geschäftsverbindungen unter Partnern, um sich gemeinsam am Markt bessere Chancen verschaffen zu können	
Altersentwertung	Altersabhängige technische Entwertung, die das Objekt seit der Erbauung infolge Alterung und Abnützung oder aus anderen Gründen erlitten hat. Dies hat eine Wertverminderung zur Folge	
Amortisation (Tilgung)	Periodische Tilgung von Schulden	
Amortisationsrechnung (Pay-Back-Methode)	Methode der Wirtschaftlichkeitsrechnung zur Ermittlung der Zeitdauer bis das für eine Investition eingesetzte Kapital durch Kapitalrückflüsse zurückgewonnen wird	
Anfangsmietzins	Beim Abschluss eines neuen Mietvertrages vereinbarter Mietzins	
Angebotspreis	Preis einer Immobilie, der in Print- oder elektronischen Medien publiziert wird	
Ankermieter (Anker-Geschäft)	Ist der Haupt- bzw. ein Grossnutzer innerhalb einer (gewerblich) genutzten Immobilie. Der Begriff wird oft im Zusammenhang mit Einkaufszentren verwendet, bei denen der Ankermieter der Frequenzbringer für das gesamte Objekt ist	
Anlagekosten	Kaufpreis der Liegenschaft: Erstellungskosten inkl. Bauland oder Summe der Aufwendungen für den Erwerb inkl. Kaufnebenkosten (Handänderungssteuer, Provision etc.)	
Anlagestrategie	Richtlinien für die Investition von Vermögenswerten	

IMMOBILIEN-GLOSSAR

Anlagewert	Wird in der Regel aus den Anlagekosten und den vorgenommenen wertvermehrenden Aufwendungen berechnet
Annuität	Regelmässige Zahlung in gleichbleibender Höhe, die sich aus Zins- und Amortisationsteil zusammensetzt. Sie stellt die vereinbarte Rückzahlung und Verzinsung einer Schuld (Hypothek) bzw. des investierten Kapitals sicher
APG	**A**llgemeine **P**lakat**g**esellschaft (franz.: SGA)
Arbeitsgemeinschaft (Arge)	Auch Konsortium genannt; eine Zusammenarbeit von Firmen, für die Bewältigung eines grösseren Bauvorhabens
Assekuranzwert (Versicherungswert)	Gebäudeversicherungswert
Asset	Vermögenswert
Asset Management	Führen von Vermögenswerten
Attikawohnung	Wohnung im zurückversetzten obersten Geschoss einer Liegenschaft
Auflagebeglaubigung	Die WEMF-beglaubigte Auflage basiert auf der Selbstdeklaration des Verlegers. Sie wird nur denjenigen Verlegern abgegeben, die ihre Auflage entsprechend den «Bestimmungen über die Auflagenbeglaubigung in der Schweiz» deklarieren und sich einer Nachkontrolle durch die WEMF (AG für Werbemedienforschung) unterziehen
Ausbaugrad	Stand der baulichen Fertigstellung einer Immobilie
Ausbesserung (kleiner Unterhalt)	Unterhaltsarbeit zur Beseitigung eines Mangels, der vom Mieter nach Ortsgebrauch auf eigene Kosten beseitigt werden muss (Art. 259 OR), z. B. der Ersatz einer defekten Kochherdplatte oder eines Rollladengurtes
Ausnutzungsreserve	Verhältniszahl zwischen vorhandener und rechtlich zulässiger Bruttogeschossfläche
Ausnutzungsziffer	Verhältniszahl zwischen anrechenbarer Bruttogeschossfläche der Bauten und der anrechenbaren Grundstückfläche; definiert die maximal zulässige Überbauung eines Grundstücks; Regelung gemäss kantonalem oder örtlichem Baureglement
Ausrüsten	Weiterverarbeitung nach dem Druck, z. B. schneiden, falzen, rillen oder etikettieren einer Verkaufsdokumentation
Aussengeschossfläche	Genutzte Grundrissfläche ausserhalb der allseitig umschlossenen und überdeckten Geschossfläche (z. B. Balkone, Terrassen, Aussentreppen, offene Parkgaragen)
Ausstattung	Einrichtungsgegenstände, welche in ein voll ausgebautes bauliches Objekt installiert werden und die dem konkreten Verwendungszweck dienen (z. B. Vorhänge, Möbel)
Auszug, vorzeitiger	Beendigung eines Mietverhältnisses vor Ablauf der ordentlichen Kündigungsfrist. Der Mieter muss ein Begehren um vorzeitige Vertragsauflösung an den Vermieter richten. Der Vermieter muss dem Begehren entsprechen, wenn der Mieter einen zahlungsfähigen und zumutbaren Ersatzmieter stellen kann

B

B2B	Business-to-Business: Marketingaktivitäten von Unternehmen zu Unternehmen
B2C	Business-to-Consumer: Marketingaktivitäten von Unternehmen zu Endnutzern (Konsumenten)
Baby-Boomer	Bevölkerungsgruppe, die vor dem so genannten «Pillenknick» um 1965 während des «Baby-Booms» geboren wurde; interessante Zielgruppe bzgl. Altersstruktur und Kaufkraft
Banner	Grafisch gestalteter, animierter oder statischer Balken im Internet: durch Anklicken verbindet ein Hyperlink den Besucher auf das jeweilige Online-Angebot
Barwert	Auf die Gegenwart abdiskontierter Wert
Barwertmethode	Der Ertragswert wird durch Aufsummierung aller auf den Zeitpunkt der Schätzung abgezinsten künftigen Nettomieterträge einer Liegenschaft bestimmt

Baugespann	Teil des Baugesuches, auch Visier genannt. Bei der Einreichung eines Baugesuches ist die dreidimensionale Profilierung des Neubauvorhabens an Ort durch einen Vermessungsfachmann erforderlich (im Ausland meist unbekannte Regelung)	
Bauhandwerkerpfandrecht	Gesetzliches Grundpfandrecht zur Sicherung des werkvertraglichen Vergütungsanspruchs, welches Unternehmern und Subunternehmern zusteht, die für ein Werk auf dem betreffenden Grundstück Material und Arbeit oder Arbeit allein geliefert haben	
Bauherr	Wer im eigenen Namen oder für eigene oder fremde Rechnung Bauvorhaben durchführt und durchführen lässt	
Baukosten	Sämtliche Kosten für ein Bauobjekt inkl. Vorbereitungsarbeiten, reine Gebäudekosten, fest eingebaute Einrichtungen, die der spezialisierten Nutzung des Gebäudes dienen, Umgebungs- und Erschliessungsarbeiten innerhalb der Grundstückgrenzen, Baunebenkosten	
Baukostenindex	Zahlenreihe, welche die teuerungsbedingten Veränderungen der Baukosten für Mehrfamilienhäuser beschreibt	
Baukredit	Kontokorrentkredit zur Abwicklung der während der Bauzeit anfallenden Zahlungen; in der Regel ½ Prozentpunkt höher verzinslich als eine Hypothek	
Baulinie	Abstand, den ein Neubau zu Verkehrsflächen und öffentlichen Anlagen einhalten muss	
Baumassenziffer	(Maximal zulässiger) Quotient zwischen dem über dem gewachsenen Terrain liegenden Bauvolumen dividiert durch die anrechenbare Grundstücksfläche. Die Baumassenziffer ist ein baurechtlicher Begriff gemäss Planungs- und Baugesetz des Kantons Zürich	
Baunebenkosten	Bestandteile der Anlagekosten, die nicht bereits in den Bodenkosten oder den Baukosten enthalten sind	
Baupreisindex	Der schweizerische Baupreisindex wird vom Bundesamt für Statistik (BFS) seit Oktober 1998 (Indexstand Oktober 1998 = 100) halbjährlich per April und Oktober berechnet und publiziert und zeigt die Entwicklung der vom Bauherren tatsächlich gezahlten Baupreise auf	
Baurecht	Art. 779 ZGB: Der Berechtigte (Baurechtsnehmer) darf auf einem Grundstück im Eigentum eines anderen (Baurechtsgeber) auf oder unter der Bodenfläche ein Bauwerk errichten. Wenn nichts anderes vereinbart ist, ist das Recht übertragbar und erblich	
Bausparen	Steuerbegünstigtes Ansparen von Eigenkapital zwecks Erwerb von selbstgenutzten Wohneigentums, z. B. mit der 3. Säule oder mit einem Bausparkonto	
Bauträger	Eigentümer einer sich in der Entwicklung befindenden Immobilie; trägt in der Regel das unternehmerische Risiko	
Belegungsdichte	Zahl der Bewohner je Wohnung	
Below-the-line	«Nichtklassische» Werbemassnahmen wie Directmarketing, Sponsoring, PR oder Online-Werbung	
Benchmarking	Methode des systematischen Leistungsvergleiches, z. B. zwischen zweier Unternehmungen zwecks Beurteilung der eigenen Leistungsfähigkeit	
Besitz	Tatsächliche Gewalt/Herrschaft über eine Sache. Das meist verbreitete Besitzmittlungsverhältnis ist die Miete. Der Eigentümer (Vermieter) lässt die unmittelbare Sachherrschaft durch den Mieter ausüben	
Betriebskosten	Kosten für öffentliche Abgaben, Versicherungen, Verwaltung, Kreditzinsen usw. (alle Kosten, die Mietern nicht weiterverrechnet werden dürfen)	
Bewirtschaftungskosten	Summe aus Betriebskosten, Unterhaltskosten, Abschreibungen und Risikoprämie	
BFS	**B**undesamt **f**ür **S**tatistik	statistik.admin.ch
Blindmuster	Muster eines Werbemittels ohne die richtigen Texte und Bilder; legt Formate, Falze und Gewichte verbindlich fest und dient als Probestück für alle maschinellen Arbeitsgänge	
Blog (Weblog)	Web-Tagebuch, welches mit Einträgen, Kommentaren und Notizen versehen wird. Einen Blog kann jede Person oder Firma selber einrichten und bspw. über ein spezielles Thema berichten	de.wordpress.com

IMMOBILIEN-GLOSSAR

Bodenwert (Landwert)	Verkehrswert des unüberbauten Bodens. Bei überbauten Grundstücken wird der Bodenwert aus der Differenz von Bauwert- und Ertragswertschätzung ermittelt (Methode der Rückwärtsrechnung)	
Botenfile-Sortierung	Vorsortierung eines adressierten Mailings nach von der Post definierten Botenbezirken. Der Kunde profitiert so von Portorückvergütungen	
Brachen	Stillgelegte Industriebetriebe und -Gelände, die immer mehr an Bedeutung gewinnen. Einige wurden umgenutzt oder zu neuen Nutzungszwecken wie Büros und Wohnungen umgebaut oder gar abgerissen. Dadurch sind neue Bauten und Identitäten entstanden	brachenbank.ch areale.ch
Brand	Engl. für Marke	
Branding	Unverwechselbare Wahrnehmung durch die Kennzeichnung eines Produktes oder einer Dienstleistung als Marke durch Bild, Wort- und Namenszeichen, Markenzeichen, Warenzeichen und Gütezeichen	
Break-Even-Point	Rentabilitätsgrenze, bei der die Kosten durch den Ertrag gedeckt sind. Ab hier beginnt die Gewinnzone	
Briefing	Zusammenfassung und Vermittlung aller notwendigen Unterlagen und Informationen, die zur Durchführung eines Auftrages oder einer Aufgabe nötig sind	
Bruttomietzins	Mietzins zuzüglich Heiz- und Nebenkosten	
Bruttorendite	Prozentuales Verhältnis des massgebenden Mietwerts/-zinses zum Verkehrswert (Kaufpreis)	
Bruttosozialprodukt	Wertschöpfung (Produktionswert abzüglich Vorleistungen) einer Volkswirtschaft	
Buchwert	Anlagekosten in der Buchhaltung zzgl. Aktivierungen, abzgl. Abschreibungen	
Büromarktbericht	Informationen über den Markt von Büronutzflächen, jährlich herausgegeben von Colliers CSL AG	colliers.ch
BWO	**B**undesamt für **Wo**hnungswesen	bwo.admin.ch

C

CAD	**C**omputer **A**ided **D**esign; computergestütztes Zeichnungssystem zum Erstellen von zwei- oder dreidimensionalen Zeichnungen	
Cashdrain	Negativer Cashflow	
Cashflow	Die während einer bestimmten Periode erarbeiteten Mittel eines Unternehmens; Summe aus Reingewinn, Abschreibungen und Rückstellungen	
Claim	Slogan zu einem Produkt oder einer Marke; hat oft hohen Wiedererkennungswert	
Cleantech	Cleantech oder clean technologies; engl. für saubere Technologien. Bezeichnet Produkte oder Dienstleistungen, welche die operationale Leistung, Produktivität oder die Effizienz steigern und gleichzeitig Kosten, natürliche Ressourcen, den Energieverbrauch, Abfälle oder die Verschmutzung reduzieren	cleantech-switzerland.com swisscleantech.ch
Click-Through-Rate (CTR)	Kennzahl des Internet-Marketings; stellt die Anzahl der Klicks auf einen Werbebanner oder Sponsorenlink im Verhältnis zu den gesamten Impressionen dar. Wird eine Werbung hundertmal angezeigt und dabei einmal angeklickt, beträgt die Klickrate 1 %	
Clusterbildung	Zusammenfassen verschiedener Elemente mit einem hohen Mass an ähnlichen Eigenschaften	
CMS	**C**ontent-**M**anagement-**S**ystem (engl. für Inhaltsverwaltungssystem); ein System zur Erstellung, Bearbeitung und Organisation von Inhalten einer Website. Ein Autor kann ein solches System meistens ohne Programmier- oder HTML-Kenntnisse bedienen. Der darzustellende Informationsgehalt wird in diesem Zusammenhang als Content (Inhalt) bezeichnet	
Comparis	Internet-Vergleichsdienst; bietet unter anderem Vergleichsmieten an	comparis.ch
Content	Inhalt einer Website	

Contracting	Gesamtübernahme von Projektierung, Erstellung, Betrieb, Unterhalt und Finanzierung eines Bau- oder Anlageteils durch einen Unternehmer und dessen zur Verfügung Stellung gegen Entgelt (z. B. Energie-Contracting)	
Copyright	Der Copyright-Vermerk mit dem ©-Zeichen wird oft bei künstlerischen Werken verwendet. Das Zeichen hat eine präventive Schutz- und Warnfunktion	ige.ch/urheberrecht copyright.ch
CoreNet Global	Globaler Fachverband der Corporate Real Estate Manager (betrieblicher Immobilienverwalter)	corenetglobal.org
Corporate Real Estate Management (CREM)	Immobilienmanagement für den betrieblich genutzten Liegenschaftenbestand von Unternehmen	
Cost per Order (CpO)	Kosten pro Bestellung: Wichtige Kennzahl bei einer (Direkt-)Werbeaktion. Die angefallenen Gesamtkosten werden durch die Anzahl der Reaktionen/Bestellungen dividiert	
CRM	**C**ustomer **R**elationship **M**anagement; engl. für Kundenbeziehungsmanagement oder Kundenpflege. Bezeichnet die konsequente Ausrichtung einer Unternehmung auf ihre Kunden und die systematische Gestaltung der Kundenbeziehungsprozesse	
Crossmedia	Aufeinander abgestimmte Werbemassnahmen auf verschiedenen Kommunikationskanälen	
CS Economic Research	Herausgeber von Immobilienmarktdaten	credit-suisse.com/immobilienstudie
CUREM	**C**enter for **U**rban & **R**eal **E**state **M**anagement; privatwirtschaftlich organisierte Immobilien-Business-Schule auf universitärem Niveau in Zürich	curem.ch

D

Datenbank	Sammlung von Werken, Daten oder anderen unabhängigen Elementen, die systematisch oder methodisch angeordnet sind. Zugänglich sind die Daten z. B. mit Hilfe elektronischer Mittel	
DCF-Methode	**D**iscounted **C**ashflow-Methode; Methode zur Ermittlung des Barwerts des frei verfügbaren Cashflows aus einer bestimmten Anzahl Perioden und des Restwertes nach dieser Anzahl Perioden; wird häufig zur Bewertung von Immobilien angewandt	
Demografische Merkmale	Merkmale, nach denen die Mitglieder einer Zielgruppe beschrieben werden z. B. Geschlecht, Alter, Zivilstand, Haushaltsgrösse, Ausbildung, Beruf, Einkommen	
DemoSCOPE	Schweizer Marktforschungsinstitut	demoscope.ch
Depot (Kaution, Sicherheitsleistung)	Vom Mieter hinterlegter Geldbetrag zur Sicherstellung seiner Verpflichtungen. Das Depot darf bei Mietwohnungen drei Monatsmietzinse nicht übersteigen und muss zum üblichen Zinsfuss für Spareinlagen verzinst werden (Art. 257e OR)	
Desk Research	Engl. für Sekundärforschung; die Sichtung und Weiterbearbeitung von vorhandenem Informationsmaterial. Sekundärforschung bedeutet also soviel wie «Forschung aus zweiter Hand»	
Developer	Engl. für Projektentwickler	
Dienstbarkeit (Servitut)	Im Grundbuch vermerkte Belastung eines Grundstücks zugunsten einer Person (Wohnrecht, Nutzniessung) oder eines anderen Grundstücks (z. B. Wegrecht)	
Differenzierung	Einzigartigkeit einer Leistung oder eines Produktes durch Unterschiede gegenüber Konkurrenten (USP / UAP); dient der Erzielung von Wettbewerbsvorteilen und kann beispielsweise durch Design, Marke, Vertriebskanäle, Serviceleistungen oder Mitarbeiter erreicht werden	
Digitaldruck	Elektronische Druckverfahren ohne feste Druckform (im Gegensatz zum Offset-Druck) z. B. Laser- oder Tintenstrahldruck	
Diligence (Due Diligence)	Bewusste, systematische und professionelle Untersuchung der Chancen und Risiken des Marktes sowie der Stärken und Schwächen der zu übernehmenden Unternehmung vor, während und/oder nach den Verkaufsverhandlungen. Diese Untersuchung wird auch für Immobilien angewendet	

IMMOBILIEN-GLOSSAR

DINK	Double income no kids; Bezeichnung für die Zielgruppe der kinderlosen Paare mit zwei Einkommen	
Direct Response	Kommunikationsformen, die dem Empfänger eine unmittelbare Reaktion ermöglichen, z. B. die Anzeige in einer Zeitschrift mit einer aufgeklebten Antwortkarte für die Zustellung von Prospekten	
Directmarketing (Dialogmarketing)	Sämtliche Werbemassnahmen, die eine direkte Ansprache der Zielgruppe mit der Aufforderung zur Antwort erhalten	
DPI	Dots per inch = Punkte per Zoll; Mass für die Auflösung einer Bilddatei	

E

EGW	Emissionszentrale für gemeinnützige Wohnbauträger	egw-ccl.ch
Eigenkapital (risikotragendes Kapital)	Differenz zwischen Liegenschaftswert (Verkehrswert oder Anlagewert) und Fremdkapital	
Eigenkapitalrendite	Nettomieteinnahmen abzüglich des Zinsaufwand im Verhältnis zum eingesetzten Eigenkapital	
Eigenmietwert	Steueramtlich festgesetzter Mietwert einer vom Eigentümer selbst bewohnten Wohnung oder Haus	
Eigentumsübertragung	Amtliche Übertragung des Eigentums einer Immobilie	
Energiebezugsfläche	Summe aller ober- und unterirdischen Geschossflächen, für deren Nutzung ein Beheizen oder Klimatisieren notwendig ist	
Engel & Völkers	Internationales Maklerunternehmen mit Schweizer Niederlassungen	engelvoelkers.ch
EPS	Encapsulated Postcript-Datei; Grafikdatei in der Seitenbeschreibungssprache PostScript, die besondere Anforderungen erfüllt, um das Einbinden in ein Dokument zu ermöglichen. Wird für den Druck verwendet	
ERA	Electronic Realty Associates; Internationales Maklernetzwerk mit Schweizer Niederlassungen	erasuisse.ch
Ersatzmieter	Tritt anstelle des bisherigen Mieters in ein bestehendes Mietverhältnis ein	
Erschliessung	Erstellen der Infrastruktur für die Überbauung eines Grundstücks (Strom, Wasser, Abwasser, TV, Strassen usw.)	
Erstvermietung	Erstmalige Vermietung von Wohn- oder Dienstleistungsflächen in einem Neu- oder Umbau	
Ertragswert	Kapitalisierter jährlicher Mietwert eines Grundstücks	
Ethno-Marketing	Speziell auf ethnische Gruppen abgestimmte Marketingmassnahmen	
EURO Institut	EURO Institut für Immobilien Management; Ausbildungsorganisation für Immobilien-Tätige	immobilien-management.ch
Euroforum	Euroforum Schweiz AG, Seminarveranstalter	euroforum.ch
Event	Erlebnisorientierte Veranstaltung zwecks Inszenierung von Produkten, Unternehmen oder Dienstleistungen	
EXPO REAL	Zweitgrösste Immobilien-Messe in Europa, jeweils im Herbst in München	exporeal.net

F

Facebook	Social Media-Plattform, auf der ein Benutzer sein persönliches Profil erstellt, Fotos und Videos hochlädt, Freundschaften schliesst und Notizen veröffentlicht u. v. a. m.	facebook.com
Facility Management (FM)	Ganzheitliche strategische Betrachtung, Analyse und Optimierung aller Prozesse, um ein Gebäude und alle gebäudespezifischen Dienstleistungen des Unternehmens, die nicht zum Kerngeschäft gehören. Facility Management teilt sich in technisches, infrastrukturelles und kaufmännisches Facility Management auf	ifma.org
Facility Manager	Koordiniert Prozesse innerhalb einer Organisation zur Erbringung und Entwicklung der vereinbarten Leistungen, die zur Unterstützung und Verbesserung der Effektivität ihrer Hauptaktivitäten dienen	
Festzinshypothek (Festhypothek, Fixhypothek)	Hypothekarkredit mit fixem Zinssatz und fester Laufzeit von meist zwei bis fünf oder mehr Jahren	

FIABCI	**F**édération **I**nternationale des **A**dministrateurs de **B**iens **C**onseils **I**mmobiliers; gemeinnütziger internationaler Immobilienverband mit konsultativem Sonderstatus bei der UNO	fiabci.ch
Field Research	Engl. für Primärforschung; Datenbeschaffung aus dem «Feld» durch Befragung einer repräsentativen Stichprobe	
Flächenangaben	Vergleiche dazu die Definitionen der VZI und des SIA	www.vzi.ch www.sia.ch
Flächenmanagement	Systematische Bewirtschaftung der Gebäudefläche	
Flickr	Kommerzielles Web-Dienstleistungsportal mit Community-Elementen, auf dem Benutzer hauptsächlich Bilder sowie Videos auf die Website laden und anderen Nutzern zur Verfügung stellen	flickr.com
Fluktuationsrate	Kennzahl über den Nutzerwechsel z. B. in einer Wohnung, Liegenschaft oder Gemeinde	
Flyer	Meist kleinere, lose Handzettel, die als Mailingbeilage verwendet werden	
FM-Arena	Der Schweizer **F**acility **M**anagement Verein (FM-Arena) fördert das Facility Management; Ziele: Netzwerkbildung, Erfahrungsaustausch in Fachgruppen, Koordination von Forschungsprojekten im Fachbereich, Mitglieder-Unterstützung	fm-arena.ch
FM Schweiz	**F**acility **M**anagement Schweiz. Der Berufs- und Fachverband engagiert sich in der Öffentlichkeit auf wirtschaftlicher und politischer Ebene für die kontinuierliche Förderung des Stellenwertes der Tätigkeitsfelder seiner Mitglieder, Kaderpersonen und Spezialisten im Facility Management	fmschweiz.ch
Folder	Bezeichnung für einen Faltprospekt; kann als Mailingbeilage verwendet werden	
Forum (Internetforum)	Lateinisch für Marktplatz; von dieser Bedeutung wurde ein realer oder virtueller Ort abgeleitet, wo Meinungen untereinander ausgetauscht werden, Fragen beantwortet und gestellt werden	
Franchisesystem	Geschäftskonzept, das gegen Entgelt und unter Einhaltung diverser Vorgaben (bspw. Produkte-, Marken- und Preispolitik etc.) zur Verfügung gestellt wird	
Fremdkapital	Schulden; Verbindlichkeiten des Eigentümers gegenüber Banken und anderen Gläubigern in Form von Hypothekarkrediten und Darlehen	

G

Gebäude	Freistehendes oder durch Brandmauern von einem anderen getrenntes Bauwerk
Gebäudemanagement	Gesamtheit aller Prozesse und Leistungen zum Betreiben, Unterhalten und Bewirtschaften von Gebäuden
Gebietsmarketing	Bemühen angrenzender Grundeigentümer oder einer Kommune für das gemeinsame Ziel, ein grösseres Gebiet oder eine Region attraktiv zu kommunizieren oder zu vermarkten
Generalunternehmer (GU)	Bauunternehmer; alleiniger Vertragspartner des Bauherrn; übernimmt Gesamtverantwortung für Bauausführung, Qualität, Termin und Preis
Geomarketing	Planung, Koordination und Kontrolle kundenorientierter Marktaktivitäten mittels geografischer Informationssysteme (GIS). Die Karten im GIS dienen vor allem der Visualisierung der geografischen Aspekte des Marketings
Gesamteigentum	Eigentumsform; jeder Beteiligte hat ein Recht auf die ganze Sache, ohne dass ihm an einem Bruchteil die Rechte und Pflichten eines Eigentümers zukommen
Gesamtwohnungsbestand	Wird berechnet, indem zum Bestand an Wohnungen mit Küche oder Kochnische aus der letzten Gebäude-/Wohnungserhebung der Reinzugang an Wohnungen für die jeweiligen Jahre addiert wird
Gesättigte Märkte	Wenn das Angebot grösser als die Nachfrage ist
Geschoss	Horizontaler Gebäudeabschnitt; auf der gleichen Ebene angeordnete Räume eines Bauwerks
Gestaltungsplan	Legt für ein abgegrenztes Gebiet die Nutzungsmöglichkeit sowie deren Intensität fest

IMMOBILIEN-GLOSSAR

Gewinn (Reingewinn)	Den Aufwand übersteigenden Ertrag; das Total der Erträge abzüglich aller Gemeinkosten ergibt den Reingewinn oder Nettogewinn	
GfK	Die GfK ist eines der grössten Marktforschungsunternehmen der Welt mit Hauptsitz in Nürnberg	gfk.com
gfs.bern	Forschungsinstitut für Politik, Kommunikation und Gesellschaft	gfsbern.ch
GIF	**G**raphics **I**nterchange **F**ormat; ist ein Grafikformat mit guter, verlustfreier Komprimierung für Bilder mit geringer Farbtiefe (bis zu 256 verschiedene Farben pro Einzelbild). Darüber hinaus können mehrere Einzelbilder in einer Datei abgespeichert werden, die von Webbrowsern als Animationen interpretiert werden	
Give Away	Kleine Kundengeschenke, wie Schlüsselanhänger, Bonbons etc., die man gratis an Kunden abgibt	
Greater Zurich Area (GZA)	Wirtschaftsgebiet, umfasst etwa einen Drittel der Schweiz mit beinahe 50 % der Bewohner der Schweiz und 1,5 Mio. Beschäftigten in rund 150 000 Unternehmungen; um die Promotion und Vermarktung kümmert sich die Greater Zurich Area AG	greaterzuricharea.ch
Grundbuch	Amtliches Verzeichnis über Rechte und Pflichten an Grundstücken	
Grundeigentum	Eigentum an Grundstücken. Man unterscheidet drei Formen des Grundeigentums: Alleineigentum, Miteigentum, Gesamteigentum	
Grundpfandrecht	Sicherung von Forderungen mit Hilfe eines im Grundbuch eingetragenen Pfandes auf Grundstücken	
Grundstück	Fest begrenzter Teil der Bodenfläche, mit oder ohne Bauten	
Grundstückgewinnsteuer	Kantons- oder Gemeindesteuer auf der Differenz zwischen Verkaufserlös und Anlagekosten von Grundstücken	
Guerilla-Marketing	Unkonventionelle Marketingmassnahmen; meistens für kleinere Budgets, fallen aber hauptsächlich durch aussergewöhnliche Ideen auf	

H

Handänderungssteuer	Abgabe für die Vornahme der Rechtshandlung, durch welche Eigentum an Grundstücken übertragen wird	
Hard Selling	Form des persönlichen Verkaufs mit dem primären Ziel des kurzfristigen Verkaufsabschlusses und nicht der langfristigen Kundenzufriedenheit und -bindung	
Hausverein	Organisation zur Wahrung der Interessen von Hauseigentümern, bezeichnet sich selbst als Alternative zum HEV Schweiz	hausverein.ch
Heimfall	Am Ende der Baurechtsdauer geht das Eigentum an einem im Baurecht errichteten Bauwerk auf den Grundeigentümer über. Der Grundeigentümer hat dem Bauberechtigten eine angemessene Entschädigung (Heimfallentschädigung) zu leisten	
Heiz- und Nebenkosten	Alle den Mietern weiterverrechenbare Kosten (sofern vereinbart) wie: Heizkosten, Strom allgemein, Wasser, Hauswartung usw.	
Heizgradtage	Monatliche Temperaturkennzahl, die Rückschlüsse auf klimabedingte Veränderungen des Heizenergieverbrauchs gestattet; dient der Kontrolle des Heizungsbetriebs	
HEV Schweiz	Schweizer **H**aus**e**igentümer**v**erband; Organisation zur Wahrung der Interessen von Hauseigentümern	hev-schweiz.ch
High Tech Region Rheintal	Standortmarketing Trägerschaft	myrheintal.ch
Hits	Anzahl Seitenabrufe durch die Nutzer einer Website; Begriff des Internet-Marketings zur Erfolgsmessung	
Hochbau	Gebäude, dessen Hauptteil über dem Erdboden liegt, sowie Bauwerke, die zwar unter dem Boden liegen, dem Menschen aber zugänglich sind und zur Unterbringung von Menschen, Tieren oder Gütern bestimmt sind	
Hoch-Parterre	Eine halbe Treppe über dem Erdboden gelegenes Geschoss	
Home Staging	Professionelles Herrichten von Räumen einer Immobilien zur Verkaufsförderung	

Homegate	Internet-Immobilien-Marktplatz	homegate.ch
Homewiring-System	Internet, LAN PC-Netzwerk, ISDN oder analoges Telefon, Radio, Kabel-TV oder Satelliten-TV stehen in jedem Zimmer aus einer einzigen Multimediadose zur Verfügung. Die Dienste sind nicht mehr an einzelne Räume gebunden, sondern können überall flexibel genutzt werden	
Hypothek	Grundstückgesicherter Kredit	

I

IFMA	International Facility Management Association	ifma.com
IFZ	Institut für Finanzdienstleistungen Zug; bietet Aus- Weiterbildungsangebote im Immobilienmanagement und in der Bauökonomie an	hslu.ch/ifz
IGE	Eidgenössisches Institut für Geistiges Eigentum; hier werden Erfindungen patentiert sowie Marken und Designs geschützt	ige.ch e-trademark.ige.ch
IIRE	International Institute for Research and Education	iire.org
Image	Individuelles Vorstellungsbild, das Dritte von einer Marke, einem Produkt oder einer Unternehmung haben. Aus Marketingsicht wird zwischen einem gegenwärtigen (Ist-Image) und einem anzustrebenden Image (Soll-Image) unterschieden	
Immobilien-Management	Aktivitäten zur Maximierung der Rendite einer Liegenschaft. In der Bewirtschaftung z. B. durch höchstmögliche Mieteinnahmen bei Reduzierung des Aufwands für den Vermieter. Im Mittelpunkt steht das Gebäude als Vermietungsobjekt	
Immobilien-Fonds	Gemeinschaftliche Kapitalanlage in Liegenschaften; indirekter Immobilien-Besitz	
Immobilien-Gesellschaft	Unternehmen, dessen Kerngeschäft das Immobilien-Management ist; meist in der Form einer privaten oder börsenkotierten Aktiengesellschaft	
Immobilien-Makler	Immobilien-Dienstleister, welcher sich um den Verkauf von Immobilien kümmert	
Immobilien-Marketing	Prozess, welcher auf Grund von Informationen, Zielen und strategischen Vorgaben sowie mit Hilfe ausgewählter Instrumente geeignete Märkte definiert, dort ein Immobilien-Angebot bereitstellt und erfolgreiche Kundenbeziehungen generiert und pflegt	
Immobilien-Marktplätze	Internet-Plattformen, auf denen Immobilien online zur Miete oder zum Kauf angeboten bzw. gesucht werden können	
Immobilien-Portal	Online-Immobilien-Marktplatz mit vielen zusätzlichen Informationen (bspw. Statistiken, Fachbeiträge, Trends) rund um das Thema Immobilien	
Immobilien-Treuhänder	Im juristisch-ökonomischen und auch bautechnischen Bereich übernimmt der Immobilien-Treuhänder wichtige und anspruchsvolle Führungsaufgaben bis hin zur Geschäftsleitung eines Immobilien-Unternehmens. Er kann aber auch eine beratende Funktion wahrnehmen	
Immo-Monitoring	Grundlageninformationen zu Bau- und Immobilien-Märkten der Schweiz, Herausgeber Wüest & Partner	wuestundpartner.com
ImmoScout24	Internet-Immobilien-Marktplatz	immoscout24.ch
ImmoStreet	Internet-Immobilien-Marktplatz	immostreet.ch
Immovista	Internet-Immobilien-Marktplatz, Suchdrehscheibe	immovista.ch
Indexklausel	Mietvertragliche Vereinbarung, wonach die Anpassung des Mietzinses an veränderte wirtschaftliche Rahmenbedingungen einem Index folgt	
Indirekte Immobilien-Anlage	In der Schweiz dominiert der Direktbesitz von Immobilien. Der Trend in Richtung indirekten Immobilien-Besitz (Fonds, Immo-AGs, PKs, Miteigentum) ist zurzeit ausgeprägt feststellbar und macht eine Immobilie im weitesten Sinne kapitalmarktfähig	
Inflation	Durchschnittliche Preisänderung gemäss Konsumentenpreisindex, auch als Teuerung bezeichnet	
Inspektion	Feststellung des Zustandes durch gezielte, in der Regel visuelle Beurteilung; einfache Untersuchungen sowie Bewertung einer Liegenschaft	
Instandhaltung	Massnahmen zur Bewahrung und Wiederherstellung des baulichen Soll-Zustandes	

IMMOBILIEN-GLOSSAR

Institutioneller Anleger	Professioneller Immobilien-Investor; Grossanleger mit regelmässigem Anlagebedarf; im Immobilien-Sektor vor allem Versicherungen, Pensionskassen, Vorsorgestiftungen und Anlagefonds	
Involvement	Inneres Engagement eines Kunden, mit dem er sich einem Produkt zuwendet; resultiert aus der Situation des Kunden und der Art des Produktes (Image etc.)	
IPD	Investment Property Datenbank; unabhängiges, auf Benchmarking spezialisiertes Unternehmen mit Sitz in London; bietet vergleichbare Benchmarks zur Renditemessung sowie detaillierte Kennzahlen über Aspekte des Immobilien-Marktes	ipdindex.co.uk

J

JPG	Joint Pictures Expert Group; Grafikformat zur Speicherung von Bildern, die nach der JPEG-Norm komprimiert wurden. Als Dateinamenserweiterung wird meistens jpg, seltener jpeg, jpe oder jfif verwendet. Ist das am weitesten verbreitete Grafikformat für Fotos	

K

Kapitalisierungszinssatz	Prozentsatz, mit dem der Ertragswert aus dem Mietwert berechnet wird	
Katasterplan	Verbindlicher Situationsplan des Grundbuchgeometers	
Kaufkraftklasse	Gruppen von Personen mit ähnlichem Einkommen und Vermögen. Die höchste Kaufkraftklasse KKK1 kann sich Luxus leisten, die unterste Stufe KKK4 lediglich das Nötigste	
Kaufsrecht (Kaufoption)	Recht einer Person, ein Grundstück zu einer bestimmten Zeit und zu einem bestimmten Preis zu kaufen. Dieses Recht ist im Grundbuch vorgemerkt	
Kaution	Hinterlegung eines bestimmten Wertes, z. B. Geld, Wertschriften als Sicherheit (Depot) für eine mögliche Verpflichtung, die durch die Verletzung eines Rechtes entstehen könnte wie bspw. Nichteinhaltung eines Vertrages	
Kernkompetenz	Potenzial einer Unternehmung, das den Aufbau von Wettbewerbsvorteilen in verschiedenen Geschäftsbereichen ermöglicht	
Key-Visual	Ist ein Bildmotiv, das in Kampagnen verwendet wird, um den Wiedererkennungswert zu erhöhen. Oft wird das Key-Visual stärker mit der Marke in Verbindung gebracht als das Logo selbst. Deshalb kann eine Entwicklung eines solchen sehr wichtig sein. Zudem hilft es, dass eine Botschaft länger im Gedächtnis bleibt als durch reinen Text. Das Key-Visual soll einfach und schnell erfasst werden können	
KISS	Keep it short and simple oder auch: Keep it simple and stupid – Leitsatz zum Schreiben von Werbemitteln und Mailings. Diese sollten einfach und leicht verständlich sein	
Konfektionierung	Versand-Fertigmachen (falzen, kuvertieren, frankieren, bündeln etc.) von Mailings und Warensendungen	
Konkurrenzanalyse	Erhebung und Beurteilung strategierelevanter Informationen über tatsächliche oder potenzielle Konkurrenten	
Konsortium	Arbeitsgemeinschaft (Arge) von Unternehmern, die sich im gleichen Werkvertrag zur Ausführung von Bauarbeiten verpflichten	
Konstruktionsfläche	Grundrissfläche der innerhalb der Geschossfläche liegenden, umschliessenden und innenliegenden Konstruktionsbauteile	
Kostenmiete	Ordnungspolitisches Prinzip, wonach der Mietpreis den Rahmen der kostendeckenden Bruttorendite nicht überschreiten darf und Mietzinserhöhungen mit entsprechenden Kostensteigerungen begründet werden müssen	
KS Kaderschulen	Anerkannte Höhere Fachschule für Wirtschaft, St. Gallen und Zürich, mit Immobilien-Ausbildungen	kaderschule.ch
KUB	Kammer unabhängiger Bauherren-Berater; Kammer des SVIT	vzi.ch

Kundenbindung	Mit Marketingmassnahmen werden bestehende Kunden an das Unternehmen gebunden. Der Nutzen der Kundenbindung liegt in tieferen Marketingkosten pro Kunde, in den Potenzialen von Mehrverkäufen und in der Multiplikation (Imagetransfer, Mund-zu-Mund-Werbung etc.)	
Kündigung	Mitteilung über die Auflösung des Vertragsverhältnisses	
K-Wert (Wärmedämmungs-koeffizient)	Der Wärmedurchgangskoeffizient hilft bei der Beurteilung der Wärmedämmeigenschaften von Bauteilen. Je niedriger der Wärmedurchgangskoeffizient, desto grösser die Dämmeigenschaft	

L

Lake Geneva Region	Überkantonale Tourismusorganisation des Genfersees und Kanton Waadt	lake-geneva-region.ch
Landesindex der Konsumentenpreise	Index der Preisentwicklung der für die privaten Haushalte bedeutsamen Waren und Dienstleistungen, unter anderem Mieten und Nebenkosten; wird monatlich vom BFS veröffentlicht	statistik.admin.ch
Launch	Einführung einer neuen Marke, eines neuen Produkts, einer neuen Werbekampagne oder eines Internetauftritts	
Lebenszyklus	Sich wiederholende Abfolge zeitlicher Abschnitte (Lebenszyklusphasen) in der Entstehung, Nutzung und Verwertung von Dienstleistungen und Produkten	
Leerstand	Leerstehendes Miet- oder Kaufobjekt	
Leerwohnungsziffer	Prozentualer Anteil der Leerwohnungen, gemessen am ungefähren Gesamtwohnungsbestand	
Lex Friedrich	Bundesgesetz über den Erwerb von Grundstücken durch Personen im Ausland. Das Gesetz regelt, inwieweit Ausländer und ausländische Firmen Grundstücke in der Schweiz erwerben dürfen. Die Lex Furgler und Lex von Moos waren vorausgegangene Erlasse	
Liegenschaft	Grundstück; bebaute oder unbebaute Bodenparzelle	
Liegenschaftskosten	Wert aller in einer Abrechnungsperiode für die Bereitstellung von Wohn- und Geschäftsraum verbrauchten Güter und Dienstleistungen, einschliesslich der auf dem Grundstück lastenden Objektsteuern (Liegenschaftssteuern)	
Linked in	Social Media-Plattform für Fach- und Führungskräfte	linkedin.com
Liquidationswert (Liquidationserlös)	Verkehrswert einer Liegenschaft anlässlich einer Zwangsverwertung oder eines Notverkaufs	

M

MACH	**M**edia-**A**nalyse der **Sch**weiz; integriertes Forschungssystem der AG für Werbemedienforschung (WEMF) zur kontinuierlichen Erfassung der Leserschaft von Print- und anderen Medien	wemf.ch
Maisonette-Wohnung	Wohnung auf zwei Stockwerken, auch Duplex-Wohnung genannt	
Maklernetzwerk	Zusammenschluss von Immobilien-Maklern zwecks Erzielung von Wettbewerbsvorteilen	
Makrolage	Lage im weiteren Umfeld einer Immobilie	
Marke	Zeichen in Form von Worten, Bildern oder Tönen, welche ein Angebot differenzieren	
Markenentwicklung	Schützen und Entwickeln einer bestehenden Marke mit geeigneten Massnahmen	
Marketing-Mix	Bündel von Marketinginstrumenten zur Erreichung eines gemeinsamen Zieles	
Marktbeobachtung	Systematische Erfassung der in der Schweiz, einer Region oder einem Ort publizierten Immobilien-Angebote	
Marktmiete	Bildung des Mietpreises durch freies Wechselspiel von Angebot und Nachfrage im Wohnungsmarkt	
Mediaplan	Übersicht über die einzusetzenden Medien für den Absatz von Immobilien	

IMMOBILIEN-GLOSSAR

Meta-Datenbank	Datenbank, die von Aufbau und Organisation her ähnlich wie eine übliche Datenbank strukturiert sein kann, jedoch keine eigenständigen Inhalte bietet, sondern nur auf andere Inhalte verweist bzw. diese beinhaltet	
Metropolitan-Region	Bildet sich aus einer Kernstadt, bestehenden Stadtnetzen und Agglomerationen	
Miete	Zeitweise Überlassung einer Sache gegen die Entrichtung eins Mietpreises	
Mietertrag	Der Bruttomietertrag entspricht dem vertraglich vereinbarten Mietpreis evtl. abzüglich Nebenkosten und Zahlungsausfällen	
Mietpreis (Mietzins)	Entgelt, das der Mieter dem Vermieter für die Überlassung der Mietsache schuldet	
Mietpreisindex	Index über Veränderungen der Wohnungsmietpreise; quartalsweise Berechnung vom BFS; wird als Teilindex für die Berechnung des Landesindex der Konsumentenpreise verwendet	
Mietwert	Als erzielbar eingeschätzter Ertrag (Marktmiete); Mietzins ohne Nebenkosten	
Mikrolage	Lage im engeren Umfeld einer Immobilie	
MIPIM	**M**arché **I**nternational des **P**rofessionnels d'**I**mmobilier (MIPIM) ist die weltgrösste Messe für Wohn- und Gewerbe-Immobilien sowie Betriebsansiedlungen jeweils im Frühjahr in Cannes (Frankreich)	mipim.com
Miteigentum	Eigentumsform, bei welcher jedem Berechtigten ein Bruchteil zusteht, an welchem er die Rechte und Pflichten eines Eigentümers hat	
Mobilie (Fahrnis, Fahrhabe)	Anderer Ausdruck für bewegliche Sachen (Hausrat, Waren, Mobiliar), die nicht als Gebäudebestandteile oder bauliche Einrichtungen gelten	
MS-Regionen	**M**obilité **s**patiale Regionen; diese bilden die wichtigste Analyseeinheit auf mikroregionaler Ebene; das BFS teilt die Schweiz in 106 MS-Regionen auf	bfs.admin.ch

N

Nebennutzfläche	Teil der Nutzfläche, welche die Hauptnutzfläche zur Nutzfläche ergänzt (z. B. unterirdische Parkierungsflächen)
Nettomietzins	Mietzins ohne Heiz- und Nebenkosten
Nettorendite	Prozentuales Verhältnis des Mietzinsüberschusses zum Eigenkapital
Neuwert	Kosten, die aufgebracht werden müssten, um das entsprechende Gebäude neu zu erstellen
Notar	Zur Vornahme amtlicher Handlungen befugte Person (z. B. Grundstückverkäufe)
Nutzfläche pro Mietobjekt	SIA-Norm 416; setzt sich zusammen aus Hauptnutzfläche, Nebennutzflächen, Aussennutzflächen und separat gemieteten Räumen
Nutzniessung (Niessbrauch)	Anrecht auf den Besitz, den Gebrauch oder die volle Nutzung der Sache
Nutzungsdauer	Zeitraum, über den ein Wirtschaftsgut betrieblich genutzt werden kann
Nutzwertanalyse	Methodik zum Vergleich mehrerer (Investitions-)Alternativen auf der Basis eines mehrdimensionalen (monetären und nicht monetären) Zielsystems

Nutzfläche pro Mietobjekt → sia.ch

O

Objektmanagement	Gestaltung, Realisierung, Lenkung und Entwicklung eines oder mehrerer Objekte über den gesamten Lebenszyklus der Objekte	
OKGT	**O**rganisation **k**aufmännische **G**rundbildung **T**reuhand/Immobilien; zuständig für die Lehrlingsausbildung	okgt.ch
Online-Community (Community)	Engl. für Netzgemeinschaft; ist eine Sonderform der Gemeinschaft; hier von Menschen, die einander via Internet begegnen und sich dort austauschen. Unter anderem auch auf Social Media Plattformen	

Online-Marketing (Internet-Marketing, Web-Marketing)	Marketing-Massnahmen, welche mit Hilfe des Internets umgesetzt werden. Einer der grossen Vorteile des Online-Marketings ist die direkte Messbarkeit der Reaktionen der Zielgruppen über Klickraten, Page Impressions etc.	
Opinion Leader	Meinungsführer, Meinungsmacher, Wortführer einer Gruppe	
Orts- und Quartierüblichkeit	Orts- oder quartierüblicher Mietpreis	
Osec	Office Suisse d'Expansion Commerciale; hat Leistungsauftrag vom Bund zur aktiven Unterstützung und Förderung der Geschäftsbeziehungen von schweizerischen und liechtensteinischen Unternehmen mit dem Ausland	osec.ch
Outsourcing	Auslagerung von betrieblich notwendigen Leistungen an spezialisierte Drittunternehmen im Vertragsverhältnis (z. B. FM-Leistungen)	

P

Pacht	Eine nutzbare Sache oder ein nutzbares Recht wird zum Gebrauch oder zum Bezug des Ertrags zeitweise gegen Entrichtung eines Pachtzinses überlassen, z. B. landwirtschaftliches Grundstück, Hotel, Betrieb	
Parterre (Erdgeschoss)	Ebenerdiger Gebäudeabschnitt	
Parzelle	Genau definierte Landfläche mit eigener Identifikationsnummer	
PDF	Portable Document Format; ist ein plattformunabhängiges Dateiformat für elektronische Dokumente, das vom Unternehmen Adobe Systems entwickelt und 1993 veröffentlicht wurde	adobe.com
Performance	Wertentwicklung eines Portfolios	
Perimeterbeitrag	Rückvergütung von Erschliessungskosten an das Gemeinwesen	
Pfandbelastungsgrenze	Prozentualer Anteil des Anlagewertes, der hypothekarisch belehnt werden darf	
Pixel (Bildpunkt, Bildzelle, Bildelement)	Kleinstes, meist quadratisches Bildelement, das in Matrixform ein aufgeteiltes, digitales Bild ergibt. Die Zahl der Pixel pro Inch (ppi) wird als Masseinheit für die Auflösung eines Bildes verwendet	
PNG	Portable Network Graphics (engl. für portable Netzwerkgrafiken); Grafikformat für Rastergrafiken mit verlustfreier Bildkompression. Es wurde als freier Ersatz für das ältere, bis zum Jahr 2004 mit Patentforderungen belastete Format GIF entworfen und ist weniger komplex als TIFF	
Portfolio (Portefeuille)	Bestand, Liegenschaftenbestand	
Portfoliomanagement	Systematische Planung, Steuerung und Kontrolle eines Bestandes an Immobilien und Grundstücken, um Erfolgspotenziale aufzubauen	
Portfoliomanager	Verantwortlicher zur Betreuung eines Portfolios	
Positionierung	Gezieltes, planmässiges Schaffen und Herausstellen von Stärken und Qualitäten, durch die sich ein Produkt oder eine Dienstleistung in der Einschätzung der Zielgruppe klar und positiv von anderen Produkten oder Dienstleistungen unterscheidet	
Präsenz Schweiz	Ist als Teil des Eidgenössischen Departements für auswärtige Angelegenheiten (EDA) für den Auftritt der Schweiz im Ausland zuständig und setzt dabei die Strategie des Bundesrates für die Schweizer Landeskommunikation um	eda.admin.ch
Preiselastizität	Intensität des Zusammenhangs von Preis- und Mengenänderungen	
Projektmanagement	Operative Planung und Leitung eines einmaligen Vorhabens bzw. Projekts	
Promotor	Initiant einer Bauinvestition, ohne Absicht, die Immobilie auf Dauer im Eigentum zu halten	
Proof	Vorweggenommene Simulation, um das Druckergebnis vor dem eigentlichen Druck prüfen zu können	
Psychografische Kriterien	Vgl. Sinus Milieus®; beziehen sich im Gegensatz zur Soziodemografie auf «weiche» Kriterien wie Lebensstil, Einstellungen oder Wertvorstellungen	

IMMOBILIEN-GLOSSAR

Public Private Partnership (PPP)	Engl. für öffentlich-private Partnerschaft; langfristige, wirtschaftlich begründete Partnerschaft zwischen der öffentlichen Hand und der Privatwirtschaft zum beidseitigen Nutzen und zum Wohl der Gesellschaft	
Public Real Estate Management (PREM)	Strategische Gesamtkonzeption des Immobilien-Portfoliomanagements der öffentlichen Hand, welche den Bestand nach wirtschaftlichen und politischen Zielen optimieren soll	

Q

Quantile	Streuungsindikatoren; gliedern eine statistische Verteilung in gleiche Teile; das 10-Prozent-Quantil bspw. markiert die Preisgrenze zwischen den 10 Prozent günstigsten und den übrigen Angeboten	

R

Radar-Psychografie	Eine Segmentierung, die den psychografischen Raum der Schweiz beschreibt. Der psychografische Raum ist eine Anordnung von Werthaltungen im zweidimensionalen Raum mit den Achsen «progressiv – konservativ» und «aussengerichtet – innengerichtet»	
Rating	Zuordnung in eine Beurteilungsklasse: AAA, AA, A, BBB, BB, B	
Regio Basilensis	Landesübergreifende standortpolitische Plattform für die Oberrhein-Kooperation; Zweck ist es, von schweizerischer Seite Impulse für die Entwicklung des oberrheinischen Raumes zu einer zusammengehörigen europäischen Grenzregion zu geben und bei deren Realisierung mitzuwirken	regbas.ch
Regio Bodensee	Landesübergreifende standortpolitische Plattform der am Bodensee angrenzenden und mit ihm verbundenen Länder und Kantone	bodenseekonferenz.org statistik.euregio-bodensee.org
Regio Insubrica	Landesübergreifende standortpolitische Plattform mit dem Ziel, die Zusammenarbeit und die Integration in der Region der italienisch-schweizerischen voralpinischen Seen (Comer See, Luganersee, Lago Maggiore) zu fördern	regioinsubrica.org lakesandalps.com
RE/MAX	Real Estate Maximus; internationales Maklernetzwerk mit Schweizer Niederlassungen im Franchisesystem	remax.ch
Realwert	Substanzwert; setzt sich zusammen aus Zeitwert der Bauten, Umgebungs- und Baunebenkosten zzgl. Landwert	
Referenzzeitpunkt	Bezugszeitpunkt für die Diskontierung von zukünftigen Zahlungsströmen bzw. zur Berechnung deren Barwerte oder des Kapitalwertes (Discounted Cash Flow) einer Investition	
Reichweite	Prozentanteil der Zielpersonen, die durch einen bestimmten Werbeträger erreicht werden	
Relocation Service	Relocation-Dienstleister unterstützen höhere Angestellte und Kader von Firmen, die ihr Heimatland für bestimmte und unbestimmte Dauer verlassen und ins Ausland umziehen beim gesamten Umzugsprozess	
Rendite	Vgl. Brutto- bzw. Nettorendite	
RICS	Royal Institution of Chartered Surveyors; weltweit tätiger Berufsverband von Immobilien-Experten	rics.org
Risikoprämie	Bestandteil des Mietpreises, der zur Deckung von Verlusten aus Wohnungs-Leerständen und Mietzinsausfällen dient	
Robinsonliste	Liste des Schweizerischen Direktmarketing Verbandes mit Konsumenten, die ausdrücklich keine adressierten Mailings erhalten wollen	sdv-asmd.ch
Roper Consumer Styles	Ein international konzipiertes Instrument zur Verbrauchersegmentierung, entwickelt durch die GfK. Diese Lebensstilsegmentierung ermöglicht eine konsequente Zielgruppenorientierung	gfk.com
Rückkaufsrecht	Recht des Verkäufers, eine Liegenschaft zu den im Voraus festgelegten Bedingungen zurückzukaufen	

S

Sanierung	Umfassende Erneuerung einer Immobilie. Kommt zur Anwendung, wenn Instandsetzungsarbeiten über Jahre nicht gemacht wurden und sich das Objekt in schlechtem Zustand befindet (aufgestauter Unterhalt)	
Schlichtungsbehörde	Paritätisch aus Mietern und Vermietern zusammengesetztes Gremium, das bei Mietstreitigkeiten eine Einigung zwischen den Parteien anstrebt	
Schuldbrief	Grundpfandrecht; verkehrsfähige Forderung, für die das Grundstück und der Schuldner mit seinem persönlichen Vermögen haften	
Schweizerischer Mieterinnen- und Mieterverband	Vertritt die Interessen der Mieterinnen und Mieter in der Schweiz. Dachverbände Deutschschweiz (MV), Romandie (ASLOCA) und Tessin (ASI) sowie kantonale Verbände	mieterverband.ch
Segmentierung	Gliederung von Kunden in möglichst homogene Gruppen; ermöglicht eine differenzierte Ansprache der Zielgruppen	
SEK	**S**chätzungs**e**xperten-**K**ammer des SVIT	svit.ch/sek
Service Level Agreement (SLA)	Vereinbarung zwischen dem Auftraggeber bzw. Kunden und dem Leistungserbringer über die Leistung, deren Messung und die Bedingungen der Erbringung der Dienstleistungen	
SIA	**S**chweizerischer **I**ngenieur- und **A**rchitektenverein	sia.ch
Sinus Geo Milieus®	Die Sinus Geo Milieus® verbinden das Zielgruppenmodell der Sinus-Milieus® mit dem mikrogeografischen Datensystem MOSAIC. Damit werden die Sinus-Milieus® für Directmarketing-Anwendungen zugänglich, und Zielgruppen können auch nach psychografischen Kriterien selektiert werden.	kbdirect.ch microm-online.de
Sinus-Milieus®	Diese psychografische Zielgruppenbestimmung – entwickelt vom Marktforschungsinstitut Sinus – orientiert sich an der empirischen Lebensweltanalyse unserer Gesellschaft und fasst Menschen zusammen, die sich in Lebensauffassung, Lebensweise und Wertprioritäten ähneln	sinus-institut.de publisuisse.ch
SIV	**S**chweizerischer **I**mmobilienschätzer-**V**erband	siv-ch.ch
SKI	**S**chweizerische **K**ommission für **I**mmobilien-Fragen, berät den Bundesrat in Immobilien-Fragen	
Slogan	Kurze, prägnante Zusammenfassung der zentralen Werbeaussage	
Social Media	Engl. für soziale Medien; soziale Netzwerke und Netzgemeinschaften, die als Plattformen zum gegenseitigen Austausch von Meinungen, Eindrücken und Erfahrungen dienen	
Social Media Marketing (SMM)	Form des Online-Marketings auf Social Media Plattformen, die Branding- und Marketingkommunikations-Ziele durch Beteiligung in verschiedenen Social-Media-Angeboten erreichen will	
Soziodemografische Kriterien	«Harte» Personendaten wie Geschlecht, Zivilstand, Wohngewohnheiten, Alter oder Beruf	
Sperrfrist	Zeitlich begrenztes Veräusserungsverbot für Grundstücke	svit.ch
Spezial-Immobilien	Zählt zu den Spezialsegmenten des Immobilien-Marktes z. B. Freizeitanlagen, Gastronomie- und Beherbergungsbetriebe und Senioren-Immobilien	
Staffelmiete	Vertragliche Vereinbarung, wonach sich der Mietpreis periodisch um einen frankenmässig festgelegten Betrag erhöht	
Stakeholder Management	Beziehungen zu Anspruchsgruppen; Gruppen oder Personen, die auf die Geschäftstätigkeit eines Unternehmen Einfluss nehmen können und/oder von ihr beeinflusst werden	
Standesregeln	Verpflichtende Grundsätze des SVIT zur Berufsethik in der Immobilien-Wirtschaft	svit.ch
Steuerwert (Güterschatzung, amtlicher Wert)	Liegenschaftsschätzung gemäss kantonalem Steuergesetz; dient als Bemessungsgrundlage für die Vermögens-, Liegenschafts-, Minimal-, Erbschafts- und Schenkungssteuer	

IMMOBILIEN-GLOSSAR

Stockwerk, Etage	Ein über dem Parterre (Erdgeschoss) gelegenes Geschoss	
Stockwerkeigentum (STWE)	Besondere Form des Miteigentums mit Sonderrechten, um bestimmte Teile eines Gebäudes ausschliesslich zu benutzen und innen auszubauen	
Strategische Planung	Mittel- und langfristige Planung der Entwicklung eins Unternehmens oder eins Vermögens-Portfolios (Immobilien, Wertpapiere)	
Strategisches Controlling	Systematisches und aktives Steuern der Entwicklung von Unternehmen und Vermögens-Portfolios	
Streuverlust	Werbemittel, die an die falsche Zielgruppe gerichtet sind oder die Zielgruppe gar nicht erreichen	
STWE	**St**ockw**e**rkeigentum	stockwerk.ch
Submission	Öffentliche Ausschreibung zwecks Vergabe von Bauarbeiten an den günstigsten Anbieter	
SVIT	**S**chweizerischer **V**erband der **I**mmobilien-Wirtschaf**t** (französischsprachige Sektion: USPI)	svit.ch uspi.ch
SVIT Swiss Real Estate School	Bildungsinstitution des SVIT	svit-sres.ch
SVSM	**S**chweizerische **V**ereinigung für **St**andort**m**anagement	svsm-standortmanagement.ch
SVUB	**S**chweizer **D**achvereinigung **u**nabhängiger **B**auherrenberater	
SVW	**S**chweizerischer **V**erband für **W**ohnungswesen; Dachorganisation der gemeinnützigen Wohnbaugenossenschaften	svw.ch
SWE	**S**chweizerischer Verband für **W**ohnbau- und **E**igentumsförderung; Dachorganisation der gemeinnützigen Wohnbaugenossenschaften	swe-wohnen.ch
Swiss Circle	Marketing- und Networkingorganisation für international ausgerichtete Immobilien-Unternehmen, Standortorganisationen und Wirtschaftsförderungen. Sie organisiert u. a. einen Schweizer Stand an den jährlich stattfindenden internationalen Immobilien- und Standortmessen MIPIM und Expo Real. Ein Membership-Programm unterstützt die Swiss Circle Mitglieder beim internationalen Marketing	swisscircle.ch
Swiss Real Estate Institute	Engl. für Institut der Schweizer Immobilien-Wirtschaft	swissrei.ch
Switch	Firma zur Registration von Domain-Namen mit den Endungen .ch und .li sowie für Hosting-Dienstleistungen	switch.ch
SWOT-Analyse	**S**trengths, **W**eaknesses, **O**pportunities and **T**hreats Analysis (Stärken-, Schwächen-, Chancen- und Gefahrenanalyse)	
SWX IAZI Real Estate Indizes	Engl. für Schweizer Immobilien-Indizes; vierteljährliche Publikation der Preisentwicklung im Immobilien-Markt, herausgegeben vom SWX und der IAZI AG	iazicifi.ch six-swiss-exchange.com

T

Teaser	Aufmerksamkeitssteigerndes Element, durch das Interesse geweckt werden soll (z. B. kurze Texte auf dem Briefumschlag)
Telepräsenzsysteme	Nachfolger von Videokonferenzsystemen. Die hochauflösende, lebensgrosse Echtzeit-Übertragung in 3D eröffnet eine Reihe neuer Anwendungsmöglichkeiten
Testimonial	Empfehlungen von Kunden oder bekannten Persönlichkeiten für ein Produkt
Teuerung auf dem risikotragenden Kapital, Kaufkraftsicherung	Schutz des in der Liegenschaft investierten Eigenkapitals vor der Geldentwertung

TIFF	Tagged Image File Format; Dateiformat zur Speicherung von Bilddaten	
Tiefbau	Bauwerke zu ebener Erde oder unter der Erde sowie Bauwerke, die zwar über dem Erdboden liegen, aber nicht zur Unterbringung von Menschen, Tieren oder Gütern bestimmt sind	
Tonalität	Art und Weise der Ansprache im Marketing; sollte entsprechend der jeweiligen Zielgruppe angepasst werden	
Totalunternehmer (TU)	Bauunternehmer; alleiniger Vertragspartner des Bauherrn, übernimmt Gesamtverantwortung für Bauausführung; Garantie für Qualität, Termin, Preis und Mietzins; übernimmt oder führt im Gegensatz zum Generalunternehmer auch Aufgaben des Architekten	
Tourismus Schweiz	Nationale Marketing- und Verkaufsorganisation mit Auftrag des Bundes, weltweit das Interesse für die Schweiz als Reise-, Ferien- und Kongressland zu wecken sowie potenzielle Gäste zu begeistern	myswitzerland.com
Trendsetter	Einflussreiche Person oder Personengruppe, die durch ihre Arbeit oder Stellungnahme einen Trend auslöst oder etwas Bestimmtes in Mode bringt	
Twitter	Social Media-Plattform auf der Benutzer Textnachrichten mit maximal 140 Zeichen eingeben	twitter.com

U

UAP	Unique Avertising Proposition: durch Werbung geschaffene Einzigartigkeit einer Leistung resp. des Unternehmens; vor allem bei austauschbaren Gütern und/oder bei zahlreicher Konkurrenz	
Überbauungsziffer	Verhältnis zwischen Gebäudegrundfläche und Grundstückfläche; definiert die maximal zulässige Überbauung eines Grundstücks	
ULI	Urban Land Institute; internationales Ausbildungs- und Forschungsinstitut, unterstützt durch dessen Mitglieder. Das Ziel der ULI ist die verantwortungsvolle Nutzung von Land zu fördern sowie das Schaffen von nachhaltigen Siedlungen auf der ganzen Welt	uli.org
UEC	Urban Entertainment Centers; Kombination von Einzelhandel, Gastronomie und Erlebnis	
Umbau	Anpassung von Grundrissen von Immobilien an veränderte Bedürfnisse, etwa durch Abbruch von Wänden, das Verbinden von Wohnungen oder den Ausbau von Estrich- oder Wohnräumen	
Umsatzmiete	Bemessung der Mietpreise für Geschäftsräumlichkeiten in Abhängigkeit vom Geschäftsverlauf des Mieters	
Unterhalt	Gesamtheit der Massnahmen zur Bewahrung und Wiederherstellung des Soll-Zustandes von Gebäuden und der dazugehörenden Anlagen	
Untermiete	Weitervermietung einer Mietfläche oder von Teilen davon durch den Mieter an einen Dritten	
USP, UVP	Unique Selling Proposition/ Unique Value Proposition: Einzigartigkeit einer unternehmerischen Leistung	
USPI	Union Suisse des Professionels de l'Immobilier (französischsprachige Sektion des SVIT)	uspi.ch

V

Verkaufs-Galgen	An einer Liegenschaft hängendes oder im Garten stehendes Verkaufsschild «zu verkaufen» oder «zu vermieten»
Verkehrsfläche	Teil der Nettogeschossfläche, welcher dem Zugang zu den Räumen, dem Verkehr innerhalb des Gebäudes und auch dem Verlassen im Notfall dient

IMMOBILIEN-GLOSSAR

Verkehrswert	Unter normalen Verhältnissen erzielbarer Kaufpreis; wird in der Regel aus Real- und Ertragswert ermittelt	
Verwaltung (Bewirtschaftung)	Aufwand für die (kaufmännische) Verwaltung eines Objektes. Dazu gehören auch Aufwände für Kauf, Verkauf, Bauherrenaufgaben bei Bau, Umbau, Erneuerung, Aufwand für Vermarktung, Vermietung sowie für Portfoliomanagement	
VIV	Verband der Immobilien-Investoren	viv.ch
VLB	Schweizerischer Verband Liberaler Baugenossenschaften; Dachorganisation der gemeinnützigen Wohnbaugenossenschaften	vlb-wohnen.ch
Volatilität	Aus der Statistik: Schwankung von Zeitreihen. Die Volatilität ist hier definiert als die Standardabweichung der Veränderungen (auch Renditen, Returns) des betrachteten Parameters und dient häufig als Risikomass	
Vorkaufsrecht	Recht, bei einem allfälligen späteren Verkauf statt eines Dritten in den Kaufvertrag einzutreten	
VSLI	Vereinigung staatlicher und kommunaler Leiter Immobilien	
VZI	Vereinigung Zürcher Immobilienunternehmen	vzi.ch

W

Wanderungssaldo	Ein positiver Wanderungssaldo einer Gemeinde bedeutet, dass die Zuziehenden die Wegziehenden übertreffen	
WEG	Wohnbau- und Eigentumsförderungsgesetz; Vorgängergesetz des WFG	admin.ch
WEMF/REMP	AG für Werbemedienforschung. Die WEMF bezweckt die Förderung und Unterstützung der Medienforschung in der Schweiz, schwergewichtig der Printmedienforschung, unter Berücksichtigung internationaler Verhältnisse und Methoden	wemf.ch
WFG	Wohnraumförderungsgesetz	admin.ch
WEKA	Führt Seminare zu Immobilien-Themen durch	weka.ch
Wirtschaftlichkeitsrechnung	Berechnung der Wirtschaftlichkeit eines Projekts bzw. einer Investition	
Wirtschaftsförderung	Von einer Gemeinde, einer Stadt, einem Kanton oder einem Staat eingesetzte Organisation zur Förderung der eigenen Wirtschaft	
WMF	Windows Metafile; vektorbasiertes Grafik-Format. Damit bleiben scharfe Kanten auch nach beliebiger Vergrösserung scharf	
Wohndichte	Zahl der Bewohner pro Wohnraum	
Wohneigentumsförderung	Massnahmen zwecks breiterer Streuung des selbstgenutzten Haus-, Wohnungs- und Grundeigentums, die in der Bundesverfassung verankert sind	
Wohneigentumsquote	Anteil der Haushalte, die durch Eigentümer bewohnt werden (Eigenheim, Eigentumswohnung) im Verhältnis zum Gesamtwohnungsbestand	
Wohnräume	Wohn-, Schlaf- und Kinderzimmer sowie zur Wohnung gehörende Mansarden	
Wohnrecht	Dringliches Recht, in einem Gebäude oder Teilen desselben zu wohnen. Ein im Grundbuch vorgemerktes Wohnrecht bleibt bei einem Verkauf des Grundstücks bestehen, ist jedoch nicht auf andere Personen übertragbar	
Wohnung	Gesamtheit der Räume, die gemäss Baubewilligung zur Unterbringung einer oder mehrerer Privathaushaltungen bestimmt und mit einer Küche oder Kochnische ausgestattet sind	
WordPress	Social Media-Plattform um hauptsächlich einen eigenen Blog zu erstellen oder eine Homepage zu kreieren	wordpress.com

X

Xing	Social Media-Plattform für berufliche Kontakte	xing.com

Y

YouTube	Social Media-Plattform auf der hauptsächlich Film- und Fernsehausschnitte, Musikvideos sowie selbstgedrehte Filme platziert werden	youtube.co

Z

Zeitwert	Betrag, der für die Neuanschaffung oder die Wiederherstellung einer gleichartigen Sache erforderlich ist, abzüglich der Wertminderung infolge von Abnützung, Alter oder anderen Gründen	
Zielgruppen	Individuen oder Organisationen, welche die anbietende Organisation als ihr nachfragendes Marktsegment versteht	
Zins	Preis für die leihweise Überlassung von Kapital	
Zinssatz (Zinsfuss)	Preis für die leihweise Überlassung von Kapital, ausgedrückt als Quote des Kapitals, meist in Prozent, meist pro Jahr	
Zinsstufenhypothek	Hypothekarform, bei der sich die Zinszahlungen nach einem bestimmten Schlüssel über eine feste Laufzeit verteilen	
Zürich Park Side	Standortmarketing-Trägerschaft für die Regionen Zimmerberg-Sihltal, Knonauer Amt, Höfe, Einsiedeln und Zug	zurichpark-side.ch
Zwischennutzung	Zeitlich beschränkte Nutzung einer Immobilie	

NOTIZEN

NOTIZEN

NOTIZEN